OEUVRES

DE

WALTER SCOTT.

TOME XX.

ŒUVRES

DE

WALTER SCOTT.

TOME XV.

IMPRIMERIE DE H. FOURNIER,
RUE DE SEINE, N° 14.

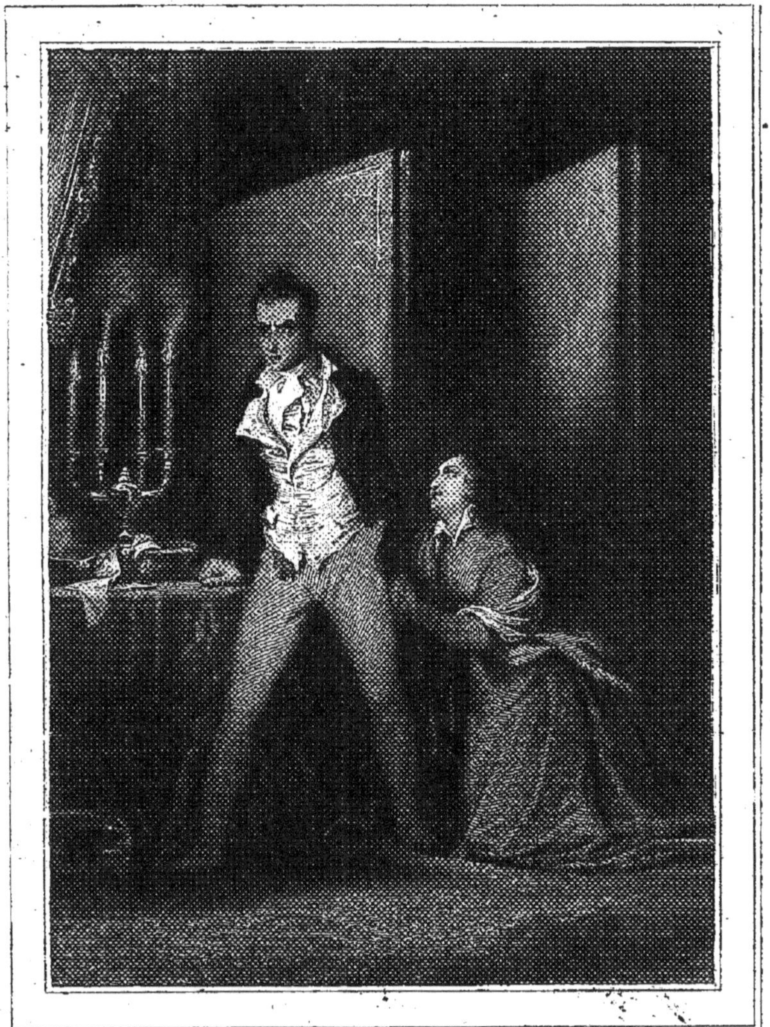

Alfred Johannot pinx. [illegible] sc.

LES EAUX DE S^T. RONAN

CH. XXXV.

Publié par [illegible] Paris.

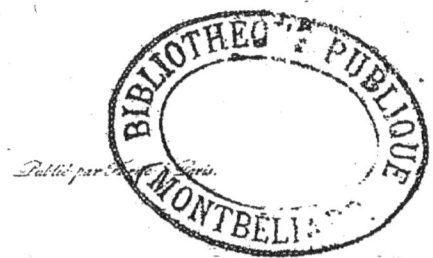

LES EAUX

DE

SAINT-RONAN.

(St-Ronan's Well.)

TRADUCTION

DE M. DEFAUCONPRET,

AVEC DES ÉCLAIRCISSEMENS ET DES NOTES
HISTORIQUES.

« Ce fut un lieu charmant, ou du moins on le dit ;
« Mais tout est bien changé, c'est un séjour maudit.
WORDSWORTH.

PARIS.

FURNE, LIBRAIRE-EDITEUR,

QUAI DES AUGUSTINS, N° 39.

M DCCC XXX.

LES EAUX

DE

SAINT-RONAN.

(St-Ronan's Well.)

CHAPITRE PREMIER.

UNE HÔTESSE DE L'ANCIEN MONDE.

> « Mais pour achever mon histoire :
> « Sa bière est bonne, et chaque jour
> « Nouveau chaland vient pour en boire. »
> SKELTON.

Quoiqu'il n'y ait peut-être en Europe aucun pays où la richesse et la civilisation aient fait des progrès aussi rapides qu'en Ecosse pendant le demi-siècle qui vient de s'écouler, les hiboux du sultan Mahmoud [1] auraient pourtant trouvé en Calédonie, à quelque époque que ce soit de cette période florissante, leur apanage de villages ruinés. Les habitans d'anciens hameaux, déterminés par des avantages fortuits ou locaux à abandonner les si-

---

(1) Allusion à un apologue oriental où le visir de Mahmoud prétend connaître le langage des oiseaux, et traduit à son maître la conversation de deux hiboux qui donnent en mariage à leurs enfans les villages ruinés par les guerres du sultan. — ED.

tuations que leurs prédécesseurs avaient choisies en consultant leur sécurité plutôt que leur commodité, ont transféré leur habitation dans des lieux où leur industrie et leur commerce toujours croissant pouvaient s'étendre plus facilement. De là vient que des villes citées avec distinction dans l'histoire d'Ecosse, et qui figurent dans l'excellente carte historique de David Macpherson, ne peuvent plus être distinguées aujourd'hui des landes incultes que par la verdure qui couvre le site qu'elles occupaient, ou tout au plus par quelques ruines éparses, semblables à des parcs de moutons, derniers vestiges de leur ancienne existence.

Le petit village de Saint-Ronan, sans être encore tombé dans cet état d'anéantissement, il y a environ vingt années, en était menacé tous les jours. Il était placé dans un site si romantique, que les *touristes* ¹ s'y arrêtaient tous pour saisir leurs pinceaux. Nous nous efforcerons donc d'en faire la description en termes qui ne pourront guère être moins intelligibles que quelques-unes de leurs esquisses. Nous éviterons pourtant, pour des raisons à nous connues, d'indiquer ce village d'une manière trop précise, et nous nous bornerons à dire qu'il est situé au sud du Forth, et qu'il n'est guère qu'à une trentaine de milles des frontières d'Angleterre.

Une large rivière roule ses eaux dans une vallée étroite, dont l'étendue varie depuis un quart de mille en certains endroits jusqu'à deux milles en quelques autres. Le sol, formé par des alluvions, était fort riche, et alors, comme aujourd'hui, cultivé avec toute la science de l'agriculture écossaise. On y a formé des enclos, et le pays est passablement peuplé. Chaque côté de cette vallée est bordé par une chaîne de hauteurs qui, surtout sur la droite, méritent presque le nom de montagnes. De petits ruisseaux qui y prennent leur source, et qui vont porter à la rivière le

---

(1) *A tourist*, voyageur artiste ou voyageur littéraire. — Tr.

tribut de leurs eaux, forment autant de petites vallées offertes à l'industrie du cultivateur. On trouve sur quelques-unes de grands et beaux arbres jusqu'à présent échappés à la hache. Le long des rives on voit de distance en distance des bouquets de bois taillis séparés par de longs intervalles qui, dans la saison des froids, présentent une apparence d'aridité, mais qui, pendant l'été, sont embellis de la pourpre des bruyères et de l'or des genêts. Ce genre de paysage est particulier aux pays qui, comme l'Ecosse, renferment un grand nombre de montagnes et de rivières, et où le voyageur découvre à chaque pas, avec surprise, une beauté simple et agreste cachée dans quelque coin, qui lui plaît d'autant plus qu'elle semble lui appartenir en vertu de la découverte qu'il en a faite.

A l'entrée même d'une retraite de ce genre, d'où la vue domine la rivière, la vallée dans sa partie la plus large, et la chaîne de collines qui la borne de l'autre côté, s'élevait et s'élève encore aujourd'hui, à moins que la désertion n'ait achevé son ouvrage, l'ancien hameau presque ruiné de Saint-Ronan. Sa situation était singulièrement pittoresque, puisque la principale rue, formée par des habitations séparées les unes des autres, suivait une colline escarpée, sur les flancs de laquelle les chaumières placées chacune sur une petite terrasse, comme dans les villages de la Suisse sur les Alpes, semblaient s'élever par échelons les unes sur les autres, pour arriver aux ruines d'un vieux château qui occupait encore le sommet de cette éminence, et dont la force avait sans doute engagé les habitans des environs à venir chercher une protection sous ses murs. Dans le fait, ce devait être une forteresse formidable ; car, du côté opposé au village, ces ruines semblaient s'élancer d'un gouffre effrayant, au fond duquel coulait le ruisseau de Saint-Ronan, qui arrosait la vallée. Du côté du sud, où la rampe était moins rapide, le terrain, jusqu'au sommet de la colline, avait été nivelé avec soin en terrasses successives qui étaient, ou, pour mieux dire, qui avaient été jointes l'une à l'autre par des marches de pierres grossièrement taillées. En temps de paix ces terrasses formaient les jardins du château; et, quand il était assiégé, elles ajoutaient à sa sûreté, car chacune d'elles commandant celles qui la suivaient, on pouvait les défendre séparément et successivement; toutes étaient aussi exposées au feu de la place. C'était une très-haute tour carrée, entourée, suivant l'usage, de bâtimens moins élevés et d'un mur à créneaux. Du côté du nord une grande montagne venait rejoindre l'éminence sur laquelle était construit le château, et cet endroit était défendu par trois tranchées larges et profondes à quelque distance l'une de l'autre. Une tranchée semblable complétait les fortifications à l'entrée principale du côté de l'est, la porte du château terminant la rue du village dont nous avons déjà parlé.

Dans les anciens jardins du château et tout à l'entour, à l'exception du côté de l'ouest, qui était bordé par un rocher taillé à pic, de grands et vieux arbres couvraient de leur sombre feuillage la montagne et les remparts antiques, augmentant ainsi l'effet imposant de l'édifice qu'on admirait au milieu des ruines.

Assis sur le seuil où — un orgueilleux portier se redressait jadis avec fierté [1], — le regard du voyageur planait sur le village dont les maisons pouvaient paraître à une imagination ardente avoir été arrêtées tout à coup en tombant du haut de la montagne, et fixées comme par magie dans l'arrangement bizarre qu'elles offaient aux yeux. C'était comme une pause soudaine dans la marche cadencée des pierres que la lyre d'Amphion appelait jadis pour fonder la ville de Thèbes. Mais la mélancolie que faisait naître dans l'esprit du spectateur la vue d'un village ruiné dissipait bientôt les chimères plus riantes de l'imagination.

Construites dans l'origine sur l'humble plan d'architecture domestique auquel on se conformait généralement

---

[1] *Voyez* la vieille ballade du roi Estmere dans le recueil de Percy. — ÉD.

en Ecosse dans les villages, la plupart de ces chaumières avaient été abandonnées depuis long-temps, et leurs toits écroulés, leurs poutres enfumées, annonçaient à la fois l'extrême pauvreté et la triste solitude des ruines. Dans quelques-unes, les solives noircies par la suie subsistaient encore en tout ou en partie comme autant d'échafaudages. Quelques autres, en partie couvertes de chaume, semblaient encore habitées, quoiqu'à peine habitables, car le feu de tourbe qui servait à préparer l'humble nourriture des villageois produisait une fumée qu'on voyait sortir non-seulement par l'issue naturelle de la cheminée, mais par diverses crevasses que le temps avait pratiquées dans la toiture.

Cependant la nature, qui change toujours, mais dont la puissance créatrice se fait sentir dans tous ses changemens, dédommageait, par la végétation, de la décadence progressive des constructions de l'homme. De petits arbustes, plantés autrefois dans les charmilles des vergers, étaient devenus de grands arbres forestiers; les arbres fruitiers avaient étendu leurs branches bien au-delà des limites de leurs anciens enclos; les haies s'étaient changées en buissons touffus et irréguliers, et une immense quantité d'orties, de liserons et de pariétaires, cachant les murs ruinés, faisait d'une scène de désolation le tableau pittoresque de la lisière d'une forêt.

Il existait pourtant encore à Saint-Ronan deux maisons en assez bon état, maisons essentielles, l'une aux besoins spirituels des habitans, l'autre aux besoins temporels des voyageurs. C'étaient la *manse*[1] du ministre et l'auberge du village. Tout ce que nous avons à dire de la première, c'est qu'elle ne faisait pas exception à la règle générale que les propriétaires d'Ecosse semblent s'être obligés à suivre en logeant leurs ministres dans les maisons les plus incommodes que l'art du maçon puisse construire au

---

(1) C'est ainsi qu'on appelle les presbytères en Ecosse. — Tr.

plus bas prix. Elle avait le nombre ordinaire de cheminées, c'est-à-dire deux, qui, s'élevant à chaque bout, et comparées à deux oreilles d'âne par un mauvais plaisant, remplissaient aussi mal que de coutume les fonctions pour lesquelles elles avaient été construites. Le vent et la pluie trouvaient pour pénétrer dans l'intérieur toutes les ouvertures d'usage qui forment si souvent le texte des plaintes qu'un ministre écossais adresse à ses confrères, membres du presbytère. Pour ajouter un dernier trait à ce tableau, nous dirons que, le ministre étant célibataire, personne ne songeait à empêcher les pourceaux d'entrer dans la cour et dans les jardins; que les carreaux de vitre cassés étaient remplacés par du papier gris, et que le désordre et la malpropreté d'une petite ferme donnée à bail à un paysan ruiné, déshonoraient la demeure d'un homme qui, indépendamment de son caractère sacré, était instruit et bien né, quoiqu'un peu original.

A côté de la manse s'élevait l'église de Saint-Ronan, petit édifice fort antique, n'ayant d'autre pavé que la terre battue, et remplie de misérables bancs, jadis de chêne sculpté, mais raccommodés avec soin en bois blanc. La forme extérieure de l'église était d'un dessin élégant, car elle avait été bâtie pour le culte de Rome, et nous ne pouvons refuser à l'architecture des catholiques la *grace* qu'en bons protestans nous ne saurions accorder à leur doctrine. Ce bâtiment portait à peine le cintre de son faîte au-dessus des monumens funéraires dont il était entouré, de telle sorte que les tertres des tombeaux atteignaient presque les fenêtres saxonnes qui l'éclairaient; on aurait pu le prendre lui-même pour un caveau ou un mausolée d'une hauteur supérieure aux autres, dont il n'était guère distingué que par sa petite tour carrée et son ancien beffroi.

Mais, quand le bedeau à cheveux gris tournait d'une main tremblante la clef de la porte de l'église dans la serrure qui la fermait encore, l'antiquaire se trouvait dans un ancien édifice que, d'après le style de l'architecture et quelques anciens monumens des Mowbrays de Saint-Ronan, sur lesquels les vieillards ne manquaient jamais d'attirer l'attention, on pouvait conjecturer avoir été bâti dès le treizième siècle.

Ces Mowbrays de Saint-Ronan semblent avoir été, à une certaine époque, une famille très-puissante. Ils étaient alliés et amis de la maison de Douglas, lorsque le pouvoir excessif de cette race de héros fit trembler les Stuarts sur le trône d'Ecosse. Il s'ensuivit, comme le dit notre ancien et naïf historien, que, — lorsque personne n'osait résister à un Douglas ni à un serviteur des Douglas, parce qu'on savait qu'on n'en serait pas le bon marchand, — la famille de Saint-Ronan partagea leur prospérité. Mais lorsque le vent changea sous le règne de Jacques II, les Saint-Ronan furent dépouillés de la plus grande partie de leurs biens, et des événemens subséquens diminuèrent encore leur importance. Ils formaient pourtant, vers le milieu du dix-septième siècle, une famille de haute considération. Sir Reginald Mowbray, après la malheureuse bataille de Dunbar, se signala par la défense de son château contre Cromwell, qui, irrité de l'opposition qu'il avait inopinément rencontrée dans un coin si obscur de la Grande-Bretagne, fit démanteler la forteresse, et employa la poudre à canon pour en faire sauter les murailles.

Après cette catastrophe, on laissa tomber en ruines les restes du vieux château; mais, quand sir Reginald revint après la révolution, il se bâtit une maison comme on les construisait dans ce siècle, et il fut assez sage pour la proportionner à la fortune déchue de sa famille. Elle était située à peu près au milieu du village, dont le voisinage n'était pas alors regardé comme un inconvénient, sur un terrain mieux nivelé que ne l'offrait le reste de la colline, où, comme nous l'avons déjà dit, les maisons, perchées les unes au-dessus des autres, semblaient comme encaissées dans le rocher sur une espèce de plate-forme. Mais celle du laird, précédée d'une cour, avait sur le derrière deux jardins contigus sur trois terrasses successives qui, parallèles au verger de l'ancien château, descendaient presque jusque sur les bords de la rivière.

La famille des Mowbrays continua à habiter ce nouvel édifice jusqu'à une cinquantaine d'années avant l'époque où commence notre histoire. La maison ayant été alors considérablement endommagée par un incendie, et le laird propriétaire en ayant recueilli, par succession, une plus commode et plus agréable à environ trois milles du village, il se détermina à abandonner l'habitation de ses ancêtres. Comme il fit couper en même temps un petit bois qui depuis un temps immémorial servait de retraite à de nombreux corbeaux, peut-être pour couvrir les dépenses de son déménagement, cette circonstance fit passer en proverbe, parmi les villageois, que la décadence de Saint-Ronan commença quand le laird Lawrence et les corbeaux le désertèrent.

La maison délaissée ne fut cependant pas abandonnée aux hiboux et aux oiseaux des déserts. Au contraire, pendant bien des années elle fut témoin de plus de plaisir et de gaieté qu'elle n'en avait vu pendant tout le temps qu'elle avait été la sombre demeure d'un grave baron écossais *du bon vieux temps*[1]. En un mot, elle fut changée en auberge et décorée d'une enseigne représentant d'un côté saint Ronan saisissant le pied fourchu du diable avec sa crosse épiscopale, comme on peut en lire l'histoire dans sa véridique légende, et de l'autre les armes de Mowbray. C'était l'auberge la plus fréquentée de tous les environs, et l'on racontait mille histoires des parties joyeuses qui avaient eu lieu dans ses murs, et des bons tours qu'on y avait joués quand on avait la tête échauffée par le bon vin. Mais cet heureux temps n'existait plus depuis bien des années.

Ce fut un lieu charmant, ou du moins on le dit ;
Mais tout a bien changé, c'est un séjour maudit [2].

(1) *Auld lang syne.* — Ed.
(2) Wordsworth. — Ed.

Le digne couple (serviteurs et protégés de la famille Mowbray) qui s'était établi dans cette auberge, après le départ du laird Lawrence, mourut en laissant à une fille unique une fortune très-raisonnable. Son père avait acquis peu à peu, non-seulement la propriété de l'auberge, dont il n'était dans l'origine que locataire, mais encore quelques excellentes prairies que les lairds de Saint-Ronan avaient vendues pièce à pièce quand ils avaient besoin de quelques fonds, soit pour donner une dot à une fille, soit pour acheter une commission dans l'armée à un fils cadet, soit enfin pour quelque autre circonstance de même nature. Meg Dods, à la mort de ses parens, était donc une héritière assez importante ; et, en cette qualité, elle eut l'honneur de refuser les offres de trois gros fermiers, de deux lairds propriétaires, et d'un riche maquignon, qui lui demandèrent successivement sa main.

Plusieurs paris furent faits en faveur du maquignon, mais les parieurs furent *pincés*. Déterminée à conserver les rênes entre ses mains, Meg ne voulut pas prendre un mari qui pourrait bientôt s'ériger en maître; et continuant à vivre dans le célibat, avec tout le despotisme de la reine Elisabeth elle-même, elle garda la main haute, non-seulement sur ses domestiques des deux sexes, mais même sur l'étranger qui arrivait chez elle. Si un voyageur s'avisait de s'opposer à la volonté souveraine et au bon plaisir de Meg, s'il désirait un autre logement que celui qu'elle lui destinait, d'autres mets que ceux qu'elle lui préparait, elle le renvoyait aussitôt avec cette réponse qui, à ce que nous dit Erasme, mettait fin à toutes plaintes dans les auberges allemandes de son temps : — *Quære aliud hospitium* [1]; ou, comme le disait Meg : — Tournez-moi les talons, et allez-vous-en dans une autre auberge. — Comme c'était se faire exiler à une distance de seize milles de la demeure de Meg, le malheureux contre qui cette sentence était prononcée

---

(1) Cherchez une autre hôtellerie. — Tr.

n'avait d'autre ressource que de chercher à apaiser le courroux de son hôtesse, et de se soumettre avec résignation à toutes ses volontés. Mais, pour rendre justice à Meg Dods, nous devons ajouter que, quoique son gouvernement fût sévère et presque despotique, on ne pouvait l'accuser de tyrannie, puisqu'elle n'exerçait son autorité que pour le bien de ses sujets.

Jamais il ne s'était trouvé dans les celliers du vieux laird, même de son temps, des vins de qualité supérieure à ceux dont Meg les remplissait. La seule difficulté était d'obtenir d'elle qu'elle vous donnât celui que vous désiriez avoir. On peut même ajouter qu'elle devenait rétive quand elle pensait qu'une société avait bu suffisamment, et en ce cas elle refusait avec opiniâtreté de garnir la table de nouvelles bouteilles. Quant à ses talens en cuisine, elle s'en faisait honneur et gloire. Elle veillait elle-même à l'apprêt de tous les mets, et il en était quelques-uns auxquels elle ne permettait à personne de mettre la main, comme, par exemple, le poulet aux poireaux et les tranches de veau en fricassée, qui, dans leur genre, disputaient la palme même aux côtelettes de veau de notre ancienne amie Mrs. Hall de Ferrybridge.

Tout le linge de lit et de table dont on se servait chez Meg était fait chez elle, d'excellente qualité, et tenu dans le meilleur ordre. Malheur à la chambrière en qui son œil de lynx découvrait quelque négligence sur l'article de la propreté! Nous pouvons même dire que, vu la profession qu'elle exerçait, et le pays où elle était née [1], nous n'avons jamais pu expliquer ses scrupules excessifs à cet égard, si ce n'est en supposant qu'elle y trouvait un prétexte aussi naturel que fréquent pour gronder ses servantes, et c'était un exercice dans lequel elle déployait tant d'éloquence et d'énergie, qu'il est permis de croire qu'elle s'en acquittait avec un certain plaisir.

---

(1) Les Écossais ont la réputation d'être assez malpropres. — Tr.

Nous devons aussi faire mention de la modération de Meg dans le prix de ses écots, ce qui, bien loin d'attrister le cœur du voyageur qui se levait de table, le délivrait souvent d'une fâcheuse appréhension. Un shilling pour le déjeuner, trois shillings pour le dîner, y compris une pinte de vieux vin de Porto; dix-huit pence pour un bon souper, tels étaient les prix courans de l'auberge de Saint-Ronan, même au commencement du dix-neuvième siècle; encore ne l'exigeait-elle jamais sans songer en soupirant que les prix de son digne père avaient toujours été moindres de plus de moitié; mais la dureté des temps ne lui permettait pas de l'imiter à cet égard.

Malgré les qualités aussi rares que précieuses d'une semblable hôtesse, l'auberge de Saint-Ronan se ressentit de la décadence du village, ce qu'on peut attribuer à diverses circonstances. D'abord la grande route qui y passait avait été détournée, la raideur de la montée, comme le disaient les postillons, étant la mort des chevaux. On pensait pourtant que le refus bien décidé de Meg de leur donner à boire gratis, et de fermer les yeux sur l'échange qu'ils aimaient à faire d'une partie de l'avoine qu'ils devaient donner à leurs chevaux contre quelques verres de *porter* et de *whisky*, n'avait pas eu peu d'influence sur l'opinion de ces braves gens, et qu'avec le secours de la pioche il n'aurait pas été impossible de rendre le chemin plus praticable. Ce changement de route était une injure que Meg ne pardonnait pas facilement aux gentilshommes des environs, qu'elle se souvenait d'avoir vus, pour la plupart, quand ils n'étaient encore qu'enfans. Ce n'est pas ainsi, disait-elle, que leurs pères en auraient agi à l'égard d'une femme sans appui.

Ensuite la décadence du village faisait par elle-même un assez grand tort à l'auberge; car il s'y trouvait autrefois un certain nombre de ténanciers feudataires et quelques lairds, qui, sous le nom de *club des siroteurs*, s'y réunissaient au moins deux ou trois fois par semaine, pour boire de la bière mélangée d'eau-de-vie ou de whisky; et tous avaient disparu.

D'une autre part, le caractère et les manières de l'hôtesse écartaient toutes les pratiques appartenant à cette classe nombreuse qui ne regarde pas l'originalité comme une excuse suffisante pour justifier une violation du décorum; et il en était de même de tous ceux qui, probablement habitués à être assez mal servis chez eux, aiment à se donner de grands airs dans une auberge, à voir qu'on leur fait des courbettes, et à s'entendre parler avec déférence et respect, quand ils envoient au diable les garçons, l'hôtesse et toute la maison. Meg savait fort bien rendre la monnaie de leur pièce à ceux qui se conduisaient ainsi chez elle, et ils trouvaient fort heureux de s'échapper de son auberge sans qu'elle leur eût tout-à-fait arraché les yeux, et sans être plus assourdis que s'ils eussent entendu le bruit de toute l'artillerie d'une bataille.

La nature avait formé l'honnête Meg pour de pareilles ripostes : et, comme son ame intrépide en faisait ses délices, tout son extérieur y était à l'avenant, comme dit Tony Lumpkin[1]. Ses cheveux gris étaient sujets à s'échapper en mèches de dessous sa coiffe, quand elle éprouvait une agitation un peu forte. Ses longs doigts se terminaient par des ongles redoutables. Enfin elle avait les yeux verts, les lèvres minces, le corps robuste, la poitrine large quoique peu arrondie, des poumons parfaits, et une voix qui aurait défié un chœur de harengères. Elle avait coutume de dire d'elle-même, quand elle était en gaieté, qu'elle aboyait plus qu'elle ne mordait. Mais c'était bien assez d'un organe sonore qui, dans l'occasion, retentissait, à ce qu'on prétend, depuis l'église jusqu'au château de Saint-Ronan.

Des qualités si remarquables n'avaient pourtant aucun

---

(1) Personnage comique de la pièce de Goldsmith, *She stoops to conquer* : Elle s'abaisse pour vaincre, ou *les Méprises d'une nuit,* pièce traduite dans les Chefs-d'œuvre des théâtres étrangers. — Ed.

charme pour les voyageurs, dans ces temps de folie et de légèreté, et l'auberge de Meg devint de moins en moins fréquentée. Mais ce qui porta le mal à l'extrême, ce fut que le hasard voulut qu'une dame vaporeuse du haut rang qui demeurait dans les environs, se persuadât qu'elle avait été guérie d'une maladie imaginaire en buvant d'une eau minérale dont la source était à un mille et demi du village. Un docteur complaisant fit l'analyse de cette eau bienfaisante, et publia la relation de diverses cures qu'elle avait opérées. Un spéculateur fit construire des maisons et même des rues près de la source salutaire. Enfin on leva de l'argent par le moyen d'une tontine, et l'on fit bâtir une auberge, à laquelle on donna le nom plus honorable d'hôtel. Ce dernier incident acheva de rendre presque déserte l'auberge de Meg Dods.

Elle avait pourtant encore ses amis et ses partisans, et la plupart d'entre eux pensaient que comme Meg n'avait ni mari ni enfans, et qu'elle jouissait d'une fortune très-honnête, elle ferait bien de renoncer aux affaires, et d'abattre une enseigne qui n'attirait plus de chalands. Mais l'esprit altier de notre hôtesse n'écoutait ni les conseils directs, ni les insinuations détournées.

— La porte de la maison de mon père, disait-elle, sera toujours ouverte aux voyageurs, jusqu'à ce que la fille de mon père en sorte les pieds en avant. Ce n'est pas pour le profit; il n'y en a guère, il n'y en a pas du tout, il y a même de la perte; mais je ne veux pas qu'on me corne aux oreilles : — Ah! ah! il leur faut un hôtel; il ne leur suffit pas d'avoir des honnêtes gens pour les servir. — Hé bien! qu'ils aillent à l'hôtel si bon leur semble, mais je leur ferai voir que leur hôtel ne culbutera pas l'auberge de la mère Dods. Oui, oui, ces oisons sauvages ont beau en avoir fait une *tontine*, et avoir enfilé toutes leurs vies au bout l'une de l'autre pour que celui qui aura la vie la plus dure finisse par jouir de tout, ce qui est une coupable présomption, je leur apprendrai que je ne suis pas faite pour leur céder, tant que j'aurai bon coffre et bon souffle.

Il fut heureux pour Meg, puisqu'elle avait formé cette noble résolution, que, quoique son auberge eût vu diminuer le nombre de ses pratiques, ses terres eussent augmenté de valeur, de manière à rétablir le niveau ; dans la balance de ses livres de comptes, la compensation alla même au-delà, ce qui, joint à sa prudence et à son économie, la mit en état d'exécuter son courageux dessein.

Mais tout en continuant sa profession, elle n'oublia pas que les profits n'en étaient plus les mêmes. Elle fit murer la moitié de ses croisées pour diminuer d'autant ses impôts ; réformant ses deux chevaux de poste [1], elle accorda une pension de retraite au vieux postillon bossu qui avait jadis le soin de les conduire, et qu'elle garda pourtant à son service, pour aider un garçon d'écurie encore plus âgé ; elle vendit de plus une partie de son mobilier. Pour se consoler de toutes ces réformes, qui blessaient secrètement son amour-propre, elle chargea le célèbre Dick Tinto [2] de repeindre l'enseigne de son père, dont le temps avait tellement affaibli les couleurs, qu'on n'y distinguait presque plus rien. En conséquence, Dick dora la crosse de l'évêque, et donna au diable un aspect si horrible, qu'il devint la terreur des marmots de l'école du village, et une sorte de commentaire muet sur les homélies par lesquelles le ministre s'efforçait d'inculquer à ses paroissiens une sainte horreur pour l'ennemi du genre humain.

Sous la restauration de ce symbole de sa profession, Meg Dods, ou Meg *Dorts* [3], sobriquet qu'on lui donnait souvent à cause de son humeur criarde, comptait encore quelques fidèles pratiques. De ce nombre étaient les membres du club de Killnakelty-Hunt, jadis fameux à la

---

(1) En Angleterre et en Ecosse la plupart des aubergistes louent des chevaux de poste. — Ed.

(2) *Voyez* l'introduction de la troisième série des *Contes de mon Hôte*. — Ed.

(3) La criarde. — Tr.

course et à la chasse; mais aujourd'hui vénérables têtes grises qui, au lieu de poursuivre le renard au grand galop, sur un coursier plein de feu, mettait à l'amble un bidet paisible, pour aller faire un bon dîner chez Meg.— Ce sont des gens honnêtes et décens, disait-elle, qui aiment à rire et à chanter. Hé! pourquoi non? Leur écot monte juste à une pinte, mesure d'Ecosse [1], par tête, et personne ne peut dire qu'ils s'en trouvent plus mal. Ce sont les écervelés d'aujourd'hui, dont la tête a plus de peine à supporter une pauvre chopine, que celle des braves gens d'autrefois n'en avait à porter la grande mesure.

Il y avait aussi une compagnie d'anciens confrères de l'*Hameçon*, qui venaient assez souvent d'Edimbourg à Saint-Ronan pendant le cours du printemps et de l'été. Meg les voyait toujours avec un œil de prédilection, et elle leur accordait chez elle une latitude qu'on ne la voyait jamais donner à d'autres. — Ce sont, disait-elle, de vieux rusés qui savent de quel côté leur pain est beurré. Vous n'en verrez jamais un seul aller à la Source, comme on appelle cette vieille mare... là-bas. Non, non; ils se lèvent de bon matin, prennent leur *parritch* [2] avec leur petit verre d'eau-de-vie, vont dans les montagnes, mangent sur l'herbe un morceau de viande froide, reviennent le soir avec leur panier plein de truites, les font apprêter pour leur souper, boivent une pinte d'ale et un verre de punch, chantent leurs canons, comme ils les appellent, jusqu'à dix heures du soir, et vont se coucher en disant : — Dieu vous bénisse : — Hé! pourquoi non?

Nous devons encore citer ici quelques bons vivans qui venaient de la métropole à Saint-Ronan, attirés par l'humeur bizarre de Meg, et encore plus par l'excellence de ses vins et le bon marché de ses écots. C'étaient des membres des clubs d'Helter-Skelter, de Wildfire et autres, formant une sorte de conspiration contre les soucis et la

---

(1) Beaucoup plus grande que celle d'Angleterre. — ED.
(2) Ragoût écossais. Espèce de pouding de farine d'avoine. — TR.

sobriété. Ces étourdis occasionaient un bouleversement général dans l'auberge, et faisaient naître les bourrasques du caractère de l'hôtesse. Ils avaient alternativement recours à la flatterie et à la force ouverte pour obtenir un nouveau renfort de bouteilles quand la conscience de Meg l'avertissait qu'ils en avaient déjà eu plus que suffisamment. Quelquefois ils échouaient dans leur entreprise; témoin un croupier du club d'Helter-Skelter qui se fit échauder par un reste de vin épicé presque bouillant que Meg lui jeta à la figure, tandis qu'il cherchait à l'embrasser pour la déterminer à en préparer d'autre; témoin aussi le président du club de Wildfire, qui eut le front caressé par un coup que Meg lui donna avec la clef de la cave, tandis qu'il s'efforçait de s'emparer de cet emblème d'autorité. Mais ces jeunes gens ardens s'inquiétaient peu de ces petits accidens, qu'ils regardaient comme *dulces Amaryllidis irœ*; et Meg, de son côté, quoiqu'elle les appelât souvent des vauriens d'ivrognes, des vagabonds d'High-Street [1], ne souffrait jamais qu'aucune autre personne en parlât mal en sa présence.—Ce sont des drôles bien osés, disait-elle, mais voilà tout. Quand le vin entre dans la tête, l'esprit en sort. On ne peut mettre une vieille tête sur de jeunes épaules. Pouvez-vous empêcher un jeune poulain de vouloir galoper soit en montant, soit en descendant? Et elle finissait par sa conclusion ordinaire : — Hé! pourquoi non?

Parmi les pratiques restées fidèles à Meg, — fidèles au milieu des infidèles, — nous ne devons pas oublier de compter le clerc du shériff du comté, personnage à nez cuivré, qui, lorsque ses devoirs officiels l'appelaient dans ce canton, échauffé par le souvenir de son excellente ale et de ses délicieuses liqueurs des Antilles, ne manquait jamais de donner avis au public qu'il tiendrait son audience et s'occuperait des affaires qui le concernaient, à

---

[1] Grande rue d'Edimbourg. — Ed.

tel jour et telle heure, dans la maison de Marguerite Dods, aubergiste à Saint-Ronan.

Il ne nous reste plus qu'à dire quelques mots sur la manière dont Meg[1] se conduisait à l'égard des voyageurs que le hasard faisait tomber chez elle, soit qu'ils ignorassent qu'il existait à très-peu de distance un hôtel plus fréquenté, soit qu'ils consultassent l'état de leur bourse plutôt que la mode. L'accueil qu'elle leur faisait était aussi précaire que l'hospitalité qu'accorde une nation sauvage aux marins qui font naufrage sur ses côtes. S'ils paraissaient être venus chez elle par choix, si leur abord lui plaisait (et elle avait le goût fort capricieux), surtout s'ils semblaient satisfaits de ce qu'elle leur offrait et peu disposés à critiquer et à donner de l'embarras, tout allait à ravir; mais s'ils étaient venus à Saint-Ronan faute d'avoir pu trouver à se loger dans l'hôtel situé près de la Source, si leur tournure lui déplaisait, et par-dessus tout s'ils se montraient difficiles à contenter, personne n'aurait pu leur donner leur congé avec plus de promptitude que Meg : elle les regardait comme faisant partie de ce public ingrat et peu généreux qui était cause qu'elle tenait son auberge à perte, et qui la rendait, en quelque sorte, victime de son zèle pour le bien public.

De là venaient les différentes versions qui couraient sur l'auberge de Saint-Ronan. Quelques voyageurs favorisés la vantaient comme la maison la plus propre et la mieux tenue de toute l'Ecosse, disant qu'on y était parfaitement servi, et qu'on y faisait excellente chère au plus juste prix; tandis que d'autres, moins heureux, ne parlaient que de l'obscurité des chambres, du délabrement du mobilier et de la mauvaise humeur de l'hôtesse.

Lecteur, si vous habitez du côté de la rive droite de la Tweed, qui est la plus voisine du soleil, — si même, étant Ecossais, vous avez l'avantage de n'être né que pendant le cours des vingt-cinq dernières années, vous pouvez re-

---

[1] Meg est une abréviation familière de Marguerite. — Tr.

garder comme un peu surchargé le portrait de cette reine Elisabeth, que je vous affuble du chapeau piqué et du tablier vert de dame Quickly [1]; mais j'en appelle à ceux de mes contemporains qui, depuis trente ans, ont connu la route pour les voitures, le chemin pour les chevaux, et le sentier pour les piétons; et je leur demande si chacun d'eux ne se souvient pas de Meg Dods ou de quelque hôtesse qui lui ressemble beaucoup. C'est une vérité telle, qu'à l'époque dont je parle j'aurais presque craint de sortir de la capitale de l'Ecosse, pour aller dans quelque direction que ce fût, de peur d'en rencontrer quelqu'une de la confrérie de dame Quickly, qui me soupçonnât d'avoir voulu la présenter au public sous les traits de Meg Dods. Mais aujourd'hui, quoiqu'il soit possible qu'il existe encore une ou deux chattes sauvages de cette espèce, leurs griffes doivent avoir été rognées par l'âge; et je crois que tout ce qu'elles peuvent faire, c'est de s'asseoir, comme le géant Pape dans le *Voyage du Pèlerin* [2], à la porte de leurs cavernes désertes, pour faire une grimace aux voyageurs sur lesquels elles exerçaient autrefois leur despotisme.

---

[1] L'aubergiste si chère à Falstaff. *Voyez* les *Joyeuses Commères de Windsor.*
— Ed.

[2] « J'aperçois devant moi une caverne où habitaient autrefois deux géans, *Pape* et *Payen*, par la cruauté tyrannique desquels avaient été mis à mort les hommes dont les ossemens, les cendres et le sang étaient encore là...... J'ai su depuis que Payen était mort depuis long-temps; et que l'autre, quoique vivant encore, était devenu, par suite de l'âge et des coups reçus dans sa jeunesse, si lourd et si impotent, qu'il ne peut plus que rester assis à l'entrée de sa caverne, faisant la grimace aux pèlerins qui passent, et se mordant les ongles de rage de ne pouvoir les atteindre. » Nous donnons cet extrait de l'allégorie anti-popale de Bunyan, pour faire comprendre la comparaison de l'auteur. — Ed.

CHAPITRE II.

L'HÔTE.

« *Quis novus hic hospes ?* »
(Dido *apud Virgilium.*)
« La fille ! quel monsieur entre dans le salon ? »
Traduction burlesque de l'Énéide, par BOOTS.

CE fut par un beau jour d'été qu'un voyageur seul, ayant passé sous la vieille porte cintrée qui conduisait dans la cour de l'auberge de Meg Dods, descendit de son cheval, et en remit la bride entre les mains du vieux postillon bossu.

—Portez ma valise dans la maison, lui dit-il ; mais non, attendez, je crois que je suis plus en état de la porter que vous. Il aida ensuite le pauvre et maigre palefrenier à détacher les courroies qui assujettissaient ce meuble aujourd'hui méprisé, lui recommanda d'avoir grand soin de débrider son cheval, de le mettre dans une bonne écurie, de lui desserrer la sangle, de lui jeter une couverture sur les reins, mais de lui laisser la selle jusqu'à ce qu'il revînt lui-même pour le voir étriller.

Le compagnon des voyages de l'étranger parut au palefrenier mériter tous ses soins. C'était un cheval vif et vigoureux, également propre à la marche et à la course, mais dont les os étaient un peu saillans, sans doute par suite d'une longue route ; car la beauté de son crin prouvait que rien n'avait été négligé pour le maintenir en bon état. Pendant que l'écuyer bossu exécutait les ordres du voyageur, celui-ci, tenant sa valise sous son bras, entra dans la cuisine de l'auberge.

Il y trouva l'hôtesse, qui n'était pas alors dans un moment de belle humeur. La servante de cuisine était sortie pour quelque affaire, et Meg, dans une revue générale de toute la vaisselle, venait de faire la découverte désagréable que des assiettes de faïence avaient été écornées ou fêlées; que les casseroles et les poêles à frire n'étaient pas écurées avec le soin qu'exigeaient ses idées de propreté, ce qui, joint à quelques autres délits de moindre importance, lui avait échauffé la bile, de sorte qu'en arrangeant et dérangeant tout ce qui se trouvait sur les planches de sa cuisine, elle murmurait à demi-voix des plaintes et des menaces contre la coupable absente.

L'arrivée d'un étranger ne l'engagea pas à suspendre ce passe-temps. Elle jeta les yeux sur lui quand il entra, et, lui tournant le dos, continua sa besogne et son soliloque de lamentations. La vérité est qu'en la personne de ce nouveau-venu elle crut reconnaître un de ces utiles envoyés de la gent commerçante, qui s'appellent et que tous les garçons d'auberge appellent *voyageurs* par excellence, tandis que les autres les nomment coureurs et porte-sacs. Or Meg avait des préventions particulières contre cette classe de chalands, parce que, comme il n'y avait aucune boutique dans le vieux village de Saint-Ronan, lesdits émissaires commerciaux trouvaient plus commode pour leurs affaires de loger dans le village naissant qu'on nommait le village de la Source; et ce n'était qu'en cas fâcheux de nécessité absolue que quelque traîneur venait chercher un abri dans le vieux village, comme on commençait à nommer généralement celui où Meg Dods demeurait. Elle n'eut donc pas plus tôt conclu, avec un peu de précipitation, que l'individu en question appartenait à cette classe privée de l'honneur de ses bonnes graces, qu'elle reprit sa première occupation, et continua son monologue, en apostrophant ses servantes absentes, sans songer à lui le moins du monde.

— Cette maudite Beenie! cette sotte d'Eppie quelles

filles du diable! Encore une assiette cassée! Elles me briseront toute la maison.

Le voyageur, qui, appuyant sa valise sur le dos d'une chaise, avait attendu que l'hôtesse lui adressât quelques mots de bienvenue, vit alors que, fantôme ou non [1], il fallait qu'il parlât le premier s'il voulait qu'on fît attention à lui.

— Mistress Marguerite Dods, lui dit-il, vous voyez une ancienne connaissance.

— Pourquoi non? Et qui êtes-vous donc, vous qui me parlez ainsi? lui demanda-t-elle tout d'une haleine. Et elle se mit à frotter un chandelier de cuivre avec encore plus d'activité qu'auparavant, le ton sec avec lequel elle avait parlé indiquant clairement le peu d'intérêt qu'elle prenait à la conversation.

— Un voyageur, ma bonne mistress Dods, qui vient vous demander à loger pour un jour ou deux.

— Je crois que vous êtes dans l'erreur. Je n'ai pas de place ici pour tous vos sacs. Vous vous êtes trompé de route, voisin, et il faut que vous et vos sacs vous descendiez un peu plus bas.

— Je vois que vous n'avez pas reçu la lettre que je vous ai écrite, mistress Dods.

— Comment l'aurais-je reçue? Ne nous a-t-on pas retiré la poste pour la placer à la source de Spa, comme ils l'appellent?

— Ce n'est qu'à quelques pas d'ici.

— Hé bien, vous y arriverez plus vite.

— Mais, si vous y aviez envoyé chercher ma lettre, vous auriez appris....

— Je n'ai besoin de rien apprendre à mon âge. Ceux qui ont à m'écrire peuvent donner leurs lettres à John Hislop, le voiturier, qui connaît la route depuis quarante ans. Quant à celles qu'on adresse à la maîtresse de poste,

---

(1) Allusion à une superstition écossaise : celui qui adresse le premier la parole à un fantôme, risque de mourir dans le courant de l'année. — Tr.

comme on l'appelle, au pied de la montagne, elles peuvent rester dans la boîte jusqu'au jugement dernier, avec un avis pour qu'on les fasse prendre, avant que je les y envoie chercher. Jamais elles ne me saliront les doigts. Maîtresse de poste! voire! l'impertinente! Je la connais bien. Je me souviens de l'avoir vue faire pénitence publique dans l'église pour avoir, avant d'être mariée... [1].

L'étranger se mit à rire; mais il interrompit l'hôtesse fort à temps pour l'honneur de la maîtresse de poste, en l'assurant qu'il avait envoyé à son affidé, le voiturier, sa ligne et sa malle, et qu'il espérait qu'elle ne refuserait pas de recevoir chez elle une ancienne connaissance, un homme qui croyait ne pouvoir dormir à son aise dans aucun lit à cinq milles de Saint-Ronan, s'il savait que celui de la chambre Bleue n'était pas occupé.

— Sa ligne! une ancienne connaissance! la chambre Bleue! répéta Meg avec un air de surprise. Et, se tournant en face de l'étranger, elle se mit à l'examiner avec intérêt et curiosité.—Vous n'êtes donc pas un porte-sac, après tout? ajouta-t-elle.

— Non, depuis que j'ai déposé ma valise sur cette chaise.

— Hé bien, tout ce que je puis dire, c'est que j'en suis bien aise. Je n'aime pas leur manière ridicule de mêler de l'anglais dans tous leurs discours. Ce n'est pas que je n'aie connu d'honnêtes garçons parmi eux; pourquoi non? Mais c'était quand ils venaient loger ici de temps en temps comme d'autres braves gens; au lieu que depuis qu'ils ont pris leur volée, comme une troupe d'oies sauvages, vers le nouvel hôtel qui est là-bas, on dit qu'ils jouent des tours d'enfer dans la chambre des voyageurs, comme on l'appelle, ni plus ni moins que si elle était pleine de jeunes lairds ivres.

— C'est qu'ils auraient besoin de vous pour main-

---

[1] Nous avons eu plusieurs fois l'occasion d'expliquer cette cérémonie du *cutty-stoll*. Voyez, dans *la Prison d'Édimbourg*, l'entretien de Jeanie Deans avec la reine Caroline. — ÉD.

tenir le bon ordre parmi eux, mistress Marguerite.

— Oui-dà, mon garçon! vous m'avez l'air d'un beau parleur; mais il ne faut pas croire que je me laisse enjôler si aisément.

Et, le regardant de nouveau en face, elle l'honora d'un examen plus attentif.

Tout ce qu'elle remarquait en lui était, dans son opinion, favorable à cet étranger. C'était un homme bien fait, de taille un peu plus qu'ordinaire, et à qui l'on aurait pu donner de vingt-cinq à trente ans; car, bien qu'au premier coup-d'œil il pût paraître avoir atteint ce dernier âge, cependant en l'examinant de plus près on pouvait croire que le soleil brûlant d'un climat plus chaud que l'Ecosse, peut-être quelque fatigue de corps et d'esprit, ou quelques soucis secrets, avaient imprimé sur ses traits les indices d'un plus grand nombre d'années qu'il n'en avait encore vu. Il possédait de grands yeux, de belles dents; et toute sa physionomie, sans avoir un caractère particulier de beauté, respirait l'esprit et la vivacité. Sa tournure, également éloignée de la gaucherie et de l'affectation, avait cette aisance qui annonce l'homme bien né; et, quoique la simplicité de ses vêtemens et la circonstance qu'aucun domestique ne l'accompagnait ne permissent pas à Meg de le regarder comme un homme très-favorisé par la fortune, il ne lui resta guère de doute que l'inconnu ne fût d'un rang supérieur à celui de ses pratiques ordinaires.

Pendant que la bonne hôtesse faisait ces observations, quelques souvenirs obscurs, se présentant confusément à son esprit, lui persuadèrent qu'elle avait effectivement déjà vu celui qui en était l'objet. Mais *quand*, mais *où*, c'était ce qu'elle ne pouvait se rappeler. Ce qui l'embarrassait surtout, c'était un air de sang-froid et de sarcasme qu'elle ne pouvait concilier avec les souvenirs que faisait naître en elle sa physionomie.

Enfin elle lui dit avec toute la politesse dont elle était

capable : — Ou je vous ai déjà vu, monsieur, ou j'ai vu quelqu'un qui vous ressemble beaucoup. Et vous connaissez la chambre Bleue? Cependant vous êtes étranger dans ce pays.

— Pas aussi étranger que vous pouvez le supposer, Meg, répondit-il en prenant un ton plus familier. Vous en serez convaincue quand je vous aurai dit mon nom : Frank Tyrrel.

— Tirl! s'écria Meg avec un accent de surprise. Impossible! Vous ne pouvez être Francie Tirl, ce jeune étourdi qui pêchait des poissons et qui dénichait des oiseaux ici il y a sept ou huit ans. Cela ne se peut pas. Francie n'était qu'un marmot.

— Mais ajoutez sept ou huit ans sur la tête de ce marmot, Meg; vous le reconnaîtrez peut-être dans l'homme qui est devant vous.

— C'est la vérité, dit Meg en jetant un coup-d'œil sur ses propres traits, qui se réfléchissaient sur une cafetière de cuivre qu'elle avait rendue brillante comme un miroir à force de la frotter; c'est la vérité pure. Il faut dans ce bas monde vieillir ou mourir. Mais, M. Tirl, car je ne dois plus vous appeler Francie, je pense que.....

— Donnez-moi tel nom qu'il vous plaira, ma bonne dame; il y a si long-temps que personne ne m'en a donné un qui annonçât quelque affection, que celui qui en prouverait me serait plus précieux que le titre de lord.

— Hé bien donc, M. Francie, si ce n'est pas vous offenser, j'espère que vous n'êtes pas un nabab[1]?

— Non, non, en vérité, mon ancienne amie. Mais, quand je serais un nabab, qu'en résulterait-il?

—Rien du tout, si ce n'est que je vous engagerais peut-être à aller loger un peu plus loin, pour y être plus mal servi. Les nababs! voire! c'est la peste du pays. Ils ont fait augmenter le prix des œufs et de la volaille à trente

---

[1] Nom qu'on donne en Angleterre à ceux qui ont fait fortune dans les Indes.
—Éd.

milles à la ronde. Mais ce n'est pas mon affaire : ils vont presque tous boire de l'eau là-bas. Il en faut beaucoup, voyez-vous, pour nettoyer leur teint cuivré, qui aurait besoin d'être frotté comme mes casseroles que personne autre que moi ne sait rendre bien luisantes.

— Hé bien, ma chère amie, le résultat est donc que je puis rester ici, et y avoir à dîner?

— Hé! pourquoi non?

— Et que j'aurai la chambre Bleue pour une couple de nuits, peut-être même pour plus long-temps?

— Je n'en sais trop rien. La chambre Bleue est la meilleure de nos chambres, et ceux qui sont près de ce qu'il y a de mieux dans ce monde ne sont pas mal partagés.

— Arrangez cela comme il vous plaira, je vous en laisse la maîtresse, et en attendant je vais voir si mon cheval ne manque de rien.

— L'homme miséricordieux pour ses semblables, dit Meg quand Tyrrel fut sorti de la cuisine, l'est aussi pour sa monture. Il a toujours eu en lui, ce M. Tirl, quelque chose qui passe l'ordinaire. Mais quel terrible changement dans son visage depuis la dernière fois que je l'ai vu! Au surplus, à cause de l'ancienne connaissance, il aura aujourd'hui un bon dîner, je puis en répondre.

Elle se mit à faire tous les préparatifs convenables avec son activité ordinaire; et elle était tellement occupée des soins de sa cuisine que, lorsque ses deux servantes reparurent, elles échappèrent à la mercuriale qu'elle leur avait destinée pour prix de leur diligence et de leur propreté. Sa complaisance alla même, lorsque Tyrrel entra dans la cuisine pour prendre sa valise, jusqu'à reprocher à Eppie d'être une fainéante, parce qu'elle ne l'avait pas encore portée dans la chambre qu'elle avait décidé qu'il occuperait.

— Je vous remercie, lui dit Tyrrel; mais j'ai des dessins et des couleurs dans ma valise, et je préfère la porter moi-même.

— Est-ce que vous faites encore le métier de peintre? demanda Meg; vous étiez un fier barbouilleur il y a quelques années.

— Je ne puis vivre sans cela, répondit Tyrrel. Et, prenant sa valise, il suivit la servante, qui le conduisit dans un appartement fort propre, où il eut bientôt la satisfaction de voir paraître le chef-d'œuvre de l'hôtesse, un ragoût de tranches de veau, avec l'accompagnement ordinaire de légumes, et une cruche d'excellente ale, que mistress Meg plaça sur la table de ses propres mains. Il ne pouvait moins faire, en reconnaissance de cet honneur, que de demander à Meg une bouteille à cachet jaune, s'il lui restait encore de ce délicieux bordeaux.

— S'il m'en reste encore! dit Meg. Oui, oui, il m'en reste, car je ne le jette pas à la tête du premier venu. Ah! je vois, M. Tyrrel, que vous n'avez pas encore renoncé à toutes vos anciennes folies. Si vous faites des peintures pour vivre, un verre d'eau et de rum vous reviendrait à meilleur marché, et vous ferait autant de bien. Mais je vois que vous voulez vous passer cette fantaisie, quand ce devrait être la dernière.

Meg partit, et au bruit de ses pas se mêla celui du trousseau de clefs qu'elle tenait à la main; après quelques instans d'absence elle apporta une bouteille de vin de Bordeaux, tel qu'aucune taverne à la mode n'en pouvait fournir, sur la demande d'un duc, et au prix qu'un duc en aurait payé. Elle ne parut pas peu flattée quand son jeune hôte l'assura qu'il n'en avait pas encore oublié le bouquet délicieux. Après ces divers actes d'hospitalité elle se retira, en laissant Tyrrel libre de jouir à son aise de toutes les bonnes choses qu'elle venait de lui servir.

Mais au fond du cœur Tyrrel nourrissait de quoi braver la puissance inspiratrice de la bonne chère et même du vin, qui ne réjouit le cœur de l'homme que lorsqu'une oppression secrète n'en neutralise pas l'influence par une réaction en sens inverse. Il se retrouvait dans des lieux qu'il avait aimés à cette époque délicieuse de la vie où la jeunesse nous fait toutes ces promesses flatteuses que l'âge mûr nous tient si rarement. Il tira sa chaise dans l'embrasure d'une croisée antique, et, levant le store pour jouir de la fraîcheur de l'air, il laissa ses pensées se reporter sur le passé, tandis que ses yeux s'arrêtaient sur des objets qu'ils n'avaient pas vus depuis plusieurs années fécondes en événemens ; ses regards pouvaient embrasser la partie inférieure du village, dont les ruines perçaient çà et là à travers la verdure et l'ombrage. Plus loin, au centre de la petite hauteur qui formait le cimetière, on apercevait l'église de Saint-Ronan. Plus loin encore, à l'endroit où la rivière de Saint-Ronan faisait sa jonction avec celle qui traversait la vallée, on distinguait, blanchies par les rayons du soleil couchant, les maisons du nouveau village, les unes déjà achevées, les autres à demi construites, dans le voisinage de la source médicinale.

Le temps change tout autour de nous, pensa Tyrrel. — Et si cette réflexion n'était pas neuve, elle était du moins bien naturelle. — Et pourquoi donc l'amour et l'amitié auraient-ils une plus longue durée que nos maisons et nos monumens ? — Et il tomba dans une sombre rêverie, qui fut troublée par l'arrivée de son hôtesse officieuse.

— Je venais vous offrir de prendre une tasse de thé, M. Francie, lui dit-elle, et cela en souvenir du vieux temps. Si vous le trouvez bon, je dirai à Beenie d'apporter ici tout ce qu'il faut, et je le préparerai moi-même. Mais je vois que vous n'avez pas encore fini votre vin.

— Pardonnez-moi, mistress Dods ; j'ai fini, et vous pouvez emporter la bouteille.

— Emporter la bouteille avant que le vin soit bu ! s'écria Meg avec un air de mécontentement ; j'espère que vous ne trouvez rien à redire au vin, M. Tirl?

A cette question, faite d'un ton presque courroucé, Tyrrel se contenta de répondre modestement qu'il avait trouvé le vin délicieux.

— Et pourquoi donc ne le buvez-vous pas? On ne doit jamais demander plus de vin qu'on n'en peut boire. Vous croyez peut-être que nous suivons ici la mode de la *table-d'hôte*, comme ils appellent là-bas leur *Ordinaire* [1], où l'on serre dans une armoire tous les restes de vinaigre qui se trouvent dans les bouteilles, comme on me l'a raconté, avec une étiquette sur le cou de chacune, pour montrer qu'elle appartient à telle ou telle pratique, de manière qu'elles sont là rangées comme des fioles d'apothicaire; — et, si pleines qu'elles puissent être, il n'y en a pas une qui pourrait remplir un honnête *mutchkin* [2].

— Il peut se faire, dit Tyrrel, ne voulant pas contrarier l'humeur et les préjugés de son ancienne connaissance, que le vin ne soit pas assez bon pour qu'on désire de l'avoir à pleine mesure.

— Vous pouvez bien le dire, et cependant ceux qui le vendent pourraient le donner à bon marché, car ils n'ont que la peine de le faire. Je réponds que la plus grande partie de leur vin n'a jamais vu la France ni le Portugal. Mais, comme je le disais, ma maison n'est pas une de ces nouvelles barraques où l'on met le vin en réserve pour ceux qui ne peuvent pas le boire. Quand le bouchon est tiré, il faut que la bouteille se vide. Hé! pourquoi non? N'est-ce pas pour cela qu'on la débouche?

— Je suis d'accord avec vous, Meg; mais la course que j'ai faite aujourd'hui m'a un peu échauffé, et je crois que la tasse de thé que vous me promettez me fera plus de bien que le reste de mon vin.

— En ce cas, ce que je puis faire de mieux pour vous, c'est de le mettre de côté pour en faire la sauce d'un salmi de canard sauvage que je vous servirai demain; car je crois que vous m'avez dit que vous demeurerez ici un ou deux jours.

— Sans contredit, Meg; c'est mon dessein.

---

(1) *Ordinaire* est le mot anglais. — ED.
(2) Mesure d'Écosse. — TR.

—A la bonne heure. Ainsi donc le reste du vin ne sera pas perdu. Ce n'est pas tous les jours qu'on en emploie de pareil pour faire un salmi ; permettez-moi de vous le dire, voisin. Mais je me rappelle le temps où, migraine ou non, vous auriez vu le fond de la bouteille, et où vous m'auriez peut-être cajolée pour vous en donner une autre. Il est vrai qu'alors vous aviez votre cousin pour vous aider. C'était un bon vivant que ce Valentin Bulmer ; mais vous étiez aussi un joyeux compère, M. Francie, et j'avais fort à faire pour vous mettre tous deux à la raison quand vous aviez envie de faire quelque escapade. Mais vous avez toujours été plus maniable que Valentin. Oh! c'était un beau garçon, avec des yeux comme des diamans, des joues comme des roses, une tête comme un tapis de bruyère. C'est le premier que j'aie vu porter des favoris, comme on les appelle ; mais aujourd'hui tout le monde fraude le barbier. Et il riait! il riait à ressusciter un mort. Je vous dis qu'il faisait tant rire, qu'il fallait tellement le surveiller, que quand il était dans la maison il n'y avait plus moyen de songer à personne. Et qu'est-il devenu votre cousin Valentin Bulmer, M. Francie?

Tyrrel baissa les yeux, et ne répondit que par un soupir.

— En vérité? est-il bien possible? Le pauvre garçon a-t-il été retiré si tôt de ce monde misérable? Hé bien, c'est une porte par où il faut que nous passions tous. Que nous soyons flacons ou pots, nous ne sommes tous que des vases fêlés, et nous ne pouvons conserver en nous la liqueur de la vie. Hélas! hélas! Et ce pauvre Valentin Bulmer était-il de la baie de Bulmer, où l'on débarque le genièvre de Hollande? On boit aussi du thé dans ce pays. J'espère que vous trouverez bon celui que je vous ai apprêté, M. Francie.

— Excellent, ma bonne dame, — répondit Franck Tyrrel ; mais c'était d'un ton à lui faire comprendre qu'elle avait entamé un sujet qui lui rappelait de fâcheux souvenirs.

— Et quand est-il mort, ce pauvre garçon? continua Meg, qui avait sa bonne part des qualités de notre mère Eve, et qui désirait savoir quelque chose sur ce qui paraissait affecter si péniblement son hôte. Mais Tyrrel ne répondit pas à son attente, et il réussit même à donner un autre cours à ses idées, en se tournant encore du côté de la fenêtre, et en regardant les nouveaux bâtimens qui s'élevaient près de la source de Saint-Ronan. Feignant de les apercevoir pour la première fois, il lui dit d'un ton d'indifférence : — Il paraît que vous avez acquis de nouveaux voisins, mistress Dods?

— Des voisins! s'écria Meg, son courroux s'enflammant, comme cela ne manquait jamais d'arriver toutes les fois qu'on faisait la moindre allusion à un sujet qui lui tenait si fort au cœur; vous pouvez les appeler voisins, si bon vous semble; mais si le diable veut emporter tout ce voisinage, ce n'est pas Meg Dods qui s'y opposera.

— Je suppose, ajouta Tyrrel, comme s'il n'eût pas remarqué son mécontentement, que c'est là l'hôtel du Renard dont j'ai entendu parler.

— Du Renard! s'écria Meg; oui, oui; et c'est ce Renard qui m'a enlevé toutes mes oies. Je pourrais bien fermer ma maison, M. Tyrrel, si c'était elle qui dût me faire vivre. Moi qui ai vu enfans tous nos gens comme il faut, qui leur ai donné de ma propre main des croquignoles et des bonbons! cela n'empêche pas qu'ils verraient la maison de mon père me tomber sur les épaules avant qu'aucun d'eux me prêtât seulement une épingle pour la soutenir. Et cependant ils ont donné chacun leurs cinquante livres pour faire bâtir ce qu'ils appellent le grand hôtel. Cela leur a bien profité, car ce coquin de Sandie Lawson ne leur a pas payé un *bawbie* [1] des quatre derniers termes de ses loyers.

— Il me semble que, si cette source est devenue si fa-

---

(1) Petite monnaie d'Ecosse. — Tr.

meuse par les cures qu'elle a opérées, le moins qu'on pouvait faire pour vous c'était de vous en nommer prêtresse.

—Moi, prêtresse! je ne suis pas de la croyance des quakers, M. Francie, je vous en réponds; et je n'ai jamais entendu parler d'une maîtresse d'auberge qui se soit faite prédicateur, si ce n'est la vieille mère Buchan dans l'ouest. Et si je me mettais à prêcher, je me flatte que j'ai trop l'esprit d'une Ecossaise pour prêcher dans la même salle où l'on a dansé toutes les nuits de la semaine, sans même en excepter celle du samedi, jusqu'à ce qu'on entende sonner minuit. Non, non, M. Francie, je laisse cela à M. Simon Chatterly, comme on appelle ce petit rejeton de l'épiscopat arrivé d'Edimbourg, qui joue aux cartes, danse six jours de la semaine, et, le septième, fait la prière dans la salle du bal, ayant pour clerc cet ivrogne de barbier, Tom Simson.

—Il me semble que le nom de M. Chatterly ne m'est point inconnu.

— Vous avez peut-être entendu parler de ce sermon qu'il a fait imprimer, où il compare cette mare à la fontaine de Bethesda, comme un impie profanateur qu'il est. Il aurait dû savoir que cet endroit a acquis sa renommée dans les jours de ténèbres du papisme, et quoiqu'ils lui aient donné le nom de Saint-Ronan, ce n'est pas à moi qu'on fera jamais accroire que le brave homme y ait jamais mis la main; car j'ai été assurée, par quelqu'un qui devait s'y connaître, que ce bon saint n'était pas Romain, mais seulement *caldien* ou *chaldien* [1], ou quelque chose de semblable. Mais ne prendrez-vous pas une autre tasse de thé, M. Francie, et une de ces tartines? Elles sont faites avec mon propre beurre frais, M. Tirl, et non avec de mauvaise graisse de cuisine, comme les gâteaux qu'on vend chez ce confiseur là-bas, et où l'on trouve plus de mouches

---

(1) La mère Dods veut parler des *Culdes*, premiers prêtres des Hébrides, dont le christianisme différait de celui de Rome. — ED.

mortes que de grains d'anis. Confiseur! Avec de la farine de seigle pour un *penny*, de la mélasse pour moins, et quelques grains d'anis, je ferais de meilleurs gâteaux qu'on n'en a jamais vu sortir de son four!

— Je n'en doute nullement, mistress Dods; je voudrais seulement savoir comment ces nouveau-venus ont pu soutenir la concurrence contre une maison aussi anciennement établie et aussi avantageusement connue que la vôtre. Je présume qu'ils le doivent à la vertu des eaux minérales; mais comment ces eaux ont-elles obtenu tout à coup tant de réputation?

— Je ne saurais vous le dire. On les regardait comme n'étant bonnes à rien, si ce n'est seulement de temps en temps à quelque enfant de pauvre qui avait gagné les écrouelles, et qui n'avait pas le moyen d'acheter pour un penny de sels. Mais milady Pénélope Penfeather tomba malade, et comme c'était d'une maladie que personne n'avait jamais eue, il fallait bien qu'elle fût guérie par un remède qui n'avait jamais guéri personne, ce qui était très-conséquent. Or milady, comme vous pouvez le savoir, a de l'esprit à volonté, car tous les savans d'Edimbourg viennent dans sa maison de Wyndywalls, qu'il plaît à milady d'appeler le château d'Air, et chacun de ces savans a son tour particulier, les uns faisant des contes et des vers tout aussi bien que Rob Burns et Allan Ramsay [1]; les autres courant sur les montagnes et dans les vallées, et brisant de grosses pierres à coups de marteau, comme s'ils étaient chargés de la réparation des routes: on dit que c'est pour voir comment le monde a été fait. On en voit qui jouent de toutes sortes d'instrumens; et il y en a qui vont se percher, comme autant de corbeaux, sur toutes les montagnes du pays, avec du papier et des crayons, pour faire aussi votre métier à vous, M. Francie; sans compter ceux qui ont été dans les pays étrangers, ou qui

---

(1) Deux poètes écossais contemporains de Meg Dods. — ÉD.

disent qu'ils y ont été, ce qui revient au même, comme vous le savez; et peut-être deux ou trois miss à queues traînantes, qui héritent des lubies de lady Pénélope, quand elle en est lasse, comme ses femmes de chambre portent ses robes de rebut. Si bien donc, qu'après l'heureuse guérison, comme on l'appelle, de milady, toute la troupe d'oisons sauvages est accourue pour s'établir autour de la mare, afin d'y dîner sur l'herbe, comme une bande d'Egyptiens; et l'on a récité des vers et chanté des airs et des chansons sans doute en l'honneur de la source, comme ils appellent cette vilaine eau, et à la gloire de lady Pénélope Penfeather. Enfin ils ont fini par boire un grand verre de cette eau admirable, qui, à ce qu'on m'a assuré, fit un grand dégât dans leur estomac, pendant qu'ils retournaient chez eux: ils appellent cela un *pique-nique*. Et c'est ainsi que cette folle de gigue a commencé sur l'air de milady; et depuis ce temps on a dansé de plus en plus sur l'air des fous. Nous avons vu arriver des maçons et des pâtissiers, des prédicateurs et des comédiens, des épiscopaux et des méthodistes, des fous et des docteurs, des architectes et des droguistes, sans parler de marchands de toute espèce, qui vendent leurs marchandises de rebut plus de trois fois leur valeur. Voilà pourtant comment s'est élevé le nouveau village de la Source, au grand détriment de l'honnête et vieux village de Saint-Ronan, où tant de braves gens vivaient heureux bien long-temps avant qu'aucun de ces nouveau-venus fût né, — avant que semblables caprices fussent nés dans leur cerveau fêlé.

— Et que dit de tout cela le laird de Saint-Ronan, votre propriétaire?

— Mon propriétaire, dites-vous, M. Francie! Le laird de Saint-Ronan n'est pas mon propriétaire, et il me semble que vous auriez pu vous en souvenir. Non, non, louange en soit rendue à qui de droit! Meg Dods est en même temps maître et maîtresse. C'est bien assez que je tienne les portes de la maison ouvertes, comme je le fais, vienne la

3

Pentecôte ou la Saint-Martin. Il y a un vieux sac de cuir, M. Francie, dans un des trous du pigeonnier du digne maître Bindloose, le clerc du shériff, c'est-à-dire dans son cabinet, et dans ce sac se trouve une bonne chartre en parchemin contenant chartre saisine, ce qui est hors de toute atteinte, et vous pouvez vous en informer quand vous le voudrez.

— Pardon, Meg, j'avais oublié que l'auberge vous appartient ; quoique je me rappelle que vous possédez aussi une quantité considérable de terres.

— Peut-être j'en possède, peut-être je n'en possède pas ; et pourquoi n'en posséderais-je pas? Mais vous me demandez ce que dit de ce qui se passe là-bas le laird de Saint-Ronan, dont le grand-père était le propriétaire de cette auberge affermée alors à mon père : il se jette sur un penny comme un coq sur un grain d'orge, et il leur a donné à rente inféodée tout le terrain autour de la mare, et qu'on nomme aujourd'hui Wellholm, ce qui était le meilleur lot de terre qu'il possédât, pour être coupé, taillé et morcelé, suivant le bon plaisir de Jock Ashler. Ce maçon se donne les airs de se dire architecte. Vous voyez que, si nous vivons dans un nouveau monde, on n'y manque pas de nouveaux mots, et c'est une autre vexation pour des gens qui ont atteint mon âge. C'est une honte au laird de laisser son ancien patrimoine s'en aller comme cela ; le cœur me saigne en y pensant, quoique je n'aie guère de raisons pour m'inquiéter de ce qu'il pourra devenir, lui et les siens.

— Le laird de Saint-Ronan est-il toujours celui que j'ai connu, vieillard avec qui vous savez que j'ai eu une querelle pour....

— Pour avoir été braconner dans les marais de Spring-Well-Head. Ah ! M. Tirl, le brave M. Bindloose vous a tiré bien adroitement de cette affaire. Non, non, ce n'est plus cet honnête homme ; c'est son fils John Mowbray. Le père repose dans l'église de Saint-Ronan depuis six ou sept ans.

— N'a-t-il pas laissé d'autre enfant que le laird actuel? demanda Tyrrel presque en balbutiant.

— C'était bien assez d'un pareil fils. Passe s'il en eût eu un autre qui eût mieux valu.

— Et il est donc mort sans laisser d'autres enfans que ce fils?

— Non vraiment. Il y a, avec votre permission, miss Clara, qui tient la maison de son frère, si l'on peut dire qu'il tienne maison, car il est presque toujours là-bas à la mare, de sorte qu'ils n'ont pas besoin de faire grande cuisine aux Shaws.

— Miss Clara doit s'y ennuyer pendant l'absence de son frère?

— Oh, non! il l'emmène souvent avec lui à la Source, comme on l'appelle, et il vous la plante au milieu de tous les fous qui s'y rassemblent, Dieu sait pourquoi, leur secouant la main, dansant avec eux et prenant part à toutes leurs folies. Je ne lui désire pas de mal, mais c'est une honte que la fille de son père se trouve avec cette troupe d'étudians, de clercs de procureurs, de porte-sacs, en un mot avec toute cette mauvaise compagnie qu'on y rencontre.

— Vous êtes trop sévère, Meg. La conduite de miss Clara mérite sans doute qu'on lui laisse toute liberté.

— Je ne dis rien contre sa conduite, reprit Meg; — il n'y a rien à en dire que je sache; mais j'aime que qui se ressemble s'assemble. Je n'ai jamais trouvé rien à redire au bal que tous les gens comme il faut donnaient dans ma maison il y a bien des années. Les vieilles gens venaient dans leurs voitures avec des chevaux noirs à longue queue; plus d'un jeune gaillard arrivait sur son cheval de chasse, et quelquefois avec une belle dame en croupe derrière lui; bien des jolies filles se montraient montées sur leur bidet; chacun s'amusait, hé! pourquoi non? Il y avait aussi le bal des fermiers, où l'on voyait de braves jeunes gens en bas bleus et en culottes de peau de daim. C'était ce qu'on peut appeler des réunions décentes. On aurait dit d'une seule famille; tout le monde s'y connaissait. A l'un, les fils de laboureurs dansaient avec les filles de fermiers; à l'autre, les hommes comme il faut offraient la main à des femmes de qualité, si ce n'est lorsque quelqu'un des gentilshommes du club de Killnakelty voulait me faire danser moi-même par forme de plaisanterie; et il arrivait souvent que je ne pouvais suivre la danse, tant je riais. A coup sûr je n'ai jamais trouvé à redire à ces plaisirs innocens, quoiqu'il m'en coûtât ensuite une semaine de travail pour remettre l'ordre dans la maison.

— Le cérémonial des assemblées dont vous parlez, Meg, ne serait pas agréable pour un étranger comme moi. Comment pourrais-je trouver une danseuse dans ces espèces de réunions de famille?

— Soyez sans inquiétude, M. Francie, dit Meg en clignant l'œil d'un air malin; jamais Tony ne manquera de Toinette, que le monde aille comme il voudra. Mais, pour mettre les choses au pire, il vaut mieux avoir quelque embarras pour trouver une danseuse que d'en prendre une le soir dont on ne puisse se débarrasser le matin.

— Est-ce que cela arrive quelquefois?

— Si cela arrive! si cela arrive parmi ces gens qui se rassemblent à la mare! Tenez, encore la dernière saison [1], comme ils l'appellent, pour ne pas chercher plus loin, le jeune Bingo Binks, cet Anglais à habit rouge, qui a une diligence qu'il conduit lui-même, se trouva accouplé un soir avec miss Rachel Bonnyrigg, la fille à longues jambes de la vieille lady Loupengirth, et ils dansèrent si longtemps ensemble, qu'on en dit plus qu'on n'aurait dû en dire. Il aurait bien voulu en rester là; mais ce n'était pas le compte de la vieille dame, et elle arrangea si bien les choses qu'il fallut que miss Rachel devînt lady Binks en dépit de sir Bingo. Il n'a jamais osé la conduire dans sa

(1) A l'imitation de Londres, où l'on appelle la saison, les mois d'avril, de mai, de juin, de juillet, époques des soirées et des bals. — Tr.

famille en Angleterre, et depuis ce temps il est toujours resté à la mare; et voilà à quoi elle est bonne.

— Et Clara, je veux dire miss Mowbray, voit-elle de pareilles femmes? demanda Tyrrel avec un empressement et un intérêt qu'il aurait voulu déguiser.

— Que voulez-vous qu'elle fasse, la pauvre fille? Il faut bien qu'elle voie les gens que voit son frère, car il est bien clair qu'elle dépend de lui. Mais en parlant de cela, je sais ce que j'ai à faire, moi, avant qu'il fasse nuit. Il y a longtemps que je suis à jaser avec vous, M. Francie.

A ces mots elle se retira en marchant d'un pas résolu, et bientôt elle fit retentir toute la maison du bruit de sa voix, en distribuant des ordres et des réprimandes à ses servantes.

Tyrrel resta quelques instants plongé dans ses réflexions. Prenant ensuite son chapeau, il alla dans l'écurie, où son cheval reconnut son maître en dressant les oreilles et avec ce hennissement par lequel ce noble animal accueille l'ami qui l'approche. S'étant assuré que rien ne manquait à son fidèle compagnon, il profita du reste du jour pour aller revoir le vieux château, ce qui faisait autrefois sa promenade favorite du soir. Il y resta tant que le crépuscule le lui permit, admirant les beautés que nous avons tâché de décrire dans le chapitre précédent, et comparant les teintes que la nuit effaçait dans le paysage qu'il avait sous les yeux, à celles de la vie humaine lorsque la jeunesse et l'espérance cessent de lui prêter la magie de leurs couleurs.

Il retourna ensuite à l'auberge, où la promenade qu'il avait faite et un léger souper consistant en un lapin du pays de Galles[1] et quelques verres d'ale brassée par la bonne dame, rendirent à son esprit plus de gaieté ou du moins plus de résignation. Il fut ensuite conduit dans la chambre

---

(1) *Welsh rabbit*, rôtie au fromage, appelée vulgairement *lapin du pays de Galles ;* comme on appelle en France *chapon de Gascogne* une croûte de pain frottée d'ail mise dans la salade. — Éd.

Bleue que Meg lui avait fait l'honneur de lui destiner, et il y passa la nuit avec tranquillité, sinon avec gaieté.

CHAPITRE III.

L'ADMINISTRATION.

« . . . . Toute société doit être gouvernée,
« La nature le veut. C'est pourquoi nous voyons
« Aux abeilles leur reine et leur chef aux moutons.
« Rome avait ses consuls, Athènes ses archontes.
« Pour établir nos us et pour régler nos comptes,
« Nous-mêmes nous avons fait choix d'un comité. »
L'Album de Saint-Ronan.

Le lendemain, Frank Tyrrel fut établi dans son nouveau domicile, et annonça son intention d'y passer quelques jours. Le vieux voiturier du village lui apporta sa ligne et sa malle, et remit à Meg la lettre que le jeune homme lui avait écrite la semaine précédente pour la prévenir de la prochaine arrivée d'une ancienne connaissance. Cet avis, quoique venu un peu tard, fut regardé par l'hôtesse comme une politesse flatteuse ; elle dit à M. Tirl, comme elle appelait Tyrrel, qu'elle était sensible à son attention civile ; quoique John Hislop, le voiturier, ne marchât pas si vite, il était plus sûr que la poste ou qu'un exprès. Elle vit aussi avec beaucoup de satisfaction qu'il n'y avait pas de fusil dans son bagage : — Car l'amour de la chasse, lui dit-elle, vous a mis dans l'embarras et moi aussi, puisque le laird a juré et tempêté comme si je faisais de ma maison un rendez-vous pour des braconniers. Et cependant comment pouvais-je empêcher deux jeunes entêtés de mettre leur fusil sur l'épaule, et de courir les champs ? D'ailleurs ils avaient permission de chasser sur les terres du voisin, et n'étaient pas obligés d'en connaître les limites; et puis, quand une bécasse vient à partir, on n'y regarde pas de si près.

Pendant un jour ou deux Tyrrel mena une vie si tranquille et si solitaire que Meg elle-même, qui, dans tout le monde entier, était la créature qui aimait le plus le tracas et le mouvement, commença à se dépiter de ne pas avoir avec lui autant d'embarras qu'elle s'y était attendue; l'indifférence de son hôte agissait probablement sur elle comme agit sur un bon cavalier la patience à toute épreuve du cheval bien dressé qu'il sent à peine sous lui.

Les promenades de Tyrrel le conduisaient exclusivement aux endroits les plus solitaires des bois et des montagnes voisines. Bien souvent il oubliait sa ligne, ou, s'il la portait, c'était uniquement afin d'avoir une excuse pour rêver sur le bord de quelque ruisseau. Aussi avait-il si peu de succès à la pêche que Meg disait que le joueur de violon de Peebles emplirait un panier de truites avant que M. Tirl en eût pris une demi-douzaine. Il se trouva donc obligé, par amour pour la paix, de rétablir sa réputation en pêchant un beau saumon.

Il ne faisait guère plus d'usage de ses crayons. Il est vrai qu'il montrait quelquefois à Meg les dessins qu'il esquissait dans ses promenades et auxquels il mettait la dernière main en rentrant; mais elle n'en faisait pas grand cas.

—Que signifient, lui disait-elle, ces morceaux de papier sur lesquels vous donnez tant de coups de crayon pour représenter ce que vous appelez des arbres, des buissons et des montagnes? Ne pouvez-vous les peindre avec du vert, du bleu et du jaune, comme tant d'autres? Ce n'est pas ainsi que vous gagnerez votre pain, M. Francie. Il faut que vous montiez sur un châssis un grand carré de toile, comme Dick Tinto, et que vous peigniez des portraits; car on a plus de plaisir à se regarder soi-même qu'à voir toutes les montagnes du monde. Je ne refuserais même pas de recevoir ici les gens de la mare qui voudraient se faire peindre par vous. Ils emploient souvent plus mal leur temps, j'en réponds, et je vous garantis que vous pourriez leur demander une guinée. Dick en prenait deux par tête, mais il avait la main exercée, et il faut savoir marcher avant de vouloir courir.

En réponse à ces remontrances Tyrrel assurait Meg Dods que les dessins dont il s'occupait avaient une valeur plus considérable qu'elle ne le pensait, que les artistes qui travaillaient en ce genre étaient souvent mieux payés que ceux qui peignaient à l'huile le portrait et le paysage. Il ajouta qu'ils servaient souvent à *illustrer*[1] les éditions de poëmes qui avaient obtenu du succès, et il sembla même lui donner à entendre qu'il était chargé lui-même d'un travail de cette espèce.

Meg ne tarda pas à faire sonner bien haut le mérite de son hôte aux oreilles de Nelly Trotter, marchande de poisson, dont la charrette formait le seul canal neutre de communication entre l'ancien et le nouveau village, et qui était dans les bonnes graces de Meg, parce que, son chemin pour se rendre à la Source la forçant à passer devant la porte de l'auberge, l'hôtesse avait toujours le premier choix du poisson. A la vérité la dame Dods avait été si souvent ennuyée des transports continuels excités par les personnes accomplies, de tous les genres, qui arrivaient chaque jour aux eaux, qu'elle était enchantée de pouvoir leur montrer qu'elle avait droit de prétendre aux honneurs du triomphe. On peut bien croire que la trompette qu'elle emboucha pour vanter les talens de son hôte ne leur fit rien perdre de leur excellence.

— Il faut que vous me donniez aujourd'hui ce que vous avez de meilleur dans votre charrette, Nelly, lui dit-elle un matin, si toutefois nous pouvons tomber d'accord sur le prix, car c'est pour un des meilleurs peintres qu'on ait

---

(1) *To illustrate*, ce qui signifie orner et expliquer. On verra ci-après pourquoi le traducteur emploie ici ce mot dans le sens anglais. — Ed.

jamais vus dans le pays. Vos grandes gens de là-bas donneraient leurs oreilles pour voir ce qu'il a fait depuis qu'il est ici. Avec trois coups de crayon en long et autant en large, il gagne des lingots d'or. Et ce n'est pas un ingrat comme ce Dick Tinto, qui n'eut pas plus tôt mis dans sa poche les bons vingt-cinq shillings qu'il m'avait demandés pour repeindre mon enseigne, qu'il courut les dépenser là-bas à leur bel hôtel. C'est un garçon sage et tranquille, qui sait se tenir où il se trouve bien, et qui n'a pas abandonné le vieux village. Hé! pourquoi non? Dites-leur tout cela, et vous verrez ce qu'ils vous répondront.

— Je n'ai que faire de jouer des jambes pour vous le dire, car je le sais d'avance. — Ils me répondront que vous êtes une vieille folle, et que j'en suis une autre; que nous pouvons avoir quelque connaissance en ce qui concerne la raie ou la morue, mais que nous ne devons pas nous frotter la barbe[1] à autre chose.

— Oseraient-ils parler ainsi, les effrontés? A moi qui depuis trente ans suis à la tête de cette maison? Je voudrais bien les entendre me parler ainsi en face. Mais je ne dis rien sans preuves. Savez-vous que j'en ai parlé au ministre? que je lui ai montré un de ces morceaux de papier que M. Tirl laisse traîner dans sa chambre, et qu'il m'a dit que lord Bidmore donnerait cinq guinées du plus médiocre? Tout le monde sait qu'il a été long-temps gouverneur dans la famille de lord Bidmore.

— Sur ma foi, commère, je crois bien que si je leur disais tout cela, ils n'en voudraient rien croire : il y a tant de connaisseurs parmi eux; ils ont une si grande opinion d'eux-mêmes et une si petite des autres, qu'à moins que je ne puisse leur faire voir le papier dont vous parlez, je suis sûre qu'ils ne croiront pas un mot de ce que je leur dirai.

— Ne pas croire ce que dit une honnête femme et ce

*(1) Expression toute locale. — ED.

qu'une autre leur répète! ô la race des incrédules! Hé bien, Nelly, puisque je suis défiée, vous prendrez ce dessin ou cette esquisse, ou n'importe son nom, et faites-leur honte à ces gens pleins d'eux-mêmes; mais ayez soin de me le rapporter, Nelly, car c'est un objet de valeur. Ayez toujours la main dessus, car je n'ai pas grande confiance dans leur honnêteté. Et vous pouvez leur dire, Nelly, qu'il y a un poëme, un poëme illustré (souvenez-vous de ce mot, *illustré.*), dans lequel on trouvera autant de ces *esquisses* qu'il y a de lardons sur un dindon piqué.

Ayant ainsi reçu ses lettres de créance, et jouant le rôle d'un héraut entre deux pays en guerre, l'honnête Nelly s'achemina avec sa petite charrette vers la source de Saint-Ronan.

Dans les endroits où l'on se réunit pour prendre les eaux, comme dans toutes les autres assemblées nombreuses de l'espèce humaine, divers genres de gouvernement ont été établis par le hasard, le caprice ou la convenance; mais presque partout on a adopté quelque moyen pour prévenir les conséquences de l'anarchie. Quelquefois le pouvoir suprême a été accordé à un maître de cérémonies; mais ce despotisme, comme tous les autres, a cessé d'être à la mode depuis quelque temps, et l'autorité de ce grand officier a été considérablement limitée, même à Bath, où Nash jouissait autrefois d'une suprématie incontestée. Des comités d'administration, composés d'individus choisis parmi les hôtes les plus assidus, ont été depuis généralement préférés, comme offrant le moyen le plus libéral pour l'exercice du pouvoir, et c'était à un semblable comité qu'était confié le gouvernement de la république naissante des eaux de Saint-Ronan.

Il est bon de faire observer que ce petit sénat avait une tâche d'autant plus difficile à remplir, que ses sujets, comme ceux de beaucoup d'autres États, étaient divisés en deux partis opposés l'un à l'autre, qui buvaient, mangeaient, dansaient et se divertissaient ensemble tous les jours, et qui cependant se haïssaient avec toute l'animosité que donnent souvent les opinions politiques. Chacun mettait tout en usage pour attirer à lui chaque nouvel arrivant et pour ridiculiser les folies et les absurdités de l'autre, en employant à cet effet tout l'esprit et toute la causticité dont chaque membre était doué.

A la tête de l'un de ces partis figurait un véritable personnage, lady Pénélope Penfeather, à qui ce nouvel établissement devait sa renommée et même son existence, et dont l'influence ne pouvait être balancée que par celle du chef de la faction opposée, le seigneur du manoir, M. Mowbray de Saint-Ronan, appelé aussi le *Squire*[1] par la compagnie.

Le rang et la fortune de la dame, ses prétentions à la beauté comme aux talens, quoique ses charmes fussent déjà un peu flétris, l'importance qu'elle s'arrogeait, comme femme à la mode, était un talisman qui réunissait autour d'elle des peintres, des poètes, des philosophes, des savans, des professeurs de sociétés littéraires, des aventuriers étrangers, *et hoc genus omne.*

Au contraire, l'influence du Squire de Saint-Ronan, comme propriétaire et noble du pays, entretenant une meute et parlant au moins de chevaux de chasse et de chevaux de course, lui assurait l'appui de tous les gentilshommes chasseurs de renards des trois comtés voisins. Avait-il besoin d'une séduction de plus, il pouvait leur accorder le privilège de chasser dans ses marais, ce qui a suffi, dans tous les temps, pour faire tourner la tête d'un jeune Ecossais. Il était depuis peu soutenu dans sa prééminence par une alliance intime contractée avec sir Bingo Binks, sage baronnet anglais, qui honteux, comme bien des gens le pensaient, de retourner dans son pays, s'était fixé à la source de Saint-Ronan, pour y jouir du bonheur

---

[1] Terme à peu près synonyme de *laird,* le seigneur de l'endroit, etc. Nous avons déjà expliqué ailleurs pourquoi ce mot de Squire nous semble devoir être importé en français aussi-bien que celui de laird. Voyez les notes de *Waverley.* — ED.

que l'hymen calédonien lui avait charitablement assuré malgré lui en le rendant époux de miss Rachel Bonnyrigg. Comme il avait une diligence, qui ne différait de la malle-poste royale qu'en ce qu'elle versait encore plus souvent, il avait sur certaine classe un crédit irrésistible, et le Squire de Saint-Ronan, le plus adroit des deux, réussit à profiter de tous les avantages de son amitié.

Les forces de ces deux factions se balançaient si également, que souvent c'était le cours du soleil qui décidait laquelle aurait une influence prédominante. Ainsi pendant la matinée, et jusqu'à l'heure du dîner, lady Pénélope conduisait son troupeau dans les champs pour visiter les ruines de quelque monument antique, pour faire un *luncheon* [1] en pique-nique sur l'herbe, pour gâter de bon papier en y traçant de mauvais dessins, et pour estropier de bons vers par une mauvaise déclamation ; en un mot,

Pour rimer, déclamer, faire mille folies.

A cette époque de la journée l'empire de lady Pénélope sur tous les oisifs semblait absolu et sans bornes. Tous étaient comme entraînés par un tourbillon dont elle était le centre et le pivot. Les chasseurs, les buveurs se joignaient même quelquefois à son cortège, quoiqu'ils semblassent ne la suivre qu'avec répugnance, d'un air sombre, ne rompant le silence que pour railler, ridiculisant ses grands airs, et faisant rire les nymphes, plus jeunes que la déesse, quand elles auraient dû prendre l'air sentimental.

Mais après le dîner la scène changeait, et souvent les plus doux sourires, les plus obligeantes invitations de milady échouaient quand il s'agissait de décider la partie neutre de la société à se lever de table pour aller prendre le thé dans le salon. Sa compagnie se réduisait alors à ceux que l'état de leur santé ou de leurs finances forçait à quitter de bonne heure la salle où l'on avait dîné, et à ses affidés

(1) Second déjeuner. — Ed.

plus intimes. La fidélité de ces derniers n'était pas même toujours inébranlable. Le poète lauréat de milady, au profit duquel elle sollicitait une souscription de chaque nouveau-venu, se sentit un jour assez indépendant pour chanter, à souper, en présence de Sa Seigneurie, une chanson d'un sens très-équivoque, et son premier peintre, qui s'occupait à lui faire des vignettes pour les *Amours des plantes* [1], puisa une autre fois tant de courage dans la bouteille, que lady Pénélope s'avisant, selon sa coutume, de faire une observation critique sur un de ses dessins, non-seulement il contredit hautement son jugement, mais il alla même jusqu'à murmurer quelques mots sur le droit qu'il avait d'être traité en homme comme il faut.

Ces deux querelles occupèrent le comité d'administration, qui intercéda le lendemain pour les coupables repentans, et qui obtint leur rétablissement dans les bonnes graces de lady Pénélope, à des conditions fort modérées. Divers autres actes de prudence et d'autorité tempérèrent l'animosité des factions, et assurèrent le repos des buveurs d'eau minérale. Ce sage gouvernement était si nécessaire à la prospérité du nouveau village, que sans cela il est probable que la source de Saint-Ronan serait retombée bien vite dans sa première obscurité. Nous devons donc tracer une légère esquisse de ce comité que les deux factions rivales, dans un élan d'abnégation personnelle, avaient investi du pouvoir suprême. Chaque membre, comme les hommes dont Fortunio compose sa suite dans le conte de fée, devait son élection à une qualité particulière. Le premier sur la liste était L'HOMME DE LA MÉDECINE, le docteur Quentin Quackleben, réclamant le droit de prononcer sur toutes les questions médicales des eaux minérales, sans doute d'après le principe, admis autrefois, qui accordait la propriété d'un pays nouvellement découvert au premier flibustier qui commettait un acte

---

[1] De Darwin, poète à qui Delille a beaucoup emprunté, et qui était alors fort à la mode. — ÉD.

de piraterie sur ses côtes. Chacun reconnaissant le mérite qu'avait le docteur d'avoir été le premier à proclamer la vertu de cette source bienfaisante, il avait été élu, d'une voix unanime, médecin en chef des eaux, et déclaré savant par acclamation. Il pouvait prouver les droits qu'il avait à ce titre par les plus profondes dissertations sur tous les sujets, depuis la méthode de cuire un œuf à la coque jusqu'à celle de faire un cours. Il était véritablement, comme bien des hommes de sa profession, en état de présenter à un malade affligé de dyspepsie le poison et l'antidote, car il aurait pu disputer la palme de la science gastronomique au docteur Redgill lui-même, ou à tout autre digne médecin qui a écrit pour le bénéfice de la cuisine, sans en excepter le docteur Moncrieff de Tippermalloch, feu le docteur Hunter d'York, et même le docteur Kitchiner de Londres [1]. Mais la cumulation des emplois excite toujours l'envie, et le docteur, laissant le soin de découper les mets et de servir les convives, à L'HOMME DE GOUT qui occupait d'office le haut bout de la table, ne se réserva que le privilège de critiquer de temps en temps, et le talent de faire honneur aux mets les plus friands qu'on servait sur la table. Pour terminer l'esquisse du savant docteur nous n'avons plus qu'à informer nos lecteurs que c'était un grand homme sec, avec de gros sourcils, et une perruque noire mal peignée, toujours placée de côté. Il passait neuf mois sur douze aux eaux de Saint-Ronan, et l'on supposait que ses finances s'en trouvaient assez bien, d'autant plus qu'il jouait le *whist* en perfection.

Le premier, parmi les membres du comité, par la place qu'il occupait à table, mais peut-être au-dessous du docteur, en autorité réelle, M. Winterblossom, était un homme qui se distinguait par sa civilité comme par la précision de ses paroles. Il portait ses cheveux en queue, et mettait de la poudre. Ses boucles de jarretières étaient garnies en

---

[1] Auteurs gastronomiques. — Ed.

pierres de Bristol, et il avait au doigt une bague à cachet, aussi large que celle de sir John Falstaff. Il avait eu, dans sa jeunesse, une petite fortune qu'il avait dissipée, en homme de bonne compagnie, en vivant dans le grand monde. On pouvait le regarder comme un anneau qui rattachait la chaîne des fats de nos jours à celle des fats du siècle précédent, et il pouvait comparer par expérience les folies des uns avec celles des autres. A un âge plus avancé il avait eu assez de bon sens pour se retirer de la carrière de la dissipation, où il avait perdu, en grande partie, sa santé et sa fortune.

Il lui restait une modique rente viagère, et il avait trouvé le moyen de concilier son goût pour la société et pour les bons repas avec ses principes d'économie, en se chargeant du rôle de président perpétuel de la table d'hôte de la source de Saint-Ronan. Il avait coutume d'y amuser la compagnie en racontant des anecdotes de Garrick, de Foote, de Bonnel Thornton, et de lord Kellie, et en donnant son opinion sur toutes les matières qui sont du ressort de ce qu'on appelle un connaisseur. Très-habile dans l'art de découper, il savait servir à chaque convive le morceau auquel il avait droit, et il ne manquait jamais de se réserver celui qu'il préférait, comme récompense de ses travaux. Nous devons dire aussi qu'il n'était pas sans goût dans les beaux-arts, principalement en musique et en peinture; mais ce goût était sec et technique, et n'était pas celui qui échauffe le cœur et qui élève l'esprit. Nous conviendrons même qu'on ne remarquait en M. Winterblossom, rien qui indiquât la chaleur de l'ame et l'élévation des sentimens. C'était un égoïste adroit et sensuel, mais il réussissait à dissimuler cette dernière *qualité* sous un vernis spécieux de complaisance. Cependant, au milieu de ses efforts constans pour faire les honneurs de la table avec tous les apprêts de la cérémonie la plus pointilleuse, on aurait pu remarquer qu'il ne songeait jamais aux besoins des autres qu'après s'être assuré que les siens seraient complètement satisfaits.

M. Winterblossom était aussi connu pour posséder quelques gravures curieuses et d'autres objets appartenant aux beaux-arts. En les exposant à la vue de ses amis, il bannissait l'ennui qui aurait pu se glisser parmi eux pendant une matinée pluvieuse. Il avait fait cette collection, *viis et modis*, comme le disait L'HOMME DE LOI, autre membre distingué du comité en adressant un coup d'œil d'intelligence à son voisin.

Nous avons peu de choses à dire de ce personnage. C'était un vieillard nommé Micklewham, homme à taille épaisse, à grosse voix, à visage écarlate, et procureur de province, qui faisait les affaires du Squire de Saint-Ronan, au grand avantage de l'un ou de l'autre, sinon de tous deux. Son nez très-saillant aurait pu être comparé à l'aiguille contournée d'un vieux cadran solaire. Il était aussi intolérant et aussi absolu dans ses opinions que s'il eût suivi la profession militaire. C'était lui qui avait dressé tous les actes qui avaient été nécessaires pour le morcellement du terrain environnant la source, cause de tant de regrets pour Meg Dods, afin d'y établir des maisons, des jardins et des enclos. Enfin il était au mieux avec le docteur Quackleben, qui le recommandait à tous ses malades quand ils voulaient faire leur testament.

Après l'homme de loi venait le capitaine Hector Mac Turk, né dans les montagnes d'Ecosse, et depuis bien long-temps capitaine à demi-solde. Il préférait au vin le *toddy* le plus fort [1], et il avalait tous les jours de cette manière la plus grande partie d'une bouteille de whisky, dont il buvait le reste au naturel. On le nommait L'HOMME DE PAIX, d'après le même principe qui fait nommer officiers de paix les satellites de police de Bow-Street ou d'ailleurs, qu'on voit figurer dans toutes les scènes de désordre et

---

(1) Espèce de punch fait avec du whisky. — ED.

de tumulte, c'est-à-dire parce que sa valeur forçait les autres à se conduire avec discrétion. Il était l'arbitre général de toutes ces querelles qui meurent en naissant, et si fréquentes dans de semblables lieux, éclatant le soir avec tant de promptitude, et arrangées si paisiblement le lendemain matin. Il allait quelquefois jusqu'à s'en faire une lui-même pour débarrasser la compagnie de quelque individu qui aurait pu y semer la discorde. Les soins dont le capitaine Mac Turk se chargeait à cet égard faisaient qu'il était généralement respecté. C'était un homme toujours prêt à se battre, n'importe contre qui. On ne pouvait trouver aucun prétexte pour refuser d'accepter un cartel de sa part, et l'on courait un vrai danger dans un duel avec lui, car il montrait de temps en temps qu'il était en état de moucher une chandelle avec la balle d'un pistolet. Enfin un duel avec lui ne pouvait procurer ni honneur ni renommée à son antagoniste. Il portait toujours un habit bleu à collet rouge, avait une fierté taciturne, mangeait des poireaux avec son fromage, et ressemblait, pour le teint, à un hareng pec de Hollande.

Il reste encore à mentionner L'HOMME DE RELIGION, le doux et révérend M. Simon Chatterly, arrivé aux eaux de Saint-Ronan des bords du Cam ou de l'Isis [1], et qui se piquait d'abord de savoir parfaitement le grec, et ensuite d'être d'une politesse achevée avec les dames. Pendant les six premiers jours de la semaine, comme Meg Dods l'avait dit à Tyrrel, il prenait place à une table de whist, ou figurait dans une contredanse, suivant que ses services pouvaient être agréables à une douairière ou à une jeune demoiselle; le dimanche il faisait la prière dans la salle commune, en présence de tous ceux qui voulaient y assister. Il savait aussi proposer des charades et deviner des énigmes; il jouait passablement de la flûte, et il avait été le principal coadjuteur de M. Winterblossom pour pratiquer ces sentiers pittoresques qui, semblables aux

---

(1) Rivières de Cambridge et d'Oxford. — Ed.

lignes de zig-zag par lesquelles on réunit les parallèles dans les fortifications, aboutissaient au sommet de la montagne derrière l'hôtel, et d'où l'on jouissait d'un superbe point de vue, en cherchant pas à pas l'angle heureux qui permet à un homme d'offrir le bras à une dame, et à celle-ci de l'accepter, sans qu'on puisse y trouver à redire.

Il y avait encore un autre membre de ce comité choisi, M. Michel Meredith, L'HOMME DE JOIE, ou, si vous le voulez, le Jack Pudding [1] de la compagnie, car son emploi était de faire les meilleures chansons. Malheureusement ce fonctionnaire était alors absent de Saint-Ronan; car, oubliant qu'il ne portait pas le costume privilégié de sa profession, il s'était permis de faire sur le capitaine Mac Turk quelques plaisanteries qui avaient blessé l'homme de paix tellement au vif, que M. Meredith avait éprouvé tout à coup le besoin d'aller prendre le lait de chèvre à dix milles de distance, et il y attendait, dans une retraite prudente, que cette affaire fût arrangée par l'intervention de ses confrères du comité.

Tels étaient les honorables personnages à la tête des affaires de cette colonie naissante, et qui les dirigeaient avec autant d'impartialité qu'on pouvait en attendre. Ce n'était pas qu'ils n'eussent leurs prédilections secrètes; car le procureur et le capitaine penchaient fortement pour le parti du squire de Saint-Ronan, tandis que M. Winterblossom, le ministre et M. Meredith étaient plus dévoués aux intérêts de lady Pénélope; de sorte qu'il n'y avait que le docteur Quackleben qui, se souvenant sans doute que les hommes sont attaqués de maladies causées par la plénitude de l'estomac, comme les dames le sont de maux occasionés par la délicatesse de leurs nerfs, conservât de fait, comme en apparence, la plus stricte neutralité. Quoi qu'il en soit, ce respectable sénat prenait fort à cœur les

---

[1] Le Jean-Farine, le bouffon. — ED.

intérêts de l'établissement, et chacun des membres qui le composaient sentant que son plaisir ou son intérêt personnel exigeait qu'il fût maintenu, ils ne permettaient pas à leurs affections particulières de nuire à l'exécution de leurs devoirs publics, et ils concouraient, chacun dans sa sphère, au bien général de la communauté.

CHAPITRE IV.

L'INVITATION.

> « C'est ainsi que le peintre a révélé son nom. »
> PRIOR.

Le tumulte qui règne quand on dessert une table d'hôte s'était apaisé. Le bruit des assiettes, des couteaux et des fourchettes qu'on enlevait; le tapage de domestiques maladroits d'une auberge de village, se marchant sur les pieds les uns des autres, et se heurtant en voulant passer trois de front par une porte étroite; le cliquetis des verres renversés par trop d'empressement; les cris de l'hôtesse; les juremens à voix basse mais énergiques de l'hôte : tout cela avait cessé de se faire entendre; et les personnes de la compagnie qui avaient des domestiques à eux, avaient reçu de leurs Ganimèdes particuliers les restes de leurs bouteilles de vin, d'eau-de-vie, etc., etc., en tant que les susdits Ganimèdes ne les avaient pas préalablement vidées; tandis que les autres convives, exercés à la patience par M. Winterblossom, attendaient tranquillement que les commissions ordinaires et multipliées que le digne président donnait à une jeune fille dégourdie et à un lourdaud de garçon, tous deux domestiques de l'auberge, eussent été exécutées, car il ne leur permettait de s'occuper des autres, comme le dit l'hymne,

> Que lorsque ses besoins étaient tous satisfaits.

—Allons, Dina, disait M. Winterblossom, ma bouteille de *sherry*; placez-la ici, Dina. — Voilà une bonne fille! — Et vous, Toby, allez me chercher un pot d'eau chaude. Ayez soin qu'elle soit bouillante, et n'en répandez pas sur lady Pénélope, si vous le pouvez.

— Non, dit le squire, car Sa Seigneurie a déjà été échaudée aujourd'hui [1]; sarcasme auquel lady Pénélope ne répondit que par un regard de mépris.

— Hé! Dina! apportez le sucre; le sucre si doux des Indes orientales. — Et un citron, Dina, un de ceux qui sont arrivés aujourd'hui. — Allez le chercher, Toby, et ne vous laissez pas tomber sur l'escalier en l'apportant, si vous le pouvez. — Hé bien, Dina! où allez-vous donc? Mettez un coussin derrière mon dos, ma bonne fille, et n'oubliez pas le gingembre et la muscade. — Un moment, Dina; mettez un tabouret sous mes pieds. — Mon orteil se trouve mal, milady, de la promenade que j'ai faite avec vous ce matin jusqu'au haut du Belvédère.

— Milady peut donner à cette montagne tel nom qu'il lui plaira dans la conversation, dit le procureur; mais sur papier timbré, elle se nommera toujours Munt-Gruntzie, comme le prouvent maints documens et toutes les anciennes chartres.

— Dina, continua le président, ramassez mon mouchoir. — Donnez-moi du biscuit, Dina, et... et... Il me semble que je n'ai plus besoin de rien. Ayez soin de servir la compagnie, ma bonne fille. — J'ai l'honneur de boire à la santé de toute la compagnie. — Milady me fera-t-elle l'honneur d'accepter un verre de négus [2]? C'est le fils du vieux Dartineuf qui m'a appris à le faire. Il se servait tou-

---

(1) Proverbe anglais signifiant qu'on a éprouvé quelque contrariété, qu'on a de l'humeur. — Tr.

(2) Espèce de limonade au vin. — Tr.

jours de sucre des Indes orientales, et il y ajoutait habituellement un tamarin, ce qui en relève encore la saveur. — Dina, demandez à votre père s'il a des tamarins. — Dartineuf connaissait les bonnes choses aussi bien que son père. Je l'ai rencontré à Bath, dans l'année... attendez... Garrick quittait alors le théâtre; c'était en... etc. — Et qu'est-ce que cela, Dina? demanda-t-il à la jeune servante qui lui présentait un papier.

— C'est quelque chose que vient d'apporter Nelly Trotter. (Nelly la Trotteuse, comme l'appelait la compagnie), et c'est l'ouvrage de quelqu'un logé chez la femme (car c'était ainsi que l'impertinente désignait la misérable mistress Marguerite Dods) qui tient l'auberge du *Croc*. Ce nom injurieux avait été donné à la modeste auberge à cause de l'usage que le saint de l'enseigne faisait de sa crosse épiscopale.

— Oui-dà, Dina, dit M. Winterblossom en prenant ses lunettes, dont il essuya soigneusement les verres avant de dérouler le papier; c'est quelque croûte sans doute, ouvrage d'un enfant que papa et maman voudraient faire entrer à l'école gratuite de dessin, et qui me font relancer ici pour tâcher d'obtenir cette faveur par mon crédit. Mais mon crédit est épuisé, mon enfant; j'y ai fait recevoir trois jeunes gens l'hiver dernier, et je n'y aurais pas réussi si je n'étais ami intime du secrétaire, qui me demande mon opinion de temps en temps. — Hé mais! que diable est ceci? — Une croûte, disais-je? — Il y a de la vigueur et de la méthode dans ce coup de crayon. — Qui diable peut avoir fait ce dessin? — Voyez seulement ce ciel, milady; sur ma foi, c'est vraiment un bon morceau, un excellent morceau! — Mais encore une fois, qui peut en être l'auteur? comment est-il tombé sur le fumier de ce vieux village? comment loge-t-il chez cette aboyeuse[1] (mille pardons, milady) qui y a son chenil?

(1) *Bitch*. On sait quelle horreur le mot *chien* au féminin inspire à une dame anglaise, qui écoute sans rougir au spectacle les pièces de Shakspeare et de Congrève.
— Ed.

— Je gagerais, milady, dit une petite miss de quatorze ans, dont les yeux devenaient de plus en plus ronds, et les joues de plus en plus rouges, à mesure qu'elle s'apercevait qu'elle parlait et que tant de monde l'écoutait; je gagerais que c'est lui que nous avons rencontré un jour en nous promenant dans le Low-Wood. Il avait l'air d'un homme comme il faut, quoiqu'il ne fût pas de votre compagnie; et vous avez dit que c'était un joli homme.

— Je n'ai pas dit qu'il fût joli homme, Maria, répondit lady Pénélope; jamais une dame ne dit d'un homme qu'il est joli. J'ai seulement dit qu'il avait l'air intéressant et bien né.

— Et c'est, milady, dit le jeune ministre en faisant une révérence et en souriant, c'est ce que toute la compagnie regardera comme le compliment le plus flatteur. Nous allons tous être jaloux de l'inconnu.

— Mais, continua la douce et communicative Maria avec une simplicité partie réelle, partie affectée, Votre Seigneurie n'a pas une bonne mémoire, car vous m'avez dit l'instant d'après que ce n'était sûrement pas un homme bien né, puisqu'il ne s'était pas arrêté pour ramasser votre gant, que vous aviez laissé tomber; de sorte que je fus obligée de retourner sur mes pas pour l'aller chercher, et il ne songea seulement pas à m'épargner la peine de me baisser. Je l'ai vu de plus près que Votre Seigneurie, et je puis vous assurer que c'est un très-bel homme, quoiqu'il ne soit pas très-poli.

— Vous parlez trop, et trop haut, miss, dit lady Pénélope; — et un rouge naturel rehaussa la *nuance* de celui qui fardait ordinairement ses joues.

— Que dites-vous de cela, Mowbray? dit l'élégant sir Bingo Binks.

— C'est un défi, sir Bingo, répondit le squire. Quand une dame jette le gant, un homme peut jeter le mouchoir.

— J'ai le bonheur de vous entendre toujours donner à

mes paroles et mes actions l'interprétation la plus *favorable*, M. Mowbray, dit la dame avec dignité. Je suppose que miss Maria a imaginé cette jolie histoire pour vous amuser. Je ne sais comment je pourrais me justifier auprès de mistress Diggs de l'avoir amenée dans une société où on l'encourage à se conduire de la sorte.

— Allons, allons, milady, dit le président, passez sur cette plaisanterie; et, puisque cette esquisse est véritablement un petit chef-d'œuvre, faites-nous l'honneur de nous donner votre opinion sur la question de savoir si nous pouvons, sans blesser les convenances, faire quelques avances à cet homme.

— Mon opinion, dit lady Pénélope, colorée encore du rouge de l'indignation, c'est qu'il y a déjà assez d'hommes parmi nous. Je voudrais pouvoir dire d'hommes comme il faut; mais de la manière dont ils s'y conduisent, je ne vois pas ce que les dames ont à faire à Saint-Ronan.

L'effet de cette insinuation était toujours de ramener le squire au ton de la bonne compagnie, qu'il savait fort bien prendre quand cela lui plaisait. Grace à quelques complimens flatteurs, il rendit à lady Pénélope sa bonne humeur, et elle finit par lui dire en souriant qu'elle ne pouvait se fier à lui, à moins qu'il n'amenât sa sœur pour caution de sa politesse future.

— Milady, répondit Mowbray, Clara est un peu volontaire, et je crois qu'il faut que vous preniez la peine d'aller la relancer vous-même. Que dites-vous d'une excursion à l'improviste dans ma vieille boutique? C'est une maison de garçon, il ne faut pas vous attendre à y trouver beaucoup d'ordre; mais Clara se fera un honneur...

Lady Pénélope accepta avec empressement une proposition qui lui promettait une sorte de partie de plaisir, et, complètement réconciliée avec Mowbray, elle lui demanda si elle pourrait amener avec elle l'artiste étranger, pourvu que ce soit un homme comme il faut, ajouta-t-elle en regardant Dina.

— Ah ! il n'y a pas à en douter, dit Dina, et qui plus est c'est un poète *illustré.*

— Un poète *illustré*, Dina ! s'écria lady Pénélope ; vous voulez dire un poète illustre.

— Je crois que Votre Seigneurie a raison, répondit Dina en faisant sa petite révérence.

Un murmure joyeux, mais annonçant l'impatience et la curiosité, se fit entendre parmi la faction des bas bleus [1], et le reste de la société ne fut pas tout-à-fait indifférent à cette nouvelle. Les uns appartenaient à cette classe qui, comme le jeune Ascagne, ne cesse de courir après un lion pour relancer plus souvent un grand sot [2] ; et les autres, ayant laissé chez eux leurs affaires ordinaires et tout ce qui pouvait les intéresser, n'étaient pas fâchés de donner quelque importance à l'incident le plus trivial. — Un poète illustre ! dit un des convives, et qui pourrait-ce donc être ? — On cita tous les noms des poètes connus ; on fit la revue de toute la Grande-Bretagne, depuis les montagnes d'Ecosse jusqu'aux lacs de Cumberland ; depuis Sydenham-Common jusqu'à Saint-James-Place. On alla même jusqu'aux rives du Bosphore [3] pour voir s'il ne s'y trouverait pas quelque nom à qui cette épithète glorieuse pût s'appliquer. — Mais joindre le talent d'un habile dessinateur à celui d'un poète illustre ! — Qui pourrait-ce donc être ? — Et ceux des convives qui n'avaient pas une idée à eux à suggérer, répétèrent en chœur : — Qui pourrait-ce donc être ?

Les membres du club de Bordeaux, qui étaient les plus fermes adhérens du laird de Saint-Ronan et du baronnet,

---

(1) On appelle *bas-bleus*, en Angleterre, les précieuses ridicules de la littérature, les *femmes savantes*, etc. — Tr.

(2) Il y a dans le texte *bore*, un sot, un fâcheux ; mais *bore* se prononce comme *boar*, sanglier. Jeu de mots intraduisible. L'auteur y trouve l'occasion de la note suivante :

« Ascagne désirait autant l'un que l'autre.

Optat aprum aut fulvum descendere monte leonem.

Les Troyens modernes font une grande différence entre le *lion* et le *bore* (le sot). »
— Ed.

(3) Lord Byron était alors en Turquie. — Ed.

gens qui se seraient crus déshonorés s'ils avaient gardé pour le repas du lendemain un reste de bouteille du dîner de la veille; quelque peu de goût qu'ils eussent pour la littérature et les arts, trouvèrent pourtant aussi dans cet inconnu de quoi éveiller en eux quelque intérêt.

— Sir Bingo, dit Mowbray, je suis sûr que c'est ce jeune homme que nous avons rencontré samedi dernier près de la petite rivière de Willow-Slack. Il était vêtu tout-à-fait sans façon, et je l'ai vu jeter dans l'eau, d'une seule main, plus de six toises de ligne. L'appât tomba aussi légèrement que l'aurait fait une plume.

— Uich! répondit le baronnet avec l'accent d'un chien que son collier étrangle.

— Et vous vous rappelez sans doute que nous l'avons vu tirer de l'eau un saumon, un superbe poisson : j'ose dire qu'il pesait bien dix-huit livres.

— Seize, dit sir Bingo du même ton de strangulation.

— Pas de plaisanterie, Bingo : il était plus près de dix-huit que de seize.

— Plus près de seize; de par...

— Oseriez-vous parier une douzaine de flacons à vider avec toute la compagnie?

— Non, Dieu me damne! A vider dans notre club...

— Hé bien, je dis fait!

— Soit, fait!

Et chacun d'eux prit son porte-feuille de maroquin rouge, pour y inscrire la gageure.

— Mais qui décidera la gageure? demanda Mowbray. Ce sera ce grand génie lui-même, sans doute. J'entends qu'on parle de l'inviter à venir ici; mais je doute qu'il se soucie de pareils originaux.

— Je lui écrirai moi-même, John.

— Vous! vous, écrire! Du diable si vous le faites! Vous n'en ferez rien.

— Je le ferai, grommela sir Bingo d'une voix mieux articulée que de coutume.

—Mais vous n'en êtes pas en état. Vous n'avez pas écrit deux lignes en toute votre vie, excepté celles qui vous ont valu le fouet à l'école.

— Je puis écrire. J'écrirai. Deux contre un que j'écrirai.

L'affaire en resta là, car toute la compagnie était occupée d'une discussion importante; il s'agissait de déterminer quel était le moyen le plus convenable à employer pour ouvrir une communication avec le mystérieux étranger; et la voix de M. Winterblossom, belle autrefois, mais que l'âge avait réduite au fausset, faisait entendre les mots : A l'ordre! à l'ordre! Nos deux interlocuteurs furent obligés de rester en silence, les coudes appuyés sur la table, montrant, en bâillant et en toussant, le peu d'intérêt qu'ils prenaient à la consultation, tandis que le reste de la société y mettait autant de chaleur que si c'eût été une question de vie ou de mort.

—Une visite par un de ces messieurs; par M. Winterblossom, par exemple, s'il voulait bien s'en donner la peine, au nom de toute la compagnie, serait un préliminaire indispensable à une invitation, dit lady Pénélope.

M. Winterblossom était tout-à-fait de l'avis de Sa Seigneurie. Il se serait fait un plaisir d'être le représentant de la société réunie aux eaux de Saint-Ronan; mais pour aller à l'ancien village il y avait une montagne à gravir, et son tyran, la goutte, comme Sa Seigneurie le savait, l'attendait sur les frontières. Il se trouvait dans la compagnie d'hommes plus jeunes, plus dignes de voler pour exécuter les ordres de Vénus, qu'un vieux Vulcain comme lui : il y avait le vaillant Mars, l'éloquent Mercure.

En parlant ainsi, il salua le capitaine Mac Turk et le révérend M. Chatterly; et, s'appuyant sur un fauteuil, huma quelques gorgées de son négus avec l'air satisfait d'un homme qui, grace à quelques belles phrases, s'est débarrassé d'une commission peu agréable. En même temps, et probablement par distraction, il mit en poche le dessin qui, après avoir fait le tour de la table, était revenu au point de départ, c'est-à-dire entre les mains du président.

— Milady, de par Dieu! dit le capitaine Mac Turk, je me ferais gloire d'être chargé d'une mission par Votre Seigneurie; mais de par Dieu, jamais je ne vais rendre la première visite à un homme qui ne m'en a pas d'abord fait une lui-même, à moins que ce ne soit pour lui porter, de la part d'un ami, un message en forme de cartel, ou quelque autre chose semblable.

— Au diable le vieux connaisseur! dit le squire au baronnet; le voilà qui empoche le dessin.

— Hé bien, John, ferme sur les étriers, la lance en avant contre lui.

— Grand merci, Bingo; mais il n'y a pas de quoi. Winterblossom est des nôtres; il en a été du moins, et il est encore alerte à la parade. Il a encore la visière juste, et il toucherait le blanc à vingt pas. Mais silence! les voilà qui entreprennent le ministre.

Effectivement, chacun s'empressait d'engager M. Chatterly à se charger de la visite à rendre au génie inconnu. Mais quoiqu'il sourît de la manière la plus agréable, et qu'il lui fût absolument impossible de prononcer un refus positif, il supplia avec toute humilité qu'on le dispensât de faire cette démarche. — La vérité est, dit-il, qu'ayant été un jour voir les ruines du château de Saint-Ronan, et me trouvant échauffé par cette course, je frappai à la porte de ce cabaret (mot qu'il prononça avec un accent de dégoût et de mépris), et je demandai qu'on me donnât un verre de sirop de capillaire ou quelque autre breuvage rafraîchissant; mais à peine avais-je exprimé mes désirs qu'une fenêtre s'ouvrit tout à coup, et, avant que j'eusse le temps de lever la tête, je me sentis inondé d'un déluge d'eau (telle fut du moins l'expression qu'il employa), tandis que la voix aigre d'une vieille sorcière me criait que si cette douche ne suffisait pas pour me rafraîchir, elle m'en donnerait une autre ; avis qui me porta à me retirer avec précipitation, pour ne pas m'exposer à une seconde douche.

On rit d'autant plus aux dépens du ministre, que la relation de son infortune paraissait lui avoir été arrachée malgré lui, par la nécessité de trouver quelque excuse suffisante pour se dispenser d'exécuter les ordres d'une dame. Mais le squire et le baronnet prolongèrent leurs éclats de rire plus long-temps que le décorum ne le permettait, s'appuyant sur le dossier de leur chaise, les mains dans leurs goussets et la bouche ouverte par cet accès d'hilarité, tandis que le pauvre ministre, déconcerté, se rendit encore, en voulant prendre un air méprisant, l'objet de la risée générale.

Quand M. Winterblossom eut réussi à rétablir l'ordre jusqu'à un certain point, il vit que la relation de M. Chatterly, tout en amusant la société, l'avait aussi intimidée. Il ne s'y trouva personne qui voulût aller comme envoyé extraordinaire dans les domaines de la reine Meg, qu'on soupçonnait de ne pas avoir un très-grand respect pour le caractère sacré d'un ambassadeur. Mais ce qui était encore plus fâcheux, c'est que lorsqu'il eut été résolu qu'au lieu de rendre une visite personnelle à l'inconnu, M. Winterblossom lui ferait une invitation par écrit, au nom de toute la compagnie, Dina assura qu'il n'y avait personne dans l'hôtel qui voulût se charger de porter cette lettre; car, deux ans auparavant, pareil événement ayant eu lieu, Meg, regardant l'envoi d'une missive comme une tentative pour débaucher une de ses pratiques, avait si bien fait sentir au valet de charrue qui en était chargé la pesanteur de ses poings et le tranchant de ses ongles, qu'il s'enfuit du pays et ne s'arrêta qu'à dix milles de distance, dans un village où il trouva une troupe de recruteurs, et où il s'enrôla, aimant mieux faire face à une compagnie de grenadiers français qu'à mistress Meg Dods dans sa colère.

Pendant qu'on discutait sur cette nouvelle difficulté, des clameurs se firent entendre sur l'escalier, et l'on ne fut pas sans quelque crainte que la redoutable Meg ne fût venue elle-même faire sur le territoire ennemi l'invasion dont le sien était menacé. On apprit pourtant bientôt que ce n'était que sa commère Nelly Trotter ou Nelly la Trotteuse, qui cherchait à se frayer un chemin, malgré l'opposition des valets et des servantes de l'hôtel, pour aller réclamer la peinture de la mère Dods, comme elle appelait le dessin. L'annonce d'un pareil projet fit trembler le connaisseur, qui plaça une main sur la poche dans laquelle il avait mis son trésor, et qui, de l'autre, glissant une demi-couronne dans celle de Toby, lui dit de la lui donner, et d'exercer toute son influence sur elle pour l'empêcher d'entrer. Toby, qui connaissait mieux le côté faible de Nelly, confisqua la demi-couronne à son profit, et prit sur le buffet un grand verre qu'il remplit de whisky. Armé de cette manière, il se présenta hardiment devant elle, et opposa à sa course un *rémora* auquel toute sa détermination n'aurait pu la rendre capable de résister. Non-seulement il réussit ainsi à détourner l'orage qui menaçait de fondre sur la compagnie, et notamment sur M. Winterblossom, mais il ne tarda même pas à rapporter l'agréable assurance que Nelly, quand elle aurait dormi une couple d'heures dans la grange, se chargerait de tous les messages qu'on voudrait lui donner pour l'inconnu logé dans le cabaret du vieux village.

M. Winterblossom ayant donné un caractère légal à la démarche qu'il allait faire, en mentionnant sur le registre du comité l'autorisation qu'il avait reçue, écrivit son invitation dans le style le plus fleuri de la diplomatie, et cacheta son billet du sceau de la société, sur lequel on avait gravé quelque chose qui n'était pas sans quelque ressemblance avec une nymphe assise près d'une urne.

Les deux factions rivales ne se fièrent pourtant pas entièrement à cette invitation officielle. Lady Pénélope pensa qu'il était indispensable de trouver quelque moyen pour informer l'étranger, homme à talens, sans contredit, qu'il existait dans la société dont il était engagé à faire partie des esprits d'élite qui se sentaient dignes d'aller l'interrompre dans sa solitude.

En conséquence Sa Seigneurie imposa à M. Chatterly la tâche d'exprimer en vers le désir qu'avait la compagnie de voir l'artiste inconnu. Mais la muse du pauvre ministre ne lui fut pas propice, car après une demi-heure de travail il ne put accoucher que de deux vers, que nous allons donner avec les variantes, le tout fidèlement copié sur son manuscrit, comme le docteur Johnson a imprimé les corrections faites par Pope dans sa traduction de l'Iliade.

> 1° *Jeunes filles;* 2° *dames — en ce jour nous prions*
> Nymphes de Saint-Ronan, nous nous réunissons,
> 1° *Berger;* 2° *homme,*
> Pour prier l'homme habile à rimer, dessiner,
> . . . . dîner.

A défaut des inspirations célestes d'une Muse, il fallut nécessairement avoir recours à l'éloquence d'un billet en prose, et ledit billet fut confié secrètement aux soins de Nelly la Trotteuse. La même fidèle émissaire, lorsqu'un somme l'eut reposée, et tandis qu'elle attelait sa rosse à sa charrette pour retourner dans le village où elle demeurait sur le bord de la mer (ce qu'elle ne pouvait faire sans passer par le vieux village de Saint-Roman), reçut un autre billet écrit par sir Bingo Binks lui-même, suivant la menace qu'il en avait faite; embarras qu'il avait pris pour assurer la décision de la gageure, présumant qu'un homme de bonne mine, en état de jeter une ligne à plus de six toises avec tant d'aisance, pourrait regarder l'invitation de Winterblossom comme celle d'un vieux radoteur et ne se soucier guère davantage des bonnes graces d'une bas-bleu pleine d'affectation et de toute sa coterie, dont la conversation, suivant sir Bingo, — ne sentait que le thé et la tartine de beurre ¹. — Ainsi l'heureux M. Tyrrel, à sa grande surprise, ne reçut pas moins de trois invitations partant de la source de Saint-Ronan.

CHAPITRE V.

ÉLOQUENCE ÉPISTOLAIRE.

« Mais comment te répondre? Il faut d'abord te lire. »
PRIOR.

DÉSIRANT rendre plus authentiques les faits les plus importans de notre narration en les appuyant d'autant de pièces originales qu'il nous sera possible, nous sommes parvenus, à force de recherches, à nous mettre à même de présenter à nos lecteurs une copie exacte des trois missives confiées aux soins de Nelly Trotter. Voici la teneur de la première.

« — Monsieur Winterblossom (de Silverhead) est chargé par lady Pénélope Penfeather, sir Bingo et lady Binks, monsieur et miss Mowbray (de Saint-Ronan), et toute la compagnie résidant à l'hôtel de la Tontine, aux eaux de Saint-Ronan, d'exprimer leur espoir que M. —, logé chez la nommée Meg Dods, dans l'ancien village de Saint-Ronan, voudra bien les favoriser de sa compagnie à la table-d'hôte, aussitôt et aussi souvent que cela pourra lui être convenable. La compagnie juge nécessaire de lui faire cette invitation formelle, parce que, d'après les us et réglemens adoptés, on ne peut être admis à la table-d'hôte sans loger à l'hôtel ; mais elle sera charmée de faire une exception en faveur d'un talent aussi distingué que celui

(1) Expression qu'on retrouve dans le *Beppo* de lord Byron. — ED.

de M.—. Si M.—, quand il connaîtra mieux la compagnie qui se trouve dans l'hôtel et les réglemens de l'établissement, éprouvait le désir d'y fixer sa résidence, M. Winterblossom, sans vouloir se compromettre par une assurance positive à cet égard, est porté à espérer que, malgré le grand nombre d'étrangers qui s'y rendent en ce moment, on pourrait prendre des arrangemens pour procurer un logement à M. —, dans la maison garnie de Lilliput-Hall. M. — faciliterait considérablement cette négociation s'il voulait avoir la bonté de faire savoir à M. Winterblossom quelle est la mesure exacte de sa taille, attendu que le capitaine Rennletree paraît disposé à quitter l'appartement qu'il occupe à Lilliput-Hall, parce qu'il trouve son lit trop court de quelques pouces. M. Winterblossom prie M. — d'être convaincu de l'estime qu'il a conçue pour son génie, et d'agréer les assurances de sa haute considération personnelle. »

A M. —, Esq., auberge du Croc, vieux village de Saint-Ronan.

De la salle commune de la Tontine, à Saint-Ronan.

Ce billet (nous voulons être précis en tout ce qui concerne l'écriture et l'orthographe) était écrit en ronde. L'écriture en était bonne, et l'on y reconnaissait en quelque sorte la main d'un clerc, quoiqu'elle annonçât la même affectation qu'on remarquait dans le caractère de M. Winterblossom.

Le second billet formait un contraste frappant avec la gravité et l'exactitude diplomatique de celui qui précède. Les fleurs d'éloquence classique que le ministre avait cueillies à l'université, y étaient mêlées avec quelques fleurs sauvages, écloses dans l'imagination féconde de lady Pénélope.

« Le chœur des dryades et des naïades assemblées aux eaux curatives de Saint-Ronan a appris avec surprise qu'un jeune homme qu'Apollon, dans un moment de prodigalité, a doué de deux de ses dons les plus précieux, erre au hasard dans leurs domaines, et visite leurs bosquets et leurs ruisseaux sans avoir encore songé à rendre hommage aux divinités tutélaires de ces lieux. Il est donc sommé de comparaître en leur présence; une prompte obéissance lui assurera le pardon; mais en cas de résistance, défenses lui sont faites de toucher désormais le crayon ou la lyre.

« *P. S.* L'adorable Pénélope, que ses charmes et ses vertus ont fait recevoir depuis long-temps au nombre des déesses, donne le nectar et l'ambroisie, que les mortels nomment du thé et des gâteaux, à l'hôtel de la Tontine, près de la source sacrée, jeudi prochain à huit heures du soir, et les Muses ne manquent jamais d'y assister. L'étranger est invité à participer aux plaisirs de la soirée.

« *Deuxième postscriptum*. Un berger ambitieux, voulant se loger plus grandement, et n'étant pas content de l'humble chaumière qu'il occupe, la quitte dans un jour ou deux. Bien certainement

<blockquote>Le local est vacant; on peut en disposer.
Shakspeare. <i>Comme vous le voudrez.</i></blockquote>

« *Troisième postscriptum*. Notre Iris à jupon de tartan, que les mortels connaissent sous le nom de Nelly la Trotteuse, nous rapportera la réponse que fera l'étranger à notre sommation céleste. »

Cette épître était en écriture italienne très-soignée, et elle se terminait par une lyre, une palette, et autres ornemens tracés à la plume et appropriés au contenu du billet.

La forme de la troisième lettre était différente des deux autres. L'écriture en était grosse, irrégulière, semblable à celle d'un écolier. On voyait pourtant qu'elle avait coûté autant de peines et de soins que si c'eût été un spécimen de la calligraphie la plus parfaite. En voici la copie.

« Mosieu,

— « Jack Moobray a gagé contre moi que le somont que vous avez tué samedi dernier pesait dix-huit livres. J'ai parié qu'il était plus près de cèze. Comme vous aites un chasseur, je m'en rapporte à vous. De sorte que j'espère que vous viendrez ou que vous m'écrirez. Ne doutez pas que vous nous ferez onneur. Le pari est une douzenne de bouteilles à boire en notre club à l'autel de la Tontine, lundi prochain. Nous vous prions d'y venir ; et Moobray espère que vous serez des nautres. Etant, Mosieu, votre très-humble serviteur.

« Bingo Binks, *baronnet de Bloc-Hall.*

« *P. S.* Je vous envoie quelques amesons des Hindes, et des appâts préparés par mon valais. J'espère que vous en serez contant sur la riviaire.

Trois jours se passèrent sans qu'on reçût aucune réponse à ces invitations, ce qui, bien loin de diminuer la curiosité que l'inconnu avait fait naître dans l'hôtel, ne fit que l'augmenter en secret, quoique chacun déclamât tout haut contre son manque de politesse et de savoir-vivre.

Cependant Frank Tyrrel, à sa grande surprise, commença à trouver, comme les philosophes, qu'il n'était jamais moins seul que lorsqu'il était seul. Dans les promenades les plus retirées et les plus silencieuses que la situation de son esprit le portait à choisir, il était sûr de rencontrer quelques rôdeurs venant de l'hôtel, pour lesquels il était devenu un objet de vif intérêt. Etant loin de penser qu'il fût lui-même la cheville ouvrière qui les mettait en mouvement, il fut presque tenté de croire que lady Pénélope et les jeunes filles qui formaient son cortège, M. Winterblossom et son petit cheval gris, le ministre, son habit noir et ses pantalons œil de corbeau, n'étaient que des copies polygraphiques des mêmes individus, à moins qu'ils ne fussent doués d'une célérité de mouvement qui les rendît susceptibles d'ubiquité, c'est-à-dire d'être présens partout en même temps ; car il ne pouvait aller nulle part sans les trouver, et cela plusieurs fois dans le cours de la même journée. La présence de la douce Lycoris lui était annoncée par le doux babil qu'il entendait derrière une haie. Quand il se croyait dans le lieu le plus solitaire, la flûte du ministre se faisait entendre à quelques pas. Enfin s'il était sur le bord d'un ruisseau, la ligne à la main, il se voyait épié par sir Bingo ou quelqu'un de ses amis.

Les efforts qu'il fit pour échapper à cette persécution lui valurent le nom de misanthrope, qu'on lui donna à l'hôtel ; et, une fois marqué comme l'objet de la curiosité générale, celui qui pouvait, à la table d'hôte, donner des détails sur la manière dont le misanthrope avait employé sa matinée était sûr d'être écouté avec le plus d'attention. L'humeur en apparence sauvage de Tyrrel, bien loin de diminuer le désir qu'on avait de sa société, y donnait une nouvelle force, par la difficulté qu'on éprouvait à le satisfaire, de même que l'intérêt du pêcheur redouble quand il voit tourner autour de son hameçon une truite assez prudente pour hésiter à y mordre.

En un mot, tel était l'intérêt que l'imagination de toute la compagnie intriguée prenait au misanthrope, que, malgré les qualités peu aimables que ce mot exprime, il ne s'y trouvait qu'un seul individu qui ne désirât pas le voir prendre place à table pour pouvoir le considérer de plus près à loisir. Les dames surtout ne cessaient de demander s'il était bien véritablement un misanthrope, s'il avait toujours été misanthrope, quelle cause pouvait l'avoir rendu misanthrope, et s'il n'existait pas quelque moyen de le guérir de sa misanthropie.

Un seul individu, comme nous venons de le dire, ne se souciait nullement de faire plus ample connaissance avec le prétendu Timon du *Croc*, et c'était M. Mowbray de Saint-Ronan. Par le moyen d'un homme vénérable, John Pirner, tisserand de profession, mais de fait braconnier pêcheur, qui accompagnait ordinairement Tyrrel pour lui montrer les endroits les plus favorables à la pêche et pour porter son panier, il avait appris que sir Bingo avait mieux jugé que lui du poids du saumon. Or c'était un objet qui intéressait son honneur comme sa bourse; les conséquences en pouvaient même devenir plus sérieuses. Il n'en résulterait peut-être rien moins que l'émancipation de sir Bingo, qui l'avait jusqu'alors suivi comme une ombre, mais qui, s'il se trouvait triomphant, se fiant sur la supériorité de jugement qu'il avait montrée sur un point si important, pourrait vouloir voler de ses propres ailes, et peut-être même exiger que le squire, qui avait été jusqu'alors l'astre central de tout le système, se bornât à faire ses évolutions autour de lui sir Bingo Binks, en humble satellite.

Le squire désirait donc ardemment que Tyrrel persistât dans son humeur rétive afin que la gageure restât indécise. Il éprouvait même une sorte d'éloignement pour un étranger qui, en pêchant un saumon d'une livre ou deux trop léger, l'avait placé dans la position désagréable où il se trouvait. Il blâmait donc ouvertement la bassesse de ceux qui voulaient encore faire quelque attention à cet inconnu, et il citait les trois lettres restées sans réponse comme un trait d'impertinence qui prouvait qu'on ne pouvait lui supposer ni naissance ni éducation.

Mais quoique les apparences fussent contre lui, quoiqu'il fût vrai qu'il aimât naturellement la solitude, et que le fracas et le ton affecté d'une telle compagnie ne lui convînt nullement, il est aisé de justifier Tyrrel du reproche d'impolitesse qu'on semblait lui faire avec quelque raison, car jamais il n'avait reçu les lettres qui exigeaient une réponse. Nelly Trotter, soit qu'elle craignît de se trouver en face de sa commère Meg sans pouvoir lui remettre le dessin qui lui avait été confié, soit que le sommeil ou le whisky lui eussent fait oublier la commission dont elle avait été chargée à l'hôtel, avait conduit sa charrette, sans s'arrêter, jusqu'à son cher village de Scate-Raw, d'où elle avait envoyé les lettres par le premier manant à jambes nues qu'elle avait pu trouver allant à Saint-Ronan. De sorte qu'enfin, mais après un délai de quelques jours, elles arrivèrent à l'auberge du *Croc*, entre les mains de Frank Tyrrel.

La lecture de ces missives lui expliqua en partie la singulière conduite qui l'avait surpris dans ses voisins; et, comme il vit qu'ils avaient conçu, n'importe comment, l'idée qu'il devait être une curiosité peu ordinaire, sentant qu'un tel rôle est aussi ridicule que difficile à soutenir, il se hâta d'écrire à M. Winterblossom un billet conçu dans le style du commun des mortels. Il lui rendit compte du délai qu'avait éprouvé la remise des lettres, il lui témoignait ses regrets de n'avoir pu par conséquent lui répondre plus tôt, lui annonçait qu'il avait dessein d'aller dîner le lendemain avec la compagnie; ajoutait qu'il était fâché que l'état de sa santé, celui de son esprit et les circonstances dans lesquelles il se trouvait, ne lui permissent pas de se promettre d'avoir souvent cet honneur pendant le séjour qu'il comptait faire dans le pays, et le priait de ne se mettre nullement en peine pour lui trouver un appartement dans le village de la Source, attendu qu'il était très-satisfait de son logement actuel. Un billet particulier pour sir Bingo lui disait qu'il se trouvait heureux de pouvoir lui mander le poids exact du saumon, attendu qu'il l'avait noté sur son journal. — Au diable le drôle! pensa le baronnet : de quoi se mêle-t-il de tenir un journal! — Il ajoutait que, quoique le résultat de cette vérification ne dût être particulièrement agréable qu'à l'une des parties, il souhaitait au gagnant et au perdant beaucoup de plaisir en buvant le vin de la gageure. Il regrettait de ne pouvoir se promettre d'en prendre sa part. A cette lettre était jointe une note constatant le poids exact du poisson.

Armé de cette pièce, sir Bingo chanta victoire, réclama le paiement de la gageure, vanta son jugement, jura plus haut et plus intelligiblement qu'il ne l'avait jamais fait; déclara que ce Tyrrel était un bon diable, un brave garçon, et dit qu'il espérait faire plus ample connaissance avec lui; tandis que le squire, la tête basse, maudissant tout bas l'étranger de tout son cœur, ne trouva d'autre moyen pour réduire son compagnon au silence que de convenir qu'il avait perdu, et de fixer un jour pour boire le vin du pari.

Toute la compagnie examina ensuite, comme au microscope, la réponse de Tyrrel à M. Winterblossom, chacun se creusant l'esprit pour trouver dans l'expression la plus simple et la plus ordinaire un sens profond et caché, qu'on ne pouvait découvrir sans réflexions. M. Micklewham, le procureur, appuya sur le mot *circonstances*, qu'il lut avec une emphase particulière.

— Le pauvre diable! dit-il; il vit à meilleur marché au coin du feu de la cuisine de Meg Dorts qu'il ne pourrait faire dans la présente société.

Le docteur Quackleben, comme un prédicateur qui choisit dans son texte le mot sur lequel il croit devoir insister, lut d'un ton bas et sourd les mots : *l'état de sa santé.*

— Hum! dit-il, l'état de sa santé! Ce n'est pas une maladie aiguë; non, il n'a fait venir aucun médecin. Il faut que ce soit une maladie chronique, une tendance à la goutte peut-être. Mais son éloignement pour la société, son œil égaré, sa marche irrégulière, son tressaillement quand il aperçoit un étranger, l'air d'humeur avec lequel il se détourne... M. Winterblossom, donnez-moi un ordre pour qu'on me remette tous les anciens journaux. Ce réglement qui veut qu'on les garde sous clef est véritablement très-incommode.

— Vous savez qu'il était nécessaire, docteur; et il y a si peu de personnes, dans la bonne compagnie, qui lisent autre chose, que, sans cette précaution, il y a long-temps que tous les anciens journaux seraient perdus ou déchirés.

— Fort bien. N'importe, donnez-moi l'ordre que je vous

demande. Je me souviens d'y avoir vu, il y a quelque temps, un article relatif à un maniaque qui s'est soustrait à la surveillance de ses gardiens. Je veux revoir son signalement. Je crois que j'ai dans mon bagage un gilet de force.

Tandis que cette observation faisait pâlir une bonne partie de la société, qui ne se souciait guère de dîner avec un homme dont la situation paraissait si équivoque et si précaire, les jeunes demoiselles chuchotaient entre elles :
— Pauvre jeune homme! disaient elles ; s'il est véritablement ce que le docteur suppose, qui sait quelle peut en avoir été la cause? Il se plaint de *l'état de son esprit*, — pauvre jeune homme!

Ce fut ainsi qu'à force d'ingénieux commentaires sur un billet aussi simple qu'aucun de ceux qui ont jamais couvert la huitième partie d'une feuille de papier à lettre, M. Tyrrel se trouva tout à coup atteint et convaincu d'avoir perdu sa fortune, sa raison et son cœur, en tout ou en partie, l'un ou l'autre, pour nous servir du style laconique et élégant de nos lois.

En un mot, on dit tant de choses pour et contre, on fit éclore tant de théories, on se livra à tant d'idées bizarres sur le caractère et les dispositions du misanthrope, que, lorsque les convives s'assemblèrent le lendemain, suivant l'usage, dans le salon, un peu avant l'heure du dîner, ils semblaient douter s'ils verraient arriver le nouveau membre de leur société sur ses pieds ou sur ses mains.

Mais quand Toby annonça M. Tyrrel, avec toute la force de ses poumons, le jeune homme avait si peu de chose qui le distinguât des autres, qu'on éprouva un désappointement momentané. Les dames surtout commencèrent à douter que le composé de talens, de misanthropie, de folie et de sensibilité mentale, dont elles s'étaient formé une idée, fût le même être que le jeune homme bien vêtu et presque à la mode qui se présentait à leurs yeux. Car, quoiqu'il fût en négligé, ce que rendaient excusable sa qualité de voyageur, la distance à laquelle il était de son domicile, et la liberté qu'on se permet dans les endroits où l'on va prendre les eaux, on ne remarquait dans ses vêtemens rien qui sentît la négligence ou la bizarrerie d'un misanthrope, quel que pût être l'état de son cerveau.

Lorsqu'il salua à la ronde toute la compagnie, on eût dit qu'il dessillait les yeux de tous ceux à qui il adressa la parole; et chacun reconnut avec surprise qu'il y avait bien de l'exagération dans les idées qu'il avait conçues, et que, quelles que fussent la naissance et la fortune de M. Tyrrel, quel que fût le rang qu'il occupât dans le monde, ses manières, sans qu'il eût l'air de s'en faire accroire, annonçaient un homme aimable et bien né.

Il fit ses remerciemens à M. Winterblossom sur un ton qui rappela le digne président à tout son savoir-vivre pour lui répondre dans le même style. Il évita alors le désagrément d'être le seul objet de l'attention de tout un cercle, en se glissant peu à peu à travers la compagnie, non pas en hibou qui cherche un trou pour s'y cacher, ou comme un homme gauche qui s'efforce de se dérober à la compagnie, mais avec l'air d'un homme qui ne se trouverait pas déplacé dans une sphère encore plus élevée. Son style, en parlant à lady Pénélope, fut adapté au ton romanesque de l'épître de M. Chatterly, à laquelle il crut devoir faire allusion. Il était fâché, lui dit-il, d'avoir à se plaindre à Junon de l'inexactitude avec laquelle Iris avait délivré certain mandat céleste auquel il n'avait osé répondre que par une obéissance silencieuse. A moins, ajouta-t-il, que cette lettre, comme son contenu semblait l'indiquer, ne fût destinée pour un être plus favorisé des dieux que celui entre les mains duquel le hasard peut-être l'avait fait tomber.

Les lèvres de lady Pénélope l'assurèrent, et il put lire dans les yeux de la plupart des jeunes demoiselles, qu'il n'y avait eu aucune méprise dans cette affaire; que c'était bien lui que les nymphes avaient évoqué en leur présence, et qu'elles connaissaient parfaitement ses talens comme poète et comme peintre. Tyrrel repoussa d'un air grave et sérieux l'accusation de poésie, et ajouta qu'il ne lisait avec quelque plaisir que les ouvrages de nos premiers poètes, et qu'il rougissait presque d'avouer qu'il pensait même que quelques-uns d'entre eux auraient mieux fait d'écrire en humble prose.

— Il ne vous reste plus qu'à désavouer votre talent comme artiste, M. Tyrrel, dit lady Pénélope, et nous vous regarderons comme l'être le plus trompeur de tout votre sexe, comme un homme qui veut nous empêcher de profiter de cette occasion pour jouir des fruits d'un talent sans égal. Je vous assure que je mettrai mes jeunes amies sur leurs gardes. Une telle dissimulation doit avoir quelque motif secret.

— Et moi, dit Winterblossom, je puis produire une pièce de conviction contre l'accusé.

A ces mots, il tira d'un porte-feuille l'esquisse qu'avait apportée Nelly Trotter, et dont il s'était emparé adroitement. Il avait eu soin, car il était adepte dans cet art, de la doubler d'un papier bien collé, de manière à en faire disparaître quelques déchirures et jusqu'au moindre pli, avec le même succès qu'obtiendrait mon ancienne amie mistress Weir en réparant les dommages que le temps aurait faits à un Shakspeare in-folio.

— Voilà bien le *corpus delicti*, dit le procureur en faisant une grimace, et en se frottant les mains.

— Si vous avez assez d'indulgence, dit Tyrrel, pour donner le nom de dessins à de pareilles ébauches, je dois m'avouer convaincu. J'avais coutume de les faire pour mon amusement; mais, puisque mon hôtesse, mistress Dods, a découvert depuis peu que je les fais pour gagner ma vie, pourquoi n'en conviendrais-je pas?

Cet aveu, fait sans la moindre apparence de honte ou de retenue, parut produire un effet frappant sur toute la compagnie. Le président remit d'une main tremblante le dessin dans son porte-feuille, craignant sans doute que l'artiste ne le réclamât ou n'en demandât le prix. Lady Pénélope fut déconcertée, comme un coursier qui quitte le pas pour prendre le galop. Il fallait qu'elle quittât le ton d'égards et d'aisance avec lequel elle avait parlé jusqu'alors à Tyrrel, pour prendre celui de protection et de supériorité, et cela ne pouvait se faire en un instant.

Le procureur murmura à voix basse : — Les circonstances, les circonstances, je m'en étais douté.

Sir Bingo dit à l'oreille de son ami le squire : — Cheval essoufflé, efflanqué, perdu ; c'est dommage ! Je garantis que c'était un cheval de race.

— Rosse d'origine, répondit Mowbray. Ne vous l'ai-je pas toujours dit ?

— Vingt-cinq guinées que cela n'est pas ; et je le lui demanderai à lui-même.

—Va pour vingt-cinq guinées, à condition que vous lui ferez cette demande d'ici à dix minutes. Mais vous n'oseriez, Bingo. Il a un regard en dessous, avec tout son clinquant de politesse.

—Fait ! dit le baronnet, quoique d'un ton moins confiant qu'auparavant, mais avec la résolution secrète d'avancer pas à pas et prudemment dans cette affaire. J'ai un rouleau ici, ajouta-t-il, et Winterblossom gardera les enjeux.

— Je n'ai pas de rouleau, mais je donnerai un bon sur Micklewham.

— Mais tâchez qu'il soit mieux payé que le dernier, car je ne veux pas être fait une seconde fois. Je vous tiens, mon garçon.

— Attendez que la gageure soit gagnée, et avant cela, Bingo, mon ami, je verrai ce flandrin vous briser le crâne d'un coup de poing. Vous ferez mieux d'abord de parler au capitaine, car vous allez vous mettre dans de mauvais draps, je vous en avertis. Tenez, je ne vous veux pas de mal, j'annule le pari pour une guinée. Décidez-vous ; je prends la plume pour faire le bon.

— Signez-le, et allez au diable ensuite. Vous êtes pincé, Jack, je vous en réponds. Et s'avançant vers Tyrrel, il le salua, en s'annonçant à lui comme sir Bingo Binks.

— En... honneur... écrire... monsieur, furent les seuls mots que son gosier, ou plutôt sa cravate, permit d'entendre distinctement.

— Que l'enfer confonde le fat! pensa Mowbray; du train dont il va, il marchera bientôt sans lisières. Et que l'enfer confonde doublement ce je ne sais qui, venu ici je ne sais d'où pour faire entrer les chiens dans mon jeu.

Cependant, tandis que Mowbray tenait sa montre en main, le baronnet, le visage allongé par suite des réflexions qu'il faisait, et avec un tact d'instinct que le soin de sa conservation semblait inspirer à un cerveau qui n'était riche ni de délicatesse ni de jugement, fit précéder sa question de quelques remarques sur la pêche et la chasse en général. Il trouva Tyrrel passablement au fait de ces deux sciences, dont il parla même avec une sorte d'enthousiasme; de sorte que sir Bingo commença à être saisi d'un grand respect pour sa nouvelle connaissance; il saisit cette occasion pour lui dire qu'il n'était pas possible qu'il fût ou qu'il eût toujours été un artiste de profession, comme il venait de le déclarer; et, s'enhardissant peu à peu, il ajouta : — J'ose dire, M. Tyrrel, que vous avez été des nôtres. J'ose dire....

— Si vous parlez de chasse et de pêche, sir Bingo, j'ai toujours aimé et j'aime encore beaucoup ces deux plaisirs.

— Et par conséquent vous n'avez pas toujours fait cette sorte de choses?

— De quelle sorte de choses parlez-vous, sir Bingo? Je n'ai pas le plaisir de vous comprendre.

— Quoi! j'entends ces dessins. Je vous en ferai une jolie commande, si vous voulez répondre à ma question. Vous pouvez y compter.

— Avez-vous quelque intérêt à connaître mes affaires, sir Bingo?

— Non, certainement, non; pas un intérêt direct, répondit le baronnet en balbutiant un peu; car le ton avec lequel Tyrrel venait de s'exprimer ne lui plaisait pas à beaucoup près autant qu'un verre de sherry; j'ai seulement dit que vous êtes un *diablement* brave garçon, et j'ai gagé que vous n'avez pas toujours fait le métier d'artiste, voilà tout.

— Une gageure avec M. Mowbray, je suppose?

— C'est cela même : vous l'avez deviné. J'espère que je l'ai faite?

Tyrrel fronça les sourcils, jeta les yeux d'abord sur M. Mowbray, ensuite sur le baronnet, et après un moment de réflexion dit à celui-ci : — Sir Bingo, vous mettez autant de graces dans vos questions que vous avez de finesse dans l'esprit. Vous avez parfaitement raison ; je n'ai pas été élevé pour la profession d'artiste, et je ne l'exerçais pas autrefois, quelle que puisse être mon occupation actuelle. Je crois avoir répondu à votre question.

— Et voilà Jack pris! s'écria le baronnet en se frappant la cuisse avec un mouvement de joie, et en regardant le squire d'un air de triomphe.

— Un instant, s'il vous plaît, sir Bingo; il me reste un mot à vous dire. J'ai le plus grand respect pour les gageures. C'est le privilège d'un Anglais d'en faire sur tout ce que bon lui semble, et de sauter par-dessus les haies et les fossés, en faisant ses enquêtes pour les décider, comme s'il courait le renard. Mais je vous ai déjà donné satisfaction relativement à deux gageures, et je crois que cela suffit pour qu'on ne m'accuse pas de vouloir contrevenir aux usages du pays. J'ai donc à vous prier, sir Bingo, de ne plus prendre ni moi ni mes affaires pour sujet de celles que vous pourrez faire par la suite.

— Du diable si je m'en avise! pensa le baronnet. Il lui fit ensuite quelques excuses, et se trouva fort heureux d'entendre le son de la cloche qui annonçait le dîner, ce qui lui fournit un prétexte pour mettre fin à cette conversation.

CHAPITRE VI.

PROPOS DE TABLE.

> « . . . . Si ces détails sont vrais,
> « La Hollande paraît avoir de grands projets;
> « Et l'Autriche... Madame, un peu de chicorée;
> « Ce légume est divin, rien qu'une cuillerée.
> « . . . .
> «Tous parlaient à la fois, et sur le même ton
> « Que s'il se fût agi d'un whist ou d'un boston. »
> *La Table.*

Au moment de quitter le salon, lady Pénélope prit le bras de Tyrrel avec un doux sourire de condescendance, destiné à lui faire sentir tout le prix de la faveur qu'elle lui accordait. Mais l'artiste déraisonnable, au lieu de montrer la moindre confusion en se voyant l'objet d'une attention à laquelle il aurait dû si peu s'attendre, parut regarder cette distinction comme un droit naturel dû au seul étranger de la compagnie; et quand il eut conduit lady Pénélope au haut de la table et qu'il se fut placé entre elle et lady Binks, cet indiscret n'eut pas l'air de penser qu'il se trouvait élevé au-dessus de son rang, et parut aussi à l'aise que s'il eût été au bas de la table, à côté de l'honnête mistress Blower, venue aux eaux pour se débarrasser d'un mal d'estomac qu'elle ne voulait pas nommer une indigestion.

Cet air d'indifférence gêna extrêmement le jeu de lady Pénélope, et irrita plus que jamais le désir qu'elle avait de pénétrer le mystère secret de Tyrrel, s'il y avait quelque secret, et de l'attirer dans son parti. Si jamais vous avez été aux eaux, n'importe en quel endroit, lecteur, vous savez que, tandis qu'on n'y montre pas des égards trop polis aux gens qui sont comme tout le monde, s'il survient un individu plus remarquable, qui semble avoir quelque chose d'extraordinaire, aussitôt chaque amazone à la tête de chaque coterie peut être comparée aux chasseurs de Buénos-Ayres, qui, lorsqu'un lion a été signalé, disposent leurs filets et s'apprêtent à manœuvrer de leur mieux pour s'emparer du monstre, et l'emmener captif dans leur ménagerie. Quelques mots sur lady Pénélope expliront pourquoi elle se livrait à cette chasse avec un zèle si ardent.

Elle était fille d'un comte, et avait eu, dans sa jeunesse, une taille et des traits qui lui donnaient le droit de passer pour une beauté, quoique cette taille ne fût plus assez svelte, et que ses traits fussent devenus trop prononcés pour que cette expression pût lui être encore applicable. Son nez semblait s'être allongé, ses joues avaient perdu les contours qu'elles devaient à la jeunesse; et comme, pendant quinze ans qu'elle avait été la beauté régnante de tous les cercles, et proclamée dans toutes les tables, nul homme ne lui avait adressé le mot décisif, ou du moins ne le lui avait convenablement adressé, Sa Seigneurie, rendue indépendante par une succession qu'elle avait recueillie d'une vieille parente, ne parlait plus que d'amitié, ne pouvait souffrir la ville pendant l'été, et vantait sans cesse

Et la verdure et la campagne.

A peu près à l'époque où lady Pénélope changea ainsi son genre de vie, elle fut assez heureuse, à l'aide du docteur Quackleben, pour découvrir les vertus de la source de Saint-Ronan, et ayant contribué à établir à l'entour *urbem in rure*, elle s'installa comme directrice suprême des modes dans la petite province qu'elle avait en grande partie découverte et peuplée : il était donc assez juste qu'elle ambitionnât l'hommage et le tribut de quiconque entrait sur ce territoire.

Sous les autres rapports, lady Pénélope ressemblait

assez aux femmes composant la classe nombreuse dont
elle faisait partie. Au fond elle avait des principes; mais
elle était trop inconsidérée pour que ses principes l'emportassent sur ses caprices, et par conséquent elle n'était
pas trop scrupuleuse sur le choix de la compagnie qu'elle
voyait. Elle avait un bon cœur, mais son humeur était
bizarre et fantasque. Elle était compatissante et généreuse,
mais il fallait qu'il ne lui en coûtât ni embarras ni contrariété. Elle aurait servi partout de chaperon à une jeune
amie, et aurait remué le monde entier pour placer des
billets de souscription ; mais jamais elle ne s'inquiétait si
la jeune fille prise sous sa sauve-garde ne jouait pas un
peu trop le rôle de coquette : de sorte que parmi une
foule de jeunes miss elle passait pour la meilleure créature de l'univers.

Lady Pénélope avait tant vécu dans la société, elle savait si exactement quand elle devait parler, et comment
éviter une discussion embarrassante en avouant son
ignorance, tout en paraissant briller d'intelligence, qu'on
ne découvrait ordinairement qu'elle était sans esprit que
lorsqu'elle se donnait des peines extraordinaires pour
paraître très-spirituelle, ce qui lui arrivait plus fréquemment depuis un certain temps; car, ne pouvant se dissimuler que ses appas exigeaient de plus en plus les artifices
de la toilette, elle pouvait supposer avec le poète que
« de nouvelles lumières pénétraient dans son esprit à
travers les brèches du temps. » Plusieurs de ses amis
croyaient pourtant qu'il aurait été plus sage à elle de rester dans la médiocrité, et de se contenter de jouer dans
la société le rôle d'une femme à la mode et bien élevée,
plutôt que de s'afficher comme protectrice et comme ayant
des prétentions au goût. Mais Sa Seigneurie ne partageait
pas cette opinion, et c'était à elle, sans contredit, qu'il
appartenait d'en juger.

A la gauche de Tyrrel était lady Binks, ci-devant la
belle miss Bonnyrigg, qui, l'année précédente, avait fixé

tous les yeux et excité l'admiration, la risée et l'étonnement de toute la compagnie réunie aux eaux, en dansant la *fling*[1] montagnarde la plus vive, en montant le cheval le plus fougueux, en riant le plus haut de la plaisanterie la plus crue, et en étant celle de toutes les nymphes de Saint-Ronan qui portait le jupon le plus court. Peu de personnes se doutaient que cette humeur étrange, masculine, et presque folle, n'était qu'un vernis dont elle couvrait son véritable caractère, dans le dessein de faire un mariage avantageux. Elle avait jeté les yeux sur sir Bingo; elle n'ignorait pas qu'il disait lui-même qu'il fallait pour lui plaire qu'une femme fût capable de tout; et elle savait qu'il ne se déciderait à prendre pour épouse que celle en qui il trouverait les qualités qui recommandent un bon chasseur. Elle tendit ses filets en conséquence, et se rendit malheureuse; car le rôle qu'elle jouait ne convenait nullement à son caractère passionné, ambitieux et réfléchi. Du reste, elle n'avait aucune délicatesse; car tout en cherchant à prendre sir Bingo dans ses filets, elle savait parfaitement qu'il n'était qu'un sot et une brute. Mais elle s'était trompée elle-même, en ne prévoyant pas qu'une fois devenue la chair de la chair et les os des os du baronnet, elle éprouverait tant de honte et de courroux en le voyant généralement bafoué dans le monde et la dupe des aigrefins, et que son manque de bon sens lui inspirerait tant de dégoût.

Il est vrai qu'au total c'était un monstre assez innocent, et soit en lui serrant un peu la bride, soit en le flattant et le cajolant, on aurait pu le faire marcher assez bien. Mais la manière dont il avait malheureusement hésité à reconnaître son mariage secret avait tellement exaspéré l'esprit de la dame, que les mesures conciliatrices étaient les dernières qu'elle eût été disposée à employer. Non-seulement on avait eu recours en cette occasion à l'assis-

---

[1] Danse des montagnes d'Ecosse. — Éd.

tance de la Thémis écossaise [1], toujours si indulgente pour la fragilité des belles, mais Mars paraissait même prêt à se mettre de la partie, si l'Hymen ne fût pas intervenu.

Miss Bonnyrigg avait de par le monde un certain frère, officier dans l'armée, qui arriva en chaise de poste à l'hôtel du Renard ou de la Tontine, un soir à onze heures. Il avait en main, au lieu de canne, une espèce de gourdin de chêne sec, et il était accompagné d'un autre militaire qui comme lui portait un bonnet à la hussarde et un col noir. Ils n'avaient d'autre bagage, d'après le rapport que fit le fidèle Toby, qu'un petit sac de nuit, un André Ferrare [2] avec une boîte en acajou de dix-huit pouces de longueur sur trois de profondeur et environ six de largeur. Le lendemain matin, à une heure véritablement indue, un *palaver* solennel, comme les naturels de Madagascar appellent leurs assemblées délibérantes, eut lieu entre les deux nouveaux-venus et le baronnet : le capitaine Mac Turk et M. Mowbray y assistèrent. Il en résulta qu'au déjeuner la compagnie eut le plaisir d'être informée que sir Bingo était, depuis quelques semaines, l'heureux époux de miss Bonnyrigg, la favorite de toute la société, union qu'il avait tenue cachée pour des raisons de famille, mais qu'il lui était maintenant permis d'avouer. Il ne lui restait plus qu'à emprunter les ailes de l'Amour pour aller chercher sa tourterelle gémissante dans les bocages sous l'ombre desquels elle s'était retirée jusqu'à ce qu'il n'existât plus d'obstacles à leur bonheur commun. Tout cela sonnait fort bien sans doute, mais cette tourterelle sans fiel, lady Binks, ne pensait jamais aux mesures qu'il avait fallu prendre pour faire reconnaître son mariage à l'écossaise, sans un sentiment profond d'indignation et de mépris.

Indépendamment de ces circonstances désagréables,

---

(1) On sait quel est le privilège du lieu appelé *Gretna-Green*.
(2) Nom d'un armurier fameux. Une épée. — Tr.

la famille de sir Bingo n'avait nullement encouragé le désir qu'avait lady Binks d'aller s'installer dans le château de son mari. Cet affront avait été une nouvelle blessure pour son orgueil, et lui avait occasioné en même temps un redoublement de mépris pour le pauvre sir Bingo, qui n'osait conduire sa femme à des parens mécontens de son mariage, et devant lesquels il tremblait encore comme un enfant, quoiqu'il ne suivît jamais leurs bons avis.

Les manières de cette jeune dame n'avaient pas subi moins de changement que son caractère. Après avoir été libres et inconséquentes, elles étaient devenues pleines de réserve et de hauteur. Un sentiment intime l'avertissait que bien des femmes se faisaient un scrupule de l'admettre dans leur société; aussi elle se prévalait de son rang d'une manière désagréable pour les autres, et elle s'offensait aisément de tout ce qui portait l'apparence du plus léger manque de respect. Elle s'était rendue maîtresse de la bourse de sir Bingo, et n'étant gênée en rien dans ses dépenses, soit pour sa toilette, soit pour son équipage, elle cherchait à se montrer riche et splendide plutôt qu'élégante, et elle voulait attirer, à force de luxe et de magnificence, l'attention qu'elle ne daignait plus solliciter en se rendant aimable et intéressante.

Une source secrète de dépit pour elle était la nécessité de montrer quelque déférence à lady Pénélope Penfeather, dont elle méprisait l'esprit faux, les prétentions ridicules et les airs de protection. Ce dépit était d'autant plus vif, qu'elle sentait qu'elle avait besoin de l'appui de lady Pénélope pour se maintenir au rang qu'elle occupait dans la société assez peu choisie des eaux de Saint-Ronan, et que, si elle venait à le perdre, elle pourrait bien déchoir d'un degré, même en cet endroit, dans la considération qu'elle obtenait. D'une autre part, la conduite de lady Pénélope envers lady Binks n'avait rien de bien cordial. De même que la plupart des vestales d'un certain âge, elle avait une sorte d'antipathie naturelle contre les nymphes qui faisaient sous ses yeux un mariage avantageux ; et elle soupçonnait qu'elle n'était pas fort avant dans les bonnes graces de la compagne de sir Bingo. Cependant le nom de lady Binks sonnait bien, et sa manière splendide de vivre faisait honneur à l'établissement formé et protégé par lady Pénélope. Elles se bornaient donc à satisfaire leur antipathie mutuelle en se lançant de temps en temps un sarcasme l'une à l'autre, mais toujours sous le masque de la civilité.

Telle était lady Binks. Et cependant sa parure, ses équipages, son luxe en un mot, étaient un sujet d'envie, pour la moitié des jeunes personnes alors aux eaux de Saint-Ronan ; tandis que lady Binks, par son air de mauvaise humeur, dépouillait sa jolie figure de la moitié de ses charmes, car elle était réellement belle et bien faite. Ses jeunes compagnes croyaient seulement qu'elle était fière d'être arrivée à son but, et qu'avec sa grande fortune et son diadème en diamans elle se regardait comme infiniment au-dessus du reste de la compagnie. Elles se soumettaient donc humblement à ses airs de domination, d'autant plus tyranniques qu'elle avait été, avant son mariage, en butte au mépris et à la censure de quelques-unes d'entre elles ; car lady Binks n'avait pas oublié les injures faites à miss Bonnyrigg. Mais toutes ces jeunes personnes souffraient patiemment la peine du talion, de même qu'un lieutenant de marine endure le caractère brusque et bourru de son capitaine, en se promettant secrètement de s'en venger sur ses inférieurs quand il sera arrivé à son tour au commandement.

C'était dans cette situation de grandeur, et cependant de regrets, que lady Binks occupait sa place à table, deconcertée tour à tour par un propos stupide de son seigneur et maître, ou par quelque sarcasme de lady Pénélope, auquel elle n'osait répliquer, quoiqu'elle en brûlât d'envie.

Elle regardait de temps en temps son voisin Frank

Tyrrel, mais sans lui adresser la parole, et elle recevait de lui en silence les politesses d'usage. Elle ne l'avait pas perdu de vue pendant son entretien avec sir Bingo, et, sachant par expérience comment son honoré seigneur battait en retraite dans une querelle où il n'était pas le plus fort, et combien son génie était fertile pour le mettre dans de semblables embarras, elle ne douta pas qu'il n'eût reçu de cet étranger quelque nouvel affront, et en conséquence elle regardait Tyrrel avec un air d'incertitude, ne sachant trop si elle devait lui savoir gré d'avoir humilié un être qu'elle méprisait, ou l'accabler de son mécontentement pour avoir insulté un homme qui ne pouvait tomber dans un état de dégradation sans qu'elle le partageât. Peut-être avait-elle encore d'autres pensées. Quoi qu'il en soit, elle le regarda avec une grande attention, mais sans mot dire.

Tyrrel ne fut pas moins réservé envers elle, car il était presque entièrement occupé à répondre aux questions de lady Pénélope Penfeather, qui voulait absolument l'accaparer.

Recevant des réponses polies, mais un peu évasives, aux questions qu'elle lui fit sur les occupations qu'il avait suivies jusqu'alors, tout ce qu'elle put apprendre se borna à savoir qu'il avait voyagé dans plusieurs contrées lointaines en Europe et même en Asie. Trompée dans son attente, mais ne se rebutant point, elle continua à lui témoigner de la politesse, en lui indiquant, comme à un étranger, plusieurs personnes de la compagnie auxquelles elle avait dessein de le présenter, et dont la société pouvait lui être agréable ou utile. Mais au milieu de cette conversation elle changea tout à coup de sujet.

—Me pardonnerez-vous, M. Tyrrel? lui dit-elle; je vous avoue que j'ai épié vos pensées depuis quelques instants, et que j'ai réussi à les découvrir. Pendant que je vous parlais de ces bonnes gens, et que vous me faisiez des réponses si polies, qu'il pourrait être à propos de les insérer dans l'ouvrage intitulé : *Dialogues familiers pour apprendre aux étrangers comment ils doivent s'exprimer en anglais dans le commerce ordinaire de la vie,* vos yeux et votre esprit étaient entièrement fixés sur cette chaise qui est restée vide, en face de nous, entre notre digne président et sir Bingo Binks.

— J'en conviens, milady. J'ai été un peu surpris de voir qu'une des places d'honneur reste inoccupée, tandis que la table est à peine assez grande pour le nombre des convives qui s'y trouvent.

— Faites un pas de plus, monsieur. Convenez que, pour un poète, une chaise non occupée (celle de Banquo [1] par exemple) a plus de charmes que si elle était remplie même par un alderman. — Et si la dame Noire venait se glisser parmi nous et l'occuper, auriez-vous le courage de supporter cette vision, M. Tyrrel? Je vous assure que la chose n'est pas impossible.

— Quelle chose n'est pas impossible, milady? demanda Tyrrel un peu surpris.

— Vous tressaillez déjà? Je désespère de vous voir soutenir cette imposante apparition.

— Quelle apparition? Qui attend-on? demanda Tyrrel, ne pouvant réprimer quelques signes de curiosité, quoiqu'il soupçonnât lady Pénélope de ne chercher qu'à se donner le plaisir d'une mystification.

— Que je suis enchantée! s'écria-t-elle. J'ai donc trouvé votre endroit vulnérable. — Qui attend-on? Vous ai-je dit qu'on l'attendait? Non, on ne l'attend point.

Glissant, comme la nuit, de contrée en contrée,
Ses étranges discours sont ceux d'une inspirée [2].

Mais allons, vous êtes à ma discrétion, je n'en abuserai pas, et je vais m'expliquer. Nous appelons, entre nous, s'entend, miss Clara Mowbray, la sœur de ce jeune homme assis près de miss Parker, la dame Noire, et cette place lui

---

(1) Allusion à la fameuse scène où Macbeth venant prendre sa place au banquet, s'aperçoit qu'elle est occupée soudain par le fantôme de sa victime. —Ed.

(2) Coleridge. — Ed.

est réservée, car elle était attendue, non, pas attendue, je me trompe encore : on croyait seulement qu'elle pourrait nous honorer de sa visite, aujourd'hui que la compagnie est complète et attrayante. Son frère est notre *seigneur du village*, de sorte que, par civilité, nous recevons ses visites. Ni lady Binks ni moi nous n'avons songé à y faire aucune objection. C'est une jeune personne fort singulière que Clara Mowbray; elle m'amuse beaucoup; je suis toujours assez charmée de la voir.

— Si j'entends bien Votre Seigneurie, elle ne doit pas venir aujourd'hui?

— Mais... il est un peu tard, même pour *elle*. On a retardé le dîner d'une demi-heure, et nos pauvres malades étaient affamés, comme vous avez pu en juger par la manière dont ils se sont mis en besogne. Mais Clara est une étrange créature; et, si elle s'était proposé d'arriver ici à une pareille heure, vous la verriez arriver; elle est si bizarre! Bien des gens la trouvent jolie; mais elle a tellement l'air d'un être venant de l'autre monde, qu'elle me fait toujours penser à la dame Spectre de Mathew Lewis [1]. Vous vous rappelez :

> Il est un don, lui dit la dame,
> Que je voudrais tenir de toi :
> C'est cet anneau que je réclame;
> Brave guerrier, donne-le-moi.

Et vous n'avez pas oublié sa réponse :

> C'est l'anneau de ma douce amie;
> Et son père a juré sa foi
> Qu'à mon retour de la Syrie
> Sa main aussi serait à moi.

— Mais je présume, M. Tyrrel, que vous dessinez le portrait aussi bien que le paysage. Il faudra que vous me fassiez une esquisse, une bagatelle; car je crois qu'une esquisse montre le talent dans toute sa liberté, mieux

---

(1) Auteur du *Moine* et des *Contes romantiques*. — Ed.

qu'un morceau achevé. J'ai une passion pour les inspirations du génie. C'est comme l'éclair sillonnant la nue. Oui, vous me ferez une esquisse pour mon boudoir, ma chère grotte sombre du château d'Ayr, et Clara vous servira de modèle pour la dame Spectre.

— Ce serait faire un pauvre compliment à votre amie, milady.

— Mon amie! nous n'en sommes pas encore tout-à-fait là, quoique j'aime beaucoup Clara. Elle a l'air tout-à-fait sentimental ; je crois que j'ai vu au Louvre une statue antique qui lui ressemble beaucoup. J'étais à Paris en 1800. Oui, sa physionomie a quelque chose d'antique, les yeux un peu enfoncés. Ce sont les soucis qui les ont creusés ; mais ils sont du plus beau marbre, et surmontés d'un beau cintre en jais. Son nez, sa bouche et son menton ont décidément la coupe grecque : elle a une profusion de longs cheveux noirs, et la peau la plus blanche que vous ayez vue; blanche comme le parchemin le plus blanc. Pas une teinte de couleur sur les joues, pas la moindre. Si elle avait la finesse d'emprunter à l'art quelque teinte de vermillon, elle pourrait passer pour jolie, et même, telle qu'elle est, bien des gens lui accordent cette épithète. Cependant, M. Tyrrel, trois couleurs sont sûrement nécessaires sur le visage d'une femme. Quoiqu'il en soit, nous avions coutume, l'année dernière, de la nommer la Melpomène des Eaux, comme nous nommions lady Binks, qui alors n'était pas lady Binks, notre Euphrosine. N'est-il pas vrai, ma chère?

— Que me demandez-vous, madame? répondit lady Binks d'une voix si aigre, qu'on n'aurait pas cru qu'elle pût sortir d'une si jolie bouche.

— Je suis fâchée de vous avoir interrompue dans vos rêveries, mon amour. Je disais à M. Tyrrel que l'année dernière vous étiez notre Euphrosine, quoique vous serviez aujourd'hui sous les bannières du *Penseroso*[1].

(1) Titre d'une pièce de Milton sur la mélancolie. — ÉD.

— Je ne sais si j'ai été l'une ou l'autre, madame; mais, ce dont je suis certaine, c'est que je suis incapable de m'élever à la hauteur de l'esprit et de la science de Votre Seigneurie.

— Pauvre femme! dit lady Pénélope à l'oreille de Tyrrel; nous savons ce que nous sommes, nous ne savons pas ce que nous pouvons devenir. Mais à présent que j'ai été la sibylle qui vous a servi de guide dans notre petit Elysée, M. Tyrrel, je crois, en retour, avoir droit à quelque confiance de votre part.

— Malheureusement je n'ai rien à confier qui puisse avoir le moindre intérêt pour Votre Seigneurie.

— Oh! le cruel homme! il ne veut pas m'entendre! Il faut donc vous parler clairement? Je brûle de jeter un coup d'œil dans votre porte-feuille. Faites-moi voir quels objets vous avez ravis à la décadence de la nature, pour les immortaliser par votre pinceau. Vous ne savez pas, M. Tyrrel, non, vous ne pouvez savoir combien je suis passionnée pour votre art muet, qui ne le cède qu'à la poésie..., votre art, égal et supérieur peut-être à la musique.

— J'ai réellement bien peu de chose qui mérite l'attention d'un aussi bon juge que Votre Seigneurie. Quelques esquisses du genre de celle que vous avez déjà vue, et que souvent je laisse au pied de l'arbre sous lequel je me suis amusé à les faire.

— Comme Rolland[1] laissait ses vers dans la forêt des Ardennes. Oh! quelle prodigalité insensée! Entendez-vous cela, M. Winterblossom? Il faut que nous suivions M. Tyrrel dans ses promenades, pour glaner ce qu'il pourra laisser tomber.

Lady Pénélope fut interrompue en ce moment par quelques éclats de rire qui partaient dans le voisinage de sir Bingo, et elle les réprima par un regard courroucé.

(1) *As you like it*. SHAKSPEARE. — ED.

— Cela ne doit pas être, M. Tyrrel, continua-t-elle ; vous n'êtes pas dans la voie du monde, et le génie même doit se plier à y marcher. Il faudra que nous consultions un graveur ; mais peut-être gravez-vous vous-même.

— Je suis porté à le croire d'après la vigueur de la touche de M. Tyrrel, dit Winterblossom, glissant, non sans peine, son mot dans la conversation.

— Puisque j'en suis accusé par de si bons juges, je ne nierai pas que je n'aie gâté de temps en temps une planche de cuivre ; mais c'était uniquement par forme d'essai.

— N'en dites pas davantage, s'écria Pénélope ; mon souhait favori est accompli. J'ai long-temps désiré que les sites les plus remarquables et les plus pittoresques de notre petite Arcadie, sites consacrés à l'amitié, aux beaux-arts, aux amours et aux graces, fussent immortalisés par le burin d'un graveur soigneux de sa réputation ; vous y travaillerez, M. Tyrrel, et nous vous aiderons de tout notre pouvoir. Oui, nous y coopérerons tous avec vous ; seulement il faudra permettre à quelques-uns de nous de garder l'anonyme. Vous savez, M. Tyrrel, que les faveurs des fées doivent rester secrètes. Il vous sera permis de piller notre album. Vous y trouverez quelques jolies choses de M. Chatterly ; et M. Edgeitt, qui est de votre profession, s'empressera certainement de vous aider. Le docteur Quackleben vous donnera quelques notes scientifiques ; et, quant à la souscription....

— Objet de finance, milady, objet de finance ! Je vous rappelle à l'ordre, s'écria le procureur en interrompant lady Pénélope avec un ton de familiarité impertinente qu'il prenait sans doute pour de l'aisance.

— Comment ai-je mérité d'être rappelée à l'ordre, M. Micklewham ? dit lady Pénélope en se redressant.

— Toute affaire où il s'agit d'argent, milady, doit d'abord être soumise au comité d'administration.

— Et qui vous parle d'argent, M. Micklewham ? dit la dame courroucée. Ce misérable chicaneur, dit-elle en se penchant vers l'oreille de Tyrrel, ne pense jamais qu'à ses méprisables espèces.

— Vous avez parlé de souscription, milady; c'est la même chose que si c'était de l'argent. La seule différence est sous le rapport du temps, la souscription étant un contrat *de futuro*, et ayant un *tractus temporis in gremio*. Et je sais que de très-honnêtes gens, faisant partie de la compagnie, se plaignent des souscriptions comme d'un grand abus, en ce qu'elles les obligent à agir différemment des autres, ou à donner leur argent pour des ballades et des peintures dont ils ne se soucient pas plus que d'une prise de tabac.

Plusieurs personnes, placées à l'extrémité inférieure de la table, donnèrent leur assentiment à ce discours, par un signe de tête et par un murmure d'approbation; et l'orateur allait reprendre la parole quand Tyrrel, venant à bout de se faire entendre avant que la discussion allât plus loin, assura la société que la bonté de lady Pénélope l'avait induite en erreur; qu'il n'avait en porte-feuille rien qui fût digne d'une souscription, et qu'il lui était impossible d'entreprendre l'ouvrage qu'elle désirait. Il y eut quelques chuchotemens aux dépens de Sa Seigneurie, qui, comme le fit observer malignement le procureur, avait été un peu empressée à offrir son patronage. Comme il y avait déjà long-temps que le dîner avait été desservi, lady Pénélope ne fit aucun effort pour rallier ses partisans, et, donnant aux dames le signal du départ, elle laissa aux cavaliers le soin de faire circuler la bouteille.

CHAPITRE VII.

LE THÉ.

« Chacun a devant soi ce breuvage enchanteur
« Qui, sans vous enivrer, vous réjouit le cœur. »
COWPER.

Les belles dames qui se trouvaient aux eaux de Saint-Ronan étaient dans l'usage d'inviter de temps en temps la société à prendre le thé dans leur appartement, du moins celles qui par leur rang et par leur influence semblaient devoir être regardées comme pouvant se constituer les présidentes d'une soirée. La dame investie de ce privilège en jouissait encore dans la salle du bal, où deux violons et une basse, loués à raison d'une guinée par séance, et un *quantùm sufficit* de chandelles, contre l'emploi desquelles lady Pénélope s'était révoltée bien souvent, mettaient la compagnie en état de terminer la soirée par de légères gambades, pour me servir d'une phrase en usage.

Dans cette occasion le grand homme du jour, Francis Tyrrel, avait si peu répondu à l'attente de lady Pénélope Penfeather, qu'elle regrettait presque d'avoir jamais fait attention à lui, et surtout de s'être intriguée à cause de lui pour obtenir la présidence de cette soirée où, sous ses auspices, le thé *souchon* et le sucre de la Jamaïque allaient être prodigués. En conséquence, dès qu'elle eut donné ordre à sa femme de chambre de préparer le thé, et à tous ses gens, c'est-à-dire à son jockey et à son postillon, de le servir à la compagnie, fonctions dans lesquelles ils furent aidés par deux laquais bien poudrés de lady Binks, dont la livrée brillante, ornée de larges galons, faisait honte au costume plus modeste des valets de lady Pénélope, et ternissait même la couronne de comte que ceux-ci portaient sur leurs boutons, elle se mit à déprécier et à dénigrer celui qui avait été si long-temps l'objet de sa curiosité.

— Ce M. Tyrrel, dit-elle, d'un ton décidé d'autorité, semble, après tout, un homme fort ordinaire, un homme du commun, qui s'est rendu justice en allant se loger dans un vieux cabaret, beaucoup mieux que nous ne l'avons fait en l'invitant à venir dîner ici. Il savait mieux que nous quelle était la place qui lui convenait. Rien de plus vulgaire que son air et sa conversation. On ne trouve en lui rien de *frappant*. Je le crois à peine en état d'avoir tracé cette ébauche que nous avons vue. Il est vrai que M. Winterblossom en fait un grand éloge, mais chacun sait que la plus mauvaise croûte, le dessin le plus médiocre que notre cher président parvient à faire entrer dans son porte-feuille, devient sur-le-champ un chef-d'œuvre. Il en est de même de tous les faiseurs de collections; s'ils ont une oie ils en font un cygne.

— Et le cygne de Votre Seigneurie est devenu une oie, ma chère lady Pénélope, dit lady Binks.

— *Mon* cygne, ma chère lady Binks! je ne sais réellement pas comment j'ai mérité que vous m'attribuiez une telle propriété.

— Ne vous fâchez pas, ma chère lady Pénélope; je veux seulement dire que depuis plus de quinze jours ce M. Tyrrel a été le sujet de toutes vos conversations, et que pendant tout le dîner vous n'avez fait que lui parler. Toutes les belles dames commencèrent à se rapprocher de nos deux interlocutrices, en entendant les mots *ma chère* si souvent répétés dans ce court dialogue, ce qui les porta à croire qu'il pourrait y avoir une escarmouche un peu vive; et elles firent cercle autour d'elles, comme la populace autour de deux héros qui s'apprêtent à boxer dans la rue.

— Il était assis entre nous, lady Binks, répondit lady Pénélope avec dignité; vous aviez votre migraine d'usage;

et il fallait bien que je fisse les honneurs de la compagnie, puisque vous me laissiez seule à parler.

— Vous avez parlé pour deux, si Votre Seigneurie me permet de le lui dire, répliqua lady Binks. Je veux dire, ajouta-t-elle en adoucissant l'expression, que vous avez parlé pour vous et pour moi.

— Je serais bien fâchée, dit lady Pénélope, d'avoir parlé pour quelqu'un qui a le don de la parole comme ma chère lady Binks. Je vous assure que je n'avais nullement envie d'accaparer sa conversation. Mais, je le répète, nous avons mal jugé cet homme.

— Oui, je crois qu'il est mal jugé, dit lady Binks d'un ton qui indiquait quelque chose de plus qu'un assentiment simple à ce que venait de dire lady Pénélope.

— Je doute que ce soit un artiste. Si c'en est un, il travaille sans doute pour quelque *magazine*[1] ou pour une encyclopédie.

— Je doute aussi que ce soit un artiste de profession, lady Pénélope. Si c'en est un, il faut qu'il soit de la première classe, car j'ai vu rarement un homme qui eût l'air mieux élevé.

— Il existe des artistes très-bien élevés, lady Binks. C'est une profession honorable.

— Sans contredit, milady ; mais ceux d'un rang subalterne ont souvent à lutter contre la pauvreté et la dépendance. Ils sont dans la société comme les marchands en présence de leurs pratiques, et c'est un rôle difficile à jouer. Aussi vous en voyez de toute espèce : celui-ci, modeste et réservé, parce qu'il sent son mérite ; celui-là, fantasque et pétulant, pour montrer son indépendance ; un autre, audacieux et impudent, pour paraître avoir de l'aisance ; quelques-uns, flatteurs et rampans, parce qu'ils ont l'esprit bas et servile. Mais il est bien rare que vous en trouviez un qui paraisse parfaitement à son aise dans la

---

[1] Journal périodique mensuel, tel que la *Belle Assemblée* ou *Journal des Modes anglaises.* — Tr.

haute société; et j'en conclus que M. Tyrrel est un artiste du premier rang, que la nécessité de s'assurer des protecteurs n'oblige pas à se dégrader, ou, comme je le disais, il n'est pas artiste de profession.

Lady Pénélope jeta sur lady Binks ce regard qu'on peut supposer que Balaam laissa tomber sur son âne, quand il découvrit que l'animal était en état de raisonner avec lui. Elle murmura à voix basse ce vers français bien connu:

Mon âne parle, et même il parle bien.

Mais éludant l'altercation à laquelle lady Binks paraissait assez disposée, elle lui répondit en souriant avec l'air de la meilleure humeur du monde: — Hé bien, ma chère Rachel, nous ne nous prendrons pas aux cheveux pour cet homme. Je crois même que la bonne opinion que vous en avez conçue m'en donne de lui une meilleure. C'est toujours ainsi que nous en agissons ensemble, ma chère amie; nous pouvons en faire l'aveu, pendant que nous n'avons parmi nous aucun individu de ce sexe si gonflé de son mérite. Mais il faut que nous sachions qui il est. Il ne porte pas de graine de fougère; il ne pourra pas rester invisible au milieu de nous. Que dites-vous donc, Maria?

— Je dis, ma chère lady Pénélope, répondit miss Diggs, dont nos lecteurs ont déjà eu occasion de reconnaître le penchant au babil, que c'est un fort bel homme, quoique son nez soit trop long et sa bouche trop grande. Mais aussi il a des dents comme des perles, et des yeux! surtout quand Votre Seigneurie lui parlait. Je parierais que vous n'avez pas bien regardé ses yeux; ils sont grands, noirs, brillans comme ce que vous nous lisiez dans la lettre de cette dame sur Robert Burns.

— Sur ma parole, miss, vous promettez beaucoup, dit lady Pénélope. Il me paraît qu'il faut prendre garde à ce qu'on dit et à ce qu'on lit devant vous. Allons, Jones, prenez pitié de nous, mettez fin à cette symphonie produite par vos soucoupes, et commencez le premier acte du thé, s'il vous plaît.

— Milady voudrait-elle parler du bénédicité? dit la bonne mistress Blower, qui, admise pour la première fois en pareille société, était fort occupée à arranger sur ses genoux un mouchoir des Indes, assez large pour servir de grande voile à un des lougres contrebandiers de son défunt mari, afin d'empêcher que le thé et les gâteaux, dont elle se promettait bien de prendre sa part, ne gâtassent sa belle robe de soie toute neuve.

— Si milady veut qu'on dise le bénédicité, voilà justement le ministre qui arrive. — Monsieur, milady attend que vous disiez le bénédicité.

Elle adressait ces paroles au révérend M. Chatterly, qui entrait en ce moment dans le salon d'un pas léger et d'un air gracieux. Il prit le lorgnon suspendu à son cou, la regarda d'un air surpris, et s'avança vers la table à thé.

Winterblossom arriva d'un pas lourd, un moment après le ministre, son orteil l'ayant averti qu'il était temps de quitter la salle à manger; il vit dans tous les traits de la pauvre femme qu'elle grillait d'envie d'avoir quelques informations sur les us et coutumes des lieux où elle se trouvait; mais il passa près d'elle sans songer à satisfaire sa curiosité.

Elle ne tarda pas à être soulagée par l'arrivée du docteur Quackleben, dont la maxime était qu'un malade méritait autant d'attention qu'un autre, et qui savait par expérience qu'on recevait d'aussi bons honoraires, sinon les meilleurs, de la veuve d'un riche négociant que d'une femme de qualité. Il s'assit donc tranquillement à côté de mistress Blower, et lui demanda, avec l'air du plus grand intérêt, des nouvelles de sa santé. — Il espérait, ajouta-t-il, qu'elle n'avait pas oublié de prendre une cuillerée d'eau-de-vie brûlée pour corriger les crudités de l'estomac.

— En vérité, docteur, répondit la bonne femme, j'ai

laissé brûler l'eau-de-vie si long-temps que je regrettais de voir cette bonne chose se consumer de cette manière; et, quand je l'ai eu éteinte, de peur qu'il n'en restât plus, j'en ai pris de quoi remplir un dé (quoique je ne sois guère accoutumée à cette boisson-là, docteur Quackleben), et je crois que cela m'a fait du bien.

— N'en doutez pas, madame. Je ne suis pas partisan de l'usage de l'alcool en général, mais il y a des cas, des cas particuliers, mistress Blower. — Mon vénérable maître, un des plus grands hommes qui aient existé dans notre profession, prenait tous les jours après son dîner un verre à vin de rum au sucre.

— Voilà un docteur comme on est heureux d'en trouver. Je suis sûre qu'il connaîtrait quelque chose à ma maladie. Croyez-vous qu'il vive encore, monsieur?

— Il y a bien des années qu'il est mort, madame, et il y a bien peu de ses élèves qui soient en état de remplir sa place. Si je puis être regardé comme une exception, c'est uniquement parce que j'étais son disciple favori. — Béni soit son antique manteau lorsqu'il couvrait plus de science médicale que toutes les robes d'une université moderne.

— Il y a un docteur dont on parle beaucoup à Edimbourg. — Le docteur Mac-Grégor, je crois. — De près et de loin, chacun court chez lui pour le consulter.

— Je sais qui vous voulez dire, madame. — Un homme instruit, on ne peut le nier, un homme fort instruit. — Mais il est certains cas, le vôtre par exemple, celui de bien des gens qui viennent prendre ces eaux, que je doute qu'il entende parfaitement. Il est prompt et expéditif. Or moi, mistress Blower, je laisse la maladie aller son train, j'épie sa marche, et j'attends le moment du reflux.

— Oh! c'est bien, docteur, très-bien. John Blower attendait aussi le reflux; pauvre homme!

— Ensuite, mistress Blower, c'est un médecin qui affame ses malades. Il attaque une maladie comme une armée qui veut prendre une ville par famine, sans faire attention que les habitans paisibles en souffrent autant que la garnison ennemie. Hem! hem!

Après avoir toussé avec emphase et d'un air important, il continua :

— Je ne suis ami ni des excès ni des stimulans trop violens, mistress Blower; mais il faut soutenir la nature. Une nourriture fortifiante, des cordiaux judicieusement administrés, c'est-à-dire d'après l'avis d'un médecin, voilà ma méthode, mistress Blower; je vous le dis comme à une amie. D'autres peuvent faire mourir de faim leurs malades, si bon leur semble.

— Ce régime de famine ne me conviendrait pas, s'écria la veuve alarmée; il ne me conviendrait pas du tout, docteur *Kaherben*. C'est tout au plus si je puis passer la journée sans soutenir la nature autrement qu'aux heures ordinaires des repas; et je n'ai personne pour me soigner, docteur, depuis que John Blower m'a été enlevé. Je vous remercie, dit-elle au domestique qui présentait le thé; bien obligée, mon petit ami, ajouta-t-elle au page qui offrait les gâteaux. Ne trouvez-vous pas, docteur, dit-elle d'un ton confidentiel et en baissant la voix, que le thé de milady est bien faible? c'est de l'eau ensorcelée, je crois; et il me semble que mistress Jones, comme on l'appelle, a fait les tranches de gâteau bien minces.

— Telle est la mode, mistress Blower, mais le thé de milady est excellent. C'est votre goût qui est un peu émoussé, et rien n'est moins étonnant; c'est ce qui arrive toujours quand on commence à prendre les eaux, et cela vous empêche d'en sentir le parfum. Il faut soutenir le système général, fortifier les voies digestives. Permettez, ma chère mistress Blower, vous êtes une étrangère, et nous devons avoir soin de vous. J'ai ici un élixir qui vous fera le plus grand bien en un instant.

A ces mots le docteur tira de sa poche une boîte à compartimens, remplie de différentes fioles. — Jamais on ne me prendra sans mes outils, dit-il; voici la véritable pharmacopée, la seule qui soit utile; tout le reste n'est que du charlatanisme enté sur de grands mots. Grace à cette boîte, et à quinze jours ou un mois tout compris aux eaux de Saint-Ronan, personne ne mourra avant que son heure soit arrivée.

Tout en parlant ainsi avec un ton de jactance, le docteur prit une fiole remplie d'une liqueur jaune, et en versa trois cuillerées à café dans la tasse de mistress Blower, qui, après l'avoir vidée, déclara que son thé en était beaucoup meilleur, et qu'elle en sentait déjà la vertu confortative.

— Cela ne serait-il pas bon pour ma goutte, docteur? dit M. Winterblossom, qui s'était avancé vers eux tenant sa tasse à la main.

— Je ne vous le conseille pas, M. Winterblossom, répondit le docteur en fermant sa pharmacopée d'un air très-froid. Votre cas est œdémateux; vous le traitez à votre manière : vous êtes vous-même votre médecin, et je ne vais jamais sur les brisées de mes confrères.

— Hé bien! docteur, j'attendrai que sir Bingo arrive. Il a toujours sur lui son flacon de chasse, et je crois que la médecine qui s'y trouve vaut bien celle qui est dans votre fiole.

— Vous l'attendrez quelque temps, car sir Bingo a des habitudes sédentaires; et quand j'ai quitté la table il demandait qu'on apportât du vin.

— Sir Bingo est un singulier nom pour un homme de qualité, dit la veuve. Ne le pensez-vous pas, docteur *Cockleben?* John Blower, quand il était un peu dans les vignes, comme il le disait, le pauvre homme! avait coutume de chanter une chanson sur un chien nommé Bingo, qui appartenait à un fermier.

— Notre Bingo n'est encore qu'un petit roquet, dit M. Winterblossom, ou s'il est déjà un chien, c'est un chien malade. Et il applaudit lui-même à ce trait d'esprit par un de ses sourires inimitables.

— Ou plutôt un chien enragé, dit M. Chatterly, qui sourit aussi gracieusement d'avoir trouvé une meilleure pointe que celle de son président.

— Voilà deux hommes fort plaisans, docteur, dit la veuve, et je ne doute pas que sir Bingo ne le soit aussi; mais c'est dommage qu'il aime tant la bouteille. — C'était aussi le défaut de mon pauvre John Blower. Quand il était, comme il le disait, sous le vent d'un bol de punch, il n'y avait pas moyen de le faire démarrer. — Mais voilà qu'on dessert le thé, docteur, et personne n'a seulement songé à dire les graces : qu'en pensez-vous? Si ce M. *Chitterling* est véritablement ministre, c'est lui qui doit en répondre, car il néglige le service de son maître.

— S'il est ministre, madame! il a même été nommé ministre plénipotentiaire; mais il n'a pas voulu en remplir les fonctions.

— Ministre *potentiaire !* — Ah! docteur! c'est une plaisanterie de votre façon. Cela ressemble tant à mon pauvre John Blower! Quand je voulais qu'il fit recommander aux prières de la congrégation *l'aimable Peggy* et sa cargaison (car on avait donné mon nom à ce bâtiment), il me répondait : — Ceux qui courent le risque peuvent prier eux-mêmes, Peggy Brice, car je l'ai fait assurer. — C'était un homme jovial, docteur *Kitleben;* et quoiqu'il parlât un peu légèrement, il avait un fonds de vertu autant qu'aucun propriétaire de navire qui ait jamais levé l'ancre dans la rade de Leith. — J'ai été comme une créature abandonnée depuis qu'il est mort. — Quels jours et quelles nuits j'ai eus à passer! — Et le poids sur mon esprit, docteur, le poids sur mon esprit! — Et cependant je puis dire que je ne me suis pas encore trouvée aussi bien qu'en ce moment, depuis que je suis arrivée aux eaux. — Si je savais ce que je vous dois pour votre *élikstir*, docteur; car il m'a fait beaucoup de bien, indépendamment de ce que je vous ai ouvert mon cœur.

— Fi donc! madame, fi donc! dit le docteur en voyant

la veuve prendre dans sa poche un sac en peau de veau marin semblable à ceux dont se servent les matelots pour y mettre leur tabac, mais qui paraissait assez bien rempli de billets de banque. — Je ne suis pas apothicaire. — J'ai reçu mon diplôme à l'université de Leyde. — Médecin en toute règle, madame. — Tout mon élixir est à votre service; et, si vous vous trouvez avoir besoin de conseils, personne ne sera plus heureux de vous en donner que votre humble serviteur.

— Vous avez bien de la bonté, docteur *Kickalpen*, et je vous suis fort obligée, dit la veuve en remettant le petit sac de peau dans sa poche, après l'avoir fait remarquer au docteur. — C'est ce que le pauvre John Blower appelait son *spleuchan*[1], ajouta-t-elle; et je le porte pour l'amour de lui. — C'était un bien brave homme, et il m'a laissée dans un état dont je n'ai pas à me plaindre du côté des biens du monde; mais le veuvage est une terrible chose pour une femme, docteur *Kittlepin*.

Ici le docteur approcha davantage sa chaise de celle de la veuve, et continua la conversation avec elle sur un ton plus bas, les consolations qu'il avait à lui donner étant sans doute d'un genre trop délicat pour en faire la confidence à toute la compagnie.

Un des principaux agrémens qu'on trouve aux eaux, c'est que les affaires de chacun semblent y être mises sous la surveillance spéciale de toute la société; de sorte que les conversations amoureuses, les petites intrigues, les actes de coquetterie innocente qui y ont naturellement lieu, sont un objet d'amusement non-seulement pour les parties intéressées, mais aussi pour les spectateurs, c'est-à-dire, en général, pour toute la compagnie, dont lesdites parties sont membres elles-mêmes. Lady Pénélope, divinité de cette sphère, avait les yeux ouverts sur son cercle, et elle ne fut pas long-temps sans remarquer que le doc-

---

[1] *Spleuchan*, sac à tabac, mot écossais. — Ed.

teur semblait avoir avec sa voisine une conversation intéressante, et qu'il avait même été jusqu'à prendre la main potelée de la veuve d'une manière qui sentait le galant autant que le médecin consultant.

— Pour l'amour du ciel! s'écria-t-elle, quelle peut être cette femme de bonne mine, que notre excellent et savant docteur regarde avec un intérêt si particulier?

— Une belle peau, de l'embonpoint, la quarantaine, voilà tout ce que j'en sais, dit M. Winterblossom. — Dans le commerce, sans doute.

— Une caraque, M. le président, dit le ministre, richement chargée de denrées coloniales. — Son nom, l'Aimable Peggy. — Point de maître à bord. — Feu John Blower, de North-Leith, ayant fait voile pour le Styx, et laissé le bâtiment sans équipage.

— Le docteur, dit lady Pénélope en tournant son lorgnon de leur côté, semble disposé à jouer le rôle de pilote.

— Et à changer le nom du navire, dit M. Chatterly.

— C'est le moins qu'il puisse faire par reconnaissance, dit Winterblossom, car elle a changé six fois le nom du docteur pendant les cinq minutes que j'ai été à portée de les entendre.

— Qu'en pensez-vous, ma chère lady Binks? demanda lady Pénélope.

— Madame? dit lady Binks en sortant d'une rêverie, et répondant comme si elle n'avait pas entendu ou compris la question.

— Je vous demande ce que vous pensez de ce qui se passe là-bas.

Lady Binks tourna son lorgnon du côté que lui indiquait le geste de lady Pénélope, jeta sur le docteur et sur la veuve un regard effronté, comme c'est la mode; et, laissant retomber son bras lentement, dit avec un air d'indifférence : — En vérité, je ne vois rien qui mérite qu'on y pense.

— C'est pourtant une belle chose que le mariage, reprit lady Pénélope ; mais il y a des personnes dont toutes les pensées sont tellement occupées de leur parfait bonheur, qu'elles n'ont ni le temps ni l'envie de rire comme les autres. Miss Rachel Bonnyrigg aurait ri à se faire sortir les yeux de la tête si elle avait vu ce qui paraît si indifférent à lady Binks. Il faut que le mariage produise un bien grand bonheur, puisqu'il se suffit à lui-même.

— Heureux celui qui pourrait convaincre sérieusement Votre Seigneurie de cette vérité! dit M. Winterblossom.

— Qui sait? la fantaisie peut m'en venir. Mais non, non, non, je le dis trois fois, M. Winterblossom.

— Dites-le encore seize, et que la dix-neuvième serve d'affirmation.

— Je dirais mille fois non, que je défierais toute la chimie du monde d'en extraire un oui. Bénie soit la mémoire de la reine Bess[1] ! Elle nous a donné l'exemple de ne pas nous dessaisir de l'autorité, quand nous la possédons. Mais quel bruit entends-je?

— Ce n'est rien que la querelle qui a lieu tous les jours après le dîner, dit le ministre. J'entends la voix du capitaine, d'ailleurs si silencieux, qui commande la paix au nom du diable et des dames.

— En vérité, ma chère lady Binks, dit lady Pénélope, il est fort mal à votre seigneur et maître, il est fort mal à Mowbray, qui devrait avoir plus de raison, et à tout le reste de cette bande de buveurs, d'agacer nos nerfs tous les soirs en se querellant et se présentant des pistolets les uns aux autres, comme des chasseurs que la pluie force à garder la maison le 12 août. Je suis lasse de l'Homme de Paix. A peine a-t-il cicatrisé une plaie qu'il s'en forme une nouvelle à côté. Ne ferions-nous pas bien de prononcer que les deux premiers individus qui auront une querelle

---

[1] Elisabeth. — Tr.

seront tenus de la vider sérieusement, les armes à la main?
Nous assisterions au combat, et nous porterions les couleurs de l'un ou de l'autre des deux champions. S'il en résultait un enterrement, nous le suivrions en corps. Le deuil va si bien! N'est-il pas vrai, ma chère lady Binks? Voyez la veuve Blower avec sa robe noire. Ne lui portez-vous pas envie, ma chère?

Lady Binks semblait sur le point de lui répondre avec aigreur, mais elle se retint peut-être parce qu'elle se souvint qu'elle commettrait une imprudence si elle en venait à une rupture ouverte avec lady Pénélope. Au même instant la porte s'ouvrit, et une jeune dame dont le costume annonçait qu'elle venait d'arriver à cheval, et qui portait un voile noir attaché à son chapeau, entra dans l'appartement.

— Anges et ministres de graces! s'écria lady Pénélope avec un tressaillement vraiment tragique, c'est vous, ma chère Clara! Pourquoi venez-vous si tard? Pourquoi un pareil costume? Voulez-vous passer dans mon cabinet de toilette? Jones vous aidera à mettre une de mes robes. Vous savez que nous sommes de la même taille : je vous en prie. Je serai fière de vous voir porter une fois quelque chose qui m'appartienne.

Elle lui parlait ainsi d'un ton qui annonçait toute l'affection qu'une femme peut éprouver pour une autre, et elle y joignit une de ces tendres caresses que les dames, Dieu les bénisse! se prodiguent quelquefois l'une à l'autre sans nécessité, au risque d'exciter le mécontentement et l'envie des hommes qui en sont témoins.

— Mais vous êtes agitée, ma chère Clara, continua lady Pénélope; vous avez un mouvement de fièvre, j'en suis sûre. — Croyez-moi, mettez-vous au lit.

— Vous vous trompez, milady, répondit miss Mowbray, qui semblait recevoir les caresses et les civilités de lady Pénélope comme une affaire de forme et de cérémonial; je suis venue au grand trot, et je suis un peu échauffée :

voilà tout le mystère. — Donnez-moi une tasse de thé, mistress Jones, et il n'en sera plus question.

— Faites de nouveau thé à l'instant, Jones, s'écria lady Pénélope; et, prenant par la main sa jeune amie qui se laissait conduire passivement, elle l'entraîna dans la partie de l'appartement où elle tenait sa petite cour, chacun saluant miss Mowbray en passant, tandis que celle-ci semblait ne rendre cette politesse que parce que l'usage lui en faisait un devoir.

Lady Binks ne se leva pas pour la saluer. Se redressant sur sa chaise, elle se borna à lui faire une inclination de tête un peu raide quand elle passa devant elle. Miss Mowbray la salua de la même manière, et pas un mot ne fut prononcé entre elles.

— Quelle est donc cette jeune dame? demanda la veuve Blower. Souvenez-vous, docteur, que vous m'avez promis de me faire connaître tout le grand monde. Quelle est donc cette jeune dame pour qui lady Pénélope fait un si grand remue-ménage? Pourquoi vient-elle en robe de drap et en chapeau de castor, quand nous sommes toutes en satin? Et en même temps elle jeta un coup d'œil sur sa robe.

— Il est fort aisé de vous dire qui elle est, ma chère mistress Blower. Elle se nomme miss Mowbray, et elle est sœur du seigneur de l'endroit, de celui que vous avez vu en habit vert avec une flèche brodée en or sur le collet. Mais vous dire pourquoi elle est venue en habit de drap, vous rendre compte du motif d'aucune de ses actions, c'est ce qui est au-dessus de la science d'un docteur. La vérité est que j'ai toujours pensé qu'elle a une touche... une petite touche de... vous nommerez cela comme vous voudrez, affection nerveuse, hypocondrie.

— Que Dieu ait pitié d'elle, la pauvre fille! — Il est bien sûr qu'elle en a l'air. — Comment se fait-il qu'on la laisse aller seule, docteur? C'est une honte; elle pourrait faire mal aux autres ou se nuire à elle-même. — Voyez donc! la voilà qui prend un couteau! — Ah! ce n'est que pour couper une tranche de gâteau. — Que ne se laisse-t-elle servir par ce singe poudré d'enfant? — Elle montre pourtant du bon sens en cela, docteur, car elle peut la couper aussi mince ou aussi épaisse qu'il lui plaît. — Hé bien, au bout du compte, elle n'en a pris qu'un morceau qu'on pourrait mettre entre les barreaux de la cage d'un serin. — Je voudrais bien qu'elle levât ce grand voile, et qu'elle ôtât cette redingote. — Il faudrait réellement lui montrer les réglemens, docteur *Kichelshin*.

— Elle s'inquiète fort peu des réglemens que nous pouvons faire, mistress Blower; la faiblesse de son frère et la fantaisie de lady Pénélope font qu'on lui passe tout, et qu'elle se permet tout. — On devrait consulter sur la situation où elle se trouve.

— Oui, vraiment, docteur, il est temps d'y prendre garde, quand de jeunes créatures comme cela viennent se faufiler parmi de belles dames, vêtues comme si elles venaient de trotter sur les sables de Leith. — Mais voyez comme lady Pénélope fait son embarras autour d'elle! On dirait que ce sont des oiseaux de la même couvée.

— Du moins ils peuvent avoir volé des mêmes ailes, à ce que je puis savoir. Mais, dans le cas de lady Pénélope, on a pris de bonne heure de bons avis. Mon ami le feu comte de Penfeather était un homme de bon sens. — Rien ne se faisait dans sa famille que par ordonnance de médecin. — De sorte que grace aux eaux, et grace aussi à mes soins, lady Pénélope est seulement un peu fantasque, capricieuse, voilà tout, et sa qualité le lui permet. — Avec un autre traitement, l'*humeur peccante* aurait pu se montrer à découvert.

— Oui, vous l'avez traitée en amie. — Mais cette jeune fille, cette Clara Mowbray, pauvre créature! comment peut-on l'abandonner à elle-même?

— Sa mère était morte. — Son père ne songeait qu'à la chasse. — Son frère faisait son éducation en Angleterre, et quand il aurait été ici, il ne se serait guère inquiété que de lui seul. Toute l'éducation qu'elle a reçue, elle ne la doit donc qu'à elle-même.—Elle a fait son cours de lecture dans une bibliothèque remplie de vieux romans. — Elle n'a dû qu'au hasard les amis qu'elle a eus, la société qu'elle a vue.—Pas un médecin, pas même un chirurgien à dix milles de distance de chez elle. — Vous ne pouvez donc être surprise que le cerveau de cette malheureuse fille se soit dérangé.

—Pauvre créature!—Ni médecin ni chirurgien!—Mais, docteur, ajouta la veuve, peut-être jouit-elle d'une bonne santé, et alors...

— Ha! ha! ha! alors, madame, elle aurait encore plus besoin de médecin que si elle était d'une constitution délicate. Un médecin habile, mistress Blower, sait comment s'y prendre pour dompter cette santé robuste, qui est une situation du corps humain très-alarmante quand on la considère *secundùm artem*. La plupart des morts subites arrivent tandis qu'on jouit d'une santé florissante. — Ah! cet état de parfaite santé est ce que le médecin craint le plus pour celui qui lui donne sa confiance.

— Sans doute, docteur, sans doute. — Je sens tout l'avantage d'avoir près de soi un habile homme.

Dans son zèle à convaincre mistress Blower du danger qu'elle courait en se supposant en état de vivre et de respirer sans la permission d'un médecin, le docteur laissa tomber sa voix au diapason d'une prière si douce et si basse, que notre *rapporteur* ne put en saisir les paroles. Il arriva au disciple de Galien ce qui arrive quelquefois à de grands orateurs : il était impossible de les entendre dans la galerie [1].

Pendant ce temps lady Pénélope accablait de prévenances Clara Mowbray. Jusqu'à quel point Sa Seigneurie, au fond du cœur, aimait-elle cette jeune personne, c'est ce qu'il serait difficile de constater. — Probablement elle l'aimait comme un enfant aime un joujou. — Mais Clara

(1) La galerie où sont admis les étrangers. Phrase qu'on retrouve tous les jours dans le compte que rendent les journaux anglais des débats du parlement d'Angleterre. — Tr.

n'était pas un joujou qu'on pût se procurer à volonté, car elle était, dans son genre, aussi fantasque que lady Pénélope l'était dans le sien. La seule différence, c'est que les bizarreries de la pauvre Clara étaient réelles, et que la plupart de celles de Sa Seigneurie étaient affectées. Sans adopter le jugement un peu sévère du docteur, nous devons convenir qu'il existait certainement des inégalités dans l'esprit de Clara. Aux accès de légèreté qu'on remarquait en elle de temps en temps, succédaient de très-longs intervalles de tristesse. Cette légèreté paraissait même, aux yeux du monde, plus grande qu'elle ne l'était en effet; car n'ayant jamais vu ce qu'on peut appeler la bonne société, elle ne connaissait pas la retenue qu'elle inspire, et elle avait un profond mépris pour celle qu'elle voyait. Elle n'avait jamais eu personne pour lui apprendre (leçon importante!) qu'il y a certaines formes à observer, certains égards à avoir, moins encore par rapport à ce qui est dû aux autres, qu'à cause de ce que nous nous devons à nous-mêmes. Son costume, ses manières, ses idées lui appartenaient donc presque exclusivement; et, quoique tout cela lui allât à ravir, comme les guirlandes et les chants de la pauvre Ophélia [1], l'observateur, même en s'en amusant, ne pouvait se défendre d'un mouvement de compassion, d'un sentiment de mélancolie.

— Et pourquoi n'êtes-vous pas venue dîner? lui demanda lady Pénélope. Nous vous attendions; votre trône était préparé.

— Je serais à peine venue pour le thé de mon propre mouvement, répondit Clara; mais mon frère m'a dit que vous vous proposez de venir à Shaw-Castle, et il a pensé que pour vous confirmer dans ce projet flatteur, il était à propos et même nécessaire que je vinsse vous dire : — Je vous en prie, milady, venez nous voir. En conséquence me voici, et je vous dis : — Je vous en prie, milady, venez nous voir.

[1] La maîtresse d'Hamlet. SHAKSPEARE. — ÉD.

— Une invitation si agréable ne s'adresse-t-elle qu'à moi seule, ma chère Clara? Lady Binks sera jalouse.

— Amenez lady Binks, si elle veut bien nous honorer de sa présence. Ici les deux dames se firent une demi-révérence, mais avec une raideur complète. — Amenez M. Springblossom ou Winterblossom; amenez tous vos lions et toutes vos lionnes; nous avons place pour toute la bande. — Mon frère amènera sans doute son régiment d'ours, et l'accompagnement ordinaire des singes de toutes les caravanes complètera la ménagerie. Mais comment serez-vous reçus aux Shaws, Dieu merci, c'est l'affaire de John, ce n'est pas la mienne.

— Nous n'attendons pas un dîner de cérémonie, mon amour; il ne s'agit que d'un *déjeuner à la fourchette*. — Je sais que vous péririez d'ennui s'il vous fallait faire les honneurs d'un repas d'étiquette.

— Point du tout, je vivrais assez pour faire mon testament, et léguer toutes les réunions nombreuses au diable qui les a inventées.

— Miss Mowbray, dit lady Binks, qui, soit dans le rôle de coquette qu'elle avait joué autrefois, soit dans celui de prude qui était son emploi actuel, avait reçu plus d'un sarcasme de la part de cette jeune personne, dont la langue ne connaissait aucun frein; miss Mowbray se déclare pour

Le fin poulet, le flacon de champagne.

— Le poulet, oui, répondit Clara; mais le champagne, non. J'ai connu des dames à qui il en a coûté cher pour avoir eu du champagne sur leur table. Mais, à propos, lady Pénélope, votre ménagerie n'est pas tenue en aussi bon ordre que celle de Pidcock et de Polito. En passant près des loges d'en bas, j'ai entendu gronder, beugler, rugir.

— C'est l'instant où on leur distribue leur pâture, ma chère, et il est certains animaux qui deviennent intraitables en ce moment.—Vous voyez que tous nos animaux d'un ordre supérieur sont lâchés et dociles.

— Oui, en présence de leur gardien.—Il faut pourtant, malgré ces beuglemens et ces rugissemens, que je traverse une seconde fois le vestibule. Je voudrais avoir quelques quartiers de moutons, comme le prince du conte des Fées qui allait puiser de l'eau à la fontaine des Lions, afin de les leur jeter si je venais à en rencontrer quelques-uns. — Mais, par seconde réflexion, je sortirai par la porte de derrière, et par ce moyen je les éviterai. Que dit à ce sujet le brave Bottom?

> Si comme des lions ils se livraient combat [1],
> Dans de semblables lieux il y va de la vie.

— Vous accompagnerai-je, ma chère?
— Non, j'ai l'ame trop courageuse pour cela.—D'ailleurs je soupçonne que la plupart des lions de votre ménagerie ne sont lions que par la peau.

— Mais pourquoi partir si tôt, Clara?
— Parce que ma mission est finie : ne vous ai-je pas invités, vous et les vôtres? Lord Chesterfield ne conviendrait-il pas lui-même que j'ai rempli le devoir de la politesse?

— Comment pouvez-vous être si bizarre, mon amour? Vous n'avez parlé à personne de la compagnie.

— Comment! ne leur ai-je pas parlé à tous en vous parlant à vous et à lady Binks? Mais je suis bonne fille, et je ferai ce qui m'est commandé.

A ces mots elle se tourna vers la compagnie, et adressa tour à tour la parole à chacun de ceux qui la composaient, avec une affectation d'intérêt et de politesse.

— M. Winterblossom, j'espère que la goutte vous laisse quelque repos. — M. Robert Rymer (pour cette fois j'ai évité de l'appeler Thomas [2]), je me flatte que le public

---

(1) Le *Songe d'une nuit d'été*. SHAKSPEARE. — ED.
(2) Thomas the Rhymer. — TR.

donne de l'encouragement aux muses. — M. Keelavine, votre pinceau est sûrement occupé comme il le mérite. — M. Chatterly, je ne doute pas que votre troupeau ne profite de vos instructions. — Docteur Quackleben, je suis sûre que vos malades sont en bon train de guérison.—Hé bien, voilà tout ce que je connais dans l'honorable compagnie. Quant au reste, santé aux malades et plaisir à ceux qui se portent bien.

— Mais il n'est pas possible que vous songiez déjà à vous en aller, mon amour, dit lady Pénélope. Des courses si rapides vous agitent les nerfs. Vous devriez veiller à votre santé. — Appellerai-je Quackleben?

—N'appelez aucun *Quack*[1] pour moi, ma chère lady Pénélope. Je ne sais pas ce que veut faire entendre votre clignement d'œil à lady Binks. Non, je ne le sais pas. — Je ne serai ni lady Clémentine[2], pour exciter la surprise et la pitié aux eaux de Saint-Ronan, ni Ophélia[3], et pourtant je vous dirai comme elle : — Bonsoir, mesdames, bonsoir, mes bonnes dames ; — et maintenant je dirai, non pas : — Mon équipage! mon équipage! mais — mon cheval! mon cheval[4]!

A ces mots, elle sortit du salon par une porte latérale, laissant les dames se regardant les unes les autres, en branlant la tête d'un air d'intelligence.

—Il faut que quelque chose ait mis le désordre dans les idées de la pauvre fille, dit lady Pénélope; je ne l'ai jamais vue en pareille humeur.

—Pour dire ce que je pense, ajouta lady Binks, je crois, comme le dit mistress Highmore dans la comédie, que sa folie est une pauvre excuse pour son impertinence.

—Fi donc, ma chère lady Binks! Epargnez ma favorite. Personne ne doit pardonner plus que vous les excès

---

(1) *Quack* signifie charlatan. — ED.
(2) L'une des héroïnes du roman de Grandisson. — ED.
(3) Ophélie, comme Clémentine, a perdu la raison. — ED.
(4) *Richard III*. SHAKSPEARE. — ED.

de la bizarrerie d'un caractère aimable. Pardonnez-moi, mon amour, mais je dois défendre une amie absente ; je suis sûre que lady Binks est trop franche, trop généreuse

Pour haïr les moyens qui l'ont conduite au trône.

— Comme je ne trouve pas mon trône bien élevé, milady, je ne vois pas quels moyens j'aurais été dans la nécessité d'employer pour y atteindre. Il me semble qu'une demoiselle écossaise d'une ancienne famille peut épouser un baronnet anglais sans que cela doive être un motif d'étonnement extraordinaire.

—Sans contredit ; mais on s'étonne de rien dans ce monde, comme vous le savez.

— Si vous m'enviez mon pauvre sot de mari, lady Pénélope, je vous en trouverai un meilleur.

— Je ne doute pas de vos talens, ma chère ; mais, quand j'en voudrai un, je le chercherai moi-même. — Voici le reste de la compagnie qui arrive. — Joliffe, offrez du thé à ces messieurs ; préparez la salle pour la danse, et placez des tables à jouer dans le salon voisin.

CHAPITRE VIII.

L'APRÈS-DÎNÉE.

« Les bouchons ont parti, les tonneaux sont percés ;
« On s'embrasse d'abord, après on se querelle. »
Prior.

Si le lecteur a donné quelque attention aux mœurs de la race canine, il peut avoir remarqué que chacun des deux sexes qui la composent se conduit dans ses querelles d'une manière différente de l'autre. Les femelles sont acariâtres et pétulantes. Le mécontentement que produit en elles la présence d'une rivale s'annonce tout à coup par un aboiement et par un coup de dents, dont elles tirent en général le plus grand intérêt possible. Mais ces ébullitions de mauvaise humeur n'ont pas ordinairement de suites sérieuses; l'affaire est presque aussitôt finie que commencée. Il n'en est pas de même de la colère des mâles; une fois qu'elle est provoquée et qu'un grognement réciproque a proclamé le cartel et son acceptation, il en résulte presque toujours un combat furieux et opiniâtre; et, si les combattans sont des chiens de courage et de forces à peu près égales, ils s'attaquent, se mordent, se déchirent, se roulent dans le ruisseau, et l'on ne peut les séparer qu'en les tirant par le collier, de manière à leur faire perdre la respiration et desserrer les dents, ou en les inondant d'un déluge d'eau fraîche.

Ce tableau, quoique d'un genre peu noble, peut s'appliquer à la race humaine. Tandis que les dames qui prenaient le thé à l'hôtel du Renard étaient engagées dans les légères escarmouches que nous venons de rapporter, les hommes, restés dans la salle à manger, furent plus d'une fois sur le point de se quereller plus sérieusement.

Nous avons expliqué les divers motifs qui portaient M. Mowbray à regarder d'un œil défavorable l'étranger qu'une invitation générale avait amené aux eaux de Saint-Ronan, et la conduite de Tyrrel ne contribuait pas peu à les entretenir; car, quoiqu'elle fût marquée au coin de la plus parfaite politesse, elle indiquait un sentiment d'égalité, qui, aux yeux du jeune laird de Saint-Ronan, était le comble de la présomption.

Quant à sir Bingo, il avait déjà commencé à concevoir contre le nouveau-venu cette haine qu'un esprit bas et étroit nourrit toujours contre un antagoniste devant lequel sa conscience lui dit qu'il a fait une retraite peu honorable. Il n'avait pas oublié le ton, le regard et la manière dont Tyrrel avait répondu à ses questions impertinentes; et quoique, dans le moment il s'en fût senti écrasé, c'était un affront qui ne vivait dans son souvenir que pour y faire naître le désir de la vengeance. Tout en buvant son vin, une sorte de courage, qualité dont il manquait à jeun (car il réprimait alors son caractère querelleur), commença à enflammer sa malignité, et il laissa percer sa rancune en plusieurs occasions, en donnant à Tyrrel des démentis que l'honnêteté ne pouvait permettre entre personnes qui se connaissaient si peu, et sans aucune provocation. Tyrrel s'aperçut de sa mauvaise humeur, et la méprisa, le regardant comme un écolier qui ne méritait pas qu'on répondît à ses sottises.

Un des prétextes que saisit le baronnet pour se livrer à sa grossièreté, était certes des plus frivoles. On parlait de chasse, sujet de conversation le plus intéressant pour de jeunes gentilshommes campagnards écossais, et Tyrrel avait dit quelques mots d'un très-beau chien couchant, qu'il n'avait pas avec lui dans ce moment, mais qu'il attendait dans le cours de la semaine suivante.

— Un chien couchant? répéta sir Bingo en ricanant, vous voulez dire un chien d'arrêt sans doute?

— Non, monsieur, répondit Tyrrel; je connais parfaitement la différence qui existe entre un chien couchant et un chien d'arrêt; et je sais que le premier n'est plus à la mode parmi les chasseurs modernes. Mais j'aime mon chien, autant comme un compagnon que pour ses talens à la chasse; or un chien couchant a plus de sagacité, plus d'attachement, il est plus à sa place, étendu sur le tapis en face du feu, qu'un chien d'arrêt; non pas que celui-ci manque d'intelligence, mais il est, en général, tellement maltraité par les brutaux chargés de le dresser, qu'il perd toutes ses qualités, excepté celle de trouver le gibier et de le tenir en arrêt.

— Et qui diable peut lui en demander davantage? dit le baronnet.

— Bien des gens, sir Bingo, répliqua Tyrrel, ont pensé que les chiens et les hommes peuvent avoir quelque talent pour la chasse, et ne pas savoir jouer un rôle aimable dans la société.

— C'est-à-dire être pique-assiette et lécher les plats, grommela le baronnet *sotto voce*. Mais il ajouta d'une voix plus haute et plus distincte : — J'ai toujours entendu dire qu'un chien couchant n'était bon qu'à marcher sur les talons d'un braconnier.

— Hé bien, sir Bingo, dit Tyrrel, vous apprenez le contraire aujourd'hui, et j'espère que vous ne tomberez plus dans une telle méprise.

L'homme de paix, le capitaine Mac Turk, sembla croire en ce moment que son intervention était indispensable; et surmontant son penchant à la taciturnité, il prit la parole à son tour :

— De par Dieu! s'écria-t-il, je vois que vous attendez mon opinion sur ce point. Hé bien, mon opinion, c'est qu'il n'y a pas lieu à disputer sur cela, car, de par Dieu! voyez-vous, vous avez tous deux raison. Mon excellent ami sir Bingo, qui a des écuries et des chenils, et Dieu sait quoi, peut avoir raison, de par Dieu! d'avoir les six vilaines bêtes que j'entends tous les jours et toute la nuit aboyer et hurler sous ma fenêtre; et, si elles continuent long-temps sur un pareil train, je veux mourir si je ne désire pas qu'elles aillent aboyer et hurler ailleurs. Mais il y a bien des gens qui, au fond, peuvent être aussi bons gentilshommes que mon digne ami sir Bingo, quoiqu'ils soient pauvres, comme je puis l'être, — comme peut l'être l'honorable M. Tyrrel que voilà;—or est-ce une raison pour que lui ou moi nous ne puissions pas avoir une bête pour en prendre notre plaisir à la chasse ou ailleurs? Et, si nous n'avons pas d'écurie ou de chenil pour la loger, de par Dieu! qui nous empêche de la placer dans notre chambre à coucher ou dans notre salon, d'autant plus que la mère Dods tient sa cuisine trop chaude? Ainsi donc, si

M. Tyrrel trouve qu'un chien couchant lui convient mieux qu'un chien d'arrêt, de par Dieu! je veux mourir si je connais aucune loi qui le lui défende.

Si ce discours paraît un peu long pour la circonstance, le lecteur voudra bien réfléchir que les idées qui le composent se présentaient probablement à l'esprit du capitaine Mac Turk dans la langue d'Ossian, langue qui est pleine de périphrases, et qu'en le prononçant il avait l'embarras d'être obligé de les traduire en anglais.

L'homme de loi répondit à l'homme de paix : — Pour cette fois, capitaine, vous vous trompez. Il existe une loi contre les chiens couchans, et je me charge de prouver que c'est l'espèce de chiens dont il est question dans les anciens statuts d'Écosse, et qu'il est défendu de garder et entretenir à peine d'une amende de...

Le capitaine l'interrompit avec un air de dignité solennelle. — Voyez-vous, M. Micklewham, lui dit-il, je vous demanderai ce que vous entendez en me disant que je me trompe, et cela, de par Dieu! à propos de chiens. Je vous prie, monsieur, de croire et de faire bien attention que jamais je ne me suis trompé, si ce n'est quand je vous ai pris pour un homme comme il faut.

— Je n'ai pas dessein de vous offenser, capitaine, dit le procureur; ne brisez pas la verge de paix, vous qui êtes chargé de la faire respecter. — Et se penchant à l'oreille de son patron, le laird de Saint-Ronan : — C'est un vieux basset des montagnes, qui mord tout ce qui l'approche, lui dit-il; mais j'ai une chose à vous dire, Mowbray, c'est que, sur mon ame et conscience, je crois que c'est contre ce Tyrrel que voilà, et contre je ne sais quel autre, que j'ai obtenu, du temps de votre père, un mandat de comparution devant les juges pour avoir braconné dans les marais de Spring-Wellhead.

— En vérité! lui répondit le laird aussi à voix basse; hé bien! je vous remercie de m'avoir fourni une raison qui justifie la mauvaise idée que j'en avais conçue. — Je savais bien que ce n'était que quelque vagabond ; mais je vais le démasquer, de par le ciel!

— Chut! paix! soyez prudent, Saint-Ronan ; retenez votre langue. — Je portai l'affaire, comme je vous le disais, d'après le désir de votre père, devant la cour des sessions. Mais, je ne sais pas trop comment, le vieux clerc du shériff prit le jeune homme sous sa protection ; quelques juges crurent qu'il n'avait commis qu'une erreur de limites, et nous ne pûmes obtenir un jugement. Votre père était alors fort malade de la goutte. Je ne voulais pas le tourmenter ; de sorte que je laissai assoupir l'affaire de peur qu'il ne fût complètement absous. Vous voyez donc, Saint-Ronan, qu'il faut filer doux ; car, quoiqu'il ait été accusé, il n'a pas été condamné.

— Et vous ne pouvez faire revivre l'affaire?

— La faire revivre! Bon! il y a six ou sept ans qu'elle est morte de prescription. Il est bien fâcheux, Saint-Ronan, que les lois sur la chasse, qui sont la meilleure protection que puissent avoir les gentilshommes de campagne contre les usurpations de leurs inférieurs, fixent un délai si court pour la prescription. Il en résulte qu'un braconnier peut vous échapper en sautant à droite et à gauche, comme une puce sur une couverture (excusez-moi), vous faire courir à son gré, en sautant comme une pie d'un comté dans un autre; et, à moins que vous ne puissiez mettre le pouce sur lui à temps, vous pouvez avoir pour dîner une prescription, et pour souper un *absolvatur*.

— Oui vraiment, cela est très-fâcheux, répondit le laird à haute voix en semblant s'adresser en général à toute la compagnie; mais en fixant les yeux sur Tyrrel avec un air d'intention.

— Qu'y a-t-il de si fâcheux, monsieur? lui demanda Tyrrel, s'apercevant que cette observation paraissait être dirigée contre lui.

— Que nous ayons tant de braconniers sur nos marais, répondit le laird. Je regrette quelquefois d'avoir contribué à l'établissement de ces eaux, quand je pense au nombre de fusils qu'elles attirent tous les ans sur mes propriétés.

— Fi donc, Saint-Ronan! fi donc! s'écria son conseil. Regretter d'avoir établi les eaux! et que deviendrait le pays sans elles? Je voudrais bien le savoir. On n'a rien fait de plus avantageux pour les environs, depuis l'an 1745. — Non, non, ce ne sont pas les eaux qu'il faut accuser des délits que commettent les braconniers. C'est dans le vieux village qu'il faut chercher la trace de ces bandits-là. Ici, aux eaux, nos réglemens sont clairs, et ils sont loin de les protéger.

— Je ne puis m'imaginer, reprit Mowbray, quelle raison a pu avoir mon père pour vendre notre ancienne maison au père de la vieille sorcière, qui en a fait un cabaret qu'elle tient ouvert tout exprès, je crois, pour y loger des braconniers et des vagabonds. — Je ne conçois pas pourquoi il a fait une telle folie.

— Probablement parce qu'il avait besoin d'argent, monsieur, dit Tyrrel d'un ton sec, et parce que le père de ma digne hôtesse, Meg Dods, en avait. — Je présume, monsieur, que vous n'ignorez pas que je loge chez elle?

— Oh, monsieur, répondit Mowbray d'un ton de civilité goguenarde, vous ne pouvez supposer que je n'excepte pas les personnes présentes. J'ai seulement mis en fait que nous sommes inondés de gens qui viennent chasser sur nos terres sans y être autorisés. — J'espère que je forcerai la vieille Dods à fermer sa boutique. — C'était la même chose du temps de mon père, je crois, Mick?

Mais le procureur, à qui les regards de Tyrrel n'inspiraient pas le désir de se mettre en avant en cette occasion, se borna à adresser à la compagnie, en général, quelques mots mal articulés, et dit à l'oreille de son patron de ne pas *éveiller le chat qui dormait.*

— Je ne puis souffrir ce drôle, lui répondit Saint-Ronan,

et pourtant je ne saurais trop dire pourquoi je ne puis le souffrir. Au surplus, ce serait une folie de me faire une dispute avec lui à propos de rien : ainsi, mon cher Mick, je me tiendrai tranquille, si je le puis.

— Et pour le pouvoir, ajouta le procureur, je crois que vous feriez bien de ne pas boire davantage.

— Je pense de même, répondit Mowbray, car chaque verre que je bois en sa compagnie m'échauffe le sang. — Cependant cet homme ne diffère en rien des autres, mais il y a en lui je ne sais quoi qui m'est insupportable.

A ces mots, il recula sa chaise, se leva, et *regis ad exemplar*, suivant l'exemple du laird, toute la compagnie en fit autant.

Sir Bingo ne quitta la table que le dernier et avec une répugnance manifestée par une espèce de grognement trois fois répété, en suivant ses amis dans une espèce d'antichambre ou de grand vestibule qui conduisait de la salle à manger dans celle où l'on prenait le thé. Là, tandis que chacun prenait son chapeau pour aller joindre les dames (ce qu'on ne faisait autrefois que pour aller au grand air), Tyrrel pria un laquais en livrée, placé entre lui et cette partie de ses propriétés, de lui donner le chapeau qui était derrière lui sur la table.

— Appelez votre domestique, monsieur, répondit le drôle avec toute l'insolence du valet d'un maître insolent.

— Votre maître, mon ami, dit Tyrrel, aurait dû vous apprendre à mieux vous conduire avant de vous amener ici.

— Mon maître est sir Bingo Binks, monsieur, répondit le laquais avec la même impertinence.

— Allons, Bingo! allons! dit Mowbray, qui savait que le vin avait fait monter le courage du baronnet assez haut pour lui faire accepter le combat.

— Oui, s'écria sir Bingo d'une voix plus sonore et mieux articulée que de coutume, ce garçon est à moi. — Qu'a-t-on à y dire?

— Quant à moi, j'ai la bouche close, répondit Tyrrel avec le plus grand sang-froid : j'aurais été surpris de trouver le domestique de sir Bingo mieux élevé que son maître.

— Qu'entendez-vous par là, monsieur? s'écria le baronnet en s'avançant vers lui dans une attitude offensive, car il avait assez bien profité des leçons qu'il avait prises d'un fameux boxeur; qu'entendez-vous par là? du diable si je ne vous fais connaître à qui vous parlez, avant que vous ayez crié gare!

— Et moi, sir Bingo, répondit Tyrrel, à moins que vous ne changiez à l'instant de ton et de manières, je vous ferai sentir le poids de ce bâton avant que vous ayez le temps de crier à l'aide.

Il tenait en ce moment une grosse canne qu'il brandit de manière à prouver qu'il maniait parfaitement le bâton à deux bouts. Cette démonstration donna à penser à sir Bingo que la prudence exigeait qu'il reculât, quoiqu'il eût derrière lui de bons amis qui, par zèle pour son honneur, auraient préféré qu'il eût les os brisés plutôt que de le voir faire une retraite déshonorante; et Tyrrel parut avoir quelque inclination à leur procurer ce plaisir. Mais, pendant qu'il avait encore le bras levé, et que les spectateurs étaient dans l'incertitude de ce qu'il allait faire, une voix lui dit tout bas derrière lui, mais avec emphase : — Etes-vous homme?

Le ton inimitable avec lequel notre incomparable Siddons [1] avait coutume d'électriser la scène, quand elle prononçait les mêmes mots, ne produisit jamais sur aucun de ceux qui les entendirent un effet aussi puissant. Tyrrel oublia tout, sa querelle, la compagnie, les circonstances dans lesquelles il se trouvait. La foule qui l'entourait n'existait plus pour lui. Il semblait ne plus vivre que pour suivre la personne qui venait de lui parler. Il se retourna

---

(1) Dans Macbeth. — ED.

sur-le-champ; mais sa promptitude ne fut pas encore égale à celle de la personne qu'il cherchait; car au milieu de tous les êtres qui l'environnaient, il n'en vit aucun dont les traits pussent s'accorder avec les sons qui avaient tant d'empire sur lui.

— Rangez-vous, dit-il à ceux qui se pressaient autour de lui, du ton d'un homme décidé à se frayer un chemin au milieu d'eux si on lui refusait le passage.

— Monsieur, lui dit Mowbray en s'avançant vers lui, ce ton ne vous réussira pas. Vous n'êtes pour nous qu'un étranger, et vous vous donnez des airs qui conviendraient à peine à un prince ou à un duc. — Il faut que nous sachions qui vous êtes, et ce que vous êtes, avant que nous vous permettions de semblables libertés.

Ce discours sembla refroidir la colère de Tyrrel, et calmer l'impatience qu'il avait de se retirer. Il se tourna vers Mowbray, et lui répondit après un instant de réflexion :
— Monsieur Mowbray, je n'ai dessein d'avoir une querelle ici avec personne, et, je vous prie d'en être assuré, avec vous encore moins qu'avec qui que ce soit. J'y suis venu par invitation, bien certainement sans m'attendre à beaucoup de plaisir, mais en supposant du moins que je n'y éprouverais pas d'incivilité. Je vois que je me suis trompé sur ce dernier point, et en conséquence je prends congé de la compagnie, et je vais faire mes adieux aux dames.

A ces mots il fit quelques pas, quoique d'un air irrésolu, jusqu'à la porte du salon où étaient les tables de jeu. Arrivé là, il s'arrêta tout à coup, à la nouvelle surprise de la compagnie, murmura quelques mots sur ce que le moment n'était pas convenable, tourna sur ses talons, et voulut regagner la porte qui conduisait dans le vestibule.

— Que diable, sir Bingo, dit Mowbray, qui semblait se plaire à pousser son ami dans une nouvelle querelle, le laisserez-vous partir ainsi? Ne voyez-vous pas qu'il saigne du nez?

Excité par ce peu de mots, sir Bingo prit un air menaçant, et alla se placer devant Tyrrel pour lui barrer le chemin. Mais celui-ci, le regardant avec mépris et l'appelant sot imbécile, le saisit par le collet, le fit pirouetter, et l'écarta avec quelque violence.

— Si quelqu'un veut me parler, s'écria-t-il alors en se retournant vers la compagnie, il me trouvera à l'auberge du vieux village de Saint-Ronan; et, sans attendre de réponse, il quitta l'appartement et sortit de l'hôtel. Il s'arrêta pourtant à la porte avec l'air incertain d'un homme qui ne sait trop où il doit aller, et qui désire faire une question qui expire sur ses lèvres. Enfin ses yeux tombèrent sur un palefrenier qui, à quelques pas de lui, tenait par la bride un beau cheval ayant une selle de femme; il s'avança vers lui.

— Ce cheval, lui demanda-t-il, appartient-il à..., mais il sembla ne pouvoir prononcer le reste de la question.

— A miss Mowbray, monsieur, répondit le palefrenier, comme s'il eût entendu la demande tout entière. Elle va partir, et je l'attends ici. — Un joli cheval de dame, monsieur.

— Elle retourne donc au château des Shaws par la route de Buckstane?

— Je le suppose, monsieur; c'est le chemin le plus court, et miss Clara ne s'inquiète guère s'il est bon ou mauvais : haies ou fossés, rien ne l'arrête.

Tyrrel le laissa, et s'éloigna de l'hôtel non par la route du vieux village, mais par un sentier qui, traversant un taillis et accompagnant le cours du ruisseau, coupait le grand chemin qui conduisait au château des Shaws, demeure de M. Mowbray, et passait par un site romantique nommé Buckstane [1].

Dans une petite péninsule formée par les détours du ruisseau s'élevait, sur un monticule, un pilier formé de

(1) La pierre du cerf. — Tr.

grosses pierres brutes, et, d'après la tradition, construit pour conserver le souvenir d'un cerf remarquable par sa taille, sa force et sa légereté, qui, après avoir été couru pendant tout un long jour d'été, était venu mourir en cet endroit, à l'honneur et gloire de quelque ancien baron de Saint-Ronan et de ses chiens. Dans les coupes périodiques de bois, que les besoins de la famille de Saint-Ronan ramenaient plus souvent que Ponty ne l'aurait jugé convenable, on avait épargné, dans le voisinage de ce grossier obélisque, quelques chênes assez vieux peut-être pour avoir entendu les fanfares et les cris de triomphe qui célébrèrent la chute de ce noble animal, et pour avoir vu élever le monument destiné à la commémoration de ce grand événement. Ces arbres, dont les branches touffues s'étendaient bien loin, produisaient presque le crépuscule en plein midi, et en ce moment où le soleil était prêt à disparaître sous l'horizon, leur ombre ressemblait déjà à celle de la nuit. Une obscurité presque complète régnait surtout dans un endroit où quelques branches entrelacées couvraient un fossé assez profond qui traversait le sentier, à environ une portée de la pyramide. Comme il existait une grande route pour aller au château des Shaws, le soin de ce chemin de traverse était abandonné à la nature; il était rempli de grosses pierres, et coupé par plusieurs fossés : délicieux pour le voyageur ami du pittoresque, il était incommode et même dangereux pour celui dont le cheval n'avait pas le pied sûr.

Le sentier destiné aux piétons, conduisant à Buckstane, où il rejoignait le chemin que nous venons de décrire, avait été pratiqué au moyen d'une souscription, par M. Winterblossom. Ce digne président avait assez de goût pour sentir les beautés de cet endroit retiré, qui, dans un temps plus reculé, aurait été précisément ce qu'aurait pu désirer un chef de maraudeurs pour y dresser une embuscade. Tyrrel n'avait pas oublié ce lieu, qu'il connaissait parfaitement, comme tous les environs, et il se

hâta de s'y rendre, le trouvant particulièrement favorable
à l'exécution de son projet. Il s'assit au pied d'un des plus
gros arbres dont les branches énormes l'empêchaient de
pouvoir être aperçu, mais lui permettaient de voir, jusqu'à une distance assez considérable, le chemin qui venait
de l'hôtel, tandis qu'il restait comme invisible lui-même.

Cependant son départ soudain produisit une grande sensation parmi la compagnie qu'il venait de quitter, et l'on
en tirait même des conclusions qui ne lui étaient nullement avantageuses. Sir Bingo surtout tempêtait contre lui
avec une violence qui croissait à mesure que la distance qui
le séparait de son antagoniste augmentait. Il jura qu'il
punirait le drôle de son insolence, qu'il le chasserait du
pays, avec d'autres menaces plus formidables les unes que
les autres. Le diable, dans toutes les vieilles histoires, ne
manque jamais de se trouver à côté de celui qui forme des
projets diaboliques, et qui n'a besoin que d'un coup de
main de l'esprit de ténèbres pour l'aider à les mettre à
exécution. Le noble capitaine Mac Turk avait ce trait de
ressemblance avec sa majesté infernale, que la moindre
apparence d'une querelle l'attirait toujours sur les talons
d'une des parties. Il était alors à côté de sir Bingo, et en
sa qualité d'homme de paix, il expliquait comment il envisageait cette affaire.

— De par Dieu! mon ami sir Bingo, cela est parfaitement vrai, voyez-vous; et, comme vous le dites, il y va
de votre honneur, de l'honneur de cet établissement, de
l'honneur de toute la compagnie, que cette affaire se termine convenablement; car, de par Dieu! il a porté la main
sur vous, à ce qu'il me semble, mon excellent ami.

— Sur moi! s'écria le baronnet avec quelque confusion.
Non, de par le diable! capitaine Mac Turk, il n'a pas pris
une telle licence; s'il s'en était avisé, je l'aurais fait sortir
par la fenêtre. Mais, de par le diable! il est très-vrai que
le misérable a osé toucher le collet de mon habit, et je
me disposais à le châtier quand le poltron a pris la fuite.

— Vous avez raison, sir Bingo, grandement raison, dit l'homme de loi. — C'est un misérable, un vagabond, un braconnier ; mais j'en débarrasserai le pays avant qu'il se passe trois jours ; ainsi ne vous mettez plus en peine de cette affaire, sir Bingo.

— Mais, de par Dieu! M. Micklewham, s'écria l'homme de paix avec un air de dignité, je vous dirai que vous vous brûlez la langue dans le potage d'un autre, et que par respect et par égard pour l'honorable compagnie réunie aux eaux de Saint-Ronan, et pour son honneur, il est indispensable que sir Bingo, dans cette affaire, suive les avis de personnes plus en état que vous de lui en donner. Vos conseils peuvent être fort bons pour recouvrer une petite dette dans une cour de justice ; mais, de par Dieu! il s'agit ici d'une question d'honneur, M. Micklewham, et c'est une chose qui n'a rien de commun avec votre profession, voyez-vous.

— Non, Dieu merci, répondit le procureur. — Emparez-vous donc de cette affaire, capitaine, et faites-en tout ce qu'il vous plaira.

— En ce cas, sir Bingo, dit Mac Turk, je vous prierai de me faire l'honneur de m'accompagner dans la chambre à fumer. Nous demanderons un cigare et un verre de whisky, et nous examinerons ce qu'il convient de faire dans la circonstance présente pour l'honneur de la compagnie.

Le baronnet accepta cette invitation, autant peut-être par l'attrait qu'avait pour lui l'espèce d'accompagnement que le capitaine proposait à ses conseils belliqueux, que par suite du plaisir qu'il se promettait du résultat de ces conseils mêmes. Il suivit son conducteur, qui marchait en avant d'un pas militaire, et dont la démarche était plus raide et la taille plus perpendiculaire toutes les fois que son imagination était exaltée par l'idée d'une querelle prochaine. Arrivés dans la salle destinée aux fumeurs, sir Bingo alluma son cigare en soupirant, et se prépara à écouter les paroles de sagesse et de vaillance qui allaient découler des lèvres du capitaine Mac Turk.

Pendant ce temps, le reste de la compagnie était allé rejoindre les dames.

— Nous avons vu Clara, dit lady Pénélope à M. Mowbray, elle a paru ici comme un rayon du soleil qui ne fait que briller et s'évanouir.

— La pauvre Clara! répondit le laird. — Il m'a semblé en effet que je l'avais vue traverser le vestibule, il n'y a qu'un instant; mais je n'en suis pas bien sûr.

— Elle nous a invités à aller faire un déjeuner à la fourchette aux Shaws, jeudi prochain. J'espère que vous confirmerez l'invitation de votre sœur, M. Mowbray?

— Bien certainement, milady? et je suis charmé que Clara ait eu le mérite d'y songer. Mais comment y serez-vous reçus? c'est une autre question : car ni elle ni moi nous ne sommes guère accoutumés à faire les honneurs d'une maison.

— Je suis sûre que ce sera une partie délicieuse.—Clara met de la grace à tout ce qu'elle fait; et vous, M. Mowbray, vous savez être un homme du meilleur ton, quand cela vous plaît.

— Cette réserve est un peu sévère, milady. — N'importe; le bon ton sera ma devise jeudi, et il me plaira certainement de ne rien négliger pour bien accueillir Votre Seigneurie aux Shaws, où il y a bien long-temps que nous n'avons reçu compagnie. — Clara et moi, nous avons vécu un peu en reclus, chacun à notre manière.

— En vérité, M. Mowbray, dit lady Binks, si vous me permettez de vous le dire, je crois que vous ne devriez pas souffrir que votre sœur coure ainsi les champs sans que personne l'accompagne. — Je sais que nulle femme ne monte mieux à cheval que miss Mowbray, mais encore un accident peut arriver.

— Un accident, lady Binks! répliqua Mowbray; il en

arrive aussi souvent aux dames qui sont accompagnées qu'à celles qui ne le sont pas.

Lady Binks, qui, avant son mariage, avait fait plus d'une promenade dans les bois des environs, escortée par sir Bingo, rougit, se mordit les lèvres, et ne répondit rien.

— D'ailleurs, ajouta Mowbray d'un ton plus léger, quel risque court-elle après tout? Nos bois ne contiennent pas de loups pour dévorer nos jolis petits Chaperons-Rouges. Il ne s'y trouve pas plus de lions, excepté ceux de la suite de lady Pénélope.

— Attelés au char de Cybèle, dit M. Chatterly.

Heureusement lady Pénélope ne connaissait pas assez la mythologie pour comprendre cette allusion, dont elle n'aurait probablement pas su beaucoup de gré au révérend ministre.

— Mais à propos, dit-elle, qu'avez-vous fait de celui qui est aujourd'hui le grand lion de notre ménagerie? Je ne vois nulle part M. Tyrrel. Tient-il compagnie à sir Bingo pour finir une dernière bouteille?

— M. Tyrrel, milady, répondit Mowbray, a joué successivement le lion rampant et le lion passant [1]. Il s'est montré querelleur, et il a fui devant la colère de votre valeureux chevalier, lady Binks.

— J'espère qu'il n'en est rien, dit lady Binks; les campagnes malheureuses de mon chevalier n'ont pu l'emporter sur le goût qu'il a pour les querelles. Une victoire en ferait un tapageur pour toute sa vie.

— Ce pourrait être une source de consolation, dit Winterblossom à part à Mowbray; il est rare que les tapageurs vivent long-temps.

— Non, non, répondit Mowbray, la consternation que montre lady Binks en dépit d'elle-même est fort naturelle. Sir Bingo ne lui offrira jamais aucune chance de ce côté.

(1) Termes de blason. — Tr.

Mowbray salua alors lady Pénélope, et en réponse à l'invitation qu'elle lui fit d'aller joindre les danseurs ou les joueurs, il lui dit qu'il n'avait pas un instant à perdre.

— L'attente de ce qui doit avoir lieu jeudi fera certainement perdre l'esprit à nos vieux domestiques, dit-il ; et, comme il est sûr que Clara ne voudra pas prendre sur elle de donner aucun ordre à ce sujet, il est nécessaire que j'en prenne la peine moi-même.

— Si vous pressez un peu votre cheval, lui dit lady Pénélope, vous pouvez nous épargner une alarme, même momentanée, en rejoignant Clara, cette chère créature, avant qu'elle arrive chez vous. Elle laisse quelquefois marcher son cheval d'un pas aussi lent que la monture de Betty Foy[1].

— Mais aussi, dit miss Maria Diggs, miss Mowbray galope quelquefois d'un tel train que l'alouette semble un limaçon près de son cheval. Rien qu'à la voir on tremble de peur.

Le docteur toucha le bras de mistress Blower qui avait avancé sa chaise pour être à portée du cercle de la haute compagnie, quoiqu'elle ne se fût pas hasardée à y prendre place. Ils échangèrent un regard d'intelligence, et secouèrent la tête d'un air de compassion. Mowbray avait par hasard les yeux fixés sur eux en ce moment, et malgré le soin qu'ils prirent à la hâte de donner à leurs traits une autre expression, il devina ce qui se passait dans leur esprit, et peut-être des pensées à peu près semblables s'éveillèrent-elles en lui. Il prit son chapeau, et sortit de l'appartement avec un air pensif qu'on remarquait en lui bien rarement. Un moment après, le bruit des pas de son cheval sur le pavé annonça qu'il s'en allait au grand trot.

— Il y a ce soir quelque chose de singulier dans Mowbray, dit lady Pénélope ; Clara, pauvre cher ange ! est toujours un peu fantasque ; mais j'aurais cru que le laird

---

(1) Héroïne d'une ballade de Wordsworth. — ED.

avait trop de sagesse humaine pour être si bizarre. Pourquoi consultez-vous votre *souvenir* avec tant d'attention, ma chère lady Binks?

— Uniquement pour voir à quel quantième de la lune nous sommes, répondit-elle en fermant un petit almanach relié en écaille de tortue, et en le remettant dans son *ridicule*, après quoi elle aida lady Pénélope à faire tous les arrangemens nécessaires pour passer la soirée.

CHAPITRE IX.

L'ENTREVUE.

> « Comme deux habitans du royaume des ombres,
> « Nous nous parlons un langage muet. »
> *Anonyme.*

Cherchant à se cacher avec le même soin qu'un chasseur à l'affût ou un Indien guettant son ennemi, mais dans des intentions bien différentes, derrière un des vieux chênes dont nous avons parlé dans le chapitre précédent, Tyrrel se tenait couché sur la poitrine près de Buckstane, les yeux fixés sur les détours du chemin dans la vallée, et l'oreille alerte à saisir le moindre son qui se mêlait au souffle des vents ou au murmure du ruisseau.

— L'aborder dans cette réunion de brutes et de fous, pensait-il, c'eût été une véritable démence, presque égale à la lâche crainte qui m'a empêché jusqu'ici de me présenter à elle, quand nous aurions pu avoir cette entrevue importante sans témoins. Mais à présent, ma résolution est prise, et le lieu est favorable pour l'exécuter. Je n'attendrai pas que le hasard nous réunisse encore au milieu de cent témoins indiscrets occupés à nous épier, et à chercher d'un air ébahi l'explication de ces sentimens qu'il me serait peut-être impossible de ne pas exprimer. — Chut! j'entends le bruit des pas d'un cheval; non, ce n'est que celui des cailloux sur lesquels roule la rivière. J'espère qu'elle n'a pas pris la grande route pour retourner au château des Shaws. Non : le bruit devient plus distinct. Je la vois qui s'avance sur le sentier. Aurai-je le courage de me montrer? Oui. L'instant est arrivé, et n'importe ce qui peut s'ensuivre.

Et cependant à peine avait-il formé cette résolution qu'il hésita de nouveau en réfléchissant sur la manière dont il la mettrait à exécution. Se faire voir à une certaine distance, c'était donner à Clara le temps de retourner sur ses pas et d'éviter l'entrevue à laquelle il était déterminé. Rester caché jusqu'au moment où elle passerait près de lui, c'était risquer d'effrayer son cheval, ce qui n'était pas sans danger pour elle-même. Et, s'il délibérait plus long-temps, il pouvait perdre l'occasion de parler à miss Mowbray. Bien résolu à ne s'exposer ni à l'un ni à l'autre de ces dangers, il prit à la hâte la résolution désespérée de profiter du moment, et comme le chemin, un peu escarpé en cet endroit, obligeait le cheval à ralentir le pas il se plaça lui-même au milieu du sentier.

Dès que Clara l'aperçut, elle tira la bride de son cheval, et s'arrêta comme frappée de la foudre. — Clara! Tyrrel! furent les seuls mots qu'ils purent prononcer dans le premier instant; mais bientôt Tyrrel osa s'approcher d'elle, lentement il est vrai. Alors miss Mowbray s'écria vivement:
— Arrêtez! arrêtez! je puis endurer votre présence de loin, mais si vous approchez davantage vous me ferez perdre l'esprit.

— Que craignez-vous? lui demanda Tyrrel d'une voix tendre, mais concentrée, que pouvez-vous craindre? et il continua de s'avancer jusqu'à ce qu'ils ne fussent plus qu'à un pas l'un de l'autre.

Cependant Clara, laissant échapper la bride, joignit les mains, les leva vers le ciel, et s'écria d'une voix à peine intelligible : — Grand Dieu! si cette apparition est l'ouvrage de mon imagination exaltée, faites qu'elle se dissipe! si elle est réelle, donnez-moi la force de la supporter! — Francis Tyrrel, je vous en conjure, est-ce bien vous que je vois en ce moment; ou n'est-ce qu'une de ces visions passagères qui se sont si souvent présentées à mon esprit, mais qu'un seul regard suffit pour faire évanouir?

— Oui, je suis Francis Tyrrel, répondit-il, — aussi vrai que celle à qui je parle est Clara Mowbray.

— En ce cas, que Dieu ait compassion de nous, dit Clara avec l'accent de l'émotion.

— Dieu le veuille! répondit Tyrrel. Mais pourquoi cette agitation excessive, miss Mowbray? vous m'avez vu il n'y a qu'un instant. Vous m'avez parlé quand j'étais au milieu d'étrangers. Pourquoi n'êtes-vous pas plus calme quand nous sommes dans un lieu où nul œil ne peut nous voir, où nulle oreille ne peut nous entendre?

— Cela est donc vrai? C'est donc bien vous que j'ai vu tout à l'heure? Je le pensais ainsi, et je me souviens que je vous ai dit quelque chose; mais mon esprit s'est un peu troublé depuis que je ne vous ai vu. A présent, je suis bien, très-bien. J'ai invité là-bas tout le monde à venir aux Shaws; mon frère avait désiré que je le fisse. J'espère que je vous y verrai, M. Tyrrel, quoiqu'il me semble qu'il y a eu autrefois une querelle entre vous et mon frère.

— Vous vous trompez, Clara. J'ai à peine vu votre frère, répondit Tyrrel en proie à la plus vive affliction, et ne sachant trop sur quel ton il devait lui parler pour ne pas augmenter le désordre qui régnait dans son esprit, comme il ne pouvait plus en douter.

— C'est vrai, c'est vrai, dit-elle après un moment de réflexion; mon frère était alors au collège. C'est avec mon père, mon pauvre père que vous avez eu quelque querelle. Mais vous viendrez aux Shaws jeudi à deux heures ? John sera charmé de vous voir. Il est aimable quand il veut. Nous parlerons du temps d'autrefois. Mais il faut que je retourne au logis pour faire faire les préparatifs. — Bonsoir.

Elle voulait continuer sa route; mais Tyrrel saisit la bride du cheval.

— Je vous accompagnerai, Clara, lui dit-il avec douceur. La route est mauvaise et dangereuse; vous irez moins vite. Je marcherai à côté de vous, et nous parlerons maintenant du temps d'autrefois, plus à notre aise que si nous étions en compagnie.

— Vrai, très-vrai, M. Tyrrel; j'y consens de tout mon cœur. Mon frère m'oblige quelquefois à aller en compagnie là-bas, dans cet endroit que je déteste; et j'y vais pour lui faire plaisir, et parce qu'on m'y laisse suivre mes fantaisies, venir et m'en aller comme il me plaît. — Savez-vous, M. Tyrrel, que souvent, quand je suis là et que John a les yeux sur moi, je puis montrer autant de gaieté que si vous et moi nous ne nous étions jamais vus ?

— Plût au ciel que nous ne nous fussions jamais vus ! dit Tyrrel d'une voix tremblante, puisque cela devait finir ainsi.

— Et pourquoi l'affliction ne serait-elle pas la fin du péché et de la démence? Le bonheur naît-il jamais de la désobéissance? Le sommeil approche-t-il jamais d'un oreiller ensanglanté? Voilà ce que je me dis à moi-même, Tyrrel; il faut que vous appreniez à vous en dire autant, et alors vous supporterez vos chagrins avec autant de résignation que moi les miens. Si nous n'éprouvons que ce que nous méritons, pourquoi nous plaindrions-nous? Vous pleurez, je crois? N'est-ce pas un enfantillage? — On dit que les pleurs soulagent pourtant. Si cela est, continuez à pleurer, et je regarderai d'un autre côté.

Tyrrel faisait d'inutiles efforts pour reprendre assez de calme pour lui répondre.

—Pauvre Tyrrel, continua-t-elle après quelques instans de silence; pauvre Frank Tyrrel! — Mais peut-être direz-vous à votre tour : Pauvre Clara! Je ne suis pourtant pas si faible que vous; l'ouragan peut me faire plier, mais jamais il ne m'abattra.

Il y eut encore une longue pause, car Tyrrel ne savait réellement de quelle manière il pouvait parler à cette malheureuse jeune personne, sans risquer d'éveiller en elle des souvenirs pénibles à son cœur, et qui pouvaient même devenir dangereux dans l'état de sa santé. Enfin ce fut encore elle qui reprit la parole.

—Mais que veut dire tout ceci, Tyrrel? Pourquoi êtes-vous venu ici? Pourquoi vous ai-je trouvé tout à l'heure criant et vous querellant au milieu d'une troupe d'ivrognes et de tapageurs? Vous aviez plus de bon sens et de sang-froid jadis. — Un autre, un autre, que vous et moi nous avons connu autrefois, aurait pu commettre une telle folie; cela eût été peut-être conforme à son caractère; mais vous, vous qui prétendez à la sagesse! fi! fi! et, pendant que nous en parlons, quelle sagesse avez-vous montrée en venant ici? quel bien peut résulter du séjour que vous y faites? — Vous n'y êtes sûrement pas venu pour ajouter à votre malheur et au mien?

— Pour ajouter au vôtre! A Dieu ne plaise! s'écria Tyrrel. Non, je ne suis venu ici que parce que je désirais, après avoir erré si long-temps dans le monde, revoir l'endroit où toutes mes espérances sont ensevelies.

—Oui, ensevelies est bien le mot;... ou flétries comme une rose arrachée à l'instant où elle promettait de fleurir. J'y ai souvent pensé, Tyrrel, et il y a des momens, que le ciel me le pardonne! où je ne puis guère penser à autre chose. Regardez-moi : vous vous souvenez de ce que j'étais; voyez ce qu'ont fait de moi le chagrin et la solitude.

Elle rejeta en arrière le voile qui entourait son chapeau, et qui avait jusqu'alors caché son visage. Tyrrel leva les yeux sur elle; il reconnut les traits qu'il avait vus autrefois briller de toute la fraîcheur de la beauté ; cette beauté restait encore, mais la fraîcheur avait disparu. Ni l'exercice, ni l'agitation que lui avait occasionée une entrevue si inattendue, n'avaient pu rappeler sur les joues de la pauvre Clara la plus légère teinte de vermillon. On l'aurait prise pour une statue du plus beau marbre.

— Est-il possible que le chagrin ait fait de tels ravages ! s'écria Tyrrel involontairement.

— Le chagrin est la maladie du cœur, dit Clara, et la maladie du corps est sa sœur. Ce sont deux jumelles, Tyrrel, et il est rare qu'elles soient long-temps séparées. Quelquefois la maladie du corps arrive la première ; elle ternit l'éclat de nos yeux, elle paralyse nos mains avant que le feu de notre cœur et de notre esprit soit éteint. Mais, faites-y attention, sa cruelle sœur vient bientôt à son tour avec son urne ; elle jette une froide rosée sur nos espérances, sur notre amour, sur notre mémoire, sur nos sentimens, et elle nous prouve que rien ne peut survivre à nos forces physiques.

— Hélas ! dit Tyrrel, en sommes-nous arrivés là !

— C'est là, répliqua-t-elle, suivant le cours rapide et irrégulier de ses propres idées, plutôt qu'elle ne comprenait le sens de l'exclamation que venait de lui arracher le chagrin ; — c'est là qu'il faudra toujours arriver, tant que des ames immortelles seront attachées à des corps périssables. Il existera un temps, Tyrrel, où il en sera tout autrement. Plût au ciel que ce temps fût déjà arrivé !

Elle se tut, et parut occupée de réflexions mélancoliques que Tyrrel craignit de troubler. L'extrême vivacité avec laquelle elle parlait n'indiquait que trop clairement le désordre de ses idées. Il fut obligé de combattre lui-même ses propres angoisses et mille souvenirs pénibles, de peur que l'expression de son chagrin ne lui portât encore plus de trouble dans l'esprit.

— Je n'aurais pas cru, dit-elle enfin, malgré le nombre des années qui se sont écoulées depuis notre horrible séparation; je n'aurais pas cru vous revoir avec tant de calme et de raison. Mais, quoique nous ne puissions jamais oublier ce que nous étions autrefois l'un pour l'autre, tout est dit maintenant; nous ne sommes plus qu'amis, n'est-il pas vrai?

Tyrrel se trouva incapable de lui répondre.

— Mais je ne dois pas rester ici, continua-t-elle, jusqu'à ce que la nuit devienne plus obscure. Nous nous reverrons, Tyrrel, nous nous reverrons comme deux amis, rien de plus. Vous viendrez me voir au château des Shaws. Il n'est plus besoin de mystère à présent; mon pauvre père est dans le tombeau, et ses prétentions y dorment avec lui. — Mon frère John est bon, quoique quelquefois un peu sévère. — Je crois vraiment qu'il m'aime, Tyrrel, quoiqu'il m'ait appris à trembler en lui voyant froncer le sourcil lorsque je suis en gaieté et que je parle trop. — Mais il m'aime, je dois le croire du moins, car je l'aime aussi. Et c'est pour lui que je fais l'effort d'aller voir ces fous là-bas, et d'endurer leurs folies. — Oui, tout considéré, je joue admirablement bien la farce de la vie. Car, comme vous le savez, nous ne sommes que des acteurs, et le monde n'est qu'un théâtre.

— Et nous y avons joué une scène bien triste, bien tragique! dit Tyrrel dans l'amertume de son cœur, mais ne pouvant se réduire plus long-temps au silence.

— Cela n'est que trop vrai, Tyrrel; mais en est-il jamais autrement des engagemens contractés dans la jeunesse et par la folie? — Vous et moi, comme vous le savez, nous voulions jouer les rôles d'homme et de femme, quand nous n'étions guère que des enfans. Nous avons eu les passions de la jeunesse quand nous étions presque encore en lisières; et c'est pourquoi nous avons vieilli avant le temps. L'hiver de la vie est arrivé pour nous avant que l'été en fût commencé. — Ah! Tyrrel, j'ai pensé à tout cela bien souvent, bien souvent! quand serai-je en état de penser à autre chose?

Ici la pauvre jeune fille se mit à pleurer amèrement, et ses larmes coulèrent sans doute avec plus de liberté qu'elles ne l'avaient fait depuis long-temps. Tyrrel continuait à marcher à côté de son cheval, qui s'avançait à petits pas vers le château des Shaws; mais il gardait le silence, ne sachant comment s'y prendre pour ouvrir la bouche sans courir le risque de donner l'éveil à ses propres passions ou à celles de l'infortunée Clara. Il s'était proposé de lui dire bien des choses, mais il ne s'était pas attendu à la fâcheuse découverte du dérangement d'esprit qui, sans la priver entièrement de sa raison, l'égarait par intervalles.

Enfin il lui demanda, avec autant de calme qu'il en put feindre, si elle était satisfaite; s'il était possible de rendre sa situation plus agréable; si elle avait quelque sujet de plainte auquel il pût porter remède. Clara lui répondit avec douceur qu'elle était tranquille et résignée quand son frère lui permettait de garder le logis; mais que, lorsqu'elle était obligée de voir la société, elle éprouvait le même changement qu'on peut supposer qu'éprouve l'eau qui, après être restée quelque temps paisible dans le bassin où elle prend sa source, en sort tout à coup pour être précipitée du haut d'une cataracte.

—Mais mon frère croit avoir raison, ajouta-t-elle, et peut-être a-t-il raison en effet. Il y a des choses sur lesquelles nous pouvons nous appesantir trop long-temps. Et, quand il se tromperait, pourquoi ne ferais-je pas un effort sur moi-même pour lui plaire? Il y a si peu de personnes à qui je puisse causer maintenant peine ou plaisir!—Je suis encore gaie dans la conversation, Tyrrel; gaie pour un moment, comme lorsque vous me reprochiez d'être une jeune folle. Et maintenant je vous ai tout dit; mais il me reste une question à vous faire, une seule question, si je puis prendre sur moi de vous l'adresser :... *Vit-il encore?*

—Il vit, répondit Tyrrel, mais d'une voix étouffée et si

basse, qu'il fallait pour l'entendre toute l'attention que miss Mowbray donnait à sa réponse.

— Il vit! s'écria-t-elle, il vit! Le sang n'est donc pas empreint sur votre main en traces ineffaçables! — Ah! Tyrrel, si vous saviez combien cette assurance me donne de joie!

— De joie! répliqua Tyrrel. De la joie de ce que le misérable qui a empoisonné notre bonheur vit encore!... et vit peut-être pour vous réclamer comme étant à lui!

— Jamais, Tyrrel, jamais! — il ne l'oserait! s'écria Clara d'un air égaré. — Tant que l'eau et l'acier pourront donner la mort; tant qu'il existera des rochers et des précipices. — Non, non! jamais!

— Calmez cette agitation, ma chère Clara, dit Tyrrel: je ne savais ce que je disais. — Oui, il vit, mais bien loin, bien loin de nous, et j'espère qu'il ne reverra jamais l'Ecosse.

Il en aurait dit davantage, mais Clara, agitée par la crainte ou par la vivacité de ses sensations, frappa son cheval de sa houssine avec impatience, et l'animal plein d'ardeur, excité d'un côté, tandis que Tyrrel le retenait de l'autre, devint intraitable, et commença à se cabrer avec tant de violence que Tyrrel, craignant quelque accident, et connaissant d'ailleurs les talens de Clara en équitation, crut qu'il ne pouvait mieux pourvoir à sa sûreté qu'en lâchant la bride. Le coursier partit aussitôt avec la rapidité d'une flèche, et disparut bientôt aux yeux de Tyrrel.

Tandis qu'il réfléchissait s'il ne ferait pas bien de suivre miss Mowbray jusqu'aux Shaws, pour être à portée de la secourir en cas qu'il lui arrivât quelque accident, il entendit derrière lui un bruit qui annonçait un cheval arrivant au galop du côté de l'hôtel. Ne voulant pas être vu, il se cacha derrière un buisson, et le moment d'après il vit passer M. Mowbray de Saint-Ronan, accompagné d'un laquais, et suivant la route que sa sœur avait prise. Leur présence lui ôta toute inquiétude pour la sûreté de Clara, et fit disparaître le principal motif qu'il avait pour la suivre. Plongé dans de profondes et tristes réflexions sur ce qui venait de se passer, convaincu qu'un plus long séjour dans le voisinage de miss Mowbray ne pouvait que les rendre malheureux l'un et l'autre, et cependant ne sachant ni se résoudre à s'en éloigner, ni arracher de son cœur un sentiment qui en faisait en quelque sorte partie, il retourna à l'auberge du vieux village dans une cruelle anxiété.

En entrant dans son appartement, il se trouva sans lumière, et les servantes de mistress Dods ne furent pas aussi alertes à lui en procurer que l'aurait été un des garçons de Long [1]. N'étant pas d'un caractère exigeant, et désirant d'ailleurs éviter en ce moment la nécessité de parler à qui que ce fût, même pour la moindre bagatelle, il descendit dans la cuisine pour y prendre lui-même ce qui lui manquait. Dans le premier moment, il ne remarqua pas que mistress Dods était elle-même au centre de son empire, et il fit encore moins d'attention à l'indignation qui ridait le front de la digne matrone. D'abord elle ne la fit paraître que par un soliloque composé d'interjections et de phrases sans suite, comme, par exemple : — Vraiment ! belle besogne ! joli exemple ! troubler à une pareille heure une maison décente ! tenir une auberge ! autant vaudrait tenir un Bedlam.

Voyant que ses murmures n'attiraient pas l'attention de Tyrrel, elle alla se placer entre lui et la porte vers laquelle il s'avançait, une chandelle allumée à la main, et lui demanda ce que signifiait une pareille conduite.

— De quelle conduite parlez-vous, madame? lui demanda Tyrrel avec un ton d'humeur et d'impatience qui lui était si peu ordinaire, que Meg se repentit peut-être déjà de l'avoir fait sortir de son état habituel d'indifférence, et craignit les suites de l'altercation qu'elle avait provoquée, car le ressentiment d'un homme ordinairement paisible et patient a toujours quelque chose de terrible pour quiconque

---

[1] Hôtel garni en réputation à Londres. — Tr.

a coutume d'être grondeur et irritable. Mais elle était trop fière pour songer à la retraite après avoir sonné la charge, et elle continua ses reproches, quoique d'un ton un peu plus bas.

— Je vous le demande à vous-même, M. Tirl, à vous qui êtes un homme de bon sens; ai-je lieu de me louer de votre conduite? Voilà dix jours et plus que vous logez ici, buvant et mangeant ce qu'il y a de meilleur dans la maison, et en occupant la plus belle chambre; et voilà que vous vous en allez là-bas avec cette bande de fous et de fainéans réunis autour d'une mare! Je dois vous parler franchement, M. Tirl, je n'aime pas les gens qui vous disent *mon cœur*, et qui ne le pensent pas, quoique ce soit la mode, et parlant...

Tyrrel l'interrompit : — Mistress Dods, lui dit-il, je n'ai pas le temps de m'occuper de babioles en ce moment. Je vous remercie des attentions que vous avez eues pour moi tant que j'ai logé chez vous, mais je prétends être le maître de disposer de mon temps et de moi-même. Si vous êtes lasse de me voir chez vous, donnez-moi demain matin la note de ce que je vous dois.

— Demain matin! répéta Meg, demain matin! et pourquoi ne pas attendre à samedi? vous pourrez alors payer mon mémoire à shillings, placks et bawbies, comme vous l'avez fait samedi dernier.

— Hé bien, nous en parlerons demain, mistress Dods, répondit Tyrrel; je vous souhaite le bonsoir. Et il se retira, sans rencontrer plus d'opposition.

Meg resta un instant à réfléchir. — Il faut qu'il ait le diable au corps, dit-elle enfin, puisqu'il ne veut pas qu'on le contrarie. Mais je crois que j'ai aussi le diable au corps, moi qui vais m'aviser de contrarier un si brave garçon et une si bonne pratique. Il faut qu'il ait quelque chose qui lui tourmente l'esprit. Ce ne peut être le manque d'argent; et quand ce serait cela, je ne m'inquièterais guère du peu qu'il me doit; mais ce ne peut être le manque d'argent, car il jette les shillings comme si c'étaient des morceaux d'ardoise : on tient davantage à son argent quand on n'en a plus guère. Je sais par expérience quel air a une pratique qui voit le fond de sa bourse. Hé bien, j'espère qu'il n'y songera plus demain matin, et je tâcherai de mieux veiller sur ma langue. — Eh! eh! le ministre a bien raison de dire que c'est un membre rétif. En vérité je suis honteuse de moi.

CHAPITRE X.

RESSOURCES.

> « Donne-moi tes conseils, car j'en ai grand besoin.
> « N'es-tu pas de ces gens dont le généreux soin
> « Fournit à leurs amis un avis salutaire,
> « Comme le spadassin leur prête sa rapière,
> « Et comme l'usurier leur avance son or ?
> « Allons, parle, commence, ouvre-moi ton trésor.
> « Qu'exigé-je de toi ? des faits, non des paroles. »
>
> *Le Diable trouvant à qui parler.*

Le jour témoin des incidens que nous venons de rapporter était un lundi; il n'en restait donc plus que deux jusqu'à celui qui devait voir dans le château des Shaws la fleur de la brillante compagnie rassemblée aux eaux de Saint-Ronan. L'intervalle était un peu court pour faire les préparatifs qu'exigeait un événement si peu ordinaire; le château, agréablement situé, n'était pas en très-bon état, et depuis quelques années le laird n'y recevait d'autres visites que celles de quelque vieux garçon, ou de quelque chasseur de renards qui venait par hasard lui demander l'hospitalité; visites de jour en jour plus rares depuis que, vivant presque constamment lui-même aux eaux de Saint-Ronan, il préférait recevoir ses amis dans un endroit où il pouvait le faire sans délier sa bourse, puisque chacun y payait son écot. D'ailleurs la santé de sa sœur était une excuse sans réplique, pour ces vieux Ecossais qui, fidèles à la tradition de leur jeunesse, auraient pu être tentés de regarder la maison d'un ami comme la leur. Quoi qu'il en soit, M. Mowbray, par suite de l'invitation acceptée, se trouvait comme un lièvre forcé au gîte, à la satisfaction de tous ses amis, qui attendaient l'exécution de sa promesse avec toute l'impatience qu'excite chez des oisifs l'attente de quelque nouveauté dont ils espèrent quelque plaisir.

M. Mowbray, aidé par son affidé M. Micklewham, trouva bientôt que ce ne serait pas sans de grands embarras qu'il pourrait faire les apprêts nécessaires pour recevoir ses hôtes, d'autant plus que Clara se tint obstinément renfermée dans son appartement, le mardi et le mercredi, sans que son frère soit par prières, soit par menaces, pût obtenir d'elle aucune idée pour la fête du jeudi. Pour rendre justice à John Mowbray, nous devons dire qu'il aimait sa sœur autant qu'il était capable d'aimer autre chose que lui-même : et quand, après avoir épuisé tous ses argumens, il eut la mortification de voir qu'elle ne voulait lui donner aucune assistance, il se résigna aux ressources de sa propre imagination.

Ce n'était pourtant pas une tâche aussi facile qu'on pourrait le supposer. Mowbray avait des prétentions à cette élégance que tous les talens du sexe masculin sont rarement en état d'atteindre, quand ils sont abandonnés à eux-mêmes. Les élémens solides d'une collation pouvaient s'obtenir dans une ville voisine, et il ne manqua pas de les y faire acheter ; mais il sentait parfaitement qu'ils ne serviraient qu'à placer devant ses convives l'abondance vulgaire d'un repas de fermier, au lieu de leur offrir une fête élégante dont il pût être fait mention dans une colonne du journal du comté comme ayant été donnée par John Mowbray de Saint-Ronan, à la compagnie nombreuse et choisie assemblée aux eaux célèbres du même nom.

Il avait à craindre aussi un grand nombre d'erreurs et d'irrégularités dans le choix et le nombre des mets, et dans la manière de les placer sur la table ; car il ne se trouvait au château des Shaws, ni femme de charge accomplie, ni chef de cuisine pour exécuter ses ordres. Tous es détails domestiques y étaient conduits d'après la plus stricte économie. Il faut pourtant en excepter l'écurie, qui était tenue dans le meilleur ordre. Mais un palefrenier peut-il remplir les fonctions d'un valet de chambre ? un garde-chasse peut-il arranger sur un plat, d'une manière appétissante, le gibier qu'il a immolé, l'orner de fleurs, et l'accompagner des assaisonnemens indispensables ? Il serait aussi raisonnable d'exiger d'un brave soldat qu'il devînt l'ordonnateur des funérailles de l'ennemi qu'il a tué sur le champ de bataille ?

Enfin Mowbray fit une consultation, parla et écouta tour à tour, reçut des avis et en donna ; son conseil était composé d'une cuisinière sourde et d'un petit vieillard qu'il appelait son sommelier. Mais il finit par désespérer de faire sortir l'ordre de la confusion, ou de produire la moindre impression avantageuse sur les intelligences assez obtuses des individus avec lesquels il avait à traiter. Après avoir juré deux ou trois fois de bon cœur, il abandonna donc tout ce qui concernait le repas aux soins des deux grands officiers que nous venons de nommer, et ne s'occupa plus que des appartemens et de leur ameublement.

Il se trouva de ce côté presque également au dépourvu, car quel est l'esprit masculin qui pourrait suffire aux mille petites coquetteries auxquelles on a recours en pareille occasion ? Comment des yeux masculins peuvent-ils juger du degré de demi-jour qu'on peut admettre dans un appartement bien décoré ? Comment distingueraient-ils le tableau passable sur lequel on peut laisser tomber un rayon de lumière, et le portrait de famille qu'il faut en garantir avec soin, de peur que la perruque d'un grand-père ne devienne un objet de ridicule? Et si les hommes sont hors d'état de juger des effets de l'ombre et de la lumière sur l'ameublement et les ornemens de leurs salons et sur le teint des belles qu'ils y attendent, comment pourraient-ils être capables de fonctions bien plus mystérieuses encore, celles d'arranger les différens meubles d'un appartement? Comment réussiraient-ils à simuler si bien le hasard et la négligence que les sièges soient précisément à l'endroit où il semble qu'on les aurait souhaités; que la compagnie ne soit ni forcée à s'asseoir sur des chaises placées en cercle, ni exposée à se casser les jambes contre des tabourets mis où l'on ne devait pas s'attendre à en trouver; enfin, que toutes les dispositions offrent en quelque sorte l'emblème du ton de la conversation, c'est-à-dire qu'on y remarque de l'aisance sans confusion, et de l'ordre sans affectation prétentieuse?

Enfin, comment la gaucherie de l'esprit masculin saurait-elle tirer parti de vieilles tabatières, de pommes de cannes antiques, de boîtes à parfum de formes bizarres, et de tout ce qui se trouve ordinairement dans quelques tiroirs du secrétaire des dames de l'ancienne cour, et qu'on peut faire valoir en les groupant avec une négligence artificielle sur une console en mosaïque ou une encognure en marbre, avec d'autres objets non moins précieux, semblables à ceux qu'on voit à la croisée d'un prêteur sur gages, car c'est ainsi qu'on peut mettre à profit tous ces colifichets que toutes les vieilles filles ou les pies qui ont habité un château depuis un siècle sont venues à bout d'accumuler?

Combien d'admiration ne m'a pas inspirée bien des fois l'adresse avec laquelle le génie d'un artiste avait arrangé ces divers groupes de pseudo-bijouterie! la grande bague du bisaïeul et le hochet qui avait servi à son premier-né; le sifflet de contre-maître de quelque oncle marin, ou la boîte d'argent encore parfumée dans laquelle il plaçait son tabac; la boîte à peignes en ivoire d'une vieille cousine, sentant encore le musc, et l'étui à lunettes en écaille de tortue d'une tante morte en odeur de virginité; un de ces instrumens en ébène nommés serre-d'aigle, dont nos aïeules, dans le temps où l'on portait de longs corsets de baleine, se servaient pour apaiser les petites démangeaisons qu'elles pouvaient sentir sur le dos et les épaules, et la passoire en argent sur laquelle, dans un siècle plus économe que le nôtre, la maîtresse de la maison plaçait les feuilles de thé après avoir extrait jusqu'au dernier atome de leur saveur, pour les distribuer ensuite à la compagnie qui les mangeait sur du pain avec du beurre et du sucre. Bénie soit une mode qui a sauvé des griffes des femmes de chambre et du creuset des orfèvres ces *cimelia* jadis négligés, et qui en a fait l'objet du culte des antiquaires, et la décoration de nos salons! Mais pour présider à leur arrangement le goût d'une femme est indispensable, et c'était ce qui manquait à M. Mowbray, car il possédait d'ailleurs un assortiment de joyaux de cette espèce.

Si cette digression n'était déjà un peu longue, nous pourrions parler de son inexpérience dans l'art de cacher les défauts d'un ameublement, soit en couvrant d'une toile verte un tapis troué, soit en jetant négligemment un schall sur un sopha dont l'étoffe montre la corde. Mais j'en ai dit assez, et même trop, pour faire comprendre son embarras pénible à tout garçon qui n'ayant ni mère, ni sœur, ni cousine, ni femme de charge expérimentée, également dépourvu d'un bon cuisinier et d'un valet de chambre habile, se hasarde à donner une fête, et veut qu'elle soit élégante et de bon goût.

Le sentiment intime de son insuffisance tourmentait Mowbray d'autant plus, qu'il savait qu'il trouverait dans les dames, et surtout dans lady Pénélope Penfeather, sa rivale ordinaire, des critiques impitoyables. Il ne se relâcha donc pas dans ses efforts; et il passa deux jours entiers à commander, à contre-mander, et à réprimander, sans repos ni intermission. Son fidèle agent, témoin de ses travaux (car on ne pouvait pas dire qu'il en fût le compagnon), le suivant de chambre en chambre, lui montrait exactement le même intérêt qu'un chien témoigne à son maître quand, le voyant triste, il lève la tête vers lui de temps en temps, avec un air piteux, comme pour l'assurer qu'il partage son affliction, dont il ne comprend pas la cause.

Enfin, quand Mowbray eut terminé quelques préparatifs, et qu'il en eut abandonné un grand nombre d'autres qu'il se trouvait incapable de faire, il se mit à dîner, le mercredi veille du grand jour, avec son digne aide-de-camp, M. Micklewham; et après avoir juré de bon cœur contre la fête et contre la fantaisie de la vieille fille qui lui occasionait tout cet embarras, il déclara qu'à compter de ce moment il envoyait tout au diable, et qu'aussi sûr qu'il se nommait John Mowbray, il ne se mettait plus en peine de rien.

Fidèle à cette résolution, il dîna de bon appétit avec son docte conseil, et ils dépêchèrent assez promptement les côtelettes et la bouteille de vieux vin de Porto destinée à les assaisonner.

— N'avons-nous pas bien dîné, dit ensuite le laird, quoique nous n'ayons pas eu tous leurs maudits petits plats?

— Un ventre plein est un ventre plein, répondit le procureur en essuyant ses lèvres, n'importe que ce soit de farine ou de son.

— C'est ce que pense un cheval de fiacre, dit Mowbray; mais nous sommes obligés de faire comme les autres, et les gens du bon ton pensent différemment.

— Tant pis pour eux et tant pis pour le pays, Saint-Ronan; c'est tout cet ennui de thés et de fêtes qui chasse nos nobles de leurs châteaux pour les loger à l'hôpital ou en prison.

Le jeune laird garda le silence quelques instants. Rem-

plissant ensuite son verre, et passant la bouteille au vieux procureur, il changea de conversation et lui demanda :
— Croyez-vous au bonheur, Mick?

— Au bonheur! qu'entendez-vous par cette question?

— C'est que j'y crois moi-même. Je vous demande si vous pensez qu'on puisse avoir une veine de bonheur ou de malheur aux cartes?

— C'eût été un grand bonheur pour vous si vous n'en aviez jamais touché une.

— Ce n'est pas ce dont il s'agit, Mick; mais ce qui m'étonne, c'est la mauvaise chance qui, depuis plus d'un siècle, nous a toujours poursuivis, nous autres misérables lairds de Saint-Ronan; car notre fortune a toujours été en baissant, et jamais en s'élevant. Non, jamais on n'a vu une race si *rétrogradante*, comme dirait le ministre. — La moitié de tous ces champs appartenait jadis à mes ancêtres, et aujourd'hui il me semble que les derniers sillons ont envie de s'envoler.

— S'envoler! oui, oui, et grand train. Voici ce château des Shaws, je répondrais qu'il s'en irait par la cheminée comme le reste, si votre grand-père ne lui avait donné une fondation solide par une bonne substitution.

— Au diable la substitution! Si mes ancêtres voulaient conserver leurs biens dans leur famille, ils auraient dû les substituer quand ils en valaient la peine. Enchaîner au cou d'un homme une babiole comme Saint-Ronan, c'est comme si l'on attachait un cheval à une courroie de six pieds dans les pâturages des montagnes.

— On pourrait dire que vous avez allongé la courroie un peu plus que vous n'aviez le droit de le faire, quand vous avez aliéné à rente féodale le terrain qui environne la source de Saint-Ronan.

— Ne l'ai-je pas fait d'après votre avis?

— Je ne puis le nier, Saint-Ronan; mais je suis un vieil oison si complaisant, que je vous ai donné l'avis pour vous plaire, comme une vieille femme passe les fantaisies d'un enfant gâté.

— Oui, comme, par exemple, quand elle lui donne le couteau avec lequel il se coupe les doigts. Sans votre avis infernal, ce terrain était en sûreté.

— Et cependant vous murmuriez alors de ce qu'il ne vous était pas possible de faire envoler tout le domaine. Et dans le fait vous devez vous en inquiéter fort peu, car, s'il est vrai qu'en faisant cette vente vous avez encouru une déchéance, comme le pense l'avocat Wisebehind d'après le mémoire à consulter que je lui ai soumis sur cette question, votre sœur ou le mari de votre sœur, s'il lui prenait fantaisie de se marier, pourrait, en formant une demande contre vous, vous évincer de Saint-Ronan dans le cours de deux ou trois sessions.

— Clara ne se mariera jamais.

— Ne jurez de rien. Plus d'un vaisseau avec une voie d'eau est arrivé dans le port. Si l'on connaissait la chance qu'elle a d'obtenir ce domaine, il y a bien des gens qui se mettraient peu en peine de la mouche qui l'a piquée.

— M. Micklewham, s'écria le laird, quand vous avez à parler de miss Mowbray, je vous prie de ne pas oublier le respect que vous devez à ma sœur, à la fille de mon père.

— Ne vous fâchez pas, Saint-Ronan; je n'ai pas dessein de vous offenser; mais il faut bien qu'on s'explique de manière à se faire comprendre, surtout quand on parle d'affaires. Vous savez aussi bien que moi que miss Clara n'est pas tout-à-fait comme tout le monde; et, si j'étais à votre place, il est de mon devoir de vous parler franchement, je présenterais au juge une petite pétition pour être nommé *curator bonis*, attendu qu'elle est incapable de conduire ses affaires.

— Micklewham! s'écria Mowbray, vous êtes un.... Il n'acheva pas.

— Que suis-je, M. Mowbray? demanda le procureur

avec assez de fermeté; que prétendez-vous que je suis? je désirerais le savoir.

— Un excellent procureur, répondit le laird, qui dépendait trop de son agent pour se livrer à un premier mouvement. Mais je dois vous dire que plutôt que de faire contre la pauvre Clara la démarche que vous me conseillez, je lui abandonnerais ce domaine, et je me ferais palefrenier ou postillon pour le reste de ma vie.

— Ah! Saint-Ronan, si vous aviez voulu soutenir votre ancienne maison, vous aviez autre chose à faire que de devenir palefrenier ou postillon. Qui vous empêchait de vous faire homme de loi comme tant d'autres? Mon ancien maître avait toujours à la bouche ces mots latins : *Rerum dominos gentemque togatam* [1], ce qui veut dire que tous les lairds devraient être hommes de loi.

— Et il me paraît que tous les hommes de loi deviendront lairds, car ils achètent presque tous les biens que nous vendons, et qu'ils paient avec des mémoires de frais.

— Hé bien ! n'auriez-vous pas pu en acheter comme les autres?

— Non, je n'ai pas ce qu'il faut pour faire ce métier. Je n'aurais fait qu'user en pure perte la robe qui m'aurait couvert les épaules, et la farine dont j'aurais poudré ma perruque à trois marteaux. J'aurais passé mes matinées à musarder dans le grand vestibule [2] de la cour, mes soirées au spectacle, et je ne serais jamais devenu plus savant qu'un juge de la cour pour le recouvrement des petites dettes.

— Si vous aviez peu gagné, du moins vous n'auriez rien perdu; et si vous n'étiez pas devenu un des aigles du barreau, vous auriez pu, comme tant d'autres, obtenir une place de sheriff ou de commissaire, ce qui vous aurait entretenu la laine sur le dos. Si vous n'aviez pas augmenté

---

[1] D'un vers de Virgile sur les Romains.
« Les seigneurs de la terre, et vêtus de la toge. »
— Ed.

[2] La salle où se jugent les causes en première instance. — Ed.

votre domaine, au moins ne l'auriez-vous pas vu se fondre entre vos mains.

— Mais je n'aurais pas eu la chance de le doubler, comme je l'aurais fait incontestablement si la fortune m'avait été fidèle un instant. Je vous dirai, Mick, que depuis un an j'ai été riche de cinquante mille livres sterling, de cent mille, et qu'il ne me reste que les débris de ce misérable domaine, qui ne peut m'être d'aucune utilité tant qu'il sera à moi, et dont le prix, si je pouvais le vendre, me fournirait les moyens de réparer mes pertes, et serait la fondation d'une seconde fortune.

— Sans doute, jeter le manche après la cognée, voilà ce que vous voulez dire. A quoi bon gagner cent mille livres pour les perdre ensuite? que vous en revient-il?

— Ce qu'il m'en revient? Parbleu! que revient-il à un général d'avoir gagné une bataille quand il a perdu la suivante? Il sait qu'il peut avoir un instant de bonheur comme un autre, et il essaie d'en livrer une troisième : c'est absolument la même chose. Voilà le jeune comte d'Etherington qui doit arriver aux eaux dans un jour ou deux; on dit qu'il tient tous les enjeux; si j'avais seulement cinq cents livres pour commencer, je garantis qu'il m'indemniserait bientôt de toutes mes pertes.

— Vous me faites peine, M. Mowbray; j'ai été l'homme d'affaires de votre maison, votre serviteur en quelque sorte, et maintenant je vois qu'elle va tomber dans le néant, précisément par la faute du jeune homme que je croyais destiné à la relever; car je dois vous rendre justice, vous avez toujours les yeux ouverts sur vos intérêts, autant que vous le permet l'étendue de vos connaissances. En vérité cela me tire des larmes des yeux.

— Ne pleurez pas pour cela, Mick, ne pleurez pas. Ne savez-vous pas qu'il en restera quelque chose dans votre gousset, si ce n'est dans le mien? Vos services ne seront pas tout-à-fait gratuits, mon vieil ami : le laboureur doit avoir son salaire.

— Je le sais fort bien; mais il y a telle besogne qu'un double salaire ne paierait pas assez. Au surplus, si vous vous êtes mis dans la tête qu'il vous faut de l'argent, je n'ignore pas qu'il faudra bien que vous en trouviez, et cependant c'est pour l'envoyer où le reste a déjà passé.

— Non, de par tous les diables! Mick : pour cette fois je suis sûr de réussir. Jack Wolverine est plus fort qu'Etherington à tous les jeux, et il n'en est aucun auquel je ne sois sûr de battre Wolverine. Mais il faut quelque chose pour commencer : il me faut un enjeu, Mick.

— Sans contredit, rien n'est plus certain, pourvu qu'il vous soit possible de vous le procurer.

— C'est votre affaire, mon vieil ami. Etherington sera peut-être ici demain avec de l'argent plein ses poches : il a ses rentes à recevoir; songez à cela, Mick.

—Heureux ceux qui ont des rentes à recevoir, M. Mowbray; quant à nous, cela ne nous donne pas à présent beaucoup d'embarras. Mais êtes-vous bien sûr que ce comte vienne aux eaux? êtes-vous bien sûr de gagner avec lui? et si vous gagnez, êtes-vous bien sûr qu'il ait de quoi payer. J'ai connu bien des gens, Saint-Ronan, qui venaient chercher de la laine et qui s'en retournaient tondus. Quoique vous soyez un jeune homme habile, et que je doive supposer que vous connaissez le monde et tout ce qui s'ensuit, aussi bien qu'un autre; cependant, en dernier résultat, vous êtes toujours du nombre des perdans, comme vous êtes payé pour le savoir; de sorte que....

— Au diable tout votre bavardage, mon cher Mick. Si vous ne pouvez m'empêcher de me noyer, du moins ne me donnez pas le coup d'aviron pour m'enfoncer dans l'eau. — Songez que je ne faisais que d'entrer dans le monde; j'avais mon apprentissage à payer, et il en coûte cher quelquefois. — Mais qu'importe? — A présent je suis passé maître, et je puis voler de mes propres ailes.

—Hé bien, je souhaite qu'une chute ne mette pas votre cou en danger.

— Ne craignez rien ; je suis sûr de mon fait, pourvu que vous m'en fournissiez les moyens.

— Les moyens! Que voulez-vous dire? Quels moyens vous reste-t-il?

— Mais vous n'en manquez pas, vous, mon vieux camarade. Vendez pour cinq cents livres de vos trois pour cent. Je vous paierai différence, intérêt, change, tout.

— Oui, oui, tout, ou rien. Mais, puisque vous êtes si pressant, je pensais.... Quand vous faut-il cet argent?

— A l'instant même, aujourd'hui, demain au plus tard.

— Oh! s'écria le procureur en appuyant long-temps sur ce monosyllabe, la chose est impossible.

— Il faut pourtant qu'elle se fasse, Mick, répondit Mowbray, qui savait par expérience que quand son obligeant ami prononçait sur ce ton le mot impossible, il voulait dire seulement qu'il entrevoyait de grandes difficultés.

— Mais, puisque vous parlez de vendre des trois pour cent, dit le procureur, pourquoi ne faites-vous pas vendre ceux de miss Clara? — Je suis surpris que vous n'y ayez pas pensé plus tôt.

— Je voudrais que vous fussiez resté muet avant de prononcer une telle phrase! s'écria Mowbray en tressaillant comme s'il eût été mordu par une vipère. — Quoi! vendre la petite fortune de Clara! la bagatelle que ma tante lui a léguée pour ses petites dépenses de fantaisie! la petite bourse privée dont elle fait un si bon usage! Pauvre Clara, qui a si peu de chose! — Et pourquoi ne vendriez-vous pas plutôt une faible partie de vos propres fonds, M. Micklewham, vous qui vous dites le serviteur et l'ami de ma famille.

— Tout cela est bel et bon, Saint-Ronan, mais les services ne sont pas un droit d'héritage ; et pour l'amitié, elle commence par soi-même, comme des gens sages l'ont dit long-temps avant nous. Quant à cette affaire, je crois que c'est le plus proche parent qui doit en courir le risque.

— Vous êtes plus proche à votre sœur, Saint-Ronan, que

vous ne l'êtes au pauvre Saunders Micklewham, qui n'a pas dans ses veines assez de sang noble pour donner à souper à une puce.

— Je n'en ferai rien, dit le jeune laird en se promenant en long et en large avec agitation : car, tout égoïste qu'il était, il aimait sa sœur; et il l'aimait peut-être davantage à cause du malheur qui la rendait dépendante de la protection de son frère.—Non, continua-t-il, quoi qu'il puisse en arriver, je ne la dépouillerai pas. J'irai plutôt servir sur le continent en qualité de volontaire, et j'y mourrai avec honneur.

— M. Mowbray.—(Point de réponse.)—Je vous disais, Saint-Ronan.—(Même silence.) — Je réfléchissais à cette affaire, et... et...

— Et quoi? monsieur, s'écria Mowbray avec impatience en s'arrêtant en face de lui.

— Et, pour vous parler vrai, je ne vois pas qu'elle soit faisable ; car, si vous aviez aujourd'hui cet argent dans votre poche, il serait demain dans celle du comte d'Etherington.

— Vous êtes un fou.

— Cela n'est pas impossible ; mais sir Bingo en est un autre, et cependant il a gagné votre argent deux ou trois fois.

— Lui! cela est faux. Jamais il ne m'a rien gagné.

— Il me semble pourtant que vous avez eu à lui payer une gageure sur le poids d'un saumon, et encore une autre il n'y a que quelques jours.

— Je vous dis encore une fois que vous êtes un fou, Micklewham; et vous n'entendez rien à mes ruses. Bingo est un poisson timide ; il faut lui donner de la ligne, voilà tout. Je sais quand il sera temps de le tirer de l'eau ; je sais comment il faut amorcer mon hameçon pour qu'il y morde. Les misérables cinq cents livres qui me manquent m'en feront perdre dix mille.

— Si vous êtes si sûr de votre affaire, si certain de

gagner, veux-je dire, quel risque court miss Clara de vous prêter son argent? Vous pouvez lui en rendre dix fois autant.

—Sans doute, je le puis, de par le ciel! vous avez raison, Mick; et mes scrupules sont ridicules. Je donnerai à Clara mille livres sterling pour ses cinq cents; oui, de par le ciel! je les lui donnerai. Je la mènerai passer l'hiver à Edimbourg, peut-être à Londres; je consulterai les meilleurs médecins sur sa situation; je verrai la meilleure compagnie pour la divertir; et si quelqu'un s'avise de la trouver un peu singulière, de par le diable! je suis son frère, et je saurai la soutenir. Oui, oui, vous avez raison; il n'y a nul mal à lui emprunter cinq cents livres pour quelques jours, quand il peut en résulter tant de profit pour elle comme pour moi. Allons, remplissez nos verres, Mick, et buvons à mon succès.

— Je bois à votre succès de tout mon cœur, répondit Micklewham, très-charmé de voir son impétueux patron arriver à cette conclusion désirable; et cependant, voulant éviter de se compromettre, il ajouta : — Mais c'est vous qui avez raison; ce n'est pas de moi qu'il faut parler ainsi, car je ne vous conseille rien que d'après l'assurance que vous me donnez que vous êtes certain de gagner ce comte et ce baronnet anglais; et si cela est, il serait mal à un de vos amis d'y mettre obstacle.

—C'est la vérité, Mick; et cependant les dés et les cartes ne sont que de l'ivoire et du carton, et le meilleur cheval peut faire un faux pas avant d'arriver au bout de la carrière; de manière que j'aurais désiré que Clara ne courût pas un tel risque. Mais au diable le souci! il ferait périr un chat [1]. Si la chance tourne contre moi, je puis faire un pas en arrière comme un autre. Ainsi donc, préparez-moi l'argent, Mick.

— Fort bien, mais il y a encore deux mots à dire sur

---

(1) Expression proverbiale en anglais. — Ed.

cette affaire. Les fonds sont placés en mon nom et en celui du banquier Turnpenny, comme fidéicommissaire pour miss Clara. Il faut donc qu'elle nous écrive pour nous donner ordre de les vendre et de vous en compter le montant. Sur la foi de cette opération, Turnpenny vous paiera sur-le-champ les cinq cents livres ; car je présume que vous ferez vendre la totalité de ses fonds : cela produira de sept à huit cents livres. Vous ne voudrez pas y revenir à deux fois ; il est inutile de faire deux bouchées d'une cerise.

— Vous avez raison. Quand on veut faire une friponnerie ou à peu près, il ne faut pas la faire à demi. Donnez-moi donc un modèle de lettre, et Clara la copiera, c'est-à-dire, si elle y consent ; car vous savez qu'elle est aussi volontaire que quelque femme que ce puisse être.

— Et vous aurez beau prêcher, cela dépendra du vent. Mais si je puis vous donner un avis relativement à miss Clara, c'est de lui dire tout simplement que vous avez besoin d'argent ; car j'ai dans l'idée qu'elle ne se soucierait pas de vous voir jouer l'argent de sa tante à croix ou pile avec ce lord-ci ou ce baronnet-là. Je sais qu'elle a des idées singulières. Tous les dividendes qu'elle reçoit de ses trois pour cent, elle en fait des charités.

— Ainsi donc je m'expose à voler les pauvres aussi-bien que ma sœur ! s'écria Mowbray en remplissant son verre et celui de son ami. C'est la vérité, Mick ; pas d'échappatoires ! Allons, à la santé de Clara ! c'est un ange ! et moi je suis... non, je ne me donnerai pas un nom que je ne souffrirais pas que personne me donnât. Mais pour cette fois je gagnerai, j'en suis sûr, puisque la fortune de Clara en dépend.

— Et à présent que j'y pense, dit Micklewham, si cela venait à mal tourner (et le ciel sait que les projets les mieux formés ne réussissent pas toujours), ce serait une grande consolation de savoir qu'au bout du compte personne n'y perdrait que les pauvres, qui ont toujours la paroisse pour les empêcher de mourir tout-à-fait de faim. Si votre sœur dépensait son argent d'une autre manière, la chose serait toute différente.

— Paix, Mick, paix, mon honnête ami, dit Mowbray : il est très-vrai qu'on trouve en vous au besoin un rare conseiller, et que vous avez une manière d'apaiser les scrupules de conscience qui damerait le pion à une vingtaine de casuistes. Mais prenez garde, mon très-zélé père confesseur, d'enfoncer le clou trop avant; je vous promets que votre bavardage me refroidit au lieu de m'échauffer.—Bien. Vous avez fini votre griffonnage, je vais le porter à Clara; et cependant j'aimerais mieux me trouver, le pistolet à la main, à dix pas du meilleur tireur de la Grande-Bretagne.

A ces mots il sortit de l'appartement.

CHAPITRE XI.

L'AMOUR FRATERNEL.

« L'amitié doit serrer les nœuds de la nature.
« Quand je vois ces enfans jouer sur la verdure,
« Henri cueillir des fleurs pour en parer Zélis,
« Et Zélis à son tour, de ses doigts si jolis,
« Elle-même amorcer l'hameçon de son frère,
« Comment croire qu'un jour le soupçon, la colère,
« L'envie ou l'intérêt, diviseront des cœurs
« Que le sang unissait par des nœuds enchanteurs? »
Anonyme.

En quittant son dangereux conseiller pour faire la démarche que lui avait indiquée cet agent, sans avoir l'air de la lui recommander, Mowbray se rendit dans la petite chambre que sa sœur appelait *son* salon, et où elle passait la plus grande partie de son temps. Il était arrangé avec un goût bizarre, mais l'ordre et la propreté qui y régnaient faisaient ressortir la négligence qu'on remarquait dans les autres appartemens du château. Sur une table à ouvrage, une foule de petits objets annonçaient que celle à qui ils appartenaient avait des talens agréables et un esprit orné, mais peu de suite dans les idées. C'étaient des dessins ébauchés, des morceaux de musique à demi copiés, des broderies et autres ouvrages de femmes, tous commencés avec zèle, exécutés avec goût et élégance, mais laissés de côté avant d'être terminés.

Clara, assise sur un petit sopha placé près de la fenêtre, lisait ou du moins tournait rapidement les feuillets d'un livre. Elle se leva dès qu'elle vit entrer son frère, et courut à lui avec l'air de l'affection la plus cordiale.

—Soyez le bienvenu, mon cher John, lui dit-elle; vous donnez une grande preuve d'amitié à votre sœur, en venant ainsi la visiter dans sa solitude. J'essayais de fixer mes yeux et mon esprit sur ce livre insipide, parce qu'on prétend que trop de réflexion ne me vaut rien. Mais que l'auteur soit ennuyeux, ou défaut d'attention, j'en parcours les pages comme on semble lire en songe, sans pouvoir comprendre un seul mot. Vous causerez avec moi, et cela vaudra mieux. Que vous offrirai-je pour vous prouver que vous êtes le bienvenu? Je crains de n'avoir à vous présenter que du thé, et je sais que vous n'en faites pas grand cas.

— J'en prendrai volontiers une tasse en ce moment, Clara, car j'ai à vous parler.

— Jessy va le préparer sur-le-champ, dit Clara en sonnant. — Et sa femme de chambre étant entrée, elle lui donna les ordres nécessaires. Mais il ne faut pas que vous soyez ingrat, John, continua-t-elle, il ne faut pas que vous m'ennuyiez encore des détails de votre fête. C'est assez pour chaque jour du mal qu'il apporte avec lui. J'y paraîtrai, et j'y jouerai mon rôle aussi bien que vous pouvez le désirer. Mais y penser d'avance! ma tête et mon cœur s'en trouveraient mal ; ainsi donc épargnez-moi ce sujet, je vous en prie.

—Petite sauvage, que vous êtes folle! vous devenez plus farouche de jour en jour, Clara. Nous vous verrons un jour vous enfuir dans les bois, comme la princesse Caraboo. Mais je tâcherai de ne pas vous tourmenter à ce sujet. Si les choses ne vont pas bien le grand jour, on aura à en blâmer le lourdaud auquel il manquait le secours d'une belle dame pour faire mieux. J'ai à vous parler d'un objet important, Clara, beaucoup plus important.

—De quoi s'agit-il donc? s'écria-t-elle d'un ton qui ressemblait à un cri d'effroi. Au nom du ciel! expliquez-vous, mon frère; vous ne savez pas combien vous m'effrayez.

—Vous vous effrayez d'une ombre, Clara; sur ma foi, ce n'est rien de bien extraordinaire; c'est une de ces choses qu'on voit arriver tous les jours dans le monde, et moi qui le connais, je ne m'en étonne pas. En un mot, je me trouve court d'argent.

—Est-ce là tout? demanda Clara d'un ton qui fit penser à son frère que son embarras une fois expliqué lui paraissait trop peu de chose, comme ses craintes l'avaient exagéré avant de le connaître.

— Est-ce là tout? dit-il en répétant l'exclamation de Clara; oui, vraiment, c'est tout; et c'en est bien assez pour me tourmenter; car je serai dans un grand embarras si je ne puis trouver d'argent, et... et je suis même obligé de vous demander s'il vous est possible de m'aider.

— Vous aider! sans doute, et de tout mon cœur; mais vous savez que ma bourse est légère : cependant il s'y trouve encore plus de la moitié du dernier dividende que j'ai reçu, servez-vous-en; je serai d'autant plus charmée que cela puisse vous suffire, que ce sera une preuve que vos besoins ne sont pas bien considérables.

— Hélas! Clara, si vous voulez m'aider efficacement,

il faut couper le cou de la poule aux œufs d'or ; il faut me prêter le principal.

— Et pourquoi non, John, si cela peut vous être utile ? N'êtes-vous pas mon tuteur naturel ? N'avez-vous pas toujours été pour moi un bon frère ? Ma petite fortune ne doit-elle pas être à votre disposition ? Je suis sûre que vous en ferez le meilleur emploi possible.

— Je n'en sais trop rien, dit Mowbray en tressaillant ; car la promptitude avec laquelle elle lui accordait tout, sans défiance ni soupçon, le contrariait en quelque sorte plus que ne l'auraient fait les remontrances et les difficultés. Les manœuvres auxquelles il aurait été réduit pour obtenir son consentement auraient étouffé les reproches de sa conscience. Mais sa complaisance si facile changeait entièrement la face des choses. Un boucher tue de sang-froid un animal privé qui ne lui oppose aucune résistance, tandis que le chasseur, animé à la poursuite d'un gibier sauvage, oublie la cruauté de son amusement. Cette idée se présenta même à l'esprit de Mowbray.

— De par le ciel ! pensa-t-il, c'est tirer sur un oiseau perché. — Clara, ajouta-t-il, je ne sais trop si cet argent sera employé comme vous pourriez le désirer.

— Employez-le comme cela vous fera plaisir, mon frère ; et je croirai n'en pouvoir jamais faire un mauvais usage.

— J'ai dessein de faire pour le mieux, Clara, c'est-à-dire ce que je suis forcé de faire. Ainsi donc copiez ce qui est écrit sur ce papier ; après quoi dites adieu aux dividendes, du moins pour le prochain terme. J'espère pourtant vous doubler bientôt cette petite somme, Clara, pourvu que la fortune me favorise.

— Ne vous fiez pas à la fortune, John, lui dit sa sœur en souriant d'un air mélancolique. Hélas ! elle n'a jamais été amie de notre famille, depuis bien long-temps du moins.

— Elle favorise les audacieux, Clara ; du moins je l'ai lu dans mon rudiment, et il faut que je me fie à elle, quand elle serait aussi variable qu'une girouette. Et cependant si elle trompait mon attente! que diriez-vous, que feriez-vous, Clara, si, malgré mes espérances bien fondées, je me trouvais hors d'état de vous rendre cette somme dans un court délai?

— Ce que je ferais? il faudrait bien m'en passer, comme vous le sentez. Ce que je dirais? pas un mot.

— Je le savais d'avance; mais vos petites dépenses, vos charités, vos infirmes, vos aveugles, vos pauvres?

— Oh! je saurais pourvoir à tout cela. Voyez toutes ces bagatelles à moitié finies, John : ne savez-vous pas que l'aiguille ou le pinceau est la ressource de toutes les héroïnes dans l'embarras? Je vous promets que, quoique j'aie été un peu paresseuse et dérangée depuis quelque temps, si je m'y mets sérieusement, on ne pourra me citer aucune Emmeline ni aucune Ethelinde qui ait jamais fait vendre autant d'ouvrages que j'en vendrai, et qui y ait gagné autant d'argent que j'en gagnerai. Je suis persuadée que lady Pénélope et tout le beau monde qui est aux eaux achèteront, feront des loteries, mettront tout en œuvre pour encourager la mélancolique artiste. Je leur enverrai des portefeuilles pleins de paysages; des portraits qui feront peur aux originaux eux-mêmes; des mouchoirs et des turbans brodés à l'aiguille, et qui représenteront les promenades de ce qu'ils appellent le Belvédère. — Oh! je ferai une petite fortune dans la première année.

— Non, Clara, dit John d'un ton sérieux; car, pendant que sa sœur parlait ainsi, la vertu reprenait son empire sur lui, et lui inspirait une résolution courageuse. — Non, nous ferons quelque chose de mieux. Si le secours que vous m'accordez ne me tire pas d'affaire, je suis décidé à renoncer à cette société. On rira à mes dépens un jour ou deux, que m'importe? J'entendrai un petit maître me dire : — Dieu me damne! John, vous voilà donc devenu un vrai lourdaud! — Que peut-on dire de plus?... chiens, chevaux, tout sera vendu; nous ne garderons que notre poney; et quant à moi, je compte sur deux excellentes jambes. Il nous reste encore assez de terres pour pouvoir vivre de la manière que vous préférez, et que j'apprendrai à préférer aussi. Je travaillerai au jardin, dans le bois; je marquerai mes arbres, je les abattrai moi-même; je tiendrai mes comptes, et j'enverrai au diable Saunders Micklewham.

— Voilà la meilleure résolution de toutes, John; et si jamais ce jour arrive, je serai la plus heureuse de toutes les créatures. Il ne me resterait pas un chagrin dans le monde, ou du moins vous n'en entendriez jamais parler. Il resterait enseveli dans mon cœur comme dans un froid sépulcre. Que ne pouvons-nous commencer dès demain à vivre ainsi! S'il est absolument nécessaire de se débarrasser de cet argent auparavant, jetez-le dans la rivière, et supposez que vous l'avez perdu au jeu ou sur un pari.

Les yeux de Clara, qu'elle fixait avec attention sur son frère, brillaient à travers les larmes que son enthousiasme y appelait, tandis qu'elle parlait ainsi. Mowbray baissait les siens, et ses joues étaient couvertes d'une rougeur qui exprimait en même temps un faux orgueil et une honte réelle.

— Ma chère sœur, lui dit-il enfin en levant les yeux sur elle, comme vous parlez follement! Et comme je reste ici follement à vous écouter, tandis que j'ai vingt choses à faire! Tout ira bien d'après mon plan : en cas contraire, nous avons le vôtre en réserve, et je vous jure que je l'adopterai. La bagatelle que votre lettre vient de mettre à ma disposition peut me porter bonheur; et il ne faut pas jeter les cartes tant qu'on a une chance de gagner la partie. Quand je renoncerais à la société en ce moment, quelques centaines de livres ne nous rendraient ni plus riches ni plus pauvres; de sorte que vous voyez que nous avons deux cordes à notre arc. La fortune se déclare quelquefois contre moi, je suis obligé d'en convenir; mais avec de la prudence, et en m'attachant aux principes, je puis défier le plus habile d'entre eux, ou je ne me nomme pas Mowbray. Adieu, ma chère Clara.

En disant ces mots il se baissa, et l'embrassa avec une tendresse plus qu'ordinaire. Mais avant qu'il eût le temps de relever la tête, elle lui passa le bras autour du cou, et lui dit du ton le plus affectueux :

— Mon cher frère, votre plus léger désir a été, comme il le sera toujours, une loi pour moi. Refuserez-vous en retour de m'accorder une seule demande?

— Et quelle est cette demande, petite folle? dit Mowbray en se débarrassant avec douceur de son bras. Que pouvez-vous avoir à me demander qui exige un préambule si solennel? Souvenez-vous que je n'aime pas les préfaces, et que je les passe toujours quand il m'arrive d'ouvrir un livre.

— Hé bien donc, sans préface, mon cher John, voulez-vous me promettre d'éviter les querelles qui ont lieu presque tous les soirs à l'hôtel du Renard? Je n'y ai pas été une seule fois sans en entendre quelqu'une, et jamais je ne pose la tête sur mon oreiller sans rêver que vous en êtes victime. La nuit dernière...

— Ah! Clara, si vous vous mettez à me raconter vos rêves, nous n'en aurons jamais fini. Dormir est certainement l'occupation la plus sérieuse de votre vie, car pour manger, vous tiendriez à peine tête à un moineau. Mais je vous supplie de dormir sans rêver, ou du moins de garder vos songes pour vous seule... Hé bien, pourquoi me tenez-vous ainsi par l'habit? que craignez-vous? A coup sûr vous ne pouvez vous imaginer que cet imbécile de Binks, ou quelque autre des honnêtes gens de là-bas, s'avise de me marcher sur le pied. De par le ciel! je voudrais qu'ils eussent un peu de sang dans les veines, afin d'avoir une excuse pour les rappeler à l'ordre. Diable! je leur apprendrais bien vite à se tenir à leur place.

— Non, John; je sais bien que je n'ai rien à craindre de pareilles gens. Et cependant le désespoir donne quelquefois du courage à un lâche : et alors il est plus à craindre qu'un autre. Mais il existe dans le monde des hommes dont l'extérieur n'annonce pas tout ce qu'ils sont, des gens dont la fierté et le courage se cachent dans leur cœur, comme les métaux dans la mine, sous l'apparence la plus simple. Vous pouvez en rencontrer. Vous êtes vif et impétueux, prompt à exercer votre esprit sans songer aux conséquences; et ainsi...

— Sur ma parole, Clara, vous êtes ce matin parfaitement disposée pour faire un sermon. Le ministre lui-même ne pourrait parler avec plus de logique et de profondeur. Vous n'avez qu'à diviser votre discours en trois parties, le semer de conclusions pour la pratique et la théorie, et vous pourrez le prononcer devant une congrégation avec l'espoir de l'édifier et de l'instruire. Mais je suis un homme du monde, ma petite Clara, et quoique je ne sois nullement pressé de rencontrer la mort sur mon chemin, son squelette n'a rien qui m'effraie. Mais pourquoi diable me faites-vous une pareille demande? Il faut que je le sache, Clara, car il faut que vous ayez quelqu'un en vue, pour me recommander ainsi d'éviter les querelles.

Clara ne put devenir plus pâle qu'elle l'était ordinairement, mais la voix lui manqua tandis qu'elle assurait son frère qu'elle ne pensait à personne en particulier.

— Vous souvenez-vous, Clara, lui dit son frère, que lorsque nous étions enfans tous deux, on fit courir le bruit qu'il revenait un esprit dans le verger? Vous souvenez-vous que vous me disiez sans cesse de prendre garde à l'esprit, et de ne pas entrer dans ses domaines? Vous souvenez-vous aussi qu'étant allé dans le verger pour épier cet esprit, et trouvant le petit vacher qui, avec une chemise par-dessus ses habits, abattait des poires, je l'étrillai d'importance? Hé bien, Clara, je suis encore le même John Mowbray, aussi prêt à braver le danger et à démasquer tout imposteur. Les craintes que vous me montrez ne peuvent que m'exciter à redoubler d'attention pour découvrir l'objet qui les fait naître. Si vous m'exhortez à éviter les querelles, ce ne peut être que parce que vous savez que quelqu'un a probablement dessein de m'en faire une. Vous êtes un peu bizarre et fantasque, Clara, mais vous avez assez de bon sens pour ne pas vous effrayer, et chercher à m'effrayer moi-même sans motif plausible.

Clara protesta encore une fois qu'elle n'avait parlé comme elle venait de le faire, que d'après les craintes que lui inspirait la conduite que son frère avait adoptée en général.

Mowbray l'écouta avec un air de doute ou plutôt d'incrédulité, et quand elle eut cessé de parler : — Que mes conjectures soient justes ou fausses, Clara, lui dit-il, il serait cruel à moi de vous tourmenter davantage en ce moment. Mais rendez plus de justice à votre frère, et croyez que quand vous aurez quelque chose à lui demander, une déclaration franche vous réussira mieux que toute tentative détournée. Renoncez à de tels projets, ma chère Clara; vous n'avez pas le talent de les exécuter; mais quand vous seriez le Machiavel de votre sexe, vous ne viendriez pas à bout de découvrir le faible de John Mowbray.

A peine avait-il prononcé ces mots, qu'il sortit de l'appartement. Sa sœur l'appela deux fois, mais il ne revint pas. Il est vrai que ce fut d'une voix si faible, que peut-être le son n'en arriva pas jusqu'à ses oreilles.

— Le voilà parti! dit-elle, et je n'ai pas eu le courage de m'expliquer devant lui! Je suis comme ces êtres infortunés enchaînés, dit-on, par un charme puissant, qui ne leur permet ni de verser des larmes, ni d'avouer leurs crimes. Oui, il y a un charme sur ce malheureux cœur, et il faut que ce charme se rompe, ou que ce cœur se brise.

CHAPITRE XII.

LE CARTEL.

« J'ai sur moi un petit billet que je vous prie de
« trouver bon que je vous remette. C'est un devoir
« que l'amitié m'oblige de remplir, et vous ne de-
« vez pas vous en offenser, car je ne désire que
« justice pour les deux parties. »

Le Roi qui n'est pas roi.

Le lecteur peut facilement se rappeler que Tyrrel quitta l'hôtel du Renard dans des dispositions moins amicales à l'égard de la compagnie que celles qu'il y avait apportées. L'idée qu'il pourrait bien recevoir quelque message relativement à ce qui s'y était passé se présenta même à son esprit; mais occupé de réflexions qui lui paraissaient plus sérieuses et plus importantes, il n'y pensa pas bien longtemps; et deux jours s'étant écoulés sans qu'il entendît parler de sir Bingo Binks, cette affaire sortit entièrement de son souvenir.

Il faut dire que, quoique jamais vieille femme ne se soit donné plus de peines pour rassembler les cendres et souffler sur les tisons de son feu presque éteint, que le capitaine Mac Turk n'eut la bonté d'en prendre pour faire naître une flamme des étincelles expirantes du courage de sir Bingo Binks, deux jours se passèrent en conférences inutiles. Toutes les fois qu'il voulut lui parler de cette affaire, il le trouva disposé à l'envisager sous tous les points de vue possibles, excepté celui que le capitaine regardait comme le seul réel. Tantôt en humeur sombre, tantôt en humeur de boire, quelquefois en humeur légère, souvent en humeur de jurer, sir Bingo, en un mot, avait toutes les humeurs du monde, excepté celle de se battre. Quand Mac Turk lui parla de ce qu'exigeait l'honneur de la compagnie qui se trouvait aux eaux, le baronnet feignit de s'emporter, envoya la compagnie au diable, dit qu'il lui faisait assez d'honneur en la favorisant de sa présence, mais qu'il n'entendait pas la constituer juge de ce qu'il devait faire; et il finit par déclarer que ce Tyrrel n'étant qu'un homme de rien, il ne voulait rien avoir à démêler avec lui.

Le capitaine Mac Turk aurait volontiers adopté des mesures sévères contre le baronnet, comme contre un contumace; mais M. Winterblossom et d'autres membres du comité s'y opposèrent, parce qu'ils regardaient sir Bingo comme un membre de leur société trop important et trop illustre pour être légèrement expulsé d'un lieu qui n'était pas honoré par la présence d'un grand nombre de personnes d'un rang distingué. Ils finirent par décider qu'on ne prendrait de parti définitif dans cette affaire qu'après en avoir conféré avec Mowbray; mais celui-ci, occupé des préparatifs de sa fête solennelle, fixée au jeudi suivant, ne parut point aux eaux de ces deux jours.

Pendant ce temps, le capitaine Mac Turk semblait éprouver le même accablement d'esprit que si sa propre réputation, la plus intacte des réputations, avait reçu quelque tache. Il marchait sur la pointe des pieds, en faisant à chaque pas un geste de dépit et de mécontentement. Il levait le nez en l'air, à peu près comme un pourceau qui sent l'approche d'un orage. Il parlait en monosyllabes, quand il lui arrivait de parler; et ce qui selon lui peut-être attestait hautement combien il était affecté, c'est qu'il refusa d'accepter un verre d'excellente eau-de-vie de Cognac que lui offrait le baronnet.

Enfin, toute la compagnie fut alarmée par la nouvelle qu'apporta un élégant courrier, que le jeune comte d'Etherington, qu'on supposait s'élever sur l'horizon de la mode comme un astre des plus éclatans, se proposait de venir passer aux eaux de Saint-Ronan une heure, un jour, une semaine, car on ne pouvait supposer que Sa Seigneurie connût elle-même son intention.

Cette annonce mit sur-le-champ chacun en mouvement. On ouvrit tous les almanachs pour s'assurer de l'âge du jeune comte, on se fit des questions sur l'étendue de sa fortune, on parla de son genre de vie, on chercha à deviner ses goûts, et les membres du comité d'administration se creusèrent l'esprit pour imaginer des moyens de recommander leur petit SPA à ce favori de la mode. On dépêcha un exprès au château des Shaws; cette agréable nouvelle acheva de décider Mowbray à s'emparer de la fortune de sa sœur. Il ne jugea pourtant pas à propos d'obéir au mandat qui l'appelait aux eaux ; car, ne sachant pas encore sous quel point de vue le comte envisagerait les dignes personnages qui s'y trouveraient rassemblés, il ne se souciait pas que Sa Seigneurie le vît en liaison trop intime avec eux.

Sir Bingo Binks était dans une situation toute différente. La bravoure avec laquelle il avait supporté la censure générale commença à lui manquer lorsqu'il songea qu'un homme que l'opinion publique plaçait à un si haut rang le trouverait de fait aux eaux, tandis que, avec la société, il serait censé sur la grande route de Coventry [1], par suite de la faute la plus impardonnable dans les mœurs modernes, — la violation du code de l'honneur. — Quoique lent et irrésolu quand il s'agissait de prendre un parti violent, le baronnet n'était pas précisément un poltron, ou s'il l'était, il était de la classe de ceux qui se battent

---

(1) Dire qu'on enverra quelqu'un à Coventry est un proverbe anglais signifiant qu'on se débarrassera de sa compagnie. On assure que l'origine en vient de ce qu'autrefois un régiment, s'étant mal conduit dans une ville où il était en garnison, fut envoyé à Coventry, dont le séjour à cette époque ne plaisait pas aux militaires. Quand dans un régiment un officier s'est rendu coupable de quelque faute qui blesse ses camarades, on le condamne à aller à Coventry; c'est-à-dire, il est considéré comme absent pendant huit jours, et quand la pénitence est finie, on l'accueille comme s'il venait de Coventry. — ED.

quand on les pousse à bout. Il envoya bravement chercher Mac Turk. Le capitaine se présenta à lui avec un aspect grave et solennel, qui fit place à une joie radieuse quand sir Bingo l'eut chargé, en peu de mots, de porter un cartel à ce misérable vagabond d'artiste par qui il avait été insulté trois jours auparavant.

— De par Dieu! mon bon, mon cher et excellent ami, s'écria le capitaine, je serai enchanté de vous rendre ce petit service; et je suis charmé que vous y ayez pensé de vous-même : car, sans l'intervention de quelques-uns de nos dignes amis, qui aiment pourtant à mettre leur fourchette dans le plat des autres, de par Dieu! je vous aurais demandé moi-même, avec civilité, comment il se faisait que vous veniez dîner avec nous, avec la boue et l'ordure que la main de M. Tyrrel a laissées sur le collet de votre habit. Vous m'entendez? mais il vaut mieux que les choses se passent ainsi, et j'irai trouver M. Tyrrel avec la rapidité de l'éclair. Il est bien vrai, voyez-vous, que cette démarche aurait dû se faire plus tôt, mais je chercherai une excuse pour ce retard; et, de par Dieu! sir Bingo, il vaut mieux tard que jamais, comme vous savez. Si vous l'avez fait attendre un peu, vous lui paierez le principal et les intérêts.

A ces mots, il partit sans attendre de réponse; peut-être dans la crainte que sir Bingo n'ajoutât à la commission dont il venait de le charger quelque proposition de compromis, mais le baronnet n'y songeait pas. Quand son ami prit à la hâte sa canne pour s'en aller, il le regarda avec un air sombre et obstiné qui annonçait, pour nous servir de l'expression du capitaine, la détermination *d'en détacher*; et, quand il le vit fermer la porte, et qu'il entendit le bruit de son pas accéléré, il siffla bravement quelques notes de l'air de *Jenny Sutton*, pour prouver qu'il s'inquiétait peu de quelle manière l'affaire finirait.

Le capitaine, franchissant la distance qui séparait l'hôtel du Renard de l'auberge du vieux village, d'un pas plus vif que ne le comportaient le loisir d'un militaire à demi-paie et sa dignité habituelle, arriva bientôt au milieu des ruines sur lesquelles Meg Dods semblait régner sans rivale. Il frappa à la porte en homme trop habitué à la guerre pour craindre un accueil un peu brusque, et cependant, à l'aspect de Meg, qui se présenta elle-même à la poterne, son expérience militaire lui apprit sur-le-champ que l'entrée de la place lui serait disputée.

— M. Tyrrel est-il chez lui? demanda-t-il.

Meg ne répondit à cette question qu'en lui en adressant une autre.

— Et qui êtes-vous, pour me faire cette question?

Autant pour répondre à cette demande de la manière la plus civile, que par suite de son goût naturel pour la taciturnité, le capitaine présenta à Meg la cinquième partie d'une carte à jouer, un peu jaunie par le tabac, sur le côté blanc de laquelle il avait écrit son nom et sa qualité.

Mais Meg refusa de la recevoir. — Ce n'est pas moi, s'écria-t-elle, qui toucherai à vos cartons à jouer. Le monde n'en va pas mieux depuis que le diable a mis de pareils brimborions à la mode. Est-ce que vous ne pouvez pas me dire comment vous vous appelez? C'est une pauvre langue que celle qui n'ose pas prononcer le nom de son maître.

— Je me nomme Mac Turk, capitaine au 32e régiment, répondit le capitaine avec un air de dédain.

— Mac Turk? répéta Meg avec une emphase qui porta le propriétaire de ce nom à le répéter à son tour.

— Oui, honnête femme; Mac Turk, Hector Mac Turk. Avez-vous quelque chose à dire contre ce nom?

— Non, vraiment; c'est même un excellent nom pour un païen. Mais, capitaine Mac Turk, puisque vous êtes capitaine, vous pouvez faire un demi-tour à gauche, et vous en retourner d'où vous venez en battant, si vous voulez, la marche des tambours de Dumbarton, car vous ne parlerez ni à M. Tyrrel, ni à personne qui loge chez moi.

— Et pourquoi cela, brave femme? Agissez-vous ainsi de votre propre mouvement, ou exécutez-vous les ordres de M. Tyrrel?

— Peut-être oui, peut-être non. — Mais vous n'avez pas plus de droit de m'appeler brave femme, que je n'en ai de vous appeler brave homme; ce qui est aussi loin de ma pensée que cela le serait de la vérité.

— De par Dieu! cette femme est folle! s'écria le capitaine Mac Turk. Allons, allons, allons, ce n'est pas ainsi qu'on doit traiter un homme comme il faut qui apporte un message d'un homme comme il faut. Rangez-vous de manière que je puisse passer, ou, de par Dieu! je me ferai faire place moi-même.

Et, en parlant ainsi, il prit l'air d'un homme qui voulait forcer le passage. Mais Meg, sans lui répondre, leva en l'air un balai qu'elle tenait à la main, et dont elle faisait un usage plus légitime quand Mac Turk était venu la troubler au milieu des soins de son ménage.

— Je sais fort bien quel peut être ce message, capitaine, lui dit-elle en même temps, et je vous connais parfaitement. Vous êtes de ces gens qui prennent les autres par les oreilles pour les exciter à se battre. Mais vous ne remettrez un message si contraire aux lois de Dieu, ni à M. Tyrrel, ni à personne qui loge chez moi, car je suis une femme qui maintiens la paix de Dieu et du roi dans ma maison.

Et pour mieux expliquer ses intentions pacifiques, elle brandit en l'air son redoutable balai.

Le vétéran se mit en garde, et recula de deux pas en s'écriant : — De par Dieu! cette femme est en délire, ou elle est ivre autant qu'on peut le devenir à l'aide du whiskey. — Mais cette alternative parut si peu satisfaisante à Meg Dods, qu'elle s'élança sur son adversaire, qui continuait à battre en retraite, quoique sans tourner le dos à l'ennemi, et elle commença à faire usage de son arme d'une manière peu agréable.

— Moi ivre! vieux menteur! s'écria-t-elle; moi qui suis à jeun de toute chose, si ce n'est du péché et d'une tasse de thé!— Deux coups de son balai furent comme la parenthèse de sa phrase.

Le capitaine, criant, pestant, jurant, montrait beaucoup de dextérité à parer avec sa canne les coups qui lui étaient portés, et dont pourtant quelques-uns tombaient sur lui. On commençait à faire cercle autour des combattans, et nous ne pouvons dire si la galanterie du capitaine l'aurait emporté long-temps sur la nécessité de se défendre et le désir de se venger; mais le retour de Tyrrel, sorti pour faire une promenade, mit fin au combat.

Meg, qui avait beaucoup de respect pour son hôte, fut presque honteuse de sa violence, et rentra sans bruit, en murmurant assez intelligiblement qu'elle se flattait que son balai avait fait connaissance avec la tête du vieux païen. La tranquillité qui suivit son départ permit à Tyrrel de demander au capitaine, qu'il reconnut sur-le-champ, quelle était la cause de cette querelle singulière, et si c'était à lui que sa visite était destinée.

Le vétéran, encore tout déconcerté, lui répondit qu'il le saurait depuis long-temps, s'il avait des gens honnêtes pour ouvrir sa porte et répondre à une question civile, au lieu d'une folle pire qu'une louve, qu'une ourse, ou que toute autre brute de la création.

Soupçonnant à demi le motif de cette visite, et désirant éviter une publicité inutile, Tyrrel fit entrer le capitaine dans une chambre qui lui servait de salon, et le pria d'excuser son hôtesse, et de lui apprendre le motif qui lui procurait l'honneur de le voir.

— Vous avez raison, mon cher M. Tyrrel, répondit le capitaine en frottant les manches de son habit, en ajustant sa cravate et son jabot, et en tâchant de reprendre le calme et le sang-froid qui convenaient à la mission dont il était chargé. Mais il ne pouvait s'empêcher de faire allusion à chaque instant à la manière dont il avait été reçu. — De par Dieu! si c'eût été un homme, si c'eût été le roi lui-même... — Quoi qu'il en soit, M. Tyrrel, je suis venu pour vous apporter un message civil, et j'ai été fort incivilement accueilli. — La vieille devrait être mise au pilori; mais qu'elle aille au diable! — Mon ami sir Bingo Binks, M. Tyrrel... — Jamais je n'oublierai son insolence, et s'il y a, à dix milles à la ronde, un constable ou un juge de paix....

— Je vois, capitaine, que vous êtes trop agité en ce moment pour pouvoir m'expliquer le motif auquel je dois l'honneur de votre visite. Voulez-vous passer dans ma chambre à coucher? vous y trouverez de l'eau, un essuie-main, et cela vous donnera le temps de vous calmer un peu.

— Cela est inutile, M. Tyrrel, répondit le capitaine avec un ton d'humeur; je suis calme, très-calme, et je n'ai pas dessein de rester dans cette maison une minute de plus que ne l'exige le message dont je me suis chargé pour mon ami. — Quant à cette Meg Dods...

— Pardon si je vous interromps, capitaine Mac Turk; mais, comme la mission dont vous vous êtes chargé ne peut avoir aucun rapport à cette querelle singulière, à laquelle je reste parfaitement étranger, je...

— Si je ne croyais que vous y êtes étranger, monsieur, vous m'en rendriez raison avant un quart d'heure. Je donnerais volontiers cinq livres sterling au gaillard qui me dirait en ce moment: — Capitaine Mac Turk, cette femme a eu raison.

— Ce ne sera certainement pas moi qui vous le dirai, capitaine, car je ne sais qui a eu tort ou raison; et certainement je suis très-fâché que vous ayez à vous plaindre d'avoir été mal reçu, quand vous veniez ici pour me voir.

— Si vous en êtes fâché, je le suis aussi, et tout est dit.
— Quant à ma mission, vous ne pouvez avoir oublié que vous avez traité mon ami sir Bingo Binks avec une incivilité marquée.

— Je ne me rappelle rien de semblable, capitaine ; mais je me souviens que l'homme qui porte ce nom s'est permis fort incivilement de prendre des libertés avec moi, en faisant de sottes gageures sur des objets qui ne concernaient que moi, et que, par égard pour le reste de la compagnie, et surtout par respect pour les dames, je lui ai montré beaucoup de patience et de modération.

— Il paraît que vous avez des idées fort justes sur la modération. Croyez-vous en avoir montré beaucoup quand vous l'avez enlevé par le collet de l'habit pour vous faire place, comme si vous aviez pris un petit chien par la peau du cou ? Mon bon M. Tyrrel, je puis vous assurer qu'il pense que vous lui avez manqué essentiellement ; et il faut que je lui porte de votre part des excuses suffisantes, ou que vous vous voyiez tranquillement face à face, ayant chacun un bon ami avec vous. — Tel est l'objet de la mission que je venais remplir, quand cette vieille coquine avec son balai, ennemie de tous procédés paisibles et tranquilles....

— Oublions mistress Dods quant à présent, s'il vous plaît, capitaine, et occupons-nous de l'affaire qui vous amène. — Vous me permettrez de vous dire qu'il me semble que cette invitation vient un peu tard. Comme militaire, vous devez être mieux instruit que moi sur ce point ; mais j'ai toujours compris que de semblables querelles doivent se vider presqu'à l'instant même où elles ont eu lieu. Ce n'est pas pourtant que j'aie dessein de me refuser aux désirs de sir Bingo à cause du délai qu'il a mis à me les faire connaître.

— J'ose dire que vous n'en ferez rien, M. Tyrrel, j'ose dire que vous n'en ferez rien. De par Dieu ! il m'est permis de penser que vous connaissez trop bien ce qu'un homme d'honneur se doit à lui-même. — Quant au délai, voyez-vous, il y a parmi les hommes en ce monde différens caractères, comme il y a différentes espèces d'armes à feu. Nous avons des mousquets qui partent en un clin d'œil, aussi vite que la pensée, et, de par Dieu! c'est là le véritable homme d'honneur. Il y a des fusils, ceux de Birmingham, par exemple, qui tantôt partent tandis que le chien est encore sur son repos, et tantôt brûlent l'amorce dans le bassinet sans que le coup parte, de même que les gens qui prennent une affaire tantôt trop tôt, tantôt trop tard. Enfin, il y en a qui font long feu, comme ces vieilles arquebuses dont ces vilains moricauds se servent encore dans les Indes orientales. Quant à celles-ci, il faut le temps d'allumer la mèche et de mettre le feu à la poudre; mais le coup n'en part pas moins.

— D'où je dois conclure probablement que la valeur de votre ami sir Bingo est de cette dernière espèce. J'aurais cru qu'elle ressemblait plutôt à ces petits canons dont s'amusent les enfans, qu'ils tirent par le moyen d'une traînée, et qui, après tout, ne sont que des joujoux.

— Je ne puis vous permettre de telles comparaisons, monsieur. Vous devez comprendre que je viens ici comme ami de sir Bingo. Une réflexion qui lui serait injurieuse serait un affront pour moi.

— Je désavoue toute intention de vous offenser, capitaine. Je n'ai pas envie d'augmenter le nombre de mes ennemis, et encore moins de compter parmi eux un brave officier comme vous.

— Vous êtes trop obligeant, monsieur, répondit Mac Turk en se redressant avec dignité; et, de par Dieu! vous vous exprimez avec grace. — Hé bien, monsieur, n'aurai-je pas le plaisir de porter à sir Bingo quelques mots d'explication de votre part? Je vous assure que je serais charmé que cette affaire pût s'arranger honorablement.

— Je n'ai aucune explication à donner à sir Bingo, capitaine. Je crois l'avoir traité plus honnêtement que ne le méritait son impertinence.

— Och! och! s'écria Mac Turk avec un accent montagnard fortement prononcé; ainsi donc nous n'avons plus rien à dire. Il ne nous reste qu'à convenir du temps et du lieu. — Les armes seront des pistolets, je suppose.

— Cela m'est indifférent. La seule chose que je désire, c'est que l'affaire se vide le plus promptement possible; aujourd'hui, à une heure, si vous le trouvez bon. Voulez-vous m'indiquer le lieu?

— Sir Bingo vous attendra à une heure à l'endroit nommé Buckstane; car, comme toute la compagnie va manger un plat de poisson au bord de l'eau, il n'y aura pas de risque d'interruption. Et à qui, mon cher ami, aurai-je l'honneur de m'adresser comme devant vous servir de second?

— En vérité, capitaine, la question est embarrassante. Je ne connais personne dans les environs. Je ne sais trop si vous pourriez agir pour les deux partis?

— Impossible, mon bon ami, absolument, totalement impossible. Mais, si vous voulez vous en fier à moi, je vous amènerai de l'hôtel un ami qui, quand même vous ne l'auriez jamais vu, arrangera les choses à votre satisfaction, comme si vous étiez intimement liés depuis vingt ans. Et de plus j'amènerai notre docteur, si je puis le détacher du jupon de la grosse veuve Blower, auquel il semble comme enchaîné.

— Je ne doute pas que vous ne fassiez tout ce qui sera convenable, capitaine. Ainsi donc, à une heure nous nous trouverons à Buckstane. Un instant, permettez que je vous reconduise.

— Hé, de par Dieu! cela ne sera pas tout-à-fait inutile, car la femme au balai pourrait prendre avantage de l'obscurité qui règne dans ce long passage, connaissant le terrain mieux que moi. De par Dieu! elle me le paiera, s'il y a un pilori dans la paroisse, et de la justice dans le pays.

A ces mots le capitaine se mit en marche, agité de temps en temps par le souvenir de l'injuste agression de Meg Dods, mais reprenant une heureuse sérénité en songeant à l'arrangement agréable qu'il venait de conclure entre son ami sir Bingo Binks et M. Tyrrel.

Nous avons entendu parler de gens dont le caractère doux et bienveillant ne pouvait être révoqué en doute, et dont le plus grand plaisir était de voir un misérable, dégradé par ses vices autant que par la sentence rendue contre lui, terminer une vie criminelle par une mort pénible et ignominieuse. C'était par suite d'une semblable inconséquence de caractère que le capitaine Mac Turk, qui avait réellement été un officier distingué, et qui était un homme plein d'honneur, faisait toutes ses délices de traîner ses amis par les oreilles à de dangereuses rencontres, et à jouer le rôle d'arbitre, ce qui, suivant l'idée qu'il se formait du code de l'honneur, était indispensable pour rétablir la paix et la cordialité. Nous laissons aux travaux des craniologistes l'explication de pareils phénomènes, car ils semblent défier toutes les recherches de la philosophie morale.

CHAPITRE XIII.

DÉSAPPOINTEMENT.

EVANS. « Je vous prie, bon serviteur de M. Slender, « mon ami Simple, pour vous appeler par « votre nom, de quel côté avez-vous cherché « M. Caïus ?

SIMPLE. « Morbleu ! monsieur, je l'ai cherché du « côté de la Cité et du parc, du côté de Wind- « sor, de tous les côtés. »

SHAKSPEARE. *Les joyeuses femmes de Windsor.*

SIR Bingo Binks écouta la relation que lui fit le capitaine de la manière dont il avait exécuté sa mission, avec le même air sombre qu'il avait eu en la lui donnant. Un disgracieux *humph!* semblant sortir du fond de sa poitrine à travers les plis nombreux d'une cravate à la Belcher [1], fut la seule réponse qu'il lui fit, d'un ton à peu près aussi agréable que celui avec lequel le voyageur fatigué et endormi répond au garçon d'auberge qui vient l'avertir que cinq heures vont sonner et que la diligence va partir.

Le capitaine Mac Turk ne trouva pas que cette interjection exprimât convenablement la reconnaissance que devaient inspirer à son ami le service qu'il lui avait rendu et les peines qu'il s'était données. — *Humph!* répéta-t-il; et que signifie cela, sir Bingo? N'ai-je pas pris tout l'embarras possible pour vous mettre sur la bonne route? Auriez-vous pu vous tirer honorablement de cette affaire, après l'avoir laissée dormir si long-temps, si je n'avais fait avaler la pilule à votre adversaire, en lui servant un plat de mon métier apprêté avec tout le soin que pourrait employer un cuisinier français s'il voulait faire passer une pièce de gibier un peu trop faisandée?

Sir Bingo vit qu'il ne pouvait se dispenser de murmurer les mots de reconnaissance et de satisfaction; et, quoiqu'il les eût articulés d'un ton presque inintelligible, le vétéran s'en contenta, car l'arrangement d'un duel était pour lui une œuvre de prédilection; et se rappelant la promesse qu'il avait faite à Tyrrel, il quitta le baronnet, avec le même empressement que s'il s'était agi d'aller faire l'action la plus charitable du monde, pour assurer à l'étranger l'assistance d'un second.

C'était M. Winterblossom que Mac Turk avait désigné *in petto* comme l'individu le plus propre à se charger de cet acte de bienveillance, et il ne perdit pas un instant pour aller lui communiquer ses intentions. Mais le digne M. Winterblossom, quoique homme du monde, quoique connaissant parfaitement les formes d'usage en pareilles

---

[1] Fameux boxeur. — Tr.

affaires, n'en était point partisan aussi prononcé que l'homme de paix, le capitaine Mac Turk. En sa qualité de bon vivant, et même un peu égoïste, il n'aimait les embarras d'aucune espèce, et il avait assez de bon sens pour prévoir qu'une pareille rencontre pouvait en occasioner beaucoup à tous ceux qui s'y trouveraient compromis. Il lui répondit donc avec beaucoup de froideur qu'il ne connaissait nullement M. Tyrrel, qu'il ne savait même pas qui il était; que d'ailleurs il n'avait reçu de lui aucune demande directe et régulière à ce sujet, et que par conséquent il n'avait aucune envie d'aller figurer comme son second.

Ce refus mit au désespoir le pauvre capitaine. Il conjura son ami de montrer plus d'esprit public, et le supplia d'avoir quelque égard pour l'honneur des eaux de Saint-Ronan, qu'ils devaient tous regarder comme leur patrie commune, et de songer à la réputation de la compagnie dont ils faisaient tous deux partie, et dont M. Winterblossom était en quelque sorte le représentant, puisqu'il en avait été élu président perpétuel d'un consentement unanime. Il lui rappela combien de querelles avaient eu lieu dans la soirée et avaient été oubliées le lendemain matin, sans avoir produit aucune des suites auxquelles on devait naturellement s'attendre; ce qui faisait tenir des propos fort étranges dans la société. — Quant à moi, ajouta-t-il, j'y trouve mon honneur tellement intéressé, que je commençais à croire que je serais obligé d'avoir une querelle, n'importe avec qui, pour l'honneur de la société. Et maintenant que la plus belle occasion se présente pour mettre les eaux de Saint-Ronan sur un pied respectable, ne serait-il pas dur, ne serait-il pas cruel, pourriez-vous vous justifier, M. Winterblossom, de refuser l'acte de complaisance que je vous demande?

Quelque taciturne que fût ordinairement le capitaine, son éloquence, habituellement sèche, parut presque pathétique en cette occasion, car les larmes lui vinrent aux yeux quand il fit l'énumération des diverses querelles qui avaient été étouffées, malgré les soins qu'il avait pris pour en faire éclore quelque affaire d'honneur. Et maintenant qu'il s'en trouvait une qui voulait sortir de la coquille, fallait-il aussi l'étrangler, faute d'une si légère concession de la part de M. Winterblossom?

Enfin le digne président ne put résister davantage à ses instances.—C'est une sotte affaire, dit-il, mais pour obliger sir Bingo et le capitaine Mac Turk, je ne refuse pas d'aller me promener avec eux jusqu'à Buckstane, vers une heure. Et cependant le temps est couvert, et j'éprouve à l'orteil certaine sensation qui m'annonce une visite de mon ancienne connaissance, la goutte.

— N'y faites pas attention, mon excellent ami, dit Mac Turk; un coup du flacon de sir Bingo suffira pour la mettre en fuite; et de par Dieu! ou je le connais mal, ou c'est une arme dont il n'oubliera pas de se munir en cette occasion.

— Mais, quoique je consente à vous accompagner à Buckstane, capitaine, je vous déclare que je n'entends nullement me charger de prendre fait et cause pour ce M. Tyrrel, que je ne connais ni d'Adam ni d'Eve. Je n'y vais que dans l'espoir de prévenir quelque malheur.

— Ne vous inquiétez de rien, M. Winterblossom; un petit malheur, comme vous l'appelez, est indispensable pour notre honneur à tous. D'ailleurs, quelles que soient les conséquences de cette rencontre, elles ne peuvent être bien fâcheuses, car voilà un jeune homme que personne ne regrettera s'il lui arrive malheur, puisqu'il n'est connu de personne; et voici sir Bingo qu'on regretterait encore moins, attendu que tout le monde le connaît.

— Et il y aura aussi en ce cas lady Bingo qui deviendra une riche veuve, dit Winterblossom en plaçant son chapeau sur sa tête avec toute la grace de ses jeunes années; et il ne put retenir un soupir quand il vit dans une glace que le temps, qui avait blanchi ses cheveux, favorisé son embonpoint, sillonné son front de rides, et voûté ses épaules, ne lui permettait plus de concourir pour un tel prix.

Assuré de la présence de Winterblossom, le capitaine songea ensuite à se rendre certain de celle du docteur Quackleben, qui, malgré les initiales M. D. ¹, qu'il ajoutait à son nom, ne refusait jamais les rares et heureuses occasions de gagner quelque argent comme chirurgien. Or, dans celle-ci il ne pouvait manquer d'être bien payé, un riche baronnet figurant dans cette affaire comme partie principale. Semblable à l'aigle qui sent le carnage, le docteur, au premier mot, saisit sa boîte d'instrumens de chirurgie, qui avait la forme d'un gros volume in-folio relié en maroquin, et les arrangea avec ostentation devant le capitaine, faisant en même temps une dissertation savante, par forme de commentaire, sur chacun de ces instrumens aussi brillans que formidables.

Le capitaine crut devoir l'interrompre pour lui donner un conseil de prudence.

—Och! och! docteur, lui dit-il, renfermez tous ces instrumens, et cachez cette caisse dans votre poche ou sous votre habit. Ne vous avisez pas de l'ouvrir devant les parties, ni même de la laisser voir. Tenez-la hors de vue. Quoique des scalpels, des pinces, des scies, des tourniquets, soient des instrumens très-ingénieux et fort agréables à voir, et qu'ils soient fort utiles quand on a besoin de les employer, la vue en suffit quelquefois pour faire évanouir tout le courage d'un homme et faire perdre à leur maître le profit d'une bonne opération, docteur Quackleben.

— Sur ma foi, capitaine Mac Turk, vous parlez comme si vous étiez gradué dans une université. Il n'est que trop vrai que ces traîtres d'instrumens jouent quelquefois à leur maître un mauvais tour. La vue seule de mes forceps

---

(1) *M. D. Medicinæ Doctor.* Les docteurs français mettent *D.-M.* —Ed.

suffit un jour pour guérir un mal de dent qui avait duré trois jours et trois nuits, prévint l'extraction d'une molaire cariée qu'il était de leur devoir de tirer, et me renvoya chez moi avec une guinée de moins dans ma poche. Mais je les mettrai en embuscade sous cette grande redingote, capitaine, jusqu'à ce que le moment arrive de s'en servir. Oh! il y aura du sang répandu. Sir Bingo n'a jamais manqué une bécasse.

— Cela est possible, docteur; mais j'ai vu le pistolet trembler dans plus d'une main qui était assez ferme en tenant un fusil de chasse. Ce jeune Tyrrel n'a pas l'air d'un mauvais marchand. Je l'ai examiné de près pendant que je m'acquittais de mon message, et de par Dieu! je vous garantis qu'il est ferme jusqu'à l'épine du dos.

—Hé bien! hé bien! je préparerai mes bandages *secundùm artem*. Il faut prendre garde à l'hémorrhagie, car sir Bingo est un sujet pléthorique. A une heure, dites-vous? à Buckstane? Je serai ponctuel.

— N'y viendrez-vous donc pas avec nous? s'écria le capitaine, qui semblait désirer de rassembler autour de lui tout son monde, comme une poule qui craint que quelqu'un de ses poussins ne s'échappe de dessous ses ailes.

—Non, répondit le docteur; il faut d'abord que j'aille faire mes excuses à la digne mistress Blower; car je lui avais promis de lui donner le bras pour se rendre au bord de la rivière, où vous savez qu'ils vont tous manger un plat de poisson.

— Et de par Dieu! j'espère que nous leur servirons un plat comme on n'en a pas encore vu à Saint-Ronan, répliqua le capitaine en se frottant les mains.

—Ne dites pas *nous*, capitaine, dit le prudent docteur; quant à moi, je ne suis pour rien dans ce duel, je m'en lave les mains; je n'ai pas envie qu'on me prenne à partie comme complice; non, non. Vous m'engagez à me trouver à Buckstane, j'ignore pourquoi; mais je suis toujours disposé à obliger mon digne ami le capitaine Mac Turk. Je vais me promener de ce côté sans penser à rien. J'entends le bruit d'une arme à feu : j'y cours sur-le-champ, c'est tout naturel. J'arrive justement à temps pour prévenir de plus fatales conséquences, parce qu'heureusement j'ai sur moi ma boîte d'instrumens ; c'est mon habitude ; rarement je sors sans les emporter, *nunquàm non paratus.* Je donne alors une description technique de la blessure et de l'état du blessé. Voilà, capitaine, voilà comme on doit rendre compte de ces sortes d'aventures devant les sheriffs, les coroners, les constables. Ne jamais se compromettre, c'est la règle de notre profession.

— Vous savez ce que vous avez à faire, docteur, et pourvu que vous soyez sur le champ de bataille, pour donner des secours à qui de droit, en cas d'accident, toutes les lois de l'honneur seront suivies. Mais on aurait des reproches à me faire si je ne prenais pas les mesures convenables pour qu'il se trouve quelqu'un en tiers entre la mort et celle des deux parties qui pourra être blessée.

A une heure après midi, le capitaine Mac Turk arriva au rendez-vous indiqué, tenant par le bras le valeureux sir Bingo. Ce brave s'avançait, non pas tout-à-fait avec la vivacité d'un lévrier en laisse, qui sent la trace du lièvre, mais avec l'air grondeur d'un boule-dogue qu'un boucher tient attaché à une courroie, et qui sait qu'il faudra se battre quand ce sera le bon plaisir de son maître. Cependant le baronnet ne montrait ni découragement ni crainte, si ce n'est que *l'air de Jenny Sutton*, qu'il avait sifflé sans interruption depuis son départ de l'hôtel, avait cessé de se faire entendre pendant le dernier demi-mille de leur promenade. Et cependant, à en juger par la moue qu'il faisait, on aurait pu croire que les notes en étaient encore présentes à son esprit, et que son imagination sifflait encore *Jenny Sutton.* M. Winterblossom arriva deux minutes après cet heureux couple ; et le docteur ne fut pas moins exact.

— Sur mon ame, sir Bingo, dit le président, tout ceci

est une fort sotte affaire, et je crois qu'il aurait été bien facile de l'arranger sans que les parties courussent le risque de cette rencontre. Vous devez faire attention que vous êtes un homme marié, sir Bingo : vous avez bien des raisons pour tenir à la vie.

Sir Bingo roulait dans sa bouche une feuille de tabac, qu'il en rejeta précisément comme aurait pu le faire un cocher de fiacre.

— M. Winterblossom, dit Mac Turk, sir Bingo a mis cette affaire entre mes mains; et à moins que vous ne vous jugiez plus en état que moi de la diriger, je dois vous dire franchement que votre intervention ne m'est nullement agréable. Vous pouvez parler à votre ami tant qu'il vous plaira; et, s'il vous autorise à nous faire des propositions, je serai disposé à les écouter pour mon digne ami, sir Bingo. Mais, de par Dieu! je vous dirai franchement que je n'aime pas les arrangemens faits en champ-clos, quoique je me flatte d'être un homme paisible. Au surplus, c'est à notre honneur qu'il faut songer avant tout, dans cette circonstance; c'est pourquoi j'insiste pour que toute proposition d'accommodement vienne de votre ami.

— De mon ami! s'écria Winterblossom. Mais en vérité, capitaine Mac Turk, quoique j'aie consenti à venir ici pour vous obliger, je vous déclare qu'il faut que je voie un peu plus clair dans cette affaire avant de me décider à servir de second à un homme que je n'ai vu qu'une seule fois.

— Et que vous ne reverrez peut-être jamais, dit le docteur en regardant à sa montre; car il est une heure dix minutes, et M. Tyrrel ne paraît pas.

— Que dites-vous, docteur? s'écria le baronnet, qui parut sortir de son apathie.

— Des sottises, répondit le capitaine en tirant une grosse et vieille montre d'argent en forme de navet. Il n'est qu'une heure trois minutes, au temps vrai; et, de par Dieu! je soutiendrai que M. Tyrrel est homme de parole. Jamais je n'ai vu personne recevoir un message avec plus de sang-froid.

— Probablement avec le même sang-froid qu'il se promène en venant ici, répliqua le docteur; car il est l'heure que je viens de vous annoncer. N'oubliez pas quelle est ma profession. J'ai à compter les pulsations de l'artère par secondes et demi-secondes. Ma montre est aussi sûre que le soleil.

— Et moi, dit le capitaine, j'ai mille fois consulté la mienne pour l'instant de monter ma garde, et, de par Dieu! je défie le diable de dire qu'Hector Mac Turk ait manqué une seule fois à son devoir de la vingtième partie d'une fraction de seconde. Elle a appartenu à ma bisaïeule, lady Killbracklin, et j'en soutiendrai la réputation contre toute montre, pendule et machine marchant à roues et ressorts.

— Hé bien donc, consultez votre montre, capitaine, dit M. Winterblossom, car, tandis que nous discourons ainsi, le temps, qui n'attend personne, continue à s'écouler. Sur ma parole, je crois que ce M. Tyrrel a dessein de se jouer de nous.

— Hem? que dites-vous? demanda le baronnet sortant une seconde fois de sa sombre rêverie.

— Je ne consulterai pas ma montre pour une telle affaire, répondit Mac Turk. Je ne suis nullement disposé à douter de l'honneur de votre ami, M. Winterblossom.

— Je vous dis encore une fois, capitaine, s'écria le président, que ce M. Tyrrel n'est pas mon ami, pas le moins du monde. Il est le vôtre, capitaine Mac Turk; et j'avoue que, s'il nous fait attendre de la sorte encore long-temps, je regarderai son amitié comme très-peu désirable.

— Et comment donc osez-vous dire qu'il soit mon ami? demanda Mac Turk en fronçant les sourcils de l'air le plus formidable.

— Allons, allons, capitaine! dit Winterblossom avec

un ton de froideur, sinon de mépris, gardez ces grands airs pour des enfans. J'ai vécu trop long-temps dans le monde pour provoquer des querelles ou pour les craindre. Réservez donc votre feu ; c'est coup perdu que de tirer sur un vieux coq comme moi. Mais je voudrais réellement savoir si ce drôle a intention de venir. Une heure vingt minutes ! En vérité, sir Bingo, je crois qu'il s'amuse à vous faire planter le piquet.

— Hem ! planter le piquet ! s'écria sir Bingo. Sans doute, je l'avais toujours pensé. De par le ciel ! j'avais gagé avec Mowbray que ce n'était qu'un homme de rien. Je suis fait, rien n'est plus clair. Mais, de par le ciel ! fût-il maréchal des camps, je ne l'attendrai pas plus de la demi-heure.

— Vous vous laisserez diriger, à cet égard, par votre ami, sir Bingo, dit le capitaine.

— Du diable si j'en fais rien, répliqua le baronnet. Mon ami ! bel ami, qui m'amène ici pour jouer le rôle d'un sot. Je connaissais le pèlerin. Mais vous, avec toutes vos grandes phrases d'honneur, je ne vous aurais jamais cru un oison assez simple pour m'apporter un message de la part d'un vagabond qui a lâché le pied.

— Si vous regrettez tant d'être venu ici inutilement, dit le capitaine en élevant la voix, et si vous croyez que je me sois conduit en oison, comme vous le dites, je suis tout disposé à prendre la place de M. Tyrrel, et à vous faire face, sir Bingo Binks.

— Et pour peu que cela vous plaise, s'écria le baronnet, je ne reculerai pas. Je vais jeter en l'air une couronne pour voir qui tirera le premier ; car je n'entends pas avoir été amené ici pour rien. Non, Dieu me damne, je ne l'entends pas.

— Et il n'existe personne qui soit plus disposé à administrer un calmant à votre colère, répondit l'irascible montagnard.

— Fi donc, messieurs ! fi ! fi ! s'écria le pacifique Winterblossom ; sir Bingo, avez-vous perdu l'esprit? Capitaine Mac Turk, c'est une honte! Songez donc que vous servez ici de second au baronnet; jamais on n'a vu de chose semblable.

Cette remontrance fit faire quelques réflexions aux deux nouveaux antagonistes, et leur rendit un peu de sang-froid. Cependant ils continuèrent quelque temps à se promener à distances inégales sur deux lignes parallèles, se jetant un regard sombre chaque fois qu'ils passaient l'un devant l'autre, montrant les dents comme deux chiens qui ont envie de se quereller, mais qui ne sont pas encore décidés à commencer les hostilités. Pendant cette promenade, la taille droite et perpendiculaire du capitaine contrastait fortement avec la démarche lourde et gauche du gros baronnet, qui, à force d'étude et de patience, était presque parvenu à se donner la plus désirable de toutes les tournures, celle d'un palefrenier du comté d'York. Son esprit grossier était alors enflammé d'un véritable courroux, et, de même que le fer et les autres métaux de bas aloi, lents à recevoir la chaleur, il gardait le ressentiment qui l'animait, en proportion du temps dont il avait eu besoin pour le concevoir, et il était prêt à le faire tomber sur le premier individu qui se présenterait à lui, à défaut de celui qui manquait au rendez-vous. Comme il l'aurait dit lui-même, sa crinière était hérissée; et, se trouvant en humeur de se battre, il pensait que c'était dommage qu'un si bel accès de courage n'aboutît à rien. Comme ce courage pourtant partait d'un fonds de mauvaise humeur, et qu'il ne voyait dans la contenance du capitaine rien qui annonçât la crainte de sa colère, ni une ombre de déférence, il commença à donner plus d'attention aux argumens de M. Winterblossom, qui les suppliait tour à tour de ne pas souiller par une querelle particulière l'honneur qu'ils venaient d'acquérir si heureusement sans courir aucun risque, et sans qu'il y eût de sang répandu.

— L'heure fixée par cet individu qui se donne le nom de Tyrrel, disait le digne président, est maintenant passée depuis trois quarts d'heure. Je propose donc qu'au lieu de consumer ici le temps à nous quereller, ce qui ne mène à rien, nous mettions par écrit toutes les circonstances de cette affaire, pour la satisfaction de tous nos amis, et que ce *memorandum* soit régulièrement certifié par toutes nos signatures. Après quoi je proposerai humblement qu'il soit soumis à la révision du comité d'administration.

— Je m'oppose formellement, dit le capitaine, à ce qu'un écrit auquel j'aurai apposé ma signature soit soumis à la révision de qui que ce soit.

— Fort bien, capitaine, à la bonne heure, répondit le complaisant Winterblossom, vous êtes incontestablement en état d'en juger, et votre signature est complètement suffisante pour rendre authentique notre exposé. Mais, comme il est très-important que tout ce qui s'est passé depuis l'établissement des eaux de Saint-Ronan soit légalement constaté, je propose que nous signions tous ce procès-verbal, comme je puis l'appeler.

— Ne me comprenez pas dans le nombre des signataires, dit le docteur, médiocrement satisfait que la querelle et celle qui en avait été la suite par incident se fussent terminées sans qu'on eût besoin des secours d'un Machaon; ne m'y comprenez pas, s'il vous plaît, car il ne me convient pas de prendre part ostensiblement à ce qui s'est passé ici, puisque le but direct en était la violation de la paix publique. Quant à l'importance que vous attachez à avoir attendu ici pendant une heure ou environ, par un temps superbe, je crois qu'un service beaucoup plus essentiel a été rendu aux eaux de Saint-Ronan, quand moi, Quentin Quacklaben, M. D., j'ai guéri lady Pénélope Penfeather de sa septième attaque de nerfs, accompagnée de symptômes fébriles.

— Je n'entends parler de vos talens qu'avec respect,

docteur, dit M. Winterblossom, mais je crois que la leçon que ce jeune drôle vient de recevoir servira de reste à empêcher des intrigans et des aventuriers de se présenter désormais aux eaux de Saint-Ronan. Quant à moi, je ferai la motion que personne ne soit à l'avenir invité à y dîner, sans avoir été préalablement agréé comme membre de la compagnie, et sans que son nom ait été inscrit sur la liste. Et j'espère que sir Bingo et le capitaine Mac Turk recevront les remerciemens de toute la société, pour leur conduite honorable, et dont le résultat a été l'expulsion de cet intrus. Sir Bingo, voulez-vous me permettre d'avoir recours à votre flacon? Je sens à l'orteil quelques élancemens causés par l'humidité du gazon.

Sir Bingo, flatté de l'importance qu'il venait d'acquérir, lui offrit sur-le-champ son flacon, rempli d'un cordial probablement préparé par quelque adroit chimiste des environs de Glenlivat [1]. En versant ensuite un second verre, il le présenta à Mac Turk, en signe non équivoque de réconciliation. Le parfum ne s'en fut pas plus tôt élevé jusqu'au nez du vétéran, que la précieuse liqueur descendit dans son gosier, et il ne tarda pas à exprimer sa satisfaction.

— Je ne désespère plus des jeunes gens d'aujourd'hui, dit-il, puisqu'ils commencent à abandonner leurs eaux distillées de France et de Hollande, pour s'en tenir au nectar de nos montagnes. De par Dieu! c'est la seule liqueur qu'il convienne à un homme comme il faut de boire le matin, s'il peut avoir la bonne fortune d'en trouver.

— Et même après le dîner, capitaine, dit le docteur, à qui le verre venait de passer à son tour. Elle vaut en saveur tous les vins de France, et elle est plus bienfaisante pour le système du corps humain.

—Et maintenant, dit le capitaine, afin de ne pas quitter

---

[1] C'est-à-dire de l'eau-de-vie de grains distillée en fraude dans les montagnes.
— Tr.

le terrain en emportant sur la conscience quelque chose qui ne vaut pas le whiskey, je puis dire, attendu que la réputation du capitaine Hector Mac Turk est passablement établie, que je suis fâché du petit différend élevé entre mon digne ami sir Bingo et moi.

— Et, puisque vous avez tant de civilité, capitaine, dit le baronnet, ma foi! j'en suis fâché aussi. — Mais c'est que le diable perdrait patience à l'idée de n'avoir pu profiter d'un si beau jour pour la pêche. Le vent au sud, un léger courant d'air sur la rivière, l'heure de la marée passée, l'eau précisément comme on peut la désirer : j'aurais amorcé six fois ma ligne depuis que nous sommes ici.

Il termina cette lamentation par une libation copieuse du même cordial dont il avait fait part à ses compagnons, et ils retournèrent en corps à l'hôtel, où les événemens de la matinée furent bientôt après annoncés à la compagnie par le programme suivant :

EXPOSÉ.

« Sir Bingo Binks, baronnet, s'étant trouvé blessé de la conduite incivile d'un individu se nommant Frank Tyrrel, actuellement ou il y a peu de temps logé à l'auberge du *Croc*, dans le vieux village de Saint-Ronan, et ayant donné pouvoir au capitaine Hector Mac Turk de se rendre près dudit Frank Tyrrel pour lui demander une apologie de sa conduite, avec l'alternative d'une satisfaction personnelle, conformément aux lois de l'honneur et à l'usage des gens comme il faut; ledit Tyrrel s'est volontairement engagé à se rencontrer avec ledit sir Bingo Binks, baronnet, à l'endroit nommé Buckstane, près du ruisseau de Saint-Ronan, aujourd'hui mercredi — août 18—, à une heure après midi. En conséquence duquel rendez-vous, nous, soussignés, nous nous sommes rendus au lieu désigné, à l'heure convenue, et nous y sommes restés jusqu'à deux heures sans y voir ledit Frank Tyrrel, ni personne de sa part, et sans en recevoir aucune nouvelle.

Lequel fait nous faisons ainsi connaître publiquement, afin que tout et un chacun, et notamment la compagnie distinguée réunie à l'hôtel du Renard, puisse apprécier la conduite dudit Tyrrel, dans le cas où il aurait de nouveau la présomption de se montrer dans la société de gens d'honneur.

« Fait à l'hôtel du Renard, aux eaux de Saint-Ronan, le — août 18—.

Signé, Bingo Binks, Hector Mac Turk,
Philippe Winterblossom. »

Un peu plus bas, on lisait l'attestation séparée qui suit:
« Moi, Quentin Quackleben, docteur en médecine, membre de la Société royale, etc., etc., étant invité à déclarer ce qui est à ma connaissance dans la susdite affaire, certifie par ces présentes, que me trouvant par hasard, aujourd'hui à une heure, à Buckstane, et y étant resté près d'une heure à converser avec sir Bingo Binks, le capitaine Mac Turk et M. Winterblossom, nous n'avons pas vu, pendant tout ce temps, l'individu se nommant Frank Tyrrel, dont ils semblaient attendre la présence en cet endroit, et nous n'avons nullement entendu parler de lui. »

Ce certificat, portant la même date que le premier, était revêtu de la signature auguste de Quentin Quackleben, M. D..., etc., etc.

On afficha aussi une délibération du comité d'administration, ou si l'on veut un acte du corps législatif de Saint-Ronan, portant: — Qu'attendu qu'un individu, qui n'était pas fait pour s'y montrer, avait été introduit récemment dans la compagnie assemblée aux eaux de Saint-Ronan, personne à l'avenir ne serait invité aux dîners, aux bals et aux autres plaisirs de la société, avant que son nom eût été régulièrement inscrit sur le registre tenu à cet effet. — Enfin il y eut un vote de remerciemens à sir Bingo Binks et au capitaine Mac Turk, pour leur honorable conduite et pour les peines qu'ils avaient prises pour bannir de la société rassemblée aux eaux de Saint-Ronan un individu nullement digne d'en faire partie.

Ces différentes pièces, affichées dans la salle où la société se rassemblait, devinrent bientôt une pierre d'aimant qui attira tous les oisifs, et l'on se pressa autour d'elles pour les lire. Nous n'en finirions pas si nous voulions rapporter tous les—Ah! mon Dieu! Juste Ciel! Vit-on jamais pareille chose! des graves douairières; — les — Oh là! Voyez-vous, ma chère? des miss babillardes, et les juremens multipliés des fats en pantalons et en culottes de peau. La réputation de sir Bingo Binks éprouva une hausse semblable à celle des fonds publics après la nouvelle d'une victoire remportée par le duc de Wellington; et, ce qui est encore plus extraordinaire, il obtint même quelque importance aux yeux de sa femme. Chacun secouait la tête au souvenir du malheureux Tyrrel, et trouvait dans son ton et dans ses manières des preuves qu'il n'était pas autre chose qu'un aventurier et un chevalier d'industrie. Cependant quelques personnes, moins favorablement disposées pour le comité d'administration, car partout où il y a un gouvernement il se trouve bientôt une opposition, se disaient tout bas que, pour rendre justice à ce jeune inconnu, quel qu'il pût être, il fallait convenir que, de même que le diable, il ne s'était montré que lorsqu'on l'avait appelé. Et l'honnête mistress Blower, en apprenant combien il s'en était peu fallu que le sang n'eût coulé, se félicita et remercia le ciel de ce qu'au milieu de tant d'extravagances il n'était arrivé aucun mal au brave docteur *Kirckherben*.

CHAPITRE XIV.

LA CONSULTATION.

Le Clown. « J'espère qu'il y a des preuves. »
Shakspeare. *Mesure pour Mesure.*

La ville de — est située, comme tout le monde le sait, à environ quatorze milles de Saint-Ronan. C'est la principale ville de ce comté, qui, comme le dit le *Guide du Touriste*, compte, parmi ses sites curieux, ce rendez-vous si fréquenté par les gens du bon ton, les eaux de Saint-Ronan, dont la renommée s'accroîtra sans doute considérablement, grace aux annales que nous publions de ses premières années. Comme il est inutile, quant à présent, de désigner plus particulièrement le lieu de la scène de notre histoire, nous remplirons le blanc ci-dessus du nom supposé de Marchthorn [1], nous étant nous-même souvent trouvé embarrassé dans le cours d'une histoire, en y rencontrant un *hiatus* désagréable, qu'il est quelquefois difficile de remplir à la première vue, en se rappelant toutes les circonstances de la narration.

Marchthorn donc était une vieille ville bâtie à la manière d'Ecosse, et dont la grande rue présentait aux yeux, les jours de marché, un nombre assez raisonnable de bons fermiers en grand manteau, vendant, achetant ou échangeant les diverses productions de leurs fermes. Les autres jours de la semaine, on n'y voyait que quelques bourgeois oisifs, se traînant comme des mouches à demi éveil-

(1) Epine de Mars. — Ed.

lées, et attendant qu'un heureux son répété douze fois par l'horloge du clocher de l'église les avertît qu'il était temps d'aller dîner. Les fenêtres étroites des boutiques annonçaient fort imparfaitement les marchandises qui se trouvaient dans l'intérieur; car chaque négociant, nom qu'on accordait, *more scotico*, aux boutiquiers de Marchthorn, vendaient tout ce qu'il est possible d'imaginer. Quant aux manufactures, il n'en existait aucune, excepté celle du vénérable conseil de la ville, qui était très-affairé à préparer la trame que Marchthorn devait fournir tous les six ou sept ans pour tisser la quatrième partie d'un membre du parlement.

Il est assez ordinaire qu'une des plus belles maisons d'une ville de cette classe soit celle du clerc du sheriff, surtout si on le suppose agent de plusieurs lairds du premier ordre; et c'était le cas dans lequel se trouvait M⁰ Bindloose. Sa demeure n'avait pourtant pas l'extérieur brillant de celles des procureurs du midi de la Grande-Bretagne, et le marteau de la porte n'était pas de cuivre bien poli et bien luisant. Ce bâtiment, situé au centre de la ville, était fort élevé, très-sombre, construit en pans de bois, couvert en tuiles; les fenêtres étaient très-étroites, et celles du rez-de-chaussée défendues par de gros barreaux de fer, car une subdivision des banques nationales d'Ecosse [1] avait été récemment établie à Marchthorn, et c'était M⁰ Bindloose qui présidait à cet établissement.

Dans les rues anciennes, mais à peu près désertes de cette illustre ville, s'avançait une voiture qui, si elle avait paru dans Piccadilly, aurait fourni de quoi rire pendant une semaine et aurait fait le sujet de toutes les conversations pendant un an. C'était une voiture à deux roues, à laquelle on ne pouvait donner aucun des noms modernes de *tilbury*, de *tandem*, de *dennet*, etc., et qui ne pouvait

---

(1) Il y a trois banques principales en Ecosse : la banque d'Ecosse, la banque royale d'Ecosse et la *British linen company*, etc.; la compagnie anglaise des toiles.
— Ed.

aspirer qu'à l'humble dénomination presque oubliée de *wisky*. Elle était, ou, pour parler plus exactement, elle avait été originairement peinte en vert, et elle se trouvait soutenue d'une manière très-solide sur deux petites roues de forme antique, hors de toute proportion avec l'équipage auquel elles avaient été adaptées. Cette voiture, munie d'une voûte mobile comme celle d'une calèche, était couverte en ce moment, soit à cause de l'humidité de l'air du matin, soit par égard pour la délicatesse modeste d'une belle voyageuse qui, abritée par des rideaux de cuir, occupait cet échantillon vénérable de l'art du carrossier avant le déluge.

La dame qui occupait l'intérieur de ce phaéton n'aspirant pas à l'honneur de le conduire à droite et à gauche, les rênes d'un cheval qui semblait aussi vieux que la voiture à laquelle il était attelé étaient exclusivement confiées à un vieillard, vêtu en postillon, dont les cheveux gris s'échappaient d'un bonnet de jockey, de forme antique, et dont une épaule s'élevait tellement au-dessus de sa tête qu'il semblait qu'il lui en aurait peu coûté pour placer son cou sous son bras, comme un coq de bruyère rôti.

Ce galant écuyer était monté sur un coursier du même âge que celui qui haletait entre les brancards de l'équipage, et qu'il conduisait par le moyen d'un licou. En excitant l'animal qu'il montait, avec le seul éperon dont son talon gauche était armé [1], et stimulant l'autre avec un long fouet, il faisait avancer la voiture à un trot modéré. Elle s'arrêta enfin à la porte de M⁰ Bindloose, événement assez important pour exciter la curiosité des habitans de cette maison et de toutes celles du voisinage. Les rouets cessèrent de tourner, les aiguilles s'arrêtèrent au milieu d'une couture ou d'un ourlet, et maints nez,

---

(1) L'auteur s'est souvenu ici d'Hudibras qui, dit Butler, ne portait qu'un éperon, parce que, disait-il, si un côté du cheval marche, l'autre ne restera pas en arrière.
— Ed.

avec ou sans lunettes, se montrèrent à toutes les fenêtres des environs, qui jouissaient de l'avantage d'apercevoir la porte de la maison de Mᵉ Bindloose.

A travers les barreaux dont nous avons déjà parlé on vit s'avancer en partie la tête de deux ou trois clercs, ricanant et s'amusant beaucoup en voyant les préparatifs que faisait, pour descendre de ce respectable équipage, une vieille dame dont le costume pouvait avoir été à la mode lorsque sa voiture était encore dans toute sa fraîcheur. Une mante écarlate bordée de peaux d'écureuils gris, et un chapeau en soie noire, garni en crêpe, n'auraient pu exciter alors l'admiration qu'ils avaient sans doute fait naître dans leur jeunesse. Mais il y avait dans les traits de celle qui les portait quelque chose qui lui aurait donné droit à tous les égards de Mᵉ Bindloose, quand même elle aurait paru sous un costume plus modeste, car il voyait en elle la figure d'une ancienne pratique qui avait toujours payé argent comptant ses mémoires de frais, et dont le compte avec la banque se balançait par une somme assez considérable qu'elle y avait placée. En un mot, c'était notre vénérable amie mistress Marguerite Dods, propriétaire de l'auberge du vieux village de Saint-Ronan.

Son arrivée en ce moment annonçait une affaire de haute importance, car personne n'était moins disposé qu'elle à quitter sa maison, où elle pensait que rien ne pouvait aller bien si elle ne s'en mêlait directement. Quelque limitée que fût sa sphère, elle en occupait invariablement le centre, comme une planète fixe ; et, quoique ses satellites fussent en petit nombre, ils étaient dans la nécessité de continuer leurs révolutions autour d'elle. Saturne aurait donc été moins surpris de recevoir une visite du soleil, que M Bindloose ne le fut de recevoir celle de son ancienne cliente. En un instant il réprima la curiosité impertinente de ses clercs, et ordonna à sa femme de charge, la vieille Hannah (car M. Bindloose était un vieux garçon, bien arrondi dans tous les sens), de préparer le thé dans le salon vert; et à peine avait-il donné ses ordres, qu'il était déjà à côté du wisky, ouvrant les rideaux, abaissant le tablier, et offrant la main à sa vieille amie, pour l'aider à descendre.

— La boîte à thé en laque, Hannah, criait-il en même temps, et le meilleur souchong.—Dites à Tib d'allumer du feu; la matinée est humide. — Et vous autres, fainéans ricaneurs, que je ne vous voie plus à la fenêtre. S'il vous faut un sujet de rire, riez de vos ventres vides : il se passera du temps avant que vous soyez en état de gagner de quoi les remplir. Il parlait ainsi, comme l'honnête homme de loi l'aurait dit lui-même, *in transitu*, et il ajouta en arrivant près de la voiture : — Quelle bonne étoile nous amène mistress Dods? Est-ce bien vous *in propriâ personâ?* Qui vous aurait attendue à une pareille heure? Et comment cela va-t-il, Antoine? Vous vous êtes mis en route de bon matin. Aidez-moi à baisser le tablier, Antoine; c'est cela. Appuyez-vous sur moi, mistress Dods. Aidez votre maîtresse, Antoine. Bien! conduisez vos chevaux à l'écurie : Tib vous en donnera la clef. Venez, mistress Dods; je suis charmé de voir encore une fois vos pieds sur le pavé de notre ancienne ville. Entrez, entrez; nous déjeunerons ensemble : il est trop matin pour que vous ayez pu déjeuner avant de partir.

— Je vous donne bien de l'embarras, maître Bindloose, dit la vieille hôtesse en lui prenant le bras, et entrant dans la maison; je vous en donne beaucoup; mais je ne pouvais jouir d'un moment de tranquillité sans avoir pris vos conseils sur une affaire de grande importance.

— Je me trouverai heureux de vous servir, ma chère et ancienne connaissance. Mais asseyez-vous, asseyez-vous, je vous en prie. On peut causer d'affaires tout en déjeunant. Vous semblez fatiguée de votre voyage : l'esprit se ressent des besoins du corps. Il faut prendre garde à votre santé, mistress Dods; vous devez songer que votre vie est précieuse.

— Ma vie précieuse! Allons donc, maître Bindloose, vous voulez rire à mes dépens. Si j'étais une fois couchée dans le cimetière, qui penserait jamais à la vieille aubergiste; si ce n'est, par-ci par-là, quelque pauvre diable, et peut-être mon pauvre vieux chien, qui ne serait sans doute plus aussi bien soigné que de coutume?

— Fi! fi! mistress Dods, lui dit le clerc d'un ton de reproche amical, vous faites peine à un vieil ami quand il vous entend parler de vous-même d'une manière si peu respectueuse. Vous n'êtes pas près de nous quitter; je ne vous ai jamais trouvé meilleure mine depuis dix ans. Mais peut-être songez-vous à mettre vos affaires en règle? c'est le devoir d'une femme soigneuse, d'une bonne chrétienne. Nous frémirions à l'idée de mourir sans avoir fait notre testament, si Dieu nous accordait la grace de nous y faire songer.

— J'ose dire que j'y penserai un de ces matins, maître Bindloose; mais ce n'est pas ce qui m'amène aujourd'hui.

— Quelle que soit la cause de votre visite, mistress Dods, vous êtes la bien-venue chez moi, et nous avons toute la journée pour parler d'affaires; *festina lentè* : c'est un axiome auquel se conforment tous les hommes de loi; à loisir et prudemment, comme on pourrait le dire; il ne faut point parler d'affaires l'estomac vide. Mais voici le thé. J'espère qu'Hannah l'aura fait à votre goût.

Meg dégusta le thé à petites gorgées, rendit justice à la science d'Hannah dans les mystères de l'herbe chinoise, porta une seconde fois sa tasse à ses lèvres, essaya de mordre dans une tartine, mais sans trop de plaisir; et malgré les complimens que l'homme de loi lui faisait sur sa bonne mine, elle semblait presque sur le point de se trouver mal.

— De quoi s'agit-il donc? au nom du ciel! s'écria Bindloose, qui avait trop d'expérience dans sa profession pour ne pas être doué de toute la pénétration qu'elle exige, et qui, par conséquent, ne pouvait laisser échapper ces symptômes d'agitation. Jamais je ne vous ai vue prendre une affaire tellement à cœur. Quelqu'un de vos débiteurs a-t-il fait faillite, ou est-il prêt à la faire? Hé bien! il faut vous en consoler; vous pouvez supporter une petite perte; et il ne peut être question d'une banqueroute considérable, car j'en aurais entendu parler.

— C'est la vérité, M. Bindloose; mais la perte, la perte dont il s'agit.... Que dites-vous de la perte d'un ami, maître Bindloose?

Cette perte était d'un genre qui ne s'était pas encore présenté à l'esprit du digne clerc du sheriff, tandis qu'il repassait en imagination une longue liste de calamités, et il ne savait trop comment s'expliquer l'émotion sentimentale de son ancienne cliente. Mais comme il commençait à dire : — Oui, oui, nous sommes tous mortels, *vita incerta, mors certissima!* en y ajoutant deux ou trois réflexions morales qu'il était habitué à débiter, après un enterrement, lorsqu'on se préparait à ouvrir le testament du défunt, il plut à mistress Dods de donner elle-même l'explication de son oracle.

— Je vois ce que c'est, maître Bindloose, lui dit-elle; il faut que je vous dise moi-même de quoi il s'agit, car vous ne le devineriez jamais; ainsi donc, si vous voulez fermer la porte, et faire en sorte qu'aucun de vos ricaneurs de clercs ne puisse venir écouter dans le vestibule, je vous conterai ce qui m'amène.

M⁰ Bindloose se leva aussitôt pour faire ce qu'elle désirait. Il entra dans son bureau, et vit que ses clercs étaient occupés de leur besogne. En revenant il ferma la porte à double tour comme par distraction, et s'assit de nouveau près de mistress Dods, assez curieux de savoir quelle était l'affaire qui l'occupait tellement. Abandonnant alors le champ des conjectures, il approcha de plus en plus sa chaise de celle de sa cliente, et attendit patiemment ce qu'elle avait à lui dire.

— Maître Bindloose, dit Meg, je ne sais si vous pouvez vous rappeler qu'il y a six ou sept ans deux jeunes étourdis anglais, qui logeaient chez moi, eurent une querelle avec le vieux laird de Saint-Ronan, pour avoir chassé dans les marais de Spring-Well-Head?

— Je m'en souviens comme si c'était hier; à telles enseignes que vous m'engageâtes à empêcher qu'on rendît sentence contre eux, et que vous me payâtes fort bien de mes soins pour une chose qui ne valait pas la peine d'en parler. Vous avez toujours eu un bon cœur, mistress Dods.

— Peut-être oui, peut-être non; c'est suivant que les gens me reviennent, maître Bindloose. Mais quant à ces jeunes gens, ils quittèrent tous deux le pays, et, à ce que je crois, d'assez mauvaise humeur l'un contre l'autre. Et ne voilà-t-il pas que le plus âgé et le plus raisonnable des deux est revenu à Saint-Ronan il y a environ une quinzaine, et a logé chez moi depuis ce temps?

— J'espère qu'il n'a pas joué le même tour qu'autrefois? je n'ai plus auprès du nouveau sheriff et des juges d'à présent le crédit dont je jouissais alors auprès de leurs prédécesseurs, mistress Dods. Le procureur fiscal est très-sévère contre les braconniers, et il est soutenu par les juges de paix. Il y a peu de nos anciens amis du club de Killnaketty qui soient en état de venir maintenant aux sessions.

— Tant pis pour le pays, maître Bindloose : c'étaient des gens honnêtes et réfléchis, qui ne cherchaient pas à tourmenter un pauvre jeune homme pour avoir tué un lièvre ou une bécasse sur un marais, à moins que ce ne fût un braconnier de profession. Sir Robert Ringhorse avait coutume de dire que les jeunes gens qui chassaient pour s'amuser tuaient autant de pies et de corbeaux que de gibier. Mais nouveaux maîtres, nouvelles lois : on n'entend plus parler que d'amendes et d'emprisonnement, et au bout du compte en trouve-t-on plus de gibier? Si je voulais avoir une couple ou deux de perdrix après la nuit des Rois, car c'est alors que chacun en veut avoir, je sais où je pourrais en trouver, et à quel prix. Hé! pourquoi non? ne faut-il pas payer le risque qu'on court? Il y a John Pirner lui-même, qui chasse depuis trente ans sur les marais, en dépit de tous les lairds du pays. Il m'a dit que toutes les fois qu'il prend son fusil il croit se sentir une corde autour du cou.

— Ce n'est donc pas sur une affaire de chasse que vous avez à me consulter? dit Bindloose, qui, quoique faisant très-souvent d'assez longues digressions lui-même, n'était pas très-tolérant pour celles des autres.

— Non, en vérité, maître Bindloose, mais c'est relativement à ce malheureux jeune homme dont je vous parlais. Vous pouvez savoir que je me suis laissée prendre d'une affection particulière pour lui, pour Frank Tyrrel, comme il s'appelle : c'est une affection qui me surprend moi-même, maître Bindloose; et cependant il n'y a en cela aucun péché.

— Non, sans doute, pas le moindre, mistress Dods, dit le clerc du sheriff. — Oh! oh! pensait-il en même temps; le brouillard commence à se dissiper; le jeune braconnier a tiré juste; il a mis du plomb dans l'aile de la vieille poule grise. Oui, oui, c'est une affaire de mariage, la chose est sûre; mais il faut que je la voie venir. — Vous êtes une femme prudente, mistress Dods, continua-t-il tout haut, et vous avez sûrement pris en considération les chances et les changemens auxquels sont exposées les affaires humaines.

— Mais je n'aurais jamais pu prévoir ce qui est arrivé à ce pauvre jeune homme par la malice des méchans. Il a demeuré chez moi, comme je vous le disais, environ quinze jours, aussi tranquille qu'un agneau paissant sur une colline. Jamais hôte plus honorable n'est venu dans mon auberge. Buvant et mangeant suffisamment pour le bien de ma maison, et jamais plus qu'il ne le fallait pour le bien de son corps et de son ame; payant régulièrement son mémoire le samedi soir.

— Voilà une excellente pratique, mistress Dods!

— Je vous dis que je n'en ai jamais eu une pareille. Mais voyez la méchanceté des hommes : quelques-uns de ces flibustiers et de ces coquettes qui se sont rassemblés autour de cette mare, qu'ils appellent la Source, avaient entendu parler de ce pauvre garçon et des peintures qu'il faisait, et bien vite il a fallu qu'ils l'attirassent à l'hôtel, où ils avaient conté de belles histoires, autant sur M. Tyrrel que sur moi-même.

— Cela regardera la cour du commissariat[1], dit maître Bindloose, se livrant encore à une fausse conjecture. Fiez-vous à moi, mistress Dods; je secouerai joliment la poussière de leurs habits, pourvu que vous me fournissiez des preuves et des témoins. Je les forcerai à chanter la palinodie, et les ferai condamner à une forte amende; ils se repentiront d'avoir osé calomnier votre réputation.

— Ma réputation! qu'est-ce que ma réputation a de commun avec eux? Tout matin qu'il est, maître Bindloose, auriez-vous déjà bu un petit coup? Ma réputation! si quelqu'un d'entre eux avait osé y toucher, je n'aurais besoin ni de vous ni d'aucune cour d'Ecosse; je me jetterais sur eux comme un faucon sur une troupe d'oies sauvages, et le premier qui me dirait autre chose que des paroles décentes et civiles, je verrais bientôt s'il porte sur sa tête ses cheveux ou ceux des autres. Ma réputation!

— Hé bien, hé bien, mistress Dods, je me suis trompé; voilà tout, je me suis trompé. Je sais fort bien que vous êtes en état de vous faire justice aussi bien qu'aucune femme que ce soit. Mais apprenez-moi donc enfin de quoi vous avez à vous plaindre.

— Hé bien, en un mot, maître Bindloose, répondit Meg,

---

(1) Cette cour était dans l'origine une cour ecclésiastique. Depuis l'abolition de la juridiction épiscopale, une loi institua la haute cour des commissaires consistant en quatre juges, avec des tribunaux inférieurs dans chaque comté. Ces tribunaux inférieurs ont été récemment supprimés, et leurs fonctions conférées aux sheriffs. La cour des commissaires connaît des questions de mariage et de divorce, des procès en calomnie, etc., etc. — ED.

il ne s'agit rien moins que d'un... meurtre! Et elle baissa le ton en prononçant ce mot, comme si le son de sa voix lui eût inspiré de la terreur.

—Meurtre! mistress Dods! meurtre! impossible! on n'en a pas entendu parler dans les bureaux du sheriff : il ne peut avoir été commis un meurtre dans le comté sans que j'en sois informé. Pour l'amour du ciel! faites attention à ce que vous dites, femme, et n'allez pas vous mettre dans l'embarras.

—Je ne puis vous parler que conformément à mes lumières, maître Bindloose : vous êtes dans un sens un juge dans Israël, ou du moins vous êtes un des scribes de l'autorité. Je vous dis donc avec un cœur rempli de chagrin et d'amertume, que ce pauvre jeune homme qui logeait chez moi a été assassiné ou enlevé par ces bandits de la Source; et je ferai exécuter les lois contre eux, quand il devrait m'en coûter cent livres sterling.

Le clerc du sheriff parut fort surpris de ce que lui disait Meg, et de l'opiniâtreté avec laquelle elle soutenait son accusation.

—J'ai la consolation de pouvoir me dire, ajouta-t-elle, que, quoi qu'il lui soit arrivé, ce n'est point par ma faute; car avant que ce Philistin à demi-paie, ce Mac Turk, ce renégat altéré de sang, eût pu lui parler, je lui peignai joliment la tête avec un balai. Mais ce pauvre garçon, qui ne connaissait pas plus la méchanceté des hommes qu'un agneau le couteau du boucher, voulut voir le vieux coupe-jarret endurci, et convint avec lui de se trouver avec quelqu'un de sa bande le même jour, à une heure, dans un certain lieu. Il sortit pour tenir sa parole; mais depuis ce temps personne ne l'a revu. Et ces misérables coquins cherchent à le déshonorer aujourd'hui, en disant qu'il s'est enfui du pays plutôt que de leur faire face. Une hisoire bien probable, n'est-ce pas? Lui s'enfuir du pays pour de semblables godelureaux! et s'en aller sans payer son mémoire, lui qui était si régulier! et laisser derrière lui son porte-manteau, sa ligne, ses crayons, et ses peintures auxquelles il travaillait tant! C'est ma ferme croyance, maître Bindloose, et vous me croirez si vous voulez, qu'on lui a dressé des embûches entre mon auberge et Buckstane, où était le rendez-vous. Je l'ai pensé, je l'ai rêvé, je porterai plainte, et je les forcerai à m'en rendre compte, ou je ne me nomme pas Meg Dods. — C'est bien, maître Bindloose, c'est cela même; prenez votre plume et votre encre, et mettez-vous en besogne.

Ce ne fut qu'avec beaucoup de difficulté et à force de questions, que le clerc du sheriff parvint à tirer de sa cliente un récit détaillé de ce qui s'était passé aux eaux de Saint-Ronan le jour où Tyrrel y avait dîné, du moins le récit de tout ce qu'elle pouvait en savoir, et à mesure qu'elle lui répondait, il prenait note de ce qui lui paraissait devoir être de quelque importance. Enfin, après quelques instants de réflexion, il lui demanda fort naturellement comment elle avait été instruite du fait matériel qu'un rendez-vous pour un duel avait été convenu entre M. Tyrrel et le capitaine Mac Turk, puisque, d'après elle-même, leur conversation avait eu lieu *intrà parietes, et remotis testibus*.

— C'est fort bien, répondit Meg; mais nous autres aubergistes nous savons toujours assez bien tout ce qui se passe chez nous; et, puisqu'il faut tout vous dire, j'écoutais leur entretien par le trou de la serrure.

— Et vous les avez entendus prendre des arrangemens pour un duel, sans faire aucune démarche pour prévenir un malheur, malgré l'affection que vous prétendez avoir pour ce jeune homme! En vérité, mistress Dods, j'aurais cru que vous auriez agi tout différemment.

— Que voulez-vous, maître Bindloose? répondit Meg en s'essuyant les yeux avec son tablier; c'est là ce qui me fâche plus que tout le reste; et vous n'avez pas besoin de me le reprocher, puisque je me le reproche assez à moi-même. Mais il a été proposé et accepté chez moi bien des cartels, comme on les appelle, quand ces étourdis des clubs de Wildfire et d'Helter-Skelter venaient s'y divertir, et ils avaient assez de bon sens pour finir toujours par arranger leurs affaires à l'amiable ; de sorte que je ne croyais vraiment pas qu'il pût en arriver un malheur. Vous devez songer d'ailleurs, maître Bindloose, qu'il n'aurait pas été honorable pour une maison décente comme la mienne, qu'un jeune homme honnête qui y logeait eût l'air de lâcher le pied devant les vauriens et les vagabonds de l'hôtel.

— C'est-à-dire, mistress Dods, que vous n'étiez pas fâchée que votre hôte se battît pour l'honneur de votre maison.

— Eh pourquoi non, maître Bindloose ? L'honneur d'une bonne maison, d'un bâtiment carré à trois étages, ne mérite-t-il pas qu'on se batte pour lui tout aussi bien que celui de ces têtes sans cervelle qui font tant de bruit de leur réputation ? Ma maison était connue dans le vieux village de Saint-Ronan bien long-temps avant qu'ils fussent nés, et elle s'y élèvera encore long-temps après qu'ils auront été pendus, comme je me flatte que quelques-uns d'entre eux le seront.

— Fort bien ; mais peut-être votre jeune homme, n'ayant pas autant de zèle pour l'honneur de votre maison, a été assez prudent pour se mettre à l'abri de tout danger ; car, d'après ce que je comprends, ce rendez-vous n'a jamais eu lieu.

— Pas autant de zèle, maître Bindloose ! vous ne le connaissez guère. Je voudrais que vous l'eussiez vu quand il était en colère. Moi-même j'osais à peine le regarder en face, et il y a peu de personnes de qui j'en dirais autant. Un rendez-vous ! non sans doute, il n'a pas eu lieu : ils n'auraient pas osé se mettre en face de lui. Mais je suis sûre qu'il lui en est arrivé pire que si le rendez-vous avait eu lieu ; car Antoine a entendu tirer deux coups de feu pendant qu'il menait les chevaux à l'abreuvoir ; et il n'est pas bien loin du sentier qui conduit à Buckstane. A coup sûr, je lui ai reproché de ne pas avoir été en avant pour voir ce que c'était; mais il croyait que c'était le vieux Pirnel qui chassait avec son fusil à deux coups, et, si l'on était venu à l'arrêter pendant qu'il braconnait, Antoine ne se souciait pas de se mettre dans le cas d'être appelé en témoignage.

—Rien de plus vraisemblable, et je suis convaincu qu'il a entendu quelque braconnier tirer un double coup. Croyez-moi, mistress Dods, la partie proposée par le capitaine Mac Turk n'était pas du goût de votre jeune homme, qui étant probablement d'un caractère pacifique, sera retourné tranquillement dans son domicile, s'il en a un. Je regrette véritablement que vous vous soyez donné la peine de faire une si longue course pour une affaire si simple.

Mistress Dods resta quelques instans les yeux baissés, avec un air d'humeur et de mécontentement que son ton fit encore mieux sentir quand elle reprit la parole.

—Hé bien, dit-elle, il faut vivre pour apprendre, comme on dit. Je croyais avoir un ami en vous, maître Bindloose; et j'ai toujours pris votre parti quand j'entendais dire que vous n'étiez qu'un vieux radoteur, puis ceci, puis cela, et encore autre chose. Et c'est toujours vous qui avez gardé mon peu d'argent, quoique Tam Turnpenny demeure à moins de distance, et qu'il donne un demi pour cent de plus que vous, dit-on, quand l'argent lui reste un certain temps; vous savez que je ne touche guère au mien.

—Mais vous n'avez pas chez Tam Turnpenny les sûretés que vous offre une banque, madame, répondit Bindloose avec quelque chaleur. Je n'attaque le crédit de personne, cela me conviendrait mal; néanmoins je me flatte qu'il y a quelque différence entre la maison de Tam Turnpenny et la banque.

—Banque par-ci, banque par-là, je vous répète que je croyais avoir un ami en vous, maître Bindloose, et il me semble que je n'ai pas eu grand profit à faire tout le chemin de chez moi chez vous.

— De par le ciel! madame, que voulez-vous que je fasse d'après une histoire aussi saugrenue que la vôtre? Soyez un peu raisonnable, mistress Dods; faites attention qu'il n'y a pas de *corpus delicti*.

— *Corpus delicti!* et qu'est-ce que c'est? quelque chose qu'il faut payer sans doute; car tous vos grands mots finissent toujours par-là. — Et pourquoi n'aurais-je pas un *corpus delicti*, ou un *habeas corpus*, ou tel autre *corpus* que bon me semble, tant que j'ai de l'argent comptant pour le payer?

— Dieu me pardonne! mistress Dods, vous vous méprenez étrangement. Quand je dis qu'il n'y a pas de *corpus delicti*, je veux dire qu'il n'y a pas de preuve qu'il ait été commis un crime.

— Et osez-vous bien dire que le meurtre n'est pas un crime? s'écria Meg, dont l'esprit était trop plein de l'idée qu'elle avait conçue pour en admettre une autre. — Hé bien, moi, je soutiens que c'en est un, et qu'il y a bien des gens qui l'ont payé de leur cou.

— Je sais parfaitement tout cela, mistress Dods; mais je vous dis qu'il n'y a aucune preuve de meurtre dans cette affaire, aucune preuve qu'un homme ait été tué. On ne représente pas le cadavre, et c'est là ce que j'appelle le *corpus delicti*.

— Hé bien donc, que le diable vous le fasse représenter à coups de fourche! dit Meg en se levant d'un air courroucé. Je vais retourner à Saint-Ronan; et quant au corps de ce pauvre jeune homme, je le trouverai, dussé-je faire remuer la terre à la pioche et à la pelle à trois milles tout autour de chez moi, quand ce ne serait que pour avoir la consolation de lui donner la sépulture chrétienne, de faire pendre ce scélérat de Mac Turk et toute cette bande d'assassins qui sont à la mare, et de faire honte à un vieux fou de radoteur comme vous, John Bindloose.

Elle se leva, rouge de colère, pour appeler sa voiture ; mais il n'était ni de l'intérêt ni dans l'intention du clerc du sheriff de laisser partir son ancienne pratique dans des sentimens hostiles. Il la supplia d'avoir un peu de patience, et lui rappela que ses chevaux, pauvres créatures, devaient être fatigués de leur course. Cet argument était irrésistible pour la vieille hôtesse, habituée dès son enfance à regarder le soin de ses chevaux comme un de ses premiers devoirs. Elle se replaça donc sur sa chaise avec un air d'humeur, et M⁶ Bindloose se mettait l'esprit à la torture pour trouver quelque moyen de lui faire entendre raison, quand son attention fut attirée par un assez grand bruit qui se fit entendre dans le vestibule.

CHAPITRE XV.

UN LOUANGEUR DU TEMPS PASSÉ.

> « Que votre voyageur, arrivé d'aujourd'hui,
> « Vienne dîner chez moi, son curedent et lui. »
> SHAKSPEARE.

LE bruit qui détourna l'attention de M⁶ Bindloose de l'affaire dont Meg Dods venait de l'entretenir, comme nous l'avons dit à la fin du chapitre précédent, était produit par un nouveau-venu pressé et impatient qui frappait à la porte du bureau de la banque, placé dans un appartement à gauche du vestibule, tandis que le salon vert, dans lequel il avait reçu mistress Dods, était sur la droite.

En général, ce bureau était ouvert à tous ceux qui y avaient affaire ; mais en ce moment, quelque pressé que pût être celui qui frappait à la porte, les clercs du banquier légiste ne pouvaient la lui ouvrir, attendu la prudente précaution qu'avait prise M⁰ Bindloose de la fermer à double tour, pour les empêcher de venir écouter sa conversation avec mistress Dods. Ils ne répondirent donc aux coups redoublés de l'étranger qu'en lui apprenant, en ricanant tout bas, qu'ils étaient enfermés, satisfaits intérieurement sans doute que les soupçons du clerc du sheriff les empêchassent de s'acquitter de leur devoir.

Tout en maudissant ses clercs de bon cœur comme les fléaux constans de sa vie, M⁰ Bindloose accourut dans le vestibule, et fit entrer l'étranger dans son bureau. La porte de ce bureau et celle du salon vert étant restées ouvertes, les oreilles de la mère Dods, habiles, comme le lecteur le sait, à écouter ce qui se passait, purent entendre une partie de la conversation. Elle semblait rouler sur une affaire d'argent de quelque importance, comme Meg le comprit, quand l'étranger, dont le verbe était naturellement haut et le ton aigre, élevant la voix encore davantage, s'écria, après un entretien qui avait duré environ cinq minutes : — Une prime, monsieur! pas un *para*, pas un *couri*, pas un *farthing* ¹! Une prime pour escompter un billet de la banque d'Angleterre! me prenez-vous pour un sot? Ne sais-je pas que vous prétendez traiter au pair quand vous donnez des bons sur Londres à quarante jours?

Ici M⁰ Bindloose murmura assez indistinctement quelques mots sur l'usage de la banque.

—Usages, monsieur! s'écria l'étranger; non, monsieur, ce n'en est pas un; et si c'en est un, qu'il aille au diable! Ne me parlez pas de vos usages. Morbleu! monsieur, je connais le taux du change de tout l'univers. J'ai tiré des traites de Tombuctou, et mon banquier du Strand les a payées avec celles que Bruce tira de Gondar. Me parler de

---

(1) Petites monnaie de Turquie, d'Afrique et d'Angleterre. — Tr.

prime pour un billet de la banque d'Angleterre! Hé! qu'avez-vous à le regarder? Doutez-vous qu'il soit bon. Je puis vous en donner un autre.

—Cela est inutile, monsieur, le billet me paraît bon; mais il est d'usage de l'endosser.

—Certainement. Donnez-moi donc une plume : croyez-vous que je puisse écrire avec ma canne? Quelle espèce d'encre avez-vous là? jaune comme une sauce au curry [1]. N'importe, voici mon nom : Peregrine Touchwood. J'ai reçu mon prénom des Willoughbys. Hé bien! m'avez-vous donné la monnaie de mon billet sans retenir de prime?

—Sans rien retenir, monsieur, absolument rien.

—A la bonne heure, c'est vous qui devriez me donner une prime au lieu de m'en demander une.

—Je vous assure que ce n'est pas notre usage, monsieur, ce n'est nullement notre usage. Mais si vous vouliez passer dans le salon et accepter une tasse de thé...

— Une tasse de thé! répéta l'étranger, dont la voix devenait plus distincte à mesure qu'il s'approchait du salon, en suivant maître Bindloose dans le vestibule; hé bien, soit! Une tasse de thé serait une assez bonne chose si l'on pouvait en avoir de véritable. Mais quant à votre prime...

En parlant ainsi, il entra dans le salon et salua mistress Dods, qui, voyant ce qu'elle appelait un homme honnête et décent, dans la poche duquel elle savait qu'il y avait des guinées et des billets de banque, lui fit une de ses plus belles révérences.

M. Touchwood, qu'elle examina alors de plus près, était un homme de petite taille, mais vigoureux et actif, et conservant, malgré soixante ans et plus, l'élasticité de la jeunesse. Ses traits exprimaient une entière confiance en lui-même, et une sorte de mépris pour tous ceux qui n'avaient ni vu ni enduré tout ce qu'il avait vu et enduré

---

(1) Sauce des Indes orientales, et qui commence à être en usage en Angleterre.
—Tr.

lui-même. Ses cheveux courts commençaient à peine à grisonner. Ses yeux, noirs comme du jais, étaient petits, enfoncés et brillans, et ils contribuaient, avec un nez court et retroussé, à exprimer son habitude d'emportement et de colère. Son teint, grâces aux vicissitudes de climats qu'il avait subies, était de couleur de brique; et son visage, qui, à quelques pas de distance, semblait lisse et uni, offrait, vu de plus près, une foule de petites rides qui s'y croisaient dans tous les sens, mais si superficielles, qu'elles paraissaient faites avec la pointe d'une petite aiguille. Il portait pour costume un habit bleu, un gilet et des culottes de peau de buffle, des demi-bottes cirées avec grand soin, et une cravate de soie, nouée avec une précision militaire. La seule portion de ses vêtemens qui eût l'air antique était un chapeau à cornes de dimensions équilatérales, auquel était attachée une très-petite cocarde.

Mistress Dods, accoutumée à juger des personnes à la première vue, dit par la suite qu'aux trois pas qu'il fit depuis la porte jusqu'à la table sur laquelle le thé était servi, elle avait reconnu, sans crainte de se tromper, la démarche d'un homme en état de bien figurer dans le monde.

— Et c'est à quoi, ajouta-t-elle en clignant de l'œil, nous autres aubergistes nous nous trompons rarement. Si le gilet brodé en or a les poches vides, celui de peau de daim tout uni, qui en a de bien garnies, est le plus beau des deux.

— Voici une matinée bien humide, ma bonne dame, dit M. Touchwood, sans doute pour reconnaître dans quelle compagnie il se trouvait.

— Une douce matinée [1], monsieur, pour la récolte, répondit Meg d'un ton solennel.

— Vous avez raison, madame, *douce* est l'expression convenable, quoiqu'il y ait bien du temps que je ne l'aie entendu employer. J'ai fait deux fois le tour du monde depuis que je n'ai entendu parler d'une douce matinée.

(1) Saft, soft. — Tr.

— Vous êtes donc de ce pays [1]? dit le clerc du sheriff, faisant ingénieusement cette supposition dans l'espoir d'obliger l'étranger à s'expliquer lui-même. Cependant il me semble que Touchwood n'est pas un nom écossais; je ne le connais pas, du moins.

— Un nom écossais! répéta le voyageur, non. Mais on peut avoir déjà voyagé dans ce pays sans y être né; ou, si l'on y est né, on peut avoir eu quelque raison pour changer de nom. Il y a plus d'une cause qui peut obliger un homme à changer de nom.

— Sans contredit, et il peut s'en trouver de très-bonnes, comme, par exemple, s'il s'agissait de recueillir une succession, et que le testateur y eût mis pour condition que le légataire prendrait son nom.

— Ou, par exemple, ajouta l'étranger, si un homme avait rendu son pays trop chaud pour lui sous son véritable nom.

— C'est une supposition qu'il ne me conviendrait pas de faire. Mais quoi qu'il en soit, si vous avez connu autrefois ce pays, vous devez être émerveillé des changemens survenus depuis la guerre d'Amérique. Des montagnes où l'on ne voyait que des bruyères, et qui sont couvertes de luzernes. Les baux des terres doublés, triplés, quadruplés. Les vieux donjons des châteaux démolis; et nos lairds logés dans d'aussi belles maisons qu'on peut en avoir en Angleterre.

— Grand bien leur fasse, dit M. Touchwood avec vivacité; c'est un troupeau de fous!

— Vous ne semblez guère enthousiasmé de tous ces heureux changemens, monsieur, dit Bindloose, surpris de trouver une voix de dissentiment quand il croyait que les suffrages devaient être unanimes.

— Enthousiasmé! oui, j'en suis enthousiasmé, comme

---

(1) Il est bon de faire observer ici que Meg prononce le mot *douce* en écossais; et, comme M. Touchwood le comprend, c'est ce qui donne occasion à Me Bindloose de lui demander s'il est né en Ecosse. — Tr.

je le suis du diable, qui en est l'auteur, à ce que je crois. Vous vous êtes mis dans la tête qu'il fallait tout changer. Vous avez été inconstans comme l'eau; mais comme elle vous n'excéderez pas vos limites. Je vous dis qu'il y a eu plus de changemens depuis quarante ans dans votre pauvre coin de pays, qu'on n'en a vu depuis quarante siècles, que je sache, dans les grands empires de l'Orient.

— Hé, pourquoi non, si ces changemens sont pour le mieux?

— Mais ils ne sont pas pour le mieux. J'ai laissé vos paysans pauvres comme des rats, j'en conviens, mais honnêtes, industrieux, supportant leur sort dans ce monde avec patience et fermeté, et levant les yeux vers l'autre avec espérance. Maintenant je n'y trouve plus que des serviteurs intéressés, regardant à leur montre toutes les dix minutes, de peur de travailler un instant de trop pour leur maître. Au lieu de lire la Bible les jours ouvriers, et d'aller écouter le ministre discuter les points douteux de controverse les dimanches, ils glanent toute leur théologie dans Payne et dans Voltaire.

— Et je puis garantir que monsieur dit la vérité, dit Meg Dods. Jusque dans ma cuisine, j'ai trouvé un paquet de leurs blasphèmes. Mais j'ai fait maison nette du vaurien de colporteur qui les y avait apportés. Ce n'est pas assez de faire tourner la tête des servantes avec leurs ballades, de les rendre folles avec leurs rubans, il faut encore qu'ils les trompent en leur faisant prendre les marchandises du diable, comme je puis le dire, en échange de leurs précieuses ames, et en tirant d'elles l'argent qu'elles devraient employer à soutenir un pauvre vieux père infirme ou qui se trouve sans ouvrage.

—Leur père! madame, s'écria M. Touchwood, elles n'y pensent pas plus que Regane ou Gonerile [1].

— Je vois que vous connaissez bien notre sexe, mon-

---

[1] Les filles du *Roi Leur*. — Éd.

sieur. Voilà pourtant ce que je leur prêche à toutes les heures du jour; mais attendez qu'elles profitent d'une bonne doctrine!

— Ajoutez, madame, que toutes ces brutes sont devenues mercenaires. J'ai vu le temps où un Ecossais aurait rougi de toucher à un shilling sans l'avoir gagné, et cependant il était aussi disposé à aider un étranger, que le serait un Arabe du grand désert. Et l'autre jour, ayant laissé tomber ma canne pendant que j'étais à cheval, un drôle qui travaillait à une haie, et qui avait fait trois pas pour la ramasser, me répondit, quand je l'eus remercié, que je pouvais aller au diable, moi et mes remercîmens, si je n'avais pas autre chose à lui donner. Saint Giles n'aurait pas mieux fait.

— Tout cela peut être comme vous le dites, monsieur, dit maître Bindloose, et sans contredit la richesse tourne la tête; mais le pays est riche, on ne peut le nier, et la richesse, comme vous le savez...

— Prend souvent des ailes pour s'envoler, répondit le cynique étranger; mais je ne suis pas même bien sûr que nous la possédions maintenant. Vous faites un grand étalage de vos bestiaux et de la culture de vos terres, mais tout cela n'est pas une preuve de richesse, pas plus que la corpulence d'un homme né prouve sa force et sa santé.

— Sûrement, M. Touchwood, des propriétaires vivant comme de véritables lairds, des fermiers tenant meilleure table que les lairds ne le faisaient autrefois, et voyant venir la Pentecôte et la Saint-Martin[1] sans plus de crainte que je n'en ai quand je vois arriver mon déjeuner.... Si ce ne sont pas là des signes de richesse, je ne sais où il faut en chercher.

— Ce sont des signes de folie, monsieur, d'une folie qui est pauvre, et qui le devient encore davantage en voulant passer pour riche. Et comment obtiennent-ils ces

---

(1) Termes ordinaires du paiement des fermages. — Tr.

moyens d'ostentation? Vous qui êtes banquier, monsieur, vous pourriez peut-être me le dire mieux que je ne pourrais le deviner.

— Il est possible qu'ils fassent escompter un billet de temps en temps, M. Touchwood; mais il faut qu'on trouve des facilités, ou le monde resterait stationnaire. Les facilités sont l'huile qui fait aller les roues.

— Et qui fait dégringoler au diable. Je vous ai laissés empestés d'une seule banque, la banque d'Ayr, mais tout le pays maintenant est une banque d'Ayr, je crois; et qui paiera les violons¹? Mais que m'importe! je ne serai pas long-temps dans le pays. Cette vraie tour de Babel ferait tourner la tête d'un homme qui a passé sa vie avec des gens aimant mieux un bon siège qu'une course folle, le silence que le bavardage; ne mangeant que quand ils ont faim, ne buvant que lorsqu'ils ont soif; ne riant jamais sans sujet, et ne parlant que quand ils ont quelque chose à dire. Mais ici il faut courir, trotter, galoper. On ne trouve que mousse et écume; point de tenue, point de caractère.

— Je gagerais ma vie, dit Meg en regardant son ami Bindloose, que monsieur a été là-bas, au nouveau Spa.

— Qu'appelez-vous Spa, madame? Si vous voulez parler du nouvel établissement formé à Saint-Ronan, c'est la source véritable de la folie et de la fatuité, une tour de Babel pour la confusion des langues, une foire de vanité et de sottises.

— Monsieur, monsieur, s'écria dame Dods, enchantée de la sentence qu'elle venait d'entendre porter contre ses rivaux à la mode, et empressée de montrer son respect pour le judicieux étranger qui l'avait prononcée; — me permettrez-vous d'avoir le plaisir de vous verser une tasse de thé? Et en même temps elle se mit en possession de l'administration de la théière, restée jusqu'alors entre les mains de maître Bindloose. — J'espère qu'il est à votre

---

(1) *Scotice,* la cornemuse, *the piper.* — Tr.

goût, monsieur, ajouta-t-elle quand maître Touchwood lui eut avancé sa tasse avec cet air de satisfaction que ceux qui aiment à parler montrent ordinairement à ceux qui veulent bien les écouter.

— Il est aussi bon que nous avons droit de nous y attendre, madame, quoiqu'il ne soit pas comparable à celui que j'ai bu à Canton avec le vieux Tong-Qua. Mais le céleste empire n'envoie pas à Londres son meilleur thé; et Londres n'envoie pas à Marchthorn ce qu'il a de meilleur.

— Cela peut être vrai, monsieur; mais j'ose garantir que le thé de maître Bindloose est beaucoup meilleur que celui qu'on vous a servi là-bas au nouveau Spa.

— Du thé! madame! je n'y en ai jamais vu. On apportait des feuilles d'épines et de frêne dans des boîtes à thé bien peintes, et l'on en faisait une infusion que des singes bien poudrés présentaient à ceux qui pouvaient se résoudre à la prendre, et qui la buvaient au milieu du bavardage des perroquets et du miaulement des chats. Je regrettais de ne plus être au temps du Spectateur, où j'aurais pu déposer mon *penny* au comptoir, et me retirer sans cérémonie. Mais non, cette bienheureuse décoction circulait sous les auspices d'une demi-douzaine de bas-bleus à demi folles, et nous étions embarrassés de tout le cérémonial d'une fête pour quelques cuillerées de ce misérable breuvage.

— Hé bien! monsieur, tout ce que je puis dire, c'est que si j'avais été assez heureuse pour vous recevoir chez moi, à l'ancienne auberge du vieux village de Saint-Ronan, que ma famille tient depuis deux générations, je ne prétends pas dire que vous auriez eu du thé aussi bon que celui que vous avez été accoutumé à boire dans les pays étrangers qui le produisent; mais je me serais fait un devoir d'offrir à un homme comme vous le meilleur que j'aie à la maison, et je ne le fais jamais payer plus de six *pence*, comme mon père le faisait de son temps.

— Je voudrais avoir su que l'ancienne auberge existait

encore, madame, j'aurais certainement logé chez vous, et j'aurais envoyé tous les matins chercher de l'eau à la source ; car les médecins prétendent qu'il faut que je prenne les eaux de Cheltenham, ou quelque autre de même nature, pour chasser la bile, peut-être pour cacher leur ignorance ; de sorte que j'ai choisi ce que j'ai regardé comme le moindre mal des deux. Mais j'ai été diablement trompé dans mon calcul ! Votre Spa ! autant vaudrait loger dans une cloche. Il faut que le jeune Saint-Ronan soit fou pour avoir établi une telle pétaudière sur l'ancien domaine de son père.

— Connaissez-vous l'héritier de Saint-Ronan d'aujourd'hui ?

— Je ne le connais que de réputation, mais j'ai entendu parler de sa famille, et je crois qu'il en est question dans l'histoire d'Ecosse. J'ai été fâché d'apprendre qu'elle est plus bas dans le monde qu'elle ne l'était autrefois ; et ce jeune homme ne prend pas le bon moyen pour la relever en passant son temps avec des joueurs et des aigrefins.

— Je serais bien fâchée que cela fût ainsi, dit l'honnête Meg Dods, dont le respect héréditaire pour la famille Mowbray l'empêchait toujours de se permettre aucun propos qui pût nuire à la réputation du jeune laird. — Ses ancêtres ont eu des bontés pour les miens, monsieur ; et, quoiqu'il puisse l'avoir oublié, il ne me convient pas de dire de lui ce qu'on ne devrait pas avoir à dire du fils de son père.

M. Bindloose, qui n'était pas retenu par les mêmes motifs, déclama contre Mowbray, qu'il représenta comme un dissipateur inconsidéré de sa propre fortune et de celle des autres. — J'ai quelque raison pour en parler, ajouta-t-il ; il m'a été présenté deux de ses traites, de cent livres chacune, que j'ai escomptées par égard et par respect pour son ancienne famille ; mais il ne pense pas plus à les acquitter qu'à solder toute la dette nationale. Et il vient de faire rafle dans toutes les boutiques de Marchthorn, pour une fête qu'il va donner à tout ce beau monde des eaux de Saint-Ronan; et les marchands ont été obligés de prendre ses acceptations en paiement de leurs fournitures. Mais les escomptera qui voudra. Je connais quelqu'un qui n'avancera jamais un plack ni un bawbie sur aucun billet signé ou endossé *John Mowbray*. Il ferait mieux de payer les dettes qu'il a déjà contractées que d'en faire de nouvelles pour amuser des fous et des flatteurs.

— Je crois qu'il en sera pour ses préparatifs, dit M. Touchwood; car j'ai entendu dire que la fête a été remise par une indisposition de miss Mowbray.

— Pauvre fille! dit dame Marguerite Dods, il y a bien du temps que sa santé est dérangée.

— On dit qu'il y a là quelque chose qui ne va pas bien, dit M. Touchwood en appuyant un doigt sur son front.

— Dieu seul le sait, mais je soupçonne que le cœur est plus malade que la tête. Au surplus, on fait tellement aller la pauvre créature et à droite et à gauche, et à cette mare de Spa; elle a si peu de société chez elle, qu'il n'est pas bien étonnant que son esprit ne soit pas tout-à-fait ce qu'il devrait être.

— Hé bien, madame, on la dit plus mal qu'elle ne l'a jamais été, et c'est ce qui a fait remettre la partie projetée. D'ailleurs, à présent que ce jeune lord est arrivé aux eaux, on attendra sans doute qu'elle soit guérie.

— Un lord! s'écria dame Dods; un lord à la mare! il n'y aura plus moyen d'y tenir. Un lord! on ne pourra plus les regarder. Un lord! comme cela va les gonfler d'orgueil! Un lord! que Dieu nous protège! un lord à l'hôtel! Mais, M. Touchwood, ce n'est peut-être qu'un lord des sessions [1]?

— Non pas, non pas, ma bonne dame, c'est un lord an-

---

(1) C'est-à-dire un juge. On donne aux juges de la cour le titre de lords des sessions.
— Éd.

glais ayant droit de siéger à la chambre des pairs du parlement. Cependant quelques personnes prétendent qu'il y a un vice dans son titre.

— Je garantis qu'il y en a un, s'écria Meg avec vivacité; car elle ne pouvait supporter l'idée de la nouvelle importance qu'allait acquérir l'établissement dont elle était jalouse, en devenant la demeure d'un pair d'Angleterre. Un, dites-vous! Je réponds qu'il y en a une douzaine. Vous verrez que c'est quelque lord flibustier de leur façon, et dont la perte ne les tourmentera guère. Et sans doute il est arrivé bien malade, et il ne tardera pas à s'en aller en bonne santé, pour ajouter à la célébrité des eaux de leur Spa.

— Ma foi, madame, sa maladie est d'un genre que les eaux auraient peine à guérir. — Il a été blessé à l'épaule, d'un coup de pistolet que lui a tiré, à ce qu'il paraît, un brigand qui voulait le voler. C'est encore un de vos heureux changemens arrivés en Ecosse. Jamais pareille chose n'y serait arrivée de mon temps. On y aurait plutôt rencontré le phénix qu'un voleur de grand chemin.

— Et où cela est-il arrivé, s'il vous plaît, monsieur? demanda l'homme aux escomptes.

— Pas bien loin du vieux village; et, si l'on m'a bien informé, ce fut mercredi vers midi.

— Voilà qui explique, à ce qu'il me semble, les deux coups de feu qu'Antoine a entendus, mistress Dods. C'était le même jour à la même heure. — Oh! ce ne pouvait être que cette attaque contre ce noble étranger.

— Peut-être oui, peut-être non, maître Bindloose; il faudra que j'y voie plus clair avant que je prononce mon jugement dans cette affaire. Mais je voudrais bien savoir, ajouta-t-elle, revenant au sujet dont la conversation intéressante de M. Touchwood avait distrait quelques instans ses pensées; je voudrais bien savoir si monsieur a entendu parler là-bas de M. Tyrrel.

— Si c'est l'individu désigné dans ce papier, répondit

l'étranger en tirant de sa poche un petit papier imprimé, j'ai à peine entendu parler d'autre chose. On en faisait un tel bruit, que j'étais aussi fatigué d'entendre le nom de Tyrrel, que le fut jamais Guillaume-le-Roux [1]. Quelque sotte querelle qu'il avait eue, et pour laquelle il n'a pas jugé à propos de se battre, comme leur sagesse prétendait qu'il aurait dû le faire, a été la principale cause de la censure qu'il s'est attirée. C'est encore une autre folie qui a gagné du terrain chez vous. Autrefois deux vieux lairds orgueilleux, ou deux cadets de bonne famille, pouvaient avoir une querelle, se donner un rendez-vous et se battre en duel à la mode gothique de leurs ancêtres; mais jamais des gens qui n'avaient pas d'ancêtres ne songeaient à commettre un tel acte de démence. Et aujourd'hui voilà qu'on dénonce au public un misérable barbouilleur de toile (car je crois que tel est le métier de ce héros), comme si c'était un officier général, dont la profession serait d'être brave, et qui perdrait son pain en perdant son honneur. Ha! ha! ha! cela rappelle Don Quichotte, qui prit son voisin Samson Carasco pour un chevalier errant.

La lecture de cet imprimé, qui contenait les pièces que nous avons déjà mises sous les yeux de nos lecteurs, c'est-à-dire l'exposé de sir Bingo, le certificat du docteur, et les délibérations prises par le comité d'administration, inspira à M. Bindloose une réplique nouvelle à mistress Dods. Il s'adressa à elle en modérant son air de triomphe autant que le lui permit sa vanité satisfaite de la pénétration de son jugement:

— Vous voyez maintenant que j'avais raison, mistress Dods, et que vous n'aviez nul besoin de vous donner la peine de faire une si longue course. Le jeune homme, au lieu de regarder sir Bingo en face, a trouvé plus convenable de lui tourner le dos; et je crois qu'en cela il s'est

---

[1] Guillaume-le-Roux, fils de Guillaume-le-Conquérant, fut tué à la chasse par Walter Tyrrel un de ses favoris. —Éd.

montré le plus sage des deux. Vous en avez ici la preuve imprimée.

— Tout savant que vous êtes, maître Bindloose, il peut se faire que vous vous trompiez ; mais je vous promets que je ferai de strictes recherches sur cette affaire.

Ceci amena une nouvelle altercation sur le destin probable de Tyrrel, et l'étranger prit lui-même quelque part à la discussion.

Enfin, voyant que M. Bindloose, qui avait de l'expérience en affaires, persistait à ne pas admettre l'hypothèse de l'assassinat de Tyrrel, Meg Dods se leva d'assez mauvaise humeur pour ordonner qu'on mît les chevaux à son wisky. Mais toute hôtesse qu'elle était dans ses propres domaines, elle comptait en cette occasion sans son hôte; car son postillon bossu, aussi absolu dans son département qu'elle était despote dans sa maison, lui déclara formellement que ses bêtes ne seraient pas en état de se remettre en route avant deux heures.

La bonne dame fut donc obligée de se résigner au bon plaisir de son serviteur, non sans regretter amèrement le tort que son absence allait faire à sa maison, se figurant d'avance une longue liste de plats brisés, d'écots mal calculés, de chambres en désordre, et d'autres désastres qu'elle s'attendait à apprendre à son retour.

M. Bindloose, qui désirait recouvrer les bonnes graces de sa cliente, qu'il avait jusqu'à un certain point perdues en la contrariant sur un point qu'elle avait fort à cœur, ne voulut pas lui offrir, pour motif de consolation, la réflexion bien naturelle, quoique peu agréable, qu'une auberge presque déserte n'est guère exposée aux accidens qu'elle appréhendait. Au contraire, il entra dans ses chagrins de la manière la plus cordiale, et alla même jusqu'à dire que, si M. Touchwood était venu de Saint-Ronan avec des chevaux de poste, comme ses bottes bien cirées semblaient le prouver, elle pourrait en profiter pour retourner chez elle plus promptement.

— Je ne sais pas trop, dit sur-le-champ M. Touchwood, si je ne retournerai pas moi-même à Saint-Ronan. En ce cas je me ferai un plaisir de reconduire cette bonne dame chez elle, et j'y passerai même quelques jours si elle veut bien m'y recevoir. Je respecte, madame, une femme qui, comme vous, continue à suivre l'occupation que suivait son père. J'ai vu des pays, madame, où, de père en fils, chacun suit la même profession depuis des milliers d'années. J'aime cet usage ; il annonce un caractère exempt d'ambition et de légèreté.

La physionomie de mistress Dods s'épanouit quand elle entendit cette proposition ; elle protesta à M. Touchwood qu'elle ne négligerait rien pour lui rendre agréable le séjour qu'il ferait chez elle ; et, tandis que M. Bindloose s'étendait en beaux discours pour prouver à l'étranger combien il s'y trouverait commodément, elle contemplait en silence et avec délice le triomphe éclatant qu'elle allait remporter quand on verrait un homme riche et respectable abandonner l'hôtel du Renard pour venir occuper un logement dans l'ancienne auberge du vieux village.

— Je ne suis nullement difficile, madame, lui dit M. Touchwood ; j'ai voyagé trop long-temps et dans des pays trop lointains pour tenir beaucoup à trouver toutes mes aises ; une *venta* espagnole, un *khan* persan, un *caravansérail* turc, sont la même chose pour moi. Seulement, comme je n'ai pas de domestique, attendu que je ne veux point avoir sans cesse sur mes pas le fléau d'un de ces fainéans, je vous prierai d'envoyer chercher à la source une bouteille d'eau, tous les matins que je ne pourrai pas y aller, car je crois réellement qu'elle me fait quelque bien.

Mistress Dods promit de satisfaire à cette demande raisonnable, et ajouta même, de la meilleure grace du monde, que les eaux de Saint-Ronan n'étaient pas mauvaises en elles-mêmes, et qu'il était même possible qu'elles fissent quelque bien. C'était seulement la nouvelle auberge qu'elle ne pouvait souffrir, pour ne rien dire des fous qui y logeaient, et qui s'appelaient *la compagnie*. On prétendait que saint Ronan avait fait prendre un bain au diable dans cette source, et que c'était pour cela qu'elle avait conservé un goût de soufre. Mais c'étaient des sornettes de papistes, car elle tenait de quelqu'un qui s'y connaissait, et c'était du ministre lui-même, que saint Ronan n'était pas un de ces saints romains idolâtres, mais seulement un *chaldien* (voulant dire probablement un Culdie [1]), ce qui était sans doute une histoire toute différente.

Les choses étant ainsi arrangées à la satisfaction des deux parties, la chaise de poste fut demandée, et elle arriva bientôt à la porte de la maison de M° Bindloose. Ce ne fut pas sans une répugnance secrète que Meg y monta quand elle eut vu écrit en grosses lettres sur la portière : Fox inn and hotel Saint-Ronan's well [2]. Mais il était trop tard pour écouter de tels scrupules.

— Je n'aurais jamais cru que je serais montée un jour dans une de leurs chaises, dit-elle en s'asseyant; et quelle chaise encore! A peine y a-t-il place pour deux personnes. Je puis vous dire, M. Touchwood, que lorsque je tenais des chevaux de poste, mes deux chaises auraient contenu chacune quatre personnes de l'âge de raison et autant d'enfans. J'espère que cette tête folle d'Antoine ramènera mon wisky aussitôt que les chevaux se seront reposés. Avez-vous assez de place, monsieur? Je tâcherai d'en tenir encore moins, s'il est possible.

— Oh! madame, répondit l'orientaliste, je suis accoutumé à toute espèce de voiture. Un *dooly*, une litière, un palanquin, un chariot, une chaise de poste, tout cela me convient également. Je crois que je me placerais à côté de la reine Mab [3] dans une coquille de noix, plutôt que de

---

(1) *Culdie*. Nous avons déjà signalé ce mot dans une des notes précédentes. — Ed.
(2) Hôtel du Renard, à Saint-Ronan-les-Eaux. — Ed.
(3) La reine des Fées, si plaisamment décrite dans *Roméo et Juliette*. — Ed.

rester en arrière. Pardon, madame, mais si cela ne vous incommode pas j'allumerai mon *sheroot*[1].

CHAPITRE XVI.

LE MINISTRE DE VILLAGE.

« Chacun l'aimait pourtant, quoique ses revenus
« N'allassent pas plus loin que deux fois cent écus. »
Imitation de Chaucer, *par* Dryden.

Mistress Dods restait convaincue que son jeune ami Tyrrel avait été assassiné par le sanguinaire capitaine Mac Turk ; mais les recherches qu'elle fit faire pour retrouver son corps ayant été infructueuses, et lui ayant coûté quelque argent, elle finit par désespérer d'y réussir. — J'ai fait mon devoir, pensait-elle ; je laisse cette affaire à ceux qui devraient naturellement s'en charger. La Providence jettera du jour sur ce mystère quand elle le jugera à propos. Telles étaient les réflexions morales par lesquelles la bonne dame se consolait ; et se livrant moins au ressentiment que ne le craignait M⁰ Bindloose, tout en conservant son opinion, elle conserva aussi son banquier et son homme d'affaires.

Peut-être l'inaction à laquelle Meg se résigna dans une affaire qu'elle avait résolu d'approfondir si complètement, fut occasionée en partie par la circonstance que le pauvre Tyrrel eut pour successeur dans la chambre Bleue le nouvel hôte de mistress Dods, M. Touchwood, qui le remplaçait aussi dans ses pensées et dans les soins journaliers qu'elle prenait. Posséder chez elle un déserteur de l'hôtel du Re-

---

(1) Pipe indienne. — Ep.

nard, c'était, à son avis, un triomphe signalé qu'elle avait remporté sur ses rivaux. Nous devons convenir qu'il fallait quelquefois toute la force de cette réflexion pour que Meg, vieille et opiniâtre comme elle l'était, se déterminât à céder aux caprices et aux fantaisies sans fin de notre nouvel hôte, qui exigeait plus d'attention que personne qu'elle eût jamais connu.

Personne ne parlait autant que M. Touchwood de son indifférence pour toute espèce de nourriture et pour toutes les aises de la vie ; et probablement jamais voyageur n'avait donné plus d'embarras dans une auberge. Il avait ses fantaisies en cuisine ; et si l'on s'avisait de les contrarier, surtout quand il commençait à éprouver quelques douleurs de goutte, on aurait cru qu'il avait fait un apprentissage dans la boutique du pâtissier Bedreddin Hassan, et qu'il allait renouveler la scène de la malheureuse tarte à la crème dans laquelle on n'avait pas mis de poivre. Pas un jour ne se passait qu'il ne produisît quelque nouvelle doctrine en science gastronomique ; et mistress Dods n'y voyant que des hérésies, la maison retentissait de leurs querelles. Ensuite, son lit devait être fait en suivant un certain angle d'inclinaison depuis l'oreiller jusqu'aux pieds. — La moindre déviation de cette règle le troublait, disait-il, dans son sommeil, et bien certainement lui donnait de l'humeur. Il n'était pas moins bizarre et exigeant sur la manière de brosser ses habits, de ranger les meubles de sa chambre, et sur mille autres minuties que, dans la conversation, il semblait complètement mépriser.

Il peut paraître singulier (mais telle est pourtant la bizarrerie de la nature humaine) que mistress Dods fût plus satisfaite d'un hôte dont le caractère était si fantasque et si capricieux, qu'elle ne l'avait été de son ami Tyrrel, si tranquille, si indifférent sur tout. Mais si son hôte savait blâmer, il savait aussi applaudir ; et nul artiste, rendant justice à ses propres talens, comme le faisait mistress Dods, n'est indifférent aux éloges d'un connaisseur comme

M. Touchwood. L'orgueil que lui inspiraient ses louanges la récompensait du surcroît de travail auquel il l'obligeait; d'ailleurs une autre considération pouvait avoir quelque poids sur l'esprit de notre honnête hôtesse, c'est que les voyageurs qui donnent le plus d'embarras sont ordinairement ceux qui font le plus de dépense et qui paient leur mémoire de la meilleure grace. Sur ce point Touchwood était un vrai trésor. Quoi qu'il pût lui en coûter, quelque embarras qu'il pût occasioner, jamais il ne se refusait la plus légère fantaisie ; et il donnait tous ses ordres en protestant que rien ne lui était plus indifférent que ce qu'il demandait. Que diable avait-il besoin des sauces de Burgess, lui qui avait mangé son *kouscoussou* sans autre assaisonnement que le sable du désert? Mais c'était une honte pour mistress Dods de ne pas avoir chez elle ce qu'on devait en conscience s'attendre à trouver dans toute auberge d'un rang supérieur à un simple cabaret.

En un mot, déployant une activité infatigable, il ne faisait que donner de nouveaux ordres du matin au soir, et son hôtesse avec tous ses domestiques suffisaient à peine pour les exécuter ; cependant au fond il était si bon quand il s'agissait d'objets essentiels, qu'il était impossible de conserver la moindre rancune contre lui. Aussi mistress Dods, quoique, dans un moment d'humeur, elle le souhaitât quelquefois sur le sommet du mont Tintock, finissait-elle toujours par chanter ses louanges. A la vérité elle ne pouvait s'empêcher de le soupçonner d'être un nabab, et ce soupçon lui était inspiré autant par sa conversation, où il parlait toujours des pays étrangers, que par la manière dont il aimait à satisfaire ses moindres désirs et par la générosité qu'il montrait à l'égard des autres, attributs qu'elle regardait comme caractéristiques de la plupart des enrichis de l'Inde [1]. Mais quoique nos lecteurs aient déjà eu une preuve que Meg avait en général des préventions

---

(1) *Men of Ind*. — ED.

contre les favoris de la fortune de cette classe, elle avait assez de bon sens pour savoir qu'un nabab vivant dans les environs et contribuant à la hausse du prix des œufs et des volailles, au grand mécontentement des bonnes femmes du voisinage, était bien différent d'un nabab demeurant dans sa maison, prenant chez elle tout ce dont il avait besoin, et payant sans réplique et sans hésitation tous les mémoires que la conscience de l'hôtesse lui permettait de lui présenter. En un mot, pour en revenir au point où nous aurions peut-être pu nous arrêter un peu plus tôt, le voyageur et l'hôtesse étaient également satisfaits l'un de l'autre.

Cependant l'ennui trouve le moyen de se glisser partout, quand le vernis de la nouveauté est une fois enlevé, et cet ennemi formidable commença à s'emparer de M. Touchwood précisément à l'instant où tout allait à son gré dans l'auberge du *Croc*. Il avait instruit mistress Dods dans tous les mystères des sauces au curry et des soupes dites Mullegatawny. Il avait appris à la chambrière à faire son lit exactement suivant l'angle d'inclinaison recommandé par sir John Sainclair. Le postillon bossu avait même profité des leçons qu'il lui avait données sur la manière employée par les Arabes pour soigner leurs chevaux. Des pamphlets et des journaux venus de Londres et d'Édimbourg furent un renfort insuffisant pour mettre en déroute l'ennemi qui le harassait. Enfin, il pensa à voir quelque compagnie. Une ressource à cet égard s'offrait tout naturellement à lui aux eaux de Saint-Ronan, mais le voyageur frissonnait encore au souvenir de lady Pénélope Penfeather, qui ne l'avait pas ménagé pendant le peu de temps qu'il avait passé dans l'hôtel du Renard, et, quoique les attraits de lady Binks eussent pu charmer un Asiatique par les heureux contours de son embonpoint, M. Touchwood ne pensait guère à une sultane, ni à un harem. Enfin une brillante idée se présenta à son esprit, et il fit tout à coup une question inattendue à mistress Dods, pendant qu'elle lui versait du thé pour son déjeuner, dans une grande tasse d'une espèce de porcelaine particulière dont il lui avait donné un service complet, à condition qu'elle lui servirait elle-même son déjeuner tous les jours.

— Dites-moi donc, mistress Dods, quelle espèce d'homme est votre ministre.

— Un homme comme tous les autres, M. Touchwood. De quelle espèce voulez-vous qu'il soit?

— Un homme comme tous les autres! Ah! j'entends; c'est-à-dire qu'il a le nombre ordinaire de bras, de jambes, d'yeux et d'oreilles. Mais est-ce un homme de bon sens?

— Ah! ce n'est pas par là qu'il brille; car, voyez-vous, monsieur, s'il buvait ce thé que vous avez fait venir de Londres vous-même, il le prendrait pour du thé-bou ordinaire.

— Il n'a donc pas tous ses organes : il lui manque un nez, ou du moins le sien ne fait pas ses fonctions. Ce thé est de la véritable *poudre à canon*, d'un *bouquet* parfait.

— Cela peut être, monsieur, mais j'ai donné au ministre un verre de ma meilleure eau-de-vie de Cognac, de la véritable, et je veux mourir si, après l'avoir vidé, il ne me dit pas que c'était de l'excellent whisky. Or, dans tout le presbytère, dans tout le synode même, il n'y a que lui qui n'aurait pas su distinguer l'eau-de-vie du whisky.

— Mais quelle sorte d'homme est-ce? est-il instruit?

— Instruit? Ah! il l'est bien assez, car il est devenu stupide à force de science. Il ne s'inquiète pas plus que vous comment tout va dans sa manse, pourvu qu'on le laisse lire et écrire. Aussi c'est une honte de voir sa maison! Si j'avais seulement une semaine sous la main les deux fainéantes qui servent ce brave homme, je leur apprendrais ce que c'est que de tenir une maison en bon ordre.

— Prêche-t-il bien?

— Assez bien, assez bien. Quelquefois il lâche un mot de science que nos fermiers et même nos lairds à bonnet ne peuvent comprendre; mais pourquoi non? Comme je le leur dis toujours, il faut bien qu'il en donne pour leur argent à ceux qui le paient.

— Réside-t-il constamment dans sa paroisse? Est-il charitable pour les pauvres?

— Quant à cela, il ne l'est que trop, M. Touchwood. Je vous réponds qu'il exécute la parole de Dieu comme il la prêche, et qu'il ne tourne pas le dos à celui qui lui demande. Bien au contraire, car il se laisse vider les poches par un tas de vauriens et de fainéans qui courent le pays en mendiant.

— Qui courent le pays en mendiant, mistress Dods! Que diriez-vous donc si vous aviez vu les fakirs, les bonzes, les dervis, les imans, les moines, et tous les mendians que j'ai vus? Mais n'importe, continuez. Voit-il beaucoup de compagnie?

— Beaucoup de compagnie? non, vraiment. Il ne voit jamais personne, ni chez lui, ni ailleurs. Il descend le matin en grande robe de chambre déguenillée, comme s'il venait d'arracher des pommes de terre, et il s'assied au milieu de ses livres; et, si on ne lui apporte pas à manger, jamais il ne pensera à en demander. On l'a vu, le pauvre insensé, rester ainsi dix heures à jeun; c'est là ce que pourrait faire un papiste; mais il ne le fait pas avec intention.

— Hé bien! en ce cas, ma chère hôtesse, votre ministre n'est pas un homme aussi ordinaire que vous le prétendez. Oublier son dîner! il faut qu'il soit fou! il dînera aujourd'hui avec moi, et je prétends qu'il ait un dîner dont il puisse se souvenir long-temps.

— Vous pourrez trouver que cela est plus aisé à dire qu'à faire. Le brave homme n'est pas difficile en fait de repas. D'ailleurs il ne dîne jamais dehors, c'est-à-dire quand il dîne; et alors une tasse de lait, une croûte de pain, peut-être une pomme de terre froide, voilà tout ce qu'il lui faut. C'est une manière de vivre un peu païenne pour un brave homme comme lui, car certainement un bon chrétien doit avoir soin de ses entrailles.

— Cela peut être, mais j'ai connu bien des gens qui avaient tellement soin de leurs entrailles, qu'il ne leur en restait plus pour personne. Mais allons, à l'ouvrage; faites-nous un aussi bon dîner pour deux que vous en êtes capable, et qu'il soit prêt à quatre heures très-précises. Préparez du vieux vin des Canaries que j'ai fait venir de Cockburn. Une bouteille de mon sherry des Indes, et une autre de votre vieux bordeaux à cachet jaune; vous m'entendez. Un moment! c'est un ministre, il lui faut aussi du porto. Que tout soit prêt à l'heure dite, et ayez soin qu'on ne laisse pas le vin au soleil, comme cela est arrivé l'autre jour à cette sotte de Beck. Je ne puis aller moi-même à la cave, mais qu'on ne fasse pas de méprise.

— Ne craignez rien, dit Meg en branlant la tête, ne craignez rien; je ne souffre jamais que personne, excepté moi, mette le nez dans ma cave. Mais jamais on n'a ordonné tant de vins pour deux personnes, et dont l'une est un ministre, par-dessus le marché.

— Hé quoi! folle que vous êtes, n'y a-t-il pas dans le village cette pauvre femme qui vient d'introduire un fou de plus dans ce monde? s'il en reste quelque chose, vous le lui enverrez.

— Un pot d'ale chaude lui conviendrait mieux, dit Meg; au surplus ce sera comme il vous plaira; mais je puis bien dire que jamais un homme comme vous n'a passé par ma porte.

Avant qu'elle eût achevé cette phrase, le voyageur était parti; et laissant son hôtesse se donner mille mouvemens pour accomplir ses ordres, il sortit de la maison, avec l'empressement qu'il mettait toujours à exécuter tout nouveau projet qui lui passait par la tête, pour aller faire connaissance avec le ministre de Saint-Ronan.

Pendant qu'il descend la rue qui conduit à la manse, nous allons présenter à nos lecteurs ce nouveau personnage de notre histoire.

Le révérend Josiah Cargill était fils d'un petit fermier du sud de l'Ecosse, et la faiblesse de sa constitution, jointe aux dispositions pour l'étude qui accompagnent ordinairement une santé peu robuste, détermina ses parens à faire tous les sacrifices nécessaires pour lui donner une éducation qui le mît en état d'entrer dans l'Eglise. Ils se soumirent d'autant plus volontiers aux privations auxquelles les obligèrent les dépenses de ses études, qu'ils pensaient, d'après les traditions de leur famille, qu'il y avait dans ses veines quelques gouttes du sang qui coulait dans celles de ce célèbre Boanerges du Covenant, Donald Cargill, qui avait été massacré par les persécuteurs dans la ville de Queensbury, sous le règne malheureux de Charles II, uniquement parce que, dans la plénitude de ses pouvoirs sacerdotaux, il avait rejeté du sein de l'Eglise et livré à Satan, par une excommunication formelle, le roi, la famille royale, avec tous les ministres et tous les courtisans.

Mais si Josiah descendait réellement de cet indomptable champion, le feu de l'esprit de famille dont il aurait pu hériter était tempéré par la douceur de son naturel, et par le calme des temps dans lesquels il avait le bonheur de vivre. Tous ceux qui le connaissaient en parlaient comme d'un homme doux, tranquille, studieux, ne songeant qu'à s'instruire, et qui, tout en s'occupant de ce qui paraissait le seul objet de sa vie, le désir d'acquérir des connaissances, et surtout celles qui avaient rapport à sa profession, avait l'indulgence la plus complète pour tous ceux dont les goûts étaient différens des siens.

Ses seuls plaisirs étaient ceux d'un caractère paisible et réfléchi. Ils se bornaient à une promenade, presque toujours solitaire, dans les bois et sur les rochers, à la louange desquels il se rendait quelquefois coupable d'un sonnet, plutôt pour céder à l'inspiration du moment, que pour courtiser la renommée et les récompenses qui attendent les poètes. Mais, bien loin de chercher à *insinuer* ses pièces fugitives dans les journaux et dans les revues littéraires, il rougissait de ses essais poétiques, même quand il était seul, et il était rare qu'il poussât la complaisance pour sa veine jusqu'à confier ses inspirations au papier.

Avec un caractère si modeste, il cachait encore un véritable talent que la nature lui avait donné pour le dessin, quoiqu'il eût reçu des complimens sur quelques-unes de ses esquisses aperçues par des personnes dont le jugement en ce genre était généralement reconnu. C'était pourtant ce talent négligé qui, comme les pieds agiles du cerf de la fable, devait lui rendre un service qu'il aurait peut-être vainement attendu de son mérite et de son savoir.

Lord Bidmore, connaisseur distingué, cherchait un gouverneur pour son fils, l'honorable Auguste Bidmore. Il avait consulté à ce sujet le professeur de théologie, qui fit passer en revue devant lui plusieurs étudians qu'il favorisait, et auxquels il croyait toutes les qualités nécessaires pour remplir cette place. Mais quand lord Bidmore lui adressa la question importante et fort inattendue : — Le candidat sait-il dessiner? — le professeur fut obligé de répondre négativement. A la vérité, il ajouta qu'il ne croyait pas que ce talent fût bien nécessaire à un étudiant en théologie, et qu'on ne devait guère espérer qu'aucun de ceux qu'il lui présenterait le possédât. Mais, pressé par lord Bidmore, qui faisait de cette condition un *sine quâ non*, il se souvint enfin d'un jeune homme qui suivait son cours, si timide qu'à peine pouvait-on entendre ses réponses aux questions du professeur, mais qui avait, disait-on, beaucoup de goût pour le dessin. Lord Bidmore, ayant vu quelques esquisses du jeune Cargill, fut convaincu que sous un tel gouverneur son fils ne pouvait manquer de soutenir dignement la réputation héréditaire de virtuose que son père et son aïeul avaient acquise aux dépens d'un beau domaine dont la valeur était représentée par des toiles encadrées suspendues dans la grande galerie de Bidmore-House.

Ayant pris ensuite les renseignemens d'usage sur le jeune homme qu'il destinait pour gouverneur à son fils, lord Bidmore reconnut qu'il réunissait toutes les qualités morales et scientifiques qu'il pouvait désirer, peut-être même à un degré plus éminent qu'il ne l'aurait exigé; et, à la grande surprise de tous ses compagnons, mais surtout à la sienne, Josiah Cargill fut nommé à la place désirée et désirable de gouverneur de l'honorable Auguste Bidmore.

M. Cargill remplit son devoir avec autant de zèle que d'intégrité. Son élève était un enfant gâté, d'un bon caractère, d'une santé faible, et n'ayant que des dispositions fort ordinaires. Son maître ne put faire passer en lui la moindre idée de ce noble enthousiasme qui caractérise le génie; mais Auguste fit dans toutes ses études autant de progrès qu'on pouvait en attendre de sa capacité. Il comprenait passablement les langues savantes, et pouvait parler des auteurs qu'il avait lus, de manière à prouver que cette lecture n'avait pas été sans fruit pour lui. Il savait arranger et classer des coquilles, des mousses et des minéraux. Il dessinait sans goût, mais avec exactitude. En un mot, sans être supérieur dans aucune branche de ses études littéraires ou scientifiques, il était assez avancé dans chacune pour y trouver une ressource contre l'ennui, et pour défendre contre les tentations une tête qui n'eût pas été assez forte pour y résister.

Miss Augusta Bidmore, unique fille du lord, recevait aussi des leçons du gouverneur de son frère, dans les sciences que son père désirait qu'elle apprît, et que Cargill était en état de lui enseigner. Mais ses progrès étaient aussi différens de ceux de son frère, que le feu du ciel l'est de cet élément grossier qui dort dans la tourbe accumulée au foyer du paysan. Ses connaissances dans la littérature italienne et espagnole et dans l'histoire ancienne et moderne, et ses talens dans le dessin et dans toutes les sciences qui peuvent convenir à une femme, enchantaient son jeune maître, et l'engageaient à redoubler lui-même d'application, de crainte de se trouver devancé par son élève.

Mais hélas! la liaison intime que nécessitaient ces leçons exposait les deux jeunes gens à bien des dangers qui prennent leur source dans les sentimens les plus doux comme les plus naturels du cœur humain; et il arriva dans ce cas, comme dans beaucoup d'autres, qu'elle fut fatale à la paix du gouverneur. Tout cœur sensible excusera une faiblesse qui, comme nous allons le voir, portait avec elle son châtiment, et son châtiment sévère. Cadenus nous assure, le croira qui voudra, que, dans une liaison aussi dangereuse, il sut se maintenir dans des bornes qu'outrepassa malheureusement l'infortunée Vanessa, sa plus tendre élève.

> Le plaisir innocent dont il était ému
> En voyant Vanessa l'écouter attentive,
> Etait celui d'un maître heureux quand il captive
> Par ses doctes leçons un enfant ingénu [1].

Mais Joseph Cargill fut moins heureux ou moins prudent. Sa belle élève lui était devenue chère à un point inexprimable, avant qu'il découvrît le précipice vers lequel il s'avançait en suivant l'impulsion d'une passion aveugle et sans espoir. Il est vrai qu'il était incapable de profiter des occasions que lui offraient ses fonctions pour entraîner miss Augusta dans le piège où il était tombé lui-même. L'honneur et la reconnaissance s'unissaient pour lui interdire une telle conduite, quand même elle n'eût pas été incompatible avec son caractère pur, simple et timide. Soupirer et souffrir en silence, former la résolution de fuir une situation si dangereuse, et retarder de jour en jour l'exécution de cette détermination prudente,

---

[1] *Cadenus et Vanessa*, histoire des amours de Swift, rimée par lui-même sous ces noms supposés. Vanessa était l'infortunée miss Vanhorigh. Voyez la *Vie de Swift*, par sir Walter Scott. — Ed.

voilà tout ce qu'il se sentait en état de faire; et il est assez probable que la vénération avec laquelle il regardait la fille de son protecteur, et l'impossibilité où il se trouvait de nourrir de la moindre espérance la passion qu'elle lui inspirait, contribuèrent à rendre sa tendresse encore plus pure et plus désintéressée.

Enfin la conduite que la raison lui prescrivait depuis long-temps devint une nécessité. Auguste allait partir pour voyager pendant un an en pays étranger, et lord Bidmore offrit à Cargill d'accompagner son fils, ou de recevoir une récompense des soins qu'il avait pris de son éducation. Son choix entre ces deux propositions ne pouvait être douteux. En restant avec le jeune Bidmore, il lui semblait qu'il n'était pas entièrement séparé de sa sœur. Il était sûr d'avoir souvent des nouvelles d'Augusta, et de pouvoir lire au moins quelques lignes des lettres qu'elle écrirait à son frère; il pouvait même espérer qu'il y trouverait quelques mots de souvenir pour son bon ami, son ancien maître; et son caractère tranquille, contemplatif, et cependant un peu enthousiaste, voyait dans cette perspective une source secrète de plaisir, la seule qui lui restait dans cette vie.

Mais le destin lui réservait un coup qu'il n'avait pas prévu. La chance qu'Augusta s'engagerait dans les liens du mariage, quelque probable que son rang, sa beauté et sa fortune rendissent cet événement, ne s'était jamais présentée à son imagination; et, quoiqu'il se fût fortement pénétré de l'idée qu'elle ne pouvait jamais être à lui, la nouvelle qu'elle appartenait à un autre n'en produisit pas moins sur lui un effet terrible.

Les lettres d'Auguste à son père lui annoncèrent d'abord que le pauvre M. Cargill venait d'être attaqué d'une fièvre nerveuse, et ensuite que sa convalescence était accompagnée d'une telle débilité de corps et d'esprit, qu'il lui était impossible de l'accompagner plus long-temps dans ses voyages. Le gouverneur et l'élève se séparèrent peu de temps après, et Cargill retourna seul dans son pays, se livrant, chemin faisant, à cette mélancolie rêveuse qui avait succédé à sa maladie, et qui devint ensuite son caractère distinctif. Ses méditations ne furent même troublées par aucune inquiétude sur ses moyens de subsistance future, quoique la fin de ses fonctions semblât les rendre assez précaires. Lord Bidmore y avait généreusement pourvu ; car, malgré le ridicule qu'on pouvait attacher à sa manie pour les beaux-arts, c'était, sous tout autre rapport, un homme juste et plein d'honneur, qui se faisait gloire d'avoir tiré de l'obscurité les talens de Cargill, et qui était plein de gratitude pour la manière dont il avait rempli ses fonctions auprès de ses enfans.

Lord Bidmore avait acheté secrètement de la famille Mowbray le droit de présentation à la place de ministre de la paroisse de Saint-Ronan, alors occupée par un vieillard infirme, qui mourut presque à l'instant de l'arrivée de Cargill en Angleterre, de sorte que celui-ci fut nommé sur-le-champ au bénéfice vacant. Il reçut pourtant la nouvelle de cet avancement avec tant d'indifférence, que peut-être n'aurait-il pas pris la peine de faire les démarches nécessaires pour obtenir son ordination, s'il n'y eût été déterminé par sa tendresse pour sa mère, qui était devenue veuve et à qui il ne restait d'autres moyens d'existence que les secours qu'elle recevait de son fils. Il se rendit dans l'humble retraite qu'elle occupait dans un faubourg de Marchthorn, l'entendit remercier le ciel de l'avoir laissée vivre assez long-temps pour voir son fils nommé à une place qui, à ses yeux, était plus honorable et plus désirable qu'un siège épiscopal ; il l'entendit vanter la vie qu'ils mèneraient ensemble dans l'état de médiocrité indépendante qu'il avait plu à la Providence de lui assurer ; et il n'eut pas le courage de renverser les espérances et de détruire la joie de sa mère pour se livrer exclusivement à ses sentimens un peu romanesques. Il passa presque machinalement par toutes les formes d'usage, et fut enfin régulièrement installé dans la place de ministre de Saint-Ronan.

Quoique doué d'une imagination romanesque, il n'était pas dans le caractère de Cargill de s'abandonner continuellement à une mélancolie inutile. Il chercha des consolations, non en voyant le monde, mais dans la solitude et l'étude. Sa réclusion fut d'autant plus complète, que sa mère, dont l'éducation n'avait pas été plus brillante que la fortune, se sentait mal à l'aise dans sa nouvelle dignité. Partageant donc le dégoût que son fils montrait pour la société, elle passait tout son temps à surveiller l'intérieur du ménage, épargnant à son fils tous les embarras qui auraient pu le distraire de ses livres.

Lorsque l'âge la mit hors d'état de continuer tous ces soins avec la même activité, elle commença à voir avec regret que son fils était incapable de se mêler des détails de sa maison, et elle lui dit quelques mots de mariage; mais Cargill n'y répondit jamais que d'une manière évasive; et, lorsque cette bonne mère reposa dans le cimetière du village, à un âge assez avancé, il ne se trouva plus personne pour conduire la maison du ministre. Josiah Cargill ne s'en mit nullement en peine, et il se soumit avec patience à tous les maux auxquels un garçon est exposé, et qui pour lui égalaient au moins ceux qui assiégèrent le célèbre Mago-Pico pendant son état de célibat. Son beurre était mal battu, et tout le monde, excepté lui et celle qui le faisait, déclarait qu'il n'était pas mangeable; le lait qu'on lui servait pour son déjeuner sentait le brûlé; on volait son fruit et ses légumes dans son jardin, et ses bas noirs étaient raccommodés avec du fil tantôt bleu, tantôt blanc.

Tous ces inconvéniens n'étaient rien pour notre ministre, car son esprit était occupé d'objets bien différens. Que nos belles lectrices n'aillent pas juger Josiah trop avantageusement en supposant que, comme le Beau Ténébreux dans le désert [1], il resta pendant de longues années la victime d'une passion malheureuse. Non, il le faut dire à la honte du sexe masculin, il n'est pas de passion sans espoir, quelque ardente, quelque sincère qu'elle soit, qui puisse toujours remplir la vie d'amertume. Il faut qu'il y ait de l'espérance, de l'incertitude, une réciprocité de sentimens pour que le tyran de nos cœurs puisse s'assurer un empire de très-longue durée sur un esprit ferme et sain, qui a la volonté de recouvrer sa liberté. Le souvenir d'Augusta ne se retraçait plus depuis bien long-temps à l'imagination de Cargill que sous des couleurs moins vives ; il n'y pensait plus que comme on se rappelle un songe agréable qui laisse pourtant quelques idées mélancoliques, et il ne s'occupait qu'à courtiser une autre maîtresse encore plus noble, encore plus difficile à obtenir, la Science.

Tous les instans qu'il ne devait pas à ses devoirs religieux, dont il s'acquittait avec un zèle qui faisait honneur à son cœur et à son esprit, il les employait à l'étude et les passait au milieu de ses livres. Mais cette ardeur pour la science, quoique honorable et intéressante en elle-même, était portée chez lui à un tel excès, qu'elle en devenait moins respectable et même moins utile. Il oubliait, en se livrant à des recherches savantes et profondes, que la société a ses droits, et que les connaissances qu'on cache sous un boisseau sont perdues pour elle, comme le trésor de l'avare, quand celui qui les possède vient à mourir, et ne sont par conséquent qu'un don stérile. Ses études avaient en outre ce désavantage particulier, que, comme il ne s'y livrait que pour satisfaire une soif mal dirigée de connaissances, elles avaient pour but des objets plus curieux qu'utiles, et que tout en servant à son amusement personnel, elles

---

[1] Amadis, si plaisamment imité dans ses extravagances d'amour par le chevalier de la Manche. — ED.

ne promettaient que peu d'utilité au genre humain en général.

Egaré dans des recherches abstraites, métaphysiques et historiques, et ne vivant que pour lui-même et ses livres, M. Cargill contracta plusieurs de ces habitudes bizarres qui exposent l'homme studieux et solitaire au ridicule du monde, et qui éclipsaient, sans pourtant la faire entièrement disparaître, la civilité naturelle d'un caractère aimable, et presque tout le savoir-vivre qu'il avait acquis dans la bonne société chez lord Bidmore. Non-seulement il portait à l'excès la négligence de ses vêtemens et toutes ces manières ridicules auxquelles deviennent souvent sujets ceux qui vivent dans la solitude, mais il devint surtout l'homme probablement le plus distrait d'une profession où ce caractère est assez commun. Personne ne commettait plus de méprises que lui relativement aux individus auxquels il parlait. Souvent il lui arrivait de demander à une vieille fille des nouvelles de son mari; à une femme sans enfans, comment se portaient son fils et sa fille; à l'homme qui pleurait encore une épouse que le digne ministre avait enterrée lui-même quinze jours auparavant, si sa femme jouissait toujours d'une bonne santé. Il reconnaissait des étrangers qu'il n'avait jamais vus, et traitait en étrangers ceux qui avaient droit de prétendre être bien connus de lui. Sexe, âge, profession, il confondait tout à chaque instant; et on le vit plus d'une fois, quand un mendiant lui tendait la main pour lui demander la charité, la lui serrer avec affection, lui ôter son chapeau, le saluer, et lui répondre qu'il espérait que *Son Honneur se portait bien*.

Parmi ses confrères, M. Cargill obtenait le respect par la profondeur de son érudition, et faisait rire à ses dépens par ses singularités. En ce dernier cas, il prenait le parti de se retirer tout à coup pour se soustraire au ridicule; car, malgré sa douceur habituelle, la solitude dans laquelle il vivait constamment l'avait rendu un peu irritable; il n'aimait pas la contradiction, et la critique dont il était l'objet lui était plus sensible qu'on n'aurait pu le croire d'après la sensibilité de son caractère.

Quant à ses paroissiens, ils ne se refusaient pas, comme on peut bien le supposer, le plaisir de rire aux dépens de leur pasteur; et, comme mistress Dods l'avait donné à entendre à M. Touchwood, ils étaient souvent plus étonnés qu'édifiés de sa science, car, en débitant ses sermons, il lui arrivait souvent d'oublier qu'il s'adressait à une assemblée de gens ignares et non lettrés, et qu'il ne prononçait pas un discours *ad clerum*, méprise qu'il commettait non par l'amour-propre que pouvait lui inspirer son savoir, non par envie d'en faire étalage; mais c'était une conséquence de ce même esprit de distraction qui fit qu'un prédicateur, prêchant à des condamnés le jour même de leur supplice, s'arrêta au milieu de son discours, en leur en promettant la suite pour le lendemain.

Cependant il n'existait personne dans les environs qui ne rendît justice à M. Cargill sur le zèle vraiment religieux avec lequel il remplissait les devoirs de son état. Les plus pauvres de ses paroissiens lui pardonnaient ses bizarreries en faveur de sa charité sans bornes; et, si les plus riches tournaient en ridicule quelques-unes de ses distractions, ils n'oubliaient pas que, s'il ne sollicitait pas une augmentation de revenu, comme l'avaient fait tous les ministres qui l'entouraient, s'il n'exigeait pas un nouveau presbytère ou la réparation de celui qu'il habitait, c'était à ces mêmes distractions qu'ils en étaient redevables. Il est vrai qu'il demanda une fois qu'on recouvrît le toit du bâtiment qui contenait sa bibliothèque, attendu que la pluie y pénétrait presque sans rencontrer aucun obstacle; mais, ne recevant aucune réponse de notre ami Micklewham, à qui cette réclamation ne plaisait guère, et qui ne voyait aucun moyen de l'éluder, il prit le parti de faire réparer la toiture à ses frais, et ne donna plus à la paroisse aucun embarras à cet égard.

Tel était le digne ministre dont le bon vivant logé chez mistress Dods espérait se concilier l'amitié par un bon dîner et d'excellent vin : moyen qui réussit très-souvent, mais qui ne paraissait pas devoir être très-efficace en cette occasion.

CHAPITRE XVII.

LA CONNAISSANCE.

« Entre nous deux telle est la différence :
« De votre tête empruntant l'assistance,
« Vous avez lu ce que j'ai vu ;
« Moi, dans mes pieds mettant ma confiance,
« J'ai vu ce que vous avez lu :
« Lequel de nous emporte la balance ? »
BUTLER.

NOTRE voyageur, aussi rapide dans ses mouvemens que dans ses résolutions, parcourut la rue à grands pas, et arriva bientôt à la manse, qui, si elle ne tombait pas en ruines, était du moins dans un état complet de dégradation, comme nous l'avons déjà dit. Le manque total d'ordre qu'on y remarquait aurait suffi pour faire croire que cette maison était inhabitée, si l'on n'eût vu près de la porte deux ou trois baquets à lessive, pleins d'eau de savon, qui y avaient sans doute été laissés pour donner une preuve sensible à ceux qui s'y heurteraient les jambes, que la main de la femme avait été à l'œuvre en cet endroit.

Les gonds de la porte ayant été brisés, l'entrée de la maison était défendue par une vieille herse qu'il fallait déplacer pour obtenir passage. Le petit jardin, qui eût pu donner quelque agrément même à une vieille maison, s'il eût été bien tenu, ne servait qu'à attester la négligence du jardinier ou domestique du ministre, qualité qui signifie toujours un homme qui ne fait que la moitié de sa besogne ; mais on pouvait dire que celui-ci ne faisait absolument rien. Cependant M. Touchwood l'aperçut au milieu des orties et des chardons, passant son temps à manger le peu de fruits qu'on voyait sur des groseillers rongés de mousse. Il l'appela à haute voix en demandant à parler à son maître ; mais le drôle, sentant qu'il avait été pris en flagrant délit, pour nous servir d'un terme de jurisprudence, bien loin de répondre à l'appel, s'enfuit comme un coupable, et on l'entendit bientôt siffler en conduisant de l'autre côté une charrette qu'il avait laissée près d'une brèche de la muraille du jardin.

N'ayant pu réussir à faire venir le domestique, M. Touchwood frappa avec sa canne, d'abord doucement, ensuite plus fort ; puis il appela, cria, hurla, dans l'espoir d'attirer l'attention de quelqu'un des habitans de cette maison ; mais il ne reçut aucune réponse. Enfin, croyant qu'on ne pouvait le blâmer de se frayer lui-même une entrée dans une demeure qui paraissait tellement abandonnée, il écarta la herse qui tenait lieu de porte, en ayant soin de faire assez de bruit pour qu'on pût l'entendre, s'il y avait une créature vivante dans la maison. Le même silence continuant à régner, il entra, traversa un vestibule dont le pavé brisé et les murs humides étaient en harmonie parfaite avec tout l'extérieur de cette habitation ; et, découvrant à sa gauche une porte qui, chose étonnante, avait encore un loquet, il l'ouvrit, et se trouva en présence de l'individu qu'il venait voir.

Au milieu des montagnes de livres, de manuscrits, et de papiers accumulés autour de lui, était assis, dans un fauteuil couvert en cuir complètement usé, le docteur ministre de Saint-Ronan. C'était un homme au teint brun, maigre, déjà dans l'automne de la vie, dont les yeux, quoique ternes et presque égarés, paraissaient avoir été autrefois brillans, doux et expressifs. Ses traits étaient intéressans, d'autant plus que, malgré la négligence qu'il mettait à son costume, il était dans l'habitude de faire ses ablutions avec autant de régularité qu'un musulman; car il avait oublié la recherche, mais non la propreté. Ses cheveux auraient paru plus en désordre si le temps ne les eût éclaircis; il ne lui en restait guère que derrière la tête et sur les tempes. Sa profession était indiquée par des bas noirs, que nulle jarretière n'assujettissait, et ses pieds étaient placés dans de vieux souliers qui lui servaient de pantoufles. Le reste de ses vêtemens, ou ce qui en était visible, consistait en une grande robe de chambre en tartan, qui enveloppait de ses plis son grand corps sec, maigre et courbé, et qui lui descendait jusqu'aux talons. Il était tellement occupé de la lecture qu'il faisait dans un énorme in-folio, qu'il ne s'aperçut pas de l'arrivée d'un étranger, et n'entendit ni le bruit que M. Touchwood affecta de faire en entrant, ni les hem! hem! par lesquels il tâcha d'annoncer sa présence.

Ces signaux inarticulés ayant donc été inutiles, M. Touchwood, quoique ennemi de tout cérémonial, se vit dans la nécessité de parler du motif qui l'amenait, pour justifier son intrusion.

—Hem! monsieur, hem! vous voyez devant vous un homme qui éprouve quelque besoin, le besoin de société, monsieur, et qui a pris la liberté de venir vous voir comme un bon pasteur, dans l'espoir que vous voudrez bien, par charité chrétienne, le soulager de l'ennui qu'il éprouve, en lui permettant de jouir un peu de votre compagnie.

Besoin et charité furent à peu près les seuls mots de ce discours qui frappèrent les oreilles et attirèrent l'attention du bon ministre. Il était accoutumé à les entendre, et ils ne manquaient jamais de produire de l'effet sur lui. Il regarda l'inconnu d'un air distrait, et, sans changer l'opinion qu'il s'en était formée, quoique l'extérieur et la mise de M. Touchwood, son embonpoint, son habit propre, sa canne à pomme d'or, et surtout sa taille droite et son air satisfait de lui-même lui donnassent une tournure toute différente de celle d'un mendiant, il lui glissa tranquillement un shilling dans la main, et reprit la lecture qu'il avait interrompue un instant.

— Mon bon monsieur, lui dit Touchwood, surpris d'une distraction poussée si loin, sur ma parole, vous vous méprenez totalement sur le motif de ma visite.

— Je suis fâché que ma petite offrande soit insuffisante, répondit le ministre sans lever les yeux; c'est tout ce que j'ai à donner à présent.

— Si vous voulez avoir la bonté de me regarder un instant, monsieur, dit le voyageur, vous reconnaîtrez probablement que vous êtes dans une grande erreur.

M. Cargill leva la tête, s'arma de toute son attention, et, voyant qu'il avait devant les yeux un homme bien mis et d'un air respectable, il s'écria avec quelque confusion :
— Ah! oui, sur ma parole, j'étais tellement enfoncé dans ma lecture... je pense... je crois que j'ai le plaisir de voir mon digne ami M. Lavender.

— Point du tout, M. Cargill, répondit Touchwood. Mais ne vous donnez pas la peine de chercher à me reconnaître; car vous ne m'avez jamais vu. Que je ne vous dérange pas de vos études; je ne suis nullement pressé, et je puis attendre votre loisir.

— Je vous remercie, monsieur, dit le ministre. Ayez la bonté de prendre une chaise, si vous pouvez en trouver une. J'ai un enchaînement d'idées à retrouver, un petit calcul à finir; et ensuite je suis à vos ordres.

Parmi les meubles délabrés qui garnissaient cette chambre, M. Touchwood trouva, non sans quelque difficulté, une chaise dont les pieds étaient encore assez solides pour supporter le poids de son corps, et il s'assit, le menton appuyé sur sa canne et les yeux fixés sur le ministre, qui ne tarda pas à oublier complètement qu'il avait devant lui un étranger. Une longue pause s'ensuivit, et le silence n'était interrompu que par le bruit que faisaient les feuilles de l'in-folio quand M. Cargill les tournait, et que par quelques exclamations que l'impatience lui arrachait quand, voulant prendre de l'encre pour écrire quelque note, il plongeait sa plume dans sa tabatière, au lieu de la tremper dans l'encrier.

Enfin, à l'instant où M. Touchwood commençait à trouver cette scène aussi ennuyeuse qu'elle était singulière, le ministre leva la tête, et dit en se parlant à lui-même :

— D'Acon, Accor, ou Saint-Jean-d'Acre, à Jérusalem, quelle est la distance?

— Vingt-trois milles nord-nord-ouest, répondit Touchwood sans hésiter.

M. Cargill ne montra pas plus de surprise que s'il avait trouvé cette distance sur la carte, et probablement il ne fit aucune attention à la manière dont il avait obtenu une réponse à sa question ; ce fut à la réponse qu'il s'attacha, et il répondit en frappant de la main son gros volume :

— Vingt-trois milles! ce n'est pas ce que prétendent Ingulphus et Jeffrey Winesauf.

— Hé bien, qu'ils aillent tous deux au diable comme des menteurs qu'ils sont, répliqua le voyageur.

— Vous auriez pu contredire leur autorité sans employer une telle expression, dit le ministre d'un air grave.

— Pardon, docteur, répondit M. Touchwood; mais voudriez-vous comparer le témoignage de ces vieux parchemins avec ce que vous dit un homme comme moi, à qui ses jambes ont servi de compas dans les voyages qu'il a faits dans presque toutes les parties habitées du globe terrestre?

— Vous avez donc été en Palestine? lui demanda M. Cargill en se redressant sur son fauteuil, et en prenant un ton d'intérêt et de curiosité.

— Vous pouvez en faire serment, docteur, répondit le voyageur; et à Saint-Jean-d'Acre aussi. J'y étais précisément un mois après que Buonaparte eut trouvé que c'était une noix trop dure pour pouvoir la casser. J'y ai dîné avec le compère de sir Sidney-Smith, Djezzar-Pacha, et j'aurais trouvé le dîner excellent s'il n'avait été suivi par un dessert de nez et d'oreilles qui troubla ma digestion. Le vieux Djezzar trouvait cette plaisanterie si bonne, qu'à peine rencontrait-on à Acre un seul homme dont la figure ne fût aussi plate que la paume de la main. Morbleu ! je tiens beaucoup à mes organes olfactifs, aussi je partis le lendemain matin d'aussi bon train que put courir le plus léger maudit dromadaire qu'un pauvre pèlerin ait jamais monté.

— Si vous avez réellement été dans la Terre-Sainte, monsieur, dit le ministre, à qui le ton léger de M. Touchwood inspirait quelques soupçons, vous serez probablement en état de me donner quelques renseignemens sur les croisades.

— Ces affaires-là ne se sont point passées de mon temps, docteur.

— Mais vous devez comprendre que ma curiosité n'a d'autre objet que la géographie des lieux où les événemens se sont passés.

— Quant à cela, docteur, vous êtes sur vos pieds ; et pour tout ce qui a rapport au temps présent, je suis votre homme. Turcs, Arabes, Cophtes, Druses, je les connais tous, et je puis vous les faire connaître comme moi-même. Sans faire un pas hors de chez vous, vous connaîtrez la Syrie aussi bien que moi. Mais un service en vaut un autre ; et pour que je réponde à vos questions, il faut que vous ayez la bonté de venir dîner avec moi.

— Il est bien rare que je sorte, monsieur, répondit le ministre ; — car les espérances que faisaient naître en lui les discours du voyageur avaient peine à triompher de l'habitude qu'il s'était faite de la retraite et de la solitude. — Cependant je ne puis me refuser le plaisir de la compagnie d'un homme qui me paraît avoir acquis tant d'expérience.

— Hé bien donc, je vous attends à quatre heures. Je

ne dîne jamais plus tard, et toujours à la minute. Je loge à l'auberge du village, en remontant la rue, chez mistress Dods, qui s'occupe en ce moment à nous préparer un dîner tel que toute votre science en a rarement vu, docteur; car j'ai rapporté les recettes pour le faire, des quatre parties du monde.

Ils se séparèrent après avoir conclu ce traité, et M. Cargill, après avoir réfléchi quelques instans sur le singulier hasard qui lui envoyait un homme vivant pour résoudre les difficultés sur lesquelles il avait inutilement consulté toutes les autorités anciennes, reprit peu à peu la chaîne des idées et des recherches que M. Touchwood avait interrompues, et il ne tarda pas à perdre complètement le souvenir de la visite qu'il avait reçue et de l'engagement qu'il avait pris.

Il n'en était pas de même de M. Touchwood, qui, lorsque rien d'essentiel ne l'occupait, avait l'art, comme nos lecteurs peuvent l'avoir remarqué, de faire d'un rien une affaire d'importance. En cette occasion, il ne faisait qu'aller à la cuisine de mistress Dods, en sortir, y retourner, de sorte qu'à la fin l'hôtesse, perdant patience, le menaça d'attacher un torchon au pan de son habit : menace qu'il excusa, attendu, dit-il, que dans tous les pays qu'il avait parcourus, et qui étaient assez civilisés pour qu'il s'y trouvât des cuisiniers, ces artistes avaient le privilège d'être aussi vifs que l'élément devant lequel ils travaillent. Il se retira donc de la zone torride du microcosme de mistress Dods, et employa son temps à la manière ordinaire des oisifs, partie en se promenant pour gagner de l'appétit, partie en consultant sa montre pour voir les progrès que l'aiguille faisait vers quatre heures, quand elle en eut une fois heureusement marqué deux. Il fit mettre une table avec deux couverts dans la chambre Bleue, et veilla lui-même à ce que rien de ce qui pouvait être nécessaire ne fût oublié. Et cependant un regard poli, mais malin, de l'hôtesse du *Croc*, semblait annoncer un doute que le ministre arrivât malgré tous ces préparatifs.

M. Touchwood ne paya que de mépris une telle insinuation, et attendit patiemment l'heure convenue. Elle arriva, mais M. Cargill n'arriva point. Malgré son impatience, Touchwood accorda cinq minutes pour la différence des montres et la variation du temps, et cinq autres pour le délai qui pouvait résulter du peu d'habitude qu'avait le ministre de voir le monde. Mais, dès que ces dernières minutes furent écoulées, il partit pour la manse, non pas tout-à-fait avec la légèreté d'un daim ou d'un lévrier, mais avec l'empressement que peut montrer un homme d'un certain âge, chargé de quelque embonpoint, ayant bon appétit, et qui attend son dîner avec impatience. Pour cette fois il entra sans cérémonie, et trouva le digne ministre dans sa bibliothèque, encore en robe de chambre, assis dans son grand fauteuil, précisément comme il l'avait laissé cinq heures auparavant.

Son arrivée soudaine fit renaître dans l'esprit du ministre le souvenir fort confus de ce qui s'était passé dans la matinée, et il s'empressa de s'excuser en s'écriant : — Ah ! c'est vous ! déjà ! sur ma parole, M. A... A... je veux dire mon cher ami, je crains d'avoir mal agi à votre égard : j'ai oublié d'ordonner le dîner ; mais nous ferons de notre mieux. Eppie ! Eppie ! Eppie !

Eppie ne répondit ni au premier, ni au second, ni au troisième appel, et elle ne se montra que *post intervallum*, comme le disent les hommes de loi. C'était une fille à jambes nues, à gros bras rouges, à figure rébarbative, et elle annonça son arrivée en demandant d'un ton aigre : — Hé bien, qu'est-ce que vous voulez ?

— Avez-vous quelque chose pour dîner dans la maison, Eppie ?

— Du pain et du lait, et il n'en manque pas. Que voulez-vous que j'aie ?

— Vous voyez, monsieur, dit Cargill, que vous êtes condamné à une diète pythagoricienne. Mais vous êtes voyageur, et vous vous êtes sans doute contenté plus d'une fois de pain et de lait.

—Oui ; mais jamais quand je pouvais me procurer quelque chose de meilleur. Je vous demande pardon, docteur, mais il me semble que vous avez perdu la mémoire; ce n'est pas vous qui m'avez invité à dîner, c'est moi qui vous ai prié de venir me tenir compagnie à l'auberge.

— Oui, oui, c'est la vérité; je savais bien que je ne me trompais pas. Je me rappelais parfaitement qu'il existait un engagement entre nous pour dîner; j'en étais sûr, et c'est là le point principal. Allons, monsieur, je vous suis.

— N'allez-vous pas changer de costume? lui demanda M. Touchwood, voyant avec surprise que le ministre se disposait à le suivre en robe de chambre. Nous attrouperons tous les enfans autour de nous; vous aurez l'air d'un hibou qui se montre en plein jour, et ils courront après vous comme des moineaux francs.

— Je vais passer mon habit, monsieur, c'est l'affaire d'un instant. Mais je suis réellement honteux de vous faire attendre ainsi, mon cher M...M...: votre nom m'a échappé.

—Touchwood, monsieur, à votre service; mais je crois que vous ne l'aviez jamais entendu.

—Vous avez raison, c'est la vérité. Hé bien, mon cher M. *Touchstone*, voulez-vous avoir la bonté de vous asseoir un instant jusqu'à ce que je sois habillé? Il est bien étrange que nous nous rendions ainsi esclaves de notre corps, M. *Touchstone!* Combien de temps nous fait perdre la vanité des habillemens, quand nous pourrions l'employer bien plus utilement pour fournir aux besoins de notre esprit immortel!

M. Touchwood pensa tout bas que jamais bramine ni gymnosophiste n'avait eu moins de raison pour se reprocher de donner trop de temps à la table ou à la toilette que le sage qu'il avait devant les yeux; mais il accorda un assentiment tacite à une doctrine qu'il regardait comme hérétique, plutôt que de prolonger la discussion dans un pareil moment.

Cependant, en très-peu de temps, le ministre eut mis ses habits des dimanches, sans autre méprise que d'avoir passé un de ses bas noirs à l'envers ; et M. Touchwood, heureux comme le fut Boswell [1] quand il emmena en triomphe le docteur Johnson dîner avec Strahan et John Wilkes, eut le plaisir de rentrer dans son auberge accompagné de M. Cargill.

Après le dîner il s'établit entre eux plus de familiarité, et cette familiarité les conduisit tous deux à porter un jugement sur les talens et les manières l'un de l'autre. Le voyageur trouva le savant trop pédant, trop attaché à des systèmes formés dans la solitude, et auxquels il ne voulait pas renoncer, même quand ils étaient démentis par la voix et les lumières de l'expérience. De plus, il regardait le peu d'attention qu'il donnait à ce qu'il mangeait et à ce qu'il buvait, comme indigne d'un être raisonnable, c'est-à-dire d'un homme qui a une cuisine, ou, suivant la définition de Johnson, d'un être qui regarde son dîner comme l'affaire la plus importante de sa journée. Cargill n'agissait pas d'après cette définition, et par conséquent il était à cet égard, aux yeux de sa nouvelle connaissance, ignorant et non civilisé. Cependant il le reconnaissait pour un homme sensé et intelligent, quoiqu'il fût sobre et qu'il eût la passion des livres.

D'une autre part, le ministre ne pouvait s'empêcher de regarder son nouvel ami comme une espèce d'épicurien qui se faisait un dieu de son ventre ; et il ne remarquait pas en lui cette éducation distinguée, ces dehors polis, caractères distinctifs de l'homme bien né, et dont il était devenu juge compétent pendant le temps qu'il avait vécu dans le grand monde. De plus, il ne lui échappa point que dans la liste des défauts de M. Touchwood se trouvait

---

(1) Anecdote racontée par Boswell, dans sa *Vie du docteur Samuel Johnson.*—ÉD.

celui de bien des voyageurs, une légère disposition à exagérer ses aventures et à faire sonner bien haut ses exploits. Mais aussi la connaissance parfaite qu'il avait acquise des mœurs orientales, mœurs qui sont aujourd'hui ce qu'elles étaient du temps des croisades, formait un commentaire vivant sur les œuvres de Guillaume de Tyr, de Raymond de Saint-Gilles, sur les Annales musulmanes d'Abulfarage, et sur d'autres historiens du moyen âge, dont la lecture occupait alors M. Cargill.

Une sorte d'amitié, ou du moins de liaison, se forma donc spontanément entre ces deux originaux, et, au grand étonnement de toute la paroisse de Saint-Ronan, on vit le ministre contracter une sorte d'intimité avec un être de son espèce, et cet être était l'homme qu'on nommait communément le nabab du *Croc*. Ils faisaient ensemble de longues promenades sans parcourir pour cela plus de terrain que si on l'avait mesuré et entouré d'une barrière, comme l'arène destinée à leur exercice à pied. Ces promenades avaient lieu, suivant les circonstances, tantôt sur une petite terrasse située presque au bas du village ruiné, tantôt sur l'esplanade en face de l'ancien château; et dans l'un comme dans l'autre cas, le terrain n'avait pas plus de cinquante toises de longueur. Quelquefois aussi, mais assez rarement, le ministre venait partager le dîner de M. Touchwood, quoiqu'il fût moins splendide que le premier auquel il avait été invité; car, de même que le propriétaire orgueilleux de la coupe d'or dans l'Ermite de Parnell,

Il était bien reçu, mais avec moins de frais.

Leurs entretiens en ces occasions n'étaient pas réguliers et suivis comme ceux qui ont lieu entre ce qu'on appelle ordinairement des hommes de ce monde. Au contraire, il arrivait souvent que l'un pensait à Saladin et à Richard Cœur-de-Lion, quand l'autre parlait d'Hyder-Ali et de sir Eyre Coote. Cependant l'un parlait, l'autre semblait écouter, et peut-être une légère liaison de société, qui n'a d'autre objet que l'amusement, ne peut-elle avoir une base plus solide.

Un soir que le docte ministre venait de s'asseoir à la table hospitalière de M. Touchwood, chez mistress Dods, pour y prendre une tasse de thé, seul objet de luxe qui parût exciter tant soit peu la sensualité de M. Cargill, une carte fut remise au nabab.

— M. et miss Mowbray recevront compagnie au château des Shaws, le 20 du courant, à deux heures; — habits de caractère, tableaux dramatiques.

— *Recevront compagnie!* Ils n'en sont que plus fous, dit le nabab en forme de commentaire. *Recevront compagnie!* Les phrases bien choisies sont toujours louables. Ainsi donc ce morceau de carton est pour vous donner avis que vous pouvez aller joindre tous les fous du village, si vous en avez envie. De mon temps on demandait à avoir l'honneur ou le plaisir de la compagnie d'un étranger. Je suppose que nous allons avoir dans ce pays le même cérémonial que sous la tente d'un Bédouin, où tout *hadgi* en guenilles, avec son turban vert, arrive brusquement sans en demander permission, et enfonce sa patte noire dans le plat de riz, sans autre apologie que *Salâm Aleikoum.*— *Habits de caractère, tableaux dramatiques!* Quelle nouvelle folie est-ce là? mais qu'importe! — Docteur! — Docteur! — Il est dans le septième ciel! — La mère Dods, vous qui savez toutes les nouvelles, est-ce la fête qui a été retardée jusqu'à ce que miss Mowbray se trouvât mieux?

— Oui vraiment, M. Touchwood. Ils ne sont pas dans l'habitude de donner deux fêtes dans une saison, ils ne sont peut-être pas même trop sages d'en donner une, mais c'est leur affaire.

— Docteur! Docteur! vous dis-je. — Diable! il est à charger les musulmans avec le brave roi Richard. — Ha! hé bien, Docteur, dites-moi, connaissez-vous quelque chose de ces Mowbrays?

— Rien de bien particulier, répondit M. Cargill après avoir laissé un intervalle entre cette question et sa réponse. C'est l'histoire ordinaire d'une grandeur qui brille dans un siècle et qui s'éclipse dans un autre. Je crois que Candem dit que Thomas Mowbray, qui fut grand-maréchal d'Angleterre, succéda à cette place importante, aussi-bien qu'au duché de Norfolk, comme petit-fils de Roger Bigot, en 1301.

—Allons donc! voilà que vous vous enfoncez dans le quatorzième siècle! je vous parle de Mowbray de Saint-Ronan d'aujourd'hui. Hé bien! ne vous rendormiez pas sans avoir répondu à ma question. Pourquoi avez-vous l'air égaré comme un lièvre pris au gîte? Y a-t-il dans ce que je vous dis quelque chose qui sente la haute trahison?

Le ministre garda encore un instant le silence. Il avait l'air d'un homme distrait qui cherche à retrouver le fil de ses idées, ou d'un somnambule qu'on vient d'éveiller subitement, et, quand il répondit, ce ne fut même qu'en hésitant.

—Mowbray de Saint-Ronan! Ah! eh! oui, je connais... c'est-à-dire, je connaissais cette famille.

—Ils vont donner un bal masqué, un bal paré, un spectacle de société, que sais-je?

En parlant ainsi, M. Touchwood montra au ministre la carte qu'il venait de recevoir.

—J'ai vu quelque chose de ce genre il y a environ quinze jours, dit M. Cargill; je crois même avoir reçu une carte à peu près semblable; j'en ai vu une, du moins.

— Et êtes-vous bien sûr que vous ne vous êtes pas rendu à cette invitation?

— Moi, moi, m'être rendu à cette invitation! Vous plaisantez, M. Touchwood.

— Affirmez-vous positivement que vous n'en avez rien fait? demanda M. Touchwood, qui s'était amusé bien des fois en remarquant que le savant ministre se méfiait tellement lui-même de ses distractions, qu'il n'était jamais parfaitement sûr de rien.

— Positivement? répéta M. Cargill avec un air d'embarras; ma mémoire est si mauvaise, que je n'aime guère à parler positivement. Cependant si j'avais fait une chose si contraire à mes habitudes, il me semble que je m'en souviendrais, et... oui, positivement, je n'en ai rien fait.

— Il est aisé de le croire, Docteur, dit le nabab en riant du procédé qu'avait employé l'esprit de son ami pour éclaircir ses doutes, car la fête n'a pas eu lieu; elle a été ajournée, et voici la seconde invitation. Vous recevrez une carte, puisqu'on vous en avait envoyé une la première fois. Hé bien! Docteur, il faut que nous y allions ensemble, moi en iman, car je puis dire mon *bismillah* aussi bien qu'aucun hadgi; vous en cardinal, ou comme bon vous semblera.

— Qui? moi! cela ne conviendrait pas à ma profession, M. Touchwood. D'ailleurs rien n'est plus opposé à toutes mes habitudes.

— Tant mieux! vous en changerez.

— Vous feriez bien d'y aller, M. Cargill, dit Meg; tout aussi-bien c'est peut-être la dernière fois que vous verrez miss Mowbray, car on dit qu'elle va se marier tout à l'heure avec un de ces coucous qui sont là-bas, autour de la mare, et partir avec lui pour l'Angleterre.

— Se marier! s'écria le ministre; cela est impossible.

— Et pourquoi impossible, M. Cargill? Ne voyez-vous pas des gens se marier tous les jours? Et n'est-ce pas vous-même qui faites le mariage, par-dessus le marché? Vous pensez peut-être à la mouche qui a piqué la pauvre fille. Je conviens que sa tête... Mais, s'il n'y avait que les gens sages qui se mariassent, M. Cargill, le monde ne serait guère peuplé. Je crois au contraire que ce sont les gens sages, comme vous et moi, qui ne se marient pas. Hé bien! Dieu me pardonne! qu'avez-vous donc, M. Cargill? est-ce que vous vous trouvez mal? Voulez-vous prendre une goutte de quelque chose?

— Respirez mon essence de roses, dit M. Touchwood,

c'est un parfum qui ressusciterait un mort. Mais que veut dire cela, M. Cargill? vous étiez parfaitement bien il n'y a qu'un instant.

—Une douleur subite, répondit le ministre; mais je me trouve déjà mieux.

— Voilà ce que c'est que de rester si souvent à jeun trop long-temps, dit mistress Dods.

—C'est cela même, ajouta M. Touchwood; et de se nourrir de lait aigre et de farine de pois. L'estomac rejette alors la moindre parcelle de nourriture chrétienne, comme un petit gentilhomme campagnard refuse la visite d'un riche voisin, de peur de lui laisser voir la nudité du pays.

—Mais est-il réellement question d'un mariage pour miss Mowbray? demanda le ministre.

—Oui vraiment, répondit Meg; c'est une nouvelle de Nelly la Trotteuse; et, quoiqu'elle aime à boire un petit coup, je ne crois pas qu'elle voulût inventer des mensonges, ou du moins venir m'en conter, à moi qui suis une bonne pratique.

—Cela demande attention, dit M. Cargill comme en se parlant à lui-même.

—Sans contredit, ajouta Meg. Ce serait une honte et un scandale qu'ils se servissent, pour la cérémonie, de cette cymbale retentissante qu'ils nomment Chatterly, tandis qu'il y a dans le pays une trompette presbytérienne comme vous, M. Cargill; et si vous voulez suivre le conseil d'une vieille radoteuse, vous ne laisserez pas ainsi prendre la mouture dans votre moulin.

— C'est vrai, c'est vrai, bonne mère Dods, dit le nabab; des gants et des rubans sont des choses qui méritent attention; et M. Cargill fera bien de venir avec moi à cette maudite fête, pour veiller à ses intérêts.

—Il faut que je parle à miss Mowbray, dit le ministre avec un air de distraction.

— Sans doute, sans doute, l'homme à lettres gothiques,

répliqua M. Touchwood. Ainsi vous viendrez avec moi, et nous les ramènerons à la soumission qu'ils doivent à notre mère l'Eglise; je vous en réponds. Quoi! l'idée d'être pris pour dupe ferait oublier à un santon ses contemplations! Et quel costume prendrez-vous?

— Le mien, bien certainement.

— Vous avez encore raison. Ils peuvent vouloir serrer le nœud sur-le-champ : et qui voudrait être marié par un ministre en mascarade? Allons, nous irons ensemble, c'est convenu.

Le ministre y consentit, pourvu qu'il reçût une invitation; et comme cette invitation lui fut remise à son retour à la manse, il ne lui resta aucun prétexte pour se dédire, quand même il eût désiré en trouver un.

CHAPITRE XVIII.

LES JEUX DE LA FORTUNE.

> LE COMTE BASSET. « Nous autres dont les voitures roulent sur « les quatre as, nous sommes sujets à avoir « une roue dérangée. »
> *Le Mari poussé à bout*, comédie.

Il est indispensable maintenant que nous rétrogradions un peu, et quoique ce ne soit pas tout-à-fait notre genre de style habituel, il faut que nous quittions le ton du dialogue pour prendre celui de la narration, afin de rapporter les faits plutôt que la manière dont ils affectent les acteurs. Notre promesse à cet égard n'est pourtant que conditionnelle, car nous prévoyons des tentations qui nous en rendront peut-être l'exécution littérale trop difficile.

L'arrivée du jeune comte d'Etherington à la source salutaire de Saint-Ronan y avait produit d'autant plus de sensation, qu'il s'y joignit l'incident singulier d'une attaque dirigée contre sa personne, tandis qu'il suivait un sentier plus court à travers le bois, à quelque distance de son équipage et de ses gens. La bravoure avec laquelle il avait mis en fuite le voleur de grand chemin ne pouvait être comparable qu'à sa générosité; car, quoiqu'il eût été assez grièvement blessé, il ne voulut pas qu'on fît aucune poursuite pour le découvrir..

Les trois Graces noires, pour employer l'expression d'un des plus joyeux compagnons de notre temps, la Jurisprudence et la Médecine, représentées par M. Micklewham et le docteur Quackleben, s'empressèrent de rendre hommage à lord Etherington; tandis que la Théologie, aussi favorable, quoique plus réservée, se levait sur la pointe des pieds en la personne du révérend M. Simon Chatterly, pour lui offrir également tous ses services.

D'après le motif honorable que nous avons déjà allégué, Sa Seigneurie, après avoir remercié M. Micklewham, et lui avoir donné à entendre qu'elle pourrait avoir d'autres occasions de recourir à ses services, n'accepta pas son offre de faire rechercher le brigand qui l'avait blessé. Il confia ensuite au docteur le pansement d'une blessure superficielle qu'il avait reçue au bras, et d'une égratignure qu'il avait au front. Il se conduisit avec tant de noblesse en cette occasion, que le docteur, dans sa sollicitude pour la santé du lord, lui recommanda de prendre les eaux de Saint-Ronan pendant un mois, s'il voulait avoir la satisfaction d'être parfaitement guéri. Il l'assura que rien n'était si fréquent que de voir des blessures cicatrisées se rouvrir; et l'eau de la source de Saint-Ronan étant, suivant le docteur Quackleben, un remède infaillible pour tous les maux auxquels la chair est sujette, ne pouvait manquer d'avoir la même vertu que celles de Barèges pour faciliter l'éjection des esquilles ou de tous les corps étrangers qu'une balle peut introduire dans le corps humain ; car il avait coutume de dire que, quoiqu'il ne pût prétendre que les eaux qu'il protégeait fussent absolument un *panpharmacon*, une panacée, cependant il soutiendrait de vive voix et par écrit qu'elles possédaient les principales vertus des eaux médicinales les plus célèbres de l'univers. En un mot, l'amour d'Alphée pour Aréthuse n'était rien en comparaison de celui qu'avait le docteur pour sa source favorite.

Le noble personnage dont l'arrivée venait de jeter un nouveau lustre sur ce joyeux théâtre de la convalescence ne se montra pas d'abord à la table d'hôte et dans les autres réunions de l'honorable compagnie aussi fréquemment qu'on l'avait espéré. Sa blessure et sa santé lui servirent d'excuse pour ne paraître dans la société que par intervalles.

Mais quand il y paraissait, rien n'était plus séduisant que ses manières et son extérieur. Le mouchoir de soie cramoisie qui servait d'écharpe pour son bras blessé, la pâleur et la langueur qu'une perte de sang assez considérable avait laissées sur une physionomie belle et ouverte, donnaient à toute sa personne une grace que la plupart des dames déclaraient irrésistible. Toutes cherchaient à s'en faire remarquer, attirées par son affabilité, et piquées de sa nonchalance calme et aisée. L'égoïste Mowbray et le grossier sir Bingo, habitués à se regarder et à être considérés comme les personnages les plus importans de la compagnie, souffrirent une éclipse presque totale.

Lady Pénélope mit en œuvre, pour s'emparer du jeune lord, toutes les ressources de son esprit et toutes ses connaissances littéraires ; tandis que lady Binks se fiait, pour captiver son attention, aux charmes qu'elle avait reçus de la nature. Les autres nymphes se tenaient un peu en arrière, peut-être par ce même principe de politesse qui fait, sur le continent, que dans les parties de chasse on réserve à la personne qui a droit au plus de considération le premier coup à tirer sur une belle pièce de gibier. Mais plus d'un beau sein palpitait en songeant que les deux grandes dames pouvaient être déçues de leur attente, en dépit des avantages qu'on voulait bien leur laisser, et qu'alors les belles d'un rang moins élevé, mais peut-être plus habiles, pourraient à leur tour faire l'essai de leur adresse.

Tandis que le comte s'abstenait ainsi de paraître en public dans la société, il était nécessaire ou du moins fort naturel qu'il choisît quelqu'un pour partager la solitude de son appartement; et Mowbray, d'un rang supérieur à ce capitaine à la demi-paye, à ce buveur de whisky, Mac Turk; Mowbray, plus élégant que le fat suranné Winterblossom, et ayant plus de tact et de bon sens que sir Bingo Binks, n'eut pas besoin de beaucoup multiplier ses manœuvres pour s'insinuer dans la société intime de lord Etherington. Bénissant au fond du cœur l'honnête brigand dont la balle avait été le moyen indirect qui avait privé celui dont il voulait faire sa victime de toute autre société que la sienne, il commença peu à peu à sonder le terrain, et à mettre à l'épreuve la force et le bonheur de son antagoniste à divers jeux d'adresse et de hasard, qu'il semblait lui proposer uniquement pour le distraire de l'ennui de garder la chambre.

Micklewham, qui prenait ou qui affectait de prendre le plus grand intérêt aux succès de son patron, et qui épiait toutes les occasions de s'informer de lui jusqu'à quel point il avançait dans ses projets, en reçut d'abord des rapports si favorables, qu'il riait à gorge déployée, qu'il se frottait les mains, et qu'il se livrait à des transports de joie. Un jour pourtant Mowbray prit un air grave qui réprima cette envie de rire.

— Il y a pourtant là quelque chose que je ne comprends pas bien, dit Mowbray; Etherington, qui n'est pas novice, qui est malin en diable, qui est au courant de tout, perdre son argent comme un enfant!

— Qu'importe comment il le perde, pourvu que vous le lui gagniez bravement?

— Du diable si je puis vous le dire! — Si je n'étais convaincu qu'il n'a pas assez d'imprudence pour s'imaginer qu'un tel tour pût lui réussir avec moi, je croirais qu'il joue le rôle d'un vieux routier et qu'il cherche à m'amorcer. Mais non : il est impossible qu'il soit assez impudent pour l'espérer. Cependant j'ai appris qu'il a battu Wolverine, et vidé le gousset du pauvre Tom. Tom m'avait écrit tout le contraire, mais la vérité a percé. Hé bien! je serai son vengeur, car je vois qu'on peut gagner Sa Seigneurie tout aussi bien qu'un autre.

— Vous savez mieux que moi ce que vous avez à faire, M. Mowbray, dit Micklewham en affectant un accent de compassion ; mais le ciel bénit la modération. Je n'aimerais pas à vous voir ruiner ce pauvre jeune homme *funditùs*, c'est-à-dire de fond en comble. Qu'il perde une partie de son argent, cela ne lui fera pas grand mal, et ce sera peut-être même pour lui une leçon utile dont il profitera à l'avenir. Mais, en honnête homme, je ne voudrais pas que vous allassiez plus loin. Epargnez-le, M. Mowbray, épargnez-le.

— Qui m'a jamais épargné, Micklewham? répondit Mowbray avec un ton d'emphase et en le regardant en face. Non, non ; il faut qu'il passe au pressoir. Il me faut de l'argent; son domaine se nomme Oakendale. Pensez à cela, Mick, Oakendale [1]! O nom d'un augure trois fois heureux! Ne parlez pas de merci, Mick; il faut démonter les écureuils d'Oakendale, et leur apprendre à marcher à pied. Quelle compassion le Troyen errant peut-il attendre des Grecs? Des Grecs! Je suis un vrai Souliote, le plus brave de tous les Grecs.

(1) La vallée des Chênes. — TR.

> Ni crainte, ni pitié! — Pour qui sert le visir,
> La crainte et la pitié doivent être inconnues [1].

— Et la nécessité, Mick, continua-t-il d'une voix un peu altérée; la nécessité est un maître aussi exigeant qu'aucun visir ou aucun pacha que Scanderbeg ait jamais combattu, ou que Byron ait jamais chanté.

Micklewham répondit à cette tirade par un son qui semblait exprimer en même temps la compassion, le plaisir et le regret : la compassion qu'il prétendait éprouver pour la victime désignée, le plaisir que devait lui inspirer l'espoir de succès auquel se livrait son patron, et le regret de savoir qu'il ne pouvait atteindre son but que par des moyens dangereux pour lui.

Tout Souliote qu'il se prétendait, Mowbray, peu de temps après cette conversation, eut sujet de reconnaître que :

> Lorsque contre le Grec le Grec porte les armes,
> La guerre doit alors inspirer des alarmes.

Les légères escarmouches entre les parties se terminèrent, et le combat sérieux s'engagea avec quelque précaution de part et d'autre; chacun d'eux désirant peut-être connaître le système de tactique de son ennemi avant de développer le sien. Le piquet, le plus beau des jeux auxquels un homme puisse sacrifier sa fortune, en était un auquel Mowbray, pour son malheur peut-être, avait été regardé comme très-habile, à peu près depuis son enfance; et le comte d'Etherington, quoique avec moins d'expérience, n'y était pourtant pas novice. Ils jouaient alors des sommes que l'état de la fortune de Mowbray rendait considérables pour lui, quoique son antagoniste parût les regarder comme des bagatelles. La victoire n'était pas toujours constante; car si Mowbray répondait quelquefois

---

(1) Ces vers sont empruntés au chant des Souliotes que lord Byron a introduit dans le second chant de *Childe-Harold*. — Ed.

par un sourire de confiance aux regards interrogateurs de son ami Micklewham, il arrivait aussi de temps en temps qu'il cherchait à les éviter, comme pour épargner aux siens un aveu pénible.

Les alternatives dont nous parlons durèrent quelques jours. Mowbray, ami de toutes les heures, passait presque tous ses instans dans l'appartement de lord Etherington, et presque chacun de ces instans était marqué par une bataille. Cependant comme la santé de Sa Seigneurie était alors assez bien rétablie pour se joindre à la compagnie qui devait aller faire une visite au château des Shaws, et que l'indisposition de miss Mowbray n'avait eu aucune suite, on remit cette partie sur le tapis, et il fut décidé qu'on y ajouterait un divertissement dramatique, dont nous aurons ci-après l'occasion d'expliquer la nature. On envoya de nouvelles cartes d'invitation à tous ceux qui en avaient déjà reçu lors du premier projet de fête, et même à M. Touchwood comme ayant passé quelques jours à l'hôtel du Renard et se trouvant encore dans les environs, toutes les dames ayant préalablement reconnu à l'unanimité qu'un nabab, quoique ayant quelquefois le teint cuivré et la santé délabrée, ne pouvait être négligé décemment. Quant au ministre, il avait été invité par bienséance, comme une ancienne connaissance de la famille Mowbray, qu'elle ne pouvait laisser de côté quand elle réunissait tous ses amis; mais on connaissait si bien ses habitudes, qu'on ne croyait pas plus qu'il se rendît à cette invitation qu'on ne s'attendait à voir l'église de Saint-Ronan s'arracher à ses fondations pour venir au château des Shaws.

Ce fut après que ces arrangemens eurent été faits que le laird de Saint-Ronan entra tout à coup dans l'apparte ment particulier de Micklewham avec un air de triomphe. Le digne scribe tourna vers son patron son nez chargé de lunettes; il tenait d'une main une liasse de papiers qu'il venait de lire, et de l'autre le ruban dont il se préparait à l'entourer; mais il suspendit cette opération pour écouter, les yeux, la bouche et les oreilles ouvertes, ce que Mowbray avait à lui dire.

— Il est fait! lui dit-il d'un ton d'exaltation, quoique sans élever la voix. J'ai fait milord capot pour cette fois, doublé mon capital, Mick, et gagné quelque chose de plus. Silence! ne m'interrompez pas. Il faut penser à Clara maintenant; il faut qu'elle jouisse du soleil, quand ce ne serait qu'un rayon précédant un orage. Vous savez, Mick, que ces deux femmes ont décidé qu'il y aura aux Shaws une espèce de bal paré, une sorte de représentation théâtrale, et que ceux qui le voudront prendront des habits de caractère. Je lis dans leurs secrètes pensées : elles s'imaginent que Clara n'a pas de parure convenable pour cette folie solennelle : elles se flattent de l'éclipser, lady Pénélope par ses vieux diamans mal montés et à la mode de l'autre siècle, et lady Binks par les atours qu'elle porte aux dépens de sa réputation. Mais, de par le ciel! Clara l'emportera sur elles. Cette sotte pétrie d'affectation, la femme de chambre de lady Binks, m'a fait confidence que sa maîtresse a dessein de prendre le costume grec, pour se montrer sans doute comme une des figures orientales de William Allan [1]. Mais lady Binks n'a pas tout prévu. Il n'y a à vendre dans tout Edimbourg qu'un seul schall qui soit digne de faire partie de ce costume; et il se trouve à la *Galerie de la Mode*. Or, mon cher Mick, il faut que ce schall soit pour Clara; et vous lui ferez aussi acheter les dentelles, mousselines et autres colifichets que vous trouverez désignés sur ce papier. Envoyez à Edimbourg par la malle de ce soir. Par ce moyen nous préviendrons lady Binks, qui doit écrire demain par la poste. Tenez, voici un billet de banque de cent livres sterling.

Par une habitude mécanique de ne jamais refuser l'argent qui lui était offert, Micklewham prit le billet de banque, le regarda à travers ses lunettes, et continua à le

---

[1] Peintre d'Edimbourg, auteur du Tableau des *captifs Circassiens*. — Éd.

tenir en main, tout en faisant à son patron la remontrance suivante.

— C'est bien agir, Saint-Ronan, très-bien agir, et je serais le dernier à dire que miss Clara ne mérite pas de vous égards et affection. Mais j'ai dans l'idée qu'elle ne donnerait pas une épingle pour toutes ces bagatelles. Vous savez vous-même qu'il est bien rare qu'elle change de mode. Elle pense que son habit de cheval suffit n'importe pour quelle compagnie; et si nous parlons de sa figure, c'est encore la même chose. Pauvre fille! si elle mettait un peu de rouge du moins!

— Fort bien, fort bien! dit Mowbray d'un ton d'impatience; laissez-moi le soin de faire trouver la parure agréable à une femme.

— A coup sûr, M. Mowbray, vous savez ce que vous avez à faire; mais, après tout, ne vaudrait-il pas mieux porter ces cent livres chez Tam Turnpenny, où votre sœur pourrait les retrouver si, par accident, elle venait à en avoir besoin un jour? Cela pourrait guérir un mal au pied.

— Vous êtes un fou, Mick. A quoi bon me parler d'un mal au pied, quand je veux faire crever un cœur de jalousie? Non, non; faites ce que je vous dis. Nous les éclipserons du moins pour un jour, et ce sera peut-être le commencement d'un éclat durable.

— Je le souhaite de tout mon cœur. Mais ce jeune comte, avez-vous trouvé son côté faible? prête-t-il le flanc? c'est là le grand point.

— Je ne sais trop que vous en dire, répondit Mowbray d'un air pensif. Au diable Sa Seigneurie! Il faut que j'avoue qu'il est d'un degré au-dessus de moi dans la société; il appartient à tous les grands clubs; il est des Superlatifs et des Inaccessibles, ainsi que de toutes les réunions du même genre. J'ai été élevé plus modestement; mais qu'importe? Morbleu! on dresse de meilleurs chiens dans le chenil que dans le salon, et je puis aboyer aussi haut que lui, je pense.

Au surplus, Mick, je saurai bientôt si je puis le mordre, et c'est toujours une consolation. N'y pensons plus. Ayez soin de ne pas oublier ma commission, et ne nommez personne; je ne veux pas compromettre la petite femme de chambre.

Ils se séparèrent, Micklewham pour exécuter les ordres de son patron, le patron pour tâcher de réaliser des espérances dont son bon sens ne pouvait lui déguiser l'incertitude.

Se fiant à la continuation de la veine de fortune qu'il avait rencontrée, Mowbray résolut d'amener ses affaires à une crise ce soir même. Tout sembla d'abord le favoriser. Il avait dîné dans l'appartement de lord Etherington, tête à tête avec lui. La santé de Sa Seigneurie ne permettait pas de faire circuler long-temps la bouteille, et une soirée humide d'automne rendant la promenade désagréable, ils se bornèrent à visiter une écurie dans laquelle étaient les chevaux du comte, confiés aux soins d'un palefrenier d'un mérite supérieur. Ils eurent naturellement et presque par force recours aux cartes pour passer le reste de la soirée; et, suivant leur usage, le piquet fut le jeu qu'ils choisirent.

Lord Etherington sembla d'abord jouer avec insouciance, laissant échapper des avantages dont, avec un peu plus d'attention, il n'aurait pas manqué de profiter. Mowbray lui reprocha sa négligence, et lui proposa de jouer plus gros jeu, afin de l'intéresser davantage à la partie. Le jeune comte y consentit, et bientôt les deux joueurs donnèrent toute leur attention aux divers changemens de fortune qu'offrait leur jeu, et aux moyens d'en profiter. Ils étaient si fréquens, si variés, si inattendus, que l'ame des joueurs semblait passer dans leurs cartes pour attendre le résultat de chaque partie. Enfin, à force de doubler les enjeux, une somme de mille livres sterling et plus, de chaque côté, vint à dépendre du sort d'une partie. Un risque considérable compromettait à la fois la totalité des fonds que Mowbray devait à la générosité de sa sœur et presque tout ce qu'il avait précédemment gagné, de sorte qu'il avait pour alternative la victoire ou la ruine; aussi, malgré tous ses efforts, ne pouvait-il cacher son agitation. Il buvait de l'eau pour la calmer, et ensuite du vin pour se donner du courage; mais, tout en buvant, il donnait à son jeu tout le soin et toute l'attention dont il était susceptible.

Au premier tour de la partie les chances parurent assez égales, et le jeu fut digne de la somme hasardée. Mais, vers la fin, la fortune parut abandonner celui qui avait le plus grand besoin de ses faveurs, et Mowbray, avec un désespoir taciturne, vit son destin dépendre d'une dernière *donne*, et avec toutes les chances contre lui, puisque lord Etherington avait la main. Mais à quoi servent les faveurs de la fortune à celui qui s'abandonne lui-même? Par un oubli des règles du jeu, qu'on n'aurait pu attendre que du plus faible joueur qui ait jamais touché une carte, le jeune comte nomma son point sans le montrer, ce qui donna à Mowbray le droit de compter le sien. Cette faute décida de la partie, et le laird de Saint-Ronan ramassa les enjeux.

Lord Etherington montra quelque mécontentement, et sembla croire que Mowbray avait insisté sur l'observation des règles avec plus de rigueur que la politesse n'aurait dû le permettre, surtout en jouant un si petit jeu. Cette logique parut à Saint-Ronan manquer de justesse. Mille livres sterling, lui répondit-il, n'étaient point à ses yeux des coquilles de noix; il n'y avait que les enfans et les femmes qui jouassent au piquet sans en observer les règles; quant à lui, il aimerait mieux n'y jamais jouer, que d'y jouer sans règles fixes et invariables.

— C'est ce qu'il me semble, mon cher Mowbray, dit le comte; car, sur mon ame, je n'ai jamais vu figure aussi lugubre que la vôtre pendant cette malencontreuse partie. Elle a attiré toute l'attention que j'aurais dû donner à mon jeu, et je puis dire que votre lamentable physionomie me coûte mille livres sterling. Si je pouvais faire passer sur la toile votre figure allongée, j'aurais ma revanche et mon argent en même temps; car une copie bien ressemblante ne vaudrait pas un shilling de moins que ce que je viens de perdre avec l'original.

— A vous permis de plaisanter, milord, dit Mowbray; vous en avez bien payé le droit, et je vous permettrais dix mille plaisanteries au même taux. Hé bien! ajouta-t-il en prenant les cartes et en les battant, qu'en dites-vous? Voulez-vous prendre votre revanche dans une autre partie? on dit que la *vengeance* est douce.

— Je n'ai pas soif de vengeance ce soir, Mowbray, répondit le comte d'un air sérieux. S'il en était autrement, vous vous en trouveriez peut-être mal. Il ne m'arrive pas *toujours* de nommer mon point sans le marquer.

— Votre Seigneurie se reproche une erreur qui peut arriver à tout le monde. Votre distraction m'a servi comme de belles cartes l'auraient fait. J'en remercie la fortune.

— Et si la fortune n'y a eu aucune part? si, jouant avec un brave garçon, un ami comme vous, Mowbray, un homme préfère perdre une somme qui n'est rien pour lui, plutôt que de la gagner à cet ami, pour qui ce serait une perte considérable?

— En supposant un cas hors de toute supposition, milord, car vous me permettrez de vous dire que cette allégation est facile à faire, mais impossible à prouver, je dirais que personne n'a le droit de lire dans mes pensées à cet égard, ni de supposer que je joue plus gros jeu que je ne puis le faire sans me gêner.

— Et ainsi, ce pauvre diable, votre ami, aurait perdu son argent, et courrait encore le risque d'avoir une querelle avec vous! Mais prenons une autre hypothèse. Supposons que ce joueur d'humeur si facile eût une faveur de la plus haute importance à demander à son ami, et qu'il aimât mieux présenter sa requête à un gagnant qu'à un perdant?

— Si ce discours s'adresse à moi, milord, il serait nécessaire que j'apprisse en quoi je pourrais obliger Votre Seigneurie.

— Je puis vous le dire en un seul mot; mais ce mot une fois lâché ne peut plus se rappeler, de sorte que je ne sais trop si... mais pourtant il faut parler. Vous avez une sœur, Mowbray?

Mowbray tressaillit. — Oui, milord, j'ai une sœur; mais je ne vois pas comment son nom peut entrer convenablement dans la discussion qui nous occupe.

— Encore le ton menaçant! voilà un brave garçon! il voudrait me couper la gorge, d'abord parce qu'il m'a gagné mon argent, et ensuite parce que je lui propose de faire sa sœur comtesse!

— Comtesse, milord! vous plaisantez? vous n'avez jamais vu Clara Mowbray.

— Cela peut être, mais qu'importe? Je puis avoir vu son portrait, comme le dit Puff dans le *Critique* [1]. Je puis en être devenu amoureux sur ce que j'ai entendu dire, ou, pour vous épargner d'autres suppositions, car je vois que vous vous impatientez, je puis me contenter de savoir que c'est une jeune personne belle, bien élevée et possédant une grande fortune.

— Une grande fortune, milord! que voulez-vous dire? s'écria Mowbray, se rappelant non sans alarmes quelques mots que Micklewham lui avait dits sur les prétentions que Clara pourrait avoir sur ses propriétés. Notre famille ne possède que le domaine de Saint-Ronan, ou, pour mieux dire, ce qui en reste, et il m'appartient à titre d'héritier substitué.

— Soit, Mowbray. Je n'ai pas la moindre prétention

---

(1) Comédie de Sheridan, imitée de *la Répétition* par le comte de Buckingham.
— Ed.

à votre royaume dans les montagnes, qui était, sans contredit,

> Jadis fertile en braves chevaliers,
> En fiers barons, en loyaux écuyers.

Je porte mes vues sur une contrée beaucoup plus riche, quoique moins pittoresque. D'abord un grand château nommé Nettlewood-House, un peu antique, mais situé au milieu des chênes les plus magnifiques qu'on puisse voir; ensuite, trois mille acres de terres labourables, bois et prairies, non compris deux grands clos occupés par la veuve Hodge et Goodman Trempolod; plus des droits seigneuriaux, des mines, des minéraux, et le diable sait combien d'autres bonnes choses : le tout situé dans la vallée de Bever.

— Et qu'est-ce que ma sœur a de commun avec tout cela, milord? demanda Mowbray extrêmement surpris.

— Rien quant à présent; mais tout cela lui appartiendra quand elle sera comtesse d'Etherington.

— Votre Seigneurie en est donc déjà propriétaire?

— Non, de par Jupiter! et je ne puis le devenir qu'autant que votre sœur consentira à m'accorder sa main.

— Cette énigme, milord, est plus difficile à deviner qu'aucune des charades de lady Pénélope, et il faudra que j'invoque le secours de M. Chatterly.

— Vous n'en aurez pas besoin, Mowbray; je vais vous en donner le mot, si vous voulez m'écouter avec patience. Vous savez que nous autres nobles anglais, moins jaloux de nos seize quartiers que les nobles du continent, nous ne dédaignons pas de doubler nos hermines un peu usées avec du drap d'or pris dans la Cité. Ce fut ainsi que mon aïeul fut assez heureux pour trouver une femme très-riche, mais dont la généalogie était fort pauvre, ce qui est d'autant plus étonnant que son père était votre concitoyen. Elle avait en outre un frère encore plus riche qu'elle, et augmentant tous les jours sa fortune en continuant le commerce qui avait enrichi sa famille. Enfin, il fit le compte total de ses livres, dit adieu au négoce, et se retira à Nettlewood pour y vivre en homme comme il faut. Là, mon très-respecté grand-oncle fut saisi tout à coup de la rage de devenir un homme d'importance. Il essaya d'y réussir en épousant une femme de condition; mais il reconnut bientôt que, quelque avantage que sa famille pût tirer de cette circonstance, il n'en tirait guère d'illustration personnelle, et en conséquence il résolut de devenir lui-même un homme de bonne famille. Son père était encore très-jeune quand il avait quitté l'Ecosse, et, je rougis de le dire, on l'appelait du nom vulgaire de Scrogie [1]. Il porta lui-même ces deux malheureuses syllabes au bureau héraldique d'Ecosse; mais ni Lyon, ni Marchmont, ni Islay, ni Snadoun, ne voulut prendre le nom de Scrogie sous sa protection. Aucun héraut, aucun poursuivant d'armes, ne fut moins dédaigneux; il était impossible d'en rien faire. Enfin mon digne grand-oncle eut recours au côté le plus sûr de la famille, et il commença à établir les fondemens de sa dignité sur le nom de Mowbray, que portait sa mère. En cela il fut beaucoup plus heureux, et je crois que quelque rusé coquin fit sortir en sa faveur un rejeton de votre arbre généalogique, M. Mowbray de Saint-Ronan; rejeton dont j'ose dire que vous avez reconnu le larcin. Quoi qu'il en soit, pour son *or et son argent*, il eut une belle feuille de parchemin, où l'on voyait un lion blanc pour Mowbray, écartelé de trois arbrisseaux rabougris pour Scrogie; et il devint ainsi M. Scrogie Mowbray, ou plutôt, car ce fut ainsi qu'il signa toujours, à compter de cette époque, Reginald S. Mowbray, changeant aussi son nom de baptême Ronald en celui de Reginald. Il avait un fils assez peu respectueux pour rire de cette manie, et qui, refusant les honneurs du beau nom de Mowbray, persista à conserver le nom véritable de son père, le nom de

---

(1) *Scrogs*, mot écossais qui veut dire buisson. *Scroggy*, épineux, buissonneux. — Tr.

Scrogie, ce qui blessait horriblement les oreilles dudit père ; et ne contribuait pas peu à aigrir son caractère.

— Sur ma foi, s'écria Mowbray, si j'avais eu à choisir, j'aurais donné la préférence à mon nom, et je crois que le vieillard était de meilleur goût que le jeune homme.

— C'est la vérité, mais c'étaient des originaux volontaires, absurdes, et doués d'une heureuse obstination que j'ignore s'ils tiraient des Mowbrays ou des Scrogies, mais qui sema tellement la zizanie entre eux, que le père courroucé, Reginald S. Mowbray, mit un beau jour à la porte le fils récalcitrant, Scrogie. Celui-ci aurait porté la peine de son esprit plébéien s'il n'avait trouvé un asile chez un ancien associé de son père, qui continuait encore le commerce lucratif, source de la richesse de sa famille. Je devais entrer dans ces détails pour vous faire comprendre, aussi bien qu'il est possible, la situation singulière dans laquelle je me trouve placé.

— Continuez, milord. On ne peut nier que cette histoire ne soit singulière, et je présume que c'est d'un ton sérieux que vous me donnez des détails si extraordinaires.

— Tout-à-fait sérieux, sur mon honneur ; et vous allez voir dans un instant que c'est une affaire très-sérieuse. Quand mon digne grand-oncle, M. S. Mowbray, car je ne l'insulterai pas en lui donnant le nom de Scrogie, même dans sa tombe, eut payé le tribut à la nature, chacun fut convaincu qu'il avait déshérité son fils le récalcitrant Scrogie ; et, à cet égard, personne ne se trompa. Mais on s'imagina aussi qu'il aurait institué pour héritier lord Etherington, fils de sa sœur, et cependant il n'en fit rien. Il avait réfléchi que son nom favori de Mowbray ne recueillerait aucun avantage, n'obtiendrait aucune élévation additionnelle, s'il faisait passer dans notre famille, sans aucune condition, son beau domaine de Nettlewood, auquel il avait donné le nom de Mowbray-Park ; et avec l'aide d'un habile procureur il me le légua, tandis que j'entrais à peine à l'école, à condition que j'épouserais en légitime mariage, avant que j'eusse atteint l'âge de vingt-cinq ans accomplis, une demoiselle de bonne renommée, du nom de Mowbray, et par préférence de la maison de Saint-Ronan, s'il s'y trouvait une demoiselle à marier à cette époque. Voilà mon énigme expliquée.

— Et c'en est une comme on n'en voit guère, dit Mowbray d'un ton pensif.

— Avouez la vérité, dit lord Etherington en lui appuyant la main sur l'épaule, vous pensez que cette histoire admet un *grain* de doute, sinon un *scrupule* tout entier.

— Du moins, milord, vous conviendrez qu'étant le plus proche parent, le seul protecteur de miss Mowbray, je puis sans vous offenser avoir besoin de réfléchir sur une demande de sa main faite dans des circonstances si étranges.

— Si vous avez le moindre doute sur mon rang et ma fortune, je puis vous en donner les preuves les plus satisfaisantes.

— Je le crois facilement, milord, et je ne crains nullement qu'on cherche à me tromper dans un cas où la vérité serait si aisément découverte. Vos procédés à mon égard, et en parlant ainsi Mowbray jeta un coup d'œil à la dérobée, d'un air presque confus, sur les billets de banque qu'il tenait encore à la main; vos procédés à mon égard ont été de nature à m'annoncer un motif d'intérêt aussi puissant que celui que vous venez de me faire connaître. Mais il me paraît étrange que Votre Seigneurie ait laissé s'écouler un si grand nombre d'années sans avoir l'air de s'inquiéter en rien de la demoiselle qui, à ce qu'il me semble, est la seule personne avec qui vous puissiez contracter alliance, d'après la condition du testament de votre oncle. Il me semble qu'il y a déjà long-temps que vous auriez dû vous en occuper, et que, même en ce moment, il aurait été plus naturel et plus convenable que vous eussiez du moins vu ma sœur avant de faire la demande de sa main.

— Sur le premier point, mon cher Mowbray, il m'est

permis de vous avouer, sans vouloir faire la moindre injure à votre sœur, que j'aurais voulu pouvoir me soustraire à la nécessité d'exécuter cette clause du testament de mon grand-oncle; car il est naturel qu'on désire choisir sa femme soi-même, et je ne suis nullement pressé de me marier. Mais les coquins d'hommes de loi, après s'être bien fait payer, et m'avoir tenu le bec dans l'eau pendant je ne sais combien d'années, ont fini par me dire tout net qu'il fallait ou que je me soumisse à cette clause, ou que Nettlewood eût un autre maître. J'ai donc cru que ce que j'avais de mieux à faire était de venir en personne, afin de porter mes propositions à votre sœur; mais, comme un accident m'a empêché de la voir jusqu'à présent, et que j'ai trouvé dans son frère un homme qui connaît le monde, j'espère que vous ne me saurez pas mauvais gré d'avoir cherché d'abord à gagner votre amitié. Le fait est que j'aurai vingt-cinq ans dans un mois; et sans votre secours, sans les occasions que vous seul pouvez me procurer, ce terme est un peu court pour obtenir les bonnes graces d'une demoiselle douée de tout le mérite de miss Mowbray.

—Et si cette alliance n'a pas lieu, milord, quelle est l'alternative?

—En ce cas, le legs de mon grand-oncle, le beau domaine de Nettlewood, le vieux château, les vieux chênes, les droits seigneuriaux, en un mot tout passe à un certain mien cousin germain, que le ciel confonde dans sa miséricorde!

—Vous vous êtes laissé bien peu de temps pour prévenir cet événement, milord; mais les choses étant telles que vous venez de me les expliquer, je favoriserai vos projets autant que je le pourrai honorablement. Cependant nous devons nous placer l'un et l'autre sur un terrain plus égal. J'irai jusqu'à convenir que la perte de la dernière partie que nous venons de faire aurait pu me gêner en ce moment; mais dans les circonstances où nous nous trouvons, je ne puis consentir à agir comme si je l'avais gagnée. Il faut que nous retirions chacun notre enjeu, milord.

—Ne m'en parlez pas, si vous avez quelque amitié pour moi, mon cher Mowbray. Mon oubli a été véritable, car, vous pouvez bien le croire, je pensais à toute autre chose qu'à montrer mon point. La partie a été légitimement perdue et gagnée. J'espère trouver des occasions de vous rendre de véritables services, qui me donneront peut-être quelque droit à votre amitié. Quant à présent, nous sommes parfaitement sur un pied d'égalité.

—Si Votre Seigneurie le pense ainsi, dit Mowbray; et, passant rapidement à un sujet sur lequel il sentait qu'il pouvait s'exprimer avec plus de confiance, il ajouta : — Quoi qu'il en soit, bien certainement nul service qui me serait personnel ne pourrait m'empêcher de m'acquitter de mes devoirs relativement à ma sœur.

—Je n'en doute nullement, et je ne vous demande pas autre chose.

—Je dois donc regarder la proposition de Votre Seigneurie comme tout-à-fait sérieuse, et croire que vous y persisterez, quand même, après avoir vu miss Mowbray, vous viendriez à la trouver moins digne de vos attentions que vous ne le supposez.

—Le traité que nous ferons, M. Mowbray, sera aussi définitif que si j'étais un prince souverain, demandant en mariage la sœur d'un monarque voisin, que suivant l'étiquette royale il n'aurait ni vue ni pu voir. J'ai été franc avec vous, et je vous ai informé que mes motifs pour entrer en négociation à ce sujet sont *des motifs territoriaux*. Quand je connaîtrai mis Mowbray, je ne doute pas que leur nature ne change. J'ai entendu dire qu'elle est belle.

—Une beauté excessivement pâle, milord.

—Les roses du teint sont le premier des attraits que le grand monde flétrit; mais c'est celui dont il est le plus facile de réparer la perte.

—On peut différer de caractère sans qu'il y ait de reproches à faire d'aucun côté, milord. Je présume que Votre Seigneurie a pris quelques renseignemens sur celui de ma sœur. Elle est aimable et spirituelle; elle a des talens, des sentimens élevés; mais...

—Je vous comprends, M. Mowbray, et je vous épargnerai la peine de vous expliquer : oui, je sais que miss Mowbray est, à quelques égards, un peu singulière, un peu fantasque, pour parler plus clairement. Qu'importe? Elle en aura moins à apprendre, quand elle sera comtesse, pour devenir une femme à la mode.

—Parlez-vous sérieusement, milord?

—Très-sérieusement; et je vais m'expliquer encore plus franchement. J'ai le caractère très-accommodant, une gaieté imperturbable, et je puis supporter beaucoup de bizarreries chez les personnes avec qui j'ai à vivre. Je n'ai aucun doute que votre sœur et moi ne soyons heureux ensemble. Mais, s'il en arrivait autrement, nous pouvons prendre d'avance des arrangemens pour vivre chacun de notre côté. Mes biens personnels sont considérables, et Nettlewood est en état de soutenir un partage.

—Il me reste donc peu de choses à vous dire, milord. Je n'ai même plus rien à vous demander en ce qui concerne Votre Seigneurie. Mais, quoique je vous promette d'appuyer de tout mon crédit auprès de ma sœur la demande que vous faites de sa main, je vous déclare qu'elle doit être libre dans son choix, parfaitement libre, milord.

—Je puis donc considérer l'affaire comme conclue?

—Certainement, sauf l'approbation de ma sœur.

—Je me flatte qu'elle n'aura pas de répugnance personnelle à alléguer contre moi...

—Je ne le prévois pas, milord, car je ne saurais en imaginer aucune raison. Mais les jeunes filles sont capricieuses; et si Clara, quand j'aurai dit et fait tout ce qu'un frère peut dire et faire, persistait à refuser son consentement, il y a un point au-delà duquel je ne pourrais exercer mon influence sans me rendre coupable de cruauté.

Le comte se promena quelques instans dans l'appartement, et s'arrêtant tout à coup devant son ami, il lui dit d'un air grave et rêveur : — En attendant je me trouve lié, et votre sœur est libre. Cela est-il parfaitement juste, Mowbray ?

— C'est ce qui arrive toujours, milord, à quiconque demande la main d'une jeune demoiselle. Il doit naturellement être lié par son offre jusqu'à ce que, dans un délai raisonnable, elle soit acceptée ou rejetée. Ce n'est pas ma faute si Votre Seigneurie m'a fait connaître ses désirs avant de s'être assurée des dispositions de ma sœur. Mais comme il n'a été question de cette affaire qu'entre nous, je vous laisse le maître de retirer votre proposition, si vous le jugez convenable. Clara n'a pas besoin de se livrer à la première offre de mariage.

— Et moi je n'ai pas besoin de réfléchir plus long-temps à la résolution dont je vous ai fait confidence. Je ne crains pas le moins du monde de changer d'avis en voyant votre sœur, et je persiste dans la proposition que je vous ai faite. Si pourtant votre délicatesse vous laisse quelques scrupules à cet égard, la fête que vous allez donner peut me fournir les moyens de voir miss Mowbray, et même de converser avec elle, avant que je lui aie été présenté, l'habit de caractère dont j'ai fait le choix m'obligeant en quelque sorte à porter un masque.

— Soit, milord; je serai charmé, pour vous comme pour moi, que Votre Seigneurie prenne cette espèce de précaution.

— C'est une précaution inutile, mon cher Mowbray; mon destin est fixé d'avance. Mais si ce mode de traiter l'affaire peut mettre en repos votre conscience, je n'y vois aucune difficulté. Ce plan n'exige pas beaucoup de temps, et c'est à quoi je dois faire le plus d'attention.

Après quelques minutes d'une conversation qui n'aurait

plus aucun intérêt pour le lecteur, ils se serrèrent la main et se séparèrent.

Mowbray ne fut pas fâché de se trouver seul pour réfléchir à tout ce qu'il venait d'entendre, et s'interroger lui-même sur ce qu'il en pensait; ce dont il n'était pas encore très-assuré. Il ne pouvait s'empêcher de sentir qu'une alliance avec un jeune comte possédant une fortune considérable lui procurerait, ainsi qu'à sa famille, des avantages bien plus grands que ceux qu'il aurait pu acquérir en le dépouillant, comme il en avait formé le projet, d'une partie de sa fortune, par son adresse au jeu. Mais son orgueil était blessé quand il se rappelait qu'il s'était entièrement livré à la discrétion de lord Etherington; et l'idée qu'il n'avait échappé à une ruine complète que grace à l'indulgence de son adversaire n'était pas un baume propre à guérir cette blessure. Il se sentait dégradé à ses propres yeux, en réfléchissant que l'homme qu'il avait voulu rendre victime de la supériorité qu'il se supposait avait complètement découvert ses desseins, et qu'il ne s'était abstenu de les déjouer que parce que son propre intérêt l'avait exigé.

Il s'élevait pourtant dans son esprit quelques soupçons qu'il lui était impossible d'en bannir entièrement. Pourquoi ce jeune lord avait-il fait précéder de la perte volontaire de deux mille livres sterling une proposition très-acceptable en elle-même sans un tel sacrifice? Pourquoi montrait-il tant d'empressement pour obtenir son consentement à l'alliance qu'il projetait, avant même d'avoir vu la jeune personne qu'il avait l'intention d'épouser? Quelque pressé qu'il fût, attendu le peu de temps qui lui restait pour exécuter ce qui lui était prescrit par le testament de son oncle, il pouvait du moins attendre jusqu'après la fête qui allait avoir lieu au château des Shaws, et à laquelle Clara serait obligée de paraître. Cependant une telle conduite, quoique peu ordinaire, ne pouvait annoncer de perfides desseins; car le sacrifice d'une somme considérable, et la demande en mariage d'une jeune personne bien née et sans fortune, ne semblaient pas annoncer des vues sinistres. Après tout Mowbray conclut que ce qui était extraordinaire dans la conduite du comte devait s'attribuer au caractère vif et impétueux d'un jeune et riche Anglais qui ne fait que peu de cas de l'argent, et trop étourdi pour suivre de la manière la plus naturelle et la plus raisonnable l'exécution d'un plan dont il s'est engoué. Enfin, si le lord agissait dans cette affaire d'après des motifs encore inexplicables, Mowbray se promit d'avoir assez de circonspection pour les découvrir, et assez à temps pour qu'il ne pût en résulter aucune conséquence fâcheuse, soit pour sa sœur, soit pour lui-même.

Absorbé par de semblables réflexions, il évita la présence de M. Micklewham, dont la curiosité était aux aguets, à l'ordinaire, pour savoir comment allaient les choses; et quoiqu'il fût déjà tard, il monta à cheval et se rendit aux Shaws. Chemin faisant, il mit en question s'il ferait part à sa sœur de la demande qui venait de lui être faite, afin de la préparer à recevoir le jeune comte en amant approuvé par son frère. Mais il se décida pour la négative. — Non, non, pensa-t-il, elle pourrait se mettre dans la tête qu'il désire moins l'avoir pour épouse que s'assurer la propriété du domaine de son grand-oncle. Il faut nous tenir tranquille jusqu'à ce que ses charmes et ses talens puissent paraître au moins avoir eu quelque influence sur son choix. Ne disons rien jusqu'à ce que cette bienheureuse fête soit passée.

CHAPITRE XIX.

UNE LETTRE.

> « Quoi donc! après m'avoir si long-temps tenu tête,
> « Sans être fatigué, maintenant il s'arrête?
> « — Hé bien! soit; j'y consens. »
> SHAKSPEARE. *Richard III*.

A peine Mowbray avait-il quitté l'appartement du comte, que celui-ci commença une épître à un ami affidé ; et comme elle est propre à faire connaître les vues et les intentions de celui qui l'écrivait, nous allons la mettre sous les yeux de nos lecteurs. Elle était adressée au capitaine Jékyl, au *Dragon Vert*, à Harrowgate, et contenait ce qui suit :

« Mon cher Harry,

« Voilà dix jours que je vous attends ici avec autant d'impatience que jamais homme fut attendu, et votre absence me donne lieu de porter contre vous une accusation de haute trahison, de renonciation à votre foi jurée. Sûrement vous n'avez pas assez de présomption pour prétendre à l'indépendance, tel qu'un des nouveaux monarques de la façon de Buonaparte, comme si votre grandeur était votre ouvrage, et que je vous eusse ramassé de préférence à tout autre, dans le café de *Saint-James*, pour faire vos affaires et non les miennes. Oubliez donc tout ce qui peut vous occuper en ce moment, soit une riche douairière à amuser, soit quelques pigeonneaux à plumer, et partez à l'instant pour venir me joindre ici, où je puis avoir besoin de votre assistance d'un moment à l'autre. *Je puis*, ai-je dit! Oui, ma foi! le plus négligent des amis et des alliés, j'en ai déjà eu besoin, et cela dans une circonstance où vous auriez pu me rendre le service le plus signalé.

« Sachez donc que j'ai eu une affaire depuis mon arrivée à Saint-Ronan ; j'ai été blessé, j'ai presque tué mon ennemi ; et si cela fût arrivé, j'aurais pu être pendu, faute d'Harry Jékyl pour rendre témoignage en ma faveur. J'étais en chemin pour me rendre ici, quand ne me souciant pas, pour certaines raisons, de passer par le vieux village, je pris un sentier de traverse dans le bois qui le sépare de ce qu'on appelle le nouveau Spa, laissant ma voiture et mes gens suivre la route ordinaire. Je n'avais guère fait qu'un demi-mille, quand j'entendis le bruit des pas de quelqu'un qui marchait derrière moi. Je me retournai ; et qui croyez-vous que je vis ? L'homme que je hais et que je déteste le plus cordialement dans le monde entier ; je veux dire la tête qui se trouve sur les épaules de notre très-féal et très-amé cousin et conseiller, Saint-Francis. Il parut aussi surpris que je l'étais de cette rencontre imprévue, et il se passa une minute avant qu'il pût recouvrer assez de présence d'esprit pour me demander ce que je faisais en Ecosse, au mépris de ma promesse, comme il lui plut de dire. Je rétorquai son argument, et lui reprochai d'y être lui-même en contravention à la sienne. Il se justifia en disant qu'il n'y était venu que d'après un avis formel qu'il avait reçu que j'étais en route pour Saint-Ronan. Cependant, Harry, comment diable aurait-il pu le savoir si vous aviez été discret ? car il est bien sûr que vous êtes le seul à qui j'aie dit le moindre mot de mes projets. Ensuite, avec cet air de supériorité insolente qu'il fonde sur ce qu'il appelle la droiture de ses intentions, il me proposa de nous éloigner tous deux d'un endroit où nous ne pourrions apporter que douleur et infortune.

« Je vous ai dit combien il est difficile de résister au ton calme et résolu dont le diable le doue en de pareilles occasions ; mais pour cette fois j'étais déterminé à ne pas lui laisser les honneurs du triomphe. Je ne vis pour cela d'autre moyen à employer que de me mettre dans une colère fulminante, ce que, grace au ciel, je suis toujours en état de faire à volonté. Je l'accusai d'avoir abusé de ma jeunesse pour m'en imposer et se constituer juge de mes droits ; j'employai en lui parlant les termes les plus ironiques et les plus méprisans, et je lui demandai satisfaction à l'instant. J'avais sur moi, et pour cause, mes pistolets de voyage ; et, à ma grande surprise, il avait aussi les siens. Cependant, pour que les armes fussent égales, je lui fis prendre un des miens, vrais *kuchenritters* [1], avec une couple de balles dans chacun ; mais j'oubliai cette circonstance. Il voulait argumenter de nouveau ; je pensai, comme je pense encore, que les meilleurs argumens à échanger entre nous devaient sortir du canon d'un pistolet, ou être soutenus à la pointe de l'épée. Nous tirâmes presque en même temps, et je crois que nous tombâmes tous deux. Quant à moi, je suis sûr que je tombai ; mais je ne fus pas plus d'une minute à me relever, ayant une blessure au bras, et une égratignure à la tempe qui fut cause de l'étourdissement momentané que j'éprouvai. Voilà ce qu'on gagne à charger ses pistolets à deux balles. A mon grand étonnement, mon adversaire était devenu invisible ; il ne me resta donc qu'à me rendre pédestrement au village de la Source, où j'arrivai saignant comme un veau, et où je fus obligé d'inventer une histoire lamentable et ridicule d'un voleur de grand chemin ; histoire que, sans ma qualité de comte et le sang dont j'étais couvert, personne n'aurait voulu croire.

« Peu de temps après, lorsque j'eus été installé dans la chambre qui devait me servir d'hôpital, j'eus la mortification d'apprendre que ma précipitation m'avait occasioné tout ce désagrément dans un instant où j'avais la chance d'être débarrassé de mon cher ami par un tiers.

---

[1] Nom d'un armurier de renom. — Ed.

Je n'avais pour cela qu'à le laisser continuer sa route. Il paraît qu'il avait ce matin-là un rendez-vous avec un stupide baronnet qu'on dit excellent tireur, et qui m'aurait peut-être délivré de Saint-Francis sans que je courusse aucun risque. Quoi qu'il en soit, son défaut de comparution à ce rendez-vous a mis M. Frank Tyrrel, comme il lui plaît de se nommer, en fort mauvaise odeur auprès de ces bonnes gens des eaux, qui l'ont dénoncé et affiché comme lâche et poltron.

« Je ne sais trop que penser moi-même de cette affaire ; et j'ai grand besoin de vous pour savoir ce que peut être devenu ce cher ami qui, comme un spectre de mauvais augure, a si souvent contrarié et fait avorter mes plans les plus heureux ; car, pour moi, ma blessure me condamne à l'inaction, quoiqu'elle commence à se guérir. Il ne peut être mort, car s'il avait reçu une blessure mortelle, nous en aurions entendu parler de manière ou d'autre ; il ne peut s'être évanoui en l'air comme une bulle de savon, et il est impossible qu'il soit sain et bien portant, car je suis sûr que je l'ai vu chanceler et tomber en tirant son coup. D'ailleurs je le connais assez pour pouvoir jurer que, s'il n'eût été dangereusement blessé, il m'eût d'abord tourmenté de son odieuse personne et de ses maudites offres de secours, et il aurait été ensuite, avec son sang-froid ordinaire, régler son compte avec sir Bingo Binks. Non, non, Saint-Francis n'est pas de ces gens qui laissent de pareilles affaires à mi-chemin. Il faut lui rendre la justice de dire qu'il a le courage du diable pour soutenir sa froide impertinence. Mais pourtant, s'il est blessé dangereusement, il doit être dans les environs, et probablement il se tient caché. C'est ce qu'il faut que je découvre, et j'ai besoin de votre aide pour faire des enquêtes parmi les naturels du pays. Hâtez-vous donc d'arriver, Harry, si vous voulez continuer à compter sur moi.

« Un bon joueur qui a de mauvaises cartes cherche toujours à en tirer le meilleur parti possible. J'ai donc tâché de mettre à profit ma blessure, et elle m'a fourni les moyens de mettre monsieur le frère dans mes intérêts. Vous avez raison de dire qu'il est important pour moi de connaître le caractère de ce nouvel acteur qui paraît sur la scène tumultueuse de mes aventures. Sachez donc que c'est le plus incongru de tous les monstres; un fat écossais, et vous pouvez juger à quelle distance il se trouve de la fatuité à la mode. Chaque trait de caractère national s'oppose aux prétentions de ces êtres infortunés quand ils essaient de jouer un rôle qui paraît si facile et si naturel à leurs frères de l'île des Saints. Ils sont rusés à la vérité, mais si dépourvus d'aisance, de graces, de liant et de manières, qu'ils semblent toujours souffrir mort et martyre quand ils veulent prendre un ton d'insouciance et de légèreté. Ensuite ils sont forcés de reculer à chaque pas, ici par l'orgueil, là par la pauvreté; une fois par la pédanterie, une autre par la mauvaise honte. Avec tant d'obstacles qui leur barrent le chemin, il est positivement impossible qu'ils arrivent au but. Oui, Harry, il n'y a que les gens graves qui doivent craindre une invasion calédonienne; ils ne feront jamais de conquêtes dans l'empire de la mode. Ils peuvent être excellens banquiers, car ils sont éternellement à calculer comment ils pourront ajouter l'intérêt au capital; bons soldats, car si ce ne sont pas des héros, comme ils voudraient en avoir le renom, ils sont, je crois, aussi braves que leurs voisins, et plus faciles à discipliner; hommes de loi très-ergotés, ils le sont de naissance, comme par instinct : chaque gentilhomme campagnard est élevé dans la pratique, et leur caractère patient et rusé leur rend faciles, dans tous les états, les épreuves que d'autres ne pourraient supporter, et les met à même de profiter de certains avantages que d'autres verraient passer inutilement sous leur nez. Mais assurément le ciel n'a pas créé le Calédonien pour briller dans la sphère du bon ton, et ses efforts pour montrer de l'aisance, de la grace et de la gaieté ne ressemblent qu'aux gambades gauches et maladroites de l'âne de la fable. Cependant il a aussi sa sphère, seulement dans son pays, où le caractère qu'il emprunte passe pour monnaie courante. Ce Mowbray, par exemple, ce mien beau-frère, jouerait assez bien son rôle dans une assemblée, dans quelque coin du nord, ou aux courses de Leith; il pourrait y donner cinq minutes à l'amusement du jour, et la demi-heure d'ensuite à une discussion sur la politique ou sur l'exploitation d'une ferme; mais il est inutile de vous dire que tout cela ne serait pas reçu comme argent comptant sur la rive méridionale de la Tweed.

« Et cependant, malgré tout ce que je vous ai dit, cette truite n'a pas facilement mordu à l'hameçon. Je n'aurais pas même fait grand'chose de lui si, dans son amour-propre septentrional, il ne se fût avisé de me prendre pour un oison facile à plumer; idée que vous avez imaginée, gloire à votre imagination inspiratrice! de lui faire insinuer par le moyen de Wolverine. — Il se mit donc à l'œuvre, plein d'espoir : il vint à l'abordage; mais, comme vous devez l'avoir prévu, il rencontra un corsaire qui le força lui-même à amener. Vous jugez bien que je n'usai de ma victoire qu'autant qu'il le fallait pour m'assurer qu'il manœuvrait de conserve avec moi pour me faire entrer dans le port vers lequel je vogue à pleines voiles. Cependant je pus voir que l'orgueil de mon homme souffrait tellement dans le cours de cette négociation, que tous les avantages que le mariage offrait à sa maudite famille ne suffiraient pas pour dissiper le chagrin que lui inspirait sa défaite. Il l'avala pourtant, et nous sommes, du moins quant à présent, amis et alliés; mais pas assez, après tout, pour que je me sois décidé à lui confier dans tous ses détails une histoire étrangement compliquée. Il était indispensable de lui parler du testament, afin d'avoir un motif suffisant pour presser la conclusion de l'affaire, et cette confidence partielle m'épargne en ce moment la nécessité de lui en faire d'autres.

« Vous ferez attention que je ne suis encore sûr de rien. Indépendamment de la réapparition de mon cher cousin, événement certain, à moins qu'il ne soit plus mal que je n'ose l'espérer, j'ai peut-être à m'attendre à une répugnance fantasque de la part de Clara elle-même, ou à quelque bourrasque de la part de son frère. En un mot, et que ce mot soit aussi puissant que celui par lequel un sorcier fait paraître le diable,—Harry Jékyl, j'ai *besoin* de vous.

« Connaissant parfaitement le caractère de mon ami, je puis l'assurer qu'en se rendant ici, comme son devoir l'exige, il consultera son propre intérêt autant que le mien. Il s'y trouve un balourd, dont j'ai déjà parlé, sir Bingo Binks, qui peut mériter que vous exerciez votre savoir-faire sur lui, quoiqu'il soit à peine digne du mien. C'est un véritable butor ; et, quand je suis arrivé ici, il était sous la couleuvrine de Mowbray. Mais le maladroit Ecossais lui a tiré une demi-douzaine de plumes de l'aile avec si peu de précaution, que le baronnet s'est effarouché ; il est en ce moment en rébellion ouverte contre le laird, qu'il déteste autant qu'il le craint. Que votre main savante lui prête un peu d'appui, et le pigeon est à vous, plumes, chair et os. D'ailleurs

> Sur ma vie !
> De ce Bingo la femme est fort jolie.

Une femme aimable, Harry, rondelette, une taille un peu au-dessus de la moyenne, tout-à-fait à votre goût, une Junon en beauté, qui jette de tels regards de dédain sur un mari qu'elle hait et qu'elle méprise, et qui a l'air de vouloir en jeter de si différens sur quiconque elle pourrait préférer, que, sur ma foi, ce serait un péché que de ne pas lui en fournir l'occasion. S'il vous plaît de tenter fortune près du chevalier ou de la dame, vous aurez le champ libre, et je n'irai pas sur vos brisées, c'est-à-dire si vous arrivez sur ce mandat de comparution, sans quoi il est possible que les affaires du chevalier et celles de la dame me tombent sous la main. Ainsi donc, si vous voulez profiter de cet avis, dépêchez-vous d'arriver, autant pour votre intérêt que pour le mien.

« Je suis, Harry, suivant que vous vous conduirez, votre, etc.,

« Etherington [1]. »

Ayant terminé cette épître aussi éloquente qu'instructive, le jeune comte appela Solmes son valet de chambre, et lui ordonna de la porter à la poste sur-le-champ, et de la mettre dans la boîte de sa propre main.

CHAPITRE XX.

TABLEAUX DRAMATIQUES [2].

« La pièce est l'objet en question. »
Hamlet.

Il était enfin arrivé ce grand jour dont les apprêts depuis quelque temps avaient occupé toutes les pensées et fait le sujet de toutes les conversations aux eaux de Saint-Ronan. Pour que la fête eût à la fois un air de nouveauté et d'importance, lady Pénélope Penfeather avait suggéré depuis long-temps à Mowbray l'idée que les personnes de la compagnie douées de quelques talens en ce genre pourraient contribuer à l'amusement des autres en jouant quelques scènes prises dans différentes pièces, exercice

---

[1] On ne saurait s'empêcher de remarquer ici que cette lettre est une imitation du style des épîtres de Lovelace à Belfort. — Ed.

[2] Les allusions toutes littéraires de ce chapitre ne seront peut-être bien comprises que des lecteurs de Shakspeare : la pièce *du Songe d'une nuit d'été* devra surtout leur être familière. — Ed.

dans lequel son amour-propre l'assurait qu'elle ne pouvait manquer de briller. Mowbray, qui semblait en cette occasion avoir entièrement abandonné les rênes entre les mains de Sa Seigneurie, ne fit aucune objection au projet qu'elle proposait, et se borna à dire qu'en ce cas il faudrait que les avenues et les charmilles du jardin des Shaws servissent de théâtre et de décorations, car l'époque trop rapprochée de la fête ne permettrait pas de disposer une salle pour cette représentation. Mais lorsqu'il en fut question dans la société, ce plan échoua contre la difficulté ordinaire, celle de trouver des acteurs qui voulussent se charger des rôles subalternes. On avait plus de candidats qu'il n'en fallait pour les premiers rôles, mais c'était tout le contraire pour les autres; et si l'on réussissait, à force de cajoleries, à déterminer quelques personnes sans ambition à se charger des emplois secondaires, il y avait parmi elles des mémoires si mauvaises, des mémoires si courtes, des mémoires si traîtresses, qu'enfin, et de désespoir, on renonça à ce projet [1].

On en discuta un autre que lady Pénélope proposa en place du premier. C'était de jouer ce que les Italiens appellent une comédie de caractère, c'est-à-dire non pas une pièce dans laquelle les acteurs débitent leurs rôles tels que l'auteur les a préparés, mais un drame dont le canevas seulement est proposé, dont quelques scènes les plus frappantes sont convenues d'avance, et dont les acteurs fournissent le dialogue *ex tempore*, ou, comme dit Petruchio [2], *avec l'esprit de leur mère*. Cet amusement est fort en vogue en Italie, surtout à Venise, où les divers caractères du drame ont été fixés depuis long-temps et sont descendus jusqu'à nos jours par tradition : cette espèce de pièce de théâtre, quoique appartenant plutôt à la farce qu'à la comédie, se distingue par le nom de *comedia*

---

[1] Il y a dans ce paragraphe l'indication du joli proverbe de M. Théodore Leclercq, intitulé *la Manie des Proverbes*. — Ed.

[2] Personnage de *la Femme mise à la raison*, de Shakspeare. — Ed.

del arte ¹. Mais ces sortes de jeux, dans lesquels chacun paie de sa personne, par l'esprit ou par cette sorte de causerie libre qui en tient lieu, contrarient encore plus la *fausse honte* anglaise que la représentation régulière d'un drame dont l'auteur seul, responsable du style et des idées, ne laisse aux acteurs que l'embarras du débit et de l'action.

Quoique ayant échoué dans ses deux premiers projets, l'esprit ardent et actif de lady Pénélope, toujours courant après la nouveauté, en produisit un troisième qui eut plus de succès. C'était de réunir un certain nombre de personnes portant des costumes convenables, et formant un groupe, pour représenter des personnages historiques ou dramatiques, dans quelque scène bien connue, tirée de l'histoire ou de quelque pièce de théâtre. Dans cette représentation, qu'on pouvait nommer un tableau, on n'exigeait ni action, ni pantomime; tout ce qu'avaient à faire les acteurs, c'était de composer un groupe dans lequel on pût reconnaître quelque scène facile à se rappeler, et prise dans un instant où les personnages sont comme en repos, et n'ont ni à parler ni à agir. Pour former cette espèce de tableau dramatique, il ne fallait mettre à contribution ni l'esprit ni la mémoire de ceux qui y prendraient des rôles; et ce qui rendait ce projet encore plus agréable à la bonne compagnie, c'était qu'il n'y avait pas de différence marquée entre le héros, l'héroïne du groupe et les personnages moins distingués qui les environnaient. Quiconque avait confiance dans les graces de son extérieur et dans un costume soigné, pouvait, sans se trouver dans un jour aussi brillant et aussi favorable que les principaux acteurs, avoir quelque espoir d'attirer à soi une bonne part de l'attention et des applaudissemens. Les personnes de la compagnie furent donc invitées à se munir de cos-

---

(1) Voyez l'ouvrage si intéressant de M. William Rose, sur le nord de l'Italie, vol. 1ᵉʳ, lettre XXX, où ce sujet est traité avec tout le savoir et toute la précision qui distinguent cet auteur accompli. — W. S.

tumes convenables et à se former en groupes qui pourraient se renouveler et varier autant de fois qu'on le jugerait convenable. La proposition fut adoptée comme une idée brillante qui donnait à chacun une partie de l'importance attachée au succès.

Mowbray, de son côté, promit d'imaginer quelque arrangement pour séparer, dans ce drame muet, les spectateurs des acteurs, et pour donner à ceux-ci les moyens de varier les amusemens, en se retirant derrière la scène pour s'y remontrer ensuite sous de nouvelles combinaisons. Ce projet de représentation, où de riches costumes et des attitudes affectées dispensaient de recourir à l'imagination et au talent, plut infiniment à la plupart des dames; et lady Binks elle-même, dont l'humeur paraissait à l'épreuve de tous les efforts qu'on faisait pour l'égayer, accueillit ce plan, avec une parfaite indifférence à la vérité, mais d'un air moins boudeur que de coutume.

Il ne fut plus question que de mettre en réquisition le cabinet de lecture établi dans le village de la Source, afin d'y chercher quelque pièce assez célèbre pour commander l'attention, et dont quelques scènes au moins fussent favorables à l'exécution de l'idée de lady Pénélope. On feuilleta tour à tour le Théâtre anglais de Bell [1], le Théâtre ancien et moderne de Miller [2], et une vingtaine de volumes dans lesquels les tragédies et les comédies se trouvaient placées sans choix ni arrangement, comme des voyageurs dans une diligence. Mais lady Pénélope se déclara hautement pour Shakspeare, comme l'auteur dont les ouvrages immortels étaient présens au souvenir de tout le monde. Shakspeare eut donc la préférence, et LE SONGE D'UNE NUIT D'ÉTÉ fut celle de ses pièces qu'on choisit, comme offrant la plus grande variété de caractères, et

---

(1) *Bell's British theatre*, collection in-18, avec vignettes et figures. — ED.

(2) *Ancient and modern drama* : c'est un choix de chefs-d'œuvre de la scène anglaise depuis son origine jusqu'à nos jours. Ce recueil, dont Walter Scott a été l'éditeur, est divisé en tragédies, comédies, opéras, etc.; il forme 4 vol. in-8, compactes. — ED.

par conséquent devant produire plus d'effet dans le tableau qu'on voulait présenter. Toute la compagnie rivalisa d'activité pour se procurer dans les environs, s'il était possible, soit des exemplaires détachés de cette comédie, soit le volume des œuvres de Shakspeare dans lequel elle se trouve; car, quoique lady Pénélope déclarât que quiconque savait lire connaissait son Shakspeare par cœur, il paraît que la société réunie aux eaux de Saint-Ronan n'était guère familière avec les pièces de cet auteur qui ne sont pas restées au théâtre, à l'exception du petit nombre de ceux qu'on aurait pu nommer lecteurs par excellence.

La distribution des rôles fut le sujet de considération qui s'offrit ensuite, dès que ceux qui avaient dessein de représenter un personnage se furent rafraîchi la mémoire en lisant la pièce. Le rôle de Thésée fut abandonné à Mowbray d'une voix unanime; celui qui donnait la fête avait un droit incontestable à représenter le duc d'Athènes. Le costume d'Amazone, un casque et un panache; un corset, et une ceinture de soie bleu de ciel serrée par une boucle enrichie de diamans, firent agréer à lady Binks le rôle d'Hippolyte [1]. La taille de miss Mowbray, plus élevée que celle de lady Pénélope, rendit indispensable de lui laisser celui d'Hélène [2], et Sa Seigneurie fut obligée de se contenter du personnage un peu boudeur d'Hermia [3]. On avait résolu, par politesse, de donner au jeune comte d'Etherington le rôle de Lysandre [4]; mais Sa Seigneurie, préférant le comique au pathétique, ne voulut se charger que de celui du magnanime Bottom [5], et il donna un échantillon si heureux de la manière dont il s'en acquitterait, que chacun fut enchanté de la condescendance qu'il

---

(1) Reine des Amazones. — ED.
(2) Amante de Démétrius. — ED.
(3) Fille d'Egée, amante de Lysandre. — ED.
(4) Amant d'Hermia. — ED.
(5) Amateur dramatique jouant le principal rôle dans Pyrame et Thisbé, tragédie burlesque qu'on représente devant Thésée. — ED.

montrait en consentant à faire connaître le représentant de Pyrame.

Le rôle d'Egée [1] fut assigné au capitaine Mac Turk, dont l'obstination à refuser de paraître sous tout autre costume que celui des montagnards d'Ecosse pensa tout déranger. Enfin, on surmonta cet obstacle, grace à l'autorité de Childe-Harold [2], qui fait remarquer la ressemblance qui existe entre ce costume et celui des Grecs modernes, et il fut décidé que le *kilt* [3] en tartan bariolé du clan de Mac Turk serait la tunique d'un montagnard grec; qu'Egée serait un Maniote, et que le capitaine représenterait Egée.

Chatterly et le peintre, tous deux promeneurs par profession, consentirent à se charger des rôles des deux amans athéniens, Démétrius et Lysandre; et M. Winterblossom, après s'être long-temps excusé, promit enfin, grace au présent que lui fit lady Pénélope d'un camée antique, ou supposé tel, de jouer le rôle de Philostrate, surintendant des fêtes de Thésée, pourvu que sa goutte lui permît de rester assez long-temps sur le gazon qui devait servir de théâtre.

Des pantalons de mousseline brodée en paillettes, un énorme turban de gaze d'argent, des ailes de même étoffe et des pantoufles brodées firent tout d'un coup de miss Maria Diggs, Oberon, roi des Fées, dont la dignité suprême n'était pourtant qu'imparfaitement représentée par la gaieté un peu folle d'une jeune fille, et par le plaisir irrésistible qu'elle montrait à se voir un si brillant costume. Sa sœur, encore plus jeune qu'elle, fut chargée du rôle de Titania [4]; et l'on trouva des fées subalternes dans les différentes familles qui étaient aux eaux, les mères voyant avec plaisir leurs enfans figurer sous un costume

---

(1) Père d'Hermia. — Ed.

(2) Dans les notes du chant II de *Childe-Harold*, lord Byron dit qu'il fut frappé, à la vue d'un Albanien, de l'analogie de son costume avec celui du montagnard écossais. — Ed.

(3) Jupon court porté par les montagnards d'Ecosse. — Ed.

(4) Reine des Fées, appelée plus familièrement *la reine Mab*. — Ed.

avantageux, quoiqu'elles secouassent la tête en remarquant les pantalons de miss Diggs et la jambe droite que lady Binks exposait à la vue du public, grace à son costume d'Amazone.

On eut recours au docteur Quackleben pour le rôle de la Muraille [1], qu'il remplit à l'aide d'un de ces écrans, vulgairement dits chevaux de bois, dont on se sert pour sécher le linge. Celui du lion fut donné au procureur. Les autres personnages de la pièce de Bottom se trouvèrent aisément parmi les personnes qui étaient aux eaux, et que nous n'avons pas eu occasion de nommer. On fit gaiement maintes répétitions en costume, et chacun assura que tout irait à ravir.

Mais toute l'éloquence du docteur même échoua quand il entreprit de faire une Thisbé de mistress Blower, dont on avait particulièrement besoin pour ce rôle.

— La vérité, dit-elle, c'est que John Blower, le brave homme! à qui, comme à tous les marins, il fallait toujours quelque frasque, me mena une fois voir une certaine mistress Siddons. Je crus que nous serions étouffés avant de pouvoir entrer, et ma pauvre robe fut déchirée à la taille, sans compter les quatre beaux shillings blancs comme un lis qu'il nous en coûta. Nous vîmes paraître trois vieilles effrayantes, avec des balais, qui voulaient ensorceler la femme d'un marin [2] : j'en eus bientôt assez et je voulus m'en aller. John Blower y consentit; mais nous eûmes une autre bataille à livrer pour sortir. Milady *Penfeller* et tout ce beau monde peuvent faire ce qu'il leur plaît, mais moi, docteur *Cakcleben;* je crois que c'est un blasphème que de nous montrer autrement que notre Créateur nous a faits.

— Vous êtes dans l'erreur, ma chère mistress Blower, répondit le docteur, dans la plus grande erreur possible.

---

(1) Dans la tragédie burlesque de Pyrame et Thisbé, c'est un acteur qui représente la muraille séparant les deux amans. — Ed.

(2) Macbeth. — Ed.

Il ne s'agit de rien de sérieux ; ceci n'est qu'un *placebo*, rien qu'un divertissement pour égayer l'esprit et aider l'effet des eaux ; la gaieté contribue beaucoup à la santé.

—Ne me parlez pas de santé, docteur *Kittlepin;* croyez-vous que la santé de ce pauvre capitaine Mac Turk s'en trouvera mieux parce qu'il s'habille, par une matinée froide, comme ces mannequins [1] qu'on voit à la porte des boutiques de tabac, et qu'il montre ses jambes flétries, bleues comme une tête de bleuet? Quant à moi, je frissonne rien qu'à le voir. Et vous-même, docteur, quel plaisir pouvez-vous trouver à vous promener le dos caché par un écran couvert de papier, et peint comme un mur en briques et en plâtre? Croyez-vous que vous vous en porterez mieux? Non, docteur *Kittlepin*, je n'irai pas voir toutes leurs vanités; et, s'il n'y a pas quelqu'un de décent pour prendre soin de moi, comme je n'aime pas à rester seule toute une soirée, j'irai passer celle-là chez M. Sowerbrowst, le marchand de drèche ; c'est un homme agréable, sensé, et qui est sur un bon pied dans le monde.

—Au diable soit Sowerbrowst! pensa le docteur; si j'avais cru le rencontrer ainsi sur mon chemin, je ne l'aurais pas si promptement guéri de sa dyspepsie. — Ma chère mistress Blower, dit-il à la veuve, il y a bien un grain de folie dans cette affaire, il faut que j'en convienne ; mais il a été décidé que tout ce qu'il y a de gens comme il faut aux eaux se trouveraient à cette représentation ; on ne parle que de cela dans tout le pays depuis un mois, et il se passera plus d'un an avant qu'on l'oublie. Si vous ne faisiez pas comme les autres en cette occasion, mistress Blower, réfléchissez à tous les *qu'en dira-t-on* qui en résulteraient. Personne ne croira que vous ayez reçu une carte d'invitation, quand même vous la suspendriez à votre cou, comme une étiquette à une fiole de pharmacie.

—Si vous croyez cela, docteur *Kirckherben,* dit la veuve

---

(1) Les marchands de tabac, en Angleterre, ont souvent pour enseigne un montagnard écossais. — Tr.

alarmée à l'idée du risque qu'elle courait de déchoir de sa considération, j'irai voir cette mascarade comme les autres. S'il y a honte et péché à cela, la honte et le péché retombent sur ceux qui en sont cause. Mais je ne mettrai pas leurs déguisemens papistes, moi qui ai vécu; je ne dirai pas combien d'années, à North-Leith, tant comme fille que comme femme, et qui ai une réputation à conserver parmi les saints et parmi les pécheurs. Mais, puisque vous allez faire de vous un mur de pierres et de ciment, docteur *Kickinben*, qui prendra soin de moi, si je me trouve mal?

— Si telle est votre détermination, ma chère mistress Blower, je renoncerai au rôle de la Muraille. Milady doit prendre ma profession en considération. Elle doit faire attention que mon devoir est de m'occuper de mes malades, de préférence à toutes les comédies; et, pour veiller à une santé comme la vôtre, mistress Blower, je sacrifierais le théâtre tout entier, depuis Shakspeare jusqu'à O'Keeffe [1].

Une résolution si magnanime soulagea considérablement le cœur de la veuve, car elle aurait probablement considéré la persévérance du docteur dans un plan qu'elle avait hautement marqué du sceau de sa désapprobation, comme une espèce de renonciation. En conséquence, par suite d'un arrangement qui eut le bonheur de convenir à toutes les parties, il fut convenu que le docteur accompagnerait sa chère veuve au château des Shaws sans masque et sans costume, et que l'écran dont son dos devait être chargé passerait sur les larges épaules d'un avocat sans causes, très-propre à jouer le rôle de la Muraille, puisqu'il avait la tête plus dure que le mur le plus solide.

Nous ne nous arrêterons pas à décrire les divers travaux de corps et d'esprit qui occupèrent toute la compagnie pendant le temps qui s'écoula entre l'époque où tous ces arrangemens furent définitivement arrêtés, et le jour où

---

(1) Auteur dramatique né en Irlande.

ils devaient être mis à exécution. Nous n'essaierons pas de peindre comment les plus riches personnages employèrent le secours des missives et des exprès pour faire des recherches dans la *Galerie de la Mode*, afin d'y trouver les plus beaux échantillons de parure orientale; comment ceux qui n'avaient pas de diamans y suppléèrent par des pierres de Bristol; comment les marchands du pays perdirent patience en s'entendant demander des marchandises dont ils ne connaissaient pas même le nom; enfin, comment les dames les plus économes changèrent des fichus en turbans, métamorphosèrent des cotillons en pantalons, et taillèrent, rognèrent et gâtèrent de bonnes robes et de beaux jupons pour en faire quelque chose qui ressemblât à une draperie antique. Qui pourrait décrire les merveilles que produisirent des aiguilles infatigables et des ciseaux bien affilés, à l'aide du fil et du dé, sur de la gaze d'argent et de la mousseline lamée, et la manière dont les belles nymphes des eaux de Saint-Ronan réussirent, sinon à se donner tout-à-fait la ressemblance de Grecques païennes, du moins à perdre l'air de chrétiennes raisonnables?

Il n'est pas plus nécessaire d'appuyer sur les divers moyens que tout le beau monde employa pour se transporter du nouveau Spa au château des Shaws. Ils différèrent suivant la fortune et les prétentions de chacun de ceux qui s'y rendirent. On y vit depuis le char élégant du lord, avec des coureurs en avant, jusqu'à l'humble charrette chargée des personnages les moins importans. Les deux chaises de poste de l'hôtel furent mises en réquisition, et elles firent tant de fois le chemin du nouveau village au château, qu'elles semblaient changées en diligences. Ce fut un jour de bonheur pour les postillons et de malheur pour les chevaux de poste, tant il est rare que le même événement affecte de la même manière, soit en bien, soit en mal, toutes les classes d'une société, quelle qu'en puisse être la constitution.

Dans le fait, la disette de voitures était si grande qu'on s'adressa même, en toute humilité, à Meg Dods, pour qu'elle voulût bien, pour ce jour seulement, et attendu l'urgence, louer son vieux wisky pour faire quelques voyages au château des Shaws. Mais un vil intérêt ne pouvait l'emporter, dans l'esprit intrépide de Meg, sur son animosité contre ses voisins de l'odieuse mare. Sa voiture, répondit-elle, était retenue par son hôte et le ministre, et du diable si elle servait à quelque autre ; il fallait que chaque hareng fût pendu par sa tête.

En conséquence, à l'heure convenable, on vit sortir de chez elle le fameux wisky, dans lequel, caché avec soin par les rideaux de cuir, pour se dérober à la vue de tout le fretin du vieux village, était assis le nabab Touchwood, en costume de négociant indien ou de *shroff*, comme on les appelle. M. Cargill n'aurait peut-être pas été si ponctuel, si des messages que son ami lui avait envoyés coup sur coup pendant la matinée, et qui s'étaient suivis comme les morceaux de papier que les enfans font monter à la corde de leur cerf-volant, ne lui eussent donné tant d'alertes, que M. Touchwood le trouva prêt à partir. Le wisky n'attendit pas à la porte du presbytère plus de dix minutes, temps que le digne ministre employa à chercher ses lunettes, qu'il découvrit enfin sur son nez.

Assis à côté de son nouvel ami, M. Cargill arriva sans accident au château des Shaws. La porte en était entourée par un groupe de marmots poussant des cris assourdissans, et tellement transportés de joie et de surprise en voyant les figures étranges qui descendaient de chaque voiture, que la mine rébarbative et la voix bien connue du bedeau Johnie Tirlsneck, mis en réquisition pour leur imposer, ne pouvaient venir à bout de les réduire au silence. Ces petits intrus si bruyans, qu'on croyait favorisés sous main par Clara Mowbray, étaient exclus de la cour, au fond de laquelle s'élevait le château, par deux palefreniers armés de longs fouets, et ils ne pouvaient saluer de leurs acclamations perçantes chaque personnage, que le long d'une petite avenue qui conduisait de la porte extérieure à celle du château.

Leurs cris joyeux redoublèrent quand ils virent paraître le nabab et le ministre : le premier méritait ces acclamations par l'aisance avec laquelle il portait son turban blanc : le second excitait la surprise parce qu'il ne se montrait que rarement en public, et en donnant le spectacle singulier d'un ministre de l'église presbytérienne d'Ecosse, portant un habit d'une coupe si antique qu'on en chercherait en vain un semblable dans l'assemblée générale du clergé, donnant familièrement le bras à un négociant indien. Les deux amis s'arrêtèrent un moment à la porte extérieure, pour admirer la façade du vieux château où allait se passer une scène de gaieté, telle qu'il n'en avait pas vu depuis long-temps.

Le château des Shaws, quoique décoré du nom de château, n'offrait aucune apparence de fortification; et cet édifice n'avait jamais été construit que pour l'habitation d'une famille paisible. La façade en était peu élevée, et chargée de quelques ornemens de mauvais goût, qui réunissaient, ou plutôt confondaient les genres d'architecture grecque et gothique, comme c'était l'usage sous les règnes de Jacques VI, roi d'Ecosse, et de son malheureux fils. La cour formait un petit carré, dont deux côtés étaient occupés par les bâtimens à l'usage de la famille, et le troisième par les écuries, seule partie de tout l'édifice qui fût en très-bon état, M. Mowbray ayant eu soin d'y faire faire toutes les réparations nécessaires. Le quatrième côté du carré était fermé par un mur d'abri, dans lequel était ouverte une porte en face de l'avenue.

Au total, c'était un genre de construction qu'on peut retrouver encore aujourd'hui en Ecosse sur ces anciens domaines où la rage de donner à leur habitation un air de parc n'a pas déterminé les propriétaires à abattre les vénérables murailles que leurs pères avaient fait élever pour abriter leurs demeures, et à ouvrir le passage au vent glacial du nord-est. On pourrait comparer cette manie aux prétentions d'une vieille fille de cinquante ans, qui se gèle pour les beaux yeux du public en lui montrant ses bras décharnés, son cou ridé et son sein flétri [1].

Une porte à deux battans, que l'hospitalité tenait ouverte en cette occasion, admettait la compagnie dans un vestibule bas et mal éclairé, où Mowbray en personne, portant le costume de Thésée, mais n'ayant encore ni panache, ni manteau ducal, se tenait pour recevoir ses hôtes, et indiquer à chacun d'eux où il devait se rendre. Ceux qui avaient un rôle à jouer dans la représentation du jour étaient conduits dans un vieux salon destiné à servir de foyer, et communiquant à des appartemens situés sur la droite, où l'on avait disposé à la hâte tout ce qui pouvait être nécessaire pour compléter les toilettes. Ceux qui ne devaient être que spectateurs passaient dans une grande salle sur la gauche, presque sans meubles, ayant autrefois servi de salle à manger. Une porte vitrée, garnie d'un store, servait de communication de cet appartement au jardin, où l'on voyait un grand nombre d'ifs et de houx que le vieux jardinier avait encore soin de tailler et d'entretenir d'après les principes qu'un Hollandais a jugé à propos de consacrer dans un poëme didactique sur l'*Ars topiaria*.

Un site pittoresque au milieu duquel se trouvait une belle pelouse de gazon et entouré de grandes haies taillées en murailles, avait été choisi comme le local le plus convenable pour la représentation des tableaux dramatiques. D'abord un terrain couvert de verdure, et montant en colline, offrait un emplacement propice pour placer des sièges pour les spectateurs, qui dominaient complètement sur ce théâtre champêtre; car on avait sacrifié tous les arbrisseaux dont le feuillage eût intercepté la vue. Des

---

(1) Ridicule très-commun dans les bals anglais. — Éd.

paravens, que des domestiques avaient ordre d'enlever au moment convenable, devaient produire le même effet que le lever de la toile dans un spectacle. Une allée couverte en treillage, qui, traversant une autre partie du jardin, aboutissait à une porte ouverte dans l'aile droite du bâtiment, semblait avoir été faite exprès pour servir de communication entre le théâtre et le foyer, d'où les acteurs pouvaient venir sans être aperçus des spectateurs. Des arrangemens aussi commodes avaient même décidé les artistes amateurs, ou du moins ceux qui remplissaient les fonctions de directeurs, à donner plus d'étendue à leur premier plan ; et, au lieu d'offrir aux spectateurs un seul groupe, suivant leur intention primitive, ils se trouvèrent en état d'en présenter trois ou quatre, choisis et arrangés dans différentes scènes de la même pièce ; ce qui devait prolonger et varier le divertissement, et ce qui en outre avait l'avantage de séparer les scènes tragiques des scènes comiques, et de les faire contraster ensemble.

On se promena quelque temps dans le jardin, mais il n'offrait guère d'intérêt pour personne. Après avoir reconnu divers individus qui, se prêtant à l'humeur du jour, étaient arrivés déguisés en chanteurs de ballades, en marchands forains, en bergers, en montagnards, etc., chacun commença à se diriger vers l'endroit où des sièges avaient été préparés, et où les paravens étendus en face du théâtre annonçaient que les spectateurs devaient se réunir, et faisaient naître l'attente, d'autant plus qu'un écriteau placé au bord de la pelouse portait ces mots, pris dans la pièce même : *Ce boulingrin nous servira de théâtre, et ce buisson d'aubépine de foyer.* Un délai d'environ dix minutes commençait à exciter parmi les spectateurs quelques murmures d'impatience qu'ils avaient peine à retenir, quand le son du violon de Gow se fit entendre derrière une haie où il avait établi son petit orchestre. Le silence se rétablit sur-le-champ, tandis que

Par un air gai d'Ecosse il débute avec feu.

Mais, quand il passa à un *adagio*, et que sa musique soupira les accens plaintifs du château de Roslin, les échos du vieux château, si long-temps endormis, se réveillèrent au bruit des applaudissemens que l'Ecossais ne manque jamais d'accorder au ménestrel habile qui lui fait entendre les chants de son pays.

—C'est bien le fils de son père, dit Touchwood au ministre; car ils avaient trouvé le moyen de se placer l'un et l'autre presque au centre de l'assemblée. Il y a bien des années que j'ai entendu le vieux Neil à Inverness; et, pour dire la vérité, je passai même une partie de la nuit avec lui à manger des crêpes et à boire de la bière d'Athol;— je ne m'attendais pas à rencontrer son pareil de mon vivant. Mais chut! le rideau se lève.

On enlevait effectivement les paravens; et l'on vit Hermia, Hélène et leurs amans paraître dans des attitudes annonçant la scène de confusion occasionée par l'erreur du Puck [1].

M. Chatterly et le peintre ne jouèrent leur rôle ni mieux ni plus mal que ne le font ordinairement des acteurs de société. Ce qu'on peut dire de mieux en leur faveur, c'est qu'ils semblaient presque honteux de leurs vêtemens *exotiques* et de la manière dont ils étaient exposés à tous les regards.

Cette faiblesse venait à contre-temps; mais lady Pénélope en était à l'abri, grace à sa triple cuirasse d'amour-propre. Elle minaudait, prenait un maintien maniéré; et, quoique sa taille ne fût pas très-avantageuse, et que le temps n'eût pas respecté des traits qui n'avaient jamais été très-remarquables, elle semblait vouloir fixer tous les regards sur la charmante fille d'Egée. L'air d'humeur qui est dans le rôle d'Hermia devenait naturel en elle par la découverte que miss Mowbray était mieux mise qu'elle; découverte qu'elle venait de faire, attendu que Clara n'a-

(1) Lutin qui fait prendre à un des amans le philtre amoureux destiné à l'autre.
—Ed.

vait assisté qu'une seule fois aux répétitions de l'hôtel, et qu'elle n'y avait point paru en costume.

Mais Sa Seigneurie ne souffrit pas que le sentiment pénible de l'infériorité à laquelle elle se voyait condamnée à l'instant où elle comptait sur un triomphe l'emportât sur le désir qu'elle avait de briller, pour nuire le moins du monde à la manière dont elle s'était promis de se montrer dans cette scène. Ce genre de divertissement ne permettait guère les gestes; mais elle s'en dédommagea par une multitude de grimaces, qui, du moins pour la variété, auraient pu le disputer aux changemens rapides que Garrick savait opérer avec tant d'art dans le jeu de sa physionomie. Elle mettait à la torture ses pauvres traits afin de leur donner un air d'amour passionné pour Lysandre; elle essaya aussi d'y substituer l'expression de l'étonnement et de l'orgueil offensé, quand elle tournait les yeux sur Démétrius; et enfin elle lança sur Hélène un regard qui imitait le plus heureusement possible celui d'une rivale courroucée, qui, sentant que les larmes ne peuvent suffire pour soulager son cœur, est sur le point d'avoir recours à ses ongles [1].

Il ne pouvait exister un contraste plus frappant dans les regards, dans le maintien et dans la taille, que celui qu'on remarquait entre Hermia et Hélène. Dans ce dernier rôle, les belles formes et le costume étranger de miss Mowbray attiraient tous les yeux. Elle tenait sa place sur le théâtre comme une sentinelle remplit la consigne qui lui a été donnée; car elle avait dit auparavant à son frère que, quoiqu'elle consentît, pour céder à ses importunités, à jouer son rôle dans cette représentation, elle n'entendait y figurer que comme faisant partie d'un tableau, et non comme actrice; et, en conséquence, une figure peinte sur la toile n'aurait guère été plus immobile. L'expression de sa physionomie paraissait être celle du chagrin et de

---

[1] Hermia dit à Hélène, dans la pièce : — Je ne suis pas encore tombée si bas que mes ongles ne puissent atteindre à tes yeux. — Ed.

la perplexité appartenant à son rôle ; mais il s'y mêlait de temps en temps un air d'ironie comme si elle avait méprisé ce genre d'amusement, s'en voulant à elle-même d'avoir daigné y prendre part. Un sentiment de timidité avait substitué à sa pâleur habituelle une légère teinte d'incarnat ; et, quand les spectateurs virent ornée de la splendeur et des graces d'un riche costume oriental celle qu'ils avaient été accoutumés à voir jusqu'alors vêtue de la manière la plus simple, ce contraste leur fit éprouver un nouveau charme occasioné par la surprise, de sorte que les applaudissemens semblaient dirigés vers elle seule, non moins sincères que ceux qu'arrache à son auditoire l'acteur de talent.

— Cette pauvre lady Pénélope ! dit l'honnête mistress Blower, qui, ayant une fois surmonté les scrupules que lui inspirait ce genre de divertissement, commençait à y prendre un intérêt particulier ; j'ai vraiment compassion de sa pauvre figure, car elle lui donne autant d'ouvrage qu'en avaient les voiles du navire de mon pauvre défunt par un ouragan. Oh ! docteur *Cackleben*, ne pensez-vous pas qu'elle aurait besoin, s'il était possible, qu'on lui passât sur le visage un fer pour rabattre un peu ses rides ?

— Chut ! chut ! ma bonne et chère mistress Blower, répondit le docteur ; lady Pénélope est une femme de qualité, je suis son médecin, et ces personnes-là jouent toujours parfaitement. Vous devez comprendre qu'on ne siffle jamais à un spectacle de société. Hem !

— Vous pouvez dire ce que vous voudrez, docteur, mais il n'y a rien de si fou qu'une vieille folle. Si elle était aussi jeune et aussi belle que miss Mowbray, à la bonne heure. Ce n'est pas que j'aie jamais trouvé miss Mowbray trop belle ; mais le costume.... le costume fait une grande différence. Ce schall qu'elle a, j'ose dire qu'on n'en a jamais vu un pareil en Ecosse ; c'est un vrai schall des Indes, je le gagerais.

— Un vrai schall des Indes! répéta M. Touchwood avec un accent de dédain qui troubla un peu l'air de sérénité de mistress Blower. Et pour quoi voudriez-vous donc qu'on le prît, madame?

— Je n'en sais rien, monsieur, répondit la veuve en se serrant contre le docteur; car, comme elle en convint ensuite, le ton un peu brusque du voyageur et son air étranger n'étaient pas tout-à-fait de son goût. Reprenant ensuite courage et arrangeant son schall sur ses épaules, elle ajouta : — On fait de beaux schalls à Paisley, et vous auriez de la peine à les distinguer de ceux des pays étrangers.

— Ne pas distinguer des schalls de Paisley de ceux des Indes, madame! Rien qu'en y touchant du bout du petit doigt un aveugle les distinguerait. Ce schall est le plus beau que j'aie encore vu dans la Grande-Bretagne; et, même à cette distance, je puis prononcer que c'est un vrai *tozie*.

— Le schall et celle qui le porte peuvent être aussi *cossus* ¹ l'un que l'autre, monsieur; et à présent que je le regarde une seconde fois, je déclare qu'il est d'une beauté parfaite.

— Je vous ai dit *tozie*, madame, et non *cossu*. Les shroffs de Surate m'ont dit qu'on les fabrique avec le duvet qui se trouve sous les longs poils de chèvres.

— Vous voulez dire des moutons, monsieur, car les chèvres n'ont pas de laine.

— Je vous dis, madame, qu'on n'y emploie que le duvet que les chèvres portent sur la peau. Et la supériorité des couleurs! Ce *tozie* que vous voyez conservera sa couleur tant qu'il en existera un haillon. On les lègue à ses petits-enfans.

— Oui, la couleur en est avenante. Quelque chose comme dos de souris, — un peu plus foncé pourtant; je voudrais bien savoir comment on l'appelle.

(1) Dans le texte, mistress Blower entend *cozu* pour *tozie*, et ce mot prête à l'équivoque. — Tr.

— C'est une couleur très-admirée dans l'Inde, madame, dit Touchwood, qui était tombé sur un sujet favori. Les musulmans disent qu'elle tient le milieu entre la couleur de l'éléphant et celle du *faughta*.

— En vérité, monsieur, je ne suis pas plus savante que je ne l'étais.

— Le *faughta*, madame, ainsi nommé par les Maures, et que les Indous appellent *hollah*, est une espèce de pigeon que les musulmans des Indes considèrent comme sacré, parce qu'ils pensent qu'il s'est teint la poitrine dans le sang d'Ali. Mais je vois qu'on étend les paravens. — M. Cargill, composez-vous un sermon, mon cher ami? A quoi diable pensez-vous?

Pendant presque toute la scène, M. Cargill, presque sans s'en apercevoir, avait eu les yeux constamment fixés, et avec la plus vive attention, sur Clara Mowbray. Lorsque la voix de son compagnon le tira de sa rêverie, il s'écria : — Qu'elle est aimable! Qu'elle est malheureuse! Il faut que je la voie! je la verrai.

— Vous la verrez, dit Touchwood, trop accoutumé aux singularités de son ami pour chercher de la raison et de la liaison dans ce qu'il disait; parbleu! vous la verrez, et même vous lui parlerez si cela vous fait plaisir. On assure, ajouta-t-il en baissant la voix, que Mowbray est ruiné. J'ai peine à le croire, puisqu'il peut parer sa sœur comme une *Begum* de l'Inde. Avez-vous jamais vu un schall aussi splendide?

— Splendeur achetée bien cher! dit M. Cargill en poussant un profond soupir; plût au ciel que le prix en fût payé!

— J'en doute, répondit le voyageur; il est probablement porté sur les livres du marchand; et quant au prix, j'ai vu donner sur les lieux mille roupies d'un schall tel que celui-là. Mais, chut! j'entends Nathael qui prélude. Eh! sur ma foi, voilà qu'on emporte les paravens! Hé bien! ils ont pitié de nous; ils ne nous font pas attendre long-temps, les entr'actes de leurs folies ne sont pas longs : j'aime un feu vif et roulant dans les vanités du monde. Quand la folie marche à pas lents, comme si elle suivait un convoi, et qu'elle donne à ses grelots le son d'une cloche d'enterrement, ce n'est certes pas très-gai.

Une musique qui commença par un mouvement lent et qui se termina par un allégro plein de vivacité, introduisit sur la scène ces créations délicieuses de l'imagination la plus riche qui ait jamais enfanté des prodiges, l'Oberon et la Titania de Shakspeare. La majesté lilliputienne du capitaine de la troupe des fées n'était pas mal représentée par miss Maria Diggs, dont la modestie ne mettait pas de grands obstacles au désir qu'elle avait de le montrer dans toute sa dignité. Elle connaissait déjà l'agrément d'une jambe fine et bien prise, entourée d'un rang de perles et couverte d'un bas de soie couleur de chair, aussi délié qu'une toile d'araignée, et d'un petit pied placé dans une sandale cramoisie. Sa tiare enrichie de pierres précieuses donnait de la noblesse à l'air sérieux avec lequel le roi des fées salua son épouse, lorsque chacun d'eux entra sur la scène à la tête de son cortège.

On avait pris en considération l'impossibilité où sont les enfans de rester en place, et cette partie de la représentation avait été arrangée de manière à former une pantomime plutôt qu'un tableau. La petite reine des fées ne se montra pas au-dessous de son seigneur et maître, et elle lui adressa un regard vraiment féminin d'impatience et de mépris, pour le payer du compliment hautain qu'il lui fait en l'abordant avec un air d'humeur et en lui disant :

> C'est bien mal à propos que par ce clair de lune
> Je vous rencontre ici, fière Titania.

Quant aux autres enfans, comme c'est l'ordinaire, les uns montraient de l'aisance et de la grace, les autres étaient gauches et maladroits. Mais les moindres efforts des enfans sont toujours accueillis par des applaudissemens que leur donnent, peut-être avec un mélange d'envie et de pitié, ceux qui sont plus avancés en âge. D'ailleurs il y avait dans la compagnie des papas et des mamans dont l'approbation bruyante, quoique paraissant accordée à tous les acteurs, était intérieurement destinée à leurs petits Jacks et à leurs petites Marias ; car *Marie*, quoique le plus joli et le plus classique de tous les noms jadis usités en Ecosse, est maintenant inconnu en ce pays. Les fées jouèrent donc leur rôle, dansèrent quelques pas, et disparurent au milieu des applaudissemens.

La farce, comme on peut l'appeler, de Bottom et de ses compagnons parut ensuite sur le théâtre, et des applaudissemens plus bruyans que jamais accueillirent le jeune comte, qui, avec autant de goût que de dextérité, s'était métamorphosé en bouffon athénien. Il avait strictement observé le costume grec, mais en le distinguant si judicieusement de celui des personnages d'un rang plus élevé, qu'il était impossible de ne pas reconnaître en lui sur-le-champ le grossier artisan d'Athènes. Touchwood fut celui qui exprima le plus haut son approbation, et nous devons en conclure que le costume était très-correct; car si le digne nabab, de même que bien des critiques, ne se distinguait point par un excellent goût, il avait pourtant une mémoire excellente pour tout ce qui tenait aux plus petits faits; et, tandis que le geste ou le regard plus pathétique d'un acteur n'aurait pu lui inspirer le moindre intérêt, il aurait critiqué très-sévèrement la coupe d'une manche et la couleur d'un ruban de soulier.

Mais tout le mérite du comte d'Etherington ne se borna pas aux agrémens extérieurs; car, si la fortune l'avait abandonné, ses talens, comme ceux d'Hamlet, auraient pu le faire recevoir dans une troupe de comédiens. Il représenta, quoique en pantomime, toute la suffisance dogmatique de Bottom, à l'amusement infini de tous les spectateurs, et surtout de ceux qui connaissaient déjà la pièce; puis, quand il eut été métamorphosé par Puck, il porta la nouvelle dignité qu'il venait d'acquérir avec l'air de sentir si bien sa grandeur, malgré la tête d'âne qui lui était tombée sur les épaules, que cette métamorphose, déjà assez sensible en elle-même, en devint doublement comique. Il conserva son caractère dans ses entrevues avec les fées, et dans celles qu'il eut avec MM. Cobweb, Mustard-Seed et Pease-Blossom [1], et les autres chevaliers de Titania, qui ne purent garder leur sérieux en voyant la gravité avec laquelle il les invitait à lui gratter la tête.

Le divertissement se termina par la rentrée en scène de tous les personnages. Mowbray conclut que le jeune comte, sans être remarqué lui-même, aurait eu assez de temps pour examiner au moins les charmes extérieurs de Clara, que, dans l'orgueil de son cœur, il ne pouvait s'empêcher de regarder, avec son costume et tous les secours de l'art, comme bien au-dessus de la brillante Amazone, lady Binks elle-même. Il est vrai que Mowbray n'était pas homme à donner la préférence aux traits nobles de la pauvre Clara sur les charmes de la dame fière comme une sultane, dont la physionomie mobile promettait à son adorateur toutes les expressions variées d'un caractère ardent et impétueux, peu accoutumé à se contraindre et méprisant les avis. Cependant, pour lui rendre justice, quoique la préférence qu'il donnait à sa sœur prît peut-être sa source dans l'affection fraternelle plutôt que dans la pureté de son goût, il est certain qu'en cette occasion il reconnut la supériorité de Clara dans toute son étendue. On voyait sur ses lèvres un sourire de satisfaction et d'orgueil, lorsqu'à la fin du divertissement il demanda au comte s'il était content. Les autres acteurs avaient quitté le théâtre; mais le jeune lord y était encore occupé à se débarrasser de son étrange coiffure, lorsque Mowbray lui adressa cette question; et quoiqu'elle lui fût faite en termes généraux, il y attacha un sens particulier.

(1) Toile d'araignée, grain de moutarde, fleur de pois. — TR.

— Je consentirais à porter éternellement ma tête d'âne, lui répondit-il, pourvu que mes yeux fussent toujours aussi agréablement employés qu'ils l'ont été pendant cette dernière scène. Mowbray, votre sœur est un ange.

— Prenez garde, milord, que votre parure de tête ne vous ait gâté le goût. Mais pourquoi avez-vous conservé cette ridicule coiffure en paraissant dans la dernière scène? Il me semble que vous deviez vous y montrer tête découverte.

— Je rougis presque de répondre à cette question. Mais la vérité est que je regarde les premières impressions comme importantes, et c'est ce qui m'a fait penser que je ne devais pas me montrer à votre sœur, pour la première fois, sous le costume de Bottom.

— Vous allez donc changer de costume pour le dîner, milord, si l'on peut donner ce nom à un repas sans cérémonie?

— Je vais à l'instant dans mon appartement pour travailler à cette métamorphose.

— Et moi je vais dire quelques mots pour congédier mon auditoire; car je vois que chacun reste en place dans l'attente de quelque nouveau tableau.

Ils se séparèrent; et Mowbray, portant encore le costume de Thésée, duc d'Athènes, s'avança devant les spectateurs, et leur annonça la fin des tableaux dramatiques que les amateurs avaient eu l'honneur de leur présenter, les remerciant en leur nom de l'accueil favorable qu'ils avaient bien voulu leur faire, et ajoutant que s'ils pouvaient s'amuser à se promener environ une heure dans le jardin, une cloche les avertirait quand on aurait préparé quelques rafraîchissemens qu'on se disposait à leur offrir.

Cette annonce fut reçue avec les applaudissemens qui sont toujours dus à l'amphitryon chez qui l'on dîne; et les spectateurs, quittant les sièges qu'ils avaient occupés devant le théâtre, se dispersèrent dans le jardin, qui était d'une assez grande étendue, pour y chercher quelques passe-temps. La musique les aida beaucoup dans cette recherche, et peu d'instans après on vit une douzaine de couples

<blockquote>Sur le gazon danser d'un pied léger,</blockquote>

(j'aime les expressions poétiques) sur l'air de *Monymusk*.

D'autres continuèrent à se promener dans le jardin, rencontrant au bout de chaque allée quelque personnage déguisé d'une manière bizarre, et communiquant aux autres le plaisir qu'ils en recevaient eux-mêmes. La variété des costumes, la facilité que le travestissement donnait à ceux qui avaient de l'esprit et de la gaieté de s'y livrer sans réserve, la disposition où chacun se trouvait de s'amuser et d'amuser les autres, rendaient cette petite mascarade infiniment plus gaie que les fêtes du même genre pour lesquelles on fait de magnifiques apprêts. Il y avait aussi un contraste aussi singulier qu'agréable entre les figures fantastiques qui erraient au hasard dans le jardin, et le paysage paisible qu'offrait le jardin lui-même, où les haies et les arbustes taillés à l'ancienne mode, la distribution régulière du terrain, et deux fontaines ornées de cascades artificielles dont les nymphes avaient été requises de reprendre ce jour-là leurs anciennes fonctions, répandaient partout un air de simplicité champêtre qui semblait appartenir à la génération passée plutôt qu'à celle dont nous faisons partie.

CHAPITRE XXI.

EMBARRAS.

« La danse, la gaité, les festins et les chœurs,
« Sont autant de chemins qu'amour jonche de fleurs. »
SHAKSPEARE. *Peines d'amour perdues.*

« Bonnes gens, bon voyage!
« La scène en ce moment se charge d'un nuage. »
SHAKSPEARE. *Même pièce.*

M. Touchwood et son inséparable ami, M. Cargill, se promenaient au milieu des groupes joyeux que nous venons de décrire, le premier critiquant avec un profond mépris les efforts maladroits que faisaient plusieurs personnages pour imiter les manières orientales, et faisant remarquer à son compagnon, avec un air satisfait de lui-même, la supériorité avec laquelle il les copiait lui-même, en saluant en Maure ou en Persan les différentes têtes à turban qu'il rencontrait; tandis que le ministre, dont l'esprit semblait occupé de quelque projet important, cherchait de tous côtés la beauté qui venait de représenter Hélène, mais sans réussir à l'apercevoir. Enfin il entrevit ce mémorable schall qui avait entraîné son compagnon dans une discussion si savante, et, quittant Touchwood avec une vivacité inquiète tout-à-fait étrangère à ses habitudes, il s'efforça de joindre la personne qui le portait.

— De par le ciel! s'écria le nabab, le docteur a perdu l'esprit; il est devenu fou, fou à lier, cela est évident. Comment diable se fait-il que, lui qui est à peine en état de trouver son chemin de l'auberge du *Croc* à son presbytère, il se hasarde à marcher seul au milieu d'une telle scène de confusion! Autant vaudrait qu'il essayât de traverser l'Atlantique sans pilote. Il faut que je lui donne la chasse, de peur qu'il ne lui arrive malheur.

Mais ce projet d'ami rencontra des obstacles. Au bout de l'allée dans laquelle était Touchwood, il se vit arrêté par un groupe dont le centre était occupé par le capitaine Mac Turk, qui persiflait deux faux montagnards pour en avoir pris le jupon avant d'avoir appris le langage gaëlique. Les termes d'insulte et de mépris avec lesquels le véritable Celte foudroyait les Celtes prétendus n'étaient guère intelligibles pour ces pauvres diables que par le ton et les gestes de l'orateur; mais ils annonçaient une si grande colère, que les infortunés qui l'avaient provoquée par le choix imprudent qu'ils avaient fait de leur déguisement (c'étaient deux jeunes citadins imberbes venus d'une certaine ville célèbre par ses manufactures), se repentaient de tout leur cœur de leur témérité, et cherchaient à sortir du jardin par le chemin le plus court, aimant mieux renoncer à leur part du dîner que de s'exposer aux conséquences qui pouvaient résulter du déplaisir de ce Termagant montagnard.

Touchwood s'était à peine frayé un chemin à travers ce groupe, pour continuer à chercher le ministre, que sa course fut interrompue par une troupe de marins, ayant à leur tête sir Bingo Binks, qui, pour jouer au naturel son rôle de contre-maître ivre, avait certes les vrais symptômes de l'ivresse, quoiqu'il n'eût nullement l'air d'un marin. Avec une bordée de juremens qui auraient fait sauter en l'air une flotte tout entière, il ordonna à Touchwood de venir dans ses eaux, attendu que, quoiqu'il ne fût qu'une vieille carcasse mal radoubée, il fallait qu'il se mît encore en mer.

— En mer? répondit Touchwood à l'instant, de tout mon cœur; mais non pas avec un marin d'eau douce pour commandant. — Dites-moi, camarade, savez-vous quels sont les objets d'équipement pour la cavalerie qu'il faut sur un navire?

— Allons, allons, mon vieux! ne faites pas le mauvais plaisant. — Des objets d'équipement de cavalerie! et comment diable un navire en aurait-il besoin? Croyez-vous que nous appartenions à la cavalerie navale? — Ah! ah! camarade, je crois que vous avez trouvé à qui parler.

— Comment, goujon, vous qui n'avez jamais vogué plus loin que l'île des Chiens [1], vous prétendez jouer le rôle de marin, et vous ne connaissez seulement pas la bride de la bouline, la selle du beaupré, la sangle pour hisser les agrès, le mors du câble, le fouet des palans [2]. Voilà pour vous apprendre à vouloir soumettre à la presse un marin licencié. — Croyez-moi, virez de bord, ou j'appellerai un constable pour qu'il conduise à la maison de correction le chef de presse et tous ses compagnons.

Un éclat de rire général suivit ce discours; mais comme les rieurs n'étaient pas pour sir Bingo, il ne trouva rien de mieux à faire que de suivre le conseil de son antagoniste; et faisant une pirouette sur le talon, il s'en alla en s'écriant : — Au diable le vieux railleur! qui se serait attendu à trouver tant de termes de marine sous son vieux bonnet de nuit de mousseline!

Touchwood, devenant alors un objet d'attention, fut suivi par quelques rôdeurs, dont il s'efforça de se débarrasser en montrant une impatience qui ne convenait pas trop au décorum de la gravité orientale, mais excitée par son désir de rejoindre son compagnon, et la crainte qu'il ne lui fût arrivé quelque mésaventure depuis qu'il l'avait perdu de vue; car, quoiqu'il eût un aussi bon naturel que personne au monde, M. Touchwood était aussi celui de tous les hommes qui avait la meilleure opinion de soi-même, et il était toujours disposé à supposer que sa présence, ses avis, son secours étaient indispensables à ceux avec qui il vivait, non-seulement dans des occasions

---

(1) Ile formée par la Tamise, auprès de Londres. — Éd.
(2) Traduction littérale des termes de marine anglaise ; les expressions correspondantes françaises détruiraient l'équivoque. — Tr.

importantes, mais dans les événemens les plus ordinaires de la vie.

Cependant M. Cargill ne perdait pas de vue le beau schall des Indes, pavillon qui lui faisait reconnaître le navire auquel il donnait la chasse. Enfin il se trouva assez près pour lui dire à voix basse, mais d'un ton empressé :

— Miss Mowbray! miss Mowbray! il faut que je vous parle.

— Et qu'avez-vous à dire à miss Mowbray? lui demanda la dame qui portait le schall, mais sans tourner la tête du côté du ministre.

— J'ai un secret, un important secret à vous communiquer; mais ce ne peut être en cet endroit. Ne vous éloignez pas. Votre bonheur en ce monde, et peut-être dans l'autre, exige que vous m'écoutiez.

La dame, comme pour lui fournir le moyen de l'entretenir sans témoins, le conduisit vers un de ces anciens cabinets de verdure situés dans les bosquets les plus touffus, tels qu'on en trouve souvent dans les jardins semblables à ceux du château des Shaws; ayant drapé son schall autour de sa tête, de manière que ses traits étaient à demi voilés, elle s'arrêta sous l'ombre épaisse d'un gros platane dont les branches entrecroisées formaient un dôme sur cet endroit, et elle sembla attendre ce qu'il avait à lui dire.

— Le bruit court, dit le ministre avec une sorte d'empressement et de hâte, mais à voix basse et en homme qui ne voulait être entendu que par celle à qui il s'adressait; le bruit court que vous allez vous marier.

— Et a-t-on la bonté de dire avec qui? demanda la dame d'un ton d'indifférence qui parut confondre le questionneur.

— Jeune dame, répondit-il d'une voix solennelle, si l'on m'avait affirmé sous serment que vous aviez parlé avec cette légèreté, j'aurais refusé de le croire. Avez-vous oublié les circonstances dans lesquelles vous vous trouvez? Ne vous souvenez-vous plus de la promesse que j'ai faite de garder le secret? et je n'aurais peut-être pas dû faire cette promesse, qui n'a été que conditionnelle. Avez-vous pensé qu'un être qui mène une vie aussi retirée que la mienne fût déjà entièrement mort au monde, quand il rampe encore sur sa surface? Apprenez, jeune dame, que si je suis mort aux plaisirs et aux vanités de la vie humaine, je vis encore pour en remplir les devoirs.

— Sur mon honneur, monsieur, à moins qu'il ne vous plaise de vous expliquer plus clairement, il m'est impossible de vous répondre, et même de vous comprendre. Vous parlez trop sérieusement si vous ne faites qu'une plaisanterie de mascarade; mais votre langage est trop obscur si vous avez des intentions sérieuses.

— Miss Mowbray, dit le ministre avec une nouvelle chaleur, que dois-je penser de la manière dont vous me parlez? Est-ce humeur? est-ce légèreté? est-ce aliénation d'esprit? Mais, même après un transport au cerveau, nous gardons le souvenir des causes de notre maladie. Allons, vous m'entendez, vous devez m'entendre, quand je vous dis que je ne puis consentir que vous commettiez un crime pour vous procurer un rang et des richesses terrestres. Je ne le souffrirais pas, quand il s'agirait de vous faire impératrice. Mon chemin est tracé, et si j'entends dire encore un mot de votre alliance avec ce comte, ou quel qu'il puisse être, songez-y bien, je déchirerai le voile, et je ferai connaître à votre frère, à votre prétendu, au monde entier, les causes qui vous empêchent de contracter l'union que vous avez en vue, sans contrevenir, je suis obligé de le dire, aux lois de Dieu et à celles des hommes.

— Mais, monsieur, répondit la dame d'un ton qui annonçait plus de curiosité que d'inquiétude, vous ne m'avez pas encore dit en quoi mon mariage vous concerne, et quels motifs vous pouvez avoir pour le blâmer.

— Dans la situation d'esprit où je vous trouve, miss Mowbray, dans le lieu où nous sommes, dans le moment actuel, c'est un sujet sur lequel je ne puis converser avec vous; et d'ailleurs je suis fâché d'avoir à dire que vous n'y êtes nullement préparée. Il me suffit de vous avoir ouvert les yeux sur votre position. Dans une circonstance plus favorable je chercherai à vous faire sentir, comme c'est mon devoir, l'énormité du crime qu'on dit que vous avez dessein de commettre, et j'agirai en cela avec la liberté d'un homme qui, malgré son humble condition, est appelé à expliquer à ses semblables les lois de son Créateur. En attendant, et d'après l'avertissement que je viens de vous donner, je ne crains pas que vous fassiez une démarche précipitée.

A ces mots il se retira avec cet air de dignité que donne la conscience d'un devoir qu'on vient de remplir, mais avec une affliction profonde, causée par le ton de légèreté qu'il venait de remarquer. La dame ne fit aucun effort pour le retenir, et entendant des voix qui annonçaient l'approche de quelques personnes, elle sortit du cabinet de verdure et s'en alla du côté opposé.

Le ministre, qui suivait une autre allée, y rencontra un couple qui causait à demi-voix, mais dont le ton de familiarité fut remplacé par un air plus cérémonieux lors de l'arrivée soudaine de M. Cargill. C'étaient lady Binks et le comte d'Etherington; et la belle reine des Amazones semblait avoir pris pour Bottom la partialité que Titania lui avait montrée quelques instans auparavant.—Elle était en conférence secrète avec le ci-devant représentant du tisserand d'Athènes, métamorphosé en ancien cavalier espagnol depuis son retour de sa chambre. Il portait alors le manteau brodé, le chapeau à plumes flottantes, l'épée, le poignard, la guitare. Enfin, son costume riche annonçait le galant qui va donner une sérénade à sa maîtresse. Un masque de soie était suspendu à une boutonnière de son gilet brodé, pour être prêt à lui servir en cas de besoin, comme faisant une partie nécessaire du costume national.

Il arrivait quelquefois à M. Cargill, et nous croyons qu'il peut en arriver autant à tous ceux qui sont sujets à des distractions, que, contre sa coutume, et à peu près de la même manière qu'un rayon du soleil, perçant tout à coup un brouillard, éclaire un objet particulier dans le paysage qu'on a sous les yeux, un souvenir soudain s'offrait à son esprit, et le forçait à agir comme s'il eût éprouvé l'influence d'une certitude et d'une conviction complètes. En cette occasion, il n'eut pas plus tôt jeté les yeux sur le cavalier espagnol, en qui il ne reconnut ni le comte d'Etherington, qu'il n'avait jamais vu, ni Bottom, qu'il avait déjà oublié, qu'il lui saisit une main qui semblait vouloir se refuser à toucher la sienne, et il s'écria avec émotion et empressement : — Que je suis charmé de vous voir ! le ciel vous a envoyé ici fort à propos.

—Je vous remercie, monsieur, répondit lord Etherington avec la plus grande froideur ; mais je crois que le plaisir de cette rencontre est tout entier de votre côté, car je ne me souviens pas de vous avoir jamais vu.

—Ne vous nommez-vous pas Bulmer ? Je... je sais qu'il m'arrive quelquefois de commettre des méprises, mais bien certainement Bulmer est votre nom.

—Ni moi ni aucun de mes parrains n'en avons jamais entendu parler, répondit le comte avec un air de politesse froide. Je me nommais Bottom il y a une demi-heure, et c'est peut-être ce qui jette un peu de confusion dans vos idées. Permettez-moi de passer, monsieur, et d'accompagner madame.

— Cela est inutile, dit lady Binks, je vous laisse arranger votre reconnaissance avec votre nouvel ancien ami, milord ; il paraît avoir quelque chose à vous dire ; et à ces mots elle s'éloigna, n'étant peut-être pas fâchée d'avoir trouvé cette occasion de montrer un air d'indifférence pour la société du comte en présence d'un homme qui venait de les surprendre dans ce qui pouvait lui avoir paru un moment d'intimité excessive.

—Vous me retenez, monsieur, dit le comte d'Etherington au ministre, qui, quoique flottant dans le doute et l'incertitude, restait pourtant placé devant le jeune lord de manière à ce qu'il lui était impossible de passer sans pousser M. Cargill d'un côté ou de l'autre. — Il faut réellement que je rejoigne cette dame, ajouta-t-il en faisant un nouvel effort pour suivre lady Binks.

—Jeune homme, dit le ministre d'un ton solennel, vous ne pouvez vous déguiser à moi. Je suis sûr, je suis convaincu que vous êtes M. Bulmer, que le ciel a envoyé ici pour prévenir un crime.

—Et vous, répondit le lord, vous que je suis convaincu de n'avoir jamais vu de ma vie, vous êtes envoyé ici par le diable pour y apporter la confusion.

—Je vous demande pardon, monsieur, dit Cargill, dont le ton d'assurance du comte commençait à ébranler la conviction; je vous demande pardon si je commets une méprise, c'est-à-dire si j'en commets une véritable; mais non, je n'en commets pas; il est impossible que j'en commette une. — Ce regard, ce sourire, non, je ne me trompe pas; vous êtes Valentin Bulmer, ce même Valentin Bulmer que je..... Mais je ne veux pas faire ici de vos affaires particulières un sujet de conversation. Il me suffit de savoir que vous êtes Valentin Bulmer.

— Valentin? Valentin? — Je ne suis ni Valentin ni Orson[1], monsieur, et je vous souhaite le bonjour.

— Un instant, monsieur, un instant, s'il vous plaît. Si vous ne voulez pas vous faire connaître à moi, c'est peut-être parce que vous ne me reconnaissez pas moi-même. Permettez-moi donc de vous dire que celui qui vous parle est le révérend Josiah Cargill, ministre de Saint-Ronan.

—Si vous êtes revêtu de ce caractère respectable, monsieur, ce qui m'est indifférent, je crois que lorsque votre

---

(1) Allusion aux deux héros d'un roman populaire de la *Bibliothèque bleue*. —Éd.

coup du matin vous porte ainsi au cerveau, vous devriez rester chez vous et garder le lit, au lieu de venir en compagnie.

—Au nom du ciel! jeune homme, cessez des plaisanteries si indécentes et si peu convenables, et dites-moi si vous n'êtes pas, comme je crois encore que vous l'êtes, le même individu qui, il y a environ sept ans, m'a laissé en dépôt un secret solennel que je ne pourrais divulguer à un autre sans remplir mon cœur d'amertume, et sans risquer de donner lieu aux plus fatales conséquences?

—Vous êtes pressant avec moi, monsieur, dit le comte, et en retour je vous répondrai avec franchise : —Je ne suis pas l'individu pour lequel vous me prenez, et vous pouvez aller le chercher où bon vous semblera. Dans le cours de vos recherches, je vous croirai encore plus heureux si vous retrouvez votre esprit, car je vous dirai franchement que je crois que vous l'avez perdu.

En finissant ces mots, il fit un geste qui annonçait une intention positive d'avancer, et M. Cargill n'eut d'autre alternative que de s'écarter pour le laisser passer.

Le digne ministre resta immobile, comme s'il avait pris racine, et se livrant à son habitude de penser tout haut, il s'écria :

—Mon imagination m'a joué bien des tours; mais celui-ci passe tous les autres. Que peut penser de moi ce jeune homme? Il faut que ce soit la conversation que je viens d'avoir avec cette infortunée qui ait fait assez d'impression sur moi pour me fasciner les yeux, et me faire rattacher à mon histoire la figure du premier étranger que j'ai rencontré. Mais que *doit-il* penser de moi?

— Ce qu'en pensent tous ceux qui vous connaissent, lui répondit son ami Touchwood en le frappant sur l'épaule pour éveiller son attention; c'est-à-dire que vous êtes un malheureux philosophe de Laputa qui a perdu son *flapper*[1] dans la foule. Allons, suivez-moi. Une fois à mon

---

(1) *Flapper*, tapeur; serviteur dont se servaient les savans de l'île imaginaire de

côté, vous n'avez plus rien à craindre. Mais à présent que
je vous envisage, vous avez l'air d'avoir vu un basilic. Ce
n'est pourtant pas qu'il en existe, sans quoi j'en aurais vu
moi-même quelqu'un dans le cours de mes voyages. Mais
vous êtes pâle, vous semblez interdit, effrayé ; que diable
avez-vous donc?

— Rien ; si ce n'est que je viens à l'instant même de
faire une insigne folie.

— N'est-ce que cela ? Il n'y a pas de quoi pleurer, prophète. L'homme le plus sage en fait autant au moins deux
fois par jour.

— Mais j'ai été sur le point de dévoiler à un étranger
un secret important qui touche l'honneur d'une noble famille.

— Vous avez tort, Docteur ; prenez-y garde à l'avenir.
Quant à moi, je vous conseillerais de ne jamais parler,
même à votre bedeau Willie Watson, sans vous être assuré, au moins par trois questions et autant de réponses,
que c'est bien lui en corps et en personne que vous avez
sous les yeux, et que votre imagination n'a pas prêté à
quelque étranger la perruque rousse et l'habit brun râpé
de l'honnête Willie. Allons, venez, venez.

A ces mots il entraîna le ministre déconcerté, qui allégua en vain tous les prétextes qu'il put imaginer pour se
dispenser de rester plus long-temps aux Shaws, et se dérober à une scène de gaieté dans laquelle il se trouvait si
inopinément engagé. Il voulut s'excuser sur un mal de
tête; son ami l'assura que le dîner et quelques verres de
vin le dissiperaient complètement. Il prétendit ensuite
qu'il avait des affaires ; Touchwood lui répondit qu'il ne
pouvait en avoir d'autres que de préparer son sermon
pour le dimanche suivant, et qu'il lui restait encore deux

Swift, pour rappeler leur mémoire. Ce serviteur était armé d'une vessie pleine de
poids secs, avec laquelle il touchait l'organe dont son maître avait besoin de réveiller
l'attention pour voir ou pour écouter, pour parler ou pour exercer le sens du tact.
Voyez les *Voyages de Gulliver.* — Ed.

jours tout entiers. Enfin il avoua qu'il avait quelque répugnance à revoir l'étranger qu'il avait si obstinément voulu reconnaître à cause d'une ressemblance qui, comme il en était maintenant persuadé, n'existait que dans son imagination. Le voyageur traita ce scrupule avec mépris, et lui dit que des convives qui se rassemblaient en si grand nombre, en pareille occasion, n'avaient pas plus affaire les uns aux autres que s'ils se rencontraient dans un caravansérail.

— Ainsi donc, continua-t-il, vous n'avez pas besoin de lui adresser un seul mot par forme d'apologie ou autrement; mais, ce qui vaut encore mieux, moi qui ai vu le monde, je me chargerai de lui parler pour vous.

Touchwood, tout en adressant ses répliques au ministre, l'entraînait du côté de la maison où la compagnie se rassemblait au son de la cloche, dans le vieux salon dont nous avons déjà parlé, avant de passer dans la grande salle à manger où étaient préparés les rafraîchissemens.

— Maintenant, Docteur, dit au ministre son ami officieux, désignez-moi lequel de tous ces gens-là a été l'objet de votre bévue. Est-ce ce montagnard? Est-ce cet impertinent qui veut se faire passer pour un contre-maître? Lequel est-ce enfin? Ha! les voilà qui passent deux à deux, à la manière de Newgate. Le jeune seigneur du château avec la vieille lady Pénélope; veut-il se donner pour un Ulysse? Je doute qu'il en soit un. Le comte d'Etherington avec lady Binks. Il me semble qu'il aurait dû donner la main à miss Mowbray.

— De qui parlez-vous? s'écria le ministre. Est-ce de ce jeune homme en habit espagnol? Se peut-il que ce soit un comte?

— Oh! oh! dit le voyageur, ai-je donc découvert le lutin qui vous a effarouché? Venez, venez, vous dis-je; je vais vous faire faire connaissance avec lui.

En même temps il l'entraîna du côté du comte; et, avant

que le ministre eût pu lui faire comprendre sa répugnance, la cérémonie de sa présentation avait déjà eu lieu.

—Lord Etherington, permettez-moi de vous présenter M. Cargill, ministre de cette paroisse, homme savant, mais dont l'esprit est souvent dans la Terre-Sainte quand son corps est au milieu de ses amis. Il a le plus grand regret d'avoir pris Votre Seigneurie Dieu sait pour qui; mais quand vous le connaîtrez, vous verrez qu'il est capable de faire des méprises cent fois plus étranges, et par conséquent nous espérons que Votre Seigneurie ne se regardera pas comme offensée.

—On ne peut se croire offensé par celui qui n'a pas eu dessein de commettre une offense, répondit le comte avec beaucoup d'urbanité. Ce serait moi qui devrais m'excuser auprès de monsieur de la manière brusque avec laquelle je l'ai quitté sans lui donner le temps nécessaire pour un éclaircissement. J'espère qu'il voudra bien me le pardonner; j'accompagnais alors une dame, et cette circonstance rend mon impatience excusable.

M. Cargill avait les yeux fixés sur le jeune comte, tandis que celui-ci s'exprimait avec le ton d'aisance nonchalante d'un homme qui croit devoir adresser quelques mots d'excuses à un inférieur pour soutenir sa réputation de politesse, et qui du reste s'inquiète peu s'il en sera satisfait. Et plus le ministre le regardait et l'écoutait, plus la forte conviction qu'il avait eue que le comte d'Etherington et le jeune Valentin Bulmer étaient la même personne s'évanouissait comme la gelée blanche disparaît sous le premier rayon du soleil du matin. Il s'étonnait même d'avoir jamais pu le croire. Une ressemblance réelle dans les traits pouvait avoir produit en lui cette illusion; mais il y avait une différence totale dans la taille, dans le ton, dans la manière de s'exprimer; et, comme c'était sur quoi son attention se dirigeait plus particulièrement en ce moment, il était porté à croire qu'il avait confondu deux personnages parfaitement distincts l'un de l'autre.

Le ministre, après avoir balbutié quelques mots d'apologie, voulait se retirer vers le bas de la table, où sa modestie le portait à croire qu'il se trouverait plus convenablement placé; mais lady Pénélope Penfeather le retint par le bras en lui disant, de l'air le plus gracieux et le plus persuasif, qu'elle voulait absolument faire sa connaissance, et qu'il fallait qu'il se plaçât près d'elle à la table. Elle avait tant entendu parler de son savoir et de l'excellence de son caractère, elle avait si long-temps désiré de le voir, qu'elle ne pouvait se résoudre à laisser échapper une occasion que l'amour de M. Cargill pour la retraite rendait si rare. En un mot, la prise du Lion Noir était l'ordre du jour, et, ayant réussi à le faire tomber dans ses filets, elle l'emmena d'un air triomphant et le fit asseoir à son côté.

Une seconde séparation s'effectua ainsi entre Touchwood et son ami; car lady Pénélope, bien loin de lui faire la même invitation, n'avait pas daigné lui accorder la moindre attention. Le nabab alla donc s'asseoir à l'autre bout de la table, où il excita beaucoup de surprise par la dextérité avec laquelle il mangea un pilau de riz à l'indienne.

M. Cargill, ainsi exposé au feu des batteries de lady Pénélope, sans avoir un bâtiment de conserve pour le soutenir, en trouva bientôt les bordées si vives et si fréquentes, que sa complaisance, qui, depuis bien des années, n'avait pas été mise à l'épreuve des caquets et du bavardage de la société, finit par être poussée à l'extrémité. Elle commença par l'engager à approcher davantage sa chaise de la sienne; car, dans la terreur que lui inspirait, comme par une sorte d'instinct, le voisinage d'une grande dame, il s'en était écarté autant que cela lui avait été possible.

—J'espère, lui dit-elle ensuite, que la circonstance que nous n'appartenons pas à la même Eglise ne vous inspire aucun préjugé contre moi. Mon père était de la communion épiscopale; car vous pouvez avoir entendu dire, ajouta-t-elle avec un sourire qui voulait être malin, que nous ne valions pas grand'chose en 1645. Mais tout cela est passé, et je suis sûre que vous avez trop de libéralité dans l'esprit pour que la différence de religion vous donne des préventions contre qui que ce soit. Je puis vous assurer que je suis bien loin de mépriser les formes du service presbytérien. J'ai souvent désiré d'y assister dans un endroit où j'étais certaine d'être instruite et édifiée, je veux dire dans l'église de Saint-Ronan. — Et elle accompagna ces mots d'un sourire gracieux.—Et j'espère bien y aller aussitôt que M. Mowbray aura reçu d'Edimbourg le poêle qu'il a commandé pour le placer dans son banc.

Tout cela était entremêlé de tant de signes de tête, de sourires, de clignemens d'œil, et de marques de politesse, que le ministre ne put s'empêcher de penser à une tasse où l'on met une grande quantité de sucre pour faire passer un thé faible et sans parfum. Il n'y répondait que par quelques inclinations de tête et un air d'assentiment; mais c'était tout ce qu'exigeait de lui l'inépuisable lady Pénélope.

—Ah! M. Cargill, continua-t-elle, combien votre profession demande de qualités, non-seulement de l'esprit, mais du cœur! combien elle a de rapport avec les sentimens les plus touchans, les plus charitables, les plus nobles, les plus purs de notre nature! Vous savez ce que dit Goldsmith :

> Fidèle à ses devoirs, aussitôt qu'on l'appelle [1],
> Partout il veille, il prie, et toujours avec zèle.

Et quel portrait que celui d'un ministre de paroisse tracé par Dryden! on le croirait outré si l'on ne rencontrait de temps en temps quelque être, vivant parmi nous, qui nous en rappelle les traits. — Un sourire aussi insinuant qu'expressif sembla indiquer quel était l'être dont elle voulait parler.

---

(1) GOLDSMITH. *Le village abandonné.* — ED.

Sous le joug de son ame il sait courber ses sens,
S'interdit les plaisirs, les plaisirs innocens.
Et pourtant son aspect n'offre rien de sévère ;
Ses traits vous sont garans que sa bouche est sincère.
On n'aperçoit en lui ni hauteur ni fierté ;
Il a le regard doux, plaît par sa sainteté....

Tandis que Sa Seigneurie déclamait ces vers, les yeux distraits du ministre avouaient que son esprit était ailleurs. Peut-être ses pensées étaient-elles occupées en ce moment à conclure une trêve entre Saladin et Conrad de Montserrat, à moins qu'il ne se retraçât quelqu'un des événemens de cette journée. La dame crut apercevoir en lui une distraction, et s'empressa de rappeler son attention par une question directe.

—Je n'ai pas besoin de vous demander si vous connaissez Dryden, M. Cargill ?

—Je n'ai pas cet honneur-là, madame, répondit le ministre sortant de sa rêverie, et n'ayant compris qu'à moitié la question à laquelle il répondait.

—Monsieur ! dit lady Pénélope un peu surprise.

—Madame, milady ! répondit Cargill avec embarras.

— Je vous demandais si vous admiriez Dryden ; mais vous autres savans, vous êtes si distraits ! vous avez peut-être cru que je vous parlais de Leyden [1]?

— C'est une lampe qui s'est éteinte trop tôt, madame. Je l'ai fort bien connu.

—Et moi aussi. Il parlait dix langues. Que cela est mortifiant ! Quelle est ma misère, M. Cargill, moi qui n'en connais que cinq ! Mais j'ai étudié un peu depuis ce temps. Il faudra que vous m'aidiez dans mes études, M. Cargill ; ce sera un acte de charité. Mais peut-être craindriez-vous de prendre une écolière !

Un frisson, occasioné par d'anciens souvenirs, traversa en ce moment le cœur de Cargill, et lui fit éprouver la

---

[1] Auteur écossais, contemporain de l'auteur et son ami. — Éd.

même angoisse que si la lame d'une épée lui eût passé au travers du corps. Et nous ne pouvons nous empêcher de remarquer ici qu'un bavard éternel dans la société, de même que l'homme affairé et empressé qui veut traverser une foule, indépendamment des autres inconvéniens dont il peut être cause, manque rarement de toucher quelque point délicat, et de froisser la sensibilité de quelqu'un, sans le savoir et sans s'en inquiéter.

— Il faut aussi, M. Cargill, continua lady Pénélope, que vous m'aidiez dans mes petites charités, maintenant que nous nous connaissons si bien. Il y a cette Anne Heggie, par exemple; je lui ai envoyé hier une bagatelle, mais on m'a dit... Je ne devrais pas le répéter; mais c'est qu'on aime à bien placer le peu qu'on donne. On m'a dit que... qu'elle n'est pas un objet convenable de charité; en un mot, qu'elle est mère sans avoir été mariée. Vous sentez, M. Cargill, qu'il me siérait mal d'encourager le désordre et les mauvaises mœurs.

— Je crois, madame, dit le ministre d'un ton grave, que l'état de détresse où se trouve cette pauvre femme justifie la charité, quelle que puisse avoir été sa conduite.

— Oh! ne me prenez pas pour une prude, M. Cargill; je ne le suis nullement. Je ne refuse mon appui à personne sans en avoir les motifs les plus puissans. Je pourrais vous citer une de mes intimes amies que j'ai soutenue contre la clameur générale qui s'élevait contre elle aux eaux, et cela parce que je crois du fond de l'ame qu'elle n'a été qu'inconsidérée, rien au monde qu'inconsidérée. Oh! M. Cargill, comment pouvez-vous regarder de l'autre côté de la table avec des yeux si malins? Qui aurait cru cela de vous? Fi! faire une application personnelle de ce que je vous dis!

— En vérité, madame, je ne sais ce que vous voulez dire.

— Fi donc, M. Cargill! fi! répéta lady Pénélope en donnant à ses expressions l'accent du reproche et de la surprise, autant qu'elle pouvait le faire en parlant à voix basse et sur le ton de la confiance; vous regardiez lady Binks; vous ne pouvez le nier. Je sais ce que vous pensez.

—Vous vous trompez; je vous l'assure, vous vous trompez tout-à-fait. Je voudrais pourtant qu'elle ne jouât pas si bien le rôle de coquette avec le jeune homme qui est près d'elle. — Mais elle est dans une situation particulière, M. Cargill. Tenez! je crois qu'elle a fini par épuiser sa patience, car le voilà qui s'en va. Que cela est singulier! Mais n'est-il pas encore plus extraordinaire que miss Mowbray ne soit pas ici?

— Miss Mowbray! Que dites-vous de miss Mowbray? N'est-elle pas ici? s'écria M. Cargill en tressaillant, et en montrant un degré d'intérêt que toutes les communications libérales de lady Pénélope n'avaient pas encore pu obtenir de lui.

— Oui, lui répondit-elle en baissant la voix et en secouant la tête, miss Mowbray n'a pas encore paru. Son frère est sorti il y a quelques minutes, sans doute pour aller la chercher, et nous restons ici à nous regarder les uns les autres. Comme cela a bonne grace! Mais vous connaissez Clara Mowbray?

—Moi, madame, répondit le ministre, qui en ce moment ne manquait pas d'attention, réellement... oui, je... je connais miss Mowbray... c'est-à-dire je la connaissais il y a quelques années : mais Votre Seigneurie n'ignore pas que depuis assez long-temps elle a toujours eu une mauvaise santé, une santé incertaine du moins, et il y a plusieurs années que je ne l'ai vue.

— Je le sais, mon cher M. Cargill, répliqua lady Pénélope toujours du ton le plus affectueux; je le sais, et il est bien malheureux pour elle que les circonstances l'aient privée des avis et des conseils d'un ami tel que vous. Je sais tout cela, et pour vous dire la vérité, c'est principalement à cause de la pauvre Clara que j'ai été coupable de l'importunité de vouloir faire votre connaissance. En réunissant nos efforts, M. Cargill, nous pourrions faire des merveilles pour dissiper le nuage qui couvre son esprit. Oui, je suis sûre que nous réussirions ; c'est-à-dire si vous vouliez m'accorder une entière confiance.

— Miss Mowbray a-t-elle prié Votre Seigneurie de converser avec moi sur quelque sujet qui l'intéresse? demanda le ministre avec plus d'adresse et de précaution que lady Pénélope ne lui en supposait; en ce cas je serai charmé d'entendre ce qu'elle peut avoir à me dire, et Votre Seigneurie pourra disposer ensuite de tout ce dont mes faibles moyens pourront être capables.

— Je... je ne puis vous affirmer... précisément, répondit lady Pénélope en hésitant, qu'elle m'ait spécialement chargée de vous parler à ce sujet, M. Cargill. Mais mon affection pour cette chère fille est si grande! et puis vous connaissez tous les inconvéniens qui peuvent résulter de ce mariage.

— De quel mariage parlez-vous, milady?

— Allons, M. Cargill, vous abusez des privilèges de l'Ecosse. Je ne vous fais pas une question que vous n'y répondiez par une autre. Causons d'une manière intelligible pendant cinq minutes, si vous daignez avoir cette complaisance pour moi.

— Tout aussi long-temps que cela pourra vous convenir, milady, pourvu que l'entretien ne roule que sur les affaires de Votre Seigneurie, ou sur les miennes, s'il était possible qu'elles pussent vous intéresser un instant.

— Fort bien, vraiment! dit lady Pénélope en riant avec affectation; c'est bien dommage que vous n'ayez pas été un prêtre catholique, au lieu d'un ministre presbytérien : le beau sexe a perdu en vous un confesseur inestimable. Avec quelle dextérité vous auriez éludé de répondre aux interrogatoires qui auraient pu compromettre vos belles pénitentes!

— Vos railleries, milady, deviennent trop sévères pour que je puisse y résister ou y répliquer, dit M. Cargill en la saluant avec plus d'aisance que lady Pénélope n'en aurait attendu de lui; et il tourna la tête du côté de son autre voisin, pour mettre fin à une conversation qu'il commençait à trouver assez embarrassante.

En ce moment, miss Mowbray entra dans l'appartement, en donnant le bras à son frère. Un murmure général de surprise se fit entendre au même instant. Mais nos lecteurs en comprendront mieux la cause, après avoir lu le récit de ce qui venait de se passer entre le frère et la sœur.

CHAPITRE XXII.

DÉBATS.

« Avec de tels habits voulez-vous donc paraître ?
« Dans mon appartement hâtez-vous de monter,
« Et sous mes vêtemens venez vous présenter. »
SHAKSPEARE. *La méchante Femme mise à la raison.*

CE fut avec un mélange d'inquiétude, de dépit et de ressentiment, que Mowbray, après avoir offert la main à lady Pénélope pour la conduire dans la salle à manger, remarqua que sa sœur était absente, et que lady Binks était appuyée sur le bras du comte d'Etherington, dont le rang aurait exigé qu'il eût l'honneur d'escorter la maîtresse de la maison. Il jeta les yeux à la hâte, avec un sentiment pénible, dans tout le salon, et s'assura positivement que sa sœur n'y était point. Aucune des dames ne l'avait vue depuis la représentation des tableaux dramatiques; tout ce qu'on savait, c'était qu'à l'instant où les acteurs avaient quitté le théâtre, lady Pénélope l'avait suivie dans son appartement, et y avait passé quelques minutes avec elle.

Mowbray sortit sur-le-champ, en se plaignant à voix haute de la lenteur que Clara mettait à sa toilette, et se flattant intérieurement que ce retard n'était pas occasioné par quelque cause plus sérieuse.

Il monta avec précipitation à l'appartement de sa sœur, entra sans cérémonie dans son petit salon, et, frappant à la porte de son cabinet de toilette, il la pria de se presser.

—Toute la compagnie s'impatiente, lui dit-il en prenant le ton de la plaisanterie; sir Bingo Binks gronde comme un dogue à l'attache, qui voit devant lui un os auquel sa chaîne ne lui permet pas d'atteindre.

—César jappe? dit Clara sans ouvrir la porte; patience, patience, on y va.

— Ce n'est pas une plaisanterie, Clara, continua son frère; lady Pénélope miaule comme une chatte affamée.

— Je viens, je viens, Minette [1], répondit Clara sur le même ton qu'auparavant, et en même temps elle ouvrit la porte et entra dans le salon. Elle avait quitté sa riche parure, et avait mis la redingote de drap qui était son costume favori.

Son frère fut surpris et offensé de la voir ainsi vêtue.

— Sur mon ame! Clara, s'écria-t-il, c'est vous conduire fort mal. Je vous passe tous vos caprices dans les occasions ordinaires; mais aujourd'hui plus que jamais vous auriez pu vous habiller d'une manière digne de ma sœur et d'une femme comme il faut qui reçoit compagnie chez elle.

— En vérité, mon cher John, pourvu que vos hôtes aient de quoi boire et manger, je ne vois pas pourquoi je me mettrais en peine de leur élégante parure, ni pourquoi ils s'inquiéteraient de la simplicité de la mienne.

[1] En anglais *Grimalkin*. — ÉD.

— Allons, allons, Clara, cela ne peut passer ainsi. Il faut positivement que vous rentriez dans votre cabinet de toilette et que vous changiez de costume à la hâte. Vous ne pouvez vous montrer en compagnie vêtue comme vous l'êtes.

— John, je puis m'y montrer, et je m'y montrerai. J'ai joué ce matin le rôle de folle, par complaisance pour vous; mais pour le reste du jour, je suis bien déterminée à ne porter que le costume qui me convient, c'est-à-dire un costume qui prouve que je n'appartiens pas au monde et que je n'ai rien de commun avec ses modes.

— Sur mon âme, Clara! je vous ferai repentir de cette obstination, s'écria Mowbray avec plus de violence qu'il n'en montrait jamais à sa sœur.

— Vous ne le pouvez, mon cher John, lui répondit-elle avec beaucoup de sang-froid, à moins que vous ne me battiez; et en ce cas, je crois, ce serait vous-même qui vous repentiriez.

— Je ne sais pas trop si ce ne serait pas le meilleur moyen de vous faire entendre raison, murmura Mowbray entre ses dents; mais contenant sa violence, il se borna à lui dire : — D'après la longue expérience que j'en ai faite, Clara, je sais que votre opiniâtreté tiendra plus long-temps que ma colère; faisons donc une transaction. Gardez votre vieille redingote, puisque vous avez tant d'envie de faire de vous un épouvantail, mais du moins jetez votre schall sur vos épaules; il a été universellement admiré, et il n'y a pas dans toute la société une seule femme qui ne désire le voir de plus près : on croit à peine qu'il soit vraiment des Indes.

— Soyez homme, Mowbray; mêlez-vous des couvertures de vos chevaux et ne vous occupez pas de schalls.

— Et vous, Clara, soyez femme, et songez à ce que l'usage et le décorum rendent nécessaire. Quoi! est-il possible que vous refusiez de m'obliger dans cette occasion pour une pareille vétille?

—En vérité, mon frère, je le ferais si cela m'était possible; mais, puisqu'il faut vous avouer la vérité, ne vous fâchez pas, je vous en prie, je n'ai plus le schall, je l'ai cédé, donné, devrais-je peut-être dire, à celle à qui il aurait dû appartenir : elle m'a pourtant promis une chose ou une autre en retour.

— Oui, quelque ouvrage de ses belles mains, je suppose; un ou deux de ses dessins pour orner des écrans. Sur ma parole, sur mon ame, cela n'est pas bien, Clara; c'est trop mal agir envers moi, beaucoup trop mal. Quand ce schall n'aurait été d'aucune valeur, vous auriez dû y attacher quelque prix parce que je vous l'avais donné. Adieu; nous tâcherons de nous passer de vous.

—Mais, mon cher John, écoutez-moi un instant, s'écria Clara en lui prenant le bras tandis qu'il s'avançait avec humeur vers la porte. Nous ne sommes que vous et moi sur la terre; ne nous querellons pas pour une friperie de schall.

—Friperie! Il m'a, par Dieu! coûté cinquante guinées, et elles auraient fort bien figuré dans ma bourse. Friperie!

—Ne pensez pas à ce qu'il a coûté, mon frère; vous me l'avez donné, et je conviens que cette raison aurait dû m'en faire conserver le moindre lambeau jusqu'au dernier jour de ma vie. Mais véritablement, lady Pénélope paraissait si affligée; elle martyrisait tellement sa pauvre figure pour lui donner l'expression la plus étrange de colère et de chagrin, que je le lui ai abandonné, en convenant que je dirais qu'elle me l'avait prêté pour jouer mon rôle. Je crois qu'elle a craint que je changeasse d'avis, ou que vous ne le réclamassiez à titre d'épave seigneuriale; car, après avoir fait quelques tours de jardin en le portant sur ses épaules, apparemment pour en prendre possession, elle l'a envoyé sur-le-champ, par un exprès, à l'hôtel du Renard.

— Qu'elle l'envoie au diable, et qu'elle y aille en même

temps! C'est une femme pétrie d'envie, de cupidité et d'égoïsme, et dont le cœur, dur comme un caillou, est couvert d'un beau vernis de goût et de sensibilité.

— Songez pourtant, John, qu'elle avait réellement quelque sujet de se plaindre cette fois-ci. Ce schall avait été retenu pour elle, ou à peu près. Elle m'a montré la lettre du marchand; mais dans l'intervalle quelqu'un est arrivé de votre part avec de l'argent comptant, et c'est un leurre auquel aucun marchand ne peut résister. Ah! John, je soupçonne que la moitié de votre colère vient de ce que vous voyez échouer le plan que vous aviez formé pour mortifier la pauvre lady Pen, et qu'elle aurait plutôt que vous des motifs de plainte. Allons, allons, vous avez eu l'avantage sur elle en étant le premier à faire étalage de cette fatale parure, si le porter sur mes pauvres épaules peut s'appeler en faire étalage. A présent souffrez, par amour pour la paix, qu'elle se fasse honneur du reste, et allons rejoindre ces bonnes gens : vous verrez comme je me conduirai poliment.

Mowbray, enfant gâté et habitué à voir contenter toutes ses fantaisies, était fort contrarié du résultat du projet qu'il avait formé pour mortifier la vanité de lady Pénélope et de lady Binks; mais il vit la nécessité de ne pas en parler davantage à sa sœur. Il se contenta de jurer tout bas qu'il se vengerait de lady Pénélope, de cette harpie en bas bleus; oubliant que dans l'affaire importante dont il s'agissait, il avait été le premier à aller sur les brisées d'un autre pour la prévenir dans l'acquisition d'une parure si enviée.

— Je la ferai connaître, se dit-il, je mettrai au grand jour sa conduite dans cette affaire; il ne sera pas dit qu'elle aura dupé un pauvre esprit faible comme celui de Clara, sans qu'elle en entende parler de plus d'un côté.

Tout en formant cette résolution chrétienne et honorable, Mowbray prit le bras de sa sœur, la conduisit dans la salle à manger, et l'installa à la place qu'elle devait occuper au haut bout de la table. Ce fut son costume négligé qui occasiona le murmure de surprise dont nous avons parlé en finissant le chapitre précédent. Mowbray, après avoir fait asseoir Clara dans son fauteuil, adressa au nom de sa sœur quelques mots à ses hôtes pour les prier de l'excuser si elle arrivait si tard et sans être parée. —Quelque méchante fée, ajouta-t-il, quelque lutin jaloux, Puch [1] peut-être, a pénétré dans sa garde-robe et a emporté la parure qu'elle aurait dû porter.

Des réponses partirent en même temps de toutes parts. — C'eût été trop exiger de miss Mowbray, que de s'attendre qu'elle fît une seconde toilette uniquement pour la compagnie.

— Quelques vêtemens que portât miss Clara, ils lui allaient toujours à ravir.

— Miss Mowbray, dit le révérend M. Chatterly, avait brillé comme le soleil dans sa splendide parure théâtrale, et maintenant, dans son costume ordinaire, elle répandait le doux éclat de la lune.

—Miss Mowbray, étant chez elle, a bien le droit de se mettre comme cela peut lui être agréable. Ce dernier trait de politesse était la contribution de l'honnête mistress Blower, et miss Mowbray y répondit par une inclination de tête particulière et très-gracieuse.

Pour maintenir sa causerie *conversationnelle* [2], comme l'aurait dit le docteur Johnson, la bonne mistress Blower aurait dû se borner à un compliment si bien reçu; mais qui sait s'arrêter à propos? Elle avança sa large figure brillante de bonté d'ame et de satisfaction, et lançant sa voix d'un bout de la table à l'autre, à l'imitation de son défunt mari quand il donnait des ordres à son lieutenant pendant un ouragan, elle s'écria :

—Je suis surprise, miss Mowbray, que vous n'ayez pas

---

(1) Lutin qui cause la méprise sur laquelle roulent les scènes plaisantes du *Songe d'une nuit d'été.* — Ed.

(2) *Colloquial.* — Ed.

pris le beau schall que vous aviez ce matin en jouant je ne saurais trop dire quoi ; d'autant plus que vous êtes exposée au vent de la porte. C'est sans doute de crainte qu'on ne renverse sur vous la soupe, les sauces, ou quelque autre chose semblable. Mais j'ai mis trois schalls sur mes épaules, moi, et je crois réellement que deux seront bien assez. Ainsi donc, si vous voulez en prendre un, à coup sûr ce n'est qu'une imitation des schalls des Indes, mais il vous couvrira aussi bien qu'un vrai cachemire, et s'il attrape quelque tache, la perte en sera moins grande.

Mowbray ne put résister à la tentation que lui offrait ce discours. — Je vous remercie beaucoup, mistress Blower, lui répondit-il aussitôt; mais ma sœur n'est pas encore assez grande dame pour s'approprier le schall d'une amie.

Lady Pénélope rougit jusqu'au blanc des yeux; elle était prête à répondre avec aigreur, mais elle se retint, et faisant un signe de tête à miss Mowbray de l'air le plus cordial du monde, mais avec une expression toute particulière, elle se borna à lui dire à demi-voix : — Ainsi donc, vous avez conté à votre frère le petit arrangement que nous avons fait ensemble ce matin? *Tu me lo pagherai*[1]. Je vous en avertis, prenez garde qu'aucun de vos secrets ne vienne en ma possession : c'est tout ce que j'ai à vous dire.

Comme les événemens les plus importans de la vie humaine naissent souvent de petites causes! Si lady Pénélope se fût laissé entraîner par le premier mouvement de son ressentiment, il n'en serait probablement résulté que quelque escarmouche, moitié comique, moitié sérieuse, semblable à celles dont Sa Seigneurie et M. Mowbray régalaient souvent la compagnie aux eaux de Saint-Ronan; mais la vengeance contenue et différée en devient toujours plus redoutable, et c'est aux effets du ressentiment bien mûri que conçut lady Pénélope à l'occasion de cette bagatelle, qu'il faut attribuer la plupart des événemens qu'il

---

(1) Tu me le paieras. — ED.

nous reste encore à rapporter. Elle se promit secrètement de restituer le schall qu'elle avait eu dessein de s'approprier à des conditions très-raisonnables ; mais elle résolut secrètement aussi de se venger du frère et de la sœur, se flattant de tenir déjà, jusqu'à un certain point, le fil qui devait la conduire à la connaissance de quelques secrets de famille dont elle espérait se faire des armes terribles contre eux. Le souvenir des anciennes offenses des lairds de Saint-Ronan, l'importance à laquelle ils avaient toujours prétendu, la supériorité que Clara avait obtenue sur elle dans la représentation de la matinée, tout ajouta une nouvelle force à la cause immédiate de son ressentiment, et il ne lui resta plus qu'à réfléchir sur les moyens à employer pour donner plus d'éclat à sa vengeance.

Tandis que l'esprit de lady Pénélope s'occupait de ces pensées, Mowbray cherchait des yeux le comte d'Etheringthon, jugeant qu'il pouvait être convenable de le présenter à Clara pendant le repas même, comme un prélude à la liaison plus intime qui, en conséquence du plan convenu, devait avoir lieu entre eux. Mais, à sa grande surprise, le jeune comte était devenu invisible, et Winterblossom s'était emparé de la place qu'il avait occupée près de lady Binks, attendu qu'il y avait remarqué une chaise dont le coussin était des plus moelleux, et qu'il s'y trouvait plus près du haut bout de la table, où l'on place ordinairement les mets les plus délicats et les plus recherchés. L'honnête président, après avoir fait quelques fades complimens à sa voisine sur la manière dont elle avait représenté la reine des Amazones, avait passé ensuite à l'occupation beaucoup plus intéressante pour lui d'examiner tous les plats qui couvraient la table, à l'aide d'un lorgnon suspendu à son cou par une chaîne d'or travaillée à Malte. Après l'avoir regardé quelques secondes avec surprise, Mowbray s'adressa au vieux *beau-garçon* et lui demanda ce qu'était devenu lord Etherington.

—Il a plié bagage, répondit Winterblossom, et il n'a

laissé derrière lui que des complimens pour vous. Il paraît qu'il souffre du bras auquel il a été blessé. — Sur ma parole, voilà une soupe qui a une odeur appétissante. Lady Pénélope, aurai-je l'honneur de vous en servir? Non! ni à vous, lady Binks! Vous êtes trop cruelles. Allons, il faut que je me console comme le faisaient les prêtres païens, en mangeant la victime à laquelle les divinités dédaignent de toucher.

Gardant alors pour lui-même l'assiette de soupe qu'il avait inutilement offerte aux deux dames, il laissa à M. Chatterly le soin de servir les autres convives, en lui disant qu'il appartenait à sa profession de rendre les divinités propices.

— Je ne croyais pas que lord Etherington nous quitterait si tôt, dit Mowbray; mais nous tâcherons de nous consoler de son départ.

A ces mots il prit sa place au bout de la table, et chercha à s'acquitter de son mieux et gaiement du rôle hospitalier de maître de maison, tandis que sa sœur, placée à l'autre bout, en faisait les honneurs avec une grace si naturelle et avec des attentions si délicates, que chacun se trouvait parfaitement à l'aise. Mais la disparition inexplicable du comte d'Etherington, la mauvaise humeur très-visible de lady Pénélope, l'air sombre, quoique calme, que montrait constamment lady Binks, firent sur la compagnie le même effet que produit un brouillard d'automne sur un paysage agréable. Les femmes avaient des vapeurs, elles éprouvaient de l'ennui, elles ne parlaient qu'avec aigreur; et tout cela sans qu'elles eussent pu dire pourquoi. Les hommes ne se livraient pas à une gaieté franche, quoique les vins des Canaries et de Champagne leur déliassent la langue.

Lady Pénélope fut la première à parler de départ, en feignant avec beaucoup d'adresse de craindre les difficultés et même les dangers auxquels on pouvait être exposé sur une si mauvaise route. Lady Binks lui demanda une place dans sa voiture, attendu, dit-elle, que d'après la manière dont sir Bingo courtisait les flacons, elle voyait qu'il aurait besoin de la sienne pour retourner à l'hôtel. Dès qu'elles furent parties il devint du mauvais ton de rester, et, comme dans une armée qui fait retraite, ce fut à qui passerait le premier. Cependant Mac Turk et quelques buveurs intrépides qui n'avaient pas l'habitude de faire tous les jours si bonne chère, tinrent ferme au milieu de la déroute générale, et résolurent prudemment de ne pas perdre une si belle occasion.

Nous n'appuierons pas sur les difficultés qu'occasiona le peu de moyens de transport dont on pouvait disposer pour reconduire une si nombreuse compagnie. Les délais et les querelles qui en résultèrent furent beaucoup plus désagréables que dans la matinée, car on n'avait plus devant les yeux la perspective d'une journée de plaisir pour se consoler de quelques inconvéniens momentanés. L'impatience de quelques personnes fut telle, que, quoique la soirée fût froide, elles aimèrent mieux s'en aller à pied que de se soumettre à l'ennui d'attendre le retour des voitures. Mais, chemin faisant, on convint d'une voix unanime que tous les désagrémens qu'on pourrait éprouver sur la route devaient être attribués à M. Mowbray et à sa sœur, qui n'auraient pas dû inviter une compagnie si nombreuse à se rendre au château des Shaws, avant d'avoir fait faire une route plus courte et plus praticable pour y arriver.

— Il eût été si facile, dit quelqu'un, de réparer le chemin qui passe par Buckstane !

Tels furent tous les remerciemens que M. Mowbray reçut pour une fête qui lui avait coûté tant de frais et causé tant d'embarras, fête attendue avec une si grande impatience par toute la société des eaux de Saint-Ronan.

— C'était une partie fort agréable, dit la bonne mistress

Blower ; seulement, c'est dommage qu'on s'y soit tant ennuyé, et il y a eu un terrible gaspillage de gaze et de mousseline.

Mais le docteur Quackleben avait si bien profité de toutes les occasions qu'il avait trouvées pour s'avancer dans les bonnes graces de la veuve, qu'elle voyait sans être trop effrayée l'abondance de rhumes, de rhumatismes et des autres indispositions qui pouvaient survenir à la suite de cette fête, attendu qu'il était vraisemblable que le savant médecin, à la prospérité duquel elle prenait tant d'intérêt, y trouverait une moisson profitable.

Mowbray, ministre zélé de Bacchus, ne se trouva pas dispensé de continuer des libations en l'honneur de ce dieu bon vivant, par le départ de la majorité de ses hôtes, quoique, pour cette fois, il eût volontiers laissé à d'autres le soin de sacrifier sur ses autels. Ni les chansons, ni les plaisanteries, ni les propos joyeux, ne purent en rien ranimer son esprit engourdi, tant il était mortifié de voir se terminer d'une manière si brusque et si froide une fête dont il s'était flatté de retirer tant d'honneur. Mais, quoique le maître de la maison prît peu de part à l'orgie, les convives qui lui restaient, tous joyeux compagnons, ne négligèrent pas de penser à eux ; et ils continuèrent à boire bouteille sur bouteille, avec aussi peu d'égards pour l'air grave de M. Mowbray, que s'ils avaient été à l'auberge des *Armes de Mowbray*, au lieu de se trouver au château des Shaws.

Minuit vint enfin congédier le reste de la compagnie. Mowbray regagna son appartement d'un pas mal assuré, se mit au lit sans retard en se maudissant lui-même, ainsi que ses compagnons, et légua ceux qui venaient de le quitter à tous les marécages et aux eaux bourbeuses qu'ils pourraient rencontrer entre Shaws-Castle et la source de Saint-Ronan.

CHAPITRE XXIII.

LA PROPOSITION.

> « Hé quoi ! vous voudriez vivre et mourir vestale ;
> « Des épouses du ciel devenir la rivale?
> « Suffit! De ce projet je vous détournerai ;
> « Je vous garde un amant; je vous l'amènerai.
> « Il possède à lui seul la septuple science
> « Que le beau sexe voit d'un œil de préférence.
> « Il est noble d'abord (c'est un point capital),
> « Bien fait, jeune, vaillant, gai, riche et libéral. »
> *La Religieuse.*

La matinée qui suit une débauche est ordinairement consacrée à la réflexion, même parmi les bons vivans qui s'en sont fait une habitude. Le jeune laird de Saint-Ronan, en passant en revue les événemens de la veille, n'y trouva guère qu'un sujet de consolation, et c'était que, s'il avait fait quelque excès, il fallait l'attribuer moins à sa propre volonté qu'au devoir indispensable d'un maître de maison, ou du moins à ce que ses compagnons considéraient comme tel.

Mais ce qui fixa surtout ses pensées à son réveil, ce fut moins le souvenir confus de l'orgie qui avait terminé la fête de la veille, que la difficulté d'expliquer la conduite et les projets de son nouvel allié, le comte d'Etherington.

Ce jeune lord avait vu miss Mowbray. Il avait témoigné avec chaleur l'admiration qu'elle lui inspirait, et renouvelé volontairement la demande faite par lui de sa main, même avant de l'avoir vue : cependant, bien loin de chercher l'occasion de lui être présenté, il semblait avoir quitté brusquement la compagnie pour éviter les rapports qui se seraient nécessairement établis entre Clara et lui. La manière dont il avait paru faire la cour à lady Binks n'avait pas non plus échappé à l'attention et à la sagacité de Mowbray ; elle s'était montrée elle-même bien pressée de quitter le château des Shaws, et il se promit de chercher à découvrir la nature de cette liaison, soit par mistress Gingham, femme de chambre de la belle dame, soit par tout autre moyen, prononçant en même temps le serment solennel qu'aucun pair du royaume ne ferait de miss Mowbray un manteau pour couvrir une intrigue plus secrète. Mais ses doutes à ce sujet se dissipèrent en grande partie quand un domestique du comte arriva, chargé de la lettre ci-après :

« Mon cher Mowbray,

« Vous devez naturellement être surpris que j'aie quitté la table hier, avant que vous fussiez revenu y prendre votre place, et que votre aimable sœur l'eût ornée de sa présence. Je dois vous avouer ma folie, et je le fais d'autant plus hardiment que, n'ayant pas mis de romanesque dans la manière dont j'ai entamé cette affaire avec vous, je n'ai pas à craindre que vous me soupçonniez de vouloir y avoir recours à présent. La pure vérité, c'est que hier, pendant toute la journée, l'idée d'être présenté à celle des bonnes graces de laquelle dépend tout le bonheur de ma vie future, au milieu des embarras d'une fête et en présence d'une si nombreuse compagnie, m'a inspiré une répugnance qu'il me serait impossible de vous peindre. J'avais mon masque, à la vérité, et je pouvais m'en servir en me promenant, mais je ne pouvais le garder à table, et par conséquent il m'était impossible d'éviter d'être présenté à miss Mowbray, moment intéressant que je désirais réserver pour une occasion plus favorable. J'espère que vous trouverez bon que je vienne vous voir ce matin au château des Shaws, avec l'espoir mêlé d'inquiétude, qu'il me sera permis de rendre mes devoirs à miss Mowbray, et de lui offrir mes excuses pour ne l'avoir pas fait dès hier. J'attends votre réponse avec la plus vive impatience, et je suis tout à vous,

« Etherington. »

— Voilà, se dit Saint-Ronan à lui-même en repliant cette lettre après l'avoir lue deux fois, voilà qui paraît franc et sincère, et je ne pouvais rien désirer de plus clair. D'ailleurs, elle met en *noir et blanc*, comme le dirait le vieux Micklewham, ce qui ne reposait encore que sur des paroles. Un billet comme celui-ci, reçu le matin, est un remède certain contre la migraine.

Il prit une chaise, s'approcha d'une table, et répondit au comte qu'il le verrait avec grand plaisir aussitôt que Sa Seigneurie le jugerait convenable. Il fit remettre sa réponse au domestique, s'approcha lui-même d'une fenêtre pour le voir partir, et le vit galoper en homme qui sait que son retour est attendu par un maître impatient.

Mowbray resta seul quelques minutes, réfléchissant avec joie à toutes les conséquences d'un mariage si désiré : il y trouvait un rang pour sa sœur, et pour lui mille avantages qu'il devait retirer d'une union si intime avec un homme qu'il avait alors de bonnes raisons pour croire initié dans tous les talens du jeu, et qui pourrait lui rendre les services les plus importans dans ses propres spéculations et dans ses paris sur les courses de chevaux. Enfin il sonna un domestique et le chargea d'aller dire à sa sœur qu'il déjeunerait avec elle.

— Je suppose, John, lui dit Clara lorsqu'elle le vit entrer, que vous ne serez pas fâché de trouver ce matin un breuvage un peu moins fort que celui que vous avez pris la nuit dernière. Vous étiez encore à table quand minuit sonnait.

— Oui, répondit Mowbray ; ce banc de sable, ce vieux Mac Turk, sur qui bouteilles sur bouteilles ne font aucune impression, enivrerait la Sobriété même. Mais c'est une affaire finie, et je ne crois pas qu'on me rattrape dans un pareil piège. — Que dites-vous des masques?

— Je dis que tous ces personnages ont soutenu aussi bien leur caractère qu'ils soutiennent leur rôle de *gentleman* et de *lady* dans le monde, c'est-à-dire en faisant beaucoup d'embarras, et sans trop d'égards pour les convenances.

— Je n'en ai vu qu'un seul dont j'aie été pleinement satisfait, un Espagnol.

— Je l'ai vu aussi, mais il avait son masque. Un vieux marchand indien, ou quelque chose de semblable, m'a paru porter beaucoup mieux son costume. Votre Espagnol ne faisait que se promener, et racler sa guitare pour l'amusement de lady Binks, à ce qu'il m'a paru.

— Cependant cet Espagnol-là ne manque pas de talent. Pourriez-vous deviner qui il est?

— Non vraiment, et je ne me donnerai pas la peine de l'essayer. Chercher à deviner serait aussi ennuyeux que de voir une seconde fois la même scène.

— Au moins, vous m'accorderez une chose. Bottom a été bien joué. Vous ne pouvez en disconvenir.

— Oui, ce digne personnage mériterait de conserver sa tête d'âne jusqu'à la fin de ses jours. Mais qu'avez-vous à en dire?

— Que c'était le même individu que vous avez vu ensuite en Espagnol. L'auriez-vous cru?

— En ce cas, il y avait hier un fou de moins que je ne le pensais, répondit Clara avec la plus grande indifférence.

Son frère se mordit les lèvres.

— Clara, lui dit-il, je sais que vous êtes une excellente fille, et que vous ne manquez pas de moyens; mais n'affichez pas de prétentions à l'esprit et à la bizarrerie. Il n'y a pas de gens plus insupportables dans le monde que ceux qui veulent penser autrement que les autres. Cet Espagnol était le comte d'Etherington.

Cette annonce fut faite d'un ton que Mowbray chercha à rendre imposant, mais elle ne fit aucune impression sur Clara.

— J'espère qu'il joue le rôle de pair mieux que celui d'hidalgo, répondit-elle d'un air très-insouciant.

— C'est un des plus beaux hommes d'Angleterre, un homme tout-à-fait à la mode. Je suis sûr qu'il vous plaira infiniment, quand vous le verrez en société privée.

— Qu'il me plaise ou non, cela est fort peu important.

— Vous vous trompez, Clara ; cela peut être de la plus grande importance.

— Vraiment? dit Clara en souriant ; il faut donc que je me regarde comme un être bien important dans le monde, puisque mon approbation est nécessaire à un de vos élégans de première classe. Ne peut-il sans cela passer la revue aux eaux de Saint-Ronan? Hé bien, je déléguerai mes pouvoirs à lady Binks, et elle me remplacera pour faire défiler devant elle toutes vos nouvelles recrues.

— Tout cela n'a pas le sens commun, Clara. J'attends ici, ce matin, lord Etherington. Il désire vous être présenté, et j'espère que vous le recevrez comme mon ami particulier.

— De tout mon cœur, pourvu que vous me promettiez qu'après cette visite vous le garderez aux eaux avec vos autres amis particuliers ; vous savez que c'est un marché conclu entre nous que vous n'amènerez dans mon appartement ni chien d'arrêt ni élégans ; les uns tourmentent mon chat, et les autres m'ennuient.

— Vous vous méprenez totalement, Clara; c'est un homme tout différent de tous ceux qui vous ont été présentés jusqu'ici. J'espère le voir souvent aux Shaws, et je me flatte que vous serez bientôt meilleurs amis que vous ne pensez. J'ai plus de raisons pour le désirer que je n'ai le temps de vous le dire en ce moment.

Clara garda le silence un moment, et leva ensuite les

yeux sur son frère en le regardant avec cet air d'attention qui semble vouloir pénétrer au fond du cœur.

— Si je croyais, dit-elle après une minute de réflexion et d'un ton ému, si je croyais..... mais non; non, je ne veux pas croire que le ciel me destine un tel coup, encore moins que ce soit la main d'un frère qui doive le porter.

Elle se leva, courut à la fenêtre, l'ouvrit, respira l'air un instant, la referma, revint s'asseoir, et dit avec un sourire forcé : — Que le ciel vous le pardonne, mon frère ! mais vous m'avez bien effrayée.

— Je n'en avais pas l'intention, Clara, répondit Mowbray, qui reconnut la nécessité de lui laisser le temps de se calmer ; je ne faisais que parler en plaisantant de ces chances qui ne sortent jamais de la tête des autres jeunes filles, quoique vous ne sembliez jamais les calculer.

— Plût au ciel, mon cher John, répondit Clara en faisant un effort sur elle-même pour reprendre son sang-froid, que vous voulussiez suivre mon exemple et abandonner aussi la science des chances ! elle ne vous enrichira pas.

— Et qu'en savez-vous ? Je vais vous prouver le contraire, petite sotte que vous êtes. Tenez, voilà un billet sur un banquier, passé à votre ordre, pour la somme que vous m'avez prêtée, et même quelque chose de plus. Que le vieux Mick n'y touche pas ; chargez-en Bindloose. Entre deux maudits filous, il faut choisir le plus honnête.

— Ne pouvez-vous pas l'envoyer vous-même à Bindloose ?

— Non, non, il pourrait faire confusion entre mes affaires et les vôtres, et vous n'y trouveriez pas votre compte.

— Je ne suis pas fâchée que vous soyez en état de me payer, car j'ai envie d'acheter le nouveau poëme de Campbell [1].

---

[1] Thomas Campbell, auteur des *Plaisirs de l'Espérance* et de *Gertrude de Wyoming*. — TR.

— Je vous souhaite beaucoup de plaisir à le lire ; mais ne m'arrachez pas les yeux si je ne m'en soucie guère. Je me connais en livres comme vous connaissez le calcul des probabilités pour une gageure. Mais à présent parlons sérieusement, et dites-moi si vous serez une bonne fille. Renoncerez-vous pour une fois à vos caprices ? Recevrez-vous ce jeune comte anglais comme ma sœur doit recevoir un ami de son frère ?

— Cela n'est pas très-difficile, mais.... mais.... je vous prie, ne me demandez pas de le voir. Dites-lui tout d'un coup que je suis une pauvre créature, faible de corps, d'esprit et de caractère ; dites-lui surtout que je ne puis le recevoir qu'une fois.

— C'est ce que je ne ferai pas, sur mon ame ! Ecoutez-moi, Clara ; il faut que je vous parle clairement. J'avais dessein de retarder cette discussion ; mais puisque la voilà entamée, le mieux est de la terminer sur-le-champ. Il faut donc que vous sachiez, Clara Mowbray, que le comte d'Etherington a des vues particulières en venant ici ce matin, et que ces vues ont ma sanction, mon entière approbation.

— Je le pensais, dit-elle d'une voix altérée ; je prévoyais cette dernière infortune. Mais, Mowbray, ce n'est pas un enfant qui est devant vous, je ne veux ni ne puis voir votre comte.

— Comment ! s'écria Mowbray avec vivacité, osez-vous me faire une réponse si positive ? Réfléchissez-y mieux ; car, si nous jouons l'un contre l'autre, vous aurez affaire à trop forte partie.

— Comptez-y bien, ajouta-t-elle avec encore plus de véhémence, je ne verrai ni lui ni aucun homme au monde, sur le pied que vous me le proposez. Ma résolution est prise, elle est invariable ; ni les menaces ni les prières ne pourront la changer.

— Sur ma parole, miss Mowbray, pour une jeune personne modeste et réservée, vous savez avoir une volonté ;

mais vous apprendrez que j'en ai une aussi, et qu'elle est aussi prononcée que la vôtre. Si vous refusez de recevoir mon ami lord Etherington, et de le recevoir avec toute la politesse qui est due à la considération que j'ai pour lui, de par le ciel! Clara, je ne vous regarderai plus comme la fille de mon père. Pensez à ce que vous allez abandonner, l'affection et la protection d'un frère; et pour quoi? pour un frivole point d'étiquette! Vous ne pouvez, je présume, même dans les enfantemens de votre cerveau romanesque, vous imaginer que nous soyons encore au temps des Clarisse Harlowe et des Henriette Byron [1], où l'on mariait une femme de vive force; et il faut que vous ayez une vanité extravagante, si vous supposez que le comte d'Etherington, puisqu'il vous a honorée de quelques pensées, ne se contentera pas d'un refus honnête et civil; croyez-vous donc être d'un assez grand prix pour que le temps des romans renaisse pour vous?

— Je ne sais quel est ce temps, mon frère, et je m'en soucie fort peu. Mais je vous dis que je ne verrai ni lord Etherington, ni qui que ce soit, après des préliminaires semblables à ceux que vous venez d'établir. Je ne le puis, ni ne le veux, ni ne le dois. Si vous vouliez que je le reçusse, ce qui ne peut avoir aucune importance, il fallait me l'annoncer comme une visite ordinaire; mais, d'après ce que vous m'avez dit, je ne le verrai pas.

— Vous le verrez et vous l'entendrez, Clara; je vous prouverai que mon entêtement est égal au vôtre; que je suis aussi prêt à oublier que j'ai une sœur, que vous à oublier que vous avez un frère.

— Il est donc temps, John, que cette maison, la maison de notre père commun, cesse de nous abriter tous deux. Je puis me suffire à moi-même, et puisse le ciel vous protéger!

— Vous prenez les choses avec un sang-froid admirable,

---

(1) Héroïne du roman du *Chevalier Grandisson* de Richardson. — Tr.

miss Mowbray! dit son frère en se promenant dans l'appartement d'un air inquiet et agité.

— Parce qu'il y a long-temps que j'ai prévu ce qui arrive aujourd'hui. Oui, mon frère, j'ai plus d'une fois pensé que, lorsque toutes vos autres ressources seraient épuisées, vous établiriez sur votre sœur de nouveaux projets, de nouvelles spéculations. Ce moment est venu, et, comme vous le voyez, j'y étais préparée.

— Et où vous proposez-vous de vous retirer? Il me semble qu'étant votre unique parent, votre protecteur naturel, j'ai droit de le savoir. Mon honneur et celui de ma famille l'exigent.

— Votre honneur? répéta-t-elle en le regardant fixement d'un air expressif. Je suppose que vous voulez dire votre intérêt : lui seul peut exiger que vous connaissiez le lieu de ma retraite. Ayez un peu de patience, John. Le creux d'un rocher, le lit desséché d'un torrent seront ma demeure, plutôt qu'un palais où je ne serais pas libre.

— Vous vous trompez pourtant, dit Mowbray avec fermeté, si vous croyez que je vous laisse jouir de plus de liberté que je ne crois pouvoir vous en accorder sans risque. La loi m'autorise à vous imposer la contrainte nécessaire à votre sûreté et à votre réputation. La raison et même l'affection l'exigent de moi. Vous n'avez que trop couru dans les bois, du temps de mon père, si je dois en croire tout ce qu'on m'a dit.

— Oui, Mowbray; oui, c'est la vérité! s'écria Clara en pleurant. Que le ciel ait pitié de moi, et qu'il vous pardonne de me reprocher la situation de mon esprit! Je sais que je ne puis toujours m'en rapporter à mon propre jugement. Mais est-ce à vous de me le rappeler?

Les larmes de Clara émurent Mowbray et l'embarrassèrent.

— Quelle folie est la vôtre! lui dit-il; vous me dites les choses les plus piquantes; vous vous montrez disposée à fuir de ma maison; et, quand vos provocations m'arrachent une réponse un peu dure, vous fondez en larmes!

— Dites que vous ne pensiez pas ce que vous m'avez dit, mon cher John, s'écria Clara; dites-moi que vous ne le pensiez pas! ne me privez pas de ma liberté; c'est tout ce qui me reste, et Dieu sait que c'est une bien faible consolation dans les chagrins que j'endure. Je me prêterai à tout ce qui vous fera plaisir. J'irai aux eaux quand vous le voudrez, je m'habillerai comme il vous plaira, je parlerai comme vous me direz de le faire. Mais laissez-moi ici la liberté de ma solitude. Laissez-moi pleurer seule dans la maison de mon père; ne forcez pas une sœur dont le cœur est brisé à accuser un frère de sa mort. Le sable de ma vie est presque écoulé, mais ne secouez pas le sablier pour le faire tomber plus vite; laissez-le couler tranquillement sans l'agiter. Je vous le demande pour vous encore plus que pour moi. Je désire que vous pensiez quelquefois à moi quand je n'existerai plus; mais que vous y pensiez sans les réflexions pleines d'amertume qui se présenteraient à vous, bien certainement, si vous aviez à vous reprocher de m'avoir traitée autrement qu'en bon frère. Ayez pitié de moi quand ce ne serait que par pitié pour vous-même. Je n'ai mérité de vous que de la compassion. Nous ne sommes que nous deux sur la terre; pourquoi nous rendre malheureux l'un par l'autre?

Ce discours fut interrompu presque à chaque phrase par des larmes et des sanglots. Mowbray était ému; mais il ne savait à quoi se résoudre. D'une part, il était lié par la promesse qu'il avait faite au comte; de l'autre, sa sœur ne paraissait pas dans une situation d'esprit propre à recevoir une telle visite. Il était même très-probable que, s'il adoptait la mesure rigoureuse de la forcer à voir le jeune lord, elle le recevrait de manière à rompre le projet de mariage sur le succès duquel il avait construit tant de châteaux en l'air. Dans cet embarras, il eut encore recours aux raisonnemens.

— Clara, lui dit-il, je suis, comme je vous l'ai déjà dit plusieurs fois, votre seul parent, votre protecteur naturel. Si vous avez quelque bonne raison à alléguer pour ne pas recevoir le comte d'Etherington, si vous pouvez trouver une réponse civile à la demande qu'il lui a plu de faire, il me semble que vous devez me la confier. Vous avez un peu trop joui de cette liberté dont vous faites tant de cas, pendant la vie de mon père, ou du moins pendant ses dernières années. Avez-vous formé alors quelque attachement inconsidéré qui vous empêche aujourd'hui de recevoir une visite semblable à celle dont vous vous trouvez menacée?

— Menacée! répéta miss Mowbray, l'expression est parfaitement juste; et rien ne peut être plus terrible pour moi qu'une telle menace, si ce n'est son accomplissement.

— Je suis charmé de voir que vous vous ranimiez un peu; mais ce n'est pas répondre à ma question.

— Est-il donc nécessaire qu'une femme ait un engagement et un attachement pour qu'elle ne veuille pas être donnée en mariage, ni en entendre parler, quand c'est un tourment pour elle? Bien des gens déclarent qu'ils veulent mourir garçons; pourquoi, à vingt-trois ans, ne me serait-il pas permis de dire que je veux mourir fille? Accordez-moi cette grace en bon frère; et jamais neveux et nièces n'auront été si gâtés et grondés, si caressés et pincés par une vieille tante, que le seront vos enfans, quand vous en aurez, par leur tante Clara.

— Pourquoi ne pas dire tout cela au comte d'Etherington? Attendez qu'il présente à vos yeux un épouvantail aussi effrayant qu'une proposition de mariage, avant de songer à y opposer un refus. Qui sait si la fantaisie qu'il peut avoir eue n'est pas déjà passée? Il se promenait avec lady Binks, comme vous le disiez, et elle a autant d'adresse que de beauté.

—Que le ciel double tous ces avantages, s'ils peuvent servir à éloigner de l'esprit de lord Etherington toute idée de la pauvre Clara !

—Hé bien, les choses étant ainsi, je ne crois pas que vous ayez beaucoup d'embarras avec le comte. Il ne vous en coûtera probablement qu'un refus fait avec politesse. Quand il est venu jusqu'à faire des ouvertures à un homme de ma condition, il ne peut battre en retraite sans que vous lui fournissiez une excuse.

—Si c'est tout ce qu'il lui faut, je vous réponds qu'aussitôt qu'il m'en donnera l'occasion, il recevra de moi une réponse qui lui donnera la liberté de faire la cour à toutes les filles d'Eve, Clara Mowbray seule exceptée. Vraiment, j'ai un tel désir de rendre libre ce captif, qu'il me semble que je désire son arrivée autant que je la redoutais il n'y a qu'un instant.

—Doucement, Clara, point d'étourderie ; songez qu'il ne faut pas que le refus précède la demande.

—Bien certainement, mon frère ; mais je saurai m'arranger de manière à ce que la demande n'ait jamais lieu. Je rendrai à lady Binks son admirateur sans même en recevoir une civilité pour sa rançon.

—De pire en pire, Clara. Il ne faut pas oublier qu'il est mon ami, mon hôte, qu'il ne doit pas recevoir un affront dans ma maison. D'ailleurs, faites-y attention, Clara ; n'agiriez-vous pas plus sagement si vous preniez un peu de temps pour réfléchir à cette affaire ? La proposition est brillante.—Il est question d'un titre, d'une fortune, et, ce qui vaut encore mieux, d'une fortune que vous aurez un droit légitime de partager.

—Vous allez au-delà de notre traité, mon frère. Je vous ai déjà cédé plus que je n'aurais jamais cru pouvoir le faire, en consentant à voir ce comte sur le pied d'un visiteur ordinaire, et voilà que vous me parlez en faveur de ses prétentions ! C'est aller trop loin, Mowbray ; vous allez me faire retomber dans ce que vous appelez mon obstination, et je refuserai de le recevoir.

— Vous le recevrez comme il vous plaira, dit Mowbray, sentant que ce n'était que de l'affection de sa sœur qu'il pouvait obtenir une concession qui contrariait son inclination. Vous ferez ce que vous jugerez à propos, ma chère Clara; mais, pour l'amour du ciel, essuyez-vous les yeux.

— Et conduisez-vous comme les gens de ce monde [1], — voulez-vous dire, ajouta Clara en prenant son mouchoir et en tâchant de sourire; mais cette citation est perdue pour vous qui n'avez jamais lu ni Prior ni Shakspeare.

— Non, Dieu merci. J'ai déjà bien assez de choses dans la tête sans la charger encore d'un fatras de rimes, comme celles dont vous meublez la vôtre, et comme fait aussi lady Pénélope. Allons, voilà qui est bien; maintenant consultez votre miroir, et donnez-vous un air présentable.

Il faut qu'une femme soit bien abattue par les chagrins et les souffrances pour qu'elle néglige entièrement le soin de son extérieur. La folle porte à Bedlam sa guirlande de paille avec un certain air de prétention; nous avons connu une veuve qui pleurait sincèrement, comme nous n'en pouvions douter, la mort récente de son mari, et dont les ajustemens de deuil étaient pourtant arrangés avec une grace qui était presque de la coquetterie. De même Clara Mowbray, malgré la négligence qu'elle affectait, avait aussi ses secrets de toilette, quoiqu'ils fussent du genre le plus simple et le plus expéditif. Otant son petit chapeau et dénouant une dentelle des Indes qui retenait ses beaux cheveux noirs, elle secoua la tête et ils tombèrent sur ses épaules avec tant de profusion qu'ils formaient un voile autour de sa taille fine et légère. Tandis que son frère la regardait avec un sentiment mêlé d'admiration, d'or-

(1) Expression de Prior. — Éd.

gueil, d'affection et de pitié, elle les séparait avec un grand peigne; et sans avoir besoin de l'aide d'une femme d'atours, elle s'en forma, en quelques minutes, une coiffure semblable à celle que nous voyons sur la tête des statues de nymphes grecques.

— Maintenant, dit-elle, que je prenne mon plus beau manchon; et qu'il vienne un pair ou un prince, je serai prête à le recevoir.

— Un manchon! Allons donc! qui a jamais entendu parler d'une pareille chose depuis vingt ans? Les manchons étaient passés de mode avant que vous fussiez née.

— Peu importe, John. Quand une femme, et surtout une vieille fille déterminée comme moi, porte un manchon, c'est un signe qu'elle n'a pas dessein d'égratigner; et ainsi le manchon est une espèce de drapeau neutre. D'ailleurs il épargne la nécessité de tirer ses gants à chaque instant, ce qui est si prudemment recommandé par la devise de nos cousins les Mac-Intoshs.

— Faites ce qu'il vous plaira. Si pourtant une autre que vous voulait le faire, vous ne le souffririez pas. Mais que veut dire ceci? Un autre billet! il en pleut donc ce matin?

— Fasse le ciel que Sa Seigneurie ait judicieusement réfléchi à tous les dangers qui l'attendent dans ce château enchanté, dit miss Mowbray, et qu'elle ait renoncé à poursuivre l'aventure.

Ce souhait lui valut un regard de mécontentement que lui lança son frère en brisant le cachet de la lettre qu'un domestique venait de lui remettre. Sur une seconde enveloppe il lut les mots: — Promptitude et secret. — Le contenu de ce billet, qui le surprit infiniment, sera mis sous les yeux de nos lecteurs au commencement du chapitre suivant.

CHAPITRE XXIV.

AVIS ANONYME.

« . . . . Ouvrez cette lettre,
« Et je puis à l'instant produire un champion
« Qui saura soutenir mon accusation. »
SHAKSPEARE, *Le Roi Léar*.

Le billet que Mowbray venait de recevoir, et qu'il lut en présence de sa sœur, contenait ce qui suit :

« Monsieur,

« Clara Mowbray a peu d'amis, elle n'en compte peut-être que deux qui lui sont attachés ; vous par les liens du sang, et l'auteur de cette lettre par ceux de l'attachement le plus vif, le plus vrai et le plus désintéressé que jamais homme ait éprouvé pour une femme. Je crois devoir m'expliquer ainsi avec vous, parce que, quoiqu'il soit très-probable que je ne reverrai jamais votre sœur, que jamais je ne lui parlerai, je désire que vous connaissiez parfaitement la cause de l'intérêt que je continuerai à y prendre jusqu'à l'heure de la mort.

« Je sais qu'un individu, se donnant le nom de lord Etherington, est dans les environs du château des Shaws et qu'il a dessein de se proposer pour époux à miss Mowbray. Il m'est facile de prévoir, en raisonnant d'après les vues ordinaires du monde, qu'il peut présenter sa proposition sous un jour qui la rende très-avantageuse. Mais avant de lui donner l'encouragement que ses offres peuvent paraître mériter, veuillez vous informer si sa fortune est certaine et si son rang n'est pas sujet à contestation.

Ne vous contentez pas de quelques renseignemens légers sur l'un et l'autre point. Un homme peut être en possession d'un domaine et d'un titre sans y avoir d'autre droit que sa rapacité et sa promptitude à s'en mettre en possession ; en supposant M. Mowbray jaloux, comme il doit l'être, de l'honneur de sa famille, une alliance avec un tel homme ne peut qu'y porter atteinte. Celui qui vous adresse cette lettre est disposé à soutenir tout ce qu'il vous écrit. »

A la première lecture d'un billet si extraordinaire, Mowbray fut tenté d'en faire honneur à la malice de quelque personne faisant partie de la compagnie réunie aux eaux ; les lettres anonymes étant la ressource assez commune des petits esprits qui fréquentent ces lieux de réunion, et offrant le moyen le plus facile de semer sans danger la méfiance et le trouble dans les familles. Cependant en y réfléchissant davantage, et après avoir relu la lettre, il se sentit ébranlé dans cette opinion. Sortant tout à coup de la rêverie dans laquelle il était tombé, il demanda où était l'exprès qui avait apporté cette missive. Le domestique répondit qu'il l'avait laissé sous le vestibule, et Mowbray y courut sur-le-champ. L'exprès n'y était plus ; mais il était presque au bout de l'avenue, se retirant assez tranquillement, et le domestique le montra à son maître. Mowbray l'appela à grands cris. Point de réponse. Il prit alors le parti de courir après le drôle dont l'extérieur était celui d'un paysan. Mais celui-ci, se voyant poursuivi, joua des jambes à son tour ; et, quand il fut sorti de l'avenue, il se jeta dans un de ces petits sentiers irréguliers que traçaient dans tous les sens ceux qui allaient cueillir des noisettes ou prendre de l'exercice. Le bois taillis était d'assez grande étendue et avait sans doute fait donner au château le nom qu'il portait ; *Shaws*, en dialecte écossais, signifiant des bois de cette espèce.

Excité par le désir évident que cet homme montrait de l'éviter, Mowbray le poursuivit assez loin ; et ce ne fut qu'après l'avoir perdu de vue depuis long-temps, et lorsqu'il se trouva épuisé de fatigue, qu'il se souvint de la visite que devait lui faire le comte d'Etherington, et qu'il songea à retourner au château.

Le jeune lord y était arrivé si peu de temps après le départ de Mowbray, qu'il était étonnant qu'ils ne se fussent pas rencontrés dans l'avenue. Le domestique à qui il s'adressa, pensant que son maître ne pouvait tarder à rentrer, puisqu'il était sorti sans chapeau, l'introduisit sans cérémonie dans l'appartement où l'on venait de déjeuner, et où Clara, assise près d'une croisée, était si occupée d'un livre qu'elle lisait, ou de ses propres pensées, qu'à peine s'aperçut-elle de l'arrivée d'un étranger; et elle ne leva la tête que lorsque lord Etherington eut prononcé ces mots : — Miss Mowbray. — Un tressaillement involontaire annonça ses alarmes; et elle poussa un grand cri quand le comte, faisant encore un pas pour s'avancer vers elle, dit d'un ton plus ferme : — Clara.

— N'avancez pas! s'écria-t-elle, n'avancez pas davantage, si vous voulez que je puisse vous voir sans mourir.

Le comte s'arrêta, comme incertain s'il devait avancer ou reculer, tandis qu'avec une volubilité incroyable elle le priait et suppliait de se retirer, s'adressant à lui tantôt comme à un être vivant, tantôt comme à un fantôme créé par une imagination en désordre.

— Je le savais, murmurait-elle à voix basse, je savais ce qui arriverait si mes pensées étaient forcées à prendre ce cours odieux. Mon frère! Parlez-moi, mon frère, parlez-moi, pendant qu'il me reste encore quelque raison. Dites-moi que l'être que j'ai sous les yeux n'est qu'une ombre créée par mon imagination exaltée. Mais non, ce n'est point une ombre; je vois en lui toutes les apparences d'une substance semblable à la mienne.

— Clara, dit le comte d'une voix ferme, mais plus douce, tranquillisez-vous, calmez-vous; je ne suis pas une ombre; je suis un homme victime de cruelles injustices, et je viens réclamer des droits dont j'ai été dépouillé sans raison. J'ai pour moi maintenant le pouvoir comme la justice, et mes réclamations seront entendues.

— Jamais, répondit Clara ; jamais ! puisque je suis réduite à l'extrémité, elle me donnera du courage. Vous n'avez pas de droits sur moi ; vous n'en avez aucun ; je ne vous connais pas ; je vous défie.

— Ne me défiez pas, Clara, dit le comte d'un ton bien différent de celui qu'il employait pour faire les charmes d'une société ; car il était grave, solennel, tragique, presque semblable à celui d'un juge qui prononce la sentence d'un criminel. — Ne me défiez pas, répéta-t-il : votre destin est entre mes mains, et il dépend de vous qu'il soit doux ou sévère.

— Osez-vous bien parler ainsi ? s'écria Clara les yeux étincelans de colère, tandis que ses lèvres pâlissaient et tremblaient de crainte. Osez-vous bien parler ainsi ? Oubliez-vous que nous avons au-dessus de notre tête ce même ciel au nom duquel vous avez fait le serment solennel de ne jamais me revoir sans mon consentement ?

— Ce serment était conditionnel. Frank Tyrrel, comme il se nomme, en avait fait un semblable. Ne vous a-t-il pas vue ?

Il fixa sur elle un regard perçant, en prononçant ces mots :

— Oui, continua-t-il, il vous a vue, vous n'oseriez le nier. Un serment qui n'a été pour lui qu'un fil de soie, doit-il être pour moi une chaîne de fer ?

— Hélas ! un seul instant, dit miss Mowbray, manquant de courage, et baissant la tête en parlant ainsi.

— Quand ce ne serait que la vingtième partie d'un instant, l'espace le plus incompréhensible de la subdivision du temps, vous vous êtes rencontrés, il vous a vue, vous lui avez parlé. Hé bien, il faut aussi que vous me voyiez, il faut aussi que vous m'écoutiez, ou je vous réclamerai d'abord en face du monde entier, comme m'appartenant ;

et, après avoir fait reconnaître mes droits, je chercherai
e misérable rival qui a osé intervenir entre vous et moi,
et il me paiera de sa vie cette témérité.

— Pouvez-vous tenir ce langage? Pouvez-vous briser
ainsi tous les liens de la nature? N'avez-vous donc pas un
cœur?

— J'en ai un, et il recevra comme une cire toutes les
impressions qu'il vous plaira de lui imposer, si vous con-
sentez à me rendre justice; mais ni le rocher, ni rien de
ce que la nature a de plus dur, ne sera plus inflexible, si
vous persistez dans une inutile opposition; Clara Mowbray,
votre destin est entre mes mains.

— Ne le croyez pas, homme orgueilleux, dit Clara en
se levant. Dieu n'a pas donné à un vase d'argile le pouvoir
d'en briser un autre sans sa divine permission. Le moindre des oiseaux ne tombe sur la terre que par la volonté
de celui entre les mains de qui est ma destinée. Retirez-
vous. Je suis forte de la confiance que je mets en la protection du ciel.

— Parlez-vous ainsi avec sincérité? Mais d'abord considérez la perspective qui s'offre à vous. Je ne parais pas ici
en homme dont la situation dans le monde est douteuse
ou incertaine; je ne vous offre pas simplement le nom
d'épouse; je ne vous propose pas un sort obscur, une
humble médiocrité, une vie mêlée de crainte pour le passé
et d'inquiétudes pour l'avenir; et cependant il *fut* un
temps où vous ne dédaigniez pas d'écouter favorablement
de pareilles propositions. Non; je suis placé au premier
rang des nobles du pays, et je vous offre, avec le titre de
mon épouse, le partage de mes honneurs et de l'opulence
qui les accompagne. Votre frère est mon ami, et favorise
mes prétentions. Je relèverai votre ancienne maison; je
la rendrai plus illustre qu'elle ne l'a jamais été. Vous n'aurez d'autres règles à suivre que vos désirs et même vos
caprices. Je porterai si loin l'abnégation de moi-même,
que si vous insistez sur une condition aussi sévère, vous

aurez une résidence particulière, et complètement séparée de la mienne; je ne m'y présenterai que lorsque l'amour le plus ardent, les attentions les plus constantes, auront triomphé de votre inflexibilité. Voilà ce que je vous promets pour l'avenir; quant au passé, la connaissance en sera dérobée au public. Mais, Clara Mowbray, il faut que vous m'apparteniez.

— Jamais! jamais! s'écria-t-elle avec une nouvelle véhémence, je ne puis que répéter ce mot, mais ce mot vaudra un serment. Votre rang n'est rien pour moi; je méprise votre fortune; ni les lois d'Ecosse, ni celles de la nature ne permettent à mon frère de forcer mes inclinations; je déteste votre perfidie et les avantages que vous vous flattez d'en tirer; si la loi vous accordait ma main, elle ne vous donnerait que celle d'un cadavre.

— Hélas! Clara, répondit le comte, vous ne faites que vous débattre comme le poisson pris dans le filet du pêcheur. Mais je ne vous presserai pas davantage en ce moment; j'ai à songer à une autre entrevue.

Il fit un mouvement comme pour se retirer; mais Clara s'élança vers lui, et le saisissant par le bras, elle lui répéta d'une voix grave et imposante le cinquième commandement : — Tu ne tueras point.

— Ne craignez aucune violence, lui dit le comte d'Etherington d'un ton plus doux et en voulant lui prendre la main; à moins que vous ne m'y forciez vous-même par votre sévérité. Francis n'a rien à redouter de moi, pourvu que vous ne soyez pas tout-à-fait déraisonnable. Accordez-moi ce que vous ne pouvez refuser à aucun ami de votre frère, la permission de vous voir de temps en temps; suspendez du moins l'impétuosité de votre haine contre moi, et, de mon côté, je retiendrai le courant de mon juste et terrible ressentiment.

Clara, se retirant à quelques pas de lui, lui répondit :
— Il y a un ciel au-dessus de nous, et c'est là que seront jugées toutes nos actions. Vous abusez d'un pouvoir que

vous ne devez qu'à la plus infame trahison; vous déchirez un cœur qui ne vous a jamais offensé; vous cherchez une alliance avec une infortunée qui n'en désire contracter qu'avec le tombeau. Si mon frère vous attire ici, je ne puis l'en empêcher; mais vous n'y viendrez jamais de mon consentement; et si j'avais la liberté du choix, j'aimerais mieux être frappée de cécité pour toute ma vie, que de vous avoir encore une seule fois devant les yeux : je préfèrerais être privée du sens de l'ouïe comme l'habitant de la tombe, plutôt que de jamais entendre votre voix.

Le comte d'Etherington sourit avec un air d'orgueil.— Je puis, madame, répondit-il, souffrir ce langage sans ressentiment. Quelque soin que vous ayez pris d'ôter à votre complaisance la grace et la bonté que vous auriez pu y mettre, j'interprète ce que vous venez de me dire comme une permission que vous m'accordez de me présenter devant vous.

— Ne l'interprétez pas ainsi! Je ne me soumets à supporter votre présence que comme on se soumet à un malheur inévitable. Dieu m'est témoin que si ce n'était pour prévenir un plus grand mal, un mal bien plus terrible, je ne porterais pas si loin la condescendance.

— Hé bien! que condescendance soit le mot. Je serai si reconnaissant de votre condescendance, miss Mowbray, que je garderai un silence absolu sur tout ce que je présume que vous ne désirez pas rendre public; et à moins que le soin de ma défense personnelle ne m'y force absolument, je ne me porterai à aucun acte de violence contre personne. Pour le moment je vais vous délivrer de ma présence.

A ces mots il sortit de l'appartement.

CHAPITRE XXV.

EXPLICATION.

« Si vous le voulez bien, ô cire complaisante ! »
SHAKSPEARE.

Dans le vestibule, le comte d'Etherington rencontra Mowbray qui rentrait après avoir donné une chasse inutile au porteur de la lettre anonyme communiquée au lecteur, et qui venait d'apprendre à l'instant même que le comte d'Etherington était avec Clara. Cette rencontre fut accompagnée d'un peu de confusion de part et d'autre. Mowbray avait encore présent à l'esprit le contenu du billet sans signature, et lord Etherington, malgré le sang-froid qu'il avait cherché à conserver, n'avait pu soutenir sans être un peu déconcerté la scène qu'il venait d'avoir avec miss Mowbray.

Mowbray demanda au comte s'il avait vu sa sœur, et l'invita en même temps à rentrer avec lui; mais lord Etherington lui répondit, avec un air aussi indifférent qu'il le put affecter, qu'il avait joui quelques instans de l'honneur de la compagnie de miss Mowbray, et qu'il ne voulait pas mettre sa patience à une plus longue épreuve quant à présent.

— Je me flatte, milord, que vous en avez reçu un accueil agréable? J'espère qu'en mon absence Clara a fait convenablement les honneurs de ma maison?

— Miss Mowbray a paru un peu agitée par mon apparition subite, le domestique m'ayant introduit près d'elle assez brusquement. D'ailleurs, dans les circonstances où nous nous trouvions, elle et moi, une première entrevue est toujours embarrassante, surtout quand il y manque la présence d'un tiers pour jouer le rôle de maître des cérémonies. Je suppose, d'après l'air que je lui ai vu, que vous n'aviez pas tout-à-fait gardé mon secret, mon cher ami. Moi-même il me semblait que j'étais un peu gauche en approchant de miss Mowbray. Mais tout est dit maintenant, et la glace étant rompue, j'espère avoir des occasions plus fréquentes et plus convenables pour profiter de l'avantage d'avoir fait la connaissance de votre aimable sœur.

— Soit, milord; mais puisque vous parlez de quitter le château, j'aurais auparavant un mot à vous dire, et ce lieu ne convient pas pour cette conversation.

— Je suis prêt à vous écouter, mon cher John, répondit le comte, non sans un tressaillement secret, semblable peut-être à ce qu'éprouve l'araignée quand elle voit sa toile perfide menacée de quelque dommage, et que, suspendue au centre, elle examine avec inquiétude quel est le point qui aura besoin de son secours. C'est une partie, et non la plus légère, du châtiment qui attend toujours celui qui, abandonnant le sentier droit de l'honneur et de la franchise, cherche à arriver à son but par le chemin tortueux de l'intrigue et de la perfidie.

— Milord, dit Mowbray après l'avoir conduit dans un petit appartement qui contenait ses fusils, ses lignes, ses filets, en un mot tous ses instrumens de chasse et de pêche, vous avez joué franc jeu avec moi; je suis même forcé de convenir que vous m'avez fait des avantages, je regarde donc comme un devoir de n'écouter aucun rapport préjudiciable à la réputation de Votre Seigneurie, sans vous en faire part sur-le-champ. Voici une lettre anonyme que je viens de recevoir à l'instant. Peut-être en connaîtrez-vous l'écriture, et serez-vous à même par là d'en découvrir l'auteur.

— Je connais l'auteur, dit le comte en parcourant la

lettre que Mowbray venait de lui remettre, et je vous dirai que c'est le seul être au monde que j'aurais soupçonné d'être capable de répandre des calomnies contre moi. Je me flatte, M. Mowbray, qu'il est impossible que vous regardiez cette lettre infame autrement que comme un tissu de faussetés.

— En la mettant entre vos mains, milord, sans avoir cherché ailleurs le plus léger renseignement, je vous prouve que j'en ai conçu cette opinion ; et je ne doute pas qu'il ne soit au pouvoir de Votre Seigneurie de renverser cet édifice de mensonge par les preuves les plus satisfaisantes.

— Sans contredit, M. Mowbray, car indépendamment de ce que je suis en pleine et entière possession du titre et de la fortune de mon père, j'ai son contrat de mariage, mon acte de naissance, et je puis invoquer à l'appui de mes droits le témoignage de tout un comté. Tous ces titres vous seront produits dans le plus bref délai. Vous ne trouverez pas surprenant qu'on ne voyage pas avec des documens semblables dans une chaise de poste.

— Non, sans doute, milord ; il suffit qu'ils soient produits quand nous en aurons besoin. Mais puis je vous demander qui est l'auteur de cette lettre, et si c'est quelque motif particulier d'animosité qui le porte à écrire d'impudens mensonges, dont la réfutation est si facile?

— C'est... il passe pour l'être du moins, un parent, je suis fâché d'être obligé de le dire, un de mes très-proches parens, un frère du côté de mon père, mais dont la naissance est illégitime. Mon père l'aimait beaucoup ; je l'ai mais aussi, car il a de l'esprit, et même des talens généralement reconnus. Mais il a dans l'esprit quelque chose d'irrégulier, un grain de folie, en un mot, qui se manifeste de la manière ordinaire, et qui rend le pauvre jeune homme dupe des idées qu'il se forme de sa grandeur et de ses dignités. Cette véritable démence, qu'on rencontre assez fréquemment, lui inspire la plus forte aversion contre ses proches parens, et surtout contre moi. Du reste il a bon ton, des manières agréables, au point que beaucoup de mes amis le soupçonnent d'avoir dans la tête plus de méchanceté que de folie quand il se porte à quelques excès. Je crois être excusable de juger avec moins de rigueur un jeune homme qu'on suppose fils de mon père. J'ai vraiment le plus grand regret de la situation dans laquelle il se trouve, car il aurait pu figurer dans le monde d'une manière très-distinguée.

— Puis-je vous demander son nom, milord?

— Mon père a eu assez d'indulgence pour lui donner son propre nom de baptême, Francis, et pour y ajouter celui de notre famille, Tyrrel; mais son véritable nom, le seul auquel il ait droit, est Martigny.

— Frank Tyrrel! s'écria Mowbray. C'est précisément le nom de l'individu qui a occasioné une scène aux eaux peu de jours avant votre arrivée. Vous avez dû voir un avis, une sorte de placard...

— Je l'ai vu, M. Mowbray; mais épargnez-moi sur ce sujet, je vous en prie. C'est justement la raison pour laquelle je n'ai pas voulu parler de l'espèce de connexion qui existe entre lui et moi. Au surplus, il n'est pas extraordinaire de voir des gens dont l'esprit est dérangé se faire une querelle sans raison, et faire honteusement retraite sans vouloir la vider.

— Ou, après tout, milord, quelque événement imprévu peut l'avoir empêché de se trouver au rendez-vous. Mais quand j'y pense, milord, ce rendez-vous devait avoir lieu le jour, l'heure et près de l'endroit où vous avez reçu votre blessure; et, si je ne me trompe, vous dites avoir blessé vous-même l'homme qui vous attaqua.

— Mowbray, dit le comte en le prenant par le bras et en baissant la voix, tout cela est parfaitement vrai; et j'éprouve une grande satisfaction en voyant que, quelles qu'eussent pu être les suites de cet accident, il est certain maintenant qu'elles n'ont pu être bien sérieuses. Cette idée ne me frappa que lorsque tout fut terminé, et ce fut l'affaire d'un instant; mais il me sembla que les traits de l'individu qui m'avait attaqué ainsi à l'improviste avaient quelque ressemblance avec ceux du malheureux Frank, que je n'avais pas vu depuis plusieurs années. Quoi qu'il en soit, il ne peut avoir été blessé bien dangereusement, puisque le voilà déjà en état de recommencer ses intrigues pour nuire à ma réputation.

— Votre Seigneurie voit les choses avec beaucoup de fermeté, et avec plus de sang-froid que bien des gens, à mon avis, ne seraient en état d'en montrer, après avoir échappé à un accident si désagréable.

— En premier lieu, Mowbray, je ne suis nullement sûr que ce risque ait jamais existé; car, comme je l'ai déjà dit, je n'ai vu qu'un instant l'homme qui m'a attaqué. Ensuite je suis certain maintenant que cette rencontre n'a eu aucune fâcheuse conséquence. D'une autre part, je suis un trop vieux chasseur de renards pour craindre le fossé que je viens de franchir, quand une fois je me trouve sur l'autre bord. Voudriez-vous que j'imitasse le sot qui se trouva mal un matin à la vue d'un rocher escarpé qu'il avait gravi le soir précédent pendant qu'il était ivre? — L'homme qui a écrit cette lettre, ajouta le comte en la touchant du doigt, est vivant, il est en état de me faire des menaces, il a attenté à mes jours, et s'il a reçu de moi quelque légère blessure, il m'en a fait une dont je porterai la marque toute ma vie.

— Je suis très-loin de vous blâmer de ce que vous avez fait pour votre défense personnelle, milord; mais l'affaire aurait pu se terminer d'une manière fort désagréable. Puis-je vous demander ce que vous avez dessein de faire à l'égard de ce malheureux jeune homme, qui, suivant toutes les probabilités, est encore dans les environs?

— Il faut d'abord que je découvre sa retraite, et alors je réfléchirai à ce qu'il est possible de faire pour la sûreté de ce pauvre garçon, et pour la mienne. Il est possible d'ailleurs qu'il rencontre des aigrefins qui cherchent à s'engraisser à ses dépens; car je vous assure que la fortune qu'il possède est suffisante pour attirer les yeux d'une foule de braves gens qui réussiront aisément à le dépouiller s'ils savent flatter ses folies. Puis-je vous prier à mon tour de vouloir bien être aux aguets, et si vous le voyez, ou que vous en entendiez parler, de m'en donner avis sur-le-champ?

— Je n'y manquerai certainement pas, milord; mais tout ce que je sais de lui jusqu'à présent, c'est qu'il a logé quelque temps à la vieille auberge du Croc. Il n'y demeure plus; mais il est possible que la vieille écrevisse d'hôtesse sache où le trouver.

— Je ne manquerai pas de m'en informer, dit lord Etherington.

Faisant alors ses adieux à Mowbray avec des démonstrations d'amitié, il monta à cheval, et partit pour retourner à l'hôtel du Renard.

— Voilà un futur beau-frère, se dit Mowbray en le regardant galoper dans l'avenue, qui a un sang-froid vraiment fort étrange! Il tire un coup de pistolet au fils de son père sans plus de remords que si c'eût été un coq de bruyère. Et que ferait-il donc à mon égard si nous avions quelque querelle? Ma foi! qu'il y prenne garde! je mouche une chandelle avec une balle; j'emporte l'as de cœur dans une carte; et, si quelque chose allait mal, je lui ferais voir que je me nomme Jack Mowbray et non Jack Blanc-Bec.

En arrivant à l'hôtel le comte d'Etherington monta sur-le-champ dans son appartement, et, n'étant pas entièrement satisfait des événemens du jour, il se mit à écrire au capitaine Jékyl, son correspondant, son agent et son confident. Heureusement cette lettre ne s'est pas perdue, et nous allons la mettre sous les yeux de nos lecteurs.

« Mon cher Harry,

« On dit qu'on s'aperçoit qu'une maison est près de s'écrouler quand les rats en délogent; qu'un État est en décadence quand ses alliés et ses confédérés l'abandonnent; et qu'un homme est à deux pas de sa ruine quand ses amis s'éloignent de lui. S'il faut ajouter foi à tous ces augures, je dois regarder votre dernière lettre comme un fâcheux présage de ma chute. Il me semble que je vous ai fait aller assez loin, et que j'ai assez libéralement partagé avec vous ma bonne fortune, pour que vous ayez quelque confiance en mon savoir-faire et quelque peu de foi en mes moyens et en mes manœuvres. Quel démon ennemi vous a tout à coup inspiré ce que vous voudriez faire passer pour des doutes politiques et des scrupules de conscience, mais que je ne puis regarder que comme des symptômes de crainte et d'un changement de dispositions? Vous ne pouvez concevoir un duel entre si proches parens; un peu plus loin l'affaire vous semble délicate et compliquée, et elle ne vous a jamais été expliquée pleinement; enfin vous finissez par me dire que si je m'attends que vous jouerez un rôle actif dans cette affaire, ce ne peut être que lorsque je vous aurai honoré d'une confiance entière et sans réserve; sans quoi pourriez-vous me servir comme je le désire? Telles sont vos propres expressions.

« Maintenant, quant à vos scrupules de conscience sur un duel entre si proches parens, et vos autres fadaises du même genre, je vous dirai qu'il y a eu dans tout cela plus de bruit que de mal; et certainement il n'est pas probable que la même occasion se présente une seconde fois. Mais d'ailleurs n'avez-vous donc jamais entendu parler de querelles entre parens? Et, quand ils en ont, leur refusez-vous les mêmes privilèges que peut réclamer tout homme d'honneur? Enfin, comment puis-je savoir si ce drôle qui fait le tourment de ma vie a été bien véritablement formé du même sang que moi ? Vous devez connaître un vieux proverbe qui dit qu'il est bien savant l'enfant qui connaît son père : comment peut-on donc exiger que je le sois assez pour connaître d'une manière certaine les enfans du mien ? Mais je crois qu'en voilà bien assez quant à la parenté.

« Passons à la confiance entière et sans réserve. Ce que vous me dites à cet égard, Harry, est la même chose que si je vous disais de regarder à une montre et de me dire quelle heure il est, et que vous me répondissiez que vous ne pouvez me le dire, parce que vous n'en avez pas examiné les roues, les ressorts et tout le mécanisme intérieur. Mais voici le fond de l'affaire : c'est qu'Harry Jékyl, qui est un aussi fin matois qu'un autre, croit avoir quinte et quatorze contre son ami lord Etherington, et que, connaissant déjà une partie de l'histoire dudit noble lord, il croit en savoir assez pour obliger Sa Seigneurie à lui en conter le reste. Peut-être conclut-il aussi assez raisonnablement qu'il est plus honorable, et probablement plus lucratif d'être dépositaire d'un secret tout entier que de n'avoir à en garder qu'une moitié ; en un mot, il est déterminé à tirer tout le parti possible des cartes qu'il a en main.

« Un autre que moi, honnête Harry, se donnerait la peine de rappeler le passé, et bien des circonstances que vous semblez avoir oubliées ; puis il finirait par exprimer humblement son opinion que, si Harry Jékyl est requis aujourd'hui de rendre un service au susdit noble lord, Harry en tient déjà la récompense dans sa poche. Mais ce n'est pas ainsi que je raisonne, parce que j'aime mieux qu'un ami ligué avec moi me serve par l'espoir du profit qu'il attend, que par reconnaissance des bienfaits qu'il a déjà reçus. Le premier est comme le chien qui suit la piste du renard, et qui la sent d'autant mieux qu'il est plus près de le mettre aux abois ; l'autre est comme celui qui a perdu la piste, et dont l'ardeur se refroidit à mesure qu'il voit qu'il lui est impossible de la retrouver. Je me soumets donc aux circonstances, et je vais vous conter toute l'histoire, quoiqu'elle soit un peu longue, espérant de la terminer en vous faisant sentir un gibier que vous poursuivrez ventre à terre.

« Je commence donc : — Francis, cinquième comte d'Etherington, et mon très-honoré père, était ce qu'on appelle un homme très-bizarre, c'est-à-dire qu'il n'était ni fou ni sage. Il avait trop de bon sens pour aller se jeter dans un puits ; et cependant, dans quelqu'un des accès de fureur auxquels il était sujet, il aurait quelquefois été assez fou pour y jeter tout autre que lui. Bien des gens prétendent qu'il portait dans la tête un germe de démence. Mais fi de l'oiseau qui salit son propre nid ! ainsi je n'en dirai pas davantage. Ce pair à cerveau un peu fêlé était d'ailleurs un très-bel homme. Il avait dans la physionomie une certaine expression de hauteur, mais il savait la rendre singulièrement agréable quand tel était son bon plaisir. C'était un homme, en un mot, fait pour pousser avantageusement sa pointe auprès du beau sexe.

« Lord Etherington, tel que je viens de vous le décrire, pendant son voyage d'usage sur le continent, se laissa surprendre le cœur en France par une jolie orpheline, nommée Marie de Martigny. Quelques personnes ont même prétendu que le don de sa main avait suivi celui de son cœur. Quoi qu'il en soit, on dit, car je suis déterminé à n'avoir aucune certitude sur ce point, *on dit* donc que de cette union naquit cet être incommode, Frank Tyrrel, comme il se nomme; ou plutôt, comme il me convient mieux de le nommer, Francis Martigny, ce dernier nom favorisant mes vues autant que le premier peut favoriser ses prétentions. Or, je suis trop bon fils pour reconnaître la prétendue régularité du mariage entre mon très-honorable et très-bon père avec ladite Marie Martigny, puisque, à son retour en Angleterre, mon susdit très-honorable et très-bon père épousa, en face de l'église, ma très-affectionnée et très-richement dotée mère, Anne Bulmer, de Bulmer-Hall, de laquelle heureuse union naquit votre serviteur, Francis Valentin Bulmer Tyrrel, héritier légitime des domaines réunis de mon père et de ma mère, comme possesseur incontestable de leurs anciens noms. Mais le noble et riche couple, quoique ayant reçu du ciel un gage d'amour tel que moi, vécut en grande mésintelligence, et ce qui l'augmenta encore, ce fut que mon très-honorable père jugea à propos de faire venir de France cet autre Sosie, ce malheureux Frank Tyrrel, et voulut, contre toute bienséance, qu'il résidât chez lui, et qu'il partageât l'éducation, dont le véritable Sosie, Francis Valentin Bulmer Tyrrel, a profité à un degré si peu ordinaire.

« Maintes disputes matrimoniales s'élevèrent entre le noble époux et la respectable épouse, par suite de cette réunion inconvenante de deux enfans, l'un légitime, l'autre illégitime ; et souvent, avec autant de bon sens que d'égards pour le décorum, ils nous rendaient témoins de ces querelles, nous qui en étions la malheureuse cause. Une fois, ma très-honorable mère, noble dame jouissant de son franc-parler, trouva que le langage de son rang était insuffisant pour exprimer la force de ses sentimens généreux, et empruntant à la canaille deux mots expressifs, elle les appliqua à Marie de Martigny et à son fils, Frank Tyrrel. Jamais homme qui porta une couronne de comte ne se mit dans une fureur semblable à celle qui transporta mon père en ce moment ; et, dans la chaleur de sa réplique, il adopta les nobles expressions de ma mère, et s'écria que si jamais c—n et bâtard avaient existé dans sa famille, c'étaient elle-même et son marmot.

« J'étais alors un petit gaillard qui ne manquait pas d'intelligence, je fus frappé d'un propos qui avait échappé à mon très-honorable père. Il est vrai qu'il rentra en lui-même sur-le-champ, peut-être en se rappelant qu'il existait un mot comme celui de *bigamie*, et qu'il entraînait des conséquences fâcheuses. Ma mère, de son côté, réfléchit probablement au désagrément que pourrait lui occasioner la métamorphose dégradante d'une comtesse d'Etherington en une mistress Bulmer, qui ne serait ni fille, ni femme, ni veuve. En conséquence une réconciliation s'effectua entre eux, et elle dura quelque temps. Mais les paroles de mon père ne s'effacèrent jamais de mon souvenir; et, ce qui contribua à les y graver encore plus profondément, ce fut qu'un jour que je voulais prendre sur mon ami Frank Tyrrel l'autorité d'un frère légitime, d'un lord Oakendale, le vieux Cecil, valet de chambre de confiance de mon père, se trouva tellement scandalisé, qu'il osa me faire entrevoir la possibilité que nous changeassions un jour de place ensemble.

« Ces deux communications accidentelles me parurent la clef de certains longs sermons dont mon très-honorable père avait coutume de nous régaler tous deux, mais moi particulièrement, sur l'extrême instabilité des choses humaines, sur le désappointement qu'on pouvait éprouver dans ses espérances les mieux fondées, sur la nécessité d'acquérir dans toutes les branches de connaissances utiles des talens qui, en cas d'événement, mettent à même de remplacer la perte du rang et de la fortune ; comme si aucun talent, aucune science pouvait dédommager de la perte du titre de comte et de douze mille livres sterling de revenu! Tout ce radotage m'inquiétait et me semblait avoir pour but de me préparer à quelque fâcheux changement.

« Lorsque je fus assez âgé pour prendre en secret toutes les informations qu'il me fut possible d'obtenir, je devins encore plus convaincu que mon très-honorable père nourrissait quelques idées de faire une honnête femme de Marie de Martigny, et un fils aîné légitime de Tyrrel, du moins après sa mort, sinon pendant sa vie. J'en devins encore plus assuré quand une petite affaire qu'il m'arriva d'avoir avec la fille de mon gouverneur attira sur moi le courroux de mon père, qui prononça mon bannissement en Ecosse, où il me dit que Frank m'accompagnerait, ne m'accordant qu'une pension très-modique, me défendant de prendre le titre de lord Oakendale, et m'ordonnant de me contenter de celui de mon aïeul maternel, Valentin Bulmer, celui de Frank Tyrrel étant déjà occupé.

« Malgré la crainte que m'inspirait habituellement le caractère irascible de mon père, j'osai lui dire en ce moment que, puisque je devais quitter mon titre, je croyais avoir le droit de conserver le nom de ma famille, et que Frank pouvait prendre celui de sa mère. Je voudrais que vous eussiez vu le regard de fureur que mon père me lança lorsque je lui eus fait cette observation hardie. — Tu es, me dit-il, — et il s'arrêta un moment comme pour chercher une expression assez forte pour remplir la lacune, — tu es le fils de ta mère, et son portrait vivant. Cela me parut le reproche le plus sanglant qu'il m'eût jamais adressé. — Porte donc son nom, et porte-le avec patience et avec discrétion, ou je te donne ma parole que tu n'en porteras jamais d'autre de ta vie.

« Cette menace me ferma la bouche. Peu de temps après, faisant allusion à ma petite intrigue avec la fille de mon précepteur, il fit une longue dissertation sur la folie et l'iniquité des mariages secrets, m'avertit que, dans le pays où j'allais, le nœud coulant du mariage était souvent caché sous des fleurs, et qu'on se le laissait quelquefois passer autour du cou au moment où l'on s'y attendait le moins. Il m'assura qu'il avait des vues très-particulières pour mon établissement et celui de Frank; et que jamais il ne pardonnerait à celui de nous qui, en formant des nœuds précipités, mettrait obstacle à leur accomplissement.

« Cet avis, mêlé de menaces, me parut d'autant plus supportable que Frank en avait sa part, et l'on nous emballa dans une voiture pour l'Ecosse, accouplés comme deux chiens d'arrêt tenus par la même laisse, et chacun de nous, je puis du moins répondre d'un, n'ayant pour l'autre rien moins qu'un sentiment de cordialité. Je surpris souvent Frank me regardant avec une expression singulière, comme de pitié et d'inquiétude, et une ou deux fois il me parut disposé à entrer en conversation sur notre situation respective; mais je ne me sentais aucun désir d'avoir avec lui des épanchemens de confiance.

« D'après l'ordre de mon père, nous nous donnions le nom de cousins, et non celui de frères, et peu à peu nous nous habituâmes à nous regarder, sinon en amis, du moins en compagnons. Je ne sais ce que pensait Frank; quant à moi, j'avoue que j'étais aux aguets pour trouver quelque occasion de faire ma paix avec mon père, fût-ce aux dépens de mon rival. Et, tandis que la fortune semblait se refuser à m'en présenter, elle nous égara tous deux dans un des labyrinthes les plus étranges et les plus compliqués que cette divinité capricieuse ait jamais préparés pour les hommes; labyrinthe dont, même encore en ce moment, je cherche à me tirer par adresse ou par force. Je ne sais quelle bizarre conjonction de planètes a pu produire une telle complication d'événemens.

« Mon père aimait passionnément la chasse. Frank et moi nous avions hérité de ce goût, mais c'était moi qui m'y livrais avec le plus d'ardeur et d'enthousiasme. Edimbourg, qui offre une résidence tolérable pendant l'hiver et le printemps, devient un séjour désagréable en été, et en automne c'est bien le lieu le plus triste que de pauvres mortels aient jamais été condamnés à habiter. Nul endroit d'amusement public n'est ouvert, nulle personne de considération ne reste dans la ville; ceux qui ne peuvent en sortir se cachent dans quelque coin obscur, comme s'ils étaient honteux de se montrer dans les rues. La noblesse s'enfuit dans ses maisons de campagne; le bourgeois va aux eaux; les avocats suivent les circuits de la cour des sessions; les procureurs sont en tournée chez leurs cliens, et tout le monde prend son fusil pour aller chasser. Sensibles à la honte de passer dans la ville une saison où elle était déserte, nous obtînmes de mon père, non sans difficulté, la permission d'aller chasser dans quelque coin obscur, si nous pouvions nous en procurer les moyens sans nous faire connaître autrement que comme de jeunes Anglais étudiant à l'université d'Edimbourg.

« La première année de notre exil, nous allâmes chasser dans les environs des montagnes d'Ecosse ; mais les gardes-chasses et leurs adjoints nous ayant souvent interrompus dans nos amusemens, l'automne suivant nous nous établîmes dans ce petit village de Saint-Ronan, où l'on ne voyait alors ni eaux thermales, ni belles dames, ni tables de jeu, ni originaux, à l'exception d'une vieille folle d'hôtesse chez qui nous logions. L'endroit nous plut. La vieille aubergiste connaissait un vieux coquin, l'agent d'un gentilhomme qui ne résidait pas sur ses domaines, et elle eut le crédit d'obtenir de lui pour nous la permission de chasser sur les terres de son commettant. Nous en profitâmes, moi avec ardeur, Frank avec plus de modération ; car il était d'un caractère grave, et il préférait souvent à la chasse une promenade solitaire dans les beaux paysages dont ce village est environné. Cependant il aimait la pêche, cet amusement le plus insipide de tous ceux que la sottise de l'homme ait inventés, et c'était une seconde cause qui nous séparait souvent l'un de l'autre. J'en étais plutôt charmé que contrarié ; non que j'eusse alors aucune haine contre Frank ; non que sa société me déplût, mais parce qu'il était désagréable de me trouver toujours en face d'un homme dont je craignais que la fortune ne fût un jour en opposition directe avec la mienne. Je le méprisais presque à cause de l'indifférence qu'il montrait pour la chasse, indifférence qui augmentait de jour en jour. Mais le gaillard avait plus de goût que je ne lui en supposais ; et, s'il ne poursuivait pas les perdrix dans la plaine, il avait fait lever un faisan dans le bois.

« Clara Mowbray, fille du seigneur du domaine plus

pittoresque que considérable de Saint-Ronan, était à peine alors dans sa seizième année. C'était une nymphe des bois aussi belle, aussi vive, aussi légère que l'imagination puisse en créer ; simple comme un enfant en tout ce qui concerne le monde et ses usages ; fine comme l'ambre dans tout ce qu'elle avait pu avoir l'occasion d'apprendre ; ne supposant pas que personne pût ou voulût lui nuire, et ayant un esprit naturel dont la vivacité inspirait l'enjouement et la gaieté partout où elle se trouvait. Elle n'éprouvait aucune contrainte, et n'avait à consulter que son inclination ; car son père, vieillard bourru et grondeur, était retenu sur son fauteuil par la goutte, et son unique compagne, fille d'une caste inférieure, habituée à une complète déférence pour les fantaisies de miss Mowbray, la suivait à la vérité dans toutes les courses qu'elle faisait dans le pays, soit à pied, soit à cheval, mais ne pensait jamais à la contrarier dans la moindre de ses volontés.

« La solitude de ce canton, à cette époque, et la simplicité de ses habitans, semblaient écarter de ses excursions toute idée de péril. Frank, l'heureux coquin, devint le compagnon des deux jeunes filles dans leurs promenades, grace à l'incident suivant. Miss Mowbray et sa compagne s'étaient déguisées en paysannes pour aller surprendre la famille d'un gros fermier des environs. Elles avaient accompli leur projet, et retournaient au château après le soleil couché, quand elles furent rencontrées par un jeune rustre, un Harry Jékyl dans son genre, qui, ayant quelques verres de whisky dans la tête, ne reconnut pas la noblesse du sang sous leur déguisement, et accosta la fille d'une centaine d'aïeux comme si c'eût été une laitière. Miss Mowbray se plaignit, sa compagne poussa les hauts cris ; et voilà le cousin Frank qui arrive son fusil de chasse sur l'épaule, et qui fait détaler à la hâte le jeune grivois.

« Ainsi commença une connaissance qui fit de bien grands progrès avant que je la découvrisse. La belle Clara, à ce qu'il paraît, trouvait plus de tranquillité en rôdant dans les bois avec une escorte masculine, que lorsqu'elle les parcourait sans autre protection qu'une compagne de son sexe; et mon studieux et sentimental parent ne la quittait guère plus que s'il eût été son ombre. A leur âge il était probable qu'il se passerait quelque temps avant qu'ils pussent s'entendre; cependant une confiance absolue, une intimité parfaite s'étaient déjà établies entre eux, avant que je me doutasse de leurs amours.

« Mais il faut que je fasse ici une pause, Harry; je vous enverrai la fin de l'histoire par le prochain courrier. La blessure que j'ai reçue à l'épaule l'autre jour me répond encore au bout des doigts; vous vous en apercevrez à mon écriture, que je vous engage à ne pas critiquer trop sévèrement.

« ETHERINGTON. »

CHAPITRE XXVI.

LETTRE CONTINUÉE.

« Faut-il, mort de ma vie !
« Être l'historien de ma propre folie ? »
SHAKSPEARE.

« JE reprends la plume, Harry, pour vous dire, mais non pour essayer de vous peindre quelle fut ma surprise, quand, forcé par les circonstances, Frank me fit confidence de son intrigue amoureuse. Mon grave cousin amoureux! sur le point de faire le saut périlleux d'un mariage clandestin! Lui qui de temps en temps (ce qui ne tendait guère à l'accroissement de notre tendresse fraternelle) me débitait un sermon sur le respect filial, à la veille de secouer ce frein importun! Je ne pourrais dire, y allât-il de ma vie, ce qui l'emporta en moi d'un sentiment de surprise ou de celui d'une maligne satisfaction.

J'essayai de lui parler comme il m'avait parlé ; mais je n'avais pas le don de la persuasion, ou il n'avait pas celui d'entendre mes paroles de sagesse. Il me répondit que notre situation était bien différente ; que sa malheureuse naissance (ce fut le terme dont il se servit) l'affranchissait de la nécessité de se soumettre aux volontés absolues de son père; qu'un parent de sa mère lui avait laissé une fortune modique, mais indépendante; que miss Mowbray consentait à la partager avec lui; enfin qu'il me demandait, non mes avis, mais mon assistance.

« Il ne me fallut qu'un moment de réflexion pour me convaincre que je me rendrais coupable envers ce bon Frank, et surtout envers moi-même, si je ne lui donnais tout l'appui qui dépendrait de moi pour mettre à exécution un projet inspiré par la soumission filiale. Je me rappelai les déclamations de notre très-honorable père contre les mariages à l'écossaise et contre les mariages secrets en général, déclamations qu'il faisait peut-être avec d'autant plus de véhémence, que sa conscience le chatouillait sans doute un peu lui-même à ce sujet. Je me souvins que le grave Frank avait toujours été son favori; et je n'oubliai pas (comment aurais-je pu commettre un tel oubli?) ces expressions de mauvais augure qui laissaient entrevoir la possibilité que les biens et les honneurs héréditaires de la famille passassent du fils cadet au fils aîné. Or, il ne fallait pas être grand sorcier pour prévoir que, si Frank se rendait coupable du crime irrémissible de se marier secrètement à une belle Écossaise, notre père perdrait toute idée de faire une pareille révolution en sa faveur; et que, tandis que le mérite de mon frère serait entièrement éclipsé par un acte de désobéissance si impardonnable, le mien, n'étant plus obscurci par la prévention et la partialité, brillerait de tout son éclat.

« Ces considérations, dont mon esprit fut vivement frappé, me déterminèrent à tenir les cartes de Frank pendant la partie dangereuse qu'il se proposait de jouer. J'avais seulement à prendre garde de ne pas me charger d'un rôle assez brillant pour qu'il pût attirer l'attention de mon père, ce qui n'était pas très-difficile : car si sa colère était bruyante et terrible comme la foudre, si elle éclatait avec une violence irrésistible, elle ne frappait guère, comme la foudre, que sur le point seul qui l'attirait.

« Je ne tardai pas à reconnaître que les amans avaient besoin de mes secours beaucoup plus que je ne l'avais supposé; car ils étaient complètement novices dans un genre d'intrigue qui me semblait aussi facile et aussi naturel que le mensonge. Quelque bavard avait découvert les promenades de Frank avec Clara, et en avait fait rapport au vieux Mowbray, qui se mit dans un courroux épouvantable contre sa fille, quoique le seul crime dont il la soupçonnât fût d'avoir fait la connaissance d'un étudiant anglais inconnu. Il lui défendit de le voir davantage; résolut, en style de juge de paix, de débarrasser le pays de notre présence; et, gardant un silence prudent sur le délit de sa fille, il intenta une poursuite contre Frank, sous prétexte de braconnage, mais, dans le fait, pour l'obliger à déloger des environs. Son signalement très-exact fut distribué à tous les gardes-chasses du voisinage du château des Shaws, et toute communication personnelle avec Clara lui devint impossible, à moins de s'exposer à de grands risques. Nos amans prirent tellement l'alarme, que maître Frank, par égard pour les craintes de Clara, jugea à propos de se retirer dans une ville peu éloignée, nommée Marchthorn, d'y rester caché, et de n'avoir plus avec sa belle qu'un commerce épistolaire.

« Ce fut alors que je devins la maîtresse ancre des espérances du jeune couple. Ma dextérité précoce et mon imaginative furent pour la première fois mises à l'épreuve. Il serait trop long de vous détailler toutes les ressources, toutes les ruses que je mis en œuvre pour jouer convenablement le rôle d'agent, de facteur, d'entremetteur, et pour entretenir une correspondance entre ces deux tourterelles séparées. Je n'ai pas manqué d'embarras en ce genre pour mon propre compte, mais jamais je n'en ai eu la moitié autant que je m'en donnai d'une manière si désintéressée pour ces deux amans. Je traversai des rivières à la nage; j'escaladai des murailles; je mis des chiens en défaut; je bravai des coups de bâton et des coups de fusil; et cependant il ne pouvait m'en revenir ni honneur ni profit, sauf la perspective éloignée du courroux de mon père contre Frank. Je vous avouerai que je trouvai Clara Mowbray si belle, si pleine d'une confiance entière dans le cousin de son amant, et que j'eus tant d'occasions d'entrevues secrètes avec elle, qu'il y avait des momens où je pensais qu'en conscience elle ne devrait pas se faire un scrupule d'accorder quelque petite récompense à un agent si fidèle. Mais elle avait l'air de la pureté personnifiée; et j'étais alors si novice que je n'aurais su comment battre en retraite si je m'étais avancé trop hardiment. En un mot, je crus que ce que j'avais de mieux à faire était de servir ce tendre amour, dans l'espoir qu'avec le temps cette conduite m'assurerait le titre de comte et la fortune qui y était jointe.

« Je ne me permis donc pas une démarche, un mot, un geste, qui pussent donner lieu au moindre soupçon, et, comme ami confidentiel des deux amans, je préparai tout pour leur mariage secret. Le ministre de la paroisse consentit à en célébrer la cérémonie, et je ne l'y décidai qu'en ayant recours à un argument dont Clara m'aurait su peu de gré; je fis croire à ce brave homme que, s'il refusait son ministère en cette occasion, il empêcherait un amant trop heureux de rendre justice à une jeune fille qui avait été trop fragile; et le digne pasteur qui, comme je le savais, avait dans le caractère quelque chose de romanesque, se détermina, vu l'urgence des circonstances, à leur rendre le service de les enchaîner l'un à l'autre, au risque de s'exposer lui-même à une accusation d'irrégularité dans l'exercice de ses fonctions.

« Le vieux Mowbray était presque toujours tenu au lit ou cloué sur son fauteuil par la goutte ; sa fille était moins surveillée depuis que Frank avait disparu des environs ; son fils, le Mowbray d'aujourd'hui, n'était pas alors dans le pays, ce que j'aurais peut-être dû vous dire plus tôt ; il fut donc décidé que les amans se rendraient dans la vieille église au commencement de la nuit, et qu'aussitôt après la cérémonie ils monteraient en chaise de poste pour se retirer en Angleterre.

« Quand tout cela eut été arrangé, et qu'il ne resta plus qu'à fixer un jour pour la consommation de cette prudente entreprise, vous ne pourriez vous figurer quels furent les transports de joie et de reconnaissance de mon sage frère. Il se regarda comme sur le point de monter au septième ciel, au lieu de songer qu'il allait perdre la chance de sa fortune à venir, et se charger à dix-huit ans, avec un revenu borné, d'une femme qui, suivant toutes les probabilités, lui donnerait une famille nombreuse. Quoique plus jeune que lui, je ne pouvais m'empêcher d'être surpris qu'il fût si dépourvu de toute connaissance du monde, et je rougissais de lui avoir permis de prendre quelquefois avec moi des airs de pédagogue. Ce sentiment intime de ma supériorité me soutenait contre les angoisses de jalousie que j'éprouvais toujours quand je songeais qu'il allait recueillir le fruit de tous mes soins, et remporter un prix que sans mon adresse il n'eût jamais obtenu.

« Dans ce moment de crise je reçus de mon père une lettre qui, adressée à notre demeure ordinaire à Edimbourg, en était partie pour aller nous chercher dans les montagnes d'Ecosse, dans le village où nous avions déjà passé quelque temps, et après avoir été renvoyée dans la capitale, m'était enfin parvenue à Saint-Ronan.

« C'était une réponse à une de mes lettres, semblables à celles qu'un fils affectueux écrit à un cher papa, et qui contenait, entre autres choses, des descriptions du pays, des détails sur nos études, et, pour remplir convenablement le papier, j'avais ajouté quelques mots sur la famille de Mowbray de Saint-Ronan, qui habitait le canton dans lequel nous nous trouvions. Je n'avais pas la moindre idée que ce nom pût produire quelque effet sur l'esprit de mon très-honorable père, mais sa lettre m'apprenait le contraire. Il me recommandait de cultiver la connaissance de M. Mowbray, et m'autorisait, si je le trouvais nécessaire, à lui décliner nos véritables noms et qualités. Réfléchissant en même temps que son admonition paternelle pourrait être négligée, si elle n'était appuyée sur un motif suffisant pour lui donner plus de force, il me mit franchement dans la confidence du testament de mon grand-oncle maternel, M. Mowbray de Nettlewood, et j'appris, avec autant d'étonnement que d'alarmes, qu'un grand et magnifique domaine était légué au fils aîné et héritier du comte d'Etherington, à condition qu'il formerait une alliance matrimoniale avec la famille Mowbray de Saint-Ronan.

« Merci du ciel ! comme j'ouvris de grands yeux ! Et c'était moi qui avais aplani les voies pour que Frank épousât précisément la fille dont la main devait m'assurer une fortune brillante et indépendante ! Et cette première perte, déjà grande en elle-même, ne serait probablement pas la dernière. Mon père parlait du mariage en spéculateur, mais du domaine de Nettlewood en amant passionné. Il semblait raffoler du plus mauvais acre de terre qui en faisait partie. Il parlait du voisinage de ses propres domaines comme d'une circonstance qui non-seulement rendait leur possession par un seul maître désirable, mais la montrait indiquée par la main de la nature. Et, quoiqu'il me fît observer qu'attendu la jeunesse des parties il n'était pas possible d'entrer sur-le-champ en négociation pour ce mariage, il était clair qu'il approuverait, au fond du cœur, un coup hardi auquel il serait redevable d'une prompte et légale réunion des domaines d'Oakendale et de Nettlewood.

« Là venaient donc se briser toutes mes espérances. Il était clair, comme le soleil en plein midi, qu'un mariage secret, crime impardonnable en principe, deviendrait un péché véniel, serait même un acte méritoire aux yeux de mon père, s'il unissait son héritier à Clara Mowbray ; et s'il était réellement en son pouvoir, comme mes craintes me le suggéraient, d'établir la légitimité de mon frère, rien ne pouvait lui donner une aussi forte tentation de le faire, que la certitude de pouvoir par ce moyen réunir le domaine de Nettlewood à celui d'Oakendale. La catastrophe que j'avais préparée, comme devant faire perdre à mon rival les bonnes graces de mon père, allait donc probablement donner au comte le motif le plus puissant pour me dépouiller de mes droits en faveur de Frank.

« Je montai dans ma chambre, je m'y enfermai, et je relus la lettre de mon père. Mais au lieu de m'abandonner à un désespoir inutile (n'en faites jamais rien, même dans les circonstances les plus fâcheuses !), je me mis à chercher, avec toute l'intensité d'attention dont j'étais capable, si le mal était tout-à-fait sans remède. Faire échouer le projet de mariage secret, rien n'était plus facile. Il ne s'agissait que d'en faire donner avis à temps à M. Mowbray. Mais alors le traité pouvait se renouveler un jour sous les auspices de mon père. Dans tous les cas, le rôle que j'avais joué dans l'intrigue entre Clara et mon frère me rendait presque impossible de lui faire la cour pour mon propre compte.

« Au milieu de tous ces embarras, une idée lumineuse se présenta tout à coup à mon cœur audacieux et à mon esprit inventif. Et si je jouais le rôle du futur époux ? Vous vous souviendrez que ce fut dans un cerveau bien jeune que cette idée prit naissance. Elle en fut bannie, y revint, y revint encore, et encore ; je l'envisageai sous toutes les faces ; je me la rendis familière, et je l'adoptai. Il était facile de fixer le jour avec Clara et le ministre, sans que mon frère en fût instruit, puisque j'avais seul la conduite de toute l'affaire. Frank et moi nous étions de la même taille. Le déguisement que nous devions prendre, l'obscurité de l'église, la précipitation du moment, la timidité, tout empêcherait Clara de me reconnaître ; je l'espérais du moins. Quant au ministre, je n'avais qu'à lui dire que, quoique je lui eusse jusqu'alors parlé d'un ami, c'était moi qui étais l'heureux mortel. Mon premier nom était précisément celui de Frank ; et dans mes relations avec Clara, je l'avais trouvée si douce et si confiante, elle m'avait toujours montré une cordialité si flatteuse, qu'avec la vanité d'un amoureux de seize ans, j'avais assez de confiance en moi pour croire qu'une fois en mon pouvoir, la honte et mille sentimens contradictoires ne lui permettraient plus de reculer, et qu'elle prendrait son parti bravement sur la substitution de mari.

« Certainement jamais projet plus fou n'est entré dans l'esprit d'un écervelé ; et ce qui est encore plus extraordinaire (mais cela vous le savez déjà), c'est qu'il réussit complètement. Le ministre nous donna la bénédiction nuptiale en présence de mon domestique et de la compagne complaisante de Clara. La cérémonie terminée, nous montâmes en voiture, mais nous n'étions qu'à un mille de l'église, quand mon malheureux ou heureux frère, qui avait découvert mon tour de passe-passe, sans que j'aie jamais pu savoir par quel moyen, car Solmes m'avait donné trop de preuves de fidélité pour que je pusse le soupçonner, se montra tout à coup, et força le postillon à s'arrêter. Je me précipitai hors de la chaise de poste, j'envoyai la fraternité au diable, et, moitié honte, moitié désespoir, je m'escrimai d'un couteau de chasse dont je m'étais pourvu en cas de nécessité. Tout fut inutile : je fus renversé sous la roue de la voiture, et les chevaux s'étant effarouchés en ce moment, elle me passa sur le corps.

« Ici finit ma narration ; car je ne vis et n'entendis plus rien, jusqu'au moment où je me trouvai étendu sur un lit,

à plusieurs milles de la scène de l'action, ayant près de
moi Solmes pour me soigner. En réponse aux questions
que je m'empressai de lui faire, il me répondit brièvement que M. Frank avait renvoyé la jeune dame chez son
père, et qu'elle paraissait souffrir extrêmement des suites
de l'alarme qu'elle avait eue. Il m'avoua qu'on regardait
ma situation à moi-même comme très-précaire, et que
Frank, qui était dans la même maison, éprouvait les plus
vives inquiétudes à mon égard. Son nom seul détermina
une crise, pendant laquelle il se déclara chez moi un violent crachement de sang; et, ce qui vous paraîtra assez
singulier, c'est que le médecin qui me donna ses soins,
personnage à perruque et à figure grave, prétendit que
cette évacuation était fort heureuse pour moi. Tout ce que
je puis dire, c'est qu'elle m'effraya diablement, et qu'elle
me mit dans des dispositions convenables pour recevoir
la visite de Frank.

« Je le reçus avec une apathie dont je n'aurais pas été
capable si mes veines eussent contenu tout le sang qui y
coulait ordinairement. Mais rien ne prépare mieux à écouter un sermon que la maladie et la lancette. Enfin, pour
me délivrer de son odieuse présence, et n'avoir plus à
entendre le son calme de sa voix maudite, je consentis
peu à peu et fort à contre-cœur à un arrangement en deux
clauses : la première fut que nous nous dirions adieu pour
toujours l'un à l'autre, et la seconde que nous renoncerions tous deux à Clara, pour ne plus la revoir. J'hésitai
à souscrire à cette stipulation. — Elle est ma femme, dis-
je, et j'ai droit de la réclamer en cette qualité.

« Cette réclamation ne fit qu'attirer sur moi un déluge
de reproches amers et de réflexions morales, qui finirent
par l'assurance que Clara détestait et désavouait un tel
mariage, et que lorsqu'il y avait erreur essentielle de personne, la cérémonie de l'union conjugale était regardée
comme de nul effet par les lois de tout pays chrétien. Je
suis surpris que cette réflexion ne se soit pas présentée à

mon esprit; mais j'avais puisé mes idées de mariage dans les comédies et dans les romans, où l'on emploie souvent des stratagèmes du genre de celui que j'avais mis en usage, sans jamais dire un mot de leur illégalité. D'ailleurs je m'étais fié, peut-être un peu trop légèrement, sur les moyens que je me supposais pour convaincre une jeune épouse comme Clara, qu'un mari en valait un autre, et qu'elle ne perdrait rien au change.

« Solmes argumenta à son tour, quand Frank m'eut soulagé en me délivrant de sa présence. Il me parla du ressentiment qui transporterait mon père, si le bruit de mes aventures arrivait à ses oreilles; de l'esprit de vengeance qui animerait le vieux Mowbray, naturellement fier et vindicatif, si cette affaire venait à être connue; du risque auquel je m'exposais de la part des lois du pays; et Dieu sait combien d'épouvantails il présenta tour à tour à mon imagination. A un âge plus avancé je n'aurais fait qu'en rire; mais alors j'acceptai la capitulation, je fis vœu d'absence éternelle, et je m'exilai d'Ecosse.

« Et ici, Harry, remarquez et respectez mon génie; tout était contre moi dans cette négociation : j'avais été l'agresseur; j'étais blessé, et l'on peut dire prisonnier entre les mains de mon ennemi; hé bien! j'eus l'art de profiter si heureusement de l'ardeur que montrait M. Martigny pour conclure la paix, que je fis ajouter au traité un article aussi avantageux pour moi que défavorable pour lui. Ledit Frank Martigny devait se charger de tout le fardeau du mécontentement de mon très-honorable père, et notre séparation, dont nous savions qu'il serait violemment courroucé, devait être entièrement attribuée à mon antagoniste, sans que j'y trempasse en rien. J'insistai fortement sur ce point, car j'avais la conscience trop timorée, j'étais un fils trop respectueux pour consentir à quoi que ce fût qui pût attirer sur moi le déplaisir de ce cher papa. Ce fut un *sine quâ non* dans notre négociation; je l'emportai,

Et voilà ce que c'est que d'avoir des talens.

« Au surplus, M. Frank aurait, je crois, chargé ses épaules du fardeau du monde entier, pour tracer une ligne de séparation éternelle entre sa tourterelle et le faucon qui avait voulu si audacieusement en faire sa proie. J'ignore ce qu'il écrivit à mon père ; quant à moi, comme de raison, je lui représentai le mauvais état de ma santé comme l'effet d'un accident, et lui dis que mon frère, mon cousin, mon compagnon, m'ayant quitté tout à coup d'après des motifs qu'il ne m'avait pas expliqués, je croyais nécessaire de me rendre à Londres pour consulter la docte Faculté ; et que je n'attendais que la permission de Sa Seigneurie pour reprendre le chemin de la maison paternelle. Je ne tardai pas à la recevoir, et, comme je m'y attendais, je trouvai mon père furieux contre mon frère, à cause de sa désobéissance ; et, quelque temps après, j'eus même lieu de croire (et comment aurait-il pu en être autrement, Harry?) que, connaissant mieux le mérite et les manières aimables de son héritier présomptif, il perdit tout le désir qu'il pouvait avoir eu d'effectuer un changement dans ma situation dans le monde. Peut-être le vieux père devint-il un peu honteux de sa propre conduite, et n'osa-t-il pas avouer en face de la congrégation des justes, car il se fit dévot sur la fin de ses jours, les petites peccadilles dont il paraît s'être rendu coupable dans sa jeunesse. Peut-être aussi la mort de ma mère fut-elle une chance en ma faveur ; car, tant qu'elle vécut, les paris auraient dû être contre moi : qui sait ce dont un homme est capable pour faire mourir sa femme de dépit? En voilà assez ; il est mort, il dort avec ses très-honorables pères, et je suis devenu, sans opposition, un *très-honorable* [1] en sa place.

« Comment j'ai soutenu mes nouveaux honneurs, c'est ce que vous savez, Harry, vous et nos joyeux compagnons.

---

(1) Titre des lords de la Grande-Bretagne. — Tr.

New-Market et Tattersal [1] peuvent dire le reste. Je crois que j'ai eu autant de bonheur que tant d'autres dans tout ce qu'on regarde comme bonheur ; ainsi nous n'en dirons pas davantage sur ce sujet.

« Et maintenant, Harry, je vous supposerai en humeur de moraliser, c'est-à-dire je poserai l'hypothèse que les dés se sont déclarés contre vous, ou que votre fusil à deux coups a fait long feu, ou qu'une certaine dame vous a battu froid, ou enfin que quelque autre cause non moins puissante vous a donné un air de gravité, et que vous voulez me faire profiter de vos dispositions sérieuses. Mon cher Etherington, me dites-vous éloquemment, vous êtes un fou précieux ! Vous voilà occupé d'une affaire scandaleuse en elle-même, et qui peut tourner fort mal pour tous ceux qu'elle concerne ; une affaire qui pourrait dormir éternellement, si vous ne vous mettiez en quatre pour la réveiller, mais qui ressemble au charbon à demi éteint, dont la flamme jaillit encore si on l'attise. — Je voudrais prier Votre Seigneurie de me répondre à deux questions, dites-vous en prenant l'attitude gracieuse qui vous est ordinaire, c'est-à-dire en tirant en haut perpendiculairement le collet de votre chemise, et en passant la main sur le nœud de votre cravate. Seulement deux questions : l'une, ne vous repentez-vous pas du passé ? l'autre, ne craignez-vous pas l'avenir ? — Vos deux petites questions pourraient nous mener bien loin, Harry, car elles s'étendent sur le passé et sur le futur, sur toute la vie de l'homme en un mot. Je tâcherai pourtant d'y répondre aussi bien que faire se pourra.

« Ne vous repentez-vous pas du passé ? — Oui, Harry, je m'en repens ; mais ce n'est pas un repentir comme celui dont parle un ministre de village, et qui ressemble au vôtre quand vous avez la migraine ; c'est un repentir semblable à celui que j'éprouverais si j'avais joué un coup au

---

(1) Les courses et les paris. New-Market est célèbre pour les courses, Tattersal à Londres pour l'achat des chevaux. — Ed.

piquet d'après un faux principe. J'aurais dû commencer par diriger mes opérations contre la jeune personne, profiter tout différemment de l'absence de M. Martigny, et de mon intimité avec elle, et le supplanter dans son affection. Le plan que j'adoptai, quoiqu'il ne manquât, ce me semble, ni de hardiesse, ni de dextérité, partait d'un cerveau novice, dont le génie prématuré ne savait pas encore calculer les chances. Voilà quel est mon repentir.

« Maintenant : Ne craignez-vous pas l'avenir? — Je ne vous couperai pas la gorge pour me faire une telle question, Harry, puisque c'est moi qui suppose que vous me l'adressez ; mais je vous répondrai avec le plus grand calme, que je n'ai jamais rien craint de ma vie. Je suis né sans cette sensation, à ce que je crois ; du moins elle m'est parfaitement inconnue. Quand je sentis cette infernale roue me passer sur la poitrine, et cette maudite balle m'entrer dans l'épaule, je n'éprouvai pas plus d'agitation que si j'eusse entendu sauter le bouchon d'un flacon de champagne. Mais je ne veux pas que vous me croyiez assez fou pour m'exposer à des embarras, à des dangers et à des dépenses considérables, comme je suis en ce moment disposé à le faire, sans quelque motif qui le mérite, et voici quel est ce motif.

« Il me revient, de divers côtés, qu'il court des bruits, des rumeurs, des *on dit*, qu'une attaque se prépare pour me dépouiller de mon rang et de mon état dans la société ; et elle ne peut être dirigée que par ce Martigny, car je ne veux pas lui donner le nom de Tyrrel qu'il a volé. Or je regarde cette entreprise comme une violation du pacte conclu entre nous, et en vertu duquel, c'est-à-dire en interprétant justement le sens et l'intention du pacte, il devait laisser mon très-honorable père et moi arranger nos affaires sans son intervention ; ce qui équivalait à une renonciation en règle à ses droits, si le maraud en a jamais eu aucun. Peut-il espérer que je céderai ma femme et, ce qui vaut beaucoup mieux, le domaine de Nettlewood du vieux Scrogie Mowbray, pour faire plaisir à un pendard qui veut me dépouiller de mon titre et de tous mes biens? Non, de par le ciel! je n'en ferai rien. S'il m'attaque sur un point si important, je l'attaquerai sur un autre qui ne sera pas moins sensible : c'est sur quoi il peut compter.

« Et maintenant il me semble vous voir venir avec une seconde édition de vos graves remontrances sur les querelles entre proches parens, les duels contre nature, les voies de fait qui révoltent tout le monde, etc., etc.; à quoi vous pouvez joindre, d'une manière délectable, le vieux refrain : — Qu'il est beau, qu'il est agréable de voir des frères vivre dans l'union! — Je ne m'arrêterai pas à examiner si toutes ces appréhensions si délicates ont pour objet la sûreté et la réputation du comte d'Etherington, ou si mon ami Harry Jékyl ne prend pas en considération de quelle manière son intervention dans cette affaire chatouilleuse sera accueillie au quartier-général. Sans discuter cette question, je vous dirai simplement et brièvement que vous ne pouvez sentir mieux que moi la folie qu'il y aurait à porter les choses à l'extrémité. Je n'en ai pas l'intention, je vous l'assure, ce n'est pas dans ce dessein que je vous invite à venir ici. Si j'envoyais un cartel à Martigny, il le refuserait, j'en suis certain ; et toutes voies moins cérémonieuses d'arranger une telle affaire ne sont plus de mode aujourd'hui.

« Il est vrai que lorsque je le rencontrai, il n'y a pas long-temps, je me laissai emporter par le mouvement de vivacité dont je vous ai parlé; de même qu'il a pu vous arriver, vous trouvant à portée convenable, et entraîné par une force d'instinct, de tuer une femelle de faisan (j'aurais dû dire de *tirer sur*, car je crois que vous n'abattez pas à chaque coup), sans réfléchir à l'énormité du crime que vous alliez commettre. La vérité est que l'influence d'une espèce de follet semble régner sur ma famille; elle a versé ses feux dans les veines de mon père, d'où ils sont descendus dans les miennes dans toute leur force, et de temps en temps l'impulsion en est irrésistible. Là était mon ennemi ; ici étaient mes pistolets : voilà toutes les réflexions que j'eus le temps de faire. Mais je serai sur mes gardes à l'avenir, ce qui sera d'autant plus facile que je ne crains pas de recevoir de lui aucune provocation. Au contraire, s'il faut dire ici la vérité, quoique j'aie un peu brodé cette affaire, dans la première relation que je vous en ai faite, à l'imitation de la Gazette quand elle rapporte une défaite, je suis certain qu'il n'aurait jamais tiré sur moi de propos délibéré, et que son coup a parti contre sa volonté pendant qu'il tombait. Vous me connaissez assez pour être sûr que je ne m'aviserai pas une seconde fois d'attaquer un ennemi qui ne veut pas se défendre, fût-il dix fois mon frère.

« Quant à votre longue tirade sur la haine que je porte à mon frère, je vous dirai, Harry, que je ne le hais pas plus que les premiers nés d'Egypte ne sont haïs par les frères qu'ils excluent de la succession paternelle. Il n'y a point parmi nous un propriétaire sur vingt qui ne soit haï par son frère cadet comme une maudite pierre d'achoppement, si c'est haïr un homme que de souhaiter qu'il jouisse de la paix du tombeau. Du reste, je l'aime autant qu'un autre. S'il voulait avoir la complaisance de mourir, je consentirais de tout mon cœur qu'on le canonisât ; et, tant qu'il vivra, je désire que le rang et la fortune ne l'exposent pas à ces tentations qui forment les plus grands obstacles à cette vie d'abnégation de soi-même, grace à laquelle on peut espérer de mourir en odeur de sainteté.

« Ici vous m'interrompez encore avec vos impertinentes questions. Si je n'ai pas dessein de chercher à me faire une querelle personnelle avec Martigny, pourquoi me mettre en collision avec lui ? Pourquoi ne pas m'en tenir au traité de Marchtorn, sans approcher de Saint-Ronan, sans réclamer mon épouse vierge ?

« Ne vous ai-je pas dit que je veux mettre fin à ma crainte qu'il ne fasse quelque tentative pour me ravir le titre et la fortune de mon père? Ne vous ai-je pas dit que je veux avoir ma femme, Clara Mowbray, et mon domaine de Nettlewood, que j'ai gagné de franc jeu en l'épousant? Et pour vous dire tout mon secret, quoique Clara soit une fort jolie femme, elle est si peu de chose, dans toute cette affaire, pour son époux passionné, que c'est en me relâchant un peu de mes droits sur elle que j'espère obtenir des concessions plus importantes selon moi.

« Je ne nierai pas qu'une sorte d'aversion pour une esclandre, une répugnance à m'exposer aux reproches ne m'aient rendu si lent à songer à mes intérêts, que le moment va arriver où, pour profiter des dispositions du testament du vieux Scrogie Mowbray, et devenir son héritier, je dois être l'époux reconnu de miss Clara Mowbray de Saint-Ronan. *Le temps fut, le temps est;* et si je ne le saisis pas aux cheveux tandis qu'il passe, bientôt *le temps ne sera plus*. Nettlewood sera perdu pour moi ; et si j'ai, pour supplément, un procès qui me dispute le titre et la fortune de mon père, je cours le risque d'être repic et capot.

« Il faut donc agir, à tous risques, et agir avec vigueur ; or, voici quel est mon plan général de campagne, sauf toutes les variations que les circonstances pourront exiger. J'ai obtenu, je puis dire acheté, le consentement de Mowbray à ce que je fasse ma cour à sa sœur. J'ai cet avantage que si elle consent à me prendre pour époux, elle met fin à jamais à tous les bruits et souvenirs désagréables fondés sur son ancienne conduite. En ce cas, je m'assure le domaine de Nettlewood, et je suis prêt à soutenir le combat pour celui d'Oakendale. Je crois même très-fermement que, si cet heureux dénouement a lieu, M. Martigny aura le cœur trop déchiré pour songer à livrer une bataille ; qu'il jettera le manche après la cognée, et qu'il ira, en véritable amant, se cacher dans quelque désert au-delà des mers.

« Mais en supposant que la dame ait assez mauvais goût pour conserver son obstination et me refuser, je pense encore que son bonheur et son contentement d'esprit seront aussi chers à Martigny que Gibraltar l'est aux Espagnols, et qu'il sacrifiera bien des choses pour m'engager à renoncer à mes prétentions. Or, il me faut quelqu'un qui puisse me servir d'agent pour communiquer avec ce drôle, car je ne répondrais pas que mon ancienne envie de lui couper la gorge ne se réveillât si je traitais personnellement avec lui. Venez donc, et venez sans délai me prêter la main; venez : vous me connaissez, et vous savez que je ne laisse jamais un service sans récompense. Pour mieux m'expliquer, vous aurez le moyen de vous débarrasser d'une certaine hypothèque qui vous gêne, sans être obligé d'avoir recours à la tribu d'Issachar, si vous m'êtes fidèle dans cette affaire; venez donc, venez sur-le-champ, et sans plus d'excuse. Je vous donne ma parole qu'il n'y aura ni risque pour vous, ni danger d'offenser personne dans le rôle que je compte vous confier dans ce drame.

« A propos de drame, on a fait une misérable tentative pour jouer une sorte de drame bâtard au château de Mowbray, ce château rongé par les rats. Il s'y est pourtant passé deux choses remarquables. L'une c'est que le courage m'a tout-à-fait manqué, et que malgré la résolution dont je me pique, j'ai fui du champ de bataille plutôt que de me présenter devant miss Clara, quand l'instant critique est arrivé. Et sur cela je vous prie de remarquer que je suis un homme doué d'une modestie et d'une délicatesse singulière, bien loin d'être un Drawcansir et un Daredevil [1] comme vous le prétendez. Le second événement mémorable de cette journée est d'une nature plus délicate, car il concerne la conduite d'une belle dame qui paraît déterminée à se jeter à ma tête. Il y a parmi nous, gens d'esprit, un degré étonnant de franc-maçonnerie, et il est merveilleux de voir combien peu de temps il nous faut pour nous mettre sur un bon pied auprès d'une femme

---

(1) Héros fanfarons de comédie. — Ed.

négligée ou d'une fille mécontente. Si vous n'arrivez pas très-promptement, vous perdrez bien certainement une des récompenses dont je vous ai donné l'espérance dans mon avant-dernière lettre. Nul écolier ne garde un morceau de pain d'épices pour son camarade, sans être tenté d'y donner un coup de dent. Ainsi donc, si vous ne paraissez pas pour veiller à vos intérêts, ce ne sera pas faute d'avoir été averti. Quant à moi, la perspective d'une telle affaire m'embarrasse plus qu'elle ne me flatte, dans un moment où j'en ai sur le tapis une autre d'une nature toute différente. Je vous expliquerai cette énigme quand nous nous verrons.

« Ainsi finit mon long récit. Si vous trouvez quelque chose d'obscur dans mes projets, songez dans quel labyrinthe la fortune m'a fait entrer, et combien de choses doivent naturellement dépendre du chapitre des accidens.

« On peut dire que j'ai ouvert la tranchée hier, car je me suis présenté devant miss Mowbray. Son accueil ne fut pas très-gracieux, mais ce n'est pas fort important; je m'y attendais. En éveillant ses alarmes, j'ai produit sur elle une telle impression, qu'elle consent que je paraisse devant elle comme ami de son frère; et ce n'est pas avoir peu gagné. Elle s'habituera à me voir, et se rappellera avec moins d'amertume le tour que je lui ai joué autrefois; tandis que, d'une autre part la même force de l'habitude me débarrassera d'une gaucherie impardonnable, d'une sorte de componction dont j'ai peine à me défendre toutes les fois que je la regarde. Adieu! Santé et fraternité. Tout à vous.

« Etherington. »

CHAPITRE XXVII.

RÉPONSE.

« Facteur, à ce paquet fais bien attention ;
« Soufre et nitre à la fois, gare à l'explosion ! »
Ancienne comédie.

« J'ai lu vos deux longues lettres, mon cher Etherington, avec autant d'intérêt que de surprise ; car ce que je savais déjà de vos aventures en Ecosse ne suffisait nullement pour me préparer à une relation si compliquée. Le follet qui, à ce que vous me dites, gouvernait votre père, semble avoir maîtrisé la fortune de toute votre famille, tant il y a de bizarreries extraordinaires dans tout ce que vous m'avez dit. Mais *n'importe*, Etherington ; vous avez été mon ami ; vous m'avez relevé quand j'étais par terre ; et, quoi que vous puissiez croire, je suis entièrement à votre service, plutôt par reconnaissance pour le passé que par espoir pour l'avenir. Je ne sais pas faire de beaux discours, mais vous pouvez compter sur ce que je dis, tant que je continuerai d'être Harry Jékyl. Vous avez mérité mon amitié, Etherington, et vous la possédez.

« Peut-être ne vous aimé-je que mieux depuis que vous m'avez fait connaître vos embarras : car vous inspiriez auparavant trop d'envie pour être facilement un objet d'affection. L'heureux mortel ! c'était là le refrain de quiconque parlait de vous. Un rang distingué, et une fortune suffisante pour le maintenir ; assez de bonheur pour réparer les brèches que vous pouviez faire à cette fortune, et assez d'adresse pour tirer parti de ce bonheur, ou pour y suppléer s'il vous abandonnait un instant. Les cartes vous arrivaient comme si vous les eussiez choisies ; on aurait dit que les dés roulaient au gré de votre volonté. C'était votre coup d'œil, plutôt que votre coup de queue, qui envoyait une bille dans la blouse ; vous sembliez avoir enchaîné la fortune, et si vous aviez été moins homme d'honneur, on vous aurait presque soupçonné de l'aider par un peu d'adresse. Vous ne pouviez perdre aucune gageure, et du moment que vous étiez intéressé à la course, on aurait pu nommer le cheval qui en remporterait le prix. Jamais vous ne tiriez un coup de fusil sans abattre votre pièce de gibier. Et les femmes! Avec votre figure, votre taille, vos manières, et surtout votre langue, quels ravages n'avez-vous pas faits parmi elles ! Juste ciel ! Et pendant tout ce temps le glaive était suspendu par un crin sur votre tête ! Votre rang était douteux ! votre fortune n'était pas assurée, et votre bonheur, si constant en toute autre chose, votre empire si prononcé sur les femmes, vous ont manqué lorsque vous désiriez former une union pour la vie, et que le soin de votre fortune l'exigeait ! Etherington, je suis confondu ! J'ai toujours regardé comme une pierre d'achoppement dans votre chemin l'affaire des Mowbray, et cette querelle avec ce Tyrrel ou Martigny : mais il s'en fallait de beaucoup que je me doutasse de la complication de vos embarras.

« Mais il ne faut pas que je continue à vous écrire sur un ton qui soulage à la vérité mon esprit frappé d'étonnement, mais qui ne peut vous être très-agréable. Suffit ; les obligations que je vous ai me semblent plus faciles à supporter depuis que j'ai une chance de m'en acquitter jusqu'à un certain point. Mais, quand même je vous aurais payé toute ma dette, je vous serais toujours aussi attaché que jamais. C'est votre ami qui vous parle, Etherington, et, s'il vous parle avec un peu de franchise, ne vous en offensez pas, je vous en prie, et ne supposez pas que cette familiarité soit la suite de la confiance que vous m'avez témoignée. Regardez-moi comme un homme qui, dans une affaire importante, veut s'exprimer clairement pour être sûr qu'il sera bien entendu.

« Votre conduite dans toute cette affaire, Etherington, n'indique rien de ce sang-froid et de ce jugement que vous possédez si éminemment quand il vous plaît d'en faire usage. Je passe par-dessus la folie de votre mariage : c'était un tour d'écolier, et quand même il eût réussi, il ne pouvait guère vous être profitable; car quelle espèce de femme vous seriez-vous donnée si cette Clara Mowbray, consentant à cette substitution d'époux, eût accepté la main d'un amant au lieu de celle d'un autre? Tout pauvre que je suis, je sais que ni Oakendale ni Nettlewood ne me déterminerait à épouser une telle. — Je manquerais au décorum, si je me permettais de remplir ce blanc.

« Je ne puis non plus, mon cher Etherington, vous pardonner le tour que vous avez joué au ministre aux yeux duquel vous avez détruit la réputation de cette pauvre fille, pour l'engager à prononcer la bénédiction nuptiale. Peut-être avez-vous par-là imprimé sur elle une tache que toute sa vie ne pourra effacer. Ce n'était pas une ruse de guerre permise. Et vous avez peu gagné à ce stratagème, à moins qu'il ne lui soit impossible de prouver qu'elle a été trompée; car, en ce cas, le mariage est certainement de toute nullité. Du moins vous ne pouvez vous prévaloir de cette cérémonie que pour l'engager à contracter une union plus solide, de crainte qu'une discussion si désagréable ne vienne à s'ébruiter dans une cour de justice; et avec tous les avantages que vous possédez, avec vos moyens de persuasion, et ayant pour vous l'influence de son frère, il me paraît assez vraisemblable que vous puissiez y réussir. Toute femme est nécessairement esclave de sa réputation. J'en ai connu qui, pour la conserver, ont sacrifié leur vertu, dont après tout elle n'est que l'ombre. Je ne trouve donc pas bien difficile pour Clara Mowbray de se déterminer à devenir comtesse, plutôt que de s'exposer à servir de conversation à toute la Grande-Bretagne, pendant qu'elle sera engagée avec vous dans un procès qui peut durer presque autant que votre vie à tous deux.

« Mais, dans la situation où se trouve l'esprit de miss Mowbray, il est possible qu'il lui faille du temps pour arriver à cette conclusion; et je crains que vous ne soyez contrecarré dans vos opérations par votre rival; car je ne veux pas vous offenser en l'appelant votre frère. Or c'est ici que je songe avec plaisir que je puis vous être de quelque utilité; à la condition spéciale qu'il n'existera plus aucune pensée de voies de fait entre vous. Quoique vous ayez réussi à pallier à vos propres yeux votre dernière rencontre, il n'y a nul doute que le public n'eût regardé n'importe quel accident comme un crime des plus noirs, et que la loi ne l'eût puni du châtiment le plus sévère. Malgré tout ce que je vous ai dit de mon désir de vous rendre service, il est bien entendu que c'est toujours en me tenant à une distance respectueuse du gibet, car je trouve que je n'en suis déjà que trop près. Plaisanterie à part, Etherington, il faut vous laisser guider par mes conseils dans cette affaire. Je découvre la haine que vous portez à cet homme dans chaque ligne de votre lettre; même quand vous vous y exprimez avec le plus grand sang-froid, même quand il y règne une affectation de gaieté, j'y vois tous vos sentimens; et ce sont des sentimens que... je ne veux pas m'ériger en prédicateur, je ne dirai pas que tout homme vertueux, mais que tout homme sage, qui veut vivre en paix avec le monde, éviter la malédiction universelle, échapper peut-être à une mort violente, à laquelle applaudiraient tous ceux qui ont le fratricide en horreur, ne perdrait pas un seul instant pour déraciner de son cœur.

« Je vous offre donc mes services, s'ils sont dignes d'être acceptés, à condition que vous emploierez toute la force de votre esprit (et il en est doué) à combattre cette haine impie, et que vous éviterez avec soin tout ce qui pourrait conduire à une catastrophe dont vous n'avez été que trop près déjà deux fois. Je ne vous demande pas d'avoir de l'affection pour cet homme ; je sais parfaitement que vos préventions sont trop profondément enracinées ; je désire seulement que vous l'évitiez, et que, si vous le rencontrez, vous ne pensiez à lui que comme à un être qui ne peut jamais être pour vous un objet de ressentiment personnel.

« A ces conditions, je suis prêt à vous aller joindre à votre Spa ; et je n'attends que votre réponse pour me jeter dans une chaise de poste. Ce sera moi qui chercherai ce Martigny, et j'ai la vanité de croire que je serai en état de le convaincre qu'il doit suivre la marche que son propre intérêt bien entendu, ainsi que le vôtre, indiquent si clairement, c'est-à-dire de déloger et de nous débarrasser de sa personne. Il ne faut pas que vous regardiez à un sacrifice pécuniaire, même considérable, si cela devenait nécessaire. Il faut que nous lui fassions des ailes pour qu'il puisse s'envoler, et je réclamerai de vous tous les pouvoirs nécessaires à ce sujet.

« Je ne puis croire que vous ayez à redouter aucune des suites sérieuses d'un procès. Votre père vous a fait cette menace sinistre dans un moment où il était irrité contre son fils et furieux contre sa femme ; et je ne doute guère que ces expressions ne fussent que les éclairs d'une colère passagère, quoique je voie qu'elles ont fait une profonde impression sur votre esprit. Dans tous les cas, il a parlé d'une préférence pour son fils illégitime, comme d'une chose qu'il était en son pouvoir d'accorder ou de refuser, et il est mort sans rien faire à cet égard. Votre famille semble avoir du goût pour les mariages irréguliers, et il est possible qu'il ait eu recours à quelque mariage de main gauche pour vaincre la modestie et faire taire les scrupules de la dame française ; mais que quelque chose de sérieux, qu'une cérémonie légale ait eu lieu, c'est ce que je ne croirai jamais qu'après les plus fortes preuves.

« Je vous répète donc que je ne doute guère qu'il ne soit facile de transiger sur les prétentions de Martigny, quelles qu'elles puissent être, et de le déterminer à quitter l'Angleterre. C'est ce qui deviendra encore plus facile, s'il a réellement conçu pour Clara Mowbray une passion aussi romanesque que vous le prétendez. Il serait aisé de démontrer que, soit qu'elle se trouve disposée à accepter la main de Votre Seigneurie, soit qu'elle veuille la refuser, il ne peut assurer la tranquillité de celle qu'il aime qu'en quittant le pays. Fiez-vous à moi; je trouverai le moyen de le faire fléchir; et il n'importe guère, pour le succès de vos projets, que ce soit la distance des lieux ou le tombeau qui vous sépare de Martigny; si ce n'est que de ces deux buts, vous pouvez atteindre l'un avec honneur et sans danger, au lieu que la seule tentative pour arriver à l'autre vouerait à l'exécration tous ceux qui y auraient pris part, et attirerait sur eux un châtiment mérité. Dites un mot, et vous verrez arriver votre reconnaissant et tout dévoué

« Harry Jékyl. »

A cette épître en forme d'admonition, l'auteur reçut, par le retour du courrier, la réponse suivante :

« Mon reconnaissant et tout dévoué Harry Jékyl a adopté un ton d'exaltation que l'occasion ne paraissait nullement exiger. Comment! conseiller soupçonneux, ne vous ai-je pas répété cent fois que je me repens de cette sotte rencontre, et que je suis déterminé à maîtriser mes passions et à me tenir sur mes gardes à l'avenir? Quel besoin avez-vous donc de venir me faire un long sermon, et de me parler de fratricide, d'exécration et de châtiment? Vous ressemblez, quand vous voulez vous montrer fort d'argumens, à un enfant qui tue un lièvre pour la première fois, et qui ne le croit bien mort qu'après lui avoir lâché ses deux coups. Quel excellent homme de loi vous auriez fait! Vous auriez si longuement insisté sur l'affaire la plus simple, que le juge, fatigué, aurait été tenté de la décider contre toute justice, pour se venger sur le client de l'ennui que lui aurait causé l'avocat.

« S'il faut que je vous répète ce que je vous ai dit vingt fois, je vous dirai que je n'ai aucune idée d'agir envers ce drôle comme je le ferais s'il s'agissait de tout autre. Si le sang de mon père coule dans ses veines, il sauvera tout celui qu'il tient de sa mère. Ainsi donc, arrivez sans faire plus d'étalage de conditions et d'argumens. Vous êtes vraiment un être curieux ! On croirait, à lire votre lettre, que c'est vous-même qui avez découvert l'avantage que je pourrais avoir à vous employer comme négociateur, et les raisons qu'on pourrait faire valoir dans le cours de ce traité, pour déterminer ce drôle à quitter le pays. C'est précisément la marche que je vous ai tracée dans ma dernière lettre ! Il faut que vous soyez plus audacieux que le plus audacieux des Egyptiens, car non-seulement vous volez mes idées, et vous les défigurez pour les rendre vôtres, mais vous avez l'assurance de venir avec elles mendier à la porte de leur véritable père. Il n'y a personne qui vous soit comparable pour votre hardiesse à vous emparer des inventions d'autrui, et à les revêtir ensuite à votre guise. Quoi qu'il en soit, Harry, sauf un peu de présomption et de vanité, vous êtes aussi honnête que personne. Vous ne manquez même pas de talent à votre manière, quoique vous n'ayez pas tout le génie que vous voudriez qu'on vous attribuât. Venez donc, aux conditions qu'il vous a plu de me faire, et venez le plus promptement possible. Quoique vous ayez eu assez de générosité pour ne point parler de la promesse que je vous ai faite, je ne la regarde pas moins comme obligatoire.

« Votre, etc.

« Etherington. »

« *P.-S.* Un mot d'avis avant de terminer. Ne parlez à Harrowgate à qui que ce soit, ni de moi, ni de votre projet de venir me joindre, ni du voyage que vous allez faire. Quant au motif qui vous fait partir, je n'ai pas besoin de vous recommander le silence à cet égard. Je ne sais pas si les inquiétudes qui me poursuivent sont naturelles à tous ceux qui ont de secrètes mesures à prendre, ou si la nature m'a doué d'une dose plus qu'ordinaire de méfiance, mais je ne puis me défendre de l'idée que je suis surveillé de très-près par quelqu'un que je ne puis découvrir. Quoique j'aie caché soigneusement à tout autre qu'à vous le projet que j'avais de venir ici, et que je ne vous soupçonne pas un instant d'avoir bavardé, cependant ce Martigny en a été informé, et il y est arrivé avant moi. Ce n'est pas tout. Je ne me suis ouvert à personne au monde sur mes vues relativement à Clara, et pourtant le caquetage a répandu ici le bruit d'un mariage entre elle et moi, avant même que j'en eusse dit un mot à son frère. Bien certainement dans une société semblable à celle qui est réunie ici, c'est un sujet de conversation fort ordinaire ; et ce bruit qui m'alarme, parce qu'il a rapport à mes propres projets, peut n'être qu'une rumeur vague, enfantée par le bavardage des oisifs. Cependant il me semble que je suis dans la même situation que la pauvre femme d'un vieux conte, qui se croyait épiée par un œil fixé sur elle, derrière la tapisserie.

«J'aurais dû vous dire dans ma dernière lettre que j'ai été reconnu, dans une fête, par le vieux ministre qui a prononcé sur Clara et sur moi la bénédiction matrimoniale, il y a près de huit ans. Il s'adressa à moi en m'appelant Valentin Bulmer, nom sous lequel j'étais alors connu. Comme il ne me convenait pas alors de le mettre dans ma confidence, je me suis défait de lui comme on se défait d'un vieux chapeau. La tâche était d'autant moins difficile que j'avais affaire à un des hommes les plus distraits qui aient jamais rêvé les yeux ouverts. Je crois réellement qu'il a pu se persuader que c'était une vision de son imagination, et qu'il ne m'avait jamais vu auparavant.

Votre vieux reproche sur ce que je lui ai dit autrefois relativement aux deux amans, est tout-à-fait sans objet. Après tout, si ce que je lui ai dit n'était pas de la plus exacte vérité, et j'avoue que je crois qu'il y avait de l'exagération, c'est bien certainement la faute du saint Francis Martigny, car je suis persuadé qu'il avait pour lui l'amour et l'occasion.

« Voilà un post-scriptum plus long que la lettre, Harry; mais il faut que je le termine par le même refrain : Venez, et venez bien vite. »

CHAPITRE XXVIII.

L'ÉPOUVANTE.

> « Ainsi l'on voit tomber le mobile feuillage,
> « Quand s'élève soudain le souffle de l'orage :
> « Tel frémit et s'arrête un généreux héros,
> « Quand ses lâches soldats désertent ses drapeaux. »

Il avait été décidé par tous ceux qui prenaient cette affaire en considération, que le fougueux et capricieux nabab aurait bientôt une querelle avec son hôtesse, et ne tarderait pas à s'ennuyer de sa résidence à Saint-Ronan. Un homme si attentif pour lui-même, et si curieux pour les affaires des autres, ne pouvait, à ce qu'on supposait, trouver dans l'auberge du vieux village qu'une sphère bien limitée pour satisfaire ses goûts et ses inclinations, et plus d'une fois les oisifs rassemblés aux eaux avaient fixé d'une manière précise le jour et l'heure de son départ.

Cependant le vieux Touchwood, toutes les fois que le temps le permettait, montrait au milieu d'eux son visage basané, son cou soigneusement enveloppé dans un immense mouchoir des Indes, et sa canne à pomme d'or, qu'il ne manquait jamais de porter sur l'épaule; et, quoiqu'il fût de petite taille, ses membres vigoureux et sa marche assurée prouvaient clairement qu'il la prenait comme une marque de dignité plutôt que comme un soutien. Répondant d'un ton bref et brusque à toutes les questions qu'on lui adressait, il faisait tout haut ses remarques sur la compagnie, sans s'inquiéter si quelqu'un pouvait s'en offenser; et aussitôt que l'antique prêtresse lui avait donné sa coupe d'eau salutaire, il tournait les talons avec un laconique *Bien le bonjour*, et il allait trouver son ami M. Cargill au presbytère, ou s'occuper de quelques fantaisies chez ses voisins du vieux village.

La vérité est que le digne homme, ayant établi tout sur un bon pied chez mistress Dods, autant qu'elle avait bien voulu le permettre, s'était prudemment abstenu de pousser plus loin ses innovations, sachant fort bien que toute pierre n'est pas en état de recevoir le dernier degré de poli. Il s'occupa ensuite de mettre en ordre la maison de M. Cargill; et, sans en avoir obtenu la permission du révérend ministre, sans même la lui avoir demandée, il effectua chez lui une réforme aussi complète qu'aurait pu le faire le brownie [1] le plus bienfaisant. Les planchers étaient quelquefois balayés, on secouait les tapis de temps en temps; les assiettes et les plats étaient tenus plus proprement; le vide n'existait plus dans la boîte à thé ni dans le sucrier; un morceau de viande de boucherie se trouvait à propos dans le garde-manger; la plus vieille des deux servantes portait une robe neuve d'une étoffe solide; la plus jeune couvrait ses cheveux d'un beau bonnet et se montrait dans la maison si propre et si bien mise, que les uns prétendaient qu'elle était trop jolie pour être au service d'un ministre non marié, tandis que les autres disaient

---

(1) Lutin d'Écosse qui s'attribue spécialement le soin de remettre l'ordre dans les meubles d'une maison. — Éd.

qu'ils ne voyaient pas pourquoi ce vieux fou de nabab se mêlait de la toilette d'une jeune fille. Mais si M. Touchwood entendait tous ces mauvais bruits, ce qui est très-douteux, il s'en mettait fort peu en peine. Il faut ajouter à tous ces changemens que le jardin était cultivé, et la glèbe [1] labourée.

Quelques petits cadeaux et une attention persévérante lui avaient servi de talisman pour opérer cette révolution. La libéralité de ce vieillard singulier lui donnait le droit de gronder quand il voyait que quelque chose allait mal; les domestiques, qui s'étaient laissés aller à la négligence et à la paresse, se sentirent stimulés par le nouveau système de surveillance et de générosité de M. Touchwood, et le ministre, sans trop en connaître la cause, recueillait le fruit des efforts d'un ami si actif et si empressé. Quelquefois il levait la tête en entendant quelque ouvrier faire du bruit dans les environs de sa bibliothèque, et il demandait la cause d'un tapage qui l'interrompait; mais quand on lui avait répondu que c'était par ordre de M. Touchwood, il se remettait à l'ouvrage, persuadé que tout était pour le mieux.

La tâche de nettoyer les étables d'Augias n'était pas plus difficile que celle d'établir l'ordre dans le presbytère; mais ce n'était point assez pour l'immense activité de M. Touchwood. Il aspirait à exercer un empire universel dans le vieux village de Saint-Ronan, et, comme la plupart des hommes d'un caractère ardent, il réussit en grande partie à s'emparer de l'autorité qu'il désirait. Il déclara la guerre à tous ces usages nuisibles au public, qu'on retrouve dans tous les villages d'Ecosse non encore régénérés, et qui sont des inconvéniens sinon bien sérieux, du moins perpétuels. Ici, le fumier qui, depuis un temps immémorial, croupissait sur le grand chemin sous les fenêtres d'une chaumière, était transporté derrière la

---

(1) On nomme ainsi les terres attachées au presbytère et qui en dépendent.—Ed.

maison. Là, la brouette cassée et la charrette hors de service disparaissaient et n'obstruaient plus la voie publique. Ailleurs, le vieux chapeau ou le haillon bleu qui remplaçait un carreau de vitre cassé, pour fermer au vent l'entrée de la maison, était jeté dans l'égout, et un verre transparent y était substitué.

Les moyens par lesquels il effectuait cette réforme étaient les mêmes que ceux qu'il avait employés chez le ministre : l'argent et les avis. Les derniers, donnés seuls, eussent excité peu d'attention; ils auraient peut-être même fait naître un esprit d'opposition; mais un petit présent qui servait de véhicule à la proposition d'une réforme faisait impression sur l'esprit des auditeurs, et en général il triomphait de toutes les objections.

D'ailleurs les villageois s'étaient formé une grande idée de la richesse du vieux nabab, et l'opinion générale parmi eux était que, quoiqu'il n'eût ni domestique ni équipage, il était en état d'acheter, si bon lui semblait, la moitié des terres du pays. Ce n'étaient pas de belles voitures et d'élégantes livrées, disaient ces prétendus connaisseurs, qui rendaient la bourse plus pesante, elles contribuaient plutôt à la rendre plus légère, et le vieux Turnpenny ainsi que M⁵ Bindloose avanceraient plus d'argent sur la seule parole de M. Touchwood que sur l'obligation solidaire de la moitié du beau monde des eaux. Cette disposition des esprits aplanissait le chemin à un homme toujours disposé soit à donner, soit à prêter; et quoique, en toute affaire, il montrât clairement qu'il n'était ni aveugle ni insouciant sur ses intérêts, et qu'il connaissait parfaitement la valeur de l'argent, cette circonstance ne diminuait nullement l'idée qu'on s'était formée de sa fortune. Très-peu de gens auraient donc eu l'envie de contrarier les fantaisies d'un vieillard bizarre qui avait la volonté et les moyens d'obliger tous les esprits dociles à ses caprices, et ce fut ainsi que cet étranger singulier parvint, dans le court espace de quelques jours, ou du moins de quelques semaines, à obtenir des villageois plus de déférence qu'ils n'en avaient eu pour personne depuis que leurs anciens seigneurs avaient abandonné le village. L'autorité du bailli même, quoique ce fût le vieux Micklewham qui en était revêtu, n'était qu'une juridiction subalterne, comparée à l'allégeance volontaire dont les habitans semblaient avoir prêté serment à M. Touchwood.

Néanmoins quelques esprits restaient récalcitrans contre la nouvelle puissance qui s'élevait ainsi au milieu d'eux; et avec toute l'obstination qui caractérise leurs compatriotes, ils fermaient l'oreille aux conseils de l'étranger, sans s'inquiéter s'ils étaient bons ou mauvais. Leurs fumiers restaient accumulés devant leurs portes, et des débris d'instrumens aratoires de toute espèce obstruaient encore la voie publique en face de la maison. Il arriva même que M. Touchwood, si zélé pour l'amélioration du village, fut sur le point d'éprouver un destin qui est souvent celui des grands réformateurs. Il pensa perdre la vie par suite d'un de ces abus qui subsistaient encore malgré ses efforts pour les détruire.

Dans le temps de la moisson, un soir que le nabab, après avoir dîné, ne savait que faire de son temps, il profita d'un assez beau clair de lune pour appliquer à son ennui le principal remède qu'il employait pour le combattre, et il se rendit au presbytère, où il était sûr que, s'il ne pouvait réussir à engager le ministre dans quelque discussion, il trouverait du moins quelque chose à critiquer et à faire remettre en ordre.

Il avait pris cette occasion pour adresser une réprimande à la plus jeune des servantes du ministre, sur l'usage où elle était de rester nu-pieds et nu-jambes; et comme son avis arriva fortifié d'une demi-douzaine de paires de bas de coton blanc et de deux paires de bons souliers, il fut reçu non-seulement avec respect, mais même avec reconnaissance. La petite tape sous le menton, qui servit de péroraison au discours du nabab, fut payée par un sourire agréable et une belle révérence. Grizzy porta même si loin la gratitude, qu'en ouvrant la porte à M. Touchwood, quand il se retira, elle lui fit observer que la lune était cachée sous un nuage; et elle lui proposa de le reconduire avec une lanterne jusqu'à l'auberge, de crainte qu'il ne lui arrivât quelque accident en route. L'esprit indépendant du voyageur dédaigna cette précaution, et l'ayant assurée en peu de mots qu'il avait parcouru les rues de Paris et de Madrid pendant plus d'une nuit sans avoir besoin d'un pareil secours, M. Touchwood se mit bravement en route pour regagner son logement.

Il lui arriva pourtant un accident auquel, à moins qu'on ne calomnie la police de Paris et celle de Madrid, il aurait pu être exposé dans l'une et l'autre de ces deux splendides capitales aussi-bien que dans le misérable village de Saint-Ronan. Devant la porte de Saunders Jaup, homme de quelque importance, possédant une petite propriété, et qui, comme il le disait, ne devant rien à personne, ne se souciait de personne, était un gouffre empesté, nommé trou à fumier. M. Touchwood connaissait parfaitement la situation de ce réceptacle d'ordures; car Saunders Jaup était à la tête de ceux qui voulaient suivre les usages de leurs pères, et maintenir les anciens abus dont notre voyageur avait réussi à diminuer le nombre. Son odorat lui servant donc de guide, il fit un détour assez considérable pour éviter le désagrément et le danger de passer près de ce cloaque infect, et par ce moyen il tomba dans Scylla en cherchant à éviter Carybde; c'est-à-dire qu'il s'approcha tellement du bord d'un fossé qui séparait le chemin des voitures du sentier des piétons, que le pied lui manqua, et il y tomba d'une hauteur de trois à quatre pieds.

On pensa dans le temps que le bruit de sa chute, ou du moins les cris qu'il poussa pour appeler du secours, devaient avoir été entendus de la maison de Saunders Jaup; mais ce brave homme était alors occupé, à ce qu'il dit lui-même, à faire sa prière du soir, excuse qui fut reçue pour argent comptant. Cependant Saunders, en parlant à ses amis particuliers, ajouta que le village n'en aurait été que plus tranquille si ce vieux fou, qui voulait mettre son nez partout, était resté dans le fossé une bonne fois pour toutes.

Mais la fortune veillait sur le pauvre Touchwood, dont les faiblesses, qui partaient des motifs les plus louables, ne méritaient pas un destin si fâcheux. Un passant qui l'entendit appeler du secours s'approcha avec précaution du fossé dans lequel le nabab était tombé, et, après s'être assuré de la nature du terrain autant que l'obscurité le permettait, il se trouva enfin, non sans quelques efforts, en état de l'aider à s'en tirer.

— Êtes-vous blessé? demanda ce bon Samaritain à l'objet de ses soins.

— Blessé? non, de par le diable! non, répondit Touchwood, fort irrité de sa chute, et surtout de la cause qui l'avait occasionée; pensez-vous qu'après avoir gravi le mont Athos, qui s'élève à plus de mille pieds au-dessus du niveau de la mer, je sois homme à m'inquiéter d'une pareille chute?

Mais tandis qu'il parlait ainsi il chancela, et l'étranger qui l'avait secouru s'empressa de le saisir par le bras pour l'empêcher de tomber une seconde fois.

— Je crains que vous ne soyez blessé plus que vous ne le supposez, monsieur, lui dit-il; permettez-moi de vous reconduire chez vous.

— De tout mon cœur, l'ami; car quoiqu'il soit impossible que j'aie besoin d'aide pour m'y rendre, je ne vous en suis pas moins obligé. Si cela ne vous écarte pas de votre route, j'accepterai votre bras jusqu'à l'auberge de ce village.

— Mon bras est à votre service, monsieur. C'est précisément là que je compte loger.

— J'en suis ravi. Vous serez mon hôte ce soir, et je veillerai à ce qu'on ait soin de vous. Vous paraissez un jeune homme fort poli, et certainement je me trouve bien du secours de votre bras. C'est un rhumatisme qui fait que je marche si mal; c'est le fléau de tous ceux qui ont habité des pays chauds, quand ils viennent se fixer au milieu de ces maudits brouillards.

— Appuyez-vous davantage sur mon bras, monsieur, et marchez aussi lentement qu'il vous plaira : cette rue n'est pas très-bonne.

— Sans contredit; mais pourquoi est-elle mauvaise? c'est parce que cette tête de pourceau, ce vieux fou de Saunders Jaup ne veut pas permettre qu'on y remédie. C'est lui qui met obstacle à toute amélioration. Si l'on ne veut pas tomber dans son bourbier corrompu, et devenir par là pour toute sa vie un objet d'abomination pour soi et pour les autres, il faut qu'on coure le risque de se casser le cou dans ce fossé, comme cela m'est arrivé ce soir.

— Je crois, monsieur, que vous avez choisi pour tomber le côté le plus dangereux. Souvenez-vous du proverbe de Swift : — Plus il y a de boue, moins la chute est rude [1].

— Mais pourquoi serait-on condamné à l'alternative de la boue ou d'un chute dangereuse dans un pays bien administré? Pourquoi ne peut-on pas aller à ses affaires le soir, dans un village comme celui-ci, sans courir le risque de se rompre le cou ou de se blesser l'odorat? Nos magistrats d'Ecosse ne sont bons à rien, monsieur, absolument bons à rien. Que n'ai-je ici un cadi turc pour traduire ce drôle devant lui! ou le maire de Calcutta pour le citer devant son tribunal, ou seulement un juge de paix d'Angleterre nouvellement nommé à cette place, avec un zèle tout neuf! Le tas d'ordures de ce misérable ne resterait pas long-temps où il est. Mais nous voici arrivés, voilà l'auberge du *Croc!* — Holà! hé! Jane Anderson! — Susie la chambrière! — Garçon [2]! — Mistress Dods! — Êtes-vous

---

(1) *The more dirt the less hurt.* — ED.
(2) *Boy Boots*; c'est le garçon qui cire les bottes dans les auberges. — ED.

tous morts ou endormis? Voilà que j'arrive à moitié mort, et vous me laissez attendre ainsi à la porte!

Jane accourut avec une chandelle, et Susie en fit autant avec une autre. Mais elles n'eurent pas plus tôt jeté les yeux sur ce couple qui était sous le porche devant lequel était suspendue la lourde enseigne agitée avec bruit par le vent, que Susie poussa un grand cri, jeta par terre son chandelier, quoiqu'il portât une chandelle de quatre à la livre, et s'enfuit d'un côté, tandis que Jane, hurlant comme une bacchante et brandissant son luminaire autour de sa tête, prit la fuite dans une autre direction.

— Oui, je dois offrir un spectacle effrayant, dit Touchwood en essuyant avec son mouchoir des gouttes d'eau qui lui coulaient le long du visage, et s'appuyant plus lourdement sur le bras de son guide : — Je ne me croyais pas sérieusement blessé, ajouta-t-il, mais je commence à sentir ma faiblesse; il faut que j'aie perdu beaucoup de sang.

— J'espère que vous vous trompez, lui dit son compagnon; mais entrons dans la cuisine, nous y trouverons de la lumière, puisque personne ne veut nous éclairer.

Il aida M. Touchwood à y entrer, et comme une lampe y était allumée, et qu'un bon feu brillait dans la cheminée, il reconnut sur-le-champ que le sang dont son compagnon se croyait tout couvert n'était autre chose que de l'eau croupie qui se trouvait au fond du fossé, quoique un peu moins puante que celle qu'il aurait trouvée en face dans la mare de Saunders Jaup. Tranquillisé par les assurances réitérées que lui donna son nouvel ami qu'il n'avait pas une goutte de sang sur toute sa personne, le nabab retrouva le mouvement, et son compagnon, désirant lui être utile, ouvrit une porte et cria qu'on apportât une cuvette, de l'eau et des serviettes.

En ce moment on entendit sur l'escalier la voix de mistress Dods, qui s'exprimait avec un ton d'indignation assez ordinaire chez elle, mais auquel il se mêlait quelques accens de la peur.

— Drôlesse! fainéante! je réponds qu'on n'a jamais rien vu de pire que vous dans toute la nature, sottes effrontées. Un esprit! c'est quelque maraudeur venu de la mare; c'est peut-être quelqu'une de vous qui l'attire, Dieu sait pourquoi. Un esprit, vraiment! Tenez bien la chandelle, John Ostler. C'est sans doute un esprit qui n'est pas gauche et qui sait jouer des mains. Et la porte est restée ouverte! il y a quelqu'un dans la cuisine! Marchez en avant avec la lanterne, John Ostler.

En ce moment critique, la porte donnant sur l'escalier s'ouvrit; et l'on vit dame Dods s'avancer à la tête de ses troupes. Ostler, qui était le garçon d'écurie, comme le nom de son état l'annonce [1], et le vieux postillon bossu, le premier portant une lanterne et le second armé d'une fourche, composaient l'avant-garde de l'armée; mistress Dods en formait le centre, criant à tue-tête, et brandissant une paire de pincettes; tandis que les deux servantes, comme des troupes sur lesquelles on ne devait pas beaucoup compter après leur récente défaite, étaient reléguées à l'arrière-garde. Mais malgré cette admirable disposition, le compagnon de Touchwood ne se fut pas plus tôt montré en prononçant les mots: — Mistress Dods, — qu'une terreur panique saisit le général et les soldats. L'avant-garde recula précipitamment sur le centre; John Ostler, en voulant fuir, renversa l'hôtesse; celle-ci, non moins effrayée, s'accrocha à lui en le tenant par une oreille et par les cheveux, et tous deux firent un chorus de hurlemens. Les deux servantes remontèrent l'escalier plus vite qu'elles ne l'avaient descendu, et allèrent se cacher dans le grenier obscur qu'elles nommaient leur chambre, tandis que le petit postillon bossu, courant à l'écurie, se mit, avec le double instinct qu'il devait à sa profession et à la frayeur, à seller un cheval avec toute la promptitude possible.

Cependant l'étranger, cause de cette étrange commo-

---

(1). *Ostler*, palefrenier. — ED.

tion, arracha John Ostler des bras de mistress Dods; et l'ayant mis en fuite en lui donnant un coup sur l'épaule, il releva l'hôtesse en cherchant à lui rendre le courage, et s'écriant en même temps : — Mais, au nom du diable! que signifie donc tout ceci? quelle est la cause de cette ridicule confusion?

— Et au nom de Dieu, répondit la matrone en tenant les yeux fermés, et d'une voix toujours un peu aigre, quoique entrecoupée par la terreur, quelle est la cause qui vous fait revenir pour effrayer toute une maison honnête où vous n'avez reçu que des civilités?

— Et comment se fait-il que je vous effraie, mistress Dods? Sur quoi est fondée toute cette frayeur absurde?

Mistress Dods entr'ouvrit un peu les yeux. — N'êtes-vous pas l'esprit de Frank Tirl? lui demanda-t-elle.

— Je suis sans contredit Frank Tyrrel, mon ancienne amie.

— Je le savais! je le savais! s'écria l'hôtesse épouvantée plus que jamais. Vous devriez avoir honte de votre conduite. N'avez-vous rien de mieux à faire, vous qui êtes un esprit, que de venir tourmenter une pauvre vieille aubergiste?

— Sur ma parole, dit Tyrrel en riant, je ne suis pas un esprit, je suis un homme vivant.

— Vous n'avez donc pas été assassiné? dit mistress Dods avec l'accent du doute et en ouvrant un peu plus les yeux. Êtes-vous bien sûr que vous ne l'avez pas été?

— Je ne sache pas que je l'aie jamais été, répondit Tyrrel.

— Mais moi, s'écria Touchwood resté jusqu'alors auditeur muet de cette scène extraordinaire, c'est m'assassiner que d'être si long-temps à m'apporter de l'eau dont j'ai besoin.

— On y va, monsieur, on y va, répondit madame Dods, reprenant le ton de sa profession, et retrouvant assez de courage pour examiner Tyrrel avec plus de sang-froid.

—Après tout, M. Frank, dit-elle, je crois que c'est bien vous en chair et en os ; aussi vrai que je ne demande jamais que le prix juste pour un écot. Et voyez si je n'ai pas traité comme il faut ces deux guenipes de servantes qui voulaient faire de vous un esprit et de moi une folle ! Des esprits ! ma foi ! je leur apprendrai ce que c'est que des esprits. Si elles avaient la tête occupée de leur ouvrage, elles ne viendraient pas me conter de pareilles sornettes. C'est un cheval vicieux que celui qui s'effraie d'une botte de paille. Des esprits ! Qui a jamais entendu parler d'esprits dans une maison honnête ? On ne craint pas les revenans quand on a la conscience nette. Mais je suis bien charmée de savoir que ce Mac Turk ne vous a pas assassiné, M. Tirl.

—Allons, la mère Dods, venez ici, si vous ne voulez pas que je fasse un malheur, s'écria Touchwood en saisissant une assiette qui était sur la table, comme s'il eût voulu la lui jeter à la tête pour lui rappeler qu'il avait besoin d'elle.

—Pour l'amour du ciel, ne la cassez pas, s'écria l'hôtesse alarmée ; ce serait dépareiller une douzaine, voyez-vous. Et sachant que l'impatience fougueuse de Touchwood s'exerçait quelquefois aux dépens de tout ce qui lui tombait de casuel sous la main, quoiqu'il l'en indemnisât ensuite très-libéralement, elle se hâta d'ajouter : — Avez-vous donc perdu l'esprit ? Remettez cette assiette de porcelaine à sa place, et prenez-en une d'étain : elle vous servira tout aussi bien pour ce que vous voulez en faire. Mais, Dieu me pardonne, à présent que je vous regarde, que vous est-il donc arrivé ? Comme vous voilà fait ! Attendez que j'aille vous chercher de l'eau et une serviette.

En effet la vue de M. Touchwood, couvert d'eau et de boue, triompha de la curiosité qu'inspirait à la bonne dame la présence inattendue de Tyrrel ; et elle accorda exclusivement toute son attention au vieux nabab, mais toujours prodigue de ses exclamations en l'aidant à se laver et à s'essuyer. Les deux servantes fugitives reparurent en ce moment dans la cuisine, et tout en riant sous cape de la terreur panique de leur maîtresse, elles s'efforcèrent de conjurer sa colère en se disputant de zèle pour rendre service à M. Touchwood. A force de laver, de frotter et d'essuyer, toutes les taches qu'il devait à sa chute disparurent enfin, et il se convainquit, non sans quelque difficulté, qu'il avait eu plus de fange et de peur que de mal.

Pendant ce temps Tyrrel ne cessait de regarder le nabab; et il s'imaginait reconnaître dans ses traits naguère couverts d'un masque de boue la physionomie d'une ancienne connaissance. Lorsque l'opération fut terminée, il ne put s'empêcher de s'adresser à lui et de lui demander s'il n'avait pas le plaisir de voir un ami qui lui avait rendu à Smyrne le service de lui prêter quelque argent.

— Cela ne vaut pas la peine d'en parler, répondit Touchwood avec vivacité; cela n'en vaut pas la peine. Je suis charmé de vous voir cependant, très-charmé. Oui, me voici: et vous trouverez ici en moi le même vieux fou et le même bon cœur que vous avez connu à Smyrne. Quant à l'argent, je le dépense, mais je ne songe jamais à savoir comment il rentrera. A quoi bon s'inquiéter? Cela est gravé sur mon front, comme dit le Turc. Je vais monter dans ma chambre pour changer d'habits; et, quand je serai descendu, nous souperons ensemble. Mistress Dods nous préparera quelque chose; une volaille aux champignons nous conviendrait assez, mistress Dods; ayez soin aussi de nous préparer du vin chaud épicé, du *plottie* comme vous l'appelez. J'en ai besoin pour bannir de mon esprit le souvenir du bourbier du vieux presbytérien.

A ces mots il monta dans son appartement, et Tyrrel, prenant un chandelier, se disposa à en faire autant.

— M. Touchwood occupe sans doute la chambre Bleue, mistress Dods? dit-il; et je suppose que je puis prendre possession de la chambre Jaune?

— Ne supposez rien, M. Tirl, avant que vous m'ayez expliqué bien clairement où vous avez été et ce que vous avez fait depuis que je ne vous ai vu, et si vous avez été assassiné ou non.

— Je crois qu'à ce dernier égard vous devez être suffisamment convaincue, mistress Dods !

— Je le suis dans un sens; et cependant je ne sais que penser quand je vous vois frais et gaillard, après vous avoir cru depuis si long-temps rongé par les vers. Et vous voilà criant pour avoir une chambre et un lit tout comme un autre !

— On serait tenté de croire, mon ancienne amie, que vous êtes fâchée de me revoir bien portant.

— Ce n'est pas cela, répondit Meg, qui avait une manière particulière et ingénue d'établir les sujets de plainte qu'elle croyait avoir ; mais n'est-il pas bien étrange, M. Tirl, qu'un jeune homme décent comme vous l'êtes quitte son logement sans en prévenir, me fasse dépenser Dieu sait combien d'argent pour chercher son corps, et me mette sur le point d'ôter ma pratique à l'honnête M⁵ Bindloose, uniquement parce qu'il connaît mieux que moi les tours dont sont capables ceux qui vous ressemblent? Et là-bas, à cette mare, ils ont affiché un placard signé de tous leurs noms, dans lequel ils parlent de vous, M. Tirl, comme d'un des plus grands vauriens qui n'aient pas encore été pendus. Et croyez-vous qu'on veuille vous recevoir dans une maison honnête, si c'est là la réputation que vous vous faites?

— Reposez-vous sur moi de cela, mistress Dods. Je vous assure que cette affaire s'arrangera à votre satisfaction. Je présume qu'il y a assez long-temps que nous nous connaissons pour que vous puissiez croire sur ma parole que je ne suis pas indigne de reposer une nuit sous votre toit : je n'en demande pas davantage jusqu'à ce que ma réputation soit suffisamment rétablie. C'est principalement dans ce dessein que vous me voyez revenant.

— Revenant! s'écria Meg. En vérité, M. Tirl, vous m'avez fait tressaillir ! et vous êtes si pâle avec cela ! Cependant, ajouta-t-elle en faisant un effort pour plaisanter, je crois que si vous étiez un esprit vous ne voudriez pas, vu notre ancienne connaissance, me faire perdre toutes mes pratiques en hantant ma maison ; vous iriez plutôt vous promener tranquillement dans les ruines du vieux château ou dans l'église ; il s'est passé des choses bien étranges dans cette église et dans le cimetière, M. Tirl ; et quand il fait noir, j'ose à peine jeter un coup d'œil de ce côté.

—Je pense comme vous, mistress Dods, répondit Tyrrel en soupirant ; et, dans un certain sens, je ressemble aux esprits dont vous parlez ; car, de même qu'eux et tout aussi inutilement, je reviens dans les lieux où j'ai perdu tout mon bonheur. Mais je vous parle en énigmes, ma bonne Meg ; la vérité toute simple, c'est qu'il m'est arrivé, le jour où j'ai quitté votre maison, un accident dont les suites m'ont retenu à quelque distance de Saint-Ronan jusqu'à ce jour.

—En vérité, M. Tirl ! et vous avez jugé que ce serait trop d'embarras pour vous que d'écrire un mot ou d'envoyer un messager, afin de donner de vos nouvelles ? Vous auriez pu songer qu'on n'était pas sans inquiétude sur votre compte, indépendamment des voyages qu'on a faits, et des gens qu'on a payés pour chercher votre corps.

—Je rembourserai tous les frais que ma disparition peut avoir occasionés, mistress Dods ; et je vous assure, une fois pour toutes, que si je suis resté quelque temps à Marchthorn sans donner de mes nouvelles, il faut l'attribuer à une maladie et à des affaires d'une nature particulière et très-pressantes.

—A Marchthorn ! s'écria dame Dods. A-t-on jamais rien vu de semblable ? Et où logiez-vous à Marchthorn, s'il est permis de vous le demander ?

—Au Taureau-Noir.

—Chez le vieux Tom Lowrie ? C'est une maison honnête et décente, qui ne ressemble en rien à l'hôtel du Renard. Je suis bien aise d'apprendre que vous ayez choisi un pareil logement, M. Tirl, car je commence à croire que vous savez manger votre pain. Mais je vous serai bien obligée d'entrer dans la salle à manger, car je vois que vous ne m'en direz pas davantage, et vous ne faites ici que m'empêcher de préparer le souper.

Tyrrel, assez charmé de voir la fin de l'interrogatoire que sa curieuse hôtesse lui avait fait subir sans cérémonie, ne se fit pas dire deux fois de se retirer ; et quelque temps après M. Touchwood arriva, ayant changé de vêtemens et de linge, et d'une humeur charmante.

— Voilà le souper, s'écria-t-il en entrant ; asseyez-vous, et voyons ce que notre hôtesse nous a préparé. Je vous déclare, mistress Dods, que votre plottie est excellent, depuis que je vous ai appris dans quelle proportion les épices doivent y entrer.

— Je suis charmée que le plottie soit de votre goût, monsieur ; mais je savais le faire long-temps avant que j'eusse l'honneur de vous connaître. Voilà M. Tirl qui peut vous dire combien de fois j'en ai préparé pour lui et pour son cousin Valentin Bulmer.

Cette observation, faite mal à propos, arracha un soupir à Tyrrel ; mais le voyageur, tout occupé de ses souvenirs, ne parut pas s'apercevoir de l'émotion de son compagnon.

— Vous êtes une vieille femme pétrie d'amour-propre, dit-il à l'hôtesse. Qui diable saurait employer les épices aussi bien que celui qui a été dans le pays où elles croissent ? J'ai vu le soleil mûrir là muscade et le girofle, tandis qu'ici, de par Jupiter ! il donne à peine assez de chaleur pour que le pois puisse remplir sa cosse. Ah ! Tyrrel ! les joyeuses soirées que nous avons passées à Smyrne ! Sur mon ame, je crois que le vin et le jambon paraissent meilleurs dans le pays où l'on regarde comme un péché d'y goûter. Et plus d'un bon musulman, pensant de même, trouve que la prohibition du prophète donne de la saveur au jambon et du bouquet au vin de Chypre. Vous rappelez-vous le vieux Khodja Hussein avec son turban vert? Quel bon tour je lui ai joué un soir en versant une pinte d'eau-de-vie dans son sorbet! sur ma parole, le vieux coquin eut grand soin de ne s'en apercevoir que lorsqu'il n'en resta plus une goutte; et alors il passa la main sur sa longue barbe, et se mit à dire : — Allah kérym! Cela veut dire : Le ciel est miséricordieux, mistress Dods, car Tyrrel comprend cela parfaitement. Allah kérym! dit-il après avoir bu environ un gallon de punch à l'eau-de-vie. Allah kérym! dit le vieil hypocrite, comme s'il eût fait la plus belle chose du monde.

— Hé! pourquoi non? dit Meg. Pourquoi un honnête homme ne dirait-il pas ses graces après avoir bu son verre de punch? Cela vaut mieux que de crier, disputer et jurer, comme si l'on ne devait pas être reconnaissant des douceurs que nous procure le Créateur.

— C'est bien dit, mistress Dods; c'est une maxime digne d'une hôtesse, et mistress Quickly elle-même n'aurait pas mieux parlé. A votre santé, mistress Dods, et je vous prie de me faire raison avant de vous en aller.

— En vérité, je ne ferai raison à personne ce soir, M. Touchwood; car tout le remue-ménage que je viens d'avoir, joint à ce que j'ai été obligée de goûter le plottie en le préparant, fait que j'ai déjà la tête assez détraquée. —M. Tirl, quand il vous plaira de vous retirer, la chambre Jaune est prête. Et comme c'est demain le jour du sabbat, messieurs, je ne puis faire attendre mes servantes plus long-temps ce soir, parce qu'elles s'en feraient une excuse pour rester dans leur lit le jour du Seigneur, jusqu'à huit heures du matin. Ainsi donc, quand vous aurez fini votre plottie, je vous prie d'allumer vous-mêmes vos chandelles de nuit, d'éteindre les chandelles moulées de quatre à la livre qui brûlent sur la table, et de regagner vos chambres sans que personne vous y conduise. Des hommes sages comme vous doivent prêcher d'exemple dans une maison. Et là-dessus, je vous souhaite une bonne nuit, messieurs.

— Sur ma foi! dit Touchwood quand elle fut partie, notre bonne hôtesse est aussi obstinée qu'un pacha à trois queues. — N'importe : elle nous a donné sa gracieuse permission de finir notre plottie; ainsi, M. Tyrrel, je bois une seconde fois à votre santé, et à votre heureux retour dans votre pays.

— Je vous remercie, M. Touchwood; je fais les mêmes vœux pour vous, et j'espère sincèrement qu'il y a plus de probabilité qu'ils seront accomplis. Vous m'avez tiré d'embarras, monsieur, dans un moment où la perfidie d'un agent, qui, comme j'ai lieu de le croire, suivait les ordres d'un ennemi actif et puissant, me mettait au dépourvu. Je fis dans le temps une remise à la maison de Smyrne avec laquelle vous étiez en relation, afin de m'acquitter, du moins quant à la dette matérielle, de l'obligation que j'avais contractée envers vous; mais on me renvoya mes fonds parce que vous aviez quitté cette ville.

— C'est vrai, c'est vrai; j'ai quitté Smyrne, et me voici en Ecosse. Quant à l'argent, nous en parlerons une autre fois. Je suis aussi votre débiteur à mon tour, pour m'avoir retiré du fossé.

— Cet article ne peut entrer en déduction sur notre compte, dit Tyrrel en souriant, quoiqu'il ne fût nullement en humeur de plaisanter; mais ne vous méprenez pas, je vous prie. L'embarras dans lequel vous m'avez trouvé à Smyrne n'était que momentané. Je suis en état de payer ma dette, très-disposé à le faire; je dois même ajouter que je le désire.

— Une autre fois, M. Tyrrel, une autre fois. Nous avons tout le temps d'en parler. D'ailleurs je me souviens qu'à Smyrne vous m'avez parlé d'un procès. Or, tout procès est gourmand d'argent, M. Tyrrel, et exige une poche bien garnie.

— J'ai de quoi pourvoir à tous les frais.

— Fort bien, mais avez-vous de bons avis? Répondez-moi à cela. Avez-vous de bons avis?

— J'ai consulté mes hommes de loi, répondit Tyrrel, contrarié secrètement de trouver son ami disposé à se prévaloir du service qu'il lui avait rendu, pour se donner le droit de lui faire sur ses affaires plus de questions que la politesse et l'occasion ne le permettaient.

— Vos hommes de loi! répéta Touchwood avec un ton dédaigneux. Hé! mon cher ami, les avis qu'il vous faut, ce sont ceux d'un homme qui ait voyagé; qui connaisse bien le monde et le genre humain; qui ait le double de votre âge; et qui, peut-être à l'affût pour découvrir quelque brave jeune homme peu fortuné à qui il puisse être utile, soit disposé à vous aider plus que je ne puis vous le dire. Quant à vos hommes de loi, ils vous donneront des avis justes pour votre guinée : vous n'en auriez pas même le treizième gratis, comme chez le boulanger.

— Je crois que je n'aurais pas besoin d'aller bien loin pour trouver l'ami dont vous me faites la description, quand je suis près de M. Peregrine Touchwood, répondit Tyrrel, qui ne put affecter de ne pas comprendre ce que le nabab venait de lui dire; mais la vérité est que mes affaires en ce moment sont tellement compliquées avec celles d'autres personnes, que je ne puis avoir l'avantage de vous consulter, ni aucun autre ami. Il est possible que je me voie obligé avant peu de renoncer à toute réserve, et de me justifier aux yeux du public. Lorsque ce temps sera arrivé, je ne manquerai pas de saisir la première occasion pour vous donner une preuve de confiance.

— C'est bien parlé; confiance est le mot. Personne ne s'est jamais repenti de m'avoir donné sa confiance. Songez à ce que le pacha aurait pu faire s'il avait suivi mon avis et coupé l'isthme de Suez. Turcs et chrétiens, hommes parlant toutes les langues et habitant tous les pays, tous consultent le vieux Touchwood sur leurs affaires, soit qu'il s'agisse de construire une mosquée, soit qu'il soit question d'escompter un billet. Allons, bonsoir, bonsoir.

A ces mots, il prit un chandelier de nuit, éteignit une des chandelles qui étaient sur la table, fit un signe à Tyrrel pour lui indiquer qu'il eût à s'acquitter avec la même ponctualité de sa part des devoirs que leur hôtesse leur avait imposés; et ils se retirèrent chacun dans leur appartement en emportant l'un de l'autre des sentimens tout différens.

— Voilà un vieillard bien importun et bien curieux, se dit Tyrrel à lui-même. Je me souviens qu'il s'en fallut de bien peu qu'il ne reçût la bastonnade à Smyrne, pour avoir donné des avis au cadi, qui ne lui en demandait pas. Et cependant il m'a rendu un service qui lui assure en quelque sorte le droit de me tourmenter. Allons, je parera ses attaques aussi bien qu'il me sera possible.

— C'est un garçon rusé que ce Tyrrel, pensa Touchwood, passé maître en finesses. Mais eût-il toutes les ruses du renard, je trouverai sa piste. Il est décidé qu'il faut que ses affaires deviennent les miennes; et, si je ne puis, moi, en assurer le succès, qui en sera en état?

Après avoir formé cette résolution philanthropique, M. Touchwood se mit dans son lit; et, comme il était fait précisément à l'angle d'inclinaison qui lui convenait, il ne tarda pas à s'endormir, très-satisfait de lui-même.

CHAPITRE XXIX.

MÉDITATION.

« Ne m'importunez pas de vos réponses vaines :
« Notre conseil est franc, allez en profiter. »
SHAKSPEARE. *Henry IV*, partie I.

Le dessein de Tyrrel, en se levant et en déjeunant de grand matin, avait été d'éviter une seconde entrevue avec M. Touchwood, désirant s'occuper d'une affaire dans laquelle l'intervention trop officieuse du vieux nabab n'aurait pu que le gêner. Il savait que sa réputation avait été publiquement attaquée aux eaux de Saint-Ronan, et il avait dessein d'en demander une réparation publique, convaincu que, quelque importantes que fussent les autres affaires qui l'avaient amené en Écosse, il ne pouvait différer la justification de son honneur offensé. Il avait donc pris la résolution de se rendre à l'hôtel du Renard à l'heure où la compagnie se rassemblait pour déjeuner, et il venait de prendre son chapeau pour partir, quand mistress Dods arriva pour lui annoncer que quelqu'un demandait à lui parler ; et en même temps elle fit entrer dans sa chambre un jeune homme portant un surtout militaire doublé en soie et garni de fourrure, et un bonnet fourrageur, costume auquel les yeux sont trop familiarisés aujourd'hui pour qu'on y fasse attention, mais qui n'était encore adopté alors que par les génies d'un ordre supérieur. Cet étranger n'avait rien de remarquable ni de trop simple, mais beaucoup de prétention ; et son air annonçait cette supériorité et cette aisance qui appartiennent aux personnes de la haute classe. De son côté, il examina

Tyrrel, et le trouvant tout autre qu'il ne se l'était imaginé en voyant l'auberge dans laquelle celui-ci logeait, il rabattit quelque chose de l'air d'importance qu'il avait pris en entrant; il s'annonça à lui comme le capitaine Jékyl, servant dans les gardes, et en même temps il lui présenta sa carte.

— Je présume que je parle à M. Martigny, lui dit-il.

— Vous parlez à M. Francis Tyrrel, monsieur, répondit Tyrrel en se redressant. Martigny est le nom de ma mère, et je ne l'ai jamais porté.

— Je ne viens pas ici pour disputer sur ce point, M. Tyrrel, quoique je ne sois pas autorisé à admettre comme un fait ce dont celui qui m'envoie paraît avoir des raisons de douter.

— Celui qui vous envoie est sans doute sir Bingo Binks? Je n'ai pas oublié la malheureuse querelle que nous avons eue.

— Je n'ai pas l'honneur de connaître sir Bingo Binks. Je viens ici de la part du comte d'Etherington.

Tyrrel garda le silence un moment. — Je ne puis concevoir, dit-il enfin, quel motif a pu avoir la personne qui prend le titre de comte d'Etherington, pour choisir un homme tel que vous, capitaine, comme intermédiaire entre lui et moi. J'aurais cru qu'attendu notre malheureuse parenté et la situation dans laquelle nous nous trouvons à l'égard l'un de l'autre, des hommes de loi étaient les négociateurs les plus convenables que nous pussions employer.

— Vous vous méprenez sur l'objet de ma mission, monsieur. Je ne vous apporte pas un message hostile de la part du comte d'Etherington. Je connais l'étroite parenté qui vous unit l'un à l'autre, et qui rendrait un tel projet aussi contraire au bon sens qu'aux lois de la nature. Je vous proteste que je renoncerais à la vie, plutôt que de me mêler d'une affaire semblable. Mon unique but est d'agir, s'il est possible, comme médiateur entre vous.

Jusque-là les deux interlocuteurs étaient restés debout. Tyrrel offrit une chaise au capitaine, en prit une lui-même, et lui dit après un nouvel intervalle de silence :

— Après avoir si long-temps éprouvé tant d'injustices et de persécutions de la part de votre ami, capitaine Jékyl, je me trouverais heureux d'apprendre enfin aujourd'hui quelque chose qui pût me faire concevoir une meilleure opinion de lui et de ses projets tant envers moi qu'envers d'autres.

— Il faut, M. Tyrrel, que vous me permettiez de vous parler avec franchise. De trop grands intérêts sèment la division entre votre frère et vous, pour que vous puissiez jamais être amis ; mais je ne vois pas qu'il soit nécessaire pour cela que vous soyez ennemis mortels.

— Je ne suis pas ennemi de mon frère, capitaine ; je ne l'ai jamais été. Je ne puis être son ami. Il ne sait que trop bien quelle insurmontable barrière sa propre conduite a élevée entre lui et moi.

— Je suis informé, du moins en général, dit le capitaine Jékyl d'un ton lent et expressif, des causes de vos malheureuses dissensions.

— Si cela est, répondit Tyrrel en rougissant, vous devez aussi savoir combien il doit m'être pénible d'entrer en discussion sur un pareil sujet avec un homme qui m'est entièrement étranger ; avec un homme qui est l'ami et le confident de celui... Mais je ne veux pas blesser votre délicatesse, et je tâcherai de maîtriser mon émotion. Veuillez donc m'apprendre le plus brièvement possible ce que vous êtes chargé de me dire, car j'ai dessein d'aller ce matin à l'hôtel du Renard pour y arranger certaine affaire qui touche de très-près à mon honneur.

— S'il s'agit de vous justifier de ne pas vous être trouvé au rendez-vous que vous avait donné sir Bingo Binks, c'est une affaire déjà complètement terminée. J'ai arraché de ma propre main le placard qui vous insultait, et j'ai déclaré que je me rendais responsable de votre honneur envers quiconque oserait en douter à l'avenir.

— Monsieur, dit Tyrrel fort surpris, je vous suis obligé de vos bonnes intentions, et d'autant plus que j'ignore en quoi j'ai pu mériter votre intervention. J'avoue pourtant qu'elle ne me satisfait pas complètement, parce que je suis habitué à être moi-même le gardien de mon honneur.

— J'ose dire que, dans tous les cas, cette tâche vous est facile, M. Tyrrel; mais elle l'est surtout en cette occasion, car vous ne trouverez personne qui soit assez hardi pour l'attaquer. Peut-être aurais-je été coupable de présomption en intervenant de cette manière, si je ne m'étais trouvé chargé en ce moment d'une mission qui m'oblige à avoir des relations confidentielles avec vous. Par égard pour mon propre honneur, il m'a paru nécessaire de mettre le vôtre hors de doute. J'ai appris la vérité de toute cette affaire du comte d'Etherington, et il doit remercier le ciel toute sa vie de lui avoir épargné en cette occasion un si grand crime.

— Votre ami, monsieur, a eu, dans le cours de sa vie, bien des motifs de remercier le ciel, mais il en a eu bien plus encore pour implorer son pardon.

— Je ne suis pas théologien, monsieur, reprit le capitaine avec vivacité; mais j'ai entendu dire qu'il n'existait personne dont on ne pût en dire autant.

— Du moins, ce n'est pas moi qui soutiendrai le contraire. Mais poursuivons, s'il vous plaît. Vous êtes-vous donc trouvé en liberté d'expliquer publiquement tous les détails de la singulière rencontre qui a eu lieu entre votre ami et moi?

— Non, monsieur; j'ai pensé que c'était une affaire très-délicate, et sur laquelle vous aviez tous deux intérêt à garder le secret.

— Puis-je vous demander, capitaine, comment il vous a été possible, sans cela, de me justifier de ne pas avoir paru au rendez-vous que m'avait demandé sir Bingo Binks?

— Pouvant me flatter d'être assez connu dans le monde, monsieur, je n'ai eu besoin que de donner ma parole d'honneur et de gentilhomme qu'il était en ma connaissance personnelle que vous aviez été blessé dans une rencontre avec un de mes amis, et que des motifs de prudence exigeaient que les détails de cette affaire ne fussent pas connus. Je ne crois pas que personne ose douter d'une chose que j'affirme, ou en demander davantage; et, si quelqu'un était incrédule à cet égard, je saurais trouver des moyens pour le convaincre. En attendant, votre bannissement de l'hôtel a été révoqué de la manière la plus honorable, et sir Bingo, en considération de la part qu'il a prise à la circulation de bruits injurieux pour vous, désire qu'il ne soit plus question de la querelle que vous avez eue ensemble; et il espère que des deux côtés le mot d'ordre sera oubli et pardon.

— En vérité, capitaine Jékyl, vous me mettez dans la nécessité de reconnaître que je vous ai de l'obligation. Vous avez coupé un nœud que j'aurais trouvé très-difficile à dénouer; car j'avoue franchement que, déterminé comme je l'étais à ne pas souffrir que mon honneur restât entaché, j'aurais eu beaucoup de difficulté à me justifier sans parler de circonstances qui, ne fût-ce que par respect pour la mémoire de notre père, doivent rester ensevelies dans un oubli éternel. J'espère que la blessure de votre ami n'a pas eu de suites fâcheuses.

— Il est à peu près complètement guéri.

— Et je me flatte qu'il a été assez juste pour convenir, qu'autant que cela dépendait de ma volonté, je ne puis me reprocher la blessure qu'il a reçue.

— Il vous rend justice en cela comme à tout autre égard. Il regrette l'impétuosité de son caractère, et il est déterminé à se tenir sur ses gardes à l'avenir.

— Tout va bien jusque-là; et maintenant puis-je vous demander encore une fois quelle communication vous avez à me faire de sa part? S'il ne s'agissait pas d'un homme qui m'a donné en toute occasion des preuves de fausseté et de perfidie, votre caractère franc et loyal, capitaine, me porterait à espérer que votre médiation pourrait mettre fin à une inimitié que la nature réprouve.

— Je vais donc commencer, monsieur, et sous des auspices plus favorables que je ne l'espérais, à vous expliquer l'objet de ma mission. Si la renommée ne vous calomnie pas, M. Tyrrel, vous êtes sur le point d'entamer un procès, dans le dessein de priver votre frère de son titre et de son domaine paternel.

— Cet exposé n'est pas tout-à-fait exact, capitaine Jékyl. Le but du procès que je vais entamer est d'établir la justice de mes droits.

— C'est la même chose en d'autres mots, M. Tyrrel. Je ne suis pas chargé de prononcer sur la justice de vos prétentions; mais vous conviendrez qu'elles ne se font connaître que depuis bien peu de temps. Feu la comtesse d'Etherington est morte, en possession reconnue de son rang dans la société.

— Si elle n'y avait pas un droit véritable, monsieur, elle n'en a joui que trop long-temps au détriment de la femme infortunée qui en fut injustement privée. Mais c'est un point qui ne doit pas être discuté entre vous et moi; c'est ailleurs qu'il doit être décidé.

— Il faudra des preuves bien fortes, M. Tyrrel, pour renverser des droits aussi bien établis dans l'opinion publique que le sont ceux du possesseur actuel du titre de comte d'Etherington.

Tyrrel prit un papier dans son porte-feuille, et, le remettant au capitaine Jékyl, il lui répondit : — Je n'ai pas la moindre envie de vous engager à abandonner la cause de votre ami, mais je crois que les pièces dont je vous présente la liste pourront ébranler l'opinion que vous vous en êtes formée.

Le capitaine Jékyl lut à demi-voix ce qui suit :

« — Certificat de mariage délivré par le révérend Zadock

Kemp, chapelain de l'ambassade d'Angleterre à Paris, contracté entre Marie de Belleroche, comtesse de Martigny, et le très-honorable John, lord Oakendale. — Correspondance entre John, comte d'Etherington, et son épouse, sous le titre de madame de Martigny.—Certificat de baptême.—Déclaration de John, comte d'Etherington, sur son lit de mort. »

— Tout cela est fort bien, M. Tyrrel, dit alors le capitaine; mais puis-je vous demander si votre intention est bien réellement de pousser les choses à l'extrémité contre votre frère?

— N'a-t-il pas oublié qu'il est mon frère? N'a-t-il pas levé la main contre mes jours?

— Mais vous, n'avez-vous pas répandu son sang? ne l'avez-vous pas répandu deux fois? Le monde ne demandera pas quel est celui des deux frères qui a offensé l'autre. Il ne cherchera qu'à savoir quel est celui qui a fait et qui a reçu la blessure la plus dangereuse.

— Votre ami m'en a fait une, monsieur, qui saignera tant que je conserverai la faculté du souvenir.

— Je vous comprends. Vous voulez parler de l'affaire de miss Mowbray.

— Epargnez-moi sur ce sujet, monsieur, s'écria Tyrrel. Jusqu'ici j'ai discuté avec une sorte de modération mes droits les plus importans, des droits qui intéressent mon rang dans la société, ma fortune, l'honneur de ma mère; mais ne me dites pas un mot de plus sur le sujet que vous venez d'entamer, à moins que vous ne vouliez avoir sous les yeux un homme privé de raison. Est-il possible, monsieur, que vous connaissiez le moindre détail de cette histoire, et que vous vous imaginiez que je puis réfléchir sur le stratagème diabolique que votre ami a employé avec un sang-froid perfide pour assurer la ruine de deux infortunés! — Il se leva, et se mit à marcher dans la chambre à grands pas. — Depuis que l'esprit de ténèbres a détruit le bonheur de l'innocence, continua-t-il, jamais pareil acte de trahison ne fut exécuté; jamais de si rians projets de félicité ne furent anéantis; jamais malheur plus inévitable ne fut préparé à deux êtres assez aveugles pour accorder une confiance entière à celui qui voulait en abuser. S'il avait été égaré par la passion, par cette passion qui fait d'un homme un scélérat, mais qui ne le dépouille pas de tous les attributs de l'humanité en le forçant de céder à son influence! mais non : sa conduite fut celle d'un esprit infernal agissant avec calme, avec sang-froid, par calcul. Son seul motif fut un vil intérêt, joint, comme je le crois fermement, à la haine invétérée qu'il avait vouée dès l'enfance à un frère dont il regardait les droits comme en opposition avec les siens.

— Je suis fâché de vous voir une telle agitation, dit le capitaine d'un air fort tranquille. J'aime à croire que lord Etherington a agi d'après des motifs tout différens de ceux que vous lui supposez; et, si vous voulez m'écouter avec patience, peut-être pourrons-nous trouver quelque moyen pour mettre fin à une si fatale dissension.

— Hé bien, monsieur, je vous écouterai avec calme, avec tout le calme que je pourrais montrer si un chirurgien me sondait une blessure douloureuse. Mais, quand vous me toucherez trop au vif, quand vous attaquerez le nerf blessé, vous ne pouvez exiger que je supprime des accens de douleur arrachés par la souffrance.

— Je m'efforcerai donc de faire l'opération le plus brièvement possible, répondit le capitaine Jékyl, qui, pendant toute cette conférence, conservait l'avantage du sang-froid le plus imperturbable. Je conclus de tout ce que vous venez de dire, M. Tyrrel, que l'honneur, la paix et le bonheur de miss Mowbray vous sont toujours chers?

— Qui ose attaquer son honneur? s'écria Tyrrel avec impétuosité. Mais se modérant sur-le-champ, il ajouta d'un ton plus calme, quoique profondément ému : —Oui, monsieur, aussi chers que le jour que je vois, que l'air que je respire.

—Mon ami pense, de même à l'égard de Clara Mowbray, et il a pris la résolution de lui rendre complètement justice.

— Il ne peut le faire qu'en s'éloignant de ces environs, en cessant de penser à elle, en s'abstenant de lui parler, en se défendant même d'y songer dans ses rêves.

— Lord Etherington pense différemment. Il croit que, s'il a eu quelques torts envers miss Mowbray, ce que je ne suis nullement obligé d'admettre, il ne peut mieux les réparer qu'en lui offrant de partager avec elle son titre, son rang et sa fortune.

— Son titre, son rang et sa fortune sont aussi faux que lui-même, monsieur, s'écria Tyrrel avec violence. Lui, épouser Clara Mowbray! jamais.

— Je vous prie d'observer que la fortune de mon ami ne dépend pas entièrement du procès dont vous le menacez aujourd'hui, M. Tyrrel. Enlevez-lui, si vous le pouvez, le domaine d'Oakendale, il lui reste encore un patrimoine considérable du chef de sa mère. Et quant à son mariage avec miss Mowbray, il pense qu'à moins qu'elle ne désire expressément que la cérémonie en soit célébrée de nouveau, il leur suffit de déclarer qu'elle a déjà eu lieu ; mais il se conformera là-dessus à tous ses désirs.

— Appelez-vous ainsi, monsieur, une vile et infame trahison, s'écria Tyrrel, une ruse abominable dont rougirait le dernier des misérables enfermés à Newgate, la substitution d'une personne à une autre?

— C'est ce dont je n'ai vu aucune preuve, M. Tyrrel. Le certificat du ministre est sans réplique ; — Francis Tyrrel est uni à Clara Mowbray par les saints nœuds du mariage : — telle en est la teneur. Mais un instant, s'il vous plaît. Vous dites qu'il y a eu substitution de personne ? Je ne doute pas que vous ne pensiez dire la vérité ; que vous ne répétiez ce que vous a dit miss Mowbray. Mais, séparée inopinément, et presque par la force, de celui qu'elle venait d'épouser ; honteuse de revoir un premier amant auquel elle avait fait sans doute mille sermens de tendresse par elle oubliés, quoi de moins étonnant que, n'étant pas soutenue par la présence de l'époux qu'elle avait choisi, elle ait changé de ton et rejeté sur l'absent le blâme que méritait sa propre inconstance? Une femme, dans un moment si critique, cherchera l'excuse la moins vraisemblable, plutôt que de se faire déclarer coupable sur son propre aveu.

— Monsieur, s'écria Tyrrel, pâlissant de colère et la voix entrecoupée par son agitation, une pareille affaire n'admet pas la plaisanterie.

— Je vous parle très-sérieusement, monsieur. Il n'existe pas, dans toute la Grande-Bretagne, un tribunal qui recevrait la parole d'une femme. Tout ce qu'elle pourrait avoir à dire, et cela dans sa propre cause, contre un corps certain de preuves matérielles, directes, évidentes, démontrant qu'elle a librement et volontairement épousé celui qui réclame sa main... Je vous prie de m'excuser, monsieur, je vois que vous êtes très-agité, et je n'entends pas vous contester le droit de croire dans cette affaire ce qui vous paraîtra le plus croyable; je prends seulement la liberté de vous faire sentir l'impression que les preuves produiront probablement sur l'esprit des gens désintéressés.

— Votre ami, dit Tyrrel affectant plus de calme qu'il n'en possédait, peut espérer de voiler sa scélératesse à l'aide de pareils argumens, mais il n'y réussira point. La vérité est connue du ciel, elle m'est connue, et il existe sur la terre deux témoins désintéressés qui peuvent rendre témoignage que miss Mowbray a été victime du plus abominable stratagème.

— Vous voulez parler de sa cousine, d'Hannah Irwin, je crois que tel est son nom. Vous voyez que je suis au fait de tous les détails de l'affaire. Mais où trouverez-vous maintenant Hannah Irwin?

— Ne doutez pas qu'elle paraisse quand le ciel le jugera

nécessaire, pour confondre celui qui se flatte aujourd'hui que la seule personne témoin de sa trahison, la seule en état de dire la vérité sur un mystère aussi compliqué, n'existe plus, ou du moins ne peut se présenter pour déjouer ses projets. Oui, monsieur, la dernière question que vous venez de me faire m'explique parfaitement pourquoi votre ami, pourquoi M. Valentin Bulmer, pour lui donner le nom qui lui appartient, a si long-temps négligé de suivre le fil de ses trames, et pourquoi il le ressaisit en ce moment. Il se croit certain qu'Hannah Irwin n'est plus dans la Grande-Bretagne, que l'on ne peut la faire comparaître devant une cour de justice ; il pourra être déçu dans son attente.

— Le comte d'Etherington paraît plein de confiance dans le résultat de cette affaire ; mais par égard pour la jeune dame, il hésite à entamer un procès qui doit mettre au jour tant de circonstances qu'il est pénible de rendre publiques.

— De rendre publiques ! s'écria Tyrrel ; et qui faut-il en accuser, si ce n'est le traître qui, après avoir chargé une mine si terrible, affecte aujourd'hui de la répugnance à y mettre le feu ? Combien je dois maudire ces liens du sang qui m'enchaînent les mains ! Je consentirais à descendre jusqu'au rang le plus obscur et le plus méprisé de la société, s'il pouvait m'être accordé une heure pour tirer vengeance de cet hypocrite sans égal. Mais une chose est certaine, monsieur, c'est que votre ami n'aura pas une victime vivante. Sa persécution tuera Clara Mowbray, et fera déborder la coupe de ses crimes par la mort de la plus... Je m'arrête ; je serai moi-même aussi faible qu'une femme, si je dis un mot de plus sur ce sujet.

— Mon ami, puisque vous aimez à le désigner sous ce titre, désire autant que vous d'épargner la sensibilité de miss Mowbray. C'est dans cette vue, et pour n'avoir pas à revenir sur le passé, qu'il a fait à M. Mowbray une proposition d'alliance dont celui-ci est très-satisfait.

— Ha! reprit Tyrrel en tressaillant; et qu'en dit miss Clara?

— Miss Mowbray s'est montrée assez favorablement disposée pour consentir à recevoir les visites de lord Etherington au château des Shaws.

— Il faut que ce consentement ait été forcé, s'écria Tyrrel.

— Il a été donné volontairement, du moins à ce qui m'a été assuré; peut-être aussi que le désir de jeter un voile sur des incidens très-désagréables aura pu la décider à les couvrir d'un secret éternel en acceptant la main de lord Etherington, ce qui me semble assez naturel. Je vois, monsieur, que je vous afflige, et j'en suis véritablement fâché. Je n'ai aucun titre pour vous engager à faire preuve de générosité en cette occasion; mais, si tels étaient les sentimens de miss Mowbray, serait-ce trop exiger de vous, que de vous engager à ne pas compromettre l'honneur de cette jeune dame en insistant sur d'anciennes prétentions, et en amenant la révélation d'événemens fâcheux passés depuis si long-temps?

— Je vous déclare solennellement, capitaine Jékyl, qu'il ne me reste aucune prétention. Toutes celles que j'ai pu avoir ont été anéanties par la trahison de votre ami, par cette trahison couronnée d'un succès honteux. Quand même la loi aurait complètement dégagé Clara Mowbray des liens de son prétendu mariage; quand sa main serait un prix auquel tous les hommes pourraient prétendre, moi seul j'en serais séparé par une barrière insurmontable, la bénédiction nuptiale prononcée sur elle et sur celui qu'il faut que j'appelle *mon frère!*... Il s'interrompit à ce mot, comme si c'eût été une agonie pour lui de l'avoir prononcé; mais il reprit la parole presque sur-le-champ. — Non, monsieur, je n'ai aucunes vues personnelles dans cette affaire; j'y ai renoncé depuis long-temps. Mais je ne souffrirai pas que Clara Mowbray devienne l'épouse d'un scélérat. Je veillerai sur elle avec des pensées aussi pures que celles de son ange gardien. J'ai été la cause de tous les malheurs qu'elle a éprouvés. C'est moi qui l'ai déterminée à s'écarter des sentiers du devoir. De tous les hommes, je suis le plus obligé à la préserver de la misère et du crime, qui s'attacheraient à elle si elle devenait l'épouse de cet homme. Jamais je ne croirai qu'elle le désire. Jamais je ne me persuaderai qu'ayant l'usage de son esprit et de sa raison, elle puisse consentir à écouter une proposition si coupable. Mais, hélas! son esprit est ébranlé. Votre ami ne sait que trop sur quel ressort des passions il faut presser pour l'agiter et l'alarmer. Les menaces d'une publicité fâcheuse donnée à cette affaire peuvent arracher son consentement à cet abominable mariage, si elles ne la poussent pas au suicide, ce que je regarde comme le plus vraisemblable. Je m'armerai donc de toute ma force pour suppléer à sa faiblesse. Mais du moins, monsieur, il faut que votre ami dépouille ses propositions de leurs fausses couleurs. Je prouverai à M. Mowbray de Saint-Ronan la nullité des prétentions de Valentin Bulmer au rang et à la fortune qu'il usurpe; et, quoiqu'il puisse se laisser éblouir par l'éclat du rang et de la fortune d'un pair d'Angleterre, j'aime à croire qu'il protègera sa sœur contre les entreprises d'un aventurier dissipateur.

— Votre cause n'est pas encore gagnée, monsieur, et, quand elle le serait, il resterait à votre frère assez de fortune pour pouvoir prétendre à des partis plus avantageux que miss Mowbray, sans parler du beau domaine de Nettlewood auquel cette alliance lui donnerait droit. Mais je voudrais réussir à amener, s'il était possible, un arrangement entre vous. Vous me dites, M. Tyrrel, que vous mettez de côté toute vue personnelle dans cette affaire; que vous n'avez d'autre désir que d'assurer le bonheur et le repos de miss Mowbray.

— Sur mon honneur, capitaine, tel est l'unique but de mon intervention. Je donnerais tout ce que je possède pour lui procurer une heure de tranquillité : quant au bonheur, elle ne peut plus le connaître.

— Je comprends qu'en jugeant que miss Mowbray ne peut trouver le bonheur dans le mariage qui lui est proposé, vous fondez cet augure sur le caractère de mon ami. Vous le regardez comme un homme sans principes ; et, parce qu'il l'a emporté sur vous dans une intrigue de jeunesse, vous pensez qu'à un âge plus mûr on ne doit pas lui confier le soin du bonheur de la dame à qui vous vous intéressez ?

— Je puis avoir d'autres motifs, capitaine ; mais vous pouvez appuyer sur ceux que vous venez d'indiquer : ils suffisent pour justifier mon intervention.

— Hé bien donc, si je vous proposais quelque arrangement de la nature suivante ? Lord Etherington ne prétend pas avoir toute l'ardeur d'un amant passionné. Il vit beaucoup dans le monde et n'a aucun désir de le quitter. La santé délicate de miss Mowbray et son esprit un peu affaibli la porteraient sans doute à préférer la retraite. Supposons donc (je ne fais qu'une supposition), supposons qu'un mariage entre deux personnes placées dans de telles circonstances devînt nécessaire ou avantageux pour l'une comme pour l'autre ; supposons qu'une telle union assurât à l'un une fortune considérable, et mît l'autre à l'abri de la crainte de voir donner de la publicité à des incidens désagréables, la simple cérémonie du mariage, il pourrait y avoir contrat préalable de séparation, assurant un revenu convenable à la femme, et contenant renonciation de l'époux à vivre et à demeurer avec elle. C'est ce qu'on voit tous les jours, sinon dans les vingt-quatre heures du mariage, du moins avant l'expiration du premier mois. De cette manière, miss Mowbray serait libre, riche, et elle aurait même le rang de comtesse si, en supposant que vos prétentions soient fondées, vous consentiez à le lui laisser.

Ce discours fut suivi d'un assez long intervalle de silence, pendant lequel Tyrrel changea plusieurs fois de visage. Jékyl l'examinait avec attention, mais sans le presser de répondre. Enfin Tyrrel parut avoir pris son parti:

— Je trouve bien des raisons, capitaine, lui dit-il, qui pourraient me tenter d'accepter la proposition que vous venez de me faire. Ce serait un moyen de dénouer ce nœud gordien; un compromis qui assurerait la tranquillité future de miss Mowbray. Mais je caindrais moins le dard empoisonné d'un serpent que la duplicité de votre ami. Je ne pourrai me fier à lui qu'autant que je le verrai garotté par les liens les plus forts de l'intérêt personnel. D'ailleurs je suis certain que l'infortunée ne pourrait survivre à une pareille union, quand même elle ne devrait passer avec lui que l'instant où il faudrait paraître devant l'autel. D'autres objections...

Il s'interrompit, parut réfléchir un instant, et continua d'un ton calme et tranquille.

— Vous pensez peut-être que, même en ce moment, j'ai quelques vues intéressées dans cette affaire, et probablement vous croyez avoir le droit d'entretenir à mon égard les mêmes soupçons que font naître en moi, comme j'en conviens, toutes les propositions que peut me faire transmettre votre ami. Je ne saurais qu'y faire. Je ne puis combattre ces impressions fâcheuses qu'en traitant avec vous avec honneur et franchise; et c'est dans cet esprit que je vais à mon tour vous faire, à vous, capitaine, une autre proposition. Votre ami est attaché au rang, à la fortune, à tous les avantages du monde, au moins autant que la plupart des hommes du monde. Vous ne pouvez en disconvenir; et je ne veux pas vous offenser en supposant qu'il le soit davantage.

— Je connais peu de gens, monsieur, qui ne désirent posséder tous ces avantages; et j'avoue franchement qu'il n'affecte pas de les regarder avec une indifférence philosophique.

— Fort bien, capitaine. D'ailleurs la proposition que vous venez de me faire annonce clairement que les prétentions supposées qu'il fait valoir à la main de miss Mowbray sont entièrement, ou du moins presque entièrement inspirées par des motifs d'intérêt, puisque vous pensez qu'il consentirait à une séparation complète, à partir de l'instant du mariage, pourvu que ce mariage lui assurât la propriété de Nettlewood.

— Je vous ai fait cette proposition sans y être spécialement autorisé, mais il est inutile de nier qu'en vous la faisant j'ai dû vous donner lieu de croire que je ne regardais pas lord Etherington comme un amant bien passionné.

— Hé bien donc, monsieur, considérez, et engagez-le à bien considérer aussi que le rang et la fortune dont il jouit aujourd'hui dépendent entièrement de ma volonté ; que, si je fais valoir les droits que me donnent les pièces dont vous venez de voir la note, il faut qu'il descende du rang de comte pour se confondre avec les plus humbles citoyens, et qu'il perde la portion la plus considérable de sa fortune, perte dont il ne serait pas même indemnisé par la possession du domaine de Nettlewood, qui ne peut lui appartenir que par l'événement d'un procès dont le résultat est incertain et déshonorant en lui-même.

— Hé bien, monsieur, je sens la force de cet argument. Quelle est votre proposition ?

— Que je renoncerai à mes justes prétentions au titre de comte et aux domaines de mon père ; que je laisserai Valentin Bulmer en possession d'un rang usurpé et d'une fortune qu'il mérite si peu ; que je m'engagerai de la manière la plus solennelle, la plus irrévocable à ne jamais le troubler dans cette possession, à condition qu'il souffrira que l'infortunée dont il a détruit pour jamais le bonheur passe tranquillement le reste de ses jours sans être tourmentée davantage par d'injustes prétentions qui ne sont fondées que sur une infame trahison ; qu'elle n'entendra plus parler de cet odieux mariage; en un mot, qu'il s'abstiendra de la persécuter à l'avenir, soit par sa présence, soit de vive voix, soit par écrit, soit par l'entremise d'un tiers, et qu'il la regardera comme n'existant plus.

— Cette offre est singulière; la faites-vous sérieusement?

— Je ne suis ni surpris ni offensé de cette question, monsieur. Je suis un homme comme les autres; et je ne prétends pas mépriser ce que chacun désire, un rang et une certaine considération dans la société. Je ne suis pas assez romanesque pour ne pas savoir apprécier le sacrifice que j'offre de faire. Je renonce à un rang qui m'est précieux, et qui doit d'autant plus l'être pour moi, que l'honneur d'une mère (il rougit en prononçant ces paroles) semble exiger que j'en sois revêtu; et qu'en y renonçant je désobéis aux ordres d'un père mourant qui désirait que ma réclamation annonçât publiquement le repentir qui le conduisit peut-être au tombeau... Au lieu de briller aux yeux du monde dans un rang élevé, je consens volontairement à me perdre dans la foule, je renonce à mon nom, je me condamne à l'exil; car, une fois certain que la paix de Clara Mowbray est assurée, je quitte la Grande-Bretagne pour toujours : et je consens à tout cela, monsieur, non par l'effet d'un enthousiasme momentané; je vois, je sens tout le prix de mon sacrifice; mais je le fais sans regret, plutôt que d'attirer de nouveaux malheurs sur une infortunée à qui je n'en ai déjà que trop occasioné...

En dépit de tous ses efforts, la voix lui manqua pour achever sa phrase, et une larme qui vint mouiller sa paupière l'obligea à se tourner un moment du côté de la fenêtre.

— Je suis honteux de cette faiblesse, dit-il ensuite en levant les yeux sur le capitaine Jékyl. Si elle vous paraît puérile, monsieur, qu'elle soit du moins une preuve de ma sincérité.

— Je suis bien loin de penser ainsi, monsieur, répondit

Jékyl d'un ton respectueux ; — car dans le cours d'une vie marquée par toutes les folies et les vices du *beau monde*, son cœur ne s'était pas entièrement endurci ; — j'en suis très-loin en vérité. Vous ne pouvez vous attendre que je réponde sur-le-champ à une proposition aussi extraordinaire que la vôtre. Ce que je puis dire, c'est qu'il me semble que le caractère de la pairie est indélébile, et qu'on ne peut le prendre et le quitter à volonté. Si vous êtes réellement comte d'Etherington, je ne vois pas comment votre renonciation à ce titre pourrait être utile à mon ami.

— A *vous*, monsieur, elle vous serait peut-être inutile, parce que vous dédaigneriez d'exercer des droits, de porter un titre qui ne vous appartiendraient pas légitimement; mais votre ami n'aura pas une délicatesse si scrupuleuse. S'il peut jouer le rôle de comte aux yeux du monde, il a déjà prouvé que son honneur et sa conscience sont faciles à satisfaire.

— Puis-je prendre une copie de la pièce contenant l'énumération de vos titres, pour en donner connaissance à mon commettant?

— Vous pouvez la garder, monsieur; j'en ai une autre copie. Mais, capitaine Jékyl, ajouta Tyrrel avec un ton de sarcasme, il me semble que vous ne possédez pas la confiance bien entière de votre ami. Vous pouvez être bien sûr qu'il a non-seulement le titre de toutes ces pièces, mais qu'il en possède même des copies entières et exactes.

— Je doute que cela soit possible, répondit Jékyl avec un air de mécontentement.

— Cela est aussi possible que certain. Mon père, peu de temps avant sa mort, m'envoya, joint à l'aveu touchant de ses erreurs, le titre de toutes ces pièces, et m'informa qu'il en avait envoyé des copies à votre ami. Je ne doute nullement qu'il ne l'ait fait, quoique M. Bulmer ait jugé à propos de vous cacher cette circonstance. Mais je puis vous citer, entre autres, un incident qui peut faire

28.

apprécier son caractère, et qui prouve combien il craignait mon retour en Angleterre. Il trouva le moyen de corrompre un misérable agent qui, pendant la vie de mon père, avait été chargé de m'envoyer mes remises, et il obtint de lui qu'il me laisserait au dépourvu. Je fus obligé d'emprunter d'un ami la somme qui m'était nécessaire pour revenir du Levant.

— C'est la première fois que j'entends parler de ces pièces. Puis-je vous demander où sont les originaux? qui en est dépositaire?

— Je voyageais dans l'Orient pendant la dernière maladie de mon père, et il déposa ces pièces dans une maison de commerce respectable avec laquelle il était en relation d'affaires, après les avoir mises sous double enveloppe, la première à mon adresse, et la seconde au chef de cette maison.

— Vous devez sentir, M. Tyrrel, qu'il m'est impossible de rien décider sur l'offre très-extraordinaire que vous venez de me faire, de renoncer aux prétentions que vous appuyez sur ces pièces, avant que j'aie eu la possibilité de les examiner.

— Je vous les soumettrai. J'écrirai qu'on me les envoie par la poste. Elles ne sont pas très-volumineuses.

— Voilà donc qui résume tout ce que nous pouvons dire, quant à présent. En supposant que l'authenticité de ces pièces soit inattaquable, bien certainement je conseillerai à mon ami Etherington d'accepter la renonciation que vous lui offrez à vos droits, même aux dépens de sa spéculation matrimoniale. Je présume que vous persistez dans votre offre.

— Je ne suis point habitué à changer d'avis, répondit Tyrrel avec un peu de hauteur, encore moins à reprendre une parole que j'ai une fois donnée.

— J'espère que nous nous séparons amis, dit le capitaine en se levant pour se retirer.

— Bien certainement, sans aucun sentiment d'inimitié

de ma part, capitaine. Je conviens que je vous dois des remerciemens pour m'avoir débarrassé de cette sotte affaire à l'hôtel du Renard. Rien n'aurait pu m'être plus désagréable en ce moment que la nécessité de donner suite à une querelle si ridicule.

— Vous viendrez donc nous y voir?

— Sans contredit; je ne veux pas avoir l'air de me cacher : c'est une circonstance dont on pourrait tirer parti contre moi, car j'ai un ennemi qui sait profiter du moindre avantage. Je n'ai qu'un chemin à suivre, capitaine, celui de l'honneur et de la vérité.

Jékyl prit congé de lui en le saluant; et, dès qu'il fut parti, Tyrrel ferma à double tour la porte de son appartement, et tirant de son sein une miniature, il la regarda avec un air de tendresse et de chagrin, et les larmes lui tombèrent des yeux.

C'était le portrait de Clara Mowbray, telle qu'il l'avait connue dans les jours de sa jeunesse, dans le temps de ses premières amours. C'était l'ouvrage de son pinceau, car son goût pour la peinture s'était déjà développé à cette époque. Les traits charmans de la jeune Clara pouvaient encore se retrouver en elle à un âge plus avancé; mais qu'était devenu l'incarnat de ses joues, ce sourire d'une gaieté mêlée de réserve, cet air de contentement qui brillait sur son front, et qui donnait à sa physionomie l'expression de celle d'une Euphrosine? Hélas! tous ces agrémens avaient disparu depuis long-temps. Le chagrin avait appesanti sa main sur elle; le teint de rose de la jeunesse avait disparu; le regard d'une gaieté innocente avait été remplacé par un air presque toujours soucieux, et qui ne pouvait plus s'animer momentanément que pour se livrer à quelque observation satirique.

— Quel changement! s'écria Tyrrel; quel changement terrible! Et c'est ce misérable qui en est la cause! Puis-je mettre la dernière main à l'œuvre et devenir son meurtrier? Non! impossible! j'aurai la force d'accomplir la résolution que j'ai formée. Je sacrifierai tout, rang, titre, fortune, réputation, vengeance! Oui, la vengeance même, ce dernier bien qui me reste, je le sacrifierai afin d'obtenir pour elle la seule tranquillité qu'elle soit encore en état de goûter.

Il s'assit dans cette détermination, et écrivit au négociant dépositaire de son acte de naissance et des autres pièces constatant ses droits, pour le prier de les lui envoyer par la poste.

Tyrrel n'était ni sans ambition, ni sans ce désir de considération personnelle qu'on trouve joint assez ordinairement à un esprit ardent et à une profonde sensibilité. Ce fut donc les yeux humides, et d'une main tremblante qu'il écrivit cette lettre; il la cacheta, y mit l'adresse, et la fit jeter ensuite à la poste. C'était un premier pas vers la renonciation qu'il se proposait de faire, en faveur de son mortel ennemi, du rang long-temps disputé auquel sa naissance lui donnait droit.

CHAPITRE XXX.

INTRUSION.

> « Sur ma foi, je te suivrai jusqu'au bout de
> « la rue; je suis une espèce de glouteron, je
> « m'accrocherai à toi. »
> SHAKSPEARE. *Mesure pour Mesure.*

L'AUTOMNE était alors fort avancé. L'herbe était couverte d'une épaisse rosée partout où le soleil l'avait frappée; mais dans tous les endroits où le tapis de la verdure était étendu à l'ombre, il était hérissé d'une gelée blanche qui cédait sous les pieds du capitaine Jékyl tandis qu'il retournait au village de la Source en traversant les bois de Saint-Ronan. Les feuilles du frêne se détachaient d'elles-mêmes des branches, et, nul souffle d'air ne se faisant sentir, elles tombaient perpendiculairement sur le sentier. Un brouillard couronnait encore les hauteurs, et la vieille tour de Saint-Ronan, entièrement entourée de vapeurs, n'était visible que du côté où un rayon du soleil, se frayant passage, montrait une tourelle qui, s'élevant à l'un des coins de cette antique forteresse, et depuis long-temps le rendez-vous des corbeaux, avait reçu des paysans, pour cette raison, le nom de Tour des Corbeaux. Du reste le paysage était découvert et agréable, et le rouge-gorge gazouillait de son mieux comme pour dédommager de l'absence des autres chantres des bois. On voyait, dans les clairières et sur les bords des petites ravines, le beau feuillage doré de l'automne, nuancé quelquefois par les grappes rouges du frêne, tandis que çà et là un immense sapin, vieux enfant du sol, couvrait de son ombre les autres arbres, et semblait triompher, par sa sombre verdure, de l'éclat plus brillant, mais moins durable, de leurs rameaux.

Telle est la scène dont il existe tant de descriptions en vers et en prose, et cependant elle manque rarement de produire son effet, et on ne la voit guère sans se livrer à des réflexions analogues au déclin de l'année. Peu de personnes sont à l'abri de cette impression. Jékyl, quoique habitué à des occupations bien différentes de celles qui favorisent ce genre de méditation, ne put s'empêcher de ralentir le pas pour admirer la beauté peu commune de ce spectacle.

Peut-être aussi n'était-il pas très-pressé de rejoindre Etherington; car il se sentait moins d'inclination à lui rendre service depuis son entrevue avec Tyrrel. Il était évident que le comte ne lui avait pas accordé une confiance illimitée, comme il le lui avait promis : il ne lui avait point parlé de l'existence de ces pièces importantes sur lesquelles paraissait maintenant rouler le destin de sa négociation; il l'avait donc trompé à cet égard. Cependant, quand il eut tiré de sa poche la lettre d'explication de lord Etherington et qu'il en eut fait la lecture, il sentit mieux qu'il ne l'avait fait jusqu'alors combien le possesseur actuel de ce titre de comte si envié était alarmé des prétentions de son frère, et il eut quelque compassion du mouvement assez naturel qui lui avait fait craindre d'apprendre, même à l'ami dans lequel il avait mis sa confiance, les circonstances les plus défavorables à sa cause.

Il se souvint aussi qu'il avait reçu de lord Etherington des services peu ordinaires; qu'il lui avait promis le secours de toute son activité, de tout son dévouement, pour le tirer des difficultés qui se multipliaient autour de lui; que c'était en qualité de son confident qu'il avait obtenu la connaissance de ses affaires les plus secrètes, et qu'il faudrait une cause bien forte pour justifier une rupture en ce moment. Cependant il ne put s'empêcher de regretter de lui avoir tant d'obligations, ou de ne pouvoir trouver sa cause meilleure, et du moins son ami lui-même plus digne de ses services.

— Voilà une belle matinée, monsieur, pour un pays à brouillards comme celui-ci, dit au capitaine une voix qui semblait contre son oreille. Cette apostrophe fit tressaillir Jékyl, et lui fit perdre de vue le sujet de ses réflexions. Il tourna la tête, et vit à côté de lui notre honnête ami Touchwood, le cou enveloppé de son mouchoir des Indes, ayant de grands souliers faits tout exprès pour des pieds goutteux, portant sa perruque ronde bien poudrée, et tenant sa canne à pomme d'or aussi droite que la hallebarde d'un sergent. Un regard méprisant que le capitaine jeta sur lui des pieds à la tête, suffit pour lui révéler qu'il voyait un homme né pour être le jouet des autres, et qu'il pouvait traiter comme messieurs les officiers des gardes de Sa Majesté croient avoir le droit de traiter toutes les variétés de l'espèce humaine hormis celle des gens à la mode. Une légère inclination de tête, et les mots : —Vous avez l'avantage sur moi, monsieur, prononcés d'un ton froid, lui échappèrent comme involontairement, pour réprimer la familiarité du vieillard, et pour modérer l'ambition qu'il paraissait avoir de se mettre au niveau de gens plus élevés que lui.

Mais M. Touchwood ne se rebutait pas aisément. Il avait trop parcouru le monde, et il avait trop de confiance dans son mérite, pour se laisser repousser ainsi, ou pour permettre à sa modestie de nuire à l'exécution de quelque projet qu'il eût formé.

—L'avantage sur vous, monsieur? répliqua-t-il ; j'en ai trop vu dans ma vie pour ne pas savoir profiter de tous les avantages que j'ai et que je puis avoir. C'en est un, à mon avis, que de vous avoir rencontré, puisque j'aurai le plaisir de votre compagnie jusqu'aux eaux de Saint-Ronan.

—Je ne ferais qu'interrompre vos méditations sur quelque sujet plus important, monsieur. D'ailleurs je suis un jeune homme modeste, et je ne me crois digne d'aucune autre compagnie que de la mienne. De plus, je marche lentement, très-lentement. Bonjour, monsieur... monsieur... Je crois que votre nom m'a échappé de la mémoire.

—Mon nom? morbleu! Votre mémoire est donc comme le lévrier de Pat Murtough, qui laisse échapper le lièvre avant de l'avoir pris. Vous n'avez jamais entendu prononcer mon nom. Au surplus mon nom est Touchwood. Qu'en pensez-vous maintenant que vous le connaissez?

—Je ne suis réellement pas connaisseur en surnoms, monsieur, et il m'importe fort peu que vous vous nommiez Touchwood ou Touchstone [1]. Que je ne retarde pas votre marche, monsieur ; vous trouverez le déjeuner bien avancé à l'hôtel, et votre promenade a dû vous donner de l'appétit.

—Et je le prouverai à mon second déjeuner, je vous en

---

(1) *Touchstone*, nom d'un clown ou bouffon d'une pièce de Shakspeare. — Tr.

réponds. Je prends toujours mon café aussitôt que j'ai mis les pieds dans mes babouches. C'est l'usage dans tout l'Orient; je ne me fie jamais pour mon déjeuner sur le lait et l'eau, car ce n'est pas du thé qu'on vous sert à l'hôtel du Renard. Quant à votre marche, allez aussi lentement qu'il vous plaira; je viens d'avoir une attaque de goutte.

—Vraiment? j'en suis fâché pour vous, car si vous n'avez pas besoin de déjeuner, je sens que j'en meurs d'envie. Ainsi donc, M. Touchwood, je vous souhaite le bonjour.

Mais ce fut en vain que le jeune militaire partit au pas redoublé : M. Touchwood, opiniâtre comme son ombre, le suivit sans perdre un pouce de terrain, déployant une légèreté qu'on n'aurait attendue ni de son âge, ni de son embonpoint, et continuant à parler en même temps, comme pour prouver que ses poumons n'étaient nullement incommodés par l'activité de ses jambes.

—Fort bien, jeune homme! si vous êtes d'avis de marcher bon pas, je suis en état de vous suivre, et au diable soit la goutte! Vous n'êtes pas malheureux d'avoir la jeunesse pour vous; mais, quoi qu'il en soit, je parierais tout ce que vous voudriez que je vous suivrais du vieux village à la Source, à quelque pas que vous marchassiez, la course exceptée. A poids égal, je défierais Barclay lui-même [1] pour un mille.

—Sur ma parole, vous êtes un vieillard de bonne humeur, dit Jékyl en ralentissant le pas, et s'il faut que nous soyons compagnons de voyage, quoique je n'en voie pas la nécessité, je ferai tout aussi bien de carguer mes voiles.

A ces mots, et comme si un autre moyen de se délivrer d'un importun se fût présenté à son esprit, le capitaine s'arrêta un instant, prit un cigare dans un étui d'ivoire, tira de sa poche un briquet pour l'allumer, et se remit en marche, en dirigeant, autant qu'il le pouvait, ses bouffées de fumée vers le visage de son compagnon.

---

(1) Piéton ou *pédestrien* célèbre en Angleterre. — Tr.

—Vergeben sie, mein herr, dit-il en même temps; ich bin erzogen in Kaiserlicher dienst; muss rauchen eine kleine wenig [1].

— Rauchen sie immer fort, répondit Touchwood, prenant une grande pipe d'écume de mer qui était suspendue à son cou par une chaîne d'or, et placée dans une poche de dessous de son habit; — habe auch mein pfeichen. — Sehen sie den lieben topf [2]. — Et il se mit à rendre avec intérêt à son compagnon, sinon son feu, du moins sa fumée.

— Au diable soit le faquin! pensa Jékyl; mais il est trop gros et trop vieux pour que je puisse le traiter à la manière du professeur Jackson [3]. Sur mon honneur, je ne sais que faire de lui. Il faut lui battre froid, sans quoi jamais je ne m'en débarrasserai.

En conséquence, il se remit à marcher, son cigare entre les lèvres, d'un air aussi distrait que M. Cargill lui-même, et sans faire la moindre attention à M. Touchwood. Celui-ci n'en continua pas moins à parler comme s'il s'était adressé à l'auditeur le plus bénévole de toute l'Ecosse, tel que serait le neveu favori d'un vieux garçon riche et bourru, ou l'aide-de-camp de quelque général jaloux de raconter toute la guerre d'Amérique.

— Ainsi donc, monsieur, vous voyez que je sais me mettre au niveau de tous les compagnons que le hasard me fait rencontrer; car j'ai voyagé de toutes les manières, depuis la caravane jusqu'à la charrette, et partout la bonne société est celle que je préfère. Je suis heureux d'avoir trouvé un homme dont l'humeur me convient si bien. Cet air de gravité et d'attention constante me rappelle Elfi-Bey. Vous pourriez lui parler dans la langue qu'il entend le moins, lui lire la Politique d'Aristote en anglais, vous ne feriez pas mouvoir un muscle de son visage. Mais don-

---

(1) Pardon, monsieur; j'ai été élevé au service d'Autriche. Il faut que je fume un instant. — ED.

(2) Fumez tant qu'il vous plaira; j'ai aussi ma petite pipe. Voyez si la tête n'en est pas jolie. — ED.

(3) Maître dans l'art de boxer, qui fut professeur de lord Byron. — ED.

nez-lui sa pipe, et il restera accroupi sur son coussin, comme s'il entendait tout ce que vous lui dites.

Le capitaine jeta le reste de son cigare avec un mouvement d'impatience, et se mit à siffler un air d'opéra.

— Hé bien, vous voilà maintenant comme le marquis, un autre de mes bons amis, qui siffle pendant tout le temps que vous lui parlez. Il dit qu'il a contracté cette habitude pendant le règne de la Terreur, quand on était bien aise de siffler pour prouver qu'on avait encore le cou sain et sauf. Et puisque nous parlons de grands personnages, que pensez-vous de cette affaire entre lord Etherington et son frère, ou son cousin, comme d'autres le disent?

Jékyl tressaillit en s'entendant adresser cette question, et ce tressaillement, s'il avait eu pour témoins quelques-uns de ses amis à la mode, aurait anéanti sans retour ses prétentions à être compté au premier rang parmi eux.

— De quelle affaire voulez-vous parler? lui demanda-t-il dès qu'il put reprendre un peu de sang-froid.

— Comment! ne savez-vous donc pas les nouvelles? Frank Tyrrel, à qui toute la compagnie a donné l'autre jour un brevet de poltronnerie, se trouve être un aussi brave garçon qu'aucun de nous; car, au lieu de s'être enfui pour éviter de se faire couper la gorge par sir Bingo Binks, il était en ce moment occupé d'une valeureuse tentative pour assassiner son frère, son cousin, en un mot quelque parent bien proche.

— Je crois que vous êtes mal informé, monsieur, dit Jékyl d'un ton sec; et il reprit, aussi bien qu'il le put, son rôle de *Pococurante*.

— On m'a assuré qu'un nommé Jékyl leur a servi de second à tous deux en cette occasion. Un joli garçon, monsieur, un de ces gens du bon ton que nous payons pour polir les trottoirs de Bond-Street, et regardant une semelle épaisse de souliers et une paire de bas de laine, comme si celui qui les porte n'était pas un de ceux qui les paient. Quoi qu'il en soit, je présume que le commandant en chef lui donnera son congé quand il apprendra ce qui est arrivé.

— Monsieur ! s'écria Jékyl avec violence. — Mais songeant aussitôt que ce serait une folie insigne de se mettre en colère contre un original comme son compagnon, il prit un ton un peu plus calme. — Vous êtes mal informé, vous dis-je. Le capitaine Jékyl ne savait rien de l'affaire à laquelle vous faites allusion ; vous parlez d'une personne que vous ne connaissez pas. Le capitaine Jékyl est......

Ici il s'interrompit, scandalisé peut-être de l'idée de se justifier d'une telle accusation devant un tel personnage.

— Sans doute, sans doute, dit le voyageur, remplissant cette lacune à sa manière, il ne vaut pas la peine que nous nous occupions de lui ; mais, quoi qu'il en soit, je crois qu'il en savait sur cette affaire au moins autant que vous et moi.

— Monsieur, ceci est une très-grande méprise, ou une impertinence volontaire. Quelque ridicule que vous puissiez être, et quoique je ne voie en vous qu'un intrus, je ne puis souffrir que, soit ignorance, soit incivilité, vous parliez du capitaine Jékyl en termes si peu respectueux... Je suis le capitaine Jékyl, monsieur.

— Fort probable, fort probable, dit Touchwood avec l'air de l'indifférence la plus provocante ; je m'en doutais d'avance.

— En ce cas, monsieur, vous pouvez vous douter aussi de ce qui doit arriver quand un homme d'honneur s'entend calomnier d'une manière que rien ne saurait justifier, dit le capitaine, surpris et courroucé que l'annonce de son nom et de sa qualité n'eût pas produit plus d'impression sur l'impassible Touchwood. Je vous invite, monsieur, à ne pas compter avec trop de présomption sur les privilèges de votre âge et de votre obscurité dans le monde.

— Ma présomption, capitaine Jékyl, ne va jamais plus

loin que je ne le juge nécessaire, répondit Touchwood avec le plus grand calme. Je suis trop vieux, comme vous le dites, pour me mêler d'une affaire aussi sotte qu'un duel, usage barbare qui ne se trouve chez aucune nation, si ce n'est parmi les sots habitans de l'Europe. Et quant à cette badine que vous maniez avec tant de dignité, elle ne me cause pas la moindre frayeur. Faites bien attention à ce que je vais vous dire, jeune homme; j'ai passé les quatre cinquièmes de ma vie parmi des gens qui n'attachent pas plus de prix à la vie d'un homme qu'à un bouton du collet de sa chemise. En pareil cas, chacun apprend à se protéger le mieux possible; et quiconque me frappe doit s'attendre à quelque conséquence fâcheuse; car j'ai toujours avec moi une paire de bouledogues qui rétablissent le niveau entre l'âge avancé et la jeunesse.

Et en parlant ainsi il lui fit voir une paire de pistolets, du plus beau fini et richement montés.

— Qu'on me surprenne sans mes outils, si on peut, ajouta-t-il avec un air expressif, en boutonnant son habit par-dessus ses armes cachées dans une poche destinée à cet usage.—Je vois que vous ne savez que penser de moi, continua-t-il d'un ton familier et confidentiel; mais, pour vous dire la vérité, tous ceux qui ont eu quelque rapport avec cette affaire de Saint-Ronan sont un peu hors des gonds, ont la tête *un peu exaltée*, c'est-à-dire ont le cerveau fêlé, en un mot; et je ne prétends pas être plus sage qu'un autre.

— Monsieur, dit Jékyl, vos manières et vos propos sont tellement sans exemple, que je dois vous prier d'expliquer clairement et positivement ce que vous voulez dire. Avez-vous dessein de m'insulter, oui ou non?

— Pas le moindre, jeune homme; je vous parle avec franchise et vérité. J'ai voulu vous faire savoir ce que le monde peut dire; voilà tout.

— Monsieur, s'écria Jékyl avec vivacité, le monde peut

dire tous les mensonges qui lui plaisent ; mais je n'étais pas présent à la rencontre entre lord Etherington et M. Tyrrel. J'étais alors à plus de cent milles d'ici.

— Ah ! ah ! dit Touchwood, il y a donc eu véritablement une rencontre entre eux, c'était précisément ce que je voulais savoir.

— Monsieur, s'écria Jékyl, reconnaissant, mais trop tard, qu'en cédant à la vivacité qui l'avait porté à se justifier, il avait compromis son ami, je vous prie de ne tirer aucune conclusion d'une expression dont je me suis servi trop à la hâte pour me disculper d'une calomnie. J'ai seulement voulu dire que, s'il y avait eu entre eux une rencontre, je l'ignorais complètement.

— Ne vous inquiétez pas, capitaine, ne vous inquiétez pas. Je ne ferai pas mauvais usage de ce que j'ai appris ; mais, quand vous avaleriez votre langue avec la meilleure sauce de poisson, et c'est celle de Burgess, j'ai obtenu l'information dont j'avais besoin.

— Vous êtes étrangement opiniâtre, monsieur.

— Ho ! à cet égard, je suis un bloc de granit, un vrai roc. Ce que j'ai appris, je l'ai appris, mais je n'en ferai pas mauvais usage. Ecoutez-moi, capitaine ; je n'ai pas d'animosité contre votre ami ; peut-être aussi suis-je disposé tout différemment à son égard ; mais il suit une mauvaise direction, monsieur ; il calcule mal sa marche, quelque profond qu'il s'imagine ; et je vous le dis parce que, abstraction faite de votre belle friperie, je vous crois, comme le dit Hamlet, passablement honnête. Mais, quand vous ne le seriez pas, la nécessité n'a pas de loi ; et un homme prendra pour guide dans le désert un Bédouin à qui il ne confierait pas un aspre dans un champ cultivé. Ainsi j'ai dessein de vous accorder quelque confiance. Cependant, ce n'est pas encore un parti tout-à-fait pris.

— Sur ma parole, monsieur, je suis très-flatté de votre hésitation. Il vous a plu de me dire tout à l'heure que tous ceux qui avaient pris quelque part dans cette affaire avaient quelque chose de particulier.

—Oui, qu'ils avaient un grain de folie, la tête éventée : voilà ce que j'ai dit, et je puis le prouver.

—Je serais charmé d'entendre cette preuve. J'espère que vous ne vous exceptez pas du nombre.

—Non certainement ; je suis un des plus vieux fous qui aient jamais dormi autrement que sur la paille et ailleurs qu'à Bedlam. Mais vous voulez me sonder à votre tour, capitaine, je vois cela. Vous voudriez savoir si je suis dans tous ces secrets, et jusqu'à quel point. Hé bien, il en sera ce qu'il en sera. En attendant, voici mes preuves : le vieux Scrogie Mowbray était fou de préférer le son du nom de Mowbray à celui du nom de Scrogie ; et le jeune Scrogie en était un autre de ne pas l'aimer autant. Le feu comte d'Etherington n'était pas dans son bon sens quand il épousa en secret une femme française, et il était fou à lier quand il en épousa publiquement une anglaise. Viennent ensuite les bonnes gens qui sont ici. Mowbray de Saint-Ronan est dans le délire, quand il veut donner sa sœur en mariage, sans savoir précisément à qui il la donne ; sa sœur n'a pas le sens commun en le refusant, parce qu'elle sait qui il est, et ce qui s'est passé entre eux ; et votre ami est le plus fou de tous, parce qu'il veut courir le risque de la prendre pour femme. Et vous et moi, capitaine, nous faisons les fous gratis, pour imiter les autres quand nous faisons partie d'une telle réunion de fous et d'écervelés.

—Réellement, monsieur, tout ce que vous me dites est une véritable énigme pour moi.

—On peut deviner les énigmes, répondit Touchwood en faisant un signe de tête ; si vous avez envie de connaître le mot de la mienne, faites attention que cette entrevue étant la première que nous ayons eue ensemble, je me suis évertué pour faire les frais de la conversation, comme on dit en France ; et, si vous désirez en avoir une seconde, venez me voir chez mistress Dods, à l'auberge du vieux village, tel jour qu'il vous plaira, d'ici à samedi, à quatre heures très-précises ; et vous n'y trouverez pas ces carcasses mortes de faim, ces étiques volatiles que vous nommez poulardes à votre table d'hôte ; vous y verrez une vraie volaille de Chittygong ; j'en ai eu la race pour mistress Dods du vieux Ben Vanderwasch, le courtier hollandais ; vous la trouverez parfaitement apprêtée au riz et aux champignons. Si vous pouvez vous passer de fourchette d'argent pour dîner, vous serez le bienvenu ; voilà tout ce que j'ai à vous dire. Ainsi donc, bien le bonjour, monsieur le lieutenant, car un capitaine dans les gardes n'est qu'un lieutenant, après tout.

A ces mots, et avant que Jékyl eût pu lui répondre, le vieux nabab se détourna brusquement pour prendre un sentier qui conduisait à la source, et qui formait embranchement avec le chemin de l'hôtel.

Ne sachant avec qui il venait d'avoir une conversation si étrange, Jékyl s'arrêta pour le regarder s'éloigner, et il aperçut en même temps un enfant qui sortait avec précaution du bois voisin, tenant à la main une baguette qu'il venait d'y couper, probablement contre les réglemens, car il semblait se tenir prêt à y chercher un refuge s'il voyait dans les environs quelqu'un intéressé à le châtier pour ce délit.

Le capitaine le reconnut sur-le-champ pour un de ces jeunes garnemens donnant les plus belles espérances, qui se procurent des moyens précaires d'existence dans tous les endroits publics, en faisant des commissions, nettoyant les souliers, aidant le palefrenier et le cocher dans l'écurie, conduisant des ânes, ouvrant les portes, et remplissant mille autres fonctions de ce genre, passant le reste du temps à jouer, à dormir au soleil, et se préparant à exercer la profession de filou et de voleur, soit pour leur compte personnel, soit en société avec les garçons, les palefreniers et les postillons. Ce petit drôle avait des pantalons qui le couvraient encore assez décemment, et environ la moitié d'un gilet, car, de même que Pantapolin au bras nu, il faisait toutes ses prouesses l'épaule droite découverte ; le tiers de ce qui avait été jadis un chapeau couvrait des cheveux semblables à de la filasse blanchie par le soleil, et son visage, brun comme du pain d'épices, était éclairé par des yeux si exercés à reconnaître ce qui pouvait le mettre en danger ou lui rapporter du profit, qu'ils étaient comparables à ceux d'un faucon.

— Approchez, gibier de potence, s'écria Jékyl, et dites-moi si vous connaissez le vieillard qui vient d'entrer dans ce sentier. Tenez, vous le voyez encore là-bas.

— C'est le nabab, répondit l'enfant, — je reconnaîtrais son dos entre mille.

— Et qu'appelez-vous un nabab, petit drôle ?

— Un nabab ? je crois que c'est un homme qui vient d'un pays étranger, avec plus d'argent que ses poches n'en peuvent tenir, et qui le sème dans tout le pays ; un homme qui est jaune comme un coing, et qui veut que tout aille à son gré.

— Et quel est le nom de ce nabab, comme vous l'appelez ?

— Il se nomme Touchwood. Vous pouvez le voir à la source tous les matins.

— Je ne l'ai jamais vu à la table d'hôte.

— C'est que c'est un drôle de corps qui ne fait rien comme les autres, puisqu'il demeure au *Croc*. Il m'a donné une fois une demi-couronne en me défendant de la jouer à croix ou pile.

— Et vous n'avez pas manqué de lui désobéir ?

— Non, je ne lui ai pas désobéi. Je l'ai perdue en jouant à la fossette.

— Tiens, voilà une pièce de six pence, et tu peux la jouer et la perdre comme tu voudras.

Et après lui avoir fait cette gratification, accompagnée d'une tape qui le fit décamper au plus vite, le capitaine se remit en marche, et ne tarda pas à être au logement de lord Etherington, où il fut assez heureux pour trouver son ami.

CHAPITRE XXXI.

DISCUSSION.

« Je ne m'entretiendrai qu'avec ces bons bourgeois
« Dont l'esprit lourd végète en des cerveaux étroits.
« Loin de moi ces faquins armés de défiance,
« Dont le regard perçant m'inquiète et m'offense. »
SHAKSPEARE. *Richard III.*

— Hé bien, Jékyl, s'écria lord Etherington avec empressement, quelles nouvelles de l'ennemi? l'avez-vous vu?

— Je l'ai vu, répondit Jékyl.

— Et dans quelle humeur l'avez-vous trouvé? Peu favorable, je parie, car vous avez un air confus et dérouté qui annonce la perte d'une partie. Combien de fois vous ai-je dit que votre mine interdite vous trahirait malgré vos fanfaronnades! Et, quand vous vous secouez pour vous armer de courage et faire bonne mine à mauvais jeu, votre regard impudent me fait toujours penser à un pavillon flottant à mi-hauteur d'un mât, et annonçant le découragement et la tristesse au lieu de proclamer défi et triomphe.

— Quant à présent, milord, je ne fais que tenir les cartes pour Votre Seigneurie, et je prie le ciel qu'il ne se trouve personne pour les regarder par derrière.

— Que voulez-vous dire?

— Que j'ai été assailli à mon retour, en traversant le

bois, par un vieil'importun dont il est impossible de se débarrasser, un nabab, comme on l'appelle, nommé Touchwood.

— J'ai vu cet original. Qu'avez-vous à m'en dire?

— Rien, si ce n'est qu'il paraît connaître vos affaires beaucoup plus que vous ne le voudriez et que vous ne pouvez le supposer. Il a dépisté la vérité de la rencontre qui a eu lieu entre vous et Tyrrel; et ce qui est encore pire, car je dois vous dire la vérité, il a réussi à m'arracher une sorte de confirmation de ses soupçons.

— Sur mon ame, vous avez donc perdu le bon sens! s'écria le comte en pâlissant. Il n'y a pas de meilleure trompette que sa langue pour ébruiter cette histoire dans tout le pays. Vous m'avez perdu, Harry.

— J'espère le contraire; je me flatte que le ciel ne le permettra pas. Il ne sait rien qu'en général, c'est-à-dire qu'il y a eu quelque altercation entre vous. N'ayez pas l'air si désespéré, ou je retournerai lui couper la gorge pour nous assurer du secret.

— Maudite indiscrétion! comment avez-vous souffert qu'il vous abordât?

— Je ne saurais le dire. Il a le secret d'être plus endurant que ne le pourraient être les dix docteurs les plus stupides. Il s'accroche à vous comme une huître à un rocher. C'est le pendant parfait du Vieux de la mer [1], que je regarde comme le plus grand fâcheux dont il ait jamais été fait mention.

— Ne pouviez-vous pas le tourner sur le dos comme une tortue pour vous en débarrasser?

— Et avoir une once de plomb dans le corps pour mes peines? Non, non; nous avons déjà eu assez de besogne de grand chemin. Je vous avertis que le vieux pendard était armé comme s'il eût voulu dire aux passans : — La bourse ou la vie!

---

[1] *Mille et une Nuits.* — Éd.

— Soit, soit! Mais Martigny ou Tyrrel, comme vous l'appelez, que dit-il?

— Tyrrel ou Martigny, comme Votre Seigneurie l'appelle, ne veut pas ouvrir l'oreille à votre proposition. Il ne veut pas confier à Votre Seigneurie le soin du bonheur de miss Mowbray. Il n'a pas même fait un pas de plus lorsque je me suis avancé, comme j'ai cru pouvoir le faire, jusqu'à proposer que la reconnaissance de l'ancien mariage, ou la nouvelle célébration qui en aurait lieu, serait suivie d'une séparation immédiate.

— Et quels motifs donne-t-il pour se refuser à une proposition si raisonnable? Penserait-il encore à épouser lui-même cette fille?

— Je crois qu'il pense que les circonstances de l'affaire ne lui permettent pas d'y songer.

— Que veut-il donc? A-t-il dessein de jouer le rôle du chien qui ne veut ni manger lui-même, ni laisser manger les autres? Je lui ferai voir qu'il se trompe. Elle m'a traité comme un chien depuis que je ne vous ai vu, Jékyl; et, de par Jupiter! elle sera ma femme pour que je puisse dompter son orgueil, et pour faire mourir M. Martigny de dépit.

— Un moment, un moment, milord. Peut-être ai-je à vous faire de sa part des propositions qui peuvent amener un compromis plus avantageux que tout ce que vous pourriez gagner en le tourmentant. Il est disposé à acheter ce qu'il appelle la tranquillité de miss Mowbray par la renonciation à ses prétentions au titre et aux biens de votre père; et il m'a causé la plus grande surprise, milord, en me montrant cette liste des pièces sur lesquelles il les fonde, et qui me font craindre que son succès ne soit plus que probable, s'il possède réellement de semblables preuves.

Lord Etherington prit le papier que le capitaine lui présentait, et parut le lire avec beaucoup d'attention.

— Il a écrit à la personne dépositaire de ces pièces pour qu'elle les lui envoie, ajouta Jékyl.

— Quand elles seront arrivées, nous verrons ce qu'il faut en penser. Il les attend sûrement par la poste?

— Oui, et il compte les recevoir sans aucun délai.

— Fort bien. Il est mon frère, d'un côté du moins; et je ne me soucierais pas de le voir pendu pour crime de faux; ce qui ne pourrait manquer d'arriver, je suppose, s'il appuyait ses prétentions absurdes sur des pièces fabriquées. Je serais charmé de voir les pièces dont il parle.

— Mais, milord, Tyrrel prétend que vous les avez déjà vues; qu'il vous en a été envoyé des copies; qu'elles sont en votre possession; il me l'a formellement déclaré.

— S'il prétend que je connais ces pièces, c'est un mensonge. Je regarde toute cette histoire comme de l'écume, de la mousse, une bulle de savon, tout ce qu'il y a de moins substantiel. On le verra quand ces pièces paraîtront, si toutefois elles paraissent jamais. Tout cela n'est qu'une bourde, du commencement à la fin; et je suis surpris que vous, Jékyl, qui avez un goût décidé pour le syllabub [1], vous ayez pu avaler une pareille crème fouettée. Non, non, je connais mes avantages, et j'en profiterai de manière à les faire tous crever de dépit. Quant à ces pièces, je me rappelle à présent que mon homme d'affaires m'a parlé de quelques copies informes qui lui ont été envoyées; mais les originaux n'ont jamais été produits, et je gagerais tout au monde qu'ils ne le seront jamais. C'est un tissu de faussetés. Si je pensais autrement, ne vous le dirais-je pas?

— Je me flatte que vous ne me le cacheriez pas, milord; car je n'ai aucune chance de pouvoir vous être utile si je ne possède pas votre confiance.

— Vous la possédez, vous la possédez tout entière, mon cher ami, dit lord Etherington en lui serrant la main. Mais, puisque je dois regarder votre négociation comme ayant échoué, il faut que je cherche quelque autre moyen

---

(1) Breuvage composé de vin, de lait, de sucre et d'épices. — Tr.

pour régler mes comptes avec le plus importun des fous.

— Point de voies de fait, milord, dit Jékyl en appuyant sur ces mots.

— Eh non, non, de par le ciel! non. Aurez-vous donc toujours des soupçons? Faut-il que je fasse un serment pour apaiser vos scrupules? Je vous dis au contraire que ce ne sera pas ma faute si nous ne terminons pas ensemble à l'amiable.

— Cet heureux événement vous ferait infiniment d'honneur à tous deux ; et si vous le désirez sincèrement, je tâcherai d'y préparer Tyrrel. Il doit venir aux eaux aujourd'hui, et il serait souverainement ridicule de faire une scène.

— Sans doute, sans doute, mon cher Jékyl ; voyez-le, et tâchez de le convaincre qu'il serait absurde d'apprêter à rire à des étrangers à nos dépens, en s'occupant en leur présence de nos querelles de famille. Ils verront que les deux ours peuvent se trouver ensemble sans se mordre. Allez, allez, je vous suivrai dans un instant. Allez, et souvenez-vous que vous avez ma pleine et entière confiance.

— Va, fou scrupuleux, homme à demi-moyens, dit-il dès que Jékyl fut sorti de l'appartement; tu n'as précisément que le degré d'énergie qu'il te faut pour courir à ta perte en te mêlant de jouer un rôle à la hauteur duquel tu n'es pas en état de t'élever. Mais il jouit d'une certaine considération dans le monde, il a de la bravoure, c'est un de ces hommes dont l'appui donne un beau vernis à une affaire douteuse. C'est ma créature d'ailleurs. Je l'ai acheté, payé; ce serait une sottise, une extravagance, que de ne pas m'en servir. — Quant à la confiance, honnête Harry, je t'en accorderai autant qu'il me sera indispensable de le faire. Si j'avais besoin d'un confident, je vois venir quelqu'un qui en vaut deux comme toi. Solmes n'a pas de scrupules. Il me donne toujours du zèle et de la discrétion pour la valeur de l'argent qu'il reçoit.

Le valet de chambre de Sa Seigneurie entrait en ce moment dans l'appartement. C'était un homme qui avait passé le moyen âge, d'un air grave, civil et réfléchi, le teint jaune, l'œil noir, la démarche lente, parlant peu, et remplissant avec la plus grande attention tous les devoirs de sa place.

— Solmes! dit lord Etherington sans rien ajouter à ce mot.

— Milord, répondit le valet de chambre avec respect.

— Solmes! répéta le comte un instant après.

— Votre Seigneurie, dit Solmes.

— Ah! je me rappelle ce que je voulais vous dire, dit le comte après un nouveau moment de silence; c'était au sujet de la poste. Je présume qu'elle ne vient pas ici très-régulièrement?

— Pardonnez-moi, milord, assez régulièrement, au moins quant à ce qui concerne cet endroit, car ces habitans du vieux village ne reçoivent pas leurs lettres si facilement.

— Et pourquoi cela, Solmes?

— La vieille aubergiste, Meg Dorts, est en querelle avec la maîtresse de la poste. L'une ne veut pas envoyer chercher les lettres ici, et l'autre ne veut pas les expédier là-bas; de sorte qu'il arrive quelquefois qu'elles se perdent, s'égarent, ou sont renvoyées au bureau général des postes.

— Je serais fâché que tel fût le sort d'un paquet que j'attends d'ici à très-peu de jours; je devrais déjà l'avoir reçu, ou peut-être arrivera-t-il au commencement de la semaine prochaine. C'est un sot, ce quaker Trueman, qui doit me l'envoyer, et jamais il ne met sur ses adresses que mon nom de baptême et celui de ma famille, Frank Tyrrel. Il serait même très-possible qu'il se trompât sur le nom de l'auberge, et je serais fâché que ce paquet tombât entre les mains de M. Martigny. Je suppose que vous savez qu'il est dans les environs. Veillez à ce que ce paquet ne puisse s'égarer, Solmes. Point de bruit, vous m'entendez, car il pourrait se trouver des gens assez absurdes pour supposer que je veux m'emparer d'un paquet destiné à un autre.

— Je vous comprends parfaitement, milord, répondit Solmes, dont la physionomie resta muette et impassible, quoiqu'il comprît fort bien la nature du service qui lui était demandé.

— Voici un billet de banque pour en payer le port, ajouta le comte en mettant dans la main de son affidé un billet de banque d'une valeur assez considérable ; vous pourrez garder le surplus pour vos dépenses extraordinaires.

Ces mots furent aussi parfaitement compris ; mais Solmes, trop politique et trop prudent pour avoir même l'air de les comprendre, ou pour mieux témoigner de la reconnaissance, se borna à saluer humblement son maître, mit le billet de banque dans son portefeuille, et sortit en l'assurant qu'il exécuterait ponctuellement ses ordres.

— Voilà un homme qui sait gagner l'argent qu'on lui donne ; voilà l'homme qu'il me faut, dit lord Etherington d'un ton de triomphe. Ce n'est pas un de ces gens qui veulent vous extorquer des confidences, qui vous demandent des explications, qui cherchent à déchirer le voile dont vous gazez une manœuvre un peu délicate. Il reçoit pour argent comptant tous les prétextes qu'on lui donne, pourvu qu'on les appuie sur l'argent comptant, qui est le meilleur de tous les prétextes. Et cependant je ne me fierai à personne : en général expérimenté, j'irai faire moi-même une reconnaissance.

Ayant pris cette résolution, le comte mit son surtout, prit son chapeau, sortit de son appartement, et se rendit chez le libraire, qui avait établi un cabinet de lecture, et dont la femme tenait le bureau de la poste aux lettres. Sa boutique était située au milieu de la Parade, nom qu'on donnait à une grande terrasse qui conduisait de l'hôtel du

Renard à la Source; et elle offrait un rendez-vous convenable aux nouvellistes et aux oisifs de toute espèce.

L'arrivée du comte sur la promenade publique fit sensation, comme à l'ordinaire; mais soit que ce fût sa conscience alarmée qui lui suggérât cette réflexion, soit que la remarque qu'il faisait ne fût véritablement pas sans cause, il crut s'apercevoir que l'accueil qu'il recevait n'était pas aussi franc et aussi cordial que de coutume. Sa belle taille, ses manières aisées, produisirent leur effet ordinaire, tous ceux à qui il adressa la parole parurent se regarder comme honorés; mais, contre l'usage, personne ne chercha à l'aborder; personne ne l'invita à se joindre à une compagnie. Il semblait qu'on le considérât comme un objet d'observation et d'attention, plutôt que comme un membre régulier de la société; et, pour éviter des regards froids qui commençaient à l'embarrasser, il entra dans le petit magasin littéraire.

On ne s'aperçut pas de son arrivée. Lady Pénélope terminait la lecture de quelques vers par un commentaire entrepris avec toute la chaleur d'une femme savante qui possède une pièce manuscrite dont elle ne veut pas que personne entende plus d'une lecture. Il saisit pourtant quelques fragmens des phrases qu'elle prononçait avec volubilité, au milieu d'un groupe dont elle formait le centre.

— Une copie! disait-elle; non, en vérité! L'honneur... Je ne veux pas trahir le pauvre Chatterly. D'ailleurs, Sa Seigneurie est mon ami, et vous savez qu'un homme de son rang... On ne voudrait pas... Hé bien! M. Pott, vous n'avez pas encore le livre que je vous ai demandé? On ne peut pas se procurer Stace? jamais vous n'avez rien de ce qu'on souhaite lire.

— Je suis bien fâché, milady, je n'en ai pas un seul exemplaire. Je compte en recevoir dans l'envoi qui me sera fait le mois prochain.

— Sans doute, M. Pott; c'est une réponse qui ne vous manque jamais. Je crois que, si je vous demandais la nouvelle édition de l'Alcoran, vous me diriez que vous l'attendez le mois prochain.

— Réellement, milady, je ne puis vous l'assurer. Je n'ai pas encore vu l'annonce de cet ouvrage. Mais, s'il a de la vogue, je ne doute pas que je n'en reçoive quelques exemplaires dans l'envoi qu'on me fera le mois prochain.

— Les envois faits à M. Pott sont toujours au paulo-post futur, dit M. Chatterly, qui entrait dans ce moment.

— Est-ce vous, M. Chatterly? s'écria lady Pénélope. Je vous déclare que je vous rends responsable de ma mort. Je ne puis parvenir à me procurer cette Thébaïde, où Polynice et son frère...

— Chut, milady! chut, pour l'amour du ciel, dit le poétique ministre en dirigeant un coup d'œil vers lord Etherington.

Lady Pénélope comprit l'allusion, et garda le silence; mais elle en avait assez dit pour éveiller l'attention du voyageur Touchwood, occupé à lire un journal. Soulevant la tête, sans s'adresser à personne en particulier, il s'écria avec un ton de mépris pour les connaissances de lady Pénélope en géographie:

— Polynice [1]! *Polly Peachum!* il n'y a pas de ville de ce nom dans la Thébaïde. La Thébaïde est en Egypte. Les momies viennent de la Thébaïde. J'ai été dans les catacombes; ce sont des souterrains vraiment curieux. Les naturels nous lapidèrent, mais nous eûmes de bonnes représailles. Mon janissaire fit passer tout le village sous le bâton.

Tandis qu'il débitait cette tirade, lord Etherington regardait, avec un air de distraction, des lettres déposées sur la tablette de la cheminée, et causait nonchalamment avec mistress Pott, dont l'extérieur et les manières convenaient assez bien à sa situation; car elle était jolie, bien mise, et avait un ton d'affectation admirable.

(1) *Polly Peachum!* Cette exclamation est le nom de l'héroïne de l'opéra de Gay, Beggar's opera. — Tr.

— Voilà bien des lettres qui semblent n'avoir pu trouver leur adresse, mistress Pott?

— Un grand nombre, en vérité, milord, et c'est un grand tourment, car nous sommes obligés de les renvoyer au bureau général; et, s'il vient à s'en perdre quelqu'une, nous sommes responsables du port. Et cependant est-il possible de ne jamais les perdre de vue?

— S'y trouve-t-il quelques lettres d'amour, mistress Pott? demanda le comte en baissant la voix.

— Fi donc, milord! comment le saurais-je? répondit la buraliste en prenant le même diapason.

— Oh! tout le monde peut distinguer une lettre d'amour, c'est-à-dire quiconque en a jamais reçu une. On les reconnaît sans les ouvrir : elles sont toujours pliées à la hâte, mais cachetées avec soin. L'écriture de l'adresse est tremblée, et trahit la main agitée qui la traça. Celle-ci, par exemple, ajouta le comte en en touchant une du bout de sa badine, je suis sûr que c'est une épître amoureuse.

— Ha! ha! ha! s'écria mistress Pott en minaudant; pardon si je ris, milord, mais en vérité... ha! ha! ha! c'est une lettre du banquier Bindloose à la vieille mère Dods, qui tient le cabaret du vieux village.

— En ce cas, mistress Dods a trouvé un amant en M° Bindloose, à moins qu'une attaque de paralysie n'ait rendu tremblante la main du banquier. Et pourquoi ne lui envoyez-vous pas cette lettre? c'est une cruauté de la garder ici en chartre privée.

— Moi! la lui envoyer! la vieille revêche de cabaretière attendra long-temps avant que je la lui envoie. Elle n'a pas besoin de la poste du roi pour ses lettres. Ne continue-t-elle pas à employer son vieux voiturier, comme s'il n'y avait pas une poste régulière dans les environs? Mais patience; un procureur lui portera de mes nouvelles un de ces jours.

— Ah! vous êtes trop cruelle. Vous devriez réellement

lui envoyer son épître amoureuse. Songez que plus elle est vieille, moins la pauvre créature a de temps à perdre.

Mais c'était un sujet sur lequel mistress Pott n'entendait pas raillerie. Elle connaissait la haine invétérée que notre digne matrone avait conçue contre elle et contre son établissement, et elle en était aussi courroucée que peut l'être un homme en place des contradictions d'un *radical*. Elle répondit avec une sorte d'humeur que ceux qui voulaient avoir leurs lettres pourraient les faire prendre chez elle, et que la mère Dods, ni aucun de ceux qui logeaient chez elle, ne recevraient jamais une lettre du bureau de Saint-Ronan, à moins qu'il ne vînt l'y chercher et la payer.

Il est probable que cette déclaration contenait en substance toutes les informations que lord Etherington avait dessein de tirer de mistress Pott en daignant converser un instant avec elle; car, lorsqu'elle vit qu'il gardait le silence, sans doute, comme elle le croyait, de peur de l'irriter en prolongeant un entretien peu agréable, elle l'engagea, avec un petit ton de coquetterie, à donner une nouvelle preuve de ses connaissances en indiquant une seconde lettre d'amour; mais le comte se borna à lui répondre qu'il faudrait pour cela qu'il lui en écrivît une lui-même. Quittant alors le poste confidentiel qu'il occupait près du petit trône de la buraliste, il traversa nonchalamment la boutique, salua légèrement lady Pénélope en passant, et retourna sur la Parade, où il vit un spectacle qui aurait décontenancé quiconque n'aurait pas si bien su maîtriser toutes ses émotions.

A peine sortait-il de la boutique du libraire, que la petite miss Diggs y entra presque hors d'haleine, et avec un air d'impatience et de curiosité.

— Milady! milady! s'écria-t-elle, que faites-vous donc ici? M. Tyrrel vient d'arriver à l'autre bout de la Parade. Lord Etherington avance du même côté; ils vont se rencontrer. Oh! mon Dieu! venez donc, venez donc; il faut voir cela! Croyez-vous qu'ils se parleront? J'espère qu'ils ne se battront pas. Allons, milady, venez donc!

—Je vois qu'il faut que je vous suive, dit lady Pénélope. C'est une chose bien étrange, ma chère, que cette curiosité que vous avez toujours sur les autres. Je voudrais bien savoir ce que votre maman en dira.

— Ne vous inquiétez pas de maman. Personne ne s'inquiète de maman, ni papa, ni personne. Mais venez donc, ma chère lady Pénélope, ou j'irai toute seule. M. Chatterly, faites-la donc venir.

— Allons, il faut que j'obéisse, la chose est claire, ou j'aurai un joli compte à rendre de vous.

Malgré ce ton de réprimande, et oubliant en même temps que les gens de qualité ne doivent jamais avoir l'air trop empressé, lady Pénélope, suivie de ceux de ses satellites qu'elle put rassembler à la hâte, se rendit sur la Parade, et y marcha avec une vivacité extraordinaire, par complaisance pour miss Diggs, car elle assura plusieurs fois qu'elle n'avait pas la moindre curiosité.

Notre ami le voyageur avait aussi entendu la nouvelle que miss Diggs venait d'apporter, et interrompant tout à coup la description qu'il faisait de la grande pyramide, sujet qui s'était présenté tout naturellement après avoir parlé de la Thébaïde, il répéta les mots de la jeune alarmiste : — J'espère qu'ils ne se battront pas, — se précipita hors de la boutique, et parcourut la Parade d'un pas aussi rapide que le permettaient ses grosses jambes.

Si le voyageur oublia sa gravité, et lady Pénélope sa délicatesse, au point de doubler le pas pour être témoins de la rencontre de M. Tyrrel et de lord Etherington, on peut bien supposer que le décorum du reste de la compagnie n'opposa qu'une bien faible barrière à la curiosité générale, et que chacun courut pour être témoin de la scène à laquelle on s'attendait, avec le même empressement que mettent à aller voir un combat de boxeurs les amateurs de ce noble spectacle.

A la vérité, cette entrevue ne satisfit pas complètement les curieux, qui s'attendaient à quelque incident tragique, mais elle ne fut pas sans intérêt pour ceux des spectateurs accoutumés à lire le langage des passions contenues, lorsqu'elles se trahissent au moment même où ceux qui les éprouvent cherchent davantage à les cacher.

Tyrrel avait été suivi par plusieurs oisifs, du moment qu'il avait paru sur la Parade, et le nombre en avait tellement augmenté en quelques instans, qu'il fut bientôt aussi surpris que peu satisfait en se voyant le centre d'une espèce de rassemblement qui semblait épier tous ses mouvemens. Sir Bingo et le capitaine Mac Turk furent les premiers à percer la foule pour arriver à lui, et ils lui adressèrent la parole avec toute la politesse dont ils étaient capables.

— Serviteur, monsieur, grommela sir Bingo en ôtant le gant de sa main droite, et en la lui présentant en signe de réconciliation cordiale ; — serviteur ; fâché qu'il se soit passé quelque chose entre nous. Très-fâché, sur ma parole.

— N'en dites pas davantage, monsieur, répondit Tyrrel ; tout est oublié.

— Fort bien ! en vérité, rien de plus honnête. J'espère vous voir souvent. Et le baronnet ne trouva plus rien à dire.

Le capitaine plus verbeux lui succéda. — De par Dieu ! s'écria-t-il, nous avons commis une terrible méprise, et je me fendrais volontiers le doigt avec mon canif pour le punir de ce qu'il a écrit. Sur mon ame ! j'ai gratté la délibération sur nos registres, au point de faire des trous au papier. Faut-il que j'aie assez vécu pour manquer aux égards dus à un brave qui a été blessé dans une affaire honorable ! Mais vous auriez dû écrire un mot, M. Tyrrel ; comment diable pouvions-nous deviner que vous étiez tellement pourvu de querelles que vous en aviez deux à vider le même jour ?

— J'ai été blessé dans une rencontre inattendue, tout-à-fait accidentelle, capitaine Mac Turk. Je n'ai pas écrit, parce qu'il y avait alors dans cette affaire des circonstances qui exigeaient le secret; mais j'étais déterminé, du moment que ma santé me le permettrait, à me réintégrer dans votre bonne opinion.

— C'est une affaire conclue, de par Dieu! dit le capitaine en souriant d'un air d'intelligence. Le capitaine Jékyl nous a mis au fait de votre honorable conduite. Ce sont de bons enfans que ces officiers des gardes, quoiqu'ils s'en fassent quelquefois accroire et qu'ils s'imaginent être beaucoup au-dessus de nous autres qui servons dans la ligne. Quoi qu'il en soit, il nous a tout appris; et, quoi-qu'il ne nous ait pas dit un seul mot d'un certain lord attaqué par un voleur de grand chemin, nous avons su rapprocher les circonstances. Si la loi ne veut pas vous mettre d'accord, s'il y a une querelle entre vous, pourquoi deux hommes d'honneur ne se feraient-ils pas justice? Et quant à votre parenté, pourquoi des parens ne se conduiraient-ils pas l'un envers l'autre en hommes d'honneur? Seulement on dit que vous êtes du même père, et c'est une parenté un peu proche. Moi-même, de par Dieu! j'ai été une fois sur le point d'appeler en duel mon oncle Dougal; car on ne sait où il faudrait tracer une ligne de démarcation; mais, toutes réflexions faites, j'ai conclu que les degrés de parenté prohibés pour le mariage devaient l'être aussi pour les duels. Quant aux cousins germains, de par Dieu! le champ est libre. Feu Flanigan...! Mais voici lord Etherington qui s'approche comme un cerf dix cors, suivi de tout le troupeau.

Tyrrel s'avança en laissant à quelques pas derrière lui ses officieux compagnons; son teint passa rapidement d'une nuance à une autre, comme celui d'un homme qui fait un effort sur lui-même pour regarder et toucher quelque animal ou quelque reptile pour lequel il a conçu ce dégoût et cette horreur qu'on attribuait anciennement à une antipathie naturelle. Cet air de contrainte et les changemens qu'il produisait sur sa physionomie étaient faits pour inspirer quelques préventions contre lui aux spectateurs, quand ils y comparaient la démarche fière, majestueuse et en même temps pleine d'aisance du comte d'Etherington, qui possédait, mieux que personne en Angleterre, l'art difficile de faire bonne mine à mauvais jeu.

Il aborda Tyrrel sans embarras, mais froidement, et le saluant avec toute la glace du cérémonial, il lui dit tout haut: — Je présume, M. Tyrrel de Martigny, que, puisque vous n'avez pas jugé convenable d'éviter cette rencontre malavisée, vous êtes disposé à vous rappeler assez nos relations de famille pour ne pas nous rendre le jouet de la bonne compagnie.

— Vous n'avez à appréhender aucun emportement de ma part, M. Bulmer, répondit Tyrrel, pourvu que vous sachiez également vous préserver des conséquences qu'entraînerait le vôtre.

— J'en suis charmé, répondit le comte avec le même calme; et baissant ensuite la voix de manière à n'être entendu que de Tyrrel : — Comme il est probable, ajouta-t-il, que nous ne chercherons pas les occasions d'avoir ensemble de fréquens entretiens, je prends la liberté de vous rappeler que j'ai chargé mon ami, M. Jékyl, de vous faire une proposition d'accommodement.

— Elle était inadmissible, répliqua Tyrrel, tout-à-fait inadmissible, pour des raisons que vous pouvez deviner, et pour d'autres qui sont inutiles à détailler. Mais je vous en ai fait faire une autre. Réfléchissez-y bien.

— J'y réfléchirai quand je la verrai appuyée des pièces que vous annoncez, et à l'existence desquelles je ne crois pas.

— Votre conscience parle tout autrement que votre bouche; mais je dédaigne les reproches, et je ne veux pas d'altercations. J'avertirai le capitaine Jékyl quand j'aurai reçu les pièces qui vous sont, dites-vous, nécessaires pour prendre un parti sur ma proposition. En attendant, ne croyez pas me tromper. Je reste ici pour surveiller et déjouer vos intrigues; et tant que je vivrai, soyez sûr qu'elles ne réussiront pas. Maintenant, monsieur ou milord, car vous avez le choix du titre, je vous salue.

— Un instant, dit lord Etherington; puisque nous sommes condamnés au supplice de nous voir, il est juste que la compagnie sache ce qu'elle doit penser de nous. Vous êtes philosophe, et vous ne vous mettez guère en peine de l'opinion du public; mais un pauvre mondain comme moi doit y tenir un peu davantage. Messieurs, continua-t-il en élevant la voix, M. Winterblossom, capitaine Mac Turck, M... quel est son nom, Jékyl? oui, *Micklehen* : vous savez tous à peu près que monsieur, mon proche parent, et moi, nous avons l'un sur l'autre quelques droits qui ne sont pas encore décidés; voilà ce qui nous empêche de vivre en bonne intelligence. Nous n'avons pourtant pas dessein de vous fatiguer de nos querelles de famille; et, quant à moi, tant que monsieur, M. Tyrrel, ou quelque autre nom qu'il lui plaise de se donner, se trouvera en cette compagnie, ma conduite envers lui sera la même qu'elle serait envers tout étranger qui aurait le même avantage. Adieu, monsieur; je vous salue, messieurs; nous nous reverrons à l'heure du dîner, suivant l'usage. Venez-vous, Jékyl?

A ces mots il prit Jékyl sous le bras, et, se dégageant doucement de la foule, il partit, laissant la plus grande partie de la compagnie prévenue en sa faveur, grâce à l'aisance et à la modération apparente de sa conduite. Quelques sons qui lui étaient moins avantageux parurent sortir des plis de la cravate de sir Bingo Binks, mais on y fit peu d'attention; car les yeux de lynx des observateurs des eaux de Saint-Ronan n'avaient pas manqué de remarquer que les sentimens du baronnet pour le noble comte étaient en raison inverse de ceux que lady Binks témoignait pour Sa Seigneurie; et quoique sir Bingo fût honteux d'avouer, et peut-être même incapable d'éprouver un degré de jalousie bien inquiète, son caractère, depuis quelque temps, s'était considérablement aigri; circonstance dont sa belle moitié ne jugeait pas à propos de s'embarrasser le moins du monde.

Cependant le comte d'Etherington se retirait avec son affidé, en s'applaudissant du triomphe remporté par son génie.

— Vous voyez, Jékyl, lui dit-il, que je suis en état de damer le pion à qui que ce soit en Angleterre. Vous avez commis une lourde bévue en dissipant le fâcheux brouillard qui s'était épaissi autour de ce drôle. Autant aurait valu publier tout d'un coup l'histoire de notre rencontre; car, en rapprochant le lieu, le temps et les circonstances, personne ne pouvait en douter; mais ne vous mettez pas l'esprit à la torture pour vous justifier. Vous avez vu comme j'ai repris sur lui ma supériorité naturelle; comme je l'ai écrasé de tout l'orgueil de la légitimité; comme je l'ai réduit au silence en présence de toute la compagnie. Mowbray en sera instruit par son agent, le vieux procureur, et il n'en sera que plus empressé de s'allier à moi. Je sais qu'il est inquiet de me voir faire la cour à certaine dame, notre belle élégante. Rien ne fait connaître le prix d'une occasion comme la crainte de la perdre.

— Je désirerais de toute mon ame, dit Jékyl, vous voir oublier complètement miss Mowbray, et accepter la proposition de Tyrrel, s'il peut prouver ce qu'il avance.

— Oui, s'il peut, s'il peut; mais je suis sûr qu'il n'a pas les droits qu'il s'attribue, et que les pièces dont il parle sont fausses ou n'existent point. Pourquoi me regardez-vous comme si vous vouliez découvrir dans mes yeux quelque secret merveilleux?

— Je voudrais savoir ce que vous pensez *bonâ fide* relativement à ces pièces, répondit Jékyl, qui, d'après la contenance ferme et l'air dégagé de son ami, ne savait lui-même que croire.

—Vous êtes le fat le plus soupçonneux que j'aie jamais connu. Que diable voulez-vous donc que je vous dise? Puis-je, pour me servir du langage des hommes de loi, vous administrer la preuve d'un fait négatif? N'est-il pas très-possible que ces pièces existent, quoique je ne les aie jamais vues et que je n'en aie jamais entendu parler? Tout ce que je puis dire, c'est que, de tous les hommes, je suis le plus intéressé à en nier l'existence, et par conséquent je ne la reconnaîtrai qu'après qu'elles auront été produites, et lorsque je serai convaincu de leur authenticité.

— Je ne puis vous blâmer d'être un peu incrédule dans un pareil cas, milord; mais pourtant je crois que vous pourriez vous contenter de votre titre de comte et du magnifique domaine de votre père, et envoyer au diable Nettlewood.

—Comme vous y avez envoyé votre patrimoine, Jékyl; mais vous avez eu d'abord le plaisir de le manger jusqu'au dernier shilling. Que ne donneriez-vous pas pour trouver une telle occasion pour réparer votre fortune par un mariage? Confessez la vérité.

— J'avoue que, dans les circonstances où je suis, je pourrais être tenté; mais si j'avais encore ce que je possédais autrefois, je ne me soucierais pas d'une fortune dont il faudrait être redevable à un cotillon, surtout si celle qui le portait était d'un esprit fantasque, d'une mauvaise santé, et me haïssait comme miss Mowbray a le mauvais goût de vous haïr.

— D'une mauvaise santé! Hé non, non, elle n'est pas d'une mauvaise santé; elle a une aussi bonne constitution que qui que ce soit; et, sur ma parole! je crois que sa pâleur ne fait que la rendre plus intéressante. La dernière fois que je l'ai vue, il m'a semblé qu'elle pourrait disputer la palme à la plus belle statue de Canova.

— Oui, mais elle n'a pour vous que de l'indifférence. Vous-même, vous ne l'aimez pas.

— Elle ne m'est nullement indifférente; au contraire,

elle m'intéresse chaque jour davantage, car sa haine me pique. D'ailleurs elle a l'insolence de me défier et de me mépriser ouvertement devant son frère et aux yeux de tout le monde. J'ai pour elle une sorte d'amour haineux ou de haine amoureuse. En un mot, penser à elle, c'est vouloir deviner une énigme, s'exposer à faire force bévues, à dire sottise sur sottise. Mais, si j'en ai jamais l'occasion, elle me paiera tous ses airs.

— Quels airs ?

— Demandez-le au diable, car pour moi je ne saurais vous en faire la description. Mais, par exemple, depuis que son frère a insisté pour qu'elle me reçût, je devrais plutôt dire pour qu'elle se montrât quand je vais faire une visite au château des Shaws, on croirait qu'elle s'est mis l'esprit à la torture pour inventer tous les moyens de me prouver combien elle me méprise et me déteste. Au lieu de s'habiller comme devrait le faire une jeune personne, surtout en pareille occasion, elle choisit quelque costume antique, fantasque, négligé, qui la fait au moins paraître bizarre, s'il ne peut la rendre ridicule ; des tiares à triple étage de gaze de diverses couleurs sur la tête ; des morceaux de vieille tapisserie, je crois, sur les épaules, pour lui tenir lieu de schall et de pelisse ; des souliers à grosses semelles ; des gants couleur de tan. Miséricorde ! Harry, la vue seule de son accoutrement ferait perdre l'esprit à tout un conclave de marchandes de modes ! Et ses gestes sont si étranges ! Elle courbe sa taille ; elle se dandine sur sa chaise, comme disent les femmes ; elle croise les jambes ; elle forme un angle droit avec ses coudes : si la déesse des graces jetait les yeux sur elle, il y aurait de quoi la mettre en fuite pour toujours.

— Et c'est de cette espèce de virago sans goût, sans manières, sans graces, que vous voulez faire votre femme et une comtesse ; vous, Etherington, vous dont les yeux critiques imposent à la moitié de nos élégans des deux sexes un soin si délicat de leurs costumes ?

—C'est un tour qu'elle me joue, Harry. Tout cela n'est qu'une mascarade pour me dégoûter, pour m'éloigner; mais il n'est pas si facile qu'elle le croit de m'en imposer. Son frère se désespère; il se ronge les ongles, cligne les yeux, tousse, fait des signes; mais elle y répond comme si elle jouait aux propos interrompus. J'espère qu'il la bat quand je suis parti; si j'en étais bien sûr, ce serait une sorte de consolation.

—Cette espérance est vraiment charitable, et peut faire juger de ce que la jeune dame peut attendre de vous après le mariage. Mais vous qui êtes si habile à découvrir les sentimens les plus secrets du cœur des femmes, ne pouvez-vous imaginer quelque moyen pour la forcer à converser avec vous?

— Converser! Quoi! depuis le premier choc que ma présence lui a fait éprouver, elle a fait de moi un vrai zéro; et pour mieux m'anéantir, parmi toutes les occupations qu'elle pouvait choisir, elle a préféré celle de tricoter un bas. Dieu sait de quelle maudite vieille femme qui vivait avant l'invention des métiers, avant le déluge peut-être, elle a appris ce sot métier; mais je la vois constamment assise, son ouvrage attaché sur son genou avec une épingle, et tricotant non ce joli bas de soie qui servait si bien aux manœuvres de coquetterie de Jeannette d'Amiens quand Tristram Shandy la regardait travailler; mais une espèce d'énorme sac de grosse laine, destiné à quelque vieux pied-plat de pauvre, armé de talons comparables à ceux d'un éléphant. Et tout en tricotant, elle compte avec grand soin tous ses points, et refuse de parler, sous prétexte que cela la trouble dans ses calculs.

— Je suis surpris qu'une occupation si élégante n'opère pas la cure de son noble admirateur.

— Que le ciel la confonde! Mais non, non, je ne me laisserai pas jouer ainsi. Et, au milieu de toute cette affectation de stupidité, elle laisse échapper de tels éclairs d'exaltation quand elle pense qu'elle a réussi à désoler son frère ou à me tourmenter, que je ne saurais dire, Harry, si j'en avais le choix, si je préférerais l'embrasser ou lui donner un soufflet.

— Vous êtes donc bien déterminé à aller en avant dans cette étrange affaire?

— A aller en avant, mon brave ! oui, en avant ! en avant! Nettlewood et Clara ! voilà mon mot d'ordre. D'ailleurs, ce frère m'irrite aussi, il ne fait pas pour moi la moitié de ce qu'il pourrait, de ce qu'il devrait faire. Ne s'avise-t-il pas d'avoir un point d'honneur ! ce jockey, ce maquignon ruiné, qui a avalé mes deux mille livres comme un chien d'arrêt avalerait une motte de beurre. Je vois qu'il voudrait jouer vite, mais à coup sûr. De même que vous, Harry, il a quelques doutes sur la validité de mes droits au titre et aux domaines de mon père, comme si la dîme de Nettlewood ne serait pas assez pour faire de moi un parti encore trop avantageux pour sa famille de mendians. Il faut donc qu'il réfléchisse, ce gâteau d'Ecosse à moitié cuit, ce morceau de pâte de farine d'avoine; il veut me tenir en arrêt, mais avec prudence, sans rien risquer, et en attendant le résultat. Tout en faisant la cour à la sœur, je suis vraiment tenté de faire un exemple du frère.

— C'est un projet de vengeance bien cruelle. Au surplus je vous l'abandonne ; c'est un fat présomptueux, et il mérite une leçon. Mais je voudrais intercéder pour la sœur.

— Nous verrons, répondit le comte.—Et après un moment de silence, il ajouta :—Je vous le dirai franchement, Harry, ses caprices sont si divertissans qu'il me semble quelquefois que je l'aime, par pur esprit de contradiction; et, si elle voulait passer l'éponge sur ce qui est fait, et oublier le malheureux tour que je lui ai joué, ce serait sa faute si je ne la rendais pas heureuse.

CHAPITRE XXXII.

UN LIT DE MORT.

« Il vient pour m'arracher, à mon heure dernière,
« Ces secrets si long-temps cachés à la lumière.
« Qu'on m'amène un saint prêtre. Il saura quel forfait
« Mon sein à tous les yeux a jusqu'ici soustrait ;
« Et sa voix chassera ce spectre qui m'obsède. »

Ancienne comédie.

L'ATTENTE générale de toute la compagnie avait été trompée par la fin pacifique de l'entrevue qui avait eu lieu entre Tyrrel et le comte d'Etherington, et dont l'annonce seule avait suffi pour produire une telle sensation sur tous les esprits. On s'était imaginé que quelque scène terrible aurait eu lieu ; mais les deux puissances semblaient être convenues d'observer entre elles une farouche neutralité, et de laisser à leurs avocats le soin de continuer la guerre. On comprit généralement que la cause était portée de la cour de Bellone dans celle de Thémis ; et, quoique les parties habitassent toujours le même voisinage, et se rencontrassent de temps en temps, soit sur la Parade, soit à la table d'hôte, elles ne faisaient attention l'une à l'autre que pour se saluer avec un air de froideur et de gravité.

Au bout de deux ou trois jours on cessa de prendre intérêt à une querelle conduite avec tant de sang-froid ; et si l'on y pensa encore, ce fut pour être surpris que deux ennemis persistassent à rester dans le même voisinage, et à jeter du froid, par leurs manières anti-sociales, dans une société réunie par des motifs de plaisir et de santé.

Mais les deux frères, comme le savent nos lecteurs, quelque pénible qu'il leur fût de se rencontrer ainsi, avaient les plus fortes raisons pour ne pas s'éloigner de Saint-Ronan : lord Etherington, afin de poursuivre ses desseins sur miss Mowbray ; Tyrrel, afin de déjouer les projets du comte s'il était possible, et tous deux pour attendre la réponse du négociant de Londres, dépositaire des pièces laissées par le feu comte.

Jékyl, désirant aider son ami de tous ses moyens, alla rendre une visite au vieux Touchwood chez Meg Dods, avec l'espoir de le trouver aussi communicatif qu'il l'avait été lors de leur première entrevue relativement à la rencontre qui avait eu lieu entre les deux frères, et se flattant de découvrir adroitement où il avait puisé ses renseignemens sur la noble famille d'Etherington. Mais le vieux voyageur ne lui montra pas la confiance à laquelle le capitaine s'était attendu. Fernand Mendez Pinto, comme le comte l'appelait, avait changé d'avis ou ne se trouvait pas en humeur communicative. La seule preuve de confiance que le jeune officier put en obtenir, fut une recette précieuse pour faire une sauce au curry.

Jékyl fut donc réduit à croire que Touchwood, qui paraissait avoir eu toute sa vie un goût particulier pour se mêler des affaires des autres, s'était procuré les renseignemens qu'il semblait posséder sur celles du comte d'Etherington, dans quelques-unes de ces sources obscures d'où l'on voit souvent se répandre dans le public des secrets importans, au grand étonnement et à la confusion inexprimable de ceux qu'ils concernent. Ce qui le confirma dans cette idée, ce fut que Touchwood n'était pas très-délicat sur le choix de la société qu'il voyait, car on remarquait qu'il causait aussi volontiers avec le valet de chambre qu'avec le maître, avec la femme de chambre qu'avec la maîtresse. Or celui qui descend jusqu'à cette sorte de compagnie, celui qui aime le commérage et qui est disposé en même temps à payer un certain prix pour satisfaire sa curiosité sans être très-scrupuleux sur l'exactitude des renseignemens qu'il obtient, peut toujours se procurer un fonds considérable d'anecdotes particulières.

Le capitaine conclut donc assez naturellement, après cette entrevue, que ce vieillard curieux et brouillon devait à de pareils moyens la connaissance qu'il avait des affaires des autres ; et il pouvait rendre lui-même témoignage du succès avec lequel il conduisait un interrogatoire, puisqu'une observation insidieuse du nabab lui avait surpris l'aveu de la rencontre qui avait eu lieu entre les deux frères. En conséquence, à son retour de cette visite, il assura le comte qu'après tout il n'avait rien à craindre du vieux voyageur, attendu que, quoiqu'il eût obtenu de manière ou d'autre la connaissance de quelques-uns des principaux faits de sa remarquable histoire, ils ne formaient dans son esprit qu'une sorte de chaos, au point qu'il doutait si Tyrrel et le comte étaient frères ou cousins, et qu'il ignorait complètement les faits qui avaient donné lieu à la querelle.

Ce fut le lendemain de cet éclaircissement que lord Etherington entra à l'ordinaire chez le libraire Pott, y prit ses journaux ; et ayant jeté les yeux sur la tablette où restaient déposées les lettres destinées pour le vieux village, jusqu'à ce qu'on vînt les réclamer, il fut saisi d'un battement de cœur en voyant la belle maîtresse de poste y laisser tomber, avec un air de souverain mépris, un assez gros paquet adressé à Francis Tyrrel. Il en détourna la vue comme s'il eût craint qu'un seul regard jeté sur cet important paquet ne fît soupçonner son projet, ou ne trahît le vif intérêt qu'il prenait à la missive que son amie mistress Pott traitait si dédaigneusement.

En ce moment la porte de la boutique s'ouvrit, et lady Pénélope Penfeather y entra avec son ombre éternelle miss Maria Diggs.

— Avez-vous vu M. Mowbray ? M. Mowbray de Saint-Ronan est-il venu ici ce matin? Savez-vous où est M. Mowbray, mistress Pott?

Telles furent les questions que la dame lettrée amoncela l'une sur l'autre avec tant de rapidité, qu'elle donna à peine à la femme de lettres le temps de répondre négativement à chacune.

Elle n'avait pas vu M. Mowbray; elle ne croyait pas le voir ce matin; son domestique était venu chercher ses lettres et ses journaux, et avait annoncé qu'il ne viendrait pas.

— Juste ciel! que cela est malheureux! s'écria lady Pénélope en poussant un profond soupir, et en se laissant tomber sur un petit sopha, dans une attitude de désolation qui attira sur-le-champ l'attention du libraire et de sa femme. M. Pott déboucha sur-le-champ une petite fiole de sels, car il vendait les drogues comme il vendait des livres, et il réunissait la profession de pharmacopole à celle de libraire. La buraliste alla chercher un verre d'eau. Lord Etherington, pendant ce temps, était en proie à la plus violente tentation, et il éprouvait une vive démangeaison au bout des doigts. Deux pas pouvaient le mettre à portée de tendre la main jusqu'au paquet auquel personne ne songeait, et qui, suivant toute apparence, contenait toutes les espérances de son rival, toutes les preuves à l'appui des prétentions de son frère. Dans ce moment de confusion générale, n'était-il pas possible qu'il s'en emparât sans être remarqué? Mais, non, non. La tentative était trop dangereuse pour la risquer; et passant d'un extrême à l'autre, il lui sembla qu'il s'exposait aux soupçons en laissant lady Pénélope se donner ses grands airs de détresse et de désolation, sans avoir l'air de lui accorder cet intérêt que le rang de cette dame semblait du moins exiger qu'on lui témoignât.

Frappé de cette crainte, il s'empressa de s'exprimer à ce sujet avec tant de chaleur, et montra un désir si ardent de soulager les chagrins de Sa Seigneurie, qu'il s'avança beaucoup plus loin qu'il n'en avait le projet. Lady Pénélope était sensible à ses attentions. Elle n'était guère dans l'habitude de se laisser dominer ainsi par les circonstances; mais il était arrivé quelque chose de si étrange, de si triste, de si embarrassant, qu'elle avouait en être tout-à-fait accablée. Elle pouvait se glorifier d'avoir toujours su supporter ses propres afflictions; mais il lui était impossible, en voyant celles des autres, d'être maîtresse de son émotion.

— Puis-je vous être bon à quelque chose? demanda lord Etherington. Vous avez demandé M. Mowbray de Saint-Ronan. Si vous avez quelque chose à lui faire dire, mon domestique est aux ordres de Votre Seigneurie.

— Oh! non, non, s'écria lady Pénélope. Je suis sûre, milord, que vous pourriez être beaucoup plus utile que M. Mowbray dans cette affaire, c'est-à-dire si vous êtes juge de paix.

— Juge de paix! répéta le comte avec beaucoup de surprise; mais sans contredit, je le suis, mais non pour aucun comté d'Ecosse.

— Oh! peu importe, dit lady Pénélope; et si vous voulez sortir un moment avec moi, je vous expliquerai comment vous pouvez faire une des actions les meilleures, les plus charitables, les plus généreuses du monde.

Le plaisir que prenait lord Etherington à faire des actes de bonté, de charité et de générosité, n'était pas assez vif pour l'empêcher de chercher quelques moyens d'éluder la demande de lady Pénélope; mais en regardant par une fenêtre, il aperçut son valet de chambre, Solmes, qui s'acheminait vers la boutique.

J'ai entendu parler d'un voleur de moutons qui avait fait de son chien un complice si habile qu'il avait coutume de l'employer pour commettre ses vols, et qu'il avait même habitué le pauvre animal à n'avoir pas l'air de reconnaître son maître quand il le rencontrait en semblable occasion. Lord Etherington se conduisit probablement d'après le même principe, car il n'eut pas plus tôt entrevu son agent qu'il sentit la nécessité de lui laisser le champ libre pour ses intrigues.

— Mon valet de chambre viendra chercher mes lettres, dit-il ; il faut que j'accompagne lady Pénélope. Et à l'instant, lui offrant ses services, soit comme juge de paix, soit en toute autre qualité qu'il lui plairait de l'employer, il lui donna le bras à la hâte, et lui laissant à peine le temps de sortir de son état de langueur pour reprendre le degré d'activité qui lui était nécessaire, il se hâta de l'entraîner hors de la boutique ; la joue fardée de la vieille fille touchait l'oreille du comte, ses plumes jaunes et écarlates lui caressaient le bout du nez, mais il brava les œillades moqueuses et les sarcasmes que lançaient à demi-voix toutes les jeunes dames qu'ils rencontrèrent en traversant la Parade.

Il échangea pourtant, quoique de loin, un regard d'intelligence avec Solmes, dans le moment où, toujours comme lié à lady Pénélope, il quittait la promenade publique. Docile à l'impulsion de son guide, et ne perdant aucun son de ses paroles, il ne la suivait que par un mouvement machinal, l'écoutait sans l'entendre, et ne songeait qu'au paquet jeté par mistress Pott au milieu des lettres de rebut.

Enfin un effort de mémoire lui rappela que sa distraction devait paraître étrange, et même, comme sa conscience le lui disait, suspecte à sa compagne. S'imposant donc le degré de contrainte qu'il jugeait nécessaire, il exprima pour la première fois quelque curiosité de savoir où aboutirait leur promenade. Il arriva pourtant que cette question était précisément celle qu'il n'aurait pas dû faire, s'il avait accordé la plus légère attention à tout ce que la dame lui avait débité avec une volubilité sans égale, car elle ne l'avait pas entretenu d'autre chose.

— Mon cher comte, lui dit-elle, il faut croire que vous autres qui avez été créés nos seigneurs et maîtres, vous

vous imaginez qu'une pauvre femme est l'être le plus vain qui soit au monde. Je vous ai dit combien il m'en coûte de parler de mes petites charités, et cependant voilà que vous me demandez de vous raconter une seconde fois toute l'histoire. Mais j'espère, après tout, que vous n'êtes pas surpris de ce que j'ai regardé comme un devoir pour moi dans cette triste conjoncture. Peut-être ai-je trop écouté les suggestions du cœur, qui égarent si souvent.

Aux aguets pour obtenir quelque explication, mais n'osant la demander directement, de peur de prouver que la narration pathétique et détaillée qui lui avait été faite avait été perdue pour lui, lord Etherington se borna à répondre que lady Pénélope ne pouvait s'égarer en suivant les impulsions de son jugement.

Mais lady Pénélope était trop blasée sur les louanges pour se contenter d'un compliment si simple ; elle se hâta de donner elle-même la mesure de l'adulation qu'elle attendait.

— De mon jugement? répéta-t-elle ; comment se fait-il que vous autres hommes vous vous connaissiez assez peu pour croire que nous puissions peser le sentiment dans la balance du jugement? C'est un peu trop exiger de nous, pauvres victimes de notre sensibilité. Ainsi donc vous devez m'excuser, si j'oublie les erreurs de cette créature aussi malheureuse que coupable, quand je suis attendrie par la vue de sa misère. Ce n'est pas que je voudrais que ni vous, milord, ni ma jeune amie miss Diggs, vous pussiez me supposer capable de pallier la faute, quand j'ai pitié de la malheureuse pécheresse. Oh, non. Il y a des vers de Walpole qui expriment parfaitement ce qu'on doit éprouver en pareille occasion :

>   Une ame généreuse et tendre
>   Compatit toujours aux malheurs.
>   D'une faiblesse elle sait se défendre ;
>   Mais celui qui succombe a des droits à ses pleurs.

—O la plus maudite de toutes les *précieuses!* pensa lord Etherington; quand commenceras-tu donc, au milieu de tout ton bavardage, à prononcer un mot qui ait quelque sens, et qui puisse m'instruire de quelque chose?

Mais lady Pénélope continua sur le même ton :

— Si vous saviez, milord, combien je regrette, en de pareilles occasions, que mes moyens soient si limités! Mais j'ai fait une quête parmi nos bonnes gens aux eaux; j'avais engagé ce misérable égoïste Winterblossom à venir avec moi, pour le rendre témoin de la détresse de cette pauvre créature; mais cet être sans cœur m'a répondu qu'il craignait de gagner l'infection, l'infection d'une fièvre puer... puerpérale! Je ne devrais peut-être pas prononcer ce mot; mais la science n'a pas de sexe. Quoi qu'il en soit, je me suis toujours précautionnée de vinaigre des quatre voleurs, et je n'ai jamais passé le seuil de la porte.

Quels que fussent les défauts d'Etherington, il ne manquait pas de cette charité qui ne consiste qu'à donner une aumône.

— Je suis fâché, dit-il en prenant sa bourse, que Votre Seigneurie ne se soit pas adressée à moi.

— Pardon, milord, mais on ne fait de pareilles demandes qu'à ses amis, et vous êtes si constamment occupé de lady Binks, que nous avons rarement le plaisir de vous voir dans ce que j'appelle mon petit cercle.

Le comte, sans répondre à cette espèce de reproche, lui présenta deux guinées, en disant qu'il faudrait procurer à cette pauvre femme les secours d'un médecin.

—C'est bien ce que j'ai dit, milord; mais, quand j'ai proposé à cette brute de Quackleben d'aller la voir, et il me devait assez de reconnaissance pour faire cela pour moi, savez-vous ce que ce monstre d'avarice m'a répondu?
— Et qui me paiera? — Il devient tous les jours plus insupportable depuis qu'il se croit sûr d'épouser cette grosse veuve boursouflée. Il ne pouvait pas s'attendre qu'avec

mon faible revenu ce serait moi qui le paierais. D'ailleurs, milord, n'y a-t-il pas une loi qui ordonne que les soins rendus aux pauvres soient payés par la paroisse, par le comté, par quelqu'un en un mot?

— Nous trouverons moyen, milady, de lui faire faire quelques visites à la malade, et je crois que ce que j'ai de mieux à faire, est de retourner sur-le-champ à l'hôtel afin de le lui envoyer. Quant à moi, je ne vois pas en quoi ma présence peut être utile à une femme attaquée d'une fièvre de lait.

— Puerpérale, milord, puerpérale, dit lady Pénélope avec un ton de pédanterie.

— Soit! puerpérale. Mais à coup sûr ce n'est pas moi qui la guérirai.

— Vous avez donc oublié ce que je vous ai dit, milord? Cette Anne Heggie est arrivée ici avec un enfant dans ses bras, et un autre..... en un mot sur le point de devenir mère pour la seconde fois; et elle s'est établie dans la misérable hutte dont je vous ai parlé. Bien des gens pensent que le ministre aurait dû la renvoyer dans sa paroisse. Mais le ministre a un caractère étrange et bizarre. C'est un homme faible, apathique, et qui n'est pas très-actif à remplir les devoirs de son ministère. Quoi qu'il en soit, elle s'est établie ici; et l'on pouvait remarquer en elle, milord, quelque chose qui l'élevait au-dessus du commun des pauvres. Ce n'était pas une de ces femmes dégoûtantes à qui l'on donne une pièce de six pence en détournant la tête; elle semblait avoir vu des jours plus heureux. C'était une de ces infortunées, comme dit Shakspeare, « — qui ont une histoire intéressante à vous faire. — » Je ne connais pourtant la sienne que très-imparfaitement. Ce n'est qu'aujourd'hui qu'ayant passé pour savoir comment elle allait, et ayant fait entrer ma femme de chambre dans sa hutte pour lui remettre quelques bagatelles, j'ai découvert qu'elle a l'esprit tourmenté de quelque chose qui concerne la famille des Mowbrays de Saint-Ronan. Ma femme de chambre dit que la pauvre créature se meurt, et qu'elle demande à grands cris M. Mowbray ou quelque magistrat, pour lui faire une déclaration. C'est pour cela que je vous ai donné la peine de venir avec moi, afin que nous apprenions de cette malheureuse femme, s'il est possible, ce qu'elle peut avoir à dire. J'espère qu'il ne s'agit pas d'un meurtre; je l'espère bien sincèrement, quoique le jeune Saint-Ronan ait été un être bien étrange, bien inconsidéré, bien dérangé, un *sgherro insigne*, comme disent les Italiens. Mais voici la hutte, milord; entrez, je vous en prie.

La mention de la famille de Saint-Ronan et d'un secret qui la concernait, bannit complètement de l'esprit du comte le projet qu'il commençait à former de laisser lady Pénélope pratiquer sans lui ses œuvres de charité. Ce fut donc avec un intérêt égal à celui qu'elle montrait qu'il entra dans la plus misérable des chaumières, où l'infortunée dont la bonté pleine d'ostentation de lady Pénélope n'avait guère soulagé la misère avait demeuré, avant et depuis son accouchement, avec une vieille femme, à la charge elle-même de la paroisse, et pour qui le ministre avait augmenté le faible secours qu'elle recevait chaque semaine, afin qu'elle pût de son côté en accorder quelques-uns à l'étrangère.

Lady Pénélope leva le loquet, et entra après avoir hésité entre la crainte que lui inspirait le danger de gagner l'infection, et l'ardente curiosité d'apprendre quelque secret qui intéressât l'honneur ou la fortune de la famille Mowbray. Ce dernier sentiment l'emporta bientôt, et elle entra, suivie de lord Etherington. De même que la plupart des belles dames qui se mêlent de porter des consolations dans la chaumière du pauvre, elle commença par reprocher à la vieille femme un peu grondeuse de manquer d'ordre et de propreté. Elle critiqua la nourriture qu'on donnait à la malade, et s'informa particulièrement de ce qu'était devenu le vin qu'elle avait envoyé pour lui en composer une boisson stomacale.

La vieille commère n'avait pas été assez éblouie par la dignité et la libéralité de lady Pénélope, pour endurer ses reproches avec patience. — Ceux qui avaient à gagner leur pain avec un bras, dit-elle, car son bras gauche, frappé de paralysie, était privé de tout mouvement, avaient autre chose à faire que de balayer les maisons. Si milady voulait envoyer sa fainéante de servante pour prendre le balai, elle pourrait nettoyer le plancher tant qu'elle le voudrait, et elle ne s'en trouverait pas plus mal pour cela ; elle aurait du moins fait quelque chose au bout de la semaine.

— Entendez-vous la vieille sorcière, milord? dit lady Pénélope. Voyez l'affreuse ingratitude du pauvre! Mais le vin, vieille dame, le vin?

— Le vin? il y en avait à peine un mutchkin [1], et Dieu sait comme il était. Le vin a été bu, vous pouvez en faire serment ; nous ne l'avons pas jeté par-dessus nos épaules. S'il pouvait faire quelque bien, c'était en le prenant tel qu'il était, et non pas en y mêlant votre sucre et vos drogues. Quant à moi, je regrette d'y avoir goûté, tant il était sûr. Si le bedeau ne m'avait donné une goutte d'usquebaugh [2], je crois que je serais morte d'avoir bu votre vin, car.....

Ici lord Etherington interrompit la vieille grondeuse en lui mettant une couronne dans la main, et en la priant en même temps de garder le silence. La vieille pesa la pièce d'argent dans sa main, et se retira au coin de la cheminée en murmurant à demi-voix : — Cela ressemble à quelque chose, du moins; cela ressemble à quelque chose. Ce n'est pas là entrer dans une maison, en sortir, ordon-

---

[1] Petite mesure d'Ecosse : une roquille environ. — Éd.
[2] Eau-de-vie de grain. — Tr.

ner comme si on en était la maîtresse, et tout cela pour vous remettre un pauvre shilling le samedi soir.

En parlant ainsi, elle s'assit devant son rouet, prit une vieille pipe dont le tuyau enfumé était noir comme du jais, et elle en fit bientôt sortir un nuage de fumée odorante qui aurait promptement mis en fuite lady Pénélope si elle n'eût été inébranlable dans sa résolution d'entendre ce que la malade pouvait avoir à dire. Quant à miss Diggs, elle toussa, éternua, frappa des pieds, et enfin elle se précipita hors de la chaumière en disant qu'elle ne pouvait rester dans un pareil tourbillon de fumée quand il s'agirait d'entendre les dernières paroles de vingt femmes malades, et que d'ailleurs elle était sûre que lady Pénélope lui raconterait tout, pour peu que cela en valût la peine.

Lord Etherington était alors debout près d'un misérable lit de camp sans rideaux. Sur ce lit, composé d'un seul matelas de bourre, était étendue la pauvre malade, dont les derniers momens, l'on pouvait aisément le voir, étaient troublés par les cris de l'aîné de ses enfans, auxquels elle ne pouvait répondre que par des gémissemens. Elle essayait de temps en temps de tourner les yeux de l'autre côté de son grabat, où gisait la malheureuse créature à qui elle avait donné le jour depuis peu : cet enfant, transi de froid, n'était enveloppé que d'un vieux lambeau de couverture ; les traits enflés et livides de cette infortunée, ses yeux à peine ouverts, semblaient annoncer qu'elle serait bientôt délivrée d'un état de misère qu'elle paraissait ne pas sentir.

— Vous paraissez bien mal, bonne femme, lui dit le comte ; on m'a dit que vous désiriez parler à un magistrat.

— C'était M. Mowbray de Saint-Ronan que je désirais voir, John Mowbray de Saint-Ronan. La dame m'a promis de l'amener ici.

— Je ne suis pas Mowbray de Saint-Ronan, mais je suis juge de paix et membre du parlement d'Angleterre ; je suis en outre ami particulier de M. Mowbray. Puis-je vous être utile en quelqu'une de ces qualités?

La pauvre femme garda quelque temps le silence; et, quand elle parla ensuite, ce fut avec un air d'hésitation.

— Lady Pénélope Penfeather est-elle ici? demanda-t-elle en ouvrant autant qu'elle le pouvait ses yeux à demi éteints.

— Elle est ici; elle peut vous entendre, répondit lord Etherington.

— C'est bien tant pis, répondit la femme mourante, s'il faut que je confie un secret semblable à celui qui me tourmente, à un homme que je ne connais pas, et à une femme dont je ne connais que l'indiscrétion.

— L'indiscrétion! s'écria lady Pénélope. Mais à un signe que lui fit lord Etherington, elle fit un effort pour se contraindre, et la pauvre malade, qui n'était guère en état d'observer ce qui se passait autour d'elle, continua d'une voix très-intelligible, et même avec une certaine force. Le son de sa voix et sa manière de parler annonçaient la violence de la fièvre, mais son ton et son langage semblaient au-dessus de sa misérable condition.

— Je ne suis pas la créature abjecte que je parais, dit-elle; du moins je n'étais pas née pour le devenir. Plût au ciel que je fusse cet objet méprisable, que j'eusse reçu le jour dans la classe la plus indigente! Mendiante sans asile, mère sans époux, l'ignorance et l'insensibilité me feraient supporter mon sort, de même que l'animal abandonné qui meurt patiemment sur la prairie maigre qui lui a donné une chétive nourriture pendant sa vie. Mais, moi, moi, née et élevée pour un état tout différent, je ne puis en avoir perdu le souvenir, et c'est ce qui rend ma condition actuelle plus insupportable. Ma honte, ma pauvreté, mon infamie, la vue de mes enfans mourans, la certitude que moi-même je n'ai plus que quelques heures à vivre, tout cela me donne un avant-goût de l'enfer.

L'affection et la dignité de lady Pénélope ne purent tenir

à cet exorde effrayant. Elle tressaillit, frémit, et, peut-être pour la première fois de sa vie, elle sentit la nécessité véritable de porter son mouchoir à ses yeux.

Lord Etherington ne fut pas moins ému. — Bonne femme, lui dit-il, si les secours nécessaires à votre situation peuvent adoucir votre détresse, je vous promets que vous n'en manquerez pas, et qu'on prendra soin de vos pauvres enfans.

— Puisse Dieu vous bénir! dit la pauvre femme en jetant un regard douloureux sur les deux êtres infortunés qui étaient à ses côtés. — Et puissiez-vous, ajouta-t-elle après une pause d'un moment, mériter la bénédiction de Dieu, car ses bienfaits sont vains pour ceux qui n'en sont pas dignes!

La conscience de lord Etherington lui fit peut-être éprouver un mouvement de componction, car il répondit à la hâte: —Si vous avez quelque chose à me communiquer en ma qualité de magistrat, ne tardez pas plus long-temps à le faire, bonne femme. Il est temps d'améliorer un peu votre situation, et je vais m'en occuper sur-le-champ.

— Encore un instant, lui dit-elle; souffrez que je décharge ma conscience du poids qui l'oppresse, avant que je quitte la terre, car nuls secours humains ne peuvent m'y faire prolonger bien long-temps mon séjour. J'étais bien née, ma honte n'en est que plus grande; bien élevée, je n'en suis que plus coupable; j'étais pauvre à la vérité, mais je n'éprouvais pas les maux de la pauvreté. Je n'y pensais que lorsque ma vanité me créait des besoins factices et dispendieux, car je n'en connaissais pas de véritables. J'étais compagne d'une jeune personne d'un rang plus élevé que le mien, ma parente cependant, et d'un caractère si doux, si bon, qu'elle me traitait comme une sœur et qu'elle aurait partagé avec moi tout ce qu'elle possédait au monde. Je doute que je puisse vous finir mon histoire. La parole expire sur mes lèvres, quand je songe à la manière dont j'ai récompensé cette affection si tendre. J'étais plus âgée que Clara. J'aurais dû la diriger dans le choix de ses lectures, et fortifier son jugement. Mais mon penchant me portait à ne lire que des ouvrages qui, quoiqu'ils défigurent la nature, séduisent l'imagination. Nous lûmes ensemble ces livres dangereux, et nous nous créâmes ainsi un petit monde romanesque, en nous préparant pour un labyrinthe d'aventures. L'imagination de Clara était aussi pure que celle des anges; la mienne.... mais il est inutile d'en parler. Le démon, toujours aux aguets, me présenta un tentateur à l'instant où il devait m'être le plus dangereux.

Elle s'arrêta ici, comme si elle eût trouvé de la difficulté à s'exprimer, et lord Etherington, se tournant vers lady Pénélope, lui demanda avec l'air du plus grand intérêt s'il ne lui était pas désagréable d'entendre le reste des aveux de cette infortunée. Il paraissait qu'elle touchait à certaines choses délicates qu'il serait peut-être pénible à Sa Seigneurie d'entendre.

— J'avais la même idée, milord; et, pour vous dire la vérité, j'allais vous proposer de vous retirer, et de me laisser seule avec cette pauvre femme. Mon sexe la portera à s'exprimer plus librement en l'absence de Votre Seigneurie.

— C'est la vérité, milady; mais j'ai un devoir à remplir ici comme magistrat, et... Silence! voilà qu'elle parle.

— On dit, reprit la malade, que toute femme qui cède se rend esclave de son séducteur. Mais je vendis ma liberté, non à un homme, mais à un démon. Il me fit servir à ses affreux projets contre mon amie et ma bienfaitrice; et il trouva en moi un instrument qui n'était que trop disposé, par la plus noire envie, à détruire en elle la vertu que j'avais perdue moi-même. Ne m'écoutez pas davantage. Retirez-vous, et abandonnez-moi à mon destin. Je suis la plus odieuse des infortunées; et d'autant plus odieuse à moi-même, qu'au milieu de mon repentir une voix secrète me dit que, si je me retrouvais dans la même position, j'agirais encore avec la même perfidie, peut-être avec plus de scélératesse. Ah! que le secours du ciel m'aide à écarter cette affreuse pensée !

Elle ferma les yeux, croisa ses mains décharnées, et les éleva vers le ciel, comme si elle eût fait une prière mentale. Mais presque au même instant ses mains se séparèrent et retombèrent doucement sur son grabat; ses yeux ne se rouvrirent plus, et tous ses traits restèrent dans un état d'immobilité complète. Lady Pénélope poussa un cri, se cacha les yeux avec les mains, et s'enfuit le plus loin possible du lit de cette infortunée, tandis que lord Etherington, dont la physionomie annonçait une émotion produite par plusieurs causes, restait les yeux fixés sur la pauvre femme, comme pour s'assurer si la dernière étincelle de vie était éteinte en elle. La vieille accourut près du lit, apportant quelques gouttes d'une liqueur spiritueuse dans une tasse ébréchée.

— Votre charité en a eu pour son argent, dit-elle avec un air de dépit méprisant. Vous nous achetez jusqu'à la vie, avec vos shillings, vos pièces de six pence et vos groats[1]. Vous avez fait parler cette malheureuse au point qu'elle n'en peut plus, et maintenant vous voilà comme si vous n'aviez jamais vu une femme perdre connaissance. Laissez-moi lui donner à boire, les paroles rendent le gosier sec, voyez-vous. Laissez-moi donc passer, milady, si vous êtes une milady; toutes les miladys du monde ne peuvent empêcher la mort d'arriver.

Lady Pénélope, moitié courroucée, moitié effrayée du ton et des manières de cette vieille, accepta alors bien volontiers l'offre que lord Etherington lui fit une seconde fois de la reconduire. Cependant, il ne sortit de la chaumière qu'après avoir laissé une nouvelle marque de libéralité à la vieille, qui la reçut avec l'air et le ton d'une reconnaissance larmoyante.

(1) Petite monnaie de cuivre. — Tr.

— Que le Tout-Puissant dirige vos pas au milieu des embarras de ce monde corrompu! dit-elle d'une voix nazillarde. — Et puisse le diable souffler dans vos voiles pour vous emporter bien loin! ajouta-t-elle en reprenant son ton naturel, dès qu'ils eurent passé le seuil de la porte. Voilà une belle paire de coucous! Ne peuvent-ils laisser mourir tranquilles les pauvres gens, sans venir les tourmenter avec leurs boissons *stomacrales?*

— La déclaration de cette malheureuse femme, dit lord Etherington à lady Pénélope, semble avoir rapport à des choses qui ne sont pas du ressort des lois. Je crois que le mieux est de n'y donner aucune suite, car elle paraît concerner la réputation d'une jeune dame, et pourrait troubler la paix d'une famille respectable.

— Je ne pense pas comme Votre Seigneurie, répondit lady Pénélope; je pense tout différemment, je présume que vous avez deviné de qui elle parlait.

— En vérité, Votre Seigneurie fait trop d'honneur à ma pénétration.

— N'a-t-elle donc pas fait mention d'un nom de baptême? Vous comprenez les choses bien difficilement ce matin, milord.

— Un nom de baptême! non, je ne m'en souviens pas. Ah, oui, je crois qu'elle a nommé une Catherine.

— Catherine! non, milord; c'est une Clara qu'elle a nommée. C'est un nom qui n'est pas très-commun dans ces environs, et qui est porté par une jeune personne à qui vous devriez penser, à moins que la cour assidue que vous faites tous les soirs à lady Binks ne vous fasse oublier vos visites de chaque matin au château des Shaws. Vous êtes un homme entreprenant, milord, et je vous conseille de mettre mistress Blower au nombre des objets de votre attention. Vous aurez alors sur votre liste, fille, femme et veuve.

— Sur mon honneur, milady, vous êtes trop sévère. Vous vous environnez tous les soirs de tout ce qu'il y a d'esprit et de talens dans la société réunie ici, et vous lancez ensuite des sarcasmes contre un pauvre reclus qui n'ose approcher de votre cercle magique, sous prétexte qu'il cherche quelque amusement ailleurs. Ce n'est pas régner, c'est tyranniser. C'est véritablement le despotisme de Turquie.

— Ah! milord, je vous connais fort bien. Vous sériez bien fâché de ne pas posséder les moyens de vous rendre agréable dans tous les cercles dont il peut vous plaire d'approcher.

— Est-ce dire que vous me pardonnerez si je me présente ce soir dans le vôtre?

— Dans quelque société que lord Etherington veuille se montrer, il ne peut manquer d'y être parfaitement accueilli.

— J'irai donc ce soir solliciter mon pardon, dit le comte, et jouir de mon privilège. Et maintenant, ajouta-t-il en parlant du même ton que s'il eût jugé qu'une confiance parfaite se trouvait établie entre lady Pénélope et lui, que pensez-vous réellement de cette ridicule histoire?

— Oh! je pense bien certainement qu'elle concerne miss Mowbray. Elle a toujours été d'un caractère fort étrange. Il y a en elle quelque chose que je n'ai jamais pu endurer; une sorte d'effronterie (le terme est peut-être un peu dur), disons donc une sorte de confiance en elle-même. J'ai eu quelques liaisons avec elle, uniquement parce qu'elle était orpheline et de bonne famille, et parce que réellement je n'avais rien entendu dire qui lui fût positivement défavorable, quoiqu'elle me choquât quelquefois.

— Probablement, dit lord Etherington d'un ton de suggestion, vous jugerez à propos de ne pas donner de publicité à cette histoire, du moins jusqu'à ce que vous sachiez exactement ce qu'on doit en croire.

— Ce qu'on doit en croire? tout ce qu'on peut imaginer

de pire; vous pouvez en être sûr, milord. N'avez-vous pas entendu cette femme dire qu'elle avait conduit Clara à sa ruine? Et vous ne pouvez douter qu'elle n'ait voulu désigner Clara Mowbray, puisqu'elle désirait parler à son frère.

—Cela est vrai, je n'y pensais pas. Cependant il serait bien fâcheux pour cette pauvre fille que cela s'ébruitât.

—Oh! ce n'est pas moi qui l'ébruiterai jamais. Je ne voudrais pas même donner lieu au moindre soupçon. Mais je ne puis me trouver avec miss Mowbray comme par le passé; j'ai un rang à soutenir dans le monde, milord. Je suis dans la nécessité d'être scrupuleuse sur le choix de ma société. Je le dois au public, quand ma propre inclination ne m'y porterait pas.

—Certainement, milady; mais réfléchissez que, dans un lieu où tous les yeux sont nécessairement ouverts sur votre conduite, la moindre froideur que vous témoigneriez à miss Mowbray suffirait pour la perdre de réputation, non-seulement ici, mais dans le monde. Et après tout, nous n'avons pas la certitude positive qu'elle ait quelque chose à se reprocher.

—Oh! milord, quant à la vérité de l'histoire, j'ai quelques raisons particulières pour la croire parfaitement vraie; car j'ai appris quelque chose de fort mystérieux, d'un très-digne homme, mais fort original (Votre Seigneurie sait combien j'adore l'originalité), du ministre de cette paroisse, en un mot, qui m'a donné à entendre, sans le vouloir, qu'il y avait en miss Clara quelque chose... quelque chose qui... Votre Seigneurie me pardonnera de ne pas m'expliquer plus clairement. Oh! non, je crains... je crains positivement que tout cela ne soit trop vrai. Vous connaissez sans doute M. Cargill, milord?

—Oui et non. C'est-à-dire je crois l'avoir vu. Mais comment se fait-il que miss Mowbray ait pris le ministre pour confesseur? Les presbytériens n'admettent pas la confession auriculaire. Il faut qu'il ait été question du mariage.

Espérons que c'est cela ; la chose est possible. Cargill, le ministre je veux dire, vous a-t-il donné à entendre quelque chose de ce genre?

— Pas un mot, pas un seul mot. Mais je vois où vous voulez en venir, milord; vous voudriez couvrir cette histoire d'un voile charitable;

<small>Du nom sacré d'hymen elle couvre sa faute [1].</small>

C'est l'histoire de Didon, milord. Comment le ministre a-t-il appris ce secret, c'est ce que je ne saurais dire, car c'est un homme qui ne s'ouvre pas facilement. Mais je sais qu'il ne souffrira pas que Clara épouse qui que ce soit; et incontestablement c'est parce qu'il sait qu'elle ne pourrait le faire sans porter le déshonneur dans quelque honnête famille. Et véritablement je pense comme lui, milord.

— Peut-être M. Cargill sait-il que miss Mowbray est déjà mariée secrètement. Excusez-moi, milady, si j'ose avoir une opinion différente de la vôtre; mais cette conclusion me paraît la plus naturelle.

Lady Pénélope parut déterminée à ne pas envisager les choses sous ce point de vue.

— Non, non : je vous dis qu'il est impossible qu'elle soit mariée. Si elle était mariée, cette pauvre femme aurait-elle pu dire qu'elle était perdue? Vous savez qu'il y a quelque différence entre la perte et le mariage d'une femme.

— On assure qu'il en existe qui ont trouvé ces deux mots synonymes, milady.

— Vous voulez pointiller avec moi, milord; mais en langage ordinaire, quand on parle de la perte d'une femme, on entend tout le contraire du mariage. Il m'est impossible de m'expliquer davantage sur un pareil sujet, milord.

— Je m'en rapporte au jugement supérieur de Votre Seigneurie. Je vous engage seulement à agir avec prudence

---

(1) Enéide, liv. IV. — ÉD.

dans cette affaire. J'interrogerai de nouveau cette femme avec le plus grand soin, et je vous informerai de ce que j'aurai appris. En attendant, j'espère que Votre Seigneurie ne sera pas trop pressée de répandre des bruits qui seraient fâcheux pour la réputation de miss Mowbray.

—Je ne suis pas une femme à répandre des bruits scandaleux, milord, dit lady Pénélope en se redressant. Mais je dois vous dire en même temps que les Mowbrays n'ont guère le droit d'attendre de moi de grands égards. J'ai été la première à mettre à la mode les eaux de Saint-Ronan, ce qui n'est pas de peu d'importance pour leur domaine; cependant, milord, M. Mowbray se met en opposition contre moi en toute occasion, et il encourage les gens qui n'ont reçu qu'une demi-éducation à se conduire d'une manière fort étrange. Lorsqu'il s'est agi de régler les travaux faits sur ce que nous appelons le Belvédère, il n'a pas voulu consentir que le paiement en fût fait sur la bourse commune de la compagnie, uniquement parce que c'était moi qui avais donné le plan et les ordres aux ouvriers. Et ensuite ne m'a-t-il pas contrariée de même sur l'arrangement de la salle à prendre le thé, sur la fixation de l'heure à ouvrir le bal, sur la souscription pour le nouveau roman de chevalerie de M. Rymour? Non certainement, je ne suis tenue à avoir aucune considération pour M. Mowbray de Saint-Ronan.

—Mais sa sœur, milady, sa pauvre jeune sœur.

—Sa pauvre jeune sœur! elle sait être aussi impertinente qu'une riche et belle dame. Elle a agi une fois envers moi d'une manière scandaleuse, milord. Il ne s'agissait que d'une bagatelle à la vérité, d'un schall. Personne ne s'inquiète moins de la parure que moi, milord; Dieu merci, mes pensées se dirigent vers des objets tout différens. Mais ce sont précisément les bagatelles qui prouvent le manque d'affection et de respect; et miss Clara m'en a complètement manqué, sans parler des impertinences que j'ai eues à supporter de son frère au même sujet.

— Il ne me reste qu'un seul moyen, pensa le comte en voyant qu'ils approchaient de l'hôtel du Renard, c'est d'inspirer des craintes à cette diablesse à bas bleus, aussi vindicative qu'elle est sotte. — Vous savez sans doute, milady, lui dit-il, que les tribunaux ont accordé tout récemment des dommages et intérêts très-considérables dans diverses affaires où il s'agissait de bruits diffamatoires répandus contre des dames de considération. Les privilèges de la table à thé n'ont pas suffi pour protéger de belles médisantes contre les conséquences des propos trop peu discrets qu'elles avaient tenus sur la réputation de quelques-unes de leurs amies. Je vous engage donc à ne pas oublier que nous ne savons encore que bien peu de chose sur cette affaire.

Lady Pénélope aimait l'argent, et craignait les procès. L'avis de lord Etherington, fortifié par la connaissance qu'elle avait de l'amitié de Mowbray pour sa sœur, et de son caractère irritable et vindicatif, la mit en un moment à peu près dans les dispositions où le comte désirait de la voir. Elle protesta que personne ne prendrait plus de soin qu'elle de ne pas nuire à la bonne renommée de cette infortunée jeune personne, même en supposant que sa faute fût complètement prouvée; elle promit le silence sur la déclaration de la pauvre femme, et invita lord Etherington à arriver de bonne heure pour le thé dans la soirée, attendu qu'elle désirait lui faire faire connaissance avec un ou deux de ses protégés, qu'elle était sûre qu'il trouverait dignes de ses avis et de sa protection.

Elle fut conduite par le comte jusqu'à la porte de son appartement, où elle prit congé de lui avec le sourire le plus gracieux.

CHAPITRE XXXIII.

DÉSAPPOINTEMENT.

« Voilà la terre, ainsi redoublez de courage,
« Carguez la grande voile, et nargue de l'orage. »
L'Orage.

— Tout s'obscurcit autour de moi, comme si une tempête se préparait, pensa lord Etherington en traversant le court espace qui séparait son appartement de celui de lady Pénélope. Il marchait à pas lents avec son chapeau blanc rabattu sur ses sourcils, et il tenait ses bras croisés. Pour un roué de l'ancienne école, un des hommes de plaisir et des beaux esprits de Congreve [1], c'eût été manquer à son caractère; mais l'élégant d'aujourd'hui ne déroge pas si facilement. Le comte pouvait donc se livrer à ses réflexions, sans risquer d'attirer l'attention sur lui. — J'ai mis un sceau, se dit-il, sur les lèvres de cette belle dame;

---

(1) La comédie est le tableau des mœurs de chaque époque : là, plus encore que dans l'histoire, sir Walter Scott a trouvé des types de caractère tant admirés dans ses romans : les fats et les beaux-esprits du siècle de Charles II et des règnes suivans doivent être étudiés dans les pièces de Dryden, d'Etheredge, de Cibber, et enfin de Congreve et Vanburgh. Les *Beaux Esprits* de Congreve ont une réputation proverbiale : Byron a dit dans don Juan :

The days of comedy are gone, alas !
When Congreve's fools could vie with Moliere's,

« Ils ne sont plus les jours de la bonne comédie où les *fous* de Congreve pouvaient rivaliser avec les *bêtes* de Molière. » Ces *fous* sont la personnification des travers de l'esprit, etc. — Ed.

mais il cèdera bientôt à son besoin d'exercer sa malignité naturelle. — Que faire alors?

Tandis qu'il regardait autour de lui, il vit son fidèle Solmes, qui, ôtant son chapeau avec le respect convenable, lui dit en passant près de lui : — Votre Seigneurie trouvera ses lettres dans son porte-feuille.

Ces expressions étaient bien simples ; elles furent prononcées du ton le plus indifférent, et cependant elles firent tressaillir le cœur de lord Etherington, comme si sa vie en eût dépendu. Sans avoir pourtant l'air de prendre un intérêt particulier à cet avis, il se borna à dire à Solmes de rester en bas, pour lui répondre dans le cas où il sonnerait ; et, entrant dans son appartement, il en ferma la porte à double tour, et tira même le verrou, avant de jeter les yeux sur la table sur laquelle était déposé son porte-feuille.

Lord Etherington avait, comme c'est assez la coutume, une clef du porte-feuille destiné à recevoir ses dépêches, et son valet de confiance en avait une autre, de sorte que, par ce moyen, ses lettres n'avaient rien à craindre d'une curiosité impertinente ; précaution qui n'est pas tout-à-fait inutile, quand on loge dans les hôtels garnis.

— Avec votre permission, monsieur Bramah [1], dit le comte en mettant la clef dans la serrure, plaisantant en quelque sorte de l'agitation qu'il éprouvait, comme il eût raillé celle de tout autre d'un air indifférent. Il ouvrit le porte-feuille, et y trouva le paquet dont le volume et l'adresse avaient attiré son attention peu de temps auparavant. Il aurait alors donné bien des choses pour tenir ce qui était maintenant en son pouvoir ; mais bien des gens s'arrêtent à l'instant de commettre un crime, après l'avoir médité de sang-froid. Son premier mouvement fut d'attiser le feu, et il tenait en main le paquet, qu'il était plus qu'à demi tenté de dévouer aux flammes sans même

(1) Inventeur de différentes espèces de serrures de sûreté. — Tr.

en rompre le cachet. Mais, quoique déjà familier avec le crime, il ne le connaissait pas encore sous ses formes les plus viles. Il ne s'était pas encore rendu coupable de bassesse, ou du moins de ce que le monde appelle ainsi. Il avait été duelliste, les mœurs du siècle l'excusaient; libertin, le monde le pardonnait à sa jeunesse et à son rang; joueur hardi et heureux, c'était à cela qu'il devait l'admiration et l'envie qu'il excitait. Mille autres peccadilles, auxquelles conduisent de telles habitudes, étaient à peine critiquées dans un homme de qualité, qui avait assez de fortune et de talens pour soutenir son rang. Mais l'acte qu'il méditait en ce moment était d'un genre tout différent. — N'en dites mot dans Bond-Street; qu'on n'en entende point parler sur les trottoirs de Saint-James [1]. C'était un crime aussi impardonnable que de prendre un mouchoir dans la poche d'un autre, un de ces méfaits honteux pour lesquels le code de l'honneur n'admet pas de composition.

Lord Etherington, livré à ces réflexions, resta quelques minutes indécis. Mais le diable est toujours assez bon logicien pour convaincre ceux qui veulent bien l'écouter. Il lui représenta l'injustice que son père avait commise envers sa mère, et envers lui-même qu'il avait investi de ses droits héréditaires en présence du monde entier, quand, par un écrit posthume, il avait voulu flétrir la mémoire de l'une, et anéantir les espérances de l'autre. Bien certainement en possession de ses droits, il était autorisé à employer les moyens les plus efficaces, quels que puissent être ces moyens, pour résister à toute entreprise contre ces mêmes droits, et même à détruire, s'il était nécessaire, les pièces à l'aide desquelles ses ennemis poursuivaient leurs plans injustes contre son honneur et son intérêt.

---

(1) Rendez-vous des *roués* et des *joueurs* de Londres. C'est à Saint-James-Street que sont les maisons de jeu appelées *Hells*, enfers, et qu'on nomme quelquefois plus poétiquement *Pandæmonium*. — Ed.

Ce raisonnement l'emporta, et lord Etherington avançait une seconde fois le paquet vers le feu qu'il venait d'attiser, quand il réfléchit que, sa résolution étant prise, il devait la mettre à exécution de la manière la plus profitable possible, et qu'en conséquence il convenait qu'il s'assurât que le paquet condamné aux flammes contenait effectivement les pièces qu'il désirait détruire.

Jamais doute ne se présenta plus à propos à l'esprit; car à peine eut-il rompu le cachet, et chiffonné l'enveloppe entre ses doigts, qu'il s'aperçut, à sa grande consternation, qu'il n'avait en main que les copies des pièces que Frank Tyrrel avait demandées, et qu'il avait présumé avec trop de confiance qu'on lui enverrait en original à sa réquisition. Une lettre d'un des associés de la maison de commerce où elles étaient déposées annonçait qu'en l'absence du chef de cette maison, à qui personnellement ces papiers avaient été confiés, il n'avait pas cru pouvoir se permettre de se dénantir des originaux, même sur la demande de M. Tyrrel; que cependant il avait pris sur lui d'ouvrir le paquet, et qu'il lui envoyait des copies exactes de toutes les pièces qui y étaient contenues, ce qui pouvait suffire à M. Tyrrel pour faire une consultation, comme il lui en supposait l'intention : quant à lui, il était déterminé à ne pas se dessaisir des originaux, jusqu'au retour de son associé, à moins qu'il ne fût sommé de les produire dans une cour de justice.

Faisant une imprécation contre les scrupules absurdes de celui qui écrivait ainsi, le comte laissa tomber la lettre d'avis, de sa main dans le feu; et se jetant dans un fauteuil, il se passa la main sur les yeux comme si sa vue avait été obscurcie par ce qu'il venait de lire. Le titre et la fortune de son père, qu'un léger mouvement de sa main, croyait-il tout à l'heure, suffisait pour rendre inattaquables en sa personne, lui paraissaient alors sur le point de lui être ravis pour toujours. Sa mémoire rapide ne manqua pas de lui rappeler, ce dont le monde était moins instruit, que

sa vie dissipée et ses folles profusions avaient presque
anéanti la fortune qu'il tenait de sa mère, et que ce domaine de Nettlewood, qu'il ne convoitait quelques instans
auparavant que comme un avare désire d'augmenter son
trésor, il fallait maintenant qu'il s'en assurât la possession
à tout prix, s'il voulait éviter de n'être plus qu'un dissipateur pauvre et dans l'embarras.

Mais le destin venait de susciter un nouvel obstacle à
ce projet, en ramenant sur la scène la femme repentante
qu'il avait vue dans cette même matinée. Il n'avait que
trop de raisons pour croire qu'elle n'était revenue que
pour rendre justice à Clara Mowbray; et il était fort vraisemblable qu'elle mettrait toute l'histoire de son mariage
sous son jour véritable. Cependant on pouvait s'en débarrasser, et il était possible de déterminer miss Mowbray,
soit en lui inspirant des craintes, soit par l'influence de
son frère, à consentir à lui donner sa main, pendant qu'il
portait encore le titre de comte d'Etherington. Ce fut vers
ce but qu'il résolut de diriger tous ses efforts et toutes ses
intrigues, et il ne désespéra pas encore d'y parvenir. Une
considération qui l'y décidait, au moins autant que toute
autre, c'était que, s'il y réussissait, il obtenait sur Tyrrel
un triomphe qui remplirait d'amertume toute la vie d'un
rival auquel il portait envie.

En quelques minutes son imagination féconde avait
tracé un plan pour s'assurer le seul avantage auquel il lui
était encore permis de prétendre; et, sachant qu'il n'avait
pas un instant à perdre, il s'occupa sur-le-champ de mettre
son projet à exécution.

Le bruit d'une sonnette fit monter Solmes dans l'appartement de son maître; et le comte lui dit, affectant autant
d'indifférence que s'il eût espéré de pouvoir tromper
un valet qui le connaissait parfaitement : — Vous m'avez apporté un paquet qui était destiné pour un autre;
renvoyez-le au vieux village. Attendez..... que je le cachète !

Il recacheta le paquet, après y avoir remis tous les papiers, à l'exception de la lettre d'avis qu'il avait brûlée, et le donna à son valet de chambre, en lui disant : — J'espère que vous ne commettrez pas de pareilles bévues à l'avenir.

— Je demande pardon à Votre Seigneurie, milord. J'ai cru que ce paquet vous était destiné, je redoublerai d'attention dorénavant.

Telle fut la réponse du valet trop prudent pour donner le moindre signe d'intelligence, encore moins pour rappeler au comte qu'il n'avait rien fait qu'en conséquence de ses ordres.

— Solmes, continua son maître, il est inutile de parler de votre méprise au bureau de la poste. Cela ne ferait qu'occasioner du commérage dans ce rendez-vous d'oisifs; faites seulement en sorte que la lettre arrive à son adresse. J'aperçois M. Mowbray, qui passe devant l'hôtel; allez lui dire que je le prie de venir dîner avec moi à cinq heures. J'ai une migraine, et je ne pourrais résister aux clameurs de tous ces sauvages que je trouverais à la table d'hôte. Un moment. Vous présenterez mes respects à lady Pénélope, et vous lui direz que j'aurai certainement l'honneur de me rendre à la maudite invitation qu'elle m'a faite d'aller prendre le thé chez elle ce soir. Préparez un billet pour le remettre à sa porte, et rédigez-le dans votre style ordinaire. Ordonnez un dîner pour deux, et qu'on nous serve du meilleur bourgogne.

Solmes se retirait, quand son maître ajouta : — Encore un instant... J'ai à vous parler d'une affaire plus importante... Vous avez diablement mal arrangé les affaires relativement à cette femme, cette miss Irwin.

— Moi? milord!

— Vous-même. Ne m'avez-vous pas dit qu'elle était passée aux Indes occidentales avec un de vos amis, et ne vous ai-je pas donné deux cents livres sterling pour faciliter leur voyage?

— Oui, milord.

— Oui, milord? Mais ce oui se trouve pourtant un non. Elle est ici, dans un état pitoyable, à demi morte de faim, et probablement disposée à tout dire et à tout faire pour avoir du pain. Comment cela se fait-il?

— Il faut que Biddulph lui ait pris son argent et l'ait laissée sur le pavé, répondit Solmes du même ton que s'il eût parlé de la chose la plus naturelle du monde; mais je connais si bien le caractère de cette femme, et je suis tellement au fait de son histoire, qu'en vingt-quatre heures je puis la faire disparaître du pays et la placer en lieu d'où elle ne pensera jamais à revenir; pourvu que Votre Seigneurie puisse se passer de mes services pendant ce temps.

— Occupez-vous-en sur-le-champ; mais je puis vous dire que vous la trouverez dans un accès de repentir, et fort malade en même temps.

— C'est un gibier dont je suis sûr, milord; et je crois, sauf le respect que je dois à Votre Seigneurie, que si la mort et son bon ange la tiraient par un bras, le diable et moi nous serions sûrs de l'entraîner en la prenant par l'autre.

— Allez donc, et ne perdez pas de temps; mais de la douceur, Solmes, et veillez à ce qu'elle ne manque de rien. Je lui ai déjà fait assez de mal, quoique la nature et le diable eussent déjà fait la moitié de la besogne quand je m'en suis mêlé.

Solmes se trouva enfin en liberté d'aller exécuter ses diverses commissions, et il sortit après que son maître l'eut assuré qu'il pouvait se passer de ses services pendant vingt-quatre heures.

— Bravo! dit le comte après l'avoir vu partir; voilà déjà un ressort mis en mouvement, et je ne doute pas qu'il ne fasse aller toute la machine. Mais Harry Jékyl arrive fort à propos; je l'entends siffler sur l'escalier. Il y a en ce drôle une légèreté de cœur à laquelle je porte envie, tout en la méprisant. Mais il est le bien-venu en ce moment, car j'ai besoin de lui.

— Je suis charmé, Etherington, dit le capitaine en entrant, d'avoir vu un de vos laquais mettre deux couverts dans votre antichambre. Je craignais que vous n'eussiez le projet d'aller dîner avec ces assommans personnages de la table d'hôte.

— Ce n'est pas à vous que la seconde place est destinée, Harry.

— Non? En ce cas je me contenterai de la troisième.

— Vous n'aurez ni la première, ni la seconde, ni la troisième, capitaine. Le fait est que j'ai besoin d'avoir un tête-à-tête avec M. Mowbray de Saint-Ronan. D'ailleurs j'ai à vous prier très-particulièrement d'aller revoir ce Martigny. Il est temps qu'il justifie de ses titres, s'il en a quelqu'un, ce dont je ne crois pas un mot. Il a eu tout le temps de recevoir des nouvelles de Londres, et je crois que j'ai apporté assez de délais à une importante affaire, sur sa simple assertion.

— Je ne puis blâmer votre impatience, milord, et je m'acquitterai sur-le-champ de cette mission. Comme vous avez attendu d'après mon avis, je me crois obligé à faire finir votre incertitude. Cependant, si M. Tyrrel n'a pas à sa disposition les pièces dont il parle, il faut qu'il soit armé de plus d'assurance que n'en pourrait réunir toute la brigade des procureurs.

— Vous serez bientôt en état d'en juger. Maintenant, partez! Pourquoi me regardez-vous d'un air si étrange?

— Je ne saurais trop vous le dire. Ce tête-à-tête que vous voulez avoir avec Mowbray m'inspire de singuliers pressentimens. Ménagez-le, Etherington; il n'est pas en état de lutter contre vous; il n'a ni jugement ni prudence.

—Chargez-vous de le lui dire, Jékyl; son orgueil écossais prendra feu sur-le-champ, et il vous fera ses rémerciemens le pistolet à la main. Ce présomptueux se croit le coq du village, malgré la leçon que je lui ai déjà donnée. Et qu'allez-vous dire? N'a-t-il pas l'impudence de prétendre que les soins que je rends à lady Binks sont incompatibles avec mon dessein d'épouser sa sœur? Oui, Harry, ce gauche Ecossais, ce petit laird qui a à peine assez de tact pour faire l'amour à une laitière, ou tout au plus à une soubrette, a la fatuité de s'afficher comme mon rival.

— Adieu donc aux restes infortunés du domaine de Saint-Ronan ; ce dîner leur sera fatal. Etherington, je vois à votre sourire que vous êtes déterminé à lui porter une botte sérieuse. Je suis vraiment tenté de le lui donner à entendre.

— Je le voudrais de tout mon cœur. Vous me donneriez un plus beau jeu.

— M'en défiez-vous? Hé bien! si je le rencontre, je le mettrai sur ses gardes.

Le capitaine sortit, et en passant sur la Parade il y rencontra Mowbray.

— Vous dînez aujourd'hui avec Etherington, lui dit-il ; excusez-moi, M. Mowbray, mais je crois devoir vous donner cet avis : prenez-y garde !

— Et à quoi faut-il que je prenne garde, capitaine, quand je dîne avec un de vos amis, avec un homme d'honneur?

— Le comte d'Etherington est certainement l'un et l'autre, M. Mowbray ; mais il aime le jeu, et il est d'une trop grande force pour bien des gens.

— Je vous remercie de votre avis, capitaine Jékyl. Je ne suis qu'un Ecossais novice, c'est la vérité ; mais je sais une chose ou deux. Quand des hommes d'honneur font une partie ensemble, on doit toujours supposer qu'ils jouent franc jeu ; et cela une fois accordé, j'ai la vanité de croire que je n'ai pas besoin d'avis à ce sujet ; pas même de ceux du capitaine Jékyl, quoique son expérience puisse être de beaucoup supérieure à la mienne.

— En ce cas, monsieur, dit Jékyl en le saluant d'un air froid, je n'ai rien de plus à vous dire, si ce n'est que j'espère que je ne vous ai pas offensé. — Fat présomptueux ! pensa-t-il en s'éloignant, Etherington t'a bien jugé, et j'étais un âne en voulant t'empêcher de courir à ta perte. J'espère qu'Etherington lui arrachera jusqu'à la dernière plume.

Il continua son chemin pour se rendre chez Tyrrel, et Mowbray arriva chez le comte dans une situation d'esprit tout-à-fait convenable aux projets du lord, qui savait fort bien ce qu'il faisait quand il avait permis à Jékyl de le mettre sur ses gardes. Etre regardé par un homme reconnu à la mode comme décidément inférieur à son antagoniste, comme un objet de compassion, comme un enfant qui a besoin qu'on lui apprenne à marcher, c'était du fiel et de l'absinthe pour son orgueil. Et plus sa conscience lui faisait sentir son infériorité dans tous les arts qu'il cultivait, plus sa vanité cherchait à maintenir au moins une apparence d'égalité.

Depuis la mémorable partie de piquet dont nous avons parlé, Mowbray n'avait joué avec lord Etherington que de petites sommes; mais son amour-propre le portait à croire que maintenant il connaissait parfaitement le jeu de son adversaire; et, suivant l'usage de ceux qui se sont habitués à jouer, il éprouvait de temps en temps la tentation de prendre sa revanche; il désirait aussi pouvoir s'acquitter de sa dette envers lord Etherington, car une obligation pécuniaire était pour lui un poids insupportable, et c'était ce qui l'empêchait de lui dire tout ce qu'il pensait de ses attentions assidues pour lady Binks, ce qu'il regardait comme une insulte à sa famille d'après la demande formelle qu'il avait faite de la main de Clara Mowbray. Le bonheur d'une soirée favorable pouvait le délivrer de toutes ces entraves, et Mowbray faisait à ce sujet un rêve de dormeur éveillé, lorsqu'il en fut distrait par le capitaine Jékyl. Son avis donné à contre-temps n'excita en lui qu'un esprit de contradiction et une ferme résolution de prouver à ce sage conseiller combien peu il était en état de juger de ses talens. Se trouvant dans de telles dispositions, sa ruine, qui fut consommée dans cette soirée, n'eut pas l'air d'avoir été préméditée par le comte d'Etherington, ni même d'avoir été son ouvrage volontaire.

Au contraire, ce fut la victime elle-même qui proposa de jouer, de jouer gros jeu, de doubler les enjeux. Le comte agit tout différemment, car il proposa plus d'une fois de diminuer le jeu; mais c'était toujours avec une affectation de supériorité qui ne faisait qu'exciter Mowbray à risquer davantage. Enfin, quand celui-ci eut perdu une somme qui, pour lui, était exorbitante, le comte jeta ses cartes, et dit qu'il arriverait trop tard au thé de lady Pénélope, où il avait positivement promis de se trouver.

— Ne me donnerez-vous pas ma revanche, milord? lui demanda Mowbray en battant les cartes d'un air d'humeur et d'inquiétude.

— Pas à présent, Mowbray, nous avons déjà joué trop long-temps. Vous avez trop perdu, beaucoup trop, peut-être plus qu'il ne vous conviendrait de payer en ce moment.

Mowbray se mordit les lèvres en dépit de la résolution qu'il avait prise de conserver au moins un air de fermeté.

— Vous savez que vous pouvez prendre tout le temps qu'il vous conviendra, continua le comte; votre billet sera pour moi de l'argent comptant.

— Non, de par Dieu! répondit Mowbray, je n'y serai pas pris une seconde fois. J'aurais mieux fait de me vendre au diable qu'à Votre Seigneurie; je ne me suis pas appartenu un instant depuis ce temps.

— Ce langage n'est pas amical, Mowbray. Vous avez voulu jouer, et ceux qui veulent jouer doivent s'attendre à perdre quelquefois.

—Et ceux qui gagnent s'attendent à être payés, s'écria Mowbray. Je sais cela aussi bien que vous, milord; et vous serez payé. Je vous paierai; oui, de par Dieu! je vous paierai. Doutez-vous que je vous paie, milord?

—On vous soupçonnerait de vouloir me payer en monnaie d'acier, Mowbray; et cela ne conviendrait guère, vu les termes où nous en sommes.

—Sur mon ame! milord, je ne saurais dire à quels termes nous en sommes; et pour vous dire franchement ma façon de penser, je serais charmé de le savoir. Vous m'avez demandé à faire la cour à ma sœur; et malgré toutes vos visites au château des Shaws, malgré toutes les occasions que je vous ménage, je ne vois pas que cette affaire fasse le moindre progrès; c'est un enfant qu'on berce toujours, qu'on entretient dans un mouvement perpétuel, et qui ne change jamais de place. Peut-être pensez-vous m'avoir tellement serré la bride, que je ne suis plus maître d'un mouvement; mais vous apprendrez le contraire. Votre Seigneurie peut se former un harem, si bon lui semble; mais ma sœur n'y entrera pas.

—Vous avez de l'humeur, Mowbray, et c'est ce qui vous rend injuste. Vous savez parfaitement que tous les délais viennent de la part de votre sœur. Je désire vivement lui donner le plus tôt possible le titre de comtesse d'Etherington. Les malheureuses préventions qu'elle a conçues contre moi ont seules retardé une union que j'ai tant de raisons pour souhaiter.

—Hé bien, milord, j'en fais mon affaire. Je ne vois pas qu'elle puisse imaginer aucune objection raisonnable contre un mariage qui est honorable pour sa famille, et auquel j'ai donné mon approbation, moi qui en suis le chef. Tout sera arrangé en vingt-quatre heures.

—Je serai au comble de mes vœux, mon cher Mowbray; et vous verrez combien je désire sincèrement votre alliance. Quant à la bagatelle que vous venez de perdre.....

— Ce n'est pas une bagatelle pour moi, milord, c'est ma ruine complète; mais je vous paierai, et, permettez-moi de le dire, si vous m'avez gagné, vous devez en rendre grace à la fortune plutôt qu'à votre science.

— Nous n'en parlerons pas davantage à présent, s'il vous plaît. Demain sera un nouveau jour. Mais, si vous voulez suivre mon conseil, vous chercherez à prendre miss Clara par la douceur. Un peu de fermeté est quelquefois nécessaire avec les jeunes filles, mais trop de sévérité.....

— Je prie Votre Seigneurie de m'épargner ses conseils à ce sujet. Quelque précieux qu'ils puissent être à tout autre égard, je crois que je n'ai besoin d'en prendre que de moi-même sur la manière dont je dois parler à ma sœur.

— Puisque vous êtes ce soir d'une humeur si farouche, Mowbray, je présume que vous n'honorerez pas de votre présence le thé de lady Pénélope, quoique je pense que ce sera le dernier de cette saison?

— Et pourquoi le présumez-vous, milord? répondit Mowbray que sa perte avait mis en humeur de contradiction, de quelque sujet qu'on lui parlât. — Pourquoi n'irais-je pas rendre mes devoirs à lady Pénélope, ou à toute autre femme de qualité? Je ne porte pas de titre, à la vérité, mais je pense que ma famille...

— Vous donne droit de devenir chanoine de Strasbourg, sans contredit; mais vous ne paraissez pas en humeur assez chrétienne pour prendre les ordres. Tout ce que je voulais dire était que vous n'aviez pas coutume d'être en très-bonne intelligence avec lady Pénélope.

— Elle m'a envoyé une invitation pour sa grande assemblée, répondit Mowbray, et je suis déterminé à y aller. Quand j'y aurai passé une demi-heure, je retournerai au château des Shaws, et vous apprendrez demain matin ce que j'aurai fait pour le prompt succès de vos amours.

CHAPITRE XXXIV.

LE THÉ.

« Fermez tous les rideaux, approchez le sopha;
« Tandis qu'une onde pure en cette urne bouillonne
« Et lance vers le ciel ses vapeurs en colonne,
« Présentez ce nectar, ami de la gaîté,
« Mais qui n'est pas à craindre à la société;
« Et célébrons ainsi la paisible soirée. »

COWPER.

L'APPROCHE de la saison froide et pluvieuse avait tellement diminué la compagnie aux eaux de Saint-Ronan, que pour se procurer, comme cela était indispensable, une société qui ressemblât tant soit peu à une cohue, lady Pénélope avait été obligée de recourir aux manœuvres, afin d'attirer chez elle ce soir des gens qu'elle avait considérés jusqu'alors comme ne pouvant prétendre à s'élever à son niveau. Elle avait accordé un sourire gracieux même au docteur et à mistress Blower, dont le mariage était enfin une affaire arrangée. Cet événement promettait de donner au nouveau Spa plus de vogue que jamais parmi les riches veuves, et parmi les docteurs qui avaient plus de science que de cliens. Ils arrivèrent donc ensemble, le docteur souriant d'un air galant, et roucoulant autour de la dame de ses pensées avec la grace que déploie le coq-d'Inde auprès de sa poule.

Le vieux Touchwood s'était aussi rendu à l'invitation de Sa Seigneurie, mais plutôt par le caprice de son caractère qui ne lui permettait guère de rester en place, et qui faisait qu'il manquait rarement de se trouver à ces réunions nombreuses.

On y voyait aussi M. Winterblossom, qui, dans son

esprit d'épicurisme ordinaire, dirigeait sur lady Pénélope, par intérêt personnel, le feu d'une batterie de complimens, afin de s'assurer une des premières tasses de thé.

Lady Binks était assise sur un sofa, avec l'air d'humeur qui était devenu naturel à son joli visage, mécontente de son mari, suivant sa coutume, et peu satisfaite de l'absence de lord Etherington, qu'elle désirait voir arriver pour donner de la jalousie à sir Bingo; car elle avait découvert que c'était le moyen le plus efficace de tourmenter le baronnet, et elle s'en applaudissait avec le plaisir barbare qu'éprouve un cocher de fiacre quand il trouve sur la peau de ses pauvres rosses quelque écorchure sur laquelle les coups de fouet sont appliqués avec plus d'effet.

Parmi les autres membres de la compagnie ordinaire, il ne faut pas oublier le capitaine Mac Turk, qui assistait à cette fête, quoique ce fût, selon lui, faire une profusion absurde d'eau chaude, que de l'employer à autre chose qu'à faire du punch. Depuis un certain temps, il avait contracté une sorte d'intimité avec le voyageur, non que leur caractère ou leurs opinions se ressemblassent le moins du monde, mais plutôt parce qu'il existait entre eux ce degré de différence qui fournissait un sujet perpétuel de discussion et de dispute. En cette occasion, ils ne furent pas long-temps sans trouver une source féconde de controverse.

—Ne me parlez jamais de vos points d'honneur, s'écria Touchwood en élevant la voix beaucoup plus haut qu'on ne se le permet ordinairement en bonne compagnie; ce ne sont que des sottises, des pièges pour attraper des bécasses. L'homme de bon sens brise de pareils liens.

—Sur ma parole, monsieur, répondit le capitaine, je suis surpris de vous entendre parler ainsi; car l'honneur, voyez-vous, est nécessaire à l'homme, comme l'air qu'il respire par le nez. Oui, de par Dieu!

—Hé bien, monsieur, qu'il respire par la bouche, et

qu'il aille au diable! Je vous dis, monsieur, qu'indépendamment de ce que le duel est défendu par les lois divines et humaines, c'est une sotte coutume absolument absurde. Un sauvage honnête a trop de bon sens pour s'en aviser; il prend l'arme qu'il possède, son arc ou son fusil, se cache derrière un buisson, et tue son ennemi. C'est une bonne manière; car vous voyez que, par ce moyen, il ne peut en coûter la vie qu'à un seul homme.

—Ame de mon corps! Monsieur, si vous promulguez une pareille doctrine parmi la bonne compagnie, vous enverrez quelqu'un au gibet.

—Je vous remercie de tout mon cœur, capitaine, mais je ne cherche jamais à exciter des querelles : je laisse la guerre à ceux qui en vivent. Tout ce que j'ai à vous dire, c'est qu'à l'exception des stupides nations du Nord, je ne connais aucun peuple qui ait été assez sot pour adopter votre usage du duel. Il est inconnu chez les nègres en Afrique, en Amérique...

— Ne me dites pas cela, monsieur; un Yankie[1] se battra avec un mousquet chargé de chevrotines, plutôt que de souffrir un affront. Je dois connaître Jonathan, je pense.

—Aucune des mille tribus de l'Inde ne le connaît.

— A qui dites-vous cela, monsieur? De par Dieu! n'ai-je donc pas été dans les prisons de Tippoo-Saïb, à Bangalore, et quand l'heureux jour de notre délivrance arriva, ne l'avons-nous pas solennisé par quatorze petites affaires dont nous avions semé les germes dans notre séjour de captivité, comme le dit l'Ecriture sainte, et sans aller pour cela plus loin que les glacis du fort? De par Dieu! on aurait cru que c'était une escarmouche entre deux avant-gardes, tant le feu était bien nourri. Et moi qui vous parle, moi capitaine Mac Turk, n'ai-je pas combattu suc-

---

(1) *Yankie* est un terme de mépris que les Anglais donnent aux Américains. *Jonathan* est le nom général de ce peuple, devenu le rival de l'Angleterre sur les mers. Voyez les notes des romans de M. Fenimore Cooper. — Ed.

cessivement trois adversaires de suite sans céder un pied de terrain?

—Et quel fut le résultat de cette manière chrétienne de rendre grace au ciel de votre délivrance?

—Quelques petits accidens auxquels il faut s'attendre. Nous eûmes un des nôtres tué sur la place; un autre mort de sa blessure; cinq blessés, dont deux grièvement, et trois légèrement; et un que le diable emporta, je crois; car on ne sut jamais ce qu'était devenu ensuite le petit Duncan Mac Phail. Nous nous étions rouillés pendant une si longue détention. Vous voyez maintenant comment ces affaires s'arrangent dans l'Inde.

—Mais vous devez comprendre, capitaine, que je parle des naturels du pays : tout païens qu'ils sont, ils suivent du moins les lumières de leur raison, et parmi eux vous trouverez de meilleurs exemples de morale pratique que parmi vous autres, qui, quoique vous vous disiez chrétiens, ne connaissez pas mieux les préceptes et les obligations du christianisme, que si vous aviez laissé votre religion au cap de Bonne-Espérance, comme on dit, et que vous eussiez oublié de l'y reprendre à votre retour.

—De par Dieu! monsieur, dit le capitaine en levant la tête et la voix, et en prenant un air d'indignation et de menace, je vous dirai que je ne souffrirai pas que vous ou qui que ce soit vous injuriiez ainsi ma réputation. Dieu merci, je puis prouver que, quoiqu'un pauvre pécheur, comme l'est le plus parfait de nous, je suis tout aussi bon chrétien qu'un autre, et je suis prêt à en administrer la preuve à la pointe de mon épée. De par Dieu! me comparer à un ramassis de païens noirs ou jaunes qui, de toute leur vie, ne sont jamais entrés une seule fois dans une église, qui adorent des idoles de bois et de pierre, et qui se font porter dans des cages de bambou, comme des bêtes qu'ils sont!

Un murmure peu harmonieux, parti du fond du gosier, et qui semblait une approbation donnée par l'homme intérieur à ce que les organes extérieurs venaient d'exprimer, acheva, à la fin de cet éloquent discours, de témoigner l'indignation du capitaine MacTurk. Mais Touchwood n'en fut pas ému le moins du monde; car il se souciait aussi peu d'un ton et d'un regard de colère, que des plus beaux discours. Il est possible que la querelle entre le précepteur chrétien et l'homme de paix se fût prolongée davantage, pour l'amusement de la compagnie, si leur attention et surtout celle de Touchwood n'eût été détournée de ce sujet de discussion par l'arrivée de lord Etherington et de Mowbray.

Les sourires, les graces, les manières les plus insinuantes formaient à l'ordinaire le cortège du comte; mais, contre son usage, qui était, après avoir débité quelques complimens à toute la compagnie en général, de s'attacher particulièrement à lady Binks, il évita, en cette occasion, le côté de la salle où s'était placée cette belle mais sombre idole. On le vit s'atteler exclusivement au char de lady Pénélope Penfeather, endurant, sans montrer la moindre impatience, l'étrange variété du bavardage affecté que les talens naturels et acquis de cette dame la mettaient en état de débiter avec une profusion sans égale.

Un honnête païen, un des héros de Plutarque, si je ne me trompe, rêva une nuit que Proserpine, qu'il avait long-temps adorée, lui était apparue pendant son sommeil, le visage animé par le courroux et l'indignation, et l'avait menacé de sa vengeance, parce que, avec l'inconstance naturelle aux polythéistes, il avait négligé ses autels pour porter son encens à ceux d'une divinité plus à la mode. Mais cette déesse des infernales régions elle-même n'aurait pu donner à ses traits un air plus hautain et plus mécontent que celui de lady Binks. On la vit jeter de temps en temps un regard sur lord Etherington, comme pour l'avertir du risque qu'il courait en se départant de l'allégeance à laquelle il avait été fidèle jusqu'alors, et qu'il semblait en ce moment transporter à une autre, sans qu'elle pût y attribuer d'autre motif que celui de lui faire une insulte publique.

Mais, quelques dangers que semblassent lui prédire des regards si menaçans, lord Etherington sentait en ce moment combien il était important d'obtenir les bonnes graces de lady Pénélope, pour l'engager à garder le silence sur les aveux qu'elle avait entendus le matin près du lit de la femme repentante, ce qui lui paraissait plus pressant que d'apaiser le courroux de lady Binks. Le premier de ces deux objets était d'une nécessité urgente; le second, s'il s'en souciait véritablement, pouvait être obtenu un peu plus tard. Il aurait pu les concilier tous deux si ces dames avaient continué à vivre ensemble sur un terrain neutre; mais leur inimitié, long-temps cachée, avait pris une nouvelle amertume, maintenant qu'il était vraisemblable que la fin de la saison des eaux allait les séparer, et probablement pour toujours. Lady Pénélope n'avait donc plus aucun motif pour accorder quelques égards à lady Binks, et il n'en restait pas davantage à lady Binks pour désirer d'en obtenir de lady Pénélope. Le luxe et la fortune de l'une ne devaient plus ajouter un nouvel éclat au cortège de l'autre, et la perte de la société de la savante ridicule n'inspirait pas à la jeune coquette le moindre regret.

Il en résulte donc que ni l'une ni l'autre ne cherchait à déguiser plus long-temps le mépris et l'animosité qu'elles avaient quelquefois dissimulés jusqu'à cette époque décisive. Prendre parti pour l'une, c'était se mettre en guerre ouverte avec l'autre. Si lady Binks avait quelque motif particulier pour être courroucée de la défection du comte, nous n'en avons jamais eu une connaissance certaine; mais on assurait qu'il y avait eu entre eux une explication très-vive, relativement au bruit qui courait que les visites que lord Etherington rendait au château des Shaws avaient un mariage pour objet.

L'esprit d'une femme, dit-on, trouve toujours facilement le plus sûr moyen de se venger d'une insulte réelle ou supposée. Après avoir mordu ses jolies lèvres, et avoir réfléchi quelques instans à la manière la plus prompte d'exercer sa vengeance sur le comte, elle vit le jeune Mowbray de Saint-Ronan que le destin amenait près d'elle. Elle leva les yeux sur lui, et s'efforça de fixer son attention par un signe de tête accompagné d'un gracieux sourire; et, s'il eût été dans son humeur ordinaire, ce moyen eût infailliblement réussi, et l'eût enchaîné sur-le-champ à son côté. Ne recevant pour toute réponse qu'une inclination de tête faite d'un air distrait, elle le regarda plus attentivement, et à son air égaré, à sa démarche incertaine, aux couleurs changeantes de son teint, elle crut d'abord qu'il avait fait de trop copieuses libations en l'honneur de Bacchus. Cependant ses yeux annonçaient moins l'ivresse que le trouble et le désespoir, et il avait l'air d'un homme livré à des réflexions si profondes et si pénibles, qu'elles lui ôtaient la faculté de voir ce qui se passait autour de lui.

—Comme M. Mowbray a l'air inquiet et agité! dit-elle à demi-voix, mais assez haut pour que ses voisins pussent l'entendre. J'espère qu'il n'a pas entendu ce que lady Pénélope vient de dire de sa famille.

—A moins que vous ne preniez le soin de l'en instruire, milady, dit M. Touchwood, qui avait interrompu sa conversation avec le capitaine Mac Turk lorsque Mowbray était entré, je crois qu'il n'est guère probable qu'il l'apprenne d'aucun autre.

— De quoi s'agit-il? dit brusquement Mowbray en s'adressant à Chatterly et à Winterblossom. Mais le premier évita de faire une réponse directe, en protestant qu'il avait été distrait, et n'avait pas bien entendu la conversation des dames; le second se tira d'affaire avec sa politesse tranquille et prudente.

—Je n'ai réellement pas fait attention à ce qui se passait, répondit-il; j'étais en traité avec mistress Jones pour en obtenir un morceau de sucre additionnel pour mon café. C'était une négociation diplomatique si difficile, ajouta-t-il en baissant la voix, que je crois que Sa Seigneurie calcule les produits des Indes occidentales par grains et par scrupules.

Si ce sarcasme avait pour but d'obtenir de Mowbray un sourire, il fut inutile : Mowbray s'avança avec plus de raideur que jamais dans ses manières, qui avaient toujours un certain degré d'affectation, et il dit à lady Binks :

— Puis-je demander à Votre Seigneurie en quoi ma famille a eu l'honneur d'occuper l'attention de la compagnie ?

— Je ne faisais qu'écouter, M. Mowbray, répondit lady Binks, qui jouissait évidemment du courroux et de l'indignation qu'elle voyait briller dans ses traits ; n'étant pas reine de cette soirée, je ne suis pas disposée à être responsable de la tournure que peut prendre la conversation.

Mowbray n'était pas en humeur de souffrir la plaisanterie ; mais ne voulant pas se donner en spectacle en faisant de nouvelles questions devant une compagnie si nombreuse, il tourna sur ses talons, lança un regard irrité sur lady Pénélope, qui était alors en conversation très-animée avec le comte d'Etherington, fit deux ou trois pas pour avancer vers eux, et s'arrêtant tout à coup, il fit un demi-tour à gauche, et sortit de l'appartement.

Quelques minutes après, et tandis que tous ceux qui composaient la compagnie étaient encore occupés à se faire, avec un air d'intelligence satirique, des signes de tête et des clignemens d'yeux, un garçon de l'auberge glissa un morceau de papier dans la main de mistress Jones, qui n'y eut pas plus tôt jeté les yeux qu'elle parut se disposer à sortir du salon.

— Jones ! Jones ! s'écria lady Pénélope avec un air de surprise et de mécontentement.

— C'est seulement la clef de la boîte à thé dont on a besoin, milady, répondit la soubrette; je reviens dans un instant.

— Jones! s'écria encore sa maîtresse, il y a assez de... Elle allait dire de thé; mais lord Etherington était si près d'elle, qu'elle rougit et n'osa achever sa phrase. Mais elle se flatta que mistress Jones aurait assez d'intelligence pour la comprendre, et assez de bon sens pour ne pas trouver la clef qu'on lui faisait demander.

Cependant Jones passa dans une espèce d'appartement de femme de charge, dont elle remplissait l'office pour cette soirée, afin d'être plus à portée de servir tout ce dont on pourrait avoir besoin dans la salle d'assemblée. Elle y trouva M. Mowbray de Saint-Ronan, et elle l'aborda par une exclamation.

—Là! M. Mowbray; cela est-il bien à vous? Vous voulez donc me faire perdre ma place? Je suis sûre que vous me la ferez perdre. Que pouvez-vous avoir de si pressé à me dire pour ne pouvoir pas attendre une heure?

— Je veux savoir, Jones, répondit Mowbray d'un ton peut-être tout autre que la femme de chambre ne s'y attendait, ce que votre maîtresse disait tout à l'heure de ma famille.

—Là! Et ce n'est que cela? Que voulez-vous qu'elle ait dit? des sottises. Qui s'inquiète de ce qu'elle dit? A coup sûr, ce n'est pas moi.

—Mais, ma chère Jones, j'insiste pour le savoir; il faut que je le sache : je le saurai.

—Là! M. Mowbray; pourquoi voulez-vous me faire commettre une indiscrétion? Vrai comme j'existe, j'entends venir quelqu'un. Si l'on vous trouvait ici tête à tête avec moi... Oui vraiment, on vient; je ne badine pas.

— Vienne le diable, si bon lui semble, Jones! mais je ne vous quitte pas que vous ne m'ayez appris ce que je veux savoir.

— Vous m'effrayez, monsieur. Toute la compagnie l'a entendu aussi bien que moi. C'était relativement à miss

Mowbray. Et milady disait qu'elle ne la verrait guère à l'avenir, parce qu'elle était... qu'elle était...

— Que ma sœur était! quoi? s'écria vivement Mowbray en la saisissant par le bras.

— Là! M. Mowbray; comme vous me rudoyez! Ce n'est pas moi qui ai parlé ainsi, c'est lady Pénélope.

— Et qu'a osé dire de Clara Mowbray cette vieille extravagante, cette langue de vipère? Répondez! Dites-moi la vérité, ou je vous en ferai repentir.

— Lâchez-moi, monsieur! lâchez-moi, pour l'amour du ciel! Bien certainement je n'ai aucun mal à dire de miss Mowbray. C'est milady qui a parlé comme pour faire entendre que miss Clara n'était pas tout ce qu'elle devrait être. Ah! mon Dieu! je suis sûre qu'il y a quelqu'un qui écoute à la porte!

Se dégageant alors par une secousse soudaine, elle se précipita hors de l'appartement, et retourna dans le salon.

Mowbray resta comme pétrifié de ce qu'il venait d'entendre, ne sachant quel pouvait être le motif d'une calomnie si atroce, ni ce qu'il devait faire pour mettre fin à des bruits si scandaleux. Pour augmenter sa confusion, il ne tarda pas à se convaincre que mistress Jones ne s'était pas trompée en disant qu'on les écoutait, car, en sortant de l'appartement, il trouva M. Touchwood à la porte.

— Que faites-vous ici, monsieur? lui demanda Mowbray d'un ton courroucé.

— Ho! ho! lui répondit le nabab; et si nous en venons là, qu'y êtes-vous venu faire vous-même, jeune homme? Sur ma foi, j'ai vu que lady Pénélope tremblait qu'on ne fît un grand dégât de son thé, et je suis venu ici pour recommander l'économie à mistress Jones, afin d'épargner à Sa Seigneurie la peine d'y venir en personne, ce qui aurait pu être une interruption plus désagréable que celle que j'ai causée moi-même, M. Mowbray.

— Fadaises! monsieur. Il faisait une chaleur si infernale dans le salon, que j'étais venu m'asseoir ici un moment pour respirer, et je ne faisais que d'y entrer quand cette jeune fille est arrivée.

— Et vous vous disposez à en sortir quand un vieillard y arrive. Croyez-moi, monsieur, je suis votre ami plus que vous ne vous l'imaginez.

— Tout cela est fort bien, monsieur. Je n'ai besoin de rien que vous puissiez me donner.

— Vous vous trompez, car je puis vous donner ce dont la plupart des jeunes gens ont grand besoin, de l'argent et des conseils.

— Gardez tout cela jusqu'à ce qu'on vous le demande, monsieur.

— Ma foi, c'est ce que je ferais, M. Mowbray, si je ne m'étais pris d'une sorte de fantaisie pour votre famille, qui, dit-on, depuis deux générations, pour ne pas dire depuis trois, aurait eu grand besoin de bons avis et d'argent comptant.

— Monsieur, dit Mowbray irrité, vous êtes trop vieux pour jouer le rôle de bouffon ou pour qu'on puisse vous payer comme vous le mériteriez.

— Comme un singe, c'est-à-dire avec plus de coups que de shillings! fort bien! Du moins je ne suis pas assez jeune pour me faire une querelle avec de jeunes fanfarons. Au surplus, M. Mowbray, je vous convaincrai que je connais vos affaires mieux que vous ne le supposez.

— Cela peut être; mais vous m'obligerez en vous occupant des vôtres.

— Probablement. Mais en attendant, ce que vous avez perdu ce soir avec lord Etherington n'est pas une bagatelle; et ce n'est pas un secret.

— M. Touchwood, je désire savoir où vous avez obtenu cette information.

— Cela est moins important que de savoir si elle est vraie ou fausse, M. Mowbray.

— Mais cela est très-important pour moi, monsieur. En

un mot, est-ce de lord Etherington que vous l'avez appris?
Répondez-moi à cette seule question, et je saurai alors ce
que je dois penser de cette affaire.

—Sur mon honneur! je ne l'ai appris de lord Etherington ni directement, ni indirectement. Je vous fais cette
réponse pour vous donner toute satisfaction, et j'espère
qu'à votre tour vous allez m'écouter avec patience.

—Pardon, monsieur; encore une question. J'ai appris
qu'on tenait des propos peu convenables relativement à
ma sœur, à l'instant où je suis entré dans le salon. Ce fait
est-il vrai?

—Hem! hem! hem! dit Touchwood en hésitant. Je
suis fâché que vos oreilles vous aient si bien servi. Quelqu'un a parlé un peu légèrement, mais j'ose dire que
tout peut s'expliquer. Et maintenant, M. Mowbray, permettez-moi de vous parler une minute sérieusement.

—Et maintenant, M. Touchwood, nous n'avons plus
rien à nous dire. Je vous souhaite le bonsoir.

Et à ces mots il partit brusquement, en dépit des efforts
que fit le vieillard pour le retenir. Il courut à l'écurie,
demanda son cheval, qui était sellé et bridé, comme il en
avait donné l'ordre en arrivant; mais la minute qu'il fallut
pour le conduire à la porte parut un siècle à son impatience, et cette impatience s'accrut encore en entendant
la voix de Touchwood qui l'avait poursuivi, d'un ton tantôt suppliant, tantôt grondeur :

—Deux mots seulement, M. Mowbray! M. Mowbray,
vous vous repentirez de cette conduite! Fait-il un temps
à vous mettre en course, M. Mowbray? Morbleu, monsieur, ne pouvez-vous avoir deux minutes de patience?

Il n'obtint du laird d'autre réponse que des malédictions
proférées à voix basse, mais parties du fond du cœur; et,
le cheval arrivant enfin, Mowbray sauta sur sa selle sans
écouter le vieux nabab. Le pauvre animal porta la peine
d'un délai qu'on ne pouvait lui reprocher; car son cavalier lui déchira tellement les flancs de ses éperons, en le

dirigeant vers le chemin le plus mauvais, que le noble coursier regimba, rua, caracola, et partit au grand galop avec la vitesse d'un cerf.

Les chevaux ont une sorte d'instinct qui leur fait connaître l'humeur de celui qui les monte, et ils sont fougueux et emportés, ou doux et tranquilles, comme pour se mettre en unisson avec leur cavalier. Celui de Mowbray semblait éprouver en ce moment la fermentation intérieure dont son maître était agité, quoiqu'il ne fût plus excité par l'éperon. Le palefrenier resta à écouter le bruit que faisaient les pieds du cheval en galopant, jusqu'à ce qu'on eût cessé de l'entendre, et cet intervalle ne fut pas long.

—Si Saint-Ronan arrive ce soir chez lui sans s'être rompu le cou, murmura-t-il alors, il faut que le diable veille sur lui.

—Vit-on jamais pareille chose! s'écria le voyageur. Le voilà qui court comme un Arabe bédouin! Mais dans le désert on ne rencontre ni pierres, ni arbres, ni fossés. Allons, il faut que je mette la main à l'œuvre sur-le-champ, ou l'affaire ira si mal que je ne pourrai moi-même l'amener à bien. Holà, hé! une chaise de poste et les meilleurs chevaux de l'écurie pour me conduire au château des Shaws.

—Au château des Shaws, monsieur! répéta le palefrenier avec un air de surprise.

—Oui, au château des Shaws. N'en connaissez-vous pas le chemin?

—Ma foi, monsieur, excepté le jour du grand bal, il y a si long-temps que nous n'y avons conduit personne, que nous aurions bien pu l'oublier. Mais du train dont il va, je crois que le laird de Saint-Ronan y est déjà.

—Que vous importe? il a pris l'avance pour faire préparer le souper. Allons, vite, vite, des chevaux.

—A l'instant même, monsieur.

Et sur-le-champ il appela un postillon.

CHAPITRE XXXV.

EXPLICATION.

> *Post equitem sedet atra cura.* —
> « C'est vainement qu'une fuite rapide
> « Lui fait franchir les vallons, les torrens,
> « Il semble en vain lutter avec les vents;
> « Ce compagnon pâle et livide,
> « Le *souci* monte en croupe et galope avec lui. »
> HORACE.

Il fut heureux ce soir pour Mowbray qu'il se fût toujours piqué d'avoir les meilleurs chevaux du pays, et que celui qu'il montait alors eût le pied aussi sûr et un instinct aussi admirable qu'il avait de feu et de docilité; car ceux qui remarquèrent le lendemain les traces que les pieds du noble coursier avaient laissées sur le sentier presque impraticable que son maître lui avait fait prendre, virent aisément que plusieurs fois le cheval et le cavalier s'étaient trouvés bien près de leur perte. Dans un endroit, la grosse branche d'un vieux chêne couronné et rabougri semblait avoir opposé à la carrière de Mowbray un obstacle qui aurait pu lui être fatal. Sa tête avait frappé contre cette branche; le coup avait été amorti par un chapeau à forme haute; mais le choc fut assez violent pour la briser, et heureusement elle était pourrie et desséchée. Cependant chacun fut étonné que le coup que Mowbray avait reçu ne l'eût pas blessé. Quant à lui, il ne s'était pas aperçu de cet accident.

Sachant à peine qu'il avait couru avec une rapidité extraordinaire, plus vite que s'il eût suivi ses chiens à la chasse, Mowbray descendit à la porte de son écurie, et jeta la bride à un domestique. Celui-ci leva les mains au ciel en voyant dans quel état se trouvait le cheval favori de son maître ; mais, en concluant que le vin avait porté à la tête du laird, il s'abstint prudemment de faire aucune observation.

A peine le malheureux Mowbray cessa-t-il d'éprouver ce mouvement rapide par lequel il semblait vouloir anéantir le temps et l'espace pour arriver à l'endroit qu'il désirait atteindre, qu'il aurait donné le monde entier pour que des mers et des déserts le séparassent du château de ses ancêtres, et de cette sœur avec laquelle il était sur le point d'avoir une entrevue décisive.

— Mais le lieu et le moment sont arrivés, pensa-t-il en se mordant les lèvres de dépit ; et quel que puisse en être le résultat, il faut enfin que toute incertitude cesse.

Il entra dans le château, et prit une lumière des mains d'un vieux domestique qui, entendant le bruit des pas du cheval dans la cour, était venu ouvrir la porte.

— Ma sœur est-elle dans son salon ? demanda-t-il d'une voix si tremblante et si agitée, que le vieillard ne répondit à cette question que par une autre.

— J'espère que Son Honneur se porte bien ?

— Très-bien, Patrick, parfaitement bien ; jamais je ne me suis mieux porté, répondit Mowbray au vieillard, comme pour l'empêcher d'examiner si sa physionomie ne démentait pas ses paroles ; et il monta à l'appartement de sa sœur. Le bruit de ses pas dans le corridor tira Clara d'une rêverie peut-être mélancolique, et elle eut le temps d'arranger sa lampe et d'attiser son feu avant qu'il arrivât, tant il marchait lentement. Enfin il entra dans le petit salon.

— Vous êtes bien aimable, mon frère, lui dit-elle, d'être revenu de si bonne heure ; et, pour votre récompense, je vous apprendrai une bonne nouvelle. On a retrouvé Trimmer ; il avait forcé un lièvre à la course en le poursuivant jusqu'à Drumlifort. Un berger l'avait enfermé dans une étable en attendant qu'on le réclamât.

—Je voudrais de tout mon cœur qu'il l'eût pendu, dit Mowbray.

—Pendu! pendu Trimmer: votre chien favori, le mieux dressé de tout le pays! ce matin, vous étiez tellement courroucé de sa perte que vous aviez l'air de vouloir battre tout le monde.

—Plus j'ai d'affection pour quelque créature que ce soit, plus j'ai de raison pour désirer qu'elle soit morte en repos. Il n'y a plus de bonheur ni pour moi ni pour rien de ce que j'aime.

—Vous ne m'effraierez pas par de telles expressions, John, dit Clara toute tremblante, quoiqu'elle s'efforçât de cacher son inquiétude; vous m'y avez trop bien habituée. Lorsque souvent

> La triste pauvreté se montre en perspective,
> On la voit sans trembler, lorsqu'enfin elle arrive.

C'est ce que je puis dire avec le brave Robert Burns.

—Au diable Burns et ses rapsodies! s'écria Mowbray avec l'impatience d'un homme déterminé à se mettre en colère contre tout le monde, excepté contre soi-même, quoiqu'il fût la véritable source de tout le mal.

—Et pourquoi donner au diable le pauvre Burns? dit Clara d'un ton calme. Ce n'est pas sa faute si vous avez perdu au jeu ce soir; car je suppose que c'est ce qui vous donne de l'humeur.

—N'y a-t-il pas de quoi perdre l'esprit, dit Mowbray levant les épaules, en l'entendant citer les fadaises d'un paysan à souliers ferrés [1], quand on lui parle de la chute d'une ancienne maison! Votre valet de charrue, devenant d'un degré plus pauvre qu'il n'était né pour l'être, en serait quitte pour se priver de la bière à laquelle il est accoutumé ou pour se passer de dîner; ses camarades s'écrieraient:—Le pauvre diable! et ils tireraient de leur garde-manger de quoi lui donner à boire et à manger jus-

---

(1) Burns était né dans la classe des paysans écossais. — Tr.

qu'à ce qu'il pût remplir le sien. Mais le pauvre gentilhomme, l'homme de rang dégradé, l'homme de bonne famille renversé, l'homme puissant désarmé et humilié ; voilà celui qu'il faut plaindre. Il ne s'agit pas seulement pour lui de perdre un dîner; il perd son honneur, son crédit, sa réputation, son nom même.

— Vous déclamez ainsi pour m'épouvanter, John ; mais je suis faite à vos manières ; et d'ailleurs j'ai pris mon parti sur tout ce qui peut arriver. Je vous dirai plus, je suis restée si long-temps sur le faîte chancelant de la mode et du rang, si l'on peut nommer ainsi notre situation dans le monde, que la tête me tourne. J'éprouve cet étrange désir de m'en précipiter, qu'on dit que le démon met dans l'esprit de certaines personnes quand elles sont sur le haut d'une tour. Du moins je voudrais que le saut fût fait.

— Soyez donc satisfaite, si cela peut vous donner de la satisfaction. Nous avons fait le saut ; nous sommes devenus ce qu'on a coutume d'appeler en Ecosse de nobles mendians, des êtres auxquels des cousins aux second, troisième, quatrième et cinquième degrés peuvent, si bon leur semble, accorder une place au bas bout de leur table, ou dans leur voiture à côté de la femme de chambre, si nous pouvons supporter d'aller en carrosse le dos tourné du côté des chevaux.

— Ils peuvent donner cette place à ceux qui voudront l'accepter, John. Quant à moi, je suis déterminée à ne manger que le pain que j'achèterai. Il y a vingt choses que je suis en état de faire, et l'une ou l'autre me vaudra le peu d'argent dont j'aurai besoin. J'ai essayé pendant plusieurs mois, John, de calculer combien peu il me faudrait pour vivre, et vous ririez si je vous en montrais le total.

— Il y a une grande différence, Clara, entre un essai fait par plaisanterie et une véritable pauvreté : l'un est une mascarade que nous pouvons terminer quand nous en sommes las ; l'autre est un malheur qui nous accompagne toute la vie.

— Il me semble, mon frère, qu'au lieu de tourner en ridicule mes bonnes résolutions, vous feriez mieux de me donner l'exemple de les mettre à exécution.

— Et que voulez-vous donc que je fasse ? s'écria Mowbray avec véhémence; voudriez-vous que je devinsse postillon, coureur ou piqueur? Mon éducation, de la manière dont j'en ai profité, ne m'a pas rendu propre à autre chose. En ce cas, j'ose dire que quelques-unes de mes anciennes connaissances me donneraient de temps en temps une couronne pour boire.

— Ce n'est pas ainsi, mon frère, que des hommes de bon sens pensent à des infortunes sérieuses, ni qu'ils en parlent. Mais je ne crois pas que vous me parliez aussi sérieusement que vous voudriez me le faire croire.

— Mettez les choses au pire, et vous arriverez à peine à la vérité. Vous n'avez pas une guinée, point d'asile, point d'amis. Encore un jour, et il est possible que vous n'ayez pas de frère.

— Mon cher John, ou le vin vous a porté au cerveau, où vous vous êtes troublé l'imagination en revenant trop grand train.

— On ne peut trop se presser d'apporter de telles nouvelles, dit Mowbray avec amertume, surtout à une jeune personne qui les reçoit si bien. Je présume maintenant que je ne ferai pas grande impression sur votre esprit en vous disant qu'il dépend de vous d'empêcher la ruine de notre famille.

— En consommant la mienne, je suppose, mon frère ! Je vous disais que vous ne pouviez me faire trembler, mais vous en avez trouvé le moyen.

— Quoi ! vous imaginez-vous que je vais encore vous presser d'accepter les propositions de lord Etherington? Cela aurait pu nous sauver, c'est la vérité, mais le jour de grace est passé.

—Je m'en réjouis de toute mon ame, mon frère. Puisse ce jour emporter avec lui notre seul sujet de dissension ! Je croyais que c'était là que toutes vos circonlocutions aboutiraient, et que vous ne cherchiez à me convaincre de la réalité de la tempête, que pour me réconcilier avec le port que vous m'offrez.

— Je crois que vous êtes folle tout de bon ! s'écria Mowbray. Est-il possible que vous soyez assez absurde pour vous réjouir de ce qu'il ne vous reste aucun moyen pour nous sauver, vous et moi, de la ruine, du besoin, de la honte !

— De la honte, mon frère ! j'espère qu'il n'y a pas de honte dans une pauvreté honnête.

— Cela dépend de la manière dont on a usé de la prospérité, Clara ; mais il faut que j'en vienne au fait. On fait courir d'étranges bruits là-bas. De par le ciel ! il y a de quoi troubler les cendres des morts ! Je n'oserais m'expliquer davantage, car j'aurais peur de voir entrer ici notre pauvre mère. Pouvez-vous deviner ce dont il est question, Clara ?

Ce ne fut qu'après avoir fait plusieurs efforts inutiles sur elle-même que Clara réussit enfin à articuler, d'une voix tremblante, le monosyllabe—non.

— De par le ciel ! je suis honteux et presque effrayé d'avoir à vous expliquer ce dont il est question. Dites-moi, Clara, quel motif vous fait si obstinément refuser toute proposition de mariage ? Vous sentez-vous indigne de devenir l'épouse d'un homme honnête ? Répondez. De mauvaises langues flétrissent votre réputation. Parlez, vous dis-je ; donnez-moi le droit de faire rentrer les calomnies dans la gorge de ceux qui les ont inventées ; et demain, quand je les reverrai, je saurai comment traiter ceux qui osent tenir des propos contre vous. La fortune de notre maison est ruinée, mais il faudra qu'on respecte son honneur. Parlez ! parlez donc ! Pourquoi gardez-vous le silence.

— Restez chez vous, mon frère, répondit Clara tristement; restez chez vous, si vous avez quelque égard pour l'honneur de votre maison ; le malheur ne peut se réparer par le meurtre. Restez chez vous, et laissez le monde parler de moi comme il le voudra. On ne peut en dire plus de mal que je ne le mérite.

Les passions de Mowbray, en tout temps indomptables, étaient alors irritées par le vin, par sa course rapide, et par l'espèce de délire qui suit une perte au jeu. Il grinça des dents, serra les poings, fixa les yeux à terre comme un homme qui forme quelque résolution horrible, et murmura d'une voix presque inintelligible : — Ce serait une charité de la tuer !

— Ho ! non, non, non ! s'écria sa sœur épouvantée en se jetant à ses pieds ; ne me tuez pas, mon frère ! J'ai désiré la mort, je l'ai appelée, je l'ai implorée ; mais il est affreux de penser qu'elle est si proche ! Que ma mort ne soit pas sanglante, mon frère ! que je ne la reçoive pas de votre main !

Elle lui embrassait les genoux en s'exprimant ainsi, et son accent, ses regards, exprimaient la plus vive terreur. La solitude du château, l'heure avancée, les passions violentes et exaspérées de Mowbray, le désespoir que lui inspirait sa ruine, qu'il avait cherchée lui-même, tout concourait à rendre probable que quelque acte de fureur terminerait cette étrange entrevue.

Mowbray croisa les bras, les poings toujours fermés, les yeux toujours baissés vers la terre, tandis que sa sœur, lui serrant les genoux, implorait sa compassion et lui demandait la vie.

— Folle, s'écria-t-il enfin, ne me touche pas ! Qui songe à t'ôter ta misérable vie ? Qui s'inquiète que tu vives ou que tu meures ? Vis, si tu le peux, pour être méprisée et détestée par chacun comme par ton frère !

Il la prit par l'épaule, et la repoussa d'une main. En se relevant, elle s'avança de nouveau vers lui, et voulut lui jeter ses bras autour du cou ; il la repoussa ou la frappa peut-être avec tant de violence, qu'elle serait tombée par terre si une chaise ne se fût trouvée fort à propos derrière elle pour la recevoir dans sa chute. Mowbray la regarda avec un air de férocité, mit la main dans sa poche, courut à la fenêtre, l'ouvrit avec violence, et y avança la tête pour respirer au grand air, autant qu'il était possible de le faire sans tomber. Cependant Clara épouvantée, mais en qui la terreur était encore moins forte que la douleur que lui faisait éprouver l'inhumanité de son frère, continuait à s'écrier :

— O mon frère ! dites que vous n'en aviez point l'intention ! dites que vous ne vouliez pas me frapper ! Quelque affreuse sentence que je puisse avoir mérité d'entendre, ne vous en rendez pas l'exécuteur ! Ce serait trop de cruauté, ce serait agir contre la nature. Nous ne sommes que nous deux dans ce monde !

Il ne lui répondit pas ; et, comme elle vit qu'il restait penché à la fenêtre, qui était au second étage du château, et qui donnait sur la cour, un nouveau sujet de terreur vint se joindre à ses craintes personnelles. Les mains levées au ciel, et les yeux baignés de larmes, elle s'approcha doucement de son frère irrité, et saisit les basques de son habit qu'elle serra avec force, comme pour le protéger contre les suites d'un désespoir qui la menaçait quelques instans auparavant, et qui semblait alors se diriger contre lui-même.

Mowbray s'aperçut que sa sœur le tenait par l'habit, et se retournant aussitôt, il lui demanda avec un ton de sévérité ce qu'elle lui voulait.

— Rien, dit-elle d'un air timide ; mais que cherchez-vous donc à voir dans la cour ?

— Le démon ! lui répondit-il avec violence. Et s'approchant d'elle, il lui prit la main et lui dit d'un ton plus doux : — Sur mon ame ! Clara, il faut que les histoires qu'on en raconte soient vraies. Il était à mon côté tout à l'heure. C'était lui qui me poussait à vous assassiner. Quel autre que lui m'aurait fait penser au couteau dont je me sers à la chasse? Oui, de par Dieu! et que je tiens encore en ce moment! Il me semblait que je voyais le démon s'envoler par-dessus ce bois, ce rocher, ce lac, sur lesquels ses ailes de dragon répandaient une lumière rougeâtre. Sur mon ame! je ne puis croire que ce soit un effet de mon imagination. Je ne puis m'empêcher de penser que j'étais sous l'influence du malin esprit, que j'étais possédé! Mais il est parti; qu'il ne revienne plus! Et toi, instrument de mal, va-t'en sur ses traces.

A ces mots, il tira de sa poche sa main droite qui y était toujours restée, et jeta le couteau avec violence dans la cour. Fermant ensuite la fenêtre d'un air tranquille, mais solennel, il reprit la main de Clara, et la conduisit vers le fauteuil qu'elle occupait ordinairement, et où elle ne put arriver que d'un pas chancelant.

— Clara, lui dit-il alors après un court intervalle de silence et de réflexion, le passé n'est plus en notre pouvoir, et il faut en parler sans passion, sans emportement. La fortune peut encore nous être favorable, si nous ne renonçons pas à la partie; une tache n'est une tache que lorsqu'on l'aperçoit. Le déshonneur caché n'est pas un déshonneur sous un certain point de vue. M'écoutez-vous, malheureuse fille?

— Oui, mon frère! oui certainement, mon frère! s'écria-t-elle à la hâte, craignant que le moindre délai ne réveillât toute l'irritabilité de son caractère.

— Voici donc ce qu'il faut faire, continua-t-il; il faut que vous épousiez cet Etherington. Il n'y a pas moyen de l'éviter, Clara; vous ne pouvez vous plaindre de ce que votre folie et votre faiblesse ont rendu inévitable.

— Mais, mon frère... dit Clara en tremblant.

— Silence! je sais tout ce que vous pouvez dire. Vous ne l'aimez pas, me direz-vous. Je ne l'aime pas plus que vous. J'irai même plus loin, il ne vous aime pas. S'il vous aimait, j'aurais peut-être quelques scrupules qui m'empêcheraient de vous donner à lui, d'après l'aveu que vous venez de me faire. Mais il faut que vous l'épousiez, Clara, soit par haine, soit par intérêt pour votre famille, soit pour quelque raison qu'il vous plaira. Je le répète, il faut que vous l'épousiez.

— Mon frère, mon cher frère ! un seul mot.

— Pas un seul pour refuser ! pas un seul pour faire des reproches ! Le temps est passé. Tant que je vous ai crue ce que je vous croyais encore ce matin, je pouvais vous conseiller, mais non vous contraindre ; mais à présent que je sais que vous avez flétri l'honneur de ma famille, j'ai le droit de prendre tous les moyens possibles pour cacher cette honte, et j'y parviendrai ; oui, quand je devrais vous vendre comme esclave.

— Vous me traitez avec bien plus de cruauté. Une esclave sur le marché peut être achetée par un bon maître. Vous ne me laissez pas cette chance ; vous voulez me livrer à…

— Ne le craignez pas ! N'appréhendez rien de sa part, Clara ; je sais quelles sont ses raisons pour vous épouser ; et une fois redevenu votre frère, comme je le redeviendrai quand vous m'aurez obéi en ce point, il vaudrait mieux pour lui qu'il se déchirât lui-même de ses propres mains, que de vous manquer en la moindre chose. De par le ciel ! je le déteste à un tel point, car il m'a joué de toutes les manières, que c'est une consolation pour moi de songer qu'il ne trouvera pas en vous la créature angélique que je croyais lui donner. Déchue comme vous l'êtes, vous êtes encore trop bonne pour lui.

En prononçant ces mots, Mowbray était revenu à un ton plus doux, à un ton presque affectueux. Clara, reprenant courage, ne put s'empêcher de lui dire, quoique bien bas :

— J'espère qu'il n'en sera rien. Je me flatte qu'il fera

quelque attention à son rang, à son honneur, avant de persister à les partager avec moi.

— Qu'il hésite, s'il l'ose! Mais il n'oserait. Il sait qu'à l'instant où il retirerait sa parole, il signerait sa sentence de mort ou la mienne, et peut-être celle de tous deux. D'ailleurs ses vues sont d'une nature qui ne lui permettra pas d'y renoncer par une délicatesse scrupuleuse. Ainsi donc, Clara, n'admettez dans votre cœur aucune pensée qui puisse vous faire croire à la possibilité d'échapper à ce mariage. Il est enregistré dans le ciel. Jurez que vous n'hésiterez pas.

— Non; je n'hésiterai pas, répondit-elle presque hors d'haleine, tant elle craignait de le voir retomber dans quelque accès de fureur semblable à celui dont elle l'avait vu agité quelques instans auparavant.

— Aucune objection, aucun murmure. Il faut qu'on se soumette à sa destinée. La vôtre est inévitable.

— Je me soumettrai à la mienne, dit Clara en tremblant.

— Et moi, je vous épargnerai, quant à présent du moins, et peut-être pour toujours, toutes les questions sur la faute que vous venez d'avouer. Des bruits désavantageux relativement à votre conduite étaient arrivés jusqu'à mon oreille, même quand j'étais en Angleterre; mais comment aurais-je pu les croire, en voyant la manière dont vous vous conduisiez sous mes yeux? Quoi qu'il en soit, je m'impose le silence sur cet objet, peut-être ne vous en reparlerai-je jamais, c'est-à-dire si vous vous abstenez de me contrarier, si vous ne faites rien pour éviter un destin que les circonstances rendent inévitable. — Il est tard, Clara; allez vous mettre au lit : mais pensez à ce que je vous ai dit. C'est la nécessité qui l'exige, et non ma volonté.

Mowbray lui tendit la main, et elle lui donna la sienne en tremblant, et avec une sorte de terreur. Ce fut ainsi, et avec la même solennité lugubre que s'ils avaient suivi un convoi, qu'il conduisit sa sœur vers une galerie où

étaient suspendus de vieux portraits de famille, et au bout
de laquelle était la chambre à coucher de Clara. La lune
perçait en ce moment d'épais nuages qui menaçaient d'une
tempête depuis long-temps. Un rayon vint éclairer les
deux derniers descendans de cette ancienne famille, qui,
se tenant par la main, auraient pu être pris pour les
spectres de deux de leurs ancêtres parcourant en silence la
salle où étaient placés leurs portraits. Qu'ils avaient été
loin de prévoir une telle catastrophe pour leur maison !
Mowbray et sa sœur eurent au même instant la même pensée, en jetant un regard rapide sur ces images que le temps
n'avait guère respectées ; mais ni l'un ni l'autre n'osa élever la voix. En arrivant à la porte de la chambre de sa
sœur, Mowbray laissa aller la main de Clara, et lui dit : —
Clara, vous devez remercier Dieu ce soir ; car il nous a
préservés, vous, d'un grand danger, et moi, d'un crime
horrible.

— Oui, oui, je le remercierai, dit Clara ; et comme
saisie d'une nouvelle terreur en l'entendant faire allusion
à ce qui venait de se passer, elle souhaita à la hâte le bonsoir à son frère, et elle ne fut pas plus tôt entrée dans son
appartement, qu'elle ferma la porte à double tour et tira
les deux verrous.

— Je vous comprends, Clara, dit Mowbray entre ses
dents, en l'entendant prendre ces précautions ; mais quand
vous creuseriez un terrier sous le Ben Nevis, vous n'échapperez pas à votre destinée. — Non, vous n'y échapperez
pas, répéta-t-il en se promenant à pas lents dans cette galerie silencieuse, incertain s'il rentrerait dans le petit
salon de sa sœur, ou s'il se retirerait dans sa chambre à
coucher, quand son attention fut attirée par un bruit qui
se fit entendre dans la cour.

La nuit n'était pas encore très-avancée ; mais il était si
rare qu'un hôte se présentât au château des Shaws, que
si Mowbray n'avait pas reconnu le bruit des roues d'une
voiture, il aurait pensé à une attaque de brigands plutôt

qu'à la visite de quelque ami. Mais comme il ne pouvait douter qu'une voiture et des chevaux ne fussent entrés dans la cour, il lui vint sur-le-champ à l'esprit que ce ne pouvait être que lord Etherington, qui venait, même à une pareille heure, lui parler des bruits injurieux qui couraient sur le compte de sa sœur, et peut-être lui annoncer qu'il avait renoncé à son projet de mariage.

Pressé de connaître la vérité, quelle qu'elle pût être, et de mettre fin à son incertitude, il rentra dans l'appartement qu'il venait de quitter, et où la lampe était encore allumée; et, mettant la tête à une fenêtre, il appela Patrick, qu'il entendit parler au postillon, et lui ordonna de faire monter dans le salon de sa sœur la personne qui arrivait. Il ne tarda pas à l'entendre s'approcher. Ce n'était point le pas vif et léger du jeune comte; c'était une marche lourde et mesurée. Il ouvrit lui-même la porte, et reconnut, non les traits agréables et réguliers de lord Etherington, mais la rotondité bien nourrie de Peregrine Touchwood.

CHAPITRE XXXVI.

UN PARENT.

« Il réclame ses droits; ses droits sont écoutés.
« — C'est un parent. »
GOLDSMITH. *Le Village abandonné.*

TRESSAILLANT à la vue de l'apparition aussi inattendue que peu souhaitée qui s'était présentée à lui, ainsi que nous l'avons dit à la fin du chapitre précédent, Mowbray éprouva pourtant en même temps une sorte de soulagement en voyant que son entrevue avec lord Etherington, entrevue qui devait être pénible pour lui, quoique décisive, était différée au moins pour quelques heures. Ce fut donc avec un mélange d'humeur apparente et de satisfaction intérieure, qu'il demanda ce qui lui procurait l'honneur de recevoir la visite de M. Touchwood à une heure semblable.

— La nécessité, qui ferait trotter une vieille femme [1], répondit le nabab. Ce n'est point par goût que je voyage la nuit, vous pouvez en être bien certain. Sur mon ame ! M. Mowbray, j'aurais mieux aimé gravir le Saint-Gothard que d'être cahoté ce soir dans une maudite chaise qui ne vaut pas une brouette, sur une détestable route où l'on ne trouve que trous et ornières. Mais je crois qu'il faut que je donne à votre sommelier la peine de m'apporter quelque chose pour me rafraîchir le gosier. Je suis altéré comme un porteur de charbon qui travaille à tant le sac. Vous avez du porter, je suppose, ou de la bonne ale d'Ecosse.

En maudissant tout bas la hardiesse de son hôte, Mowbray ordonna à un domestique d'apporter de l'eau et du vin, et Touchwood s'en étant versé un verre, le vida tout d'un trait.

— Ma maison est peu nombreuse, dit Mowbray ; je suis rarement chez moi, et quand j'y suis, il est encore plus rare que j'y reçoive du monde. Je suis fâché de n'avoir pas de porter, si vous le préférez.

— Si je le préfère ! s'écria le voyageur en se versant un verre d'eau et de vin, et en y ajoutant quelques morceaux de sucre, pour prévenir, comme il le dit, l'enrouement que l'air de la nuit pourrait lui occasioner ; oui, sans doute, je le préfère ; il n'y a que les Français et les dandys qui ne le préfèrent pas. Soit dit sans vous offenser, M. Mowbray, vous devriez charger Meux [2] de vous envoyer un tonneau de cette bière nommée *brown stout*, qui est préparée tout

---

[1] Proverbe anglais. — ED.
[2] Brasseur de Londres. — TR.

exprès pour être envoyée dans les colonies. On la garde aussi long-temps qu'on le veut, et elle résiste à tous les climats. J'en ai bu dans des endroits où elle devait revenir à une guinée la bouteille, en y comprenant l'intérêt de l'argent.

—Quand j'attendrai l'honneur d'une visite de M. Touchwood, répondit Mowbray, je tâcherai d'être mieux approvisionné. Pour aujourd'hui, votre arrivée ne m'avait pas été annoncée, et je serais charmé de savoir si elle a quelque objet particulier.

—C'est ce que j'appelle en venir au fait, dit M. Touchwood en allongeant ses grosses jambes couvertes de guêtres de drap, de manière à appuyer ses talons sur le garde-feu. Sur ma vie! dans cette saison de l'année le feu est la plus belle fleur d'un jardin. Je prendrai la liberté d'y jeter un morceau de bois. N'est-ce pas une chose bien étrange, soit dit en passant, M. Mowbray, qu'on ne voie jamais un fagot en Ecosse? Vous ne manquez pas ici de menu bois, et je suis surpris que vous ne fassiez pas venir des comtés du centre de l'Angleterre quelques bûcherons pour apprendre à vos paysans comment on fait un fagot.

—Avez-vous entrepris un voyage au château des Shaws, M. Touchwood, dit Mowbray d'un ton un peu caustique, pour m'y instruire sur l'art de faire des fagots?

—Pas tout-à-fait, répondit Touchwood sans se déconcerter, pas tout-à-fait; mais en toute chose il y a la bonne et la mauvaise route, et un mot dit en passant sur un sujet utile doit toujours être écouté avec plaisir. Quant à l'affaire immédiate et plus pressante qui m'amène ici, je puis vous assurer qu'elle est d'une nature assez urgente, puisqu'elle m'a conduit dans une maison où je suis très-surpris de me trouver.

—Monsieur, dit Mowbray avec gravité, en voyant que son hôte faisait une pause, la surprise est réciproque, et il me semble qu'il est temps que vous vous expliquiez.

—Hé bien, je vous demanderai d'abord si vous n'avez

jamais entendu parler d'un vieillard nommé Scrogie, qui se mit dans ce qu'il appelait sa tête, le pauvre homme, qu'il devait rougir du nom qu'il portait, quoique ce nom appartînt à bien des gens honnêtes et respectables. Il s'avisa donc de le joindre à votre surnom Mowbray, pensant que Mowbray était un nom plus chevaleresque, plus normand, en un mot que c'était un nom plus noble.

— Oui, j'en ai entendu parler, quoique ce ne soit que depuis peu de temps. Il se nommait, je crois, Reginald Scrogie Mowbray. J'ai des raisons pour croire qu'il était véritablement allié à ma famille, quoique vous sembliez en parler avec ironie, monsieur. Je crois que M. Scrogie Mowbray a fait un testament dans le but d'amener un mariage entre sa famille et la mienne.

— C'est cela, M. Mowbray, c'est cela même; et certainement ce n'est pas à vous à mettre la cognée au pied de l'arbre généalogique qui doit vous rapporter des pommes d'or. Hé! hé!

— Hé bien! monsieur, hé bien! continuez.

— Vous pouvez aussi avoir entendu dire que ce vieillard avait un fils qui aurait volontiers fait des fagots avec cet arbre généalogique, qui pensait que le nom de Scrogie sonnait tout aussi bien que celui de Mowbray, et qui n'avait pas le moindre goût pour une noblesse imaginaire qu'il ne pouvait atteindre qu'en perdant son nom légitime et en désavouant, en quelque sorte, ses véritables parens.

— Je crois que lord Etherington, de qui je tiens à peu près tout ce que je sais relativement à cette famille Scrogie, m'a dit que le vieux M. Scrogie Mowbray avait eu le malheur d'avoir un fils qui, le contrariant partout et dans tout, ne voulut saisir aucune des chances heureuses que lui présentait la fortune pour l'élévation de sa famille, et qui, contractant des inclinations basses, des habitudes vagabondes, des goûts singuliers, fut enfin, pour cette raison, déshérité par son père.

— Il est très-vrai, M. Mowbray, que Scrogie fils encourut le déplaisir de son père parce qu'il méprisait le faste et l'orgueil, qu'il aimait mieux gagner de l'argent en honnête négociant que d'en dépenser sottement en gentilhomme oisif, qu'il ne prenait jamais un fiacre quand il pouvait aller à pied, et qu'il préférait la Bourse au parc de Saint-James. En un mot, son père le déshérita parce qu'il avait les qualités nécessaires pour doubler sa fortune, au lieu de celles qu'il lui aurait fallu pour la dissiper.

— Tout cela peut être fort vrai, M. Touchwood; mais, je vous prie, en quoi les affaires de ce M. Scrogie fils peuvent-elles nous intéresser, vous ou moi?

—En quoi elles peuvent nous intéresser? répéta Touchwood, comme s'il eût été surpris de cette question; je puis vous assurer que, quant à moi du moins, elles m'intéressent beaucoup, puisque je suis l'individu dont je vous parle.

— Du diable! s'écria Mowbray en ouvrant de grands yeux à son tour. Mais, comment! vous vous nommez Touchwood, P. Touchwood : je l'ai lu dans le registre des souscriptions à l'hôtel du Renard; Pierre ou Paul Touchwood, je suppose.

—Peregrine, monsieur, Peregrine. Ma mère voulut me donner ce nom, parce que le roman de Peregrine Pickle parut pendant qu'elle était en couches; et mon pauvre fou de père y consentit, parce qu'il crut que c'était un nom distingué. Quant à moi, je ne l'aime point, et je n'en mets jamais que la première lettre avant ma signature. Vous auriez pu remarquer aussi que j'y ajoute un S. Ma signature est P. S. Touchwood. J'avais dans la Cité un vieil ami qui aimait à plaisanter, et il m'appelait toujours Post-Scriptum Touchwood.

— En ce cas, monsieur, et si vous êtes réellement M. *Scrogie tout court*, je dois en conclure que le nom de Touchwood est un nom emprunté?

— Comment diable! supposez-vous qu'il n'y ait pas un nom dans toute l'Angleterre qui puisse s'accoupler légitimement avec mon nom paternel de Scrogie, excepté le vôtre, M. Mowbray? Je vous assure que j'ai acquis le nom de Touchwood, et une jolie somme d'argent par-dessus le marché, des bienfaits d'un vieux parrain qui admira l'esprit que je montrais en voulant m'attacher au commerce.

— Hé bien! monsieur, chacun a son goût. Bien des gens auraient pensé qu'il valait mieux jouir de votre héritage paternel en conservant le nom de Mowbray qu'avait pris votre père, que d'aller chercher une autre fortune, en recevant d'un étranger le nom de Touchwood.

— Et qui vous dit que M. Touchwood fût un étranger pour moi? Il me semble qu'il avait plus de droit à obtenir de moi un respect filial, que le pauvre homme qui fut assez fou pour faire rire à ses dépens en voulant devenir dans sa vieillesse un homme comme il faut. Il était associé de mon grand-père dans la grande maison de commerce connue sous la raison de Touchwood, Scrogie et compagnie. Et permettez-moi de vous dire qu'une maison de commerce peut former un héritage tout aussi-bien qu'un domaine. Les associés sont comme des frères, et le premier commis peut se comparer à une sorte de cousin germain.

— Je n'ai pas eu dessein de vous offenser, M. Touchwood Scrogie.

— Scrogie Touchwood, s'il vous plaît; le *Scrogie* doit se montrer d'abord, car il faut qu'il pourrisse et qu'il se dessèche avant qu'il devienne *Touchwood*[1]. Ah! ah! ah! je vous tiens, je crois.

— Voilà un plaisant original, pensa Mowbray, et qui se donne tous les airs de dignité que peuvent inspirer les dollars; mais je lui parlerai civilement jusqu'à ce que je

---

(1) *Scrogie* signifie un arbrisseau, un buisson. On donne le nom de *Touchwood* à un bois pourri, sec ou poreux, dont on se sert en place d'amadou. — Tr.

voie où il en veut venir. — Vous avez l'humeur facétieuse, M. Touchwood, dit-il tout haut, je voulais seulement vous dire que, quoique vous paraissiez attacher peu d'importance à l'alliance qui a eu lieu entre votre famille et la mienne, je ne puis oublier qu'elle a établi une sorte d'affinité entre nous, et vous êtes le bienvenu au château des Shaws.

— Je vous remercie, M. Mowbray, je vous remercie; je savais que vous envisageriez convenablement les choses. A vous parler vrai, je ne me serais pas donné la peine de venir réclamer votre connaissance et votre cousinage, si je n'avais pensé que vous seriez plus maniable dans votre adversité que votre père ne l'a été dans sa prospérité.

— Avez-vous donc connu mon père, monsieur?

— Oui, oui. Je suis déjà venu ici autrefois, et j'y ai même logé. Je vous ai vu, ainsi que votre sœur, quand vous n'étiez encore que des enfans, et j'avais le projet de vous coucher tous deux sur mon testament avant de partir pour doubler le cap de Bonne-Espérance. Mais, morbleu! j'aurais voulu que mon pauvre père eût pu voir comme je fus accueilli. Je n'avais pas laissé flairer mes sacs d'argent par le vôtre, ce qui l'aurait peut-être rendu plus traitable. Au surplus, les choses allèrent passablement bien pendant un jour ou deux; mais ensuite on me fit entendre qu'on attendait le duc de... de... le diable sait quel duc, et qu'on avait besoin de mon lit pour son valet de chambre. Au diable tous les nobles cousins! pensai-je alors, et je partis pour faire une seconde fois le tour du monde. Il n'y a guère qu'un an que je me suis rappelé les Mowbrays.

— Et à quelle occasion vous êtes-vous souvenu de nous?

— J'étais établi depuis quelque temps à Smyrne, car je sème mon argent où il me plaît. — J'ai même fait quelque chose depuis que je suis ici; mais étant à Smyrne, comme je vous le disais, je fis connaissance avec Frank Tyrrel.

— Frère naturel de lord Etherington?

— Oui, de celui qu'on nomme ainsi quant à présent; mais, soit dit en passant, il est plus que probable que c'est Frank Tyrrel qui est comte d'Etherington, et que c'est votre beau monsieur qui est le bâtard.

— Du diable! Vous me surprenez étrangement, M. Touchwood.

— Je m'en doutais. Je me doutais que je vous surprendrais. Je suis quelquefois surpris moi-même de la tournure que prennent les choses dans ce monde. Mais le fait n'en est pas moins certain. Les preuves en sont déposées dans le coffre-fort de notre maison de commerce à Londres. Le vieux comte me les avait envoyées avant sa mort; car il se repentait de sa fraude envers mademoiselle de Martigny, sa femme légitime; mais il n'eut pas le courage de lui rendre justice, ainsi qu'à son fils, avant que le fossoyeur l'eût placé dans sa dernière demeure.

— Juste ciel! monsieur! s'écria Mowbray; vous saviez tout cela; et vous n'ignoriez pas que j'allais donner ma sœur en mariage à cet imposteur!

— En quoi cela me regardait-il, M. Mowbray? Vous auriez été fort courroucé contre quiconque vous aurait soupçonné de ne pas être assez clairvoyant sur vos intérêts et ceux de votre sœur. D'ailleurs quelques reproches qu'on puisse faire à lord Etherington à d'autres égards, il n'est imposteur que depuis peu, ou du moins c'était un imposteur innocent, car il occupait la place dans laquelle son père l'avait laissé. Et quand j'appris, à mon arrivée en Angleterre, qu'il allait venir ici dans l'intention, comme je le crus, de faire sa cour à votre sœur, il me parut, à parler vrai, qu'il ne pouvait rien faire de mieux. Voilà un pauvre diable qui allait cesser d'être comte et d'être riche, n'était-il pas raisonnable qu'il profitât de sa dignité pendant qu'il en jouissait encore? Et si, en épousant une jolie fille pendant qu'il était en possession de son titre, il pouvait s'assurer celle du beau domaine de Nettlewood, ma foi, je ne voyais en cela qu'un fort bon moyen de rendre sa chute plus douce.

— Excellent pour lui, sans doute; mais, monsieur, que devenait l'honneur de ma famille?

— Et quel intérêt devais-je prendre à l'honneur de votre famille? A moins que ce ne soit parce que j'ai été déshérité à cause d'elle. Si cet Etherington, ou pour mieux dire ce Bulmer, eût été un brave et honnête garçon, j'aurais vu tous les Mowbrays du monde à Jéricho, avant de mettre le moindre obstacle sur son chemin.

— Je vous dois en vérité beaucoup de reconnaissance, dit Mowbray avec un ton de dépit.

— Plus que vous ne le pensez ; car, quoique je crusse que ce Bulmer, même quand il aurait été déclaré illégitime, pût être un bon parti, un parti raisonnable pour votre sœur, à cause du domaine qui devait leur appartenir en vertu de cette union; cependant, maintenant que j'ai reconnu que c'est un misérable, un homme méprisable sous tous les rapports, je ne voudrais pas qu'une fille honnête l'épousât, dût-elle y gagner non-seulement le domaine de Nettlewood, mais tout le comté d'York. Et je suis donc venu pour vous donner cet avis.

Les nouvelles étranges que Touchwood communiquait si brusquement à Mowbray opéraient sur la tête du jeune laird le même effet qu'éprouve l'homme qui, sur le haut d'un rocher, est saisi d'un vertige en sondant de l'œil la profondeur du précipice ouvert sous ses pieds. Touchwood remarqua sa consternation, et il l'attribua modestement à l'impression que son brillant génie produisait sur Mowbray.

— Prenez un verre de vin, M. Mowbray, lui dit-il avec un air de complaisance ; buvez un verre de ce vieux sherry; il n'y a rien de tel pour éclaircir les idées ; et n'ayez pas peur de moi, quoique je vienne vous annoncer si soudainement des nouvelles si surprenantes. Vous trouverez en moi un homme ordinaire, tout simple, tout rond, tout uni. J'ai mes défauts et mes erreurs comme les autres. J'avoue que mes voyages et l'expérience que j'ai acquise me donnent quelquefois l'air de vouloir me mêler des affaires des autres ; mais c'est parce que je sais que je puis les faire réussir, que j'y vois plus clair que qui que ce soit, et que j'aime assez qu'on me regarde avec étonnement. C'est ma manière, mais, après tout, je suis *un bon diable*, comme disent les Français ; et me voici arrivé, ayant fait quatre à cinq cent milles tout exprès pour arranger et mettre en ordre toutes vos petites affaires, à l'instant où vous les croyez dans un état désespéré.

— Je vous remercie de vos bonnes intentions, monsieur ; mais je dois dire qu'elles auraient eu plus d'efficacité si vous eussiez eu moins de réserve à mon égard, et si vous étiez venu plus tôt me dire franchement tout ce que vous saviez de lord Etherington. Dans l'état où sont les choses, je me trouve bien avancé. Je lui ai promis ma sœur, j'ai contracté des obligations personnelles envers lui. Il y a même encore d'autres motifs qui me font craindre d'être obligé de tenir la parole que je lui ai donnée, qu'il soit comte ou non.

— Quoi ! parce que vous lui devez une bagatelle perdue au jeu, vous sacrifieriez votre sœur à ce scélérat ! — Vous la sacrifieriez à un homme capable de voler une lettre au bureau de poste, et d'assassiner son frère ! Lui laisserez-vous les honneurs du triomphe parce qu'il est joueur aussi-bien qu'imposteur ? Vous êtes un plaisant compère, M. Mowbray de Saint-Ronan ! Vous êtes un de ces heureux moutons qui vont au pâturage pour épaissir leur toison, et qui rentrent tondus dans la bergerie. Morbleu ! vous vous êtes cru une meule à moudre, et vous n'êtes qu'un sac de grain. Vous avez pris votre vol en faucon, et vous êtes revenu en pigeon. Vous avez voulu montrer les dents aux Philistins, et ils vous les ont arrachées jusqu'à la dernière.

— Tout cela peut être fort spirituel, M. Touchwood; mais l'esprit ne paiera pas à cet Etherington, ou quel que soit son nom, la somme que j'ai perdue et que je lui dois.

— Hé bien! il faut que la prudence fasse ce que l'esprit ne peut faire ; il faut que je la paie pour vous, et voilà tout. Regardez-moi bien, monsieur ! je ne vais pas à pied pour rien. Si j'ai travaillé, j'ai recueilli, et je puis dire comme je ne sais qui, dans une vieille comédie : — J'ai de quoi, et je puis me livrer à mon humeur. — Ce ne sont pas quelques centaines ou quelques milliers de livres qui empêcheront le vieux P. S. Touchwood de suivre ses projets; et mon projet en ce moment est de faire de vous, M. Mowbray de Saint-Ronan, un homme aussi libre que le sauvage qui court dans les forêts. Pourquoi avez-vous l'air si sérieux, jeune homme? Je me flatte que vous n'êtes pas assez âne pour croire votre dignité offensée, parce que le plébéien Scrogie veut venir au secours de la noble et vieille maison de Mowbray ?

— Je ne suis pas assez insensé, répondit Mowbray, les yeux baissés, pour refuser un secours qui est pour moi ce qu'est la corde qu'on jette à l'homme qui se noie. Mais il y a une circonstance... (il fit une pause et but un verre de vin) une circonstance à laquelle il m'est bien pénible de faire allusion. Cependant vous paraissez mon ami, et je ne crois pouvoir mieux vous prouver que je vous regarde enfin comme tel, qu'en vous disant que les propos tenus par lady Pénélope Penfeather, relativement à ma sœur, rendent son établissement nécessaire, et je crains qu'en ce moment la rupture du mariage convenu ne lui soit très-préjudiciable. Ils auront Nettlewood, et ils peuvent vivre en état de séparation. Ce misérable m'a offert lui-même d'en faire une des conditions du mariage. Une fois mariée, elle sera au-dessus de tous les bruits scandaleux, et à l'abri du besoin dont je regrette d'avoir à dire que je ne puis espérer de la préserver long-temps.

— Fi, fi, fi! s'écria Touchwood avec une vivacité qui

ne lui était pas ordinaire; voudriez-vous vendre votre chair et votre sang à un homme comme ce Bulmer, maintenant que vous le connaissez, uniquement parce qu'une vieille fille, désolée de l'être encore, répand de sots bruits sur votre sœur? Vous montrez beaucoup de vénération pour le nom si honoré de Mowbray! Si mon pauvre vieux père, tout simple qu'il était, avait su que les propriétaires de ces deux belles syllabes descendraient d'eux-mêmes si bas, seulement pour s'assurer une subsistance, il n'aurait pas fait plus de cas du noble nom de Mowbray que du nom plus humble de Scrogie. Et sans doute la jeune demoiselle pense de même; il lui tarde d'être mariée, n'importe à qui?

— Pardonnez-moi, M. Touchwood; ma sœur a des sentimens tout différens de ceux que vous lui attribuez, et nous venons de nous quitter assez mécontens l'un de l'autre, uniquement parce que je la pressais de consentir à épouser cet homme. Dieu sait que je ne le faisais que parce que je ne voyais nul autre moyen pour sortir de cet embarras désagréable. Mais puisque vous êtes disposé, monsieur, à m'aider à démêler cette affaire compliquée, et qui l'est devenue encore davantage par suite de mon imprudence, je suis prêt à vous en abandonner la conduite comme si vous étiez mon père sorti du tombeau. Cependant je dois avouer que je suis surpris de vous voir si bien instruit de tous ces détails.

— Vous parlez très-sensément, jeune homme. Oui, j'ai appris bien des choses, et depuis quelque temps j'ai connu toutes les manœuvres de ce Bulmer aussi parfaitement que si j'avais été à son côté, comme une ombre, pendant qu'il complotait contre votre famille. Vous ne soupçonneriez guère, ajouta Touchwood d'un ton confidentiel, que l'événement que vous désiriez si vivement de voir arriver il n'y a qu'un instant a déjà eu lieu dans un certain sens, et que votre sœur et ce prétendu lord Etherington ont reçu la bénédiction nuptiale?

— Monsieur! s'écria Mowbray avec vivacité, prenez garde de pousser les choses trop loin! Ce sujet ne supporte pas la plaisanterie, et le moment n'y est pas favorable.

— Aussi vrai que je vis de pain, M. Mowbray, je vous parle très-sérieusement. M. Cargill a célébré la cérémonie, et deux témoins, qui vivent encore, ont entendu prononcer ces mots:—Moi, Clara, je vous prends, vous, Francis, pour époux, ou tels autres mots que le rituel écossais substitue à cette formule.

— Cela est impossible, monsieur! Cargill ne l'aurait osé. Une démarche clandestine, comme celle dont vous parlez, lui aurait fait perdre son bénéfice. Je gagerais mon ame que c'est un conte. Et c'est dans un pareil moment, monsieur, au milieu de la détresse qui accable ma famille, que vous venez me débiter des contes aussi faux que l'Alcoran!

— Il y a quelques vérités dans l'Alcoran, ou pour mieux dire dans le Coran, car la syllabe *al* n'est que l'article; mais n'importe. Je vais vous étonner encore davantage avant que j'aie fini tout ce que j'ai à vous dire. Il est très-vrai que votre sœur a été mariée à ce Bulmer, qui prend le titre de comte d'Etherington; mais il n'est pas moins vrai que ce mariage ne vaut pas un maravédis, car elle croyait épouser un autre homme, ce Francis Tyrrel, en un mot, qui est aujourd'hui ce que l'autre prétend être, un homme riche et titré.

— Je ne comprends pas un mot à tout cela, monsieur, et je vais trouver ma sœur à l'instant pour qu'elle me dise s'il y a une ombre de vérité dans des détails si étranges.

— Ne me quittez pas, dit Touchwood en le retenant, je suis en état de vous donner les plus amples explications sur toute cette affaire; et pour ne laisser aucun nuage dans votre esprit relativement à Cargill, je puis vous assurer que, s'il a consenti à célébrer ce mariage, c'est parce qu'on a employé la calomnie et flétri la réputation de votre sœur pour lui faire croire qu'une prompte union était le seul moyen de sauver son honneur ; et je suis convaincu que ce n'est que le renouvellement de ces bruits injurieux qui a donné lieu aux bavardages de lady Pénélope.

— Si je le croyais, si je pouvais le croire…! et cependant cela semble expliquer la conduite mystérieuse de ma sœur. — Oui, si je pouvais croire à la vérité de ces détails, je tomberais à vos pieds, je vous honorerais comme un ange descendu du ciel !

— Jolie espèce d'ange ! dit Touchwood en jetant un regard modeste sur ses grosses et courtes jambes ; avez-vous jamais entendu parler d'un ange en guêtres, ou supposez-vous que les anges soient envoyés du ciel pour servir des jockeis ruinés ?

— Donnez-moi tel nom qu'il vous plaira, M. Touchwood ; prouvez-moi seulement la vérité de votre histoire et l'innocence de ma sœur.

— Bien parlé, monsieur ! très-bien parlé ! mais j'entends que vous vous laissiez guider par ma prudence et mon expérience. Point de vos mesures infernales, monsieur ; point de tapage, point de duel ; laissez-moi conduire votre barque, et je vous ferai entrer dans le port toutes les voiles au vent.

— Monsieur, je dois penser et agir en gentilhomme.

— Vous voulez dire penser et agir en fou, car c'est là le mot propre. Rien ne plairait tant qu'un duel à ce Bulmer, au milieu de toutes ses coquineries. Il n'ignore pas que celui qui sait couper une balle de pistolet sur la lame d'un canif conservera toujours une sorte de réputation parmi des compagnons ne valant pas mieux que lui. Mais j'aurai soin de fermer la lumière de son pistolet. Rasseyez-vous, montrez-vous homme de sens, et écoutez les détails de cette étrange histoire.

Mowbray s'assit de nouveau sur sa chaise, et Touchwood

lui raconta à sa manière et avec toutes les remarques incidentes dont il faisait ses commentaires obligés, les amours de Clara et de Tyrrel, les raisons qui engagèrent Bulmer à favoriser d'abord leur liaison, dans l'espoir que son frère, par un mariage clandestin, se rendrait coupable aux yeux de son père d'une faute irrémissible; le changement qui survint dans ses vues, quand il apprit l'importance que le vieux comte attachait au mariage de son héritier apparent avec miss Mowbray, le stratagème que lui inspira le désespoir, de se substituer à son frère; enfin toutes les conséquences qui en résultèrent, et qu'il est inutile de rappeler ici, puisqu'on les a trouvées dans la correspondance du coupable avec le capitaine Jékyl.

Lorsque ce récit fut terminé, Mowbray, plongé dans une sorte de stupeur par toutes les choses qui venaient de le surprendre, resta quelque temps enfoncé dans une rêverie dont il ne sortit que pour demander à M. Touchwood quelle preuve il avait de la vérité de cette étrange histoire.

— Le témoignage, répondit Touchwood, de celui qui a été l'agent de toutes ces intrigues depuis le commencement jusqu'à la fin; d'un homme aussi diable que le diable lui-même, avec cette différence que ce diable mortel ne fait pas le mal pour l'amour du mal, à ce que je crois, mais pour l'amour de l'argent. Je ne sais jusqu'à quel point cette défense pourra lui servir dans une cour de conscience, mais je dois dire que je l'ai toujours trouvé humanisé au point de faire le bien aussi volontiers que le mal, pourvu qu'il y trouvât le même dividende de profit.

— Sur mon ame! il faut que ce soit Solmes. Je l'ai longtemps soupçonné d'être un coquin fieffé, et maintenant il est prouvé que c'est en même temps un traître. Mais comment diable avez-vous fait connaissance avec lui, M. Touchwood?

— Dans une occasion très-particulière. M. Solmes était un membre trop actif de la communauté pour se contenter de conduire les affaires que son maître lui confiait, et il en faisait quelques-unes pour son propre compte. Pensant probablement que le feu comte d'Etherington avait oublié de récompenser ses services comme valet de chambre de son fils, il répara cet oubli par un petit mandat de cent livres sterling sur notre maison, portant en apparence la signature du défunt. Cette petite supercherie fut découverte quand il nous fut présenté, et M. Solmes, qui en était porteur, aurait été consigné entre les mains d'un officier de police de Bow-Street, si je n'avais jugé plus à propos de le sauver de la potence à condition qu'il me ferait connaître toute l'histoire que je viens de vous raconter. Ce que j'avais vu de Tyrrel à Smyrne m'avait inspiré beaucoup d'intérêt pour lui, et vous pouvez juger que cet intérêt ne fit que s'accroître quand j'appris tout ce que lui avaient fait souffrir la perfidie et la trahison de son frère. Par le moyen de ce drôle, j'ai déjoué tous les projets de son maître. Par exemple, dès que j'appris que Bulmer venait ici, j'en fis donner un avis anonyme à Tyrrel; bien convaincu qu'il partirait avec la vitesse du diable pour le contrecarrer. Ainsi j'ai réuni tous les personnages du drame, et je les fais mouvoir au gré de ma volonté.

— Et par conséquent, c'est vous qui avez été la cause première de la rencontre entre les deux frères, rencontre qui aurait pu être fatale à l'un et à l'autre.

— Je ne puis le nier; c'est un accident; on ne peut pas tout prévoir. Morbleu! j'ai encore été sur le point d'être pris pour dupe, car Bulmer avait chargé Jékyl, qui n'est pas un mouton si noir qu'on ne trouve en lui quelques touffes de laine blanche, de proposer à Tyrrel des conditions de traité que mon agent secret ne connaissait pas. Mais, morbleu! j'ai tout découvert. Vous ne devineriez guère comment.

— Cela est très-probable, monsieur; car les sources où vous puisez vos informations sont aussi difficiles à découvrir que votre mode d'agir est compliqué et incompréhensible.

—C'est bien ce que je prétends. Les gens simples périssent par leur simplicité. J'ai toujours les yeux ouverts autour de moi. Quant à ma source d'informations, morbleu! j'ai écouté à la porte, oui, monsieur, écouté. Je connaissais le cabinet à double porte de mon hôtesse, je m'y suis caché, comme elle l'a fait plus d'une fois. Un homme du bon ton, comme vous, aimerait mieux, je suppose, couper la gorge à un autre que d'écouter à une porte, quand il s'agirait de prévenir un meurtre.

—Certainement, monsieur, je ne puis dire que j'eusse songé à un tel expédient.

— Mais j'y ai songé, moi; et ce que j'ai appris m'a suffi pour faire entendre à Jékyl des choses qui, je crois, l'ont dégoûté de sa commission; de sorte que j'ai le gibier entre mes mains. Bulmer ne peut se fier qu'à Solmes, et Solmes me rapporte tout.

Ici Mowbray ne put réprimer un mouvement d'impatience.

—Plût au ciel! monsieur, s'écria-t-il, puisque vous aviez la bonté de prendre un intérêt si particulier aux affaires de ma famille, que vous eussiez bien voulu vous ouvrir à moi un peu plus tôt! Pendant des semaines entières j'ai été lié, intimement lié avec un maudit scélérat à qui j'aurais dû couper la gorge pour le punir de sa conduite infame envers ma sœur. J'ai fait le malheur de Clara et le mien, et je me suis laissé dévaliser par un escroc que vous auriez pu démasquer d'un seul mot, si c'eût été votre bon plaisir. Je rends justice à vos bonnes intentions, monsieur; mais, sur mon ame! je ne puis m'empêcher de regretter que vous n'ayez pas agi à mon égard avec plus de franchise et moins de mystère. Je crois vraiment que votre goût pour la finesse l'a emporté sur votre prudence, et que vous avez laissé tellement embrouiller le fil de cette intrigue, qu'il vous sera toujours difficile à vous-même de le dévider.

Touchwood sourit et secoua la tête en homme bien convaincu de la supériorité de son jugement.

— Jeune homme, lui dit-il, quand vous aurez vu un peu le monde, et surtout que vous serez sorti des limites étroites de cette île, vous reconnaîtrez que l'art et la dextérité sont plus nécessaires pour conduire de pareilles affaires à bonne fin, qu'il ne le paraît à un John Bull aveugle, ou à un Ecossais sans expérience. Alors vous ne serez plus étranger à la politique de ce monde, qui ne consiste qu'en mines et contre-mines, en feintes et en bottes sérieuses. Je vous regarde, M. Mowbray, comme un jeune homme gâté par le séjour trop constant qu'il a fait dans son pays, et par la mauvaise compagnie qu'il a vue; je me chargerai, si vous voulez suivre mes avis, de former votre jugement, en même temps que je relèverai votre fortune. Non, ne me répondez pas, monsieur; je sais trop bien par expérience comment les jeunes gens répondent en pareil cas. Ils sont pleins d'une présomption vaniteuse, monsieur; ils en ont autant que s'ils avaient visité les quatre parties du monde. Je n'aime pas qu'on me réponde, monsieur; je ne l'aime pas. Et pour vous dire la vérité, c'est parce que Tyrrel a la manie de me répondre que je vous préfère à lui en cette occasion, pour vous faire mon confident. Je voulais qu'il se jetât dans mes bras, qu'il s'abandonnât à mes conseils; mais il a hésité, M. Mowbray, oui, il a hésité, et je méprise toute hésitation. S'il croit avoir assez d'esprit pour diriger ses affaires, qu'il l'essaie ! oui, qu'il l'essaie ! Ce n'est pas que je ne sois disposé à faire pour lui tout ce qu'il me sera possible de faire, en temps et lieu convenables; mais je le laisserai dans l'embarras et l'incertitude un peu plus long-temps. Ainsi, M. Mowbray, vous voyez quelle sorte de vieil original je suis, et vous pouvez me dire maintenant si vous êtes disposé à adopter mes mesures. Seulement, répondez-moi tout de suite, monsieur; car je déteste l'hésitation.

Tandis que Touchwood parlait ainsi, Mowbray prenait

intérieurement sa résolution. Il n'avait pas aussi peu d'expérience que le voyageur le supposait. Il voyait clairement qu'il avait affaire à un vieillard obstiné, capricieux, qui, agissant avec les meilleures intentions, prétendait d'abord que tout marchât à sa guise, et qui, comme la plupart des politiques subalternes, était disposé à mettre du mystère et de l'intrigue dans des affaires qu'il vaudrait beaucoup mieux conduire avec franchise. Mais il reconnut en même temps que Touchwood, son parent éloigné par alliance, riche, n'ayant ni femme ni enfans, disposé à devenir son ami, était un homme qu'il lui importait de se concilier, d'autant plus que le voyageur lui-même venait d'avouer franchement que c'était le défaut de déférence de Frank Tyrrel qui avait, sinon éteint tout-à-fait son amitié pour ce jeune homme, du moins considérablement refroidi l'envie qu'il avait de lui en donner des preuves. Mowbray songea aussi que les circonstances dans lesquelles il se trouvait lui-même lui faisaient une loi de profiter d'un premier rayon de bonne fortune qui semblait vouloir luire sur lui. Imposant donc silence à cet orgueil qu'il croyait devoir appartenir à l'unique représentant d'une ancienne maison, il répondit respectueusement que, dans sa situation, les avis et le secours de M. Scrogie Touchwood lui paraissaient trop importans pour ne pas les acheter au prix du sacrifice de ses opinions personnelles, qu'il soumettrait au jugement d'un ami plein d'expérience et de sagacité.

— C'est bien dit, M. Mowbray, très-bien dit. Laissez-moi le soin de vos affaires, et vous verrez qu'elles seront arrangées sans perte de temps. Je vous demanderai l'hospitalité cette nuit; car il fait noir comme dans la gueule d'un loup; et, si vous voulez donner ordre qu'on loge quelque part le pauvre diable de postillon, et qu'on mette ses chevaux dans votre écurie, je vous en aurai une double obligation.

Mowbray sonna. Patrick arriva, et il fut bien surpris quand le vieillard, ôtant la parole au jeune laird, pour donner lui-même ses ordres, lui dit de lui faire préparer un lit, et d'allumer du feu dans sa chambre : — Car je présume, ajouta-t-il, que vous n'avez pas bien souvent des hôtes ici, et que par conséquent elle doit être un peu froide. Ayez soin que les draps ne soient pas humides, et recommandez à la fille de chambre de ne pas faire le lit sur un niveau trop exact; il faut qu'il y ait depuis l'oreiller jusqu'aux pieds une inclinaison d'environ dix-huit pouces, et, écoutez, mettez sur ma table de nuit une jatte d'eau d'orge dans laquelle vous ajouterez le jus d'un citron. Un moment! Vous rendriez ce breuvage sur comme Belzébuth : mettez le citron sur une assiette, et je ferai moi-même ce mélange.

Patrick écoutait comme un homme qui ne sait s'il a perdu le sens; sa tête tournait de droite à gauche, comme celle d'une pagode chinoise, et son regard demandait à son maître ce qu'il devait faire. Mais aussitôt que Touchwood eut cessé de parler, Mowbray confirma les ordres qui venaient d'être donnés.

— Qu'on exécute les ordres de M. Touchwood, dit-il, et qu'on ait soin d'aller au-devant de tout ce qu'il pourra désirer.

— Fort bien, monsieur, dit Patrick, je ne manquerai pas de le dire à Molly; mais il est bien tard, et....

— Et c'est pourquoi, mon vieil ami, dit Touchwood, plus tôt je pourrai me coucher, plus content je serai. D'ailleurs il faut que je me lève de grand matin. J'ai une affaire de vie et de mort; elle vous regarde aussi, M. Mowbray, mais nous en parlerons demain. Et à propos, dites au postillon de mettre ses chevaux à l'écurie, et donnez-lui un lit quelque part.

Ici Patrick crut être ferme sur son terrain et pouvoir opposer une résistance efficace, désir qui lui était inspiré par le ton dictatorial de l'étranger.

— Attrapez-nous à cela si vous le pouvez, dit-il; jamais chevaux de poste n'entrent dans notre écurie. Que savons-nous s'ils n'ont pas la morve? comme dit le palefrenier.

— Il faut en courir le risque ce soir, Patrick, dit Mowbray d'un ton qui annonçait qu'il ne faisait cette concession qu'à regret, à moins que M. Touchwood ne veuille renvoyer ses chevaux en donnant ordre au postillon de les ramener demain à telle heure qu'il lui conviendra.

— Non vraiment, s'écria le nabab. Ce qu'on veut avoir demain, il faut le bien tenir aujourd'hui. Nous avons assez de besogne demain matin. D'ailleurs les pauvres rosses sont fatiguées, et l'homme miséricordieux a de la pitié pour ses bêtes. En un mot, si les chevaux s'en retournent ce soir à Saint-Ronan, je m'en vais avec eux par compagnie.

Il arrive souvent, par suite de la corruption de la nature humaine, qu'il est plus difficile à une ame orgueilleuse de céder quand il s'agit de simples bagatelles, que lorsqu'il est question de choses importantes. Mowbray, de même que les autres jeunes gens de sa classe, attachait une importance ridicule à la discipline de ses écuries, et les chevaux de lord Etherington lui-même n'avaient pas été admis dans ce *sanctum sanctorum*, où il se voyait en ce moment obligé de trouver bon qu'on introduisît deux misérables bidets de poste. Cependant il se soumit à son destin de la meilleure grace qu'il le put.

Quant à Patrick, lorsqu'il se retira, les mains et les yeux élevés au ciel, pour exécuter les ordres qu'il avait reçus, il put à peine s'empêcher de penser que ce vieillard devait être le diable déguisé, puisqu'il faisait de son maître tout ce qu'il voulait, même en ce qui contrariait Mowbray plus que toute chose au monde.

— Que le Seigneur, dans sa merci, pensa-t-il, étende son bras protecteur sur cette pauvre maison! J'y suis né, mais j'ai bien peur de la voir finir avant moi.

CHAPITRE XXXVII.

LA FUITE.

Cette nuit me paraît mauvaise pour nager. »
SHAKSPEARE. *Le Roi Léar*.

Il régnait une vague incertitude dans toutes les idées de Mowbray quand il s'éveilla, après un sommeil fort agité, le matin qui suivit cette mémorable entrevue. L'horrible souvenir de l'entretien cruel qu'il avait eu la veille avec une sœur qu'il aimait autant qu'il était capable d'aimer quelqu'un, et la crainte que cette sœur n'eût manqué à ce qu'elle se devait à elle-même et n'eût déshonoré sa famille, furent les premiers souvenirs qui assaillirent son imagination à son réveil. Vint ensuite le récit de Touchwood, qui justifiait Clara; et il se persuada, ou chercha à se persuader qu'elle avait compris l'accusation portée contre elle, comme ayant rapport à son attachement pour Tyrrel et aux fatales conséquences qu'il avait eues. Il douta ensuite qu'elle eût pu commettre une pareille méprise, et il craignit qu'elle n'eût été agitée par quelque motif plus puissant que la répugnance qu'elle pouvait avoir à faire l'aveu de l'infame trahison dont Bulmer s'était rendu coupable envers elle. Enfin il revint à sa première opinion, moins cruelle pour son cœur, en se souvenant que, redoutant comme elle le faisait d'être forcée à épouser celui auquel il destinait sa main, elle devait croire qu'elle travaillerait elle-même à sa ruine si elle lui apprenait l'histoire de ce mariage clandestin.

— Oui, oh, oui! se dit-il à lui-même; elle a dû croire

que je n'en prendrais qu'avec plus d'empressement les intérêts de ce misérable, comme le meilleur moyen d'étouffer une affaire désagréable; et, ma foi! elle ne s'est pas trompée; car s'il eût été véritablement comte d'Etherington, je ne vois pas quel meilleur parti elle aurait pu prendre; mais, comme il n'a aucun droit à ce titre, et que c'est en outre un homme sans principes et sans honneur, je me contenterai de le faire périr sous le bâton, dès que je pourrai me soustraire à la surveillance de ce vieil entêté, de ce brouillon qui se mêle de tout, et qui prétend que tout marche à sa volonté. — Mais que faire à l'égard de Clara? Ce prétendu mariage n'est qu'une chimère, et les deux parties doivent redevenir libres. Elle aime ce grave personnage, qui, après tout, se trouve être le bon rejeton du vieil arbre. Quant à moi je ne l'aime guère, et cependant il a en lui je ne sais quoi qui sent le lord. Bien certainement un peintre vagabond n'aurait pu la déterminer à un mariage secret : elle peut l'épouser, je présume, si la loi ne s'y oppose pas. En ce cas, elle aurait le comté, le domaine d'Oakendale, celui de Nettlewood, tout, en un mot. Nous serions les gagnans, tout bien compté, et j'ose dire que ce vieux Touchwood est riche comme un juif. Je lui garantis au moins cent mille livres sterling : il a le ton trop despotique pour avoir six pence de moins; et il parle de me remettre à flot. Ma foi! je dois le laisser faire. Seulement je voudrais savoir si la loi permet à Clara d'épouser ce nouveau comte. Une femme ne peut épouser successivement deux frères, cela est certain; mais, si le mariage avec le premier n'est pas en bonne et due forme, je ne vois pas pourquoi elle ne pourrait devenir l'épouse du second. J'espère que les hommes de loi ne nous conteront pas de balivernes à ce sujet, et que Clara n'aura pas de scrupules ridicules; mais, après tout, la première chose que je doive espérer, c'est que toute cette histoire se trouve vraie, car elle m'arrive par un canal qui m'est suspect. Il faut que je voie

Clara sur-le-champ : qu'elle me dise la vérité, et je réfléchirai ensuite sur ce que je dois faire.

Telles étaient les réflexions que faisait le jeune laird de Saint-Ronan, et il se hâta de finir sa toilette afin d'obtenir plus promptement les renseignemens qui devaient terminer ses incertitudes.

Lorsqu'il fut descendu dans la salle à manger, où il déjeunait ordinairement, il fit venir une jeune fille qui remplissait près de sa sœur les fonctions de femme de chambre, et lui demanda si miss Mowbray était levée.

— Miss Clara n'a pas encore sonné, répondit-elle.

— Elle est donc beaucoup moins matinale que de coutume, dit Mowbray ; mais elle s'est couchée hier soir plus tard qu'à l'ordinaire. Montez chez elle, Marthe ; dites-lui de se lever sur-le-champ, et que j'ai d'excellentes nouvelles à lui annoncer. Si elle a une migraine, je monterai chez elle, et je les lui apprendrai avant qu'elle se lève. Partez, et revenez vite.

Marthe partit, et elle revint en moins de deux minutes.

— J'ai beau frapper, monsieur, dit-elle, je ne puis me faire entendre de ma maîtresse. Je désire, ajouta-t-elle avec ce goût pour les mauvais présages, qui est commun parmi les classes inférieures, que miss Clara se porte bien, car elle ne dort jamais si profondément.

Mowbray s'élança du fauteuil sur lequel il s'était jeté, monta au second étage, traversa la galerie en courant, et frappa assez fort à la porte de la chambre de sa sœur. Point de réponse.

—Clara ! s'écria-t-il, ma chère Clara ! répondez-moi ! un mot ! un mot seulement ! dites-moi que vous vous portez bien. Je vous ai effrayée hier soir ; accusez-en l'ivresse. Je me suis emporté mal à propos ; pardonnez-moi. Allons, Clara, n'ayez pas de rancune ; dites-moi un seul mot : dites-moi que vous vous portez bien.

Il faisait de longues pauses entre chacune de ces courtes phrases, et frappait de plus en plus fort, écoutant ensuite avec attention pour voir s'il obtiendrait une réponse. Enfin il essaya d'ouvrir la porte, mais elle était fermée en dedans.

— Ma sœur a-t-elle l'habitude de fermer ainsi sa porte? demanda-t-il à Marthe.

— Jamais cela ne lui est arrivé, monsieur. Elle la laisse toujours ouverte, afin que je puisse entrer quand elle sonne, et ouvrir les volets.

— Elle n'avait que trop de raisons pour prendre cette précaution, pensa Mowbray; et il se souvint alors qu'il l'avait entendue la veille tirer les verrous.

— Allons, Clara, continua-t-il d'un ton plus agité que jamais, ne soyez pas obstinée. Si vous ne voulez pas m'ouvrir la porte, il faudra que je l'enfonce; car comment puis-je savoir si vous n'êtes pas malade, si vous n'êtes pas hors d'état de parler? — Ce n'est peut-être qu'un mouvement d'humeur; alors dites-le-moi. — Elle ne répond pas, ajouta-t-il en se tournant vers Marthe, près de qui M. Touchwood venait d'arriver.

Mowbray était en proie à de si vives inquiétudes qu'il ne fit aucune attention à son hôte, et il continua à parler comme s'il ne se fût pas aperçu de sa présence.

— Que faire? est-elle malade? est-elle endormie? est-elle évanouie? Si j'enfonce la porte, dans l'état où elle est, je vais lui causer une frayeur mortelle. Clara! faites-moi seulement entendre votre voix, et vous pourrez ensuite rester tranquille dans votre chambre aussi long-temps que vous le désirerez.

Point de réponse encore. La femme de chambre de miss Mowbray, à qui son agitation avait peut-être troublé la mémoire, se rappela enfin qu'un escalier dérobé conduisait de la chambre de sa maîtresse dans le jardin, et dit qu'elle était peut-être sortie par là de son appartement.

— Sortie! s'écria Mowbray dont cette idée redoubla l'inquiétude. Et voyant l'épais brouillard, ou pour mieux dire, la pluie fine qui tombait, comme cela n'est pas très-rare en novembre : — Sortie par un semblable temps ! répéta-t-il ; mais nous pouvons entrer dans sa chambre par l'escalier dérobé.

A ces mots, laissant à son hôte le choix de le suivre, ou de rester où il était, il descendit précipitamment dans le jardin, et trouva ouverte la porte qui fermait l'escalier de ce côté. Livré à des craintes vagues, mais terribles, il monta à la hâte jusqu'à la porte de l'appartement de sa sœur, porte qui conduisait du palier dans le cabinet de toilette de Clara. Elle était entr'ouverte. — Clara ! Clara ! s'écria-t-il encore, plutôt par suite d'une inquiétude mortelle que par espoir d'obtenir une réponse.

Ses appréhensions n'étaient que trop fondées. La porte de communication entre le cabinet de toilette et la chambre à coucher de sa sœur était aussi entr'ouverte ; il entra. Miss Mowbray n'y était pas, et il était facile de reconnaître qu'elle ne s'était ni déshabillée ni couchée de toute la nuit. Se frappant le front dans un accès de remords et de crainte : — Je l'ai effrayée à la mort, s'écria-t-il ; elle se sera enfuie dans les bois, elle y aura péri !

Après avoir promené un second regard autour de la chambre, comme pour se bien assurer que Clara n'y était pas, Mowbray, cédant à ses terreurs, retourna brusquement dans le cabinet de toilette, et manqua de renverser M. Touchwood qui l'avait suivi, mais qui, par civilité, n'était pas entré dans la chambre à coucher.

— Vous agissez en véritable *hamako* [1], dit le voyageur ; réfléchissons un instant ; je suis sûr que j'imaginerai un moyen...

— Au diable vos imaginations ! s'écria Mowbray, à qui un mouvement d'impatience bien naturel fit oublier la déférence qu'il s'était promis d'avoir pour le vieux nabab ; si vous eussiez agi avec plus de franchise et de prompti-

---

[1] Nom qu'on donne aux fous en Turquie. — Ed.

tude, en homme de bon sens, en un mot, ce malheur ne serait pas arrivé.

— Que Dieu vous pardonne vos reproches s'ils sont injustes, jeune homme, dit M. Touchwood en lâchant le bras du jeune laird, dont il s'était emparé; et qu'il me pardonne aussi, ajouta-t-il, si, en voulant faire le bien, je me suis trompé sur le choix des moyens! Mais peut-être miss Mowbray est-elle allée aux eaux. Je vais faire mettre les chevaux et m'y rendre à l'instant.

— Oui, allez-y, allez-y ; je vous en aurai beaucoup d'obligation, répondit Mowbray négligemment; et, descendant à la hâte dans le jardin, comme s'il eût désiré se débarrasser en même temps de ses propres pensées et d'un homme qui lui devenait importun, il prit le chemin le plus court pour se rendre à une porte de derrière qui conduisait au bois taillis. Clara y avait fait percer une allée pour pouvoir aller plus facilement à un petit cabinet de plaisance, construit en planches et en treillage, et couvert de plantes grimpantes de toute espèce.

En traversant le jardin, il rencontra le vieillard qui y travaillait, ancien serviteur de sa famille, et né dans un comté situé plus au sud.

— Avez-vous vu ma sœur? lui demanda-t-il en précipitant ses paroles avec toute la hâte que donne la terreur.

— Que me voulez-vous, laird? demanda le vieillard, dont l'oreille était dure, et dont l'intelligence n'était pas très-ouverte.

— Avez-vous vu miss Clara, cria Mowbray de toutes ses forces en jurant contre la stupidité du jardinier.

— Oui vraiment je l'ai vue, répondit le jardinier sans hésiter; y a-t-il du mal à avoir vu miss Clara, laird?

— Où? Quand? demanda vivement son maître.

— Dans le jardin, hier soir, avant que vous fussiez de retour, répondit le vieux Joseph; et, Dieu merci, vous galopiez bon train.

— Je suis aussi stupide que ce vieillard, dit Mowbray,

de perdre mon temps à lui parler. Et il courut à la porte dont nous avons fait mention, et qui donnait sur ce qu'on appelait l'allée de miss Clara. Trois ou quatre domestiques, se parlant bas les uns aux autres, et dont la physionomie annonçait le chagrin, l'inquiétude et la crainte, suivaient leur maître, désirant qu'il employât leurs services, mais n'osant les offrir à ce jeune homme impétueux.

A la petite porte, il trouva enfin des traces de celle qu'il cherchait; car le passe-partout de Clara était resté dans la serrure. Il était donc évident qu'elle y avait passé; mais à quelle heure et dans quel dessein? c'était ce que Mowbray n'osait même conjecturer.

Cette allée étroite, après avoir traversé, pendant environ le quart d'un mille, un bois de chênes et de sycomores, aboutissait à une assez grande rivière dont les bords escarpés et rocailleux ne pouvaient être gravis qu'après des difficultés capables de faire reculer une personne délicate. Le chemin suivait alors les bords d'une chaîne de rochers, qui tantôt étaient suspendus sur les eaux, tantôt s'avançaient dans la rivière, dont le courant rapide couvrait leurs pieds d'écume, tantôt, cachés sous la surface, ne se faisaient remarquer que par les tourbillons qu'ils excitaient.

Les tentations que ce lieu dangereux pouvait offrir à un esprit exalté et désespéré frappèrent Mowbray en ce moment, et produisirent sur lui le même effet que le *simoum* [1]. Il s'arrêta un moment pour respirer, et tâcher d'écarter ses horribles pressentimens. Ses domestiques partageaient toutes ses craintes. — Pauvre fille! pauvre fille! se disaient-ils les uns aux autres à demi-voix; fasse le ciel qu'elle n'ait pas été abandonnée à elle-même! Puisse le ciel l'avoir soutenue dans cette épreuve!

En ce moment on entendit la voix du vieux jardinier

---

[1] Vent desséchant et brûlant qui souffle quelquefois dans les déserts de l'Afrique.
— Éd.

qui criait derrière eux : — Monsieur! monsieur Saint-Ronan! j'ai trouvé...

— Quoi? s'écria Mowbray tressaillant, et respirant à peine; avez-vous trouvé ma sœur?

Il répéta plusieurs fois cette question; mais Joseph ne jugea pas à propos d'y répondre avant d'être arrivé près de lui, et alors il lui dit avec le ton de lenteur qui lui était ordinaire :

— Non, je n'ai pas trouvé miss Clara; mais j'ai trouvé quelque chose que vous seriez bien fâché d'avoir perdu; devinez, laird : votre beau couteau de chasse!

En même temps il le présenta à son maître, qui se rappelant dans quelles circonstances il l'avait jeté la veille par la fenêtre du salon de sa sœur, et songeant aux conséquences funestes de cette entrevue, le lui arracha des mains en proférant une imprécation, et le jeta avec violence dans la rivière.

Les domestiques se regardèrent les uns les autres; et sachant le prix que leur maître attachait à ce couteau, qu'ils l'avaient vu plusieurs fois montrer à ses amis comme une arme curieuse, ils commencèrent à croire qu'il avait l'esprit en délire. Mowbray vit, à leurs regards surpris et confus, ce qui se passait en eux, et, montrant autant de calme qu'il put en appeler à son secours, il se débarrassa de tout son cortège en ordonnant aux servantes d'aller chercher leur maîtresse dans les promenades de l'autre côté du parc, et au jardinier d'aller sonner la grosse cloche du château. Affectant une confiance qu'il était loin d'avoir, il ajouta que ses ordres avaient pour but de rappeler miss Mowbray, si elle était à faire une de ses longues promenades.

Mowbray s'adressant ensuite à Patrick l'envoya dire au palefrenier de lui amener un cheval sur-le-champ au Pont-Bruyant, qu'on nommait ainsi à cause du bruit que faisait une petite cataracte au-dessous de laquelle était un petit pont de planches pour les piétons.

Dès qu'ils furent partis, il continua à suivre le sentier sur lequel il se trouvait, marchant avec une rapidité sans égale; car, sachant que c'était la promenade favorite de sa sœur, il regardait comme possible qu'elle eût pris ce chemin par habitude, dans un moment où, comme il avait lieu de le craindre, la situation de son esprit ne lui laissait pas la liberté du choix.

Il arriva bientôt au cabinet de plaisance, qui n'était à proprement parler qu'un banc couvert, et fermé des deux côtés. Ce réduit, élégamment pavé en petits cailloux, était perché, comme l'aire d'un faucon, presque sur le sommet d'un rocher qui s'avançait sur la rivière, et qui était le plus élevé de toute la chaîne de coteaux dont nous avons déjà parlé; situation que la pauvre Clara avait choisie à cause de la belle vue dont on y jouissait. En face du banc était une petite table en pierre, sur laquelle Mowbray remarqua un des gants de sa sœur. Il le saisit aussitôt, et vit qu'il était mouillé. Il n'avait pas plu dans la journée précédente; et par conséquent, si elle l'y eût oublié la veille, il n'aurait pas été dans cet état, puisque la couverture l'aurait préservé du brouillard et de la pluie de la nuit. Il était donc évident qu'elle était venue en cet endroit depuis l'entretien qu'il avait eu avec elle, et pendant qu'il pleuvait.

Mowbray, une fois assuré que Clara était venue en ce lieu, dans un moment où ses craintes étaient portées jusqu'au désespoir puisqu'elles l'avaient fait fuir de la maison de son père, s'avança jusqu'au bord de la plate-forme que formait le haut du rocher, et jeta un regard d'effroi sur la rivière profonde. Dans le trouble de son esprit, il lui semblait entendre dans le bruit sourd des eaux les derniers gémissemens de sa sœur, et dans l'écume blanche qu'elles formaient, voir une partie des vêtemens qu'elle portait lorsqu'il l'avait quittée la veille. Mais un examen plus attentif lui démontra qu'il était impossible qu'une telle catastrophe eût lieu sans qu'il en restât quelque trace, et il n'en aperçut aucune.

Prenant alors un sentier qui descendait de l'autre côté de la montagne, il remarqua la trace d'un pied dans un endroit où la terre était humide et argileuse, et l'exiguité ainsi que la forme du soulier le convainquirent qu'il était sur les traces de celle qu'il cherchait. Il suivit donc le même chemin, en marchant à grands pas, et en examinant avec attention s'il ne trouverait pas de semblables vestiges de la marche de sa sœur. Il en découvrit plusieurs, mais l'impression ayant été faite sur une terre plus légère, la pluie l'avait effacée en partie, et il ne pouvait rien en conclure. Cependant cette circonstance lui parut prouver que, quelle que fût la personne dont les pieds avaient produit ces vestiges, elle devait avoir passé par là plusieurs heures auparavant.

Enfin, après avoir long-temps suivi les tours et détours nombreux d'un sentier pittoresque, Mowbray, sans avoir rien appris de satisfaisant, se trouva sur le bord du ruisseau nommé le ruisseau de Saint-Ronan, à l'endroit où les piétons le passaient sur le Pont-Bruyant. Un peu plus bas, les gens à cheval trouvaient un gué pour le traverser. Arrivée en cet endroit, la fugitive pouvait avoir pris un sentier qui, traversant les bois, l'aurait reconduite au château des Shaws, lequel, par ce chemin, était à environ un mille de distance, ou avoir passé le pont, et pris une mauvaise route, ouverte au public, qui conduisait au vieux village de Saint-Ronan.

Mowbray, après un instant de réflexion, pensa que le plus probable était qu'elle avait pris ce dernier parti. Il monta donc sur son cheval, que lui avait amené, suivant ses ordres, un palefrenier à qui il ordonna de retourner au château par le sentier qu'il ne pouvait inspecter lui-même; et il s'avança du côté du gué. La pluie de la nuit avait fait enfler le ruisseau, et Jack ne put s'empêcher de représenter à son maître qu'il ne pouvait le traverser en ce moment sans s'exposer à un grand danger. Mais l'esprit de Mowbray était trop exalté pour qu'il pût écouter des avis de prudence et de circonspection. Il donna un coup d'éperon à son cheval, qui ne semblait pas trop disposé à entrer dans le torrent, et le força à y descendre, quoique l'eau montât jusqu'au pommeau de la selle. Ce ne fut que grace à sa force et à sa sagacité que l'animal parvint à se maintenir sur les lignes du gué. S'il eût cédé à la violence de l'eau, il eût été porté sur les rochers au-dessous, et les conséquences en auraient probablement été fatales pour le cheval et pour le cavalier. Quoi qu'il en soit, Mowbray atteignit l'autre bord en sûreté, à la grande joie de Jack, qui n'avait pas voulu quitter la rive opposée avant de l'avoir vu hors de tout péril.

Le jeune laird prit alors la route qui conduisait au vieux village, bien décidé, s'il n'y apprenait aucunes nouvelles de sa sœur, à répandre l'alarme et à la faire chercher partout; car, en ce cas, il était impossible de cacher plus long-temps sa disparition du château des Shaws. Nous le laisserons, quant à présent, dans cet état d'incertitude, pour faire connaître à nos lecteurs la réalité des malheurs que ses fâcheux pressentimens et les reproches de sa conscience ne pouvaient que lui faire prévoir.

CHAPITRE XXXVIII.

LA CATASTROPHE.

« Quel est ce spectre blanc, errant pendant l'orage ?
« Car jamais on n'a vu fille de ce village
« Venir en pareil lieu, choisir un pareil temps,
« Pour compter en pleurant ses chagrins aux passans. »
Ancienne pièce de théâtre.

Le chagrin, la honte, la confusion, la terreur, tout s'était réuni pour accabler l'infortunée Clara Mowbray au moment où elle se sépara de son frère après la funeste et orageuse entrevue que nous avons eu la tâche pénible de rapporter dans un des chapitres précédens. Pendant les dernières années de sa vie, toutes ses pensées n'avaient été occupées que de l'appréhension terrible de la découverte du secret qui venait de cesser d'en être un. La violence extrême de son frère, qui avait été jusqu'à menacer ses jours, jointe à ses propres passions, exagérèrent tellement ses terreurs, qu'il ne lui resta plus que cet instinct aveugle qui nous représente la fuite comme la seule défense contre le danger.

Nous n'avons pas le moyen de suivre pas à pas la jeune infortunée. Il est vraisemblable qu'elle s'enfuit du château des Shaws en entendant arriver la voiture de M. Touchwood, qu'elle put prendre pour celle de lord Etherington ; et ainsi, tandis que Mowbray se livrait aux espérances de bonheur que semblait lui ouvrir le récit du voyageur, sa sœur avait à combattre les dangers et les difficultés qu'offrait le chemin qu'elle suivait sur les rochers, et qu'augmentaient encore la pluie et les ténèbres.

Ces difficultés étaient si grandes qu'une jeune personne

plus délicatement élevée serait tombée épuisée, ou aurait été obligée de retourner sur ses pas et de regagner le lieu qu'elle venait d'abandonner. Mais les courses solitaires de Clara l'avaient endurcie à la fatigue ; elle était habituée à faire des promenades nocturnes, et les causes de la profonde terreur qui l'avaient déterminée à prendre la fuite la rendaient insensible à tous les périls. Elle avait passé au cabinet de plaisance, comme le prouvait son gant qu'elle y avait laissé ; elle avait ensuite traversé le Pont-Bruyant, et il est presque miraculeux que, dans une nuit si obscure, elle eût pu suivre avec tant d'exactitude un étroit sentier, dont, en bien des endroits, elle n'aurait pu s'écarter de deux pas sans courir le risque de se noyer, ou de se briser sur les rochers.

Il est pourtant probable que le courage moral et les forces physiques de Clara commencèrent à lui manquer quand elle arriva dans les environs du vieux village de Saint-Ronan ; car elle s'arrêta un moment à la porte de la chaumière solitaire occupée par la vieille chez laquelle nous avons vu Hannah Irwin livrée au repentir, et prête à rendre le dernier soupir. Elle y frappa comme en convint la vieille sorcière, qui avoua même qu'elle l'avait entendue pousser des gémissemens pour la supplier de la laisser entrer. Mais c'était une de ces femmes dont l'adversité change le cœur en pierre, et elle s'obstina à ne pas ouvrir sa porte, poussée à cet acte de barbarie plutôt par la haine qu'elle avait conçue contre tout le genre humain, que par la crainte superstitieuse dont elle prétendit avoir été saisie. Elle allégua pourtant qu'elle n'avait pas cru que la voix douce et mélodieuse qui la suppliait d'ouvrir sa porte pût appartenir à une habitante de ce monde. Elle ajouta ensuite que son cœur s'était laissé attendrir quand elle avait entendu la jeune fille errante s'éloigner, et qu'elle s'était alors déterminée à lui ouvrir avec l'intention de lui offrir au moins un abri ; mais qu'avant qu'elle eût pu se traîner jusqu'à sa porte et tirer les verrous, l'infortunée avait disparu; ce qui, disait-elle, l'avait confirmée dans l'idée que le tout était une illusion de Satan.

Il est à croire que la malheureuse Clara, ainsi repoussée sans pitié, ne fit plus d'autre tentative pour exciter la compassion et obtenir un asile, avant d'arriver devant la maison de M. Cargill, à l'une des fenêtres de laquelle on voyait encore de la lumière, circonstance qui exige quelque explication.

Nos lecteurs connaissent les motifs qui portèrent Valentin Bulmer, comte titulaire d'Etherington, à éloigner du pays le seul témoin qui pût rendre témoignage de sa fraude envers Clara Mowbray, ou du moins le seul à qui il pût en soupçonner la volonté. Sur trois personnes qui avaient assisté à ce mariage avec les parties intéressées, il savait que le ministre avait été trompé complètement; il regardait Solmes comme lui étant dévoué; s'il pouvait donc, par le ministère de ce valet, éloigner Hannah Irwin du lieu de la scène, il se flattait, avec assez de raison, que toute preuve de la trahison dont il s'était rendu coupable serait impossible à produire. En conséquence il chargea son agent Solmes, comme on l'a déjà vu, de la faire disparaître sans perdre de temps, et celui-ci avait rendu compte à son maître de l'exécution de ses ordres.

Mais depuis que Solmes était soumis à l'influence de Touchwood, il était constamment employé à déjouer les plans qu'il semblait exécuter avec une activité sans égale; notre voyageur jouissait du plaisir, exquis pour lui, d'opposer sur-le-champ une contre-mine à chaque mine que Valentin Bulmer commençait à creuser; et il avait en perspective l'espoir de voir le mineur sauter en l'air par l'explosion que celui-ci aurait lui-même causée.

Dans cette intention, dès que Touchwood apprit que Tyrrel devait demander à sa maison de commerce les pièces originales que lui avait confiées le feu comte d'Etherington, il écrivit à son associé de n'en envoyer que des copies, et il déjoua ainsi le projet formé par Bulmer de détruire des titres si dangereux pour lui. Par la même raison, quand Solmes lui apprit l'ordre qu'il avait reçu de son maître de faire partir du pays Hannah Irwin, il le chargea de la faire transporter avec soin au presbytère, et il ne lui fut pas difficile de déterminer M. Cargill à lui accorder un asile.

Ce brave homme, qu'on pourrait nommer un bon Israélite, aurait trouvé dans la détresse de cette malheureuse femme une recommandation suffisante en sa faveur ; et il n'était nullement vraisemblable qu'il s'informât si la maladie n'était pas contagieuse, ni qu'il fît aucune de toutes ces questions qui mettent quelquefois des entraves à la charité et à la bienfaisance des philanthropes doués de plus de prudence. Mais, pour l'intéresser encore davantage, M. Touchwood l'informa par écrit que la malade, que le ministre ne connaissait pas autrement, pouvait donner des renseignemens très-importans pour la tranquillité d'une famille respectable, et qu'en conséquence il passerait lui-même dans la soirée au presbytère, accompagné de M. Mowbray de Saint-Ronan, comme l'un des juges de paix du comté, pour recevoir la déclaration de cette femme sur ce sujet important.

Tel était effectivement le projet du voyageur ; et les obstacles qui l'empêchèrent de le mettre à exécution furent d'une part le goût qu'il avait pour les voies détournées, et de l'autre l'impatience et l'impétuosité de Mowbray, qui, comme nos lecteurs l'ont vu, firent partir celui-ci au grand galop pour le château des Shaws, et obligèrent Touchwood à l'y suivre à la hâte en voiture. Il informa le ministre de ce changement par un billet qu'il lui écrivit pendant qu'on attelait les chevaux, et qu'il lui envoya par un exprès. Il le pria en même temps d'avoir le plus grand soin de la malade, lui promit de se rendre au presbytère le lendemain de bonne heure avec M. Mowbray ; et avec cette confiance imperturbable en sa prudence et en sa dextérité, qui faisait qu'il voulait toujours conduire toutes choses par lui-même et à sa manière, il recommanda à son ami M. Cargill de ne pas recevoir les déclarations ou les aveux de la malade avant son arrivée, à moins de nécessité urgente.

Il n'avait pas été difficile à Solmes d'effectuer le transport de la malade, de la misérable chaumière où elle était, au presbytère. Il est vrai qu'elle avait été épouvantée en voyant paraître devant elle l'ancien complice de son crime; mais il ne se fit pas scrupule de l'assurer qu'il était touché de repentir comme elle, et qu'il allait la conduire dans un endroit où l'on recevrait légalement leur déposition à tous deux, afin de réparer ainsi, autant qu'ils le pouvaient, les maux dont ils avaient été les auteurs. Il lui promit aussi qu'elle y trouverait tous les secours dont elle avait besoin, et qu'on prendrait soin de ses enfans. Elle consentit donc à l'accompagner à la demeure du ministre; et, quant à lui, il résolut de se tenir prudemment derrière le rideau jusqu'au dénouement de cette affaire, sans se montrer davantage aux yeux de son maître, qu'il ne regardait plus que comme un astre prêt à tomber de sa sphère élevée.

Le ministre avait été voir la malheureuse malade, comme il l'avait déjà fait plusieurs fois quand elle demeurait dans la chaumière, et il recommanda qu'on eût d'elle le plus grand soin. Mais, soit qu'on lui eût fourni trop abondamment les moyens de rappeler les forces dans un corps épuisé, soit que les remords l'eussent déchirée avec une double violence quand elle se vit, au moins pour le moment, à l'abri des horreurs du besoin, il est certain que vers minuit elle eut un tel redoublement de fièvre, que la femme qui veillait près d'elle vint avertir le ministre, en ce moment fort occupé du siège de Ptolémaïs, qu'elle doutait que cette femme pût passer la nuit, et qu'elle semblait avoir sur le cœur quelque chose dont elle désirait décharger sa conscience avant de mourir ou de perdre l'usage de ses sens.

Réveillé par une telle crise, M. Cargill redevint sur-le-champ un homme de ce monde, plein d'intelligence, de sang-froid et de résolution, comme il l'était toujours quand il avait quelque devoir à remplir. Comprenant, d'après ce que lui avait mandé M. Touchwood, qu'il s'agissait d'une affaire de grande importance, son humanité lui fit sentir la nécessité de se procurer un aide plus en état que lui de trouver les moyens de sauver la vie de cette infortunée, ou du moins de la prolonger. En conséquence il fit monter à cheval son jardinier, et lui donna ordre d'aller chercher le docteur Quackleben aux eaux de Saint-Ronan. Une de ses servantes lui ayant rappelé alors que mistress Dods était bien entendue autour du lit d'un malade, il l'envoya elle-même à l'auberge du vieux village, en la chargeant de réclamer l'assistance de la bonne femme, qui n'était pas dans l'habitude de refuser ses soins quand ils pouvaient être utiles.

Le messager du sexe masculin ne fut pas heureux dans sa mission; car, ou il ne trouva pas le docteur, ou il le trouva trop occupé pour aller donner des soins à une mendiante sans autre chance d'honoraires que ce que pourrait lui offrir un pauvre ministre de village. Mais l'ambassadeur femelle réussit mieux : elle trouva la mère Dods sur le point de se mettre au lit, beaucoup plus tard que de coutume, attendu l'inquiétude que lui avait inspirée l'absence prolongée de M. Touchwood. La bonne vieille dame murmura quelques mots en grondant sur la fantaisie qu'avait eue le ministre d'accueillir une indigente dans sa maison; mais elle n'en prit pas moins son mantelet à capuchon et ses patins, après quoi elle se mit en marche avec la hâte du bon Samaritain. Une de ses servantes la précédait avec une lanterne, tandis que l'autre devait rester à la maison, et fournir tout ce dont pourrait avoir besoin M. Tyrrel, qui avait promis à Meg Dods de ne se coucher que lorsque M. Touchwood serait rentré.

Mais, avant que la bonne aubergiste fût arrivée au presbytère, la malade avait fait prier M. Cargill de venir auprès d'elle pour recevoir ses aveux pendant qu'elle avait encore la force de les faire.

— Car je crois, dit-elle en se soulevant sur son lit, et en roulant autour d'elle ses yeux égarés, que si j'avouais mon crime à un homme revêtu d'un caractère moins sacré, le malin esprit, dont j'ai accompli les œuvres, emporterait sa proie en corps et en ame avant que l'un fût séparé de l'autre, quelque court que soit l'espace de temps pendant lequel ils doivent encore être unis.

M. Cargill voulait lui adresser quelques mots de consolation spirituelle, mais elle l'interrompit avec un air d'impatience.

—Ne perdez pas mon temps et vos paroles, s'écria-t-elle; laissez-moi vous expliquer tout ce que j'ai à vous dire, et le signer de ma propre main; et ayez soin, comme fidèle serviteur de Dieu, et par conséquent obligé de rendre témoignage à la vérité, de n'écrire ni plus ni moins que ce que je vous dirai. Je désirais faire cet aveu à Saint-Ronan. J'avais commencé à le faire à d'autres personnes, mais je suis charmée d'avoir été interrompue; car je vous connais, Josiah Cargill, quoique vous m'ayez oubliée depuis long-temps.

—Cela est possible, bonne femme; quant à moi, je ne me souviens nullement de vous.

— Vous avez pourtant connu autrefois Hannah Irwin, compagne et parente de miss Clara Mowbray, et qui était avec elle cette nuit funeste où elle fut mariée dans l'église de Saint-Ronan.

—Voulez-vous dire que vous soyez cette femme? demanda Cargill en levant une lumière de manière à éclairer le visage de la malade : je ne puis le croire.

—Non? c'est qu'il y a une différence entre le vice triomphant et le vice entouré de toutes les horreurs d'un lit de mort.

—Ne vous livrez pourtant pas au désespoir. La grace est toute-puissante; en douter est le plus grand des crimes!

—Soit, M. Cargill; mais je ne saurais qu'y faire, mon cœur est endurci. Je sens là, dit-elle en appuyant la main sur son sein, quelque chose qui me dit que si ma vie était épargnée, si la santé m'était rendue, j'oublierais tout ce que je souffre en ce moment et je redeviendrais ce que j'étais auparavant. J'ai rejeté toutes les faveurs de la grace, M. Cargill, et ce n'est point par ignorance, car j'ai péché les yeux ouverts. Ne vous inquiétez donc pas de moi, puisque je ne suis qu'une réprouvée.

Ici le ministre voulut encore lui faire quelques exhortations, mais elle l'interrompit de nouveau.

— Si vous avez réellement de bonnes intentions pour moi, lui dit-elle, laissez-moi soulager ma conscience du poids qui l'accable; je serai alors peut-être plus en état de vous écouter. Vous dites que vous ne vous souvenez pas de moi; mais, si je vous dis combien de fois vous refusâtes de prononcer en secret la bénédiction nuptiale qu'on demandait, combien de fois vous alléguâtes que cette démarche était contraire aux canons de votre église; si je vous répète la raison à laquelle vous vous rendîtes; si je vous rappelle votre intention de faire l'aveu de votre transgression à vos confrères de la cour ecclésiastique, d'y faire valoir le motif qui pouvait vous servir d'excuse, et de vous soumettre à leur censure que vous disiez devoir être sévère... croirez-vous alors que dans la voix d'une misérable mendiante vous entendiez celle de l'élégante, de l'artificieuse, de la coupable Hannah Irwin?

—J'en conviens, j'en conviens : ces preuves sont indubitables. Je crois que vous êtes réellement celle dont vous prenez le nom.

—Voilà donc un pas pénible de fait; car j'aurais depuis long-temps soulagé ma conscience par cet aveu, sans ce maudit esprit d'orgueil qui me faisait rougir de ma pauvreté plus que de mon crime. Hé bien! cette raison qui vous détermina, et qui vous fut alléguée par un jeune homme connu sous le nom de Frank Tyrrel, quoiqu'il n'eût droit qu'à celui de Valentin Bulmer, était une basse et grossière calomnie que nous employâmes pour vous déterminer... Mais n'avez-vous pas entendu soupirer? Etes-vous bien sûr qu'il n'y ait personne dans cette chambre? J'espère que je mourrai quand j'aurai terminé et signé mes aveux, sans voir mon nom exposé à une ignominie publique. Je me flatte que vous n'avez pas amené vos domestiques pour être témoins de ma honte? je ne pourrais le supporter.

Elle se tut pour écouter. Si le plus souvent les souffrances du corps paralysent le sens de l'ouïe, quelquefois aussi elles avivent la sensibilité.

—Nous sommes seuls, lui dit M. Cargill; mais, ô malheureuse femme! à quoi dois-je m'attendre, d'après ce que vous venez déjà de m'avouer?

—Quelle que puisse être votre attente, je la surpasserai encore. J'étais la coupable confidente du faux Frank Tyrrel; Clara aimait le véritable, elle croyait l'épouser, et lors de la cérémonie du mariage elle fut trompée aussi-bien que vous; c'est moi qui fus la misérable, le démon, complice d'un démon plus noir s'il est possible, qui contribuai principalement à la réussite d'une ruse diabolique, dont devait résulter un malheur sans remède.

—Misérable! s'écria le ministre, n'aviez-vous donc pas déjà commis assez de crimes? Pourquoi exposâtes-vous la fiancée d'un frère à devenir l'épouse de l'autre?

—Je ne fis qu'agir d'après les instructions de Bulmer; mais j'avais affaire à un maître en iniquité. Il réussit, par le moyen de son confident Solmes, à me faire épouser un homme qu'il me fit croire riche, et qui n'était qu'un misérable qui me pilla, me maltraita, me vendit. Oh! si les démons peuvent rire, comme je l'ai entendu dire, quel jour de joie pour eux quand Bulmer et moi nous entrerons dans leur séjour de tortures! Mais, je vous le répète et j'en suis sûre, quelqu'un écoute; j'ai entendu soupirer, tressaillir.

— Votre esprit s'égarera si vous vous livrez à de pareilles idées; soyez calme, continuez à vous expliquer, et, pour cette fois du moins, parlez avec vérité.

— Oui, je vous dirai la vérité, car elle satisfera ma haine contre celui qui, après m'avoir dépouillée de ma vertu, me livra au dernier des hommes pour en être le jouet et la victime. C'est afin de me venger que je suis venue ici pour le démasquer; j'avais appris qu'il renouvelait ses prétentions à la main de Clara, et j'avais dessein de raconter toute cette histoire au jeune Mowbray. Vous êtes surpris que j'aie attendu pour le faire jusqu'à ce dernier moment, ce moment décisif. En pensant à ma conduite envers Clara, combien ne devait-il pas m'être pénible de me trouver exposée aux regards de son frère! et cependant je ne la haïssais plus. Lorsque j'eus appris combien elle était malheureuse, presque sur le point d'être frappée d'aliénation d'esprit, non, je ne la haïssais plus; je regrettais qu'elle ne fût pas tombée en partage à un autre que ce Bulmer; et quand Tyrrel l'eut délivrée de ses mains, j'en eus pitié, et vous devez vous rappeler que ce fut moi qui vous priai de cacher ce mariage.

— Je m'en souviens, et la raison que vous m'en donnâtes fut le danger que Clara pourrait courir de la part de sa famille. Aussi gardai-je le silence : je ne pensai à le rompre que lorsque j'appris qu'il était question de la marier une seconde fois.

— Hé bien donc, Clara Mowbray doit me pardonner; car le mal que je lui ai occasioné m'était inspiré par un autre, et le bien que je lui ai fait était volontaire de ma part. Il faut que je la voie, M. Cargill, il faut que je la voie avant que je meure; je ne puis prononcer une prière sans l'avoir vue, je ne puis écouter un mot de vos exhortations sans qu'elle m'ait pardonné. Si je ne puis obtenir mon pardon d'une créature semblable à moi, comment puis-je l'espérer de...?

Elle tresaillit à ces mots, et poussa un faible cri; car les rideaux du lit, du côté opposé à celui où était M. Cargill, s'ouvrirent lentement, comme s'ils eussent été tirés par une main faible, et Clara Mowbray se montra pâle comme la mort, les cheveux épars et mouillés comme ses vêtemens. La malade fit un effort pour se mettre sur son séant; ses yeux étaient égarés, ses lèvres frémissantes, et ses mains décharnées tenaient les couvertures comme pour se soutenir. Elle semblait aussi effrayée que si ses aveux eussent évoqué l'ombre de celle qu'elle avait trahie.

—Hannah Irwin, dit Clara avec son ton de douceur ordinaire, mon ancienne amie, mon ennemie dont je n'ai jamais provoqué la haine, ayez recours à Lui avec confiance. Je vous pardonne aussi volontiers que si vous ne m'eussiez jamais offensée, aussi véritablement que je désire moi-même obtenir mon pardon. Adieu! adieu!

Elle sortit de la chambre avant que le ministre pût être bien convaincu que ce n'était pas un fantôme qu'il venait de voir. M. Cargill descendit l'escalier précipitamment, appela du secours; mais aucun de ses domestiques ne voulut lui répondre, car de profonds gémissemens qui partaient de la chambre de la malade les persuadaient qu'elle rendait le dernier soupir; en effet, mistress Dods et sa servante n'arrivèrent que pour être témoins de la mort d'Hannah Irwin.

Elle venait à peine d'expirer, quand la servante que mistress Dods avait laissée chez elle accourut, la terreur sur le visage, pour annoncer à sa maîtresse qu'une dame était entrée dans l'auberge comme un esprit, et se mourait dans la chambre de M. Tyrrel. Nouvel événement que nous devons raconter à notre manière.

Dans le désordre où se trouvait depuis long-temps l'esprit de miss Mowbray, un coup moins violent que celui dont son frère avait frappé son cœur, joint aux fatigues, aux dangers et aux terreurs auxquelles elle avait été exposée cette nuit, aurait suffi pour épuiser ses forces physiques et pour aliéner ses facultés morales. Nous avons déjà dit que la lumière qu'elle avait aperçue dans une chambre du presbytère avait attiré son attention; et, dans la confusion qui régnait en ce moment dans une maison où l'ordre était une chose assez rare, il lui fut aisé de monter l'escalier et d'entrer dans la chambre de la malade sans être aperçue. Elle entendit ainsi les aveux d'Hannah Irwin, aveux qui ne suffisaient que trop pour achever de troubler sa raison.

Nous n'avons aucun moyen de savoir si elle cherchait véritablement Tyrrel, ou si, comme chez le ministre, elle fut attirée dans l'auberge en y voyant une fenêtre éclairée, quand toutes les autres autour d'elle étaient plongées dans l'obscurité; mais elle parut ensuite à côté de son malheureux amant, qui vit briller tout à coup quelque chose sur le miroir d'une glace antique suspendue à la muraille en face de lui. Il leva les yeux, et reconnut Clara tenant en main une lumière qu'elle avait prise dans le corridor. Il resta un moment les yeux attachés sur cette image effrayante avant d'oser se retourner. Enfin, quand il se fut armé d'assez de courage pour le faire, les yeux fixes et la figure pâle de Clara le firent presque croire à la réalité d'une apparition, et il tressaillit quand miss Mowbray, se penchant vers lui, lui prit la main.

— Venez, Tyrrel, venez vite, dit-elle avec l'accent de la terreur et de la précipitation; mon frère nous poursuit pour nous tuer. Fuyons vite, Tyrrel, il nous sera facile de lui échapper. Hannah Irwin est déjà en avant. Mais, s'il nous surprend, je ne veux pas que vous vous battiez; il faut que vous me le promettiez, Tyrrel. Cela ne vous est que trop souvent arrivé. Mais vous serez plus prudent à l'avenir.

— Clara Mowbray! s'écria Tyrrel, est-ce ainsi que je vous revois! Un instant! Ne vous en allez pas! ajouta-t-il; car elle s'avançait vers la porte pour se retirer. — Restez! restez! asseyez-vous.

— Il faut que je m'en aille, dit-elle; on m'attend. Hannah Irwin est en avant; elle va tout dire; il faut que je la rejoigne. Ne voulez-vous pas me laisser partir? Ah! si vous employez la force, il faudra bien que je m'asseye; mais malgré tout vous ne pourrez me retenir.

Elle fut attaquée en ce moment de convulsions dont la violence indiquait qu'elle avait effectivement un long et terrible voyage à faire. La servante, qui accourut enfin au bruit de la sonnette et des cris répétés de Tyrrel, s'enfuit, épouvantée du spectacle qu'elle voyait, et courut porter l'alarme au presbytère, comme nous l'avons déjà dit.

La vieille aubergiste, forcée de passer d'une scène de douleur à une autre, ne pouvait s'expliquer, chemin faisant, qu'une seule nuit eût été marquée par tant de malheurs. Mais quand elle fut arrivée chez elle, quel fut son étonnement d'y trouver la fille d'une maison qu'elle avait toujours aimée (quoiqu'elle n'y fût attachée par aucun lien d'intérêt), presque dans un état d'anéantissement moral et physique, tandis que Tyrrel, tout en lui prodiguant des soins, semblait avoir l'esprit égaré par le désespoir, et paraissait dans une situation presque aussi déplorable que celle de la malade!

Les bizarreries du caractère de mistress Dods étaient en quelque sorte comme une rouille superficielle, qui n'altérait ni la bonté de son cœur ni l'énergie de son caractère. Sa compassion même ne lui ôta rien de son courage naturel et de sa résolution.

— M. Tyrrel, dit-elle, nous n'avons pas besoin d'hommes

ici. Il faut que vous vous leviez, et que vous alliez dans une autre chambre.

— Je ne sortirai pas d'ici! s'écria-t-il ; je ne la quitterai pas d'un instant, tant qu'elle et moi conserverons la vie.

— Cela ne sera pas bien long, M. Tyrrel, si vous ne voulez par vous laisser gouverner par le bon sens.

Tyrrel tressaillit, comme s'il eût à demi compris ce qu'elle voulait dire, mais il ne fit pas un mouvement pour sortir.

— Allons, allons, lui dit la bonne hôtesse, ne restez pas plus long-temps à contempler un spectacle qui fendrait un cœur plus dur que le vôtre. Votre bon sens doit vous dire que vous ne pouvez rester ici. On aura soin de miss Clara, et de demi-heure en demi-heure j'irai vous dire comment elle se trouve.

Tyrrel ne pouvait rien objecter à cela, et il se détermina enfin à passer dans un autre appartement, laissant miss Mowbray aux soins de Meg Dods et de ses deux servantes. Il resta plongé dans une agonie mortelle, comptant les heures, non sur sa montre, mais par les visites de la bonne hôtesse, qui, fidèle à sa promesse, venait de temps en temps lui apprendre — que Clara n'était pas mieux ; qu'elle était plus mal ; enfin qu'elle ne paraissait pas pouvoir passer la nuit. Tyrrel, ordinairement calme et maître de lui-même, était pourtant fougueux et emporté quand ses passions étaient excitées ; il fallut toute l'influence et les supplications de mistress Dods pour l'empêcher de se précipiter dans la chambre de la malade et de s'assurer par ses propres yeux de l'état dans lequel elle se trouvait.

Enfin il y eut un long intervalle, un intervalle de plusieurs heures, un si long intervalle, que Tyrrel en conçut l'augure favorable que Clara s'était endormie, et que le sommeil produirait un heureux effet sur son corps et sur son esprit. Il en conclut que mistress Dods n'osait bouger, de crainte d'éveiller la malade ; et, comme s'il avait eu le même motif d'appréhension, il cessa de se promener dans sa chambre, comme il l'avait fait jusqu'alors, par suite de l'agitation qu'il éprouvait; puis s'asseyant sur une chaise, il se tint dans la même immobilité que s'il eût été près du lit d'un agonisant, et osant à peine respirer.

La matinée était déjà assez avancée, quand l'hôtesse arriva avec un air grave et soucieux.

M. Tyrrel, lui dit-elle, vous êtes homme, vous êtes chrétien.

— Chut! chut! pour l'amour du ciel! répondit-il; vous troublerez miss Mowbray.

— Hélas! pauvre créature, dit l'hôtesse en soupirant, rien ne peut plus la troubler. Ceux qui l'ont amenée là ont bien à en répondre!

— Oui! oui! s'écria Tyrrel en se frappant la tête; et ils m'en répondront! Je la vengerai de tous! Puis-je la voir?

— Vous feriez mieux de n'en rien faire, répondit la bonne femme. — Mais Tyrrel la repoussa, et s'élança dans la chambre où il avait laissé Clara.

— La vie est-elle éteinte? ne reste-t-il plus d'espérance? s'écria-t-il en adressant la parole à un chirurgien, homme de mérite, qu'on avait fait venir pendant la nuit de Marchthorn.

Le chirurgien ne répondit qu'en secouant la tête. Tyrrel s'avança avec impétuosité vers le lit, et se convainquit par ses propres yeux que l'être dont il avait causé et partagé les chagrins était maintenant insensible à toute calamité terrestre. Il se précipita, en poussant un cri de désespoir, sur une main froide et inanimée, qu'il baigna de larmes et qu'il couvrit de baisers. On l'eût pris pendant quelques instans pour un homme complètement privé de la raison. Cédant enfin aux instances de tous ceux qui étaient présens, il se laissa entraîner dans l'appartement qu'il venait de quitter.

Le chirurgien l'y suivit, craignant qu'il n'eût besoin

lui-même de ses secours. — Puisque vous prenez, lui dit-il, un si grand intérêt à la jeune dame qui vient de terminer ses jours si prématurément, ce sera pour vous une consolation, quoique bien triste, de savoir que sa mort a été occasionée par une compression sur le cerveau, probablement accompagnée d'un épanchement ; et je me crois autorisé à dire que, quand même il eût été possible de lui sauver la vie, elle n'aurait jamais recouvré la raison. En pareil cas, monsieur, la mort est préférable à la vie, et le parent le plus affectionné doit convenir que c'est un acte de merci céleste.

— De merci ! s'écria Tyrrel ; et pourquoi le ciel me la refuse-t-il? Mais je le sais, je le sais, c'est pour que je la venge.

A ces mots il se leva brusquement, et, descendant l'escalier avec précipitation, il allait sortir de l'auberge. — Il fut arrêté par Touchwood. Le nabab venait de descendre de voiture avec un air de sombre inquiétude qui ne lui était nullement ordinaire.

— Où allez-vous? demanda-t-il à Tyrrel en le saisissant par le bras ; où courez-vous ainsi?

— A la vengeance. Ne me retenez pas ; je suis hors de moi, et je ne connais personne.

— La vengeance appartient à Dieu, dit le vieillard ; et il a déjà frappé le coupable. Venez par ici, venez par ici, ajouta-t-il en entraînant Tyrrel dans l'auberge. Et dès qu'il eut réussi à le faire entrer, presque de force, dans une chambre :

— Apprenez, ajouta-t-il, que Mowbray a rencontré Bulmer, il y a une demi-heure, et qu'il l'a tué sur la place.

— Tué qui ! demanda Tyrrel, dont l'esprit était un peu égaré.

— Valentin Bulmer, répondit Touchwood ; le prétendu comte d'Etherington.

— Vous apportez des nouvelles de mort dans une maison de mort, s'écria Tyrrel; et il n'existe plus en ce monde rien qui puisse me faire désirer de vivre.

CHAPITRE XXXIX.

CONCLUSION.

> « Le dénoûment approche, et tout ce qui va suivre
> « N'offrira que misère et que calamité,
> « Récit peu séduisant et sans variété.
> « Des rochers escarpés, un dangereux rivage,
> « Des complots ténébreux, les horreurs du naufrage,
> « Présentent des sujets heureux pour le pinceau;
> « Mais qui peut s'arrêter à tracer le tableau
> « D'un brouillard empesté qui couvre un marécage? »
> *Ancienne pièce de théâtre.*

Lorsque Mowbray eut traversé le ruisseau, comme nous l'avons déjà dit, son esprit était dans la même situation qu'un volcan dans les flancs duquel grondent des feux souterrains au moment de l'éruption. Tout à coup plusieurs coups de feu, suivis de quelques éclats de rire, lui rappelèrent qu'il avait promis de se trouver en ce lieu écarté, ce jour même et à cette heure, pour une gageure qu'il avait faite avec le soi-disant lord Etherington, pour décider qui tirerait le mieux au blanc au pistolet; à cette gageure s'étaient intéressés les capitaines Jékyl et Mac Turk, pour qui un pareil passe-temps était particulièrement agréable.

L'espoir que ce souvenir lui offrit de pouvoir se venger de l'homme qu'il regardait comme l'auteur de tous les malheurs de sa sœur fut pour lui une tentation irrésistible; et, faisant sentir l'éperon à son cheval, il traversa rapidement le taillis, et arriva bientôt à la petite clairière où les trois amis, désespérant de le voir arriver, avaient déjà commencé à s'amuser entre eux. De grands cris de joie se firent entendre dès qu'on l'aperçut.

— Voici Mowbray qui arrive, de par Dieu! s'écria le capitaine Mac Turk, et l'eau tombe de ses vêtemens comme d'un arrosoir.

— Je ne le crains pas, dit Etherington (car autant vaut que nous continuions à l'appeler ainsi); il a couru trop vite pour avoir la main sûre.

—C'est ce que nous allons voir, milord Etherington, ou plutôt M. Valentin Bulmer, dit Mowbray en sautant à bas de son cheval, et en accrochant la bride à une branche d'arbre.

— Que veut dire ceci, M. Mowbray? dit Etherington en se redressant, tandis que Jékyl et Mac Turk se regardaient d'un air de surprise.

— Cela veut dire, monsieur, que vous êtes un imposteur, et que vous usurpez un nom qui ne vous appartient pas.

— M. Mowbray, c'est une injure que je ne puis porter plus loin que cet endroit même.

— Et si vous en aviez eu le dessein, j'y aurais ajouté quelque chose qui aurait été encore plus lourd à porter.

—Suffit, monsieur, suffit. Cheval prêt à courir n'a pas besoin d'éperon. Jékyl, vous aurez la bonté de me servir de second dans cette affaire?

— Certainement, milord.

— Et comme il paraît qu'il n'y a nul espoir que cette affaire puisse se terminer à l'amiable, dit le pacifique capitaine Mac Turk, de par Dieu! mon cher et bon ami M. Mowbray de Saint-Ronan, je m'estimerai fort heureux de vous seconder de ma présence et de mes avis. Il n'est pas malheureux que nous nous soyons trouvés tous ici, et que nous soyons munis des armes nécessaires; car il aurait été bien désagréable pour tous deux de vous voir obligés de vous retirer chacun de votre côté, faute de pistolets et de témoins.

— Je voudrais bien savoir avant tout, dit Jékyl, d'où peut venir une mésintelligence si subite.

— De rien, répondit Etherington, à moins que ce ne soit une pie au nid que M. Mowbray ait découverte. Il sait que sa sœur a toujours joué le rôle de folle, et je suppose qu'il a entendu dire qu'elle a fait dans son temps... quelque folie.

— *O crimini !* s'écria Mac Turk; mon bon capitaine Jékyl, hâtons-nous de charger les pistolets et de mesurer le terrain; car, de par Dieu! si ces messieurs continuent à se dire des douceurs, il n'y aura que les deux bouts d'un mouchoir qui pourront les contenter. Goddam!

Animé par des intentions si amiables, Mac Turk, aidé par le capitaine Jékyl, eut bientôt mesuré le terrain; et tout en s'en occupant, il lui proposa de parier une bouteille de vin que les deux adversaires tomberaient au premier feu, attendu qu'ils étaient connus l'un et l'autre pour d'excellens tireurs.

L'événement prouva qu'il ne s'était guère trompé, car la balle d'Etherington effleura la tempe de Mowbray, au même instant que celle de Mowbray perça le cœur du prétendu comte. Etherington fit un bond à deux pieds de terre, et tomba mort sur la place. Mowbray resta immobile comme une statue de pierre, son bras pendant à son côté, et sa main appuyée sur l'instrument de mort encore tout fumant.

Jékyl accourut pour soutenir et relever son ami, et le capitaine Mac Turk, ayant mis ses lunettes, posa un genou en terre pour regarder le défunt en face.

— Nous aurions dû avoir ici le docteur Quackleben, dit-il en essuyant les verres de ses lunettes, et en les remettant dans leur étui de chagrin; — quoique ce n'eût été que pour la forme, car le pauvre diable est bien mort. — Allons, Mowbray, mon garçon, dit-il en le prenant par le bras, il faut que vous et moi nous gagnions du terrain avant qu'il arrive pire. J'ai ici mon bidet, voilà votre cheval; rendons-nous d'abord à Marchthorn. — Capitaine Jékyl, je vous souhaite le bonjour; voulez-vous que je vous prête mon parapluie pour retourner à l'hôtel; je crois qu'il va pleuvoir.

Mowbray n'avait pas fait deux cents pas avec son compagnon, ou pour mieux dire avec son guide, qu'il s'arrêta tout à coup et refusa d'aller plus loin avant de savoir ce qu'était devenue Clara. Le capitaine commençait à trouver qu'il avait affaire à un esprit peu maniable, quand Touchwood passa près d'eux dans sa chaise de poste. Dès qu'il eut reconnu Mowbray il fit arrêter la voiture, et lui dit que sa sœur était en ce moment chez mistress Dods : nouvelle qu'il avait apprise du messager qu'on avait envoyé à Marchthorn chercher un chirurgien, car l'Esculape des eaux de Saint-Ronan, le docteur Quackleben, avait épousé la vieille mistress Blower; M. Chatterly avait serré le nœud conjugal; et, après la cérémonie, les deux époux étaient partis en chaise de poste, suivant l'usage.

Pour prix de cette nouvelle, le capitaine Mac Turk lui apprit à son tour la mort d'Etherington; le vieillard les pressa vivement de prendre la fuite sans délai; et tirant son porte-feuille de sa poche, il les força d'accepter de quoi l'accélérer. Il promit à Mowbray de faire donner à sa malheureuse sœur tous les secours dont elle pourrait avoir besoin, en lui prouvant, comme un père, que s'il s'opiniâtrait à rester dans les environs, une prison le séparerait bientôt de Clara. Mowbray se rendit enfin à ces raisons, partit pour Londres avec Mac Turk, y arriva sans accident, et tous deux s'embarquèrent aussitôt pour la Péninsule, où l'Angleterre faisait alors la guerre à la France.

Il nous reste peu de chose à dire. M. Touchwood vit encore, formant des plans qui n'ont aucun objet, et accumulant une grande fortune sans avoir aucun héritier apparent. Le vieillard eut plus d'une fois envie de donner ce titre à Tyrrel, en le prenant sous sa protection spéciale ; mais, dès qu'il se fut ouvert à lui indirectement, cette proposition ne fit que déterminer celui-ci à quitter le pays, et depuis ce temps on n'en a plus entendu parler, quoiqu'il n'ait qu'à se présenter pour obtenir le titre et les domaines de la famille d'Etherington. L'opinion de bien des gens est qu'il est entré dans une mission de frères moraves, à laquelle il avait déjà donné des sommes considérables.

Depuis le départ de Tyrrel, personne ne peut deviner ce que le vieux Touchwood fera de son argent. Il parle souvent des contrariétés qu'il a éprouvées, mais il ne donne jamais à entendre, et il en convient encore moins, qu'elles furent occasionées par son amour pour les intrigues mystérieuses. Bien des gens pensent que définitivement Mowbray de Saint-Ronan sera son héritier. Ce jeune homme, depuis son arrivée en Espagne, a montré une qualité qui sert ordinairement de recommandation auprès d'un vieux parent, c'est-à-dire qui est devenu très-soigneux de ce qui lui appartient déjà.

L'ardeur militaire du capitaine Mac Turk s'étant rallumée dès qu'il sentit l'odeur de la poudre, le vieux militaire réussit non-seulement à rentrer dans un corps en activité, mais même à décider son jeune compagnon à y servir en qualité de volontaire. Mowbray reçut ensuite une commission d'officier, et l'on put dès lors remarquer une différence frappante entre le jeune laird de Saint-Ronan et le lieutenant Mowbray. Le premier, comme nous le savons, était inconséquent, prodigue, inconsidéré; l'autre vit de sa paye, et la dépense à peine. Non-seulement il se refuse tout objet de luxe, mais il s'accorde à peine le nécessaire, afin de pouvoir s'épargner une guinée, et il devient pâle de crainte quand, dans quelque occasion extraordinaire, il se hasarde à faire une partie de whist à six sous la fiche. Ce goût pour l'économie a empêché qu'il n'obtienne dans son régiment toute la réputation à laquelle sa bravoure et son exactitude à remplir tous ses devoirs lui donnent des droits incontestables.

Le même calcul scrupuleux de livres, de shillings et de pence se fait remarquer dans ses relations avec son agent Micklewham, que l'attention minutieuse du jeune lieutenant à ses intérêts rend lui-même plus scrupuleux dans son exploitation de l'agence du domaine de Saint-Ronan. Ce domaine n'est plus à dédaigner depuis que M. Touchwood a remboursé certaines dettes usuraires dont il se contente de toucher l'intérêt légal.

Dans sa correspondance, relativement à sa propriété, Mowbray entrait en général dans des détails si minutieux sur la manière de l'administrer, de l'améliorer, et de l'augmenter peu à peu par de petites acquisitions, que son ancienne connaissance, M. Winterblossom, frappant sur sa tabatière d'argent, avec cet air malin qui annonçait toujours qu'il allait accoucher d'un trait d'esprit, avait coutume de dire que le jeune laird avait renversé le système naturel de transformation, et que de papillon qu'il était d'abord, il était devenu chenille. Mais après tout, cette espèce de parcimonie, qui est ordinairement une modification de l'esprit d'avarice, peut bien être fondée sur le même désir d'acquérir, qui quelque temps auparavant le conduisait à la table de jeu.

On peut cependant citer une occasion mémorable dans laquelle M. Mowbray se départit des règles d'économie qu'il suivait invariablement dans toutes les autres. Au bout de quelques années, ayant racheté le bail à rente du terrain sur lequel on avait construit diverses maisons autour de la source de Saint-Ronan, il en ordonna la démolition complète, et il ne voulut souffrir, dans toute l'étendue de son domaine, aucune auberge ou maison ouverte au public, n'importe sous quel titre, excepté celle où mistress Dods règne encore en toute souveraineté, son caractère n'étant pourtant ni moins aigre, ni moins absolu que lorsqu'elle avait dans l'hôtel du Renard un compétiteur formidable.

Pourquoi M. Mowbray, malgré l'habitude d'économie qu'il avait acquise, détruisit-il ainsi une propriété qui aurait pu lui rapporter un revenu considérable, c'est ce qu'on ne saurait dire avec certitude. Les uns prétendent que ces bâtimens lui rappelaient les folies de sa première jeunesse; les autres allèguent qu'ils lui retraçaient le souvenir des malheurs de sa sœur. Les gens du peuple assurent que l'esprit de lord Etherington s'était montré dans la salle basse de l'hôtel du Renard, et les savans citent à ce propos *l'association des idées*. Tous finissent par dire que M. Mowbray était alors assez riche pour satisfaire ses fantaisies, et que tel avait été son bon plaisir.

Ce rendez-vous, si brillant pendant un petit nombre d'années, est donc retombé dans sa première obscurité. On n'y entend plus le son du violon; on n'y voit plus de danses joyeuses. Les élégans et les bas bleus, les peintres et les amateurs, les auteurs et les critiques, dispersés comme des pigeons dont on a démoli le colombier, ont cherché quelque autre théâtre d'amusement, et abandonné pour toujours LES EAUX DE SAINT-RONAN [1].

(1) Ce roman de sir Walter Scott est une peinture des mœurs modernes de l'Ecosse, qui a du moins le mérite d'une grande exactitude : la galerie de portraits qu'on trouve aux Eaux de Saint-Ronan n'a rien d'idéal, on ne peut pas toujours en dire autant des personnages plus poétiques qui figurent dans les autres romans de cette collection. Mais les ridicules de la société écossaise sont des ridicules d'imitation, et n'ont pas le vernis des mœurs de Londres. L'auteur a parfaitement bien rendu cette nuance, et si le roman des *Eaux de Saint-Ronan*, au lieu d'être comparé aux *Puritains* et à *Ivanhoe*, l'était aux productions analogues de lady Morgan et de mistress Edgeworth, on admirerait encore la supériorité de Walter Scott dans un genre qui semble n'être pas le sien. Enfin, *les Eaux de Saint-Ronan* complètent le tableau que l'auteur a voulu tracer des mœurs écossaises depuis le moyen âge jusqu'à nos jours.

FIN DES EAUX DE SAINT-RONAN.

www.ingramcontent.com/pod-product-compliance
Lightning Source LLC
Chambersburg PA
CBHW070404230426
43665CB00012B/1243